Die Eroberung Mexikos und der Untergang der Azteken: Bernal Diaz del Castillo, der sich als Fußsoldat den Truppen des spanischen Konquistadors Hernán Cortes angeschlossen hatte, war Augenzeuge dieses Geschehens. Und er hat der Nachwelt mit seinen Aufzeichnungen eine der zuverlässigsten und informationsreichsten Quellen hinterlassen. Anders als Hernán Cortes in seinen Briefen an Kaiser Karl V. beschönigt Diaz del Castillo nichts: Er schildert anschaulich das grausame Vorgehen mit Kreuz und Schwert gegen die Eingeborenen, berichtet von den Intrigen unter den Spaniern, der Suche nach Schätzen und der ungleichen Aufteilung der Kriegsbeute, dem Unwillen der Soldaten, die sich zu Recht betrogen fühlten und sich dennoch der Faszination durch Cortes nicht entziehen konnten.

Bernal Diaz del Castillo, geboren 1498 in Median del Campo, war ein spanischer Autor, Chronist und Soldat. 1519 schloss er sich dem Konquistador Hernán Cortés an und begleitete die spanische Eroberung Mexikos. Bernal Diaz del Castillo starb 1582.

insel taschenbuch 4552
Bernal Diaz del Castillo
Die Eroberung von Mexiko

Bernal Diaz del Castillo

Die Eroberung von Mexiko

Aus dem Spanischen von Anneliese Botond

*Herausgegeben und bearbeitet
von Georg Adolf Narciß*

*Mit einem Nachwort von Georg Adolf Narciß
und Tzvetan Todorov*

Mit zahlreichen Abbildungen

Insel Verlag

Erste Auflage 2017
insel taschenbuch 4552
Insel Verlag Berlin 2017
© Insel Verlag Frankfurt am Main 1982
Vertrieb durch den Suhrkamp Taschenbuch Verlag
Umschlag: Rothfos & Gabler, Hamburg
Umschlagabbildung: akg-images, Berlin
Druck: Druckhaus Nomos, Sinzheim
Printed in Germany
ISBN 978-3-458-36252-4

INHALT

GESCHICHTE DER EROBERUNG
VON MEXIKO

Ich stelle immer wieder fest, daß selbst die berühmten Geschichtsschreiber ihre Chroniken mit überschwenglich gehalte-
nen Vorreden einleiten, um ihnen Glanz und Ansehen zu geben
und in den Lesern den Appetit auf kuriose Dinge zu wecken. Als
Ungelehrter wage ich es nicht, ein solches Vorwort zu verfassen.
Wer die Abenteuer und Heldentaten, welche wir unter der Führung unseres kühnen und tapferen Hernan Cortes bei der Eroberung von Neuspanien und seiner Provinzen bestanden haben, in
der rechten Form darstellen wollte, der müßte beredter und
sprachgewandter sein als ich. – Cortes wurde übrigens später in
Anerkennung seiner Verdienste von Seiner Majestät zum Marques del Valle Oaxaca erhoben. – Ich will mit Gottes Hilfe ganz
einfach als Augenzeuge beschreiben, was ich selbst sah, und von
den Kämpfen berichten, an denen ich persönlich teilgenommen
habe, ohne die Tatsachen in irgendeiner Weise zu verdrehen. Ich
bin jetzt ein alter Mann von über 84 Jahren, der Gehör und Gesicht verloren hat. Ich gehöre nicht zu den Glücklichen, die große
Reichtümer sammeln konnten. Ich kann meinen Kindern und
Enkeln nur diesen wahrhaftigen Bericht hinterlassen, eine außergewöhnliche Geschichte freilich, wie meine Leser bald feststellen
werden.

Von den fünfhundertundfünfzig Soldaten, die unter Cortes
von der Insel Kuba nach Neuspanien segelten, sind bis zu diesem
Jahr 1568, in dem ich meinen Bericht niederschreibe, nicht mehr
als fünf noch am Leben. Alle übrigen starben in den Kriegen, von
denen ich erzählt habe. Wer in die Gewalt der feindlichen Indianer kam, wurde den Idolen geopfert, und die anderen sind ihren
Tod gestorben. Wenn ihr mich fragt, wo sie ihre Gräber haben,
sage ich, daß es die Bäuche der Indianer sind, die ihre Beine,
Schenkel, Arme, fleischigen Glieder, Füße und Hände aßen. Das
übrige wurde begraben. Ihren Leib warf man den Tigern,
Schlangen und Raubvögeln vor, die man in jener Zeit, um Staat

damit zu machen, in festen Häusern hielt, und jene Tiere wurden ihre Gräber, und dort befinden sich ihre Wappen. Und wie ich es mir vorstelle, müßten ihre Namen mit goldenen Lettern geschrieben sein; denn sie starben jenen grausamsten Tod, um Gott und Seiner Majestät zu dienen und denen Licht zu bringen, die in der Finsternis waren, und auch, um Reichtümer zu erlangen, die wir Menschen alle gemeinhin zu suchen pflegen.

Bernal Diaz del Castillo (1568)

VORSPIEL

Wie und wohin ich von Kastilien auszog

Ich, Bernal Diaz del Castillo, Bürger und Gouverneur der sehr getreuen Stadt Santiago de Guatemala, einer der ersten Entdekker und Eroberer von Neuspanien und seiner Provinzen und von Kap Honduras, bin geboren in der sehr edlen und berühmten spanischen Stadt Medina del Campo als Sohn ihres früheren Gouverneurs Francisco Diaz del Castillo, der unter dem Beinamen »Der Liebenswürdige« bekannt war, und seiner ihm rechtmäßig angetrauten Gattin – Gott habe sie selig! Ich erzähle hier meine Geschichte und die Geschichte meiner Kameraden, die im Namen der Katholischen Majestät Neuspanien, eines der schönsten und reichsten Länder der Neuen Welt, entdeckt, erobert, befriedet und verwaltet haben.

Meine Vorfahren standen schon immer im Dienst der Krone. Vater und Mutter dienten den Majestäten Ferdinand und Isabella. Ich wollte ihnen nicht nachstehen. Darum trat ich im Jahr 1514 in die Dienste des Pedrarias Davila, den der König soeben zum Statthalter seiner Terra Firma bestellt hatte. Wir segelten mit wechselnden Winden über das große Meer und erreichten das neueroberte Land in Nombre de Dios, wo gerade eine Pestilenz herrschte, an der viele unserer Leute zugrunde gingen. Wir alle hatten böse Beulen an den Beinen. Zu allem Überfluß kam es zu einer schweren Auseinandersetzung zwischen dem neuen Statthalter und dem Eroberer der Provinz Vasco Nunez de Balboa, der auf eigene Faust einen Vorstoß in das Südmeer plante und dazu unsere besten Soldaten mitnehmen wollte. Pedrarias Davila hatte dem schwerreichen Mann seine Tochter zur Frau gegeben. Nun ließ er dem Verräter den Prozeß machen und den Kopf abschlagen. Aber der Streit unter den Hauptleuten war damit nicht zu Ende. Auch die Soldaten rebellierten weiter. Das verdroß uns. Als wir hörten, daß Diego de Velazquez, ein Edelmann aus Cuellar, Statthalter auf der neueroberten Insel Kuba sei, baten einige Kavaliere und Soldaten, alles Leute von Stand, den Pedrarias Davila, mit dem sie aus Spanien gekommen waren, um Urlaub. Er gab ihn uns gern, weil er in der kleinen, dünnbevölkerten und ruhigen Provinz nicht so viele Soldaten brauchte.

Wir nahmen uns also ein gutes Schiff und landeten nach einer glücklichen und kurzen Fahrt auf der Insel Kuba, deren Statthalter uns sehr freundlich aufnahm. Er versprach uns die nächsten frei werdenden Indianer als Leibeigene. Ich war damals vierundzwanzig Jahre alt.

Schließlich waren aber drei Jahre seit unserer Ankunft auf der Terra Firma vergangen, und wir hatten immer noch keine Leibeigenen, und wir hatten immer noch nichts unternommen, was der Rede wert gewesen wäre. Darum schlossen sich etwa einhundertundzehn junge Gesellen zusammen. Wir wählten den reichen Hernandes de Cordoba, der auf Kuba mehrere indianische Dorfschaften besaß, zu unserem Feldhauptmann. Er sollte mit uns ausziehen und neue Länder entdecken.

Zu diesem Zweck kauften wir drei Schiffe, von denen zwei einen ansehnlichen Tonnengehalt hatten. Das dritte war nur eine Bark, für die uns der Statthalter Diego de Velazquez das Geld vorstreckte unter der Bedingung, daß wir mit allen drei Schiffen in Guyana einfielen, um dort Indianer als Sklaven einzufangen. Wir erwiderten aber, daß weder Gott noch der König uns geboten hätten, aus freien Menschen Sklaven zu machen. Daraufhin nahm der Statthalter seine Forderung zurück, billigte unseren Entschluß, neue Länder zu suchen, und stattete uns mit den notwendigen Lebensmitteln aus.

Wir verluden reichlich das landesübliche Kassavebrot und viele Schweine, für die wir drei Piaster je Stück bezahlten. Kühe und Schafe gab es damals noch nicht auf Kuba. Die übrigen Vorräte waren nicht nennenswert. Für den Tauschhandel steckte jeder Soldat eine Partie Glasperlen zu sich. Unter den angeworbenen Steuermännern war Anton de Alaminos aus Palos der angesehenste. Er führte das ganze Geschwader. Wir musterten die notwendigen Seeleute an und sorgten für die unentbehrlichen Dinge, wie Stricke, Taue, Anker, Wasserfässer, alles für unser eigenes Geld.

Als wir endlich die einhundertzehn Mann beisammen hatten, zogen wir in einen Seehafen an der Nordküste, den die Indianer Axaruco nennen und der etwa acht Leguas von der Stadt San Christobal de la Habana entfernt liegt. Die Stadt war damals noch im Aufbau. Dort fanden wir einen Geistlichen, der Alonso Gonzalez hieß, und der sich durch gute Worte und Versprechungen bereden ließ, uns zu begleiten. Wir bestellten den Soldaten Bernaldino Iniguez im Namen Seiner Majestät zum Säckelmeister für den Fall, daß der liebe Gott so gnädig sein sollte, uns in neuen Ländern Gold, Silber oder Perlen finden zu lassen. Er sollte dann das königliche Fünftel verwalten. Und nachdem wir alles dies hinter uns gebracht und die Messe gehört hatten, empfahlen wir uns Gott unserem Herrn und der Jungfrau Maria, seiner gebenedeiten Mutter, und gingen unter Segel, wie ich denn fürderhin erzählen werde.

Wie wir Yucatan entdeckten und ein Gefecht mit den Eingeborenen bestanden

Am 8. Februar 1517 gingen wir unter Segel. Zwölf Tage später passierten wir das Kap San Anton und waren nun in der offenen See. Wir steuerten auf gut Glück immer gegen Sonnenuntergang, ohne die Untiefen, die Ströme und die Winde in diesen Breiten zu kennen. Das war ein großes Wagstück für uns. Wir wurden auch bald von einem mächtigen Sturm überrascht, der zwei Tage und zwei Nächte tobte und der uns fast die Schiffe und das Leben gekostet hätte. Aber das Wetter beruhigte sich wieder.

Wir segelten nun in einer anderen Richtung. Am einundzwanzigsten Tag nach unserer Abfahrt von Kuba sahen wir Land, das noch nicht entdeckt war, von dem vorher niemand wußte. Das erfüllte uns mit großer Freude und Dank gegen Gott. Von unseren

Schiffen aus sahen wir eine große Ortschaft, die etwa zwei Stunden Wegs landeinwärts lag und die größer war als irgendeine auf der Insel Kuba, so daß wir sie Groß-Kairo nannten. Wir beschlossen, unser kleinstes Schiff gen Land zu schicken, um die Bodenbeschaffenheit, vor allem den Ankergrund zu prüfen.

Da kamen eines Morgens – es war der 4. März – zehn große Kanus, die man dort Pirogen nennt, auf uns zugerudert. Die Eingeborenen standen dicht an dicht in diesen Kanus, die wie die Backtröge aus großen, schweren, besonders harten Baumstämmen gehöhlt werden. Sie sind oft so groß, daß vierzig bis fünfzig Indianer in ihnen aufrecht stehen können. Wir machten ihnen Friedenszeichen, winkten mit den Händen und den Mänteln und baten sie so, näher zu kommen, damit wir uns miteinander verständigen könnten; denn wir hatten damals noch niemand unter uns, der die Sprache von Yucatan oder Mexiko beherrschte.

Sie kamen auch ohne Arg, und mehr als dreißig bestiegen unser Kommandoschiff. Wir bewirteten sie mit Kassavebrot und Speck und schenkten jedem eine Schnur mit grünen Glasperlen. Sie betrachteten und betasteten unsere Schiffe in aller Ruhe. Erst nach einer langen Weile gab uns ihr Anführer, ein Kazike, mit Zeichen zu verstehen, daß er wieder in sein Kanu steigen und nach Hause fahren wolle; er wolle aber am nächsten Tag mit mehr Kanus zurückkehren, um uns dann an Land zu führen.

Diese Indianer trugen ein kurzes baumwollenes Hemd, das wie eine Weste aussah, und Lendenschürzen, die sie mastel es nannten. Wir hielten sie deshalb für kultivierter als die Indianer auf Kuba, bei denen nur die Weiber die Scham mit baumwollenen Lappen verhüllen, die sie dort naguas nennen.

Am frühen Morgen des nächsten Tages kam der gleiche Kazike wieder zu uns, diesmal mit zwölf großen Kanus und zahlreichen Ruderern. Freundlich lächelnd gab er unserem Hauptmann Zeichen und bat uns, an Land und in seinen Ort zu gehen, wo er uns zu essen und alles geben werde, was wir brauchten. Wir sollten nur in den zwölf Kanus übersetzen. Dazu rief er immerzu: »Cones cotoche, cones cotoche!«, was soviel heißen sollte wie

»Kommt mit in mein Haus!« Aus diesem Grund nannten wir den Landeplatz Kap Catoche, ein Name, der heute noch auf allen Seekarten zu finden ist.

Wir berieten lange mit unserem Hauptmann und beschlossen dann, unsere eigenen Boote zu Wasser zu lassen, um in dem kleinsten Schiff und in den zwölf Kanus alle auf einmal an Land zu gehen. Die Küste wimmelte von Indianern, die aus der Ortschaft gekommen waren. Als der Kazike sah, daß wir an Land waren, aber keine Anstalten machten, aufzubrechen, gab er uns nochmals freundliche Zeichen, mit denen er uns zu sich einlud und mit denen er uns zugleich seiner Friedfertigkeit versicherte. Wir hielten erneut Rat mit unserem Hauptmann. Fast alle stimmten darin überein, daß wir auf der Hut sein müßten und nur schwer bewaffnet und in geschlossener Ordnung marschieren könnten. Wir nahmen deshalb fünfzehn Armbrüste und zehn Musketen mit und folgten dem Kaziken auf dem Weg, den er uns zusammen mit seinen zahllosen Indianern zeigte.

Auf diese Weise kamen wir unbehelligt bis in die Nähe einer Felsenschlucht. Da erhob der Kazike seine Stimme und befahl seinen im Hinterhalt liegenden Kriegsleuten, uns zu überfallen. Auf seinen Ruf stürmten die Indianer in dichten Haufen auf uns zu und überschütteten uns mit einem wohlgezielten Hagel von Pfeilen, in dem fünfzehn von unseren Soldaten verwundet wurden. Sie griffen mit Pfeil und Bogen, mit Lanzen und Schleudern an. Zu ihrem eigenen Schutz trugen sie eine Art Baumwollpanzer und Schilde. Zum Zeichen des Kampfes hatten sie ihre Federbüsche aufgesteckt. Nachdem sie ihre Pfeile verschossen hatten, rückten sie uns dicht auf den Leib und kämpften Mann gegen Mann mit ihren Spießen, die sie mit beiden Händen führten. Als sie aber die guten Schneiden unserer Degen spürten und die Verluste sahen, die unsere Armbrüste und Musketen unter ihnen anrichteten, räumten sie das Feld. Fünfzehn Indianer ließen sie auf dem Kampfplatz liegen.

Ganz in der Nähe fanden wir übrigens drei Steinhäuser, drei Tempel, mit zahlreichen, zum Teil sehr großen Götzenbildern aus Ton, die Teufelsfratzen und Frauengesichter trugen. Andere waren noch ungestalter. Es waren die Abbilder von Indianern, die unnatürliche Lust miteinander trieben. In den Tempeln fanden wir Holzkästchen, in denen wieder Götzen mit Teufelsfratzen lagen, ferner kleine Schalen, drei Kronen und vielerlei Schmuck in Gestalt von kleinen Fischen und Enten, alles aus schlechtem Gold. Trotzdem machte uns die Entdeckung dieses Landes mit den gutgebauten Tempeln und dem goldenen Schmuck große Freude; denn Peru wurde erst im Laufe der nächsten zwanzig Jahre entdeckt.

Während wir uns mit den Indianern herumschlugen, ließ unser Priester Gonzalez die Tempelschätze durch zwei Indianer, die wir aus Kuba mitgebracht hatten, auf die Schiffe bringen. Auch nahmen wir zwei unserer Gegner gefangen, die sich später taufen ließen und Christen wurden. Sie erhielten die Namen Melchior und Julian. Beide hatten bemalte Gesichter.

Das Scharmützel war noch einmal gut ausgegangen. Wir beschlossen, uns wieder einzuschiffen und unsere Entdeckungsfahrt an der Küste entlang gegen Westen fortzusetzen. Wir versorgten unsere Verwundeten und gingen wieder unter Segel.

Wie wir die Küste von Campeche entdeckten

Auf unserer Fahrt entdeckten wir viele Landspitzen, Untiefen, Baien und Riffe. Wir hielten das Land nach wie vor für eine Insel, weil unser Erster Steuermann das fest behauptete. Wir segelten bei Tag mit aller Vorsicht und gingen nachts vor Anker. Nach vierzehn Tagen sahen wir wieder eine große Ortschaft, die an einer Bucht lag. Es sah so aus, als ob dort auch ein Fluß sei, in dem wir Wasser fassen könnten. Unser Vorrat ging nämlich in den schlecht ausgebesserten Tonnen schnell zu Ende. Unsere Männer hatten alle nur geringe Mittel und hatten darum keine guten Fässer kaufen können. Es war gerade der Festtag des heiligen Lazarus (21. Februar), als wir von Bord gingen. Darum gaben wir dem Platz den Namen San Lazaro, obgleich wir wußten, daß die Indianer ihn Campeche nennen.

Um nur einmal fahren zu müssen, setzten wir in unserem kleinsten Schiff und in den drei Booten über, wohl versehen mit Waffen. Aber es war dort sehr seicht, und wir mußten die Schiffe eine ganze Stunde vom Land entfernt vor Anker liegen lassen. Außerdem gab es keinen Bach in dieser Gegend, und wir mußten bis zur Wasserstelle der Eingeborenen noch einen ziemlich weiten Weg zurücklegen.

Wir brachten also unsere Fässer an Land und füllten sie mit Wasser. Als wir uns wieder einschiffen wollten, kamen etwa fünfzig Indianer in prächtigen Mänteln aus der Ortschaft. Wir hielten sie für Kaziken. Sie gingen ganz friedlich auf uns zu und fragten durch Zeichen, was wir denn da machten. Wir gaben ihnen zu verstehen, daß wir nur Wasser geholt hätten und uns nun wieder einschiffen wollten. Da fragten sie uns, ob wir von Sonnenaufgang her kämen, und wiederholten dabei immer wieder das Wort »Castilan, Castilan«. Wir verstanden aber nicht, was sie damit meinten. Als sie uns einluden, mit in die Ortschaft zu kommen, folgten wir ihnen schließlich nach langem Hin und Her, sehr vorsichtig und in geschlossener Ordnung.

Sie führten uns zu einigen sehr großen und gut gebauten Tempeln, an deren Wänden ganze Gruppen von Schlangen und viele Götzen abgebildet waren. Um eine Art Altar herum fanden wir Tropfen von frischem Blut, an den Wänden aber Zeichen, die wie Kreuze aussahen, und Gemälde mit Gruppen von Indianern. Wir standen starr vor Erstaunen; denn wir hatten bis jetzt dergleichen nicht gesehen oder gehört. Es sah so aus, als hätten die Eingeborenen kurz zuvor ihren Götzen einige Indianer geopfert, damit sie ihnen daraufhin den Sieg über uns verleihen möchten.

Die Zahl der Indianer und ihrer Weiber wurde immer größer. Sie lachten uns zu und gaben sich ganz friedlich. Als es aber nach und nach immer mehr wurden, überkam uns langsam die Sorge, es könne wieder zu einem Treffen kommen wie in Catoche. In diesem Augenblick kamen von einer anderen Seite viele Indianer in zerrissenen Mänteln, die Bündel mit dürrem Schilf niederlegten. Unter ihnen waren auch Bogenschützen in ihren Baumwollpanzern, die mit Lanzen, Schilden, Schleudern und Steinen ausgerüstet waren. Hauptleute standen an ihrer Spitze. Fast gleichzeitig stürzten aus einem Tempel zehn Indianer in langen weißen baumwollenen Gewändern. Ihre dichten, struppigen Haare waren so mit Blut verklebt, daß man sie nicht mehr kämmen, daß man sie höchstens abschneiden konnte. Es waren Götzenpriester, die man in Neuspanien gewöhnlich Papas nennt. Sie hatten Bekken aus Ton mit Räucherwerk, das wie Harz aussah und das sie Kopal nennen. Damit beräucherten sie uns und gaben uns gleichzeitig zu verstehen, daß wir ihr Land verlassen sollten, ehe die Schilfbündel abgebrannt seien, die sie gleich anzünden würden. Sie würden uns sonst angreifen und umbringen. Dann ließen sie die Bündel anzünden. Die Priester sprachen kein Wort mehr. Dafür fingen die Bogenschützen an zu pfeifen, auf ihren Trompetenmuscheln zu blasen und die Pauken zu rühren.

Als wir nun sahen, was sie vorhatten, mußten wir an die Wunden denken, die wir uns in Kap Catoche geholt hatten und die noch nicht geheilt waren. Zwei Soldaten waren an ihren Folgen gestorben. Wir mußten sie ins Meer werfen. Die Scharen der Indianer wurden immer dichter, und wir beschlossen, uns in guter Ordnung zurückzuziehen. Wir marschierten bis zu der Stelle, an der die Boote und das kleine Schiff mit den Wasserfässern lagen. Ein Felsen stand dort mitten im Meer. Wir brachten unser Wasser glücklich an Bord und segelten bei gutem Wetter sechs Tage und sechs Nächte durch. Dann kam plötzlich ein Nordwind auf, der ein schweres Unwetter brachte, das viermal vierundzwanzig Stunden dauerte. Wieder waren wir unserem Verderben nah. Wir mußten dicht unter der Küste Anker werfen. Unser Schiff hing nur an zwei Tauen. Rissen sie, dann mußte es an der Küste zerschellen. Aber nach Gottes Willen überstanden wir auch diese Not. Die alten Taue hielten fest. Wir segelten dicht unter der Küste weiter, um keine Wasserstelle zu versäumen; denn unsere Fässer waren leck und unsere Männer gingen nicht sehr sparsam mit dem Wasser um. Als wir deshalb wieder eine Ortschaft und eine Stunde später einen natürlichen Binnenhafen sahen, entschlossen wir uns sehr schnell, an Land zu gehen. Wir bestiegen wieder unser kleinstes Schiff und alle unsere Boote und nahmen die Fässer und unsere Waffen, vor allem die Armbrüste und die Musketen mit. In der Mittagszeit stiegen wir an einer Stelle an Land, die etwa eine Stunde von der Ortschaft Potonchan entfernt war. Wir fanden dort einige Brunnen, Maisfelder und steinerne Gebäude. Wir füllten unsere Wasserfässer, konnten sie aber nicht mehr zu den Booten bringen, weil eine große Menge Volks über uns herfiel.

In der Bai des unglücklichen Gefechts

Während wir nämlich das Wasser einnahmen, kamen große Scharen von Indianern aus dem Ort Potonchan, schwer bewaffnet, in ihren Baumwollpanzern, die Federbüsche auf dem Haupt und die ganzen Leiber mit weißer, schwarzer und brauner Farbe bemalt. Sie zogen in tiefem Schweigen auf uns zu, als ob sie in friedlicher Absicht kämen, und fragten uns durch Zeichen, ob wir von Sonnenaufgang her kämen. Dazu sprachen sie dieselben Worte wie die Eingeborenen von San Lazaro: »Castilan, Castilan«. Wir wußten nicht, was sie damit wollten. Aber die Wiederholung derselben Anrede von uns gänzlich unbekannten Fremden machte uns stutzig. Wir antworteten ihnen, daß wir von Sonnenaufgang herkämen. Das alles spielte sich gegen Abend ab. Wir stellten Wachen aus und waren überhaupt sehr auf der Hut. Plötzlich hörten wir neue Scharen von Indianern, die mit großem Lärm und viel Geschrei aus ihren Ortschaften kamen. Auch sie waren schwer bewaffnet, und es gab keinen Zweifel, daß sie Böses im Schilde führten. In der Beratung mit unserem Hauptmann schlugen die einen vor, daß wir uns sofort einschiffen sollten; andere meinten dagegen, das sei die beste Gelegenheit für die Eingeborenen, uns zu überfallen und zu vernichten; wieder andere – zu denen auch ich gehörte – wollten die Feinde noch in der Nacht angreifen, nach dem alten Grundsatz: wer zuerst angreift, bleibt Meister des Schlachtfelds. Freilich hätte dann jeder von uns dreißig Indianer auf sich nehmen müssen.

Darüber brach der Tag an. Die Zahl der Feinde hatte sich inzwischen vervielfacht. Sie hatten uns völlig eingeschlossen. Wir sprachen uns gegenseitig Mut zu, empfahlen uns selbst dem Schutz des Allmächtigen und nahmen uns vor, unser Leben so teuer wie möglich zu verkaufen. Die Indianer überschütteten uns mit einem Regen von Pfeilen, Speeren und Steinen, durch den über achtzig Mann von uns verwundet wurden. Dann rückten sie uns näher auf den Leib und kämpften mit Lanzen und Schwertern Mann gegen Mann. Aber auch wir setzten ihnen mit Hieb und Stich, mit Armbrüsten und Musketen nicht wenig zu. Sie wichen aber nur so weit zurück, wie es zweckmäßig war, um uns wieder beschießen zu können. Dazu riefen sie in ihrer Sprache immer wieder: »Al calachuni, calachuni«, was soviel heißt wie: »Schlagt den Hauptmann tot!« Und wirklich trafen ihn zwölf Pfeilschüsse, mich nur drei, von denen einer sehr gefährlich war, weil der Pfeil bis auf den Knochen drang. Zwei unserer Leute wurden lebendig fortgeschleppt.

Als unser Hauptmann sah, daß wir gegen diese Übermacht nicht bestehen könnten, zumal die Feinde immer wieder frische Kräfte in den Kampf schickten und den anderen Speise und Trank und frische Pfeile zutrugen, als wir alle verwundet und fünfzig von uns tot waren, da befahl er uns, die feindlichen Massen mutig zu durchbrechen und uns auf die nahen Boote zurückzuziehen. Das Unternehmen gelang, obwohl die Indianer nun mit doppeltem Mut auf uns einschrien und einschlugen und schossen. Aber es wartete noch ein schwererer Schicksalsschlag auf uns: als wir uns alle auf die Boote stürzten, wurde den Fahrzeugen die Last zu schwer, und sie sanken. Wir konnten uns nur schwimmend auf das kleine Schiff retten, das uns so weit wie möglich entgegenkam. Aber die Indianer setzten uns mit ihren Kanus nach und verwundeten beim Einschiffen noch viele von

uns, vor allem diejenigen, die sich am Rand des Fahrzeuges festhalten mußten. Als wir an Bord kamen, fehlten uns 57 Kameraden, außer den zweien, welche die Indianer lebend fortgeschleppt
hatten, und außer fünfen, die ihren schweren Wunden erlagen, so
daß wir sie ins Meer werfen mußten. Das ganze Gefecht hatte eine
halbe Stunde gedauert. Die Seeleute nannten Potonchan nach
diesem schweren Tag La Costa de Mala Pelea, die Bai des unglücklichen Gefechts. Wir Überlebenden dankten Gott dem
Allmächtigen für unsere Rettung. Die Verletzten hatten freilich
noch große Schmerzen auszustehen, weil ihre Wunden nur mit
Salzwasser ausgewaschen werden konnten und dadurch schlimm
aufschwollen. Ein einziger Soldat war mit heiler Haut davongekommen.

*Von dem großen Durst und allen Mühseligkeiten, die wir auf
der Rückfahrt nach der Insel Kuba erleiden mußten*

Wir beschlossen nun, nach der Insel Kuba zurückzukehren. Da
die meisten Seeleute mit uns an Land gewesen und verwundet
waren, hatten wir aber nicht mehr genug Hände, um die Segel
zu setzen und zu regieren. Wir mußten deshalb unser kleinstes
Schiff anzünden und den Wellen überlassen. Die unverwundeten Seeleute, die Segel, Anker und Taue verteilten wir auf die
zwei großen Schiffe. Das war aber noch nicht unser schlimm-
stes Übel. Viel schwerer wog der Wassermangel. Wir hatten
unsere Fässer zwar in Potonchan frisch gefüllt, konnten sie aber
in der Hitze des Gefechts nicht mit an Bord bringen. So waren
wir nun ohne Wasser und ohne Fässer. Wir hatten solchen
Durst, daß wir die Schneiden unserer Beile an die Lippen und
die Zungen hielten, um uns zu erfrischen. Oh, es ist ein mühe-
volles Unternehmen, neue Länder zu entdecken. Das vermag
nur der zu ermessen, der diese harte Schule selbst durchlaufen
hat.

Wir segelten wieder dicht unter Land, um keine Wasserstelle

zu übersehen. Vergeblich schickten wir achtzehn Mann zum Brunnengraben in eine kleine Bucht. Sie brachten nur bitteres Salzwasser, das niemand ohne Gefahr trinken konnte. Zu dieser Zeit kam übrigens wieder ein heftiger Nordoststurm auf, der uns tagelang festhielt. Unser Steuermann änderte deshalb die Fahrtrichtung und versuchte, die Breite von Florida zu gewinnen, von wo der Heimweg kürzer war als die Hinreise.

Nach vier Tagen hatten wir die Küste von Florida vor uns. Der Steuermann Anton Alaminos und ich gingen mit zwanzig Mann an Land, deren Wunden einigermaßen verheilt waren. Wir nahmen alle erreichbaren Fässer und Krüge und unsere Armbrüste und Musketen mit. Der schwerverwundete Hauptmann, der durch den großen Durst besonders geschwächt war, bat uns um Gottes willen, ihm süßes Wasser mitzubringen. Er müsse sonst verschmachten.

Der Steuermann erkannte den Landstrich wieder, den er vor zehn oder zwölf Jahren unter Ponce de Leon entdeckt hatte. Sie hatten damals in einem schweren Gefecht mit den Indianern viele Leute verloren. Wir waren deshalb besonders auf der Hut und stellten zwei Posten aus. Dann gruben wir nach süßem Wasser. Die Flut ging gerade zurück, und Gott gab, daß wir sehr gutes Wasser fanden. In unserer Freude labten wir uns reichlich an dem frischen Trunk und wuschen die Verbandstücke unserer Verwundeten aus. Darüber mochte eine gute Stunde vergangen sein, und wir wollten uns gerade wieder einschiffen, als einer unserer Posten schrie: »Zu den Waffen! Zu den Waffen! Indianer kommen zu Land und vom Meer her!« Fast gleichzeitig mit diesem Soldaten waren die Indianer auch schon da, mit mächtigen Bogen und scharfen Pfeilen, mit Lanzen und Spießen, von denen einige wie Schwerter aussahen. Sie gingen geraden Weges auf uns zu, schossen ihre Pfeile ab und verwundeten beim erstenmal sechs unserer Leute. Auch ich wurde leicht am rechten Arm verletzt. Wir empfingen sie mit Hieben, Stichen und Musketenschüssen, so daß sie bald von unserer Gruppe, die das Wasser aus dem Brunnen holte, abließen. Sie wandten sich der Küste zu, um den

Indianern zu helfen, die unsere Männer in ihrem Boot angegriffen hatten. Dort kämpfte Mann gegen Mann. Die Feinde hatten unser Boot schon ins Schlepptau genommen; vier Seeleute waren blessiert, der Steuermann Alaminos hatte eine böse Halswunde. Wir griffen tapfer an, gingen schließlich bis zum Gürtel ins Wasser und warfen sie mit Hilfe unserer Degen wieder aus dem Boot. Zweiundzwanzig Indianer ließen wir für tot am Strand liegen; drei Verwundete brachten wir mit an Bord, wo sie freilich an den Folgen ihrer Verletzungen gestorben sind.

Uns fehlte der Kamerad Berrio, der zweite Wachposten. Er war mit einer Axt weiter in die Bucht gegangen, um einen Palmbaum zu fällen. Von dort waren aber dann die Indianer gekommen. Ein Warnruf war das letzte, was wir von ihm gehört hatten. Wir suchten und riefen lange nach ihm. Wir fanden auch die gefällte Palme und daneben zahlreiche Fußspuren, aber keine Spur von Blut. Er muß den Indianern also lebendig in die Hände gefallen sein. Es ist merkwürdig, daß der Mann gerade hier sein Ende finden mußte. Er war der einzige, der in dem schweren Gefecht von Potonchan unverwundet blieb. Nach einer guten Stunde gaben wir die Suche auf und brachten das Süßwasser an Bord. Die Freude der Mannschaft war groß. Sie dankten uns, wie wenn wir ihnen neues Leben geschenkt hätten. Einer der Soldaten freilich sprang in seiner Gier vom großen Schiff ins Boot, ergriff eines der Gefäße und stürzte so viel Wasser in sich hinein, daß sein Leib aufschwoll und er starb.

Auf der Weiterfahrt hatten wir gutes Wetter. Die Fahrrinne zwischen den Inseln war aber voller Untiefen. Wir hatten an den tiefsten Stellen nur vier Klafter Wasser. So kam es, daß unser Kommandoschiff auf eine Klippe lief und leck wurde. Wir stellten uns alle an die Pumpen, ohne das Wasser ganz bewältigen zu können; wir waren in ständiger Gefahr unterzugehen. Ich werde einige Matrosen aus der Levante nie vergessen. Wir baten sie in dieser Lage: »Helft uns doch, Brüder, das Wasser auszupumpen; seht ihr nicht, daß wir alle verwundet und von der schweren Arbeit übermüdet sind? Wenn wir nicht zusammen helfen, ist alles verloren!« Sie antworteten: »Das ist doch eure Sache! Wir beziehen keinen Sold und haben Hunger und Durst, Arbeit und Wunden mit euch zu teilen!« Es blieb uns nichts übrig, als sie mit Gewalt an die Pumpen zu treiben. So regierten wir denn mit allen unseren Wunden abwechselnd die Segel und die Pumpen, obgleich uns sehr übel zumute war, und das dauerte so lange, bis uns der Herr Christus in den Hafen von Carenas führte, der später den Namen Havana erhielt.

Gleich nach der Landung schrieben wir an den Statthalter von Kuba und berichteten ihm von den neuentdeckten Ländern, von den großen Ortschaften mit den steinernen Häusern, von den in Baumwolle gekleideten und wohlbewaffneten Einwohnern, den Maisfeldern und dem gefundenen Goldschmuck. Diese Nachrichten müssen sehr übertrieben weitergegeben worden sein. Denn in Kuba und auf den Inseln von San Domingo, ja in Spanien erzählte man sich, wir hätten die reichsten Länder entdeckt. Der Statthalter fragte die gefangenen Indianer nach den Schätzen ihres Landes aus und sorgte dafür, daß ihm diese verdienstvolle Entdeckung zugeschrieben wurde. Unsere Mannschaft verstreute sich schnell über die ganze Insel. Unser Hauptmann starb zehn Tage nach seiner Heimkehr an den Wunden, die er sich geholt hatte. Drei unserer Leute verschieden noch in Havana. Unsere Schiffe wurden nach Santiago de Kuba gebracht, wo der Statthalter residierte. Wir aber sind bettelarm nach Kuba zurückgekommen, die schöne Entdeckungsreise hatte das Unsrige aufgezehrt. Dabei konnten wir von Glück sagen, daß wir nicht umgekommen waren wie unsere Kameraden. Der ganze Gewinn unserer Fahrt war der Verlust von 70 Mann.

Weitere Mühseligkeiten, die ich mit drei anderen Kriegsleuten ausstehen mußte

Ich war mit einigen Kameraden in Havana zurückgeblieben, um meine Wunden auszuheilen. Als es uns endlich besser ging, vereinbarten wir mit Pedro de Avila, einem Einwohner von Havana, daß wir mit ihm zusammen nach Trinidad fahren wollten. Er legte die Reise in einem Kanu zurück, das mit baumwollenen Hemden beladen war, die er in der Stadt verkaufen wollte. Wir mußten dem Pedro von Avila zehn Dublonen geben, damit er uns mitnahm. Wir fuhren in dem Kanu an der Südküste entlang, bald rudernd, bald segelnd, und erreichten in elf Tagen die Höhe des indianischen Dorfes Vanarreo, das unter spanischer Botmäßigkeit stand. Da kam in der Nacht ein so gewaltiger Wind auf, daß wir trotz äußerster Kraftanstrengung nicht mehr gegen den hohen Seegang anrudern konnten. Es blieb uns schließlich nichts anderes übrig, als das Kanu zwischen den großen Felsen an Land laufen zu lassen. Das Boot zerschellte, und die ganze Ladung ging unter. Wir retteten uns splitternackt mit Prellungen und Quetschungen an Land; denn wir hatten uns ganz ausgekleidet, um besser schwimmen zu können und um das Kanu nach Möglichkeit zu entlasten.

Wir hatten also wieder einmal nur unser Leben gerettet, und hatten sonst nichts mitzunehmen auf den Weg nach der Stadt Trinidad. Dieser Weg aber ging an der Küste entlang, durch schlechtes Land, über spitze Felsen und Steine. Bald waren unsere Füße wund, und an Essen war gar nicht zu denken. Dazu setzten uns die gewaltige Brandung und der heftige Sturmwind mächtig zu. Es nützte uns nichts, daß wir uns mit Baumblättern und Kräutern zu schützen suchten. Wir holten uns am ganzen Körper blutende Beulen, vor allem an den verborgenen Stellen. Unsere Füße waren über und über mit offenen Blasen bedeckt. Bald konnten wir nicht mehr. Mit vieler Mühe schleppten wir uns schließlich auf eine Anhöhe. Mit flachen Steinen lösten wir dort Baumrinden ab, denn keiner von uns hatte einen Dolch. Wir banden sie so gut es ging mit Lianenranken unter unsere Füße. Nach vielen Mühseligkeiten erreichten wir auf diese Weise bekleidet endlich einen sandigen Uferstreifen und nach zwei weiteren Tagen das indianische Dorf Yaguarama, das damals dem Pater Bartolome de Las Casas gehörte, der später Bischof von Chiapa wurde.

Die Indianer gaben uns zu essen. Am nächsten Tag verpflegten uns die Eingeborenen eines anderen Dorfes, von dem aus wir bald in die Stadt Trinidad kamen. Verschiedene Bekannte versorgten uns mit Kleidungsstücken. Verarmt und von den vielen Mühseligkeiten sehr geschwächt, zog ich weiter nach Santiago de Kuba, um den Statthalter Diego de Velazquez zu besuchen. Er rüstete gerade eine neue Flotte aus und freute sich, mich wiederzusehen, denn wir waren Verwandte. Ein Wort gab das andere. Plötzlich fragte er mich, ob meine Wunden soweit geheilt seien, daß ich mit nach Yucatan ziehen könne. Da lachte ich und fragte ihn: »Wer hat denn dem Land diesen Namen gegeben? Die Eingeborenen nennen es anders.« Er antwortete: »So nennt es der Melchior, den ihr mitgebracht habt.« Ich sagte dagegen: »Nennt es lieber das Land, in dem sie uns die eine Hälfte getötet, die andere verwundet haben.« Er erwiderte darauf: »Ich weiß, ihr habt viele Mühseligkeiten ausgestanden. Aber es ist euch damit nicht anders ergangen wie allen, die ausziehen, um Entdeckungen zu machen. Dafür sollen euch auch die große Ehrung und Belohnung von Seiner Majestät dem König nicht fehlen. Ich werde ihm getreulich berichten. Schließet Euch also nur getrost der Flotte an, die ich ausrüste, mein Sohn. Ich werde dafür sorgen, daß Ihr einen ehrenvollen Posten bekommt.«

Wie der Statthalter von Kuba eine andere Flotte in das
Land schickte, das wir entdeckt haben

Im Jahr 1518 rüstete Diego de Velazquez eine neue Flotte aus, die nach Yucatan segeln sollte. Er wählte dazu vier Schiffe. Darunter waren die beiden, die wir für unsere erste Entdeckungsreise nach Yucatan aus eigenen Mitteln gekauft hatten. Die beiden anderen bezahlte der Statthalter aus seiner eigenen Tasche. Damals hielten sich in Santiago de Kuba mehrere Edelleute auf, die als Besitzer von Kommenden mit dem Statthalter Geschäfte abzuwickeln hatten. Es waren alles mutige und bewährte Männer, die Diego de Velazquez bald als Teilnehmer an dem kühnen Zug gewann. Ein Verwandter des Statthalters, Juan de Grijalva, übernahm als Generalkapitän den Befehl über das ganze Geschwader; Francisco de Montejo, Pedro de Alvarado und Alonso Davila kommandierten jeder eines der drei anderen Schiffe. Die Hauptleute sollten die Schiffe mit Kassavebrot, Pökelfleisch und sonstigen Mundvorräten versehen; der Statthalter übernahm die Anschaffung von Armbrüsten, Musketen, Tauschwaren und anderen notwendigen Artikeln. Wer noch keine eigenen Indianer auf der Insel besaß, wollte mit in das reiche Land ziehen. Wir hatten deshalb in sehr kurzer Zeit unsere 240 Mann beisammen.

So machte ich mich denn noch einmal nach diesem Land auf, unter denselben Hauptleuten, mit denen ich später ein drittes Mal dorthin zog. Der Statthalter Diego de Velazquez hatte dem Generalkapitän die Instruktion gegeben, er solle so viel Gold und Silber eintauschen wie irgend möglich, und wenn er es für notwendig und möglich hielt, in dem neuen Land eine Niederlassung errichten. Die drei erprobten Steuermänner kamen wieder mit, dazu ein Kontrolleur und der Geistliche Juan Diaz. Anton de Alaminos wurde wieder zum Obersteuermann bestellt. Wir beluden unsere Schiffe im Hafen von Matanzas (Hafen der Mordtat), wo damals, vor der Gründung Havanas, die großen Lebensmittelmagazine waren.

Am 5. April 1518 hörten wir noch einen feierlichen Gottesdienst. Dann setzten wir die Segel. Nach zehn Tagen schon ließen wir die Landspitze von Guaniguanico, welche die Seeleute San Anton nennen, hinter uns, und zehn Tage später lag schon die Insel Cozumel vor uns. Die Schiffe wurden diesmal durch Meeresströmungen weiter abgetrieben als auf unserer ersten Fahrt. Wir landeten an der Südküste, in der Nähe einer Ortschaft, bei der wir einen guten rifffreien Ankerplatz fanden. Unser Hauptmann Juan de Grijalva ging mit einer starken, wohlbewaffneten Abteilung Soldaten an Land. Die Einwohner aber hatten aus Angst vor den großen, ihnen unbekannten Segelschiffen ihr Dorf verlassen. Erst nach langem Suchen fanden wir unter geschnittenem Mais versteckt zwei alte Indianer, die vor uns fliehen wollten. Wir brachten sie zu unserem Hauptmann, der sich mit Hilfe der beiden Indianer aus Catoche mit ihnen verständigte. Die Insel Cozumel lag nur vier Stunden von Catoche weg, und die Indianer sprachen deshalb dieselbe Sprache. Der Hauptmann war sehr freundlich zu den beiden Alten, schenkte ihnen Glasperlen und schickte sie fort mit dem Auftrag, ihren Kaziken zu holen. Die beiden kamen aber nie zurück.

Während wir noch auf die Männer warteten, tauchte plötzlich eine junge, gutaussehende Indianerin auf, die den Jamaikadialekt beherrschte. Sie erzählte uns, daß die Indianer aus Angst in die Berge geflohen seien. Sie selbst war vor zwei Jahren mit zehn anderen Indianern beim Fischen in einem großen Kanu hierher verschlagen worden. Die Eingeborenen hatten inzwischen ihren Gatten und die meisten anderen Fahrtgenossen umgebracht und ihren Götzen geopfert. Unser Hauptmann hielt die Frau für eine brauchbare Unterhändlerin und schickte sie in die Berge, um den Kaziken zu rufen. Er gab ihr zwei Tage Frist. Sie kam schon am nächsten Tag zurück, unverrichteterdinge, niemand hatte mit ihr gehen wollen.

Wir nannten den Ort, den wir am Tag des Heiligen Kreuzes entdeckt hatten, Santa Cruz. Hier gab es reichlich Honig, Maniok, Bataten und ganze Herden von Bisamschweinen (Nabelschweinen), die den Nabel auf dem Rücken haben. Auf der Insel waren drei kleine Ortschaften, die jeweils etwa zwei Stunden auseinander lagen. Als unser Hauptmann sah, daß es nur Zeitverlust bedeutete, hier länger zu warten, gab er den Befehl zur Einschiffung. Die Indianerin aus Jamaika ging mit uns an Bord.

Wie wir in Potonchan landeten

Wir hielten den gleichen Kurs wie bei unserer ersten Fahrt und erreichten nach acht Tagen die Küste von Potonchan, den Schauplatz unserer Niederlage. Wir ankerten in dem seichten

Grund etwa eine Stunde vom Ufer entfernt, gingen mit der Hälfte unserer Mannschaften in die Boote und ruderten bis in die Nähe der ersten Häuser. Wieder sammelten sich die Einwohner des Ortes und die Eingeborenen aus der Nachbarschaft. Es war wie das erste Mal, als sie uns 56 Mann getötet und fast alle verwundet hatten. Sie waren schwer bewaffnet und trugen den Stolz auf ihren Sieg nur allzu deutlich zur Schau. Mit schwarz und weiß bemalten Gesichtern standen sie am Ufer bereit, um bei der ersten Gelegenheit über uns herzufallen. Wir waren auf diese Lage vorbereitet und hatten uns besonders reichlich mit Falkonetten, Armbrüsten und Musketen ausgestattet. Sobald wir nahe genug waren, überschütteten sie uns wieder mit Pfeilen und Speeren und verwundeten die Hälfte unserer Männer.

Wir stiegen aus den Booten und trieben sie mit Hieben und Schüssen zurück. Jeder Indianer nahm trotzdem einen von uns besonders aufs Korn. Dieses Mal waren aber auch wir durch Baumwollpanzer gegen ihre Pfeile geschützt. Sie hielten sich aber lange Zeit gut. Erst als uns eine Barke Verstärkung brachte, konnten wir sie in ein vermurtes Gebiet bei der Ortschaft drängen. Wir hatten einige Tote und über 60 Verwundete. Unser Feldhauptmann Juan de Grijalva erhielt drei Pfeilschüsse und verlor zwei Zähne. Wir verbanden unsere Blessierten und begruben unsere Toten. Im ganzen Dorf war keine Seele. Wir hatten drei Gefangene gemacht, darunter einen vornehmen Mann. Der Hauptmann behandelte sie gut, beschenkte sie mit Glasperlen und Glöckchen, die bei den Indianern sehr beliebt waren, und ließ sie dann frei, mit dem Auftrag, ihrem Kaziken und den Einwohnern zu versichern, daß sie friedlich zurückkommen könnten. Sie vergaßen aber wohl, wiederzukommen. Einige von uns meinten freilich, daß die Dolmetscher Melchior und Julian unsere Worte falsch weitergegeben hätten.

Wir blieben vier Tage in dem Ort, den ich wegen der großen Heuschrecken nie vergessen werde. Sie flogen uns während des Gefechts, das auf einer steinigen Wiese stattfand, ständig ins Gesicht. Da die Indianer uns gleichzeitig mit einem Pfeilregen überschütteten, hielten wir die Heuschrecken auch für Pfeile. Noch schlimmer wurde es freilich, als wir diesen Irrtum merkten und daraufhin umgekehrt die Pfeile für Heuschrecken hielten und uns nicht mehr genügend deckten. Wir trugen auf diese Weise manche schwere Wunde davon und waren überhaupt recht übel dran.

Wie wir in der Terminosbucht jagten, in den
Tabascostrom einfuhren, und was uns dort weiter
begegnet ist

Auf der Weiterfahrt entdeckten wir einen sehr guten Hafen, der weit ins Land hinein reichte. Wir hielten ihn erst für eine Fluß-mündung, und unser Steuermann meinte, daß hier das Ende der Insel sei und endlich das Festland beginne. Deshalb nannten wir die Buch »Boca de Terminos« (Grenzbucht). In Wirklichkeit war es eine von Inseln eingeschlossene Lagune, die drei offene Ein-fahrten hatte. Unsere Hauptleute und ein großer Teil der Mann-schaft gingen an Land. Wir blieben drei Tage, um diesen Land-strich genau zu erforschen. Wir fanden auch wieder Steintempel, Götzenbilder aus Ton und Holz, Figuren mit Frauen und Schlangen und viel Gehörn von Rotwild. Wir schlossen daraus, daß in der Nähe eine größere Ortschaft sein müsse, zumal sich der Platz vortrefflich als Hafen eignete. Wir täuschten uns aber. Wir fanden weit und breit keine menschlichen Ansiedlungen. Dafür gab es so viel Wild, daß wir mit einem einzigen Rüden zehn Stück Rotwild und zahlreiche Kaninchen jagen konnten. Dem Rüden gefiel es so gut, daß er uns entwischte, als wir uns ein-schifften. Wir sahen ihn erst wieder, als wir später mit Cortes hierherkamen. Er war inzwischen feist geworden, und sein Fell glänzte.

Wegen der vielen Untiefen und Riffe segelten wir wieder nur bei Tag und mit aller Vorsicht. Am dritten Morgen lag eine breite Strommündung vor uns, die wie ein guter Hafen aussah. Beim Näherkommen sahen wir aber, daß sich dicht vor der Mündung die Wellen an Untiefen brachen. Wir setzten Boote aus, loteten den Grund aus und stellten fest, daß die zwei größeren Schiffe hier nicht einlaufen konnten. Sie sollten deshalb draußen, in der offenen See, Anker werfen, während eine starke Abteilung mit den zwei kleineren Schiffen und sämtlichen Booten stromauf-wärts fahren sollte. An den Ufern lagen nämlich zahlreiche Kanus mit schwerbewaffneten Indianern. Wir nahmen an, daß in der Nähe eine größere Ortschaft sein müsse. Auch fanden wir Fischreusen, die wir ausnahmen. Die Indianer nannten den Strom nach ihrem Kaziken Tabasco; weil wir ihn nun unter der Führung von Juan de Grijalva entdeckt hatten, nannten wir ihn Rio de Gri-jalva.

Wir waren noch etwa eine halbe Stunde von der Ortschaft ent-fernt, als wir hörten, wie Bäume gefällt wurden. Die Indianer bauten große Verhaue und bereiteten sich in jeder Weise auf ei-nen Krieg vor; denn sie waren über die Vorfälle in Potonchan sehr genau unterichtet und zweifelten keinen Augenblick daran, daß es zum Kampf käme. Wir landeten daraufhin eine halbe Stunde vor dem Ort auf einer Landspitze, auf der ein paar Palmbäume standen. Sobald sie uns erblickten, kamen etwa fünfzig Kanus mit Kriegern in voller Rüstung auf uns zu. Viele weitere Kanus lagen flußaufwärts am Ufer. Sie wagten es vorerst nicht, auch auf uns zuzukommen.

Wir waren schon im Begriff, unsere Geschütze abzufeuern und die Feinde mit Musketen und Armbrüsten gebührend zu begrü-ßen, als uns der liebe Gott eingab, es doch noch einmal auf friedli-chem Wege zu versuchen. Wir ließen den Anführern durch Mel-chior und Julian sagen, daß sie sich nicht fürchten sollten. Wir möchten nur mit ihnen reden und ihnen einige Eröffnungen ma-chen, über die sie sich wahrscheinlich freuen würden. Sie sollten nur kommen. Wir würden ihnen dann gern auch die mitgebrach-ten Sachen schenken. Daraufhin kamen vier Kanus mit etwa dreißig Indianern. Wir zeigten ihnen Schnüre mit blauen Glas-perlen, kleine Spiegel und grüne Glasperlen. Als sie diese sahen, wurden sie sehr vergnügt; denn sie hielten die grünen Perlen für

Chalchihuites, Steine, die bei ihnen für besonders wertvoll gelten.

Unser Hauptmann teilte ihnen durch die Dolmetscher mit, daß wir aus sehr fernen Ländern kämen und Untertanen eines großen Kaisers seien, dem zahlreiche Fürsten und Kaziken als Vasallen dienten. Sie sollten diesen Kaiser Don Carlos (Karl V.) auch als ihren Oberherrn anerkennen, dann würde es ihnen allen gut gehen. Im übrigen möchten wir gegen unsere Glasperlen gerne Hühner (Truthühner) eintauschen. Zwei Indianer, von denen der eine ein Anführer, der andere ein Papa war, erklärten uns, daß sie die gewünschten Lebensmittel holen und einen Tauschhandel mit uns anfangen würden. Im übrigen hätten sie bereits einen Oberherrn und müßten sich sehr verwundern, daß wir ihnen gleich einen neuen Herrn geben wollten. Wir seien doch eben erst angekommen und kennten sie doch gar nicht. Alle Krieger des Landes, zwei Heerhaufen mit je achttausend Mann, stünden gegen uns bereit. Sie wüßten zwar, daß wir vor wenigen Tagen bei Potonchan zweihundert Mann getötet und blessiert hätten, aber sie seien nicht so schwach wie die Bewohner dieses Landes. Darum hätten sie zuerst hören wollen, was wir eigentlich hier wollten. Unsere Erklärung würde nun allen Kaziken und den Führern der vielen Ortschaften mitgeteilt werden, die über Krieg und Frieden entscheiden würden.

Daraufhin umarmte unser Feldhauptmann die Indianer zum Zeichen des Friedens. Er gab ihnen einige Schnüre Glasperlen und forderte sie auf, schnell zurückzukommen. Wenn es uns zu lange dauere, müßten wir daraus schließen, daß sie böse Absichten hätten. Wir würden dann mit Gewalt in ihre Ortschaften eindringen. Die Abgesandten sprachen mit den Kaziken und den Papas. Sie nahmen den Friedensantrag an und versprachen, sofort Lebensmittel zu liefern. Außerdem sollten alle zu einem Goldgeschenk für uns beisteuern, um die Freundschaft zu bekräftigen, damit es nicht so gehe wie in Potonchan.

Diese ganzen Verhandlungen fanden auf der kleinen Landspitze unter den Palmbäumen statt. Bald kamen über dreißig In-

dianer mit gebratenen Fischen, Hühnern, Früchten und Maisbrot. Sie brachten auch metallene Becken mit glühenden Kohlen
und Räucherwerk und beräucherten uns damit. Dann breiteten
sie Matten auf dem Boden aus, legten baumwollenes Zeug darüber
und präsentierten uns darauf unbedeutende Kleinode aus Gold in
Form von Enten und Eidechsen, dazu drei Halsbänder aus gegos-
senen Kügelchen, lauter Dinge mit geringem Goldgehalt, die zusammen keine zweihundert Piaster wert waren. Schließlich
brachten sie noch einige Mäntel und Kamisole (Westen) und baten darum, sie wohlwollend anzunehmen. Sie hätten kein Gold
mehr, das sie uns geben könnten. Gegen Sonnenuntergang sei
aber ein Land, in dem man große Mengen Gold finde. Dazu wiederholten sie die Worte »Colua, colua« und »Mexiko, Mexiko«,
die wir beide nicht deuten konnten.

War der Wert der uns überreichten Geschenke auch gering, so
freuten wir uns doch, nun die Gewißheit zu haben, daß es in diesem Lande Gold gibt. Die Indianer übergaben uns ihre Schmuckstücke mit der Bitte, nun unsere Reise weiter fortzusetzen. Unser
Hauptmann bedankte sich bei ihnen und übergab als Gegengeschenk eine Menge Glasperlen. Dann beschlossen wir, weiterzusegeln; denn es kam wieder Nordwind auf, der in diesen Breiten
für die Schiffe sehr gefährlich werden kann. Außerdem wollten
wir ja das Land im Westen suchen, wo es nach den Aussagen der
Indianer Gold in Hülle und Fülle gab.

*Wie wir in den Rio de Banderas kamen, und wie wir
dort über fünfzehntausend Piaster gewannen*

Nach einer Fahrt von zwei Tagen sahen wir eine Ortschaft am
Ufer, die Ayagualulco hieß. Dort war ziemliche Bewegung unter
den Indianern, die mit großen Schilden am Strande hin und her
liefen, so daß wir den Ort La Rambla nannten. Die Indianer verwendeten große Schildkrötenschalen als Schutzschilde, die dermaßen in der Sonne glänzten, daß unsere Soldaten meinten, sie

seien aus geringhaltigem Gold. Dann segelten wir an der Mündung des Tonalaflusses (Rio de San Antonio) vorbei. Widrige Winde hinderten uns daran, in die vom Coatzacoalcofluß gebildete Bucht einzufahren. Dann zeigte sich die Sierra Nevada, ein sehr hohes Gebirge, das durch das ganze Jahr mit Schnee bedeckt ist. Näher an der Küste lagen andere Gebirge, denen wir den Namen des heiligen Martin gaben, weil ein Soldat dieses Namens sie zuerst gesehen hatte. Unser Feldhauptmann Pedro de Alvarado fuhr auf unserem schnellsten Segler und erreichte so vor uns den Papaloabafluß, den wir daraufhin. nach ihm Rio de Alvarado nannten. Indianische Fischer aus der Ortschaft Tacotalpa brachten ihm Fische. Wir beobachteten den Vorgang von der hohen See aus. Zwei andere Schiffe folgten ihm, und wir mußten warten, bis sie wieder ausliefen. Dieser Abstecher, den der Generalkapitän nicht ausdrücklich genehmigt hatte, erweckte böses Blut. Grijalva verbot dem Alvarado, in Zukunft dem Geschwader vorauszusegeln. Er fürchtete, daß ihm dabei ein Unglück zustoßen könnte, bei dem man ihm nicht mehr rechtzeitig Hilfe bringen könne. Die vier Schiffe hielten von diesem Zeitpunkt an zusammen. So gelangten wir in die Gewässer eines Stromes, den wir Rio de las Banderas nannten, weil an seinem Ufer eine große Menge Indianer mit Lanzen stand, an denen weiße Stoffähnchen flatterten.

Gewiß hat sich inzwischen in den meisten Provinzen von Spanien und in der ganzen Christenheit die Kunde von der großen Stadt Mexiko verbreitet, die wie Venedig ins Wasser gebaut ist und wo ein großer Fürst residierte, der Herr über viele Provinzen war, über ein Gebiet, das viermal so groß war wie unser Spanien. Dieser Herr hieß Moteczuma, ein mächtiger König, der seine Herrschaft noch weiter ausdehnen und der Geheimnisse wissen wollte, die nicht für ihn bestimmt waren. Er hatte aber von unserer ersten Fahrt unter dem Kommando des Hernandez de Cordoba und von unseren verschiedenen Gefechten erfahren. Er wußte auch, daß wir nur eine Handvoll Leute waren und daß wir gegen unsere Waren gern Gold eintauschen wollten. Diese Nachrichten wurden ihm in einer Art Bilderschrift übermittelt, in Form von Bildern, die auf einen Streifen Sisalleinen gemalt waren. Er kannte auch die Stationen unserer jetzigen Fahrt und hatte seinen Statthaltern befohlen, wo wir auch an Land gingen, unsere Glasperlen, vor allem die grünen, gegen Gold einzutauschen und uns über unsere Absichten auszuhorchen. Es gab nämlich eine alte indianische Sage, nach der eines Tages Männer von Sonnenaufgang her kommen und sich der Herrschaft über das Land bemächtigen sollten.

So standen an den Ufern des Flusses die Wachposten des großen Moteczuma, mit Fähnchen an ihren Lanzen, und luden uns ein, zu ihnen zu kommen. Unser Feldobrist faßte schließlich den Entschluß, mit sämtlichen Hauptleuten und Soldaten an Land zu gehen, um festzustellen, was das alles bedeuten solle. Wir ließen zwei Boote mit unseren Musketieren und Armbrustschützen zu Wasser. Sie wurden, nebst zwanzig Soldaten, der Führung von Francisco de Montejo unterstellt. Ich war auch dabei. Wir hatten den Befehl, jede Feindseligkeit sofort zu melden und im übrigen den Generalkapitän über unsere Beobachtungen laufend zu unterrichten. Der liebe Gott hatte eine Seestille eintreten lassen, was an diesen Küsten sehr selten der Fall ist. Wir kamen ohne Fährnisse an Land und fanden dort drei Kaziken, von denen einer ein Statthalter des Moteczuma war. Sie hatten eine Menge Indianer bei sich, die zahlreiche Hühner, Maisbrote, Pinienfrüchte, Breiäpfel und andere Lebensmittel brachten und unter den Bäumen auf Matten ausbreiteten. Man lud uns ein, dort Platz zu nehmen. Wir konnten uns nur durch Zeichen verständigen, weil Julian und Melchior die Sprache nicht verstanden. Dann brachten sie in tönernen Becken glühende Kohlen und warfen ein Harz darauf, das wie Weihrauch duftete. Auch hier wurden wir angeräuchert. Der Hauptmann Montejo machte dem General eine entsprechende Meldung; worauf dieser beschloß, mit dem Geschwader in die Bucht einzulaufen und mit der ganzen Mannschaft an Land zu gehen.

Sobald die Statthalter und Kaziken den General an Land sahen und erfuhren, daß er der Anführer von uns allen sei, bezeigten sie ihm auf ihre Weise große Ehrerbietung und räucherten ihn gewaltig an. Er dankte und erwiderte alles mit vielen Freundlichkeiten. Er ließ ihnen auch weiße und grüne Glasperlen geben und gab durch Zeichen zu verstehen, daß wir gern Gold gegen Waren eintauschen möchten. Der Statthalter gab eine entsprechende Anweisung, und die Indianer brachten aus den umliegenden Ortschaften ihr goldenes Geschmeide zum Tausch. Auf diese Weise erhielten wir in sechs Tagen Goldarbeiten im Wert von über fünfzehntausend Piastern.

Wir nahmen im Namen unserer spanischen Majestät formell Besitz von diesem Land und in seinem höchsten Namen für den Statthalter von Kuba. Dann teilte unser General den Indianern mit, daß wir wieder weiterfahren wollten, und schenkte ihnen zum Abschied ein paar spanische Hemden. Wir nahmen einen Indianer mit, der unsere Sprache lernte und später zum Christentum übertrat. Er erhielt den Namen Francisco. Ich habe ihn nach der Eroberung von Mexiko mit seiner Frau wiedergesehen. Wir legten ab und kamen auf unserer Fahrt schließlich an eine Insel, die nur anderthalb Leguas vor der Küste lag. Dort war ein guter Landeplatz. Der General ließ die Boote aussetzen, und ein großer Teil von uns ging mit ihm an Land, um die Insel näher zu untersuchen.

Wir fanden zwei gutgebaute Steinhäuser. In ihnen stieg man auf einigen Stufen zu einer Art Altar empor, auf dem abscheuliche Götzenbilder standen, denen man in der vergangenen Nacht fünf Indianer geopfert hatte. Die Leichname lagen noch da, mit aufgerissener Brust, ohne Arme und Schenkel, und die Wände waren mit frischem Blut beschmiert. Wir standen erschüttert vor diesen unglücklichen Opfern und nannten die Insel »Isla de Sacrificios«.

Im Angesicht dieser Insel gingen wir dann auf das Festland und bauten uns auf einer großen Sanddüne an der Küste Hütten aus Baumzweigen und Segeltüchern. Bald kamen zahlreiche Indianer, die kleine Goldstücke zum Tausch anboten. Wir haben später erfahren, daß Moteczuma ihnen das befohlen hatte. Sie hatten aber alle große Furcht und brachten nur sehr wenig Gold. Der General ließ deshalb bald wieder die Segel setzen.

Wie wir Sukkurs aus Kuba erbitten und schließlich doch mit dem ganzen Geschwader heimkehren mußten

Nach kurzer Fahrt fanden wir einen sandigen Küstenstrich. Wegen der vielen Schnaken bauten wir uns Hütten auf den Bäumen und auf den großen Dünen. Dann untersuchten wir den natürlichen Hafen, fanden, daß er einen guten Ankergrund hatte und durch eine nahe liegende Insel gegen den Nordwind geschützt war. Diese Insel nannten wir San Juan de Ulua. Der Hafen ist seither viel benutzt worden; zahlreiche Schiffe wurden dort ausgebessert, und alle Waren für Mexiko werden dort umgeschlagen. Dreißig von uns fuhren mit dem General auf die Insel. Wir fanden wieder ein Tempelhaus. Dort stand der große garstige Götze Tetzcatlipuca, umgeben von vier Indianern in langen schwarzen Mänteln, wie sie unsere Domherren tragen, und mit fliegenden Haaren. Es waren Priester, die an diesem Tag zwei Knaben die Brust geöffnet, die Herzen herausgerissen und dem verfluchten Götzen geopfert hatten. Sie wollten uns mit dem gleichen Räucherwerk anräuchern wie die Götzen. Wir lehnten aber im Angesicht der beiden ermordeten Knaben ab; wir waren sehr erschüttert und aufs tiefste empört über diese uns unverständliche Grausamkeit. Nach langem Fragen erklärten uns die Priester, daß die Leute von Culua das Opfer angeordnet hätten.

Während wir an dieser Küste kampierten, kamen wieder Indianer, um minderes Gold gegen Waren einzutauschen. Es war so schlecht, daß wir uns gar nicht um dieses Tauschgeschäft bekümmerten. Dennoch blieben wir sieben Tage in unseren Hütten. Wir waren nun schon lange unterwegs und wußten sicher, daß dieser Boden nicht zu einer Insel, sondern zu festem Land gehörte, in dem es große Ortschaften mit Indianern gab. Unser Kassavebrot war schimmelig geworden und schmeckte sehr schlecht. Wir hatten zehn weitere Soldaten verloren, die an ihren Wunden zugrunde gegangen waren, und hatten zudem noch vier Kranke. Darum entschlossen wir uns, dem Statthalter in Kuba über unsere Lage zu berichten und ihn um Sukkurs zu bitten. Juan de Grijalva hatte trotz allem große Lust, mit unseren geringen Kräften eine Niederlassung zu gründen, wie er sich denn überhaupt stets als hochgesinnter und tapferer Offizier bewährt hat. Er gab aber nach und schickte den Hauptmann Pedro de Alvarado mit dem Schiff San Sebastian nach Kuba, wo das leckende Schiff ohnehin ausgebessert werden mußte. Alvarado nahm auch alles Gold und die indianischen Stoffe mit, die wir eingetauscht hatten. Ferner nahm er die Kranken an Bord. Jeder Hauptmann schrieb noch einen eigenen Bericht an den Statthalter Diego de Velazquez. Dann stach das Schiff in See.

Um dieselbe Zeit schickte uns der Statthalter ein kleines Schiff mit nur sieben Soldaten unter dem Befehl von Cristobal de Olid nach, weil er Sorge hatte, daß uns ein Unglück zugestoßen sei. Olid muß aber von einem Sturm überrascht worden sein. Jedenfalls kam er ohne Ankertaue und ohne Nachricht von uns nach Kuba zurück. Um so erfreuter war Velazquez, als Pedro de Alvarado mit Berichten, Gold und anderen Waren und mit unseren Kranken auf Kuba landete. Dort schätzte man den Wert des Geschmeides viel zu hoch ein. Pedro de Alvarado, der sehr gut mit dem Statthalter umzugehen verstand, erzählte nachher, daß dieser ihn unaufhörlich geherzt und geküßt habe. Die Freudenfeste anläßlich der Entdeckung der neuen reichen Länder dauerten acht Tage.

Wir beschlossen inzwischen, mit dem ganzen Geschwader entlang der Küste weiterzufahren und unsere Entdeckungen so weit wie möglich auszudehnen. Wir sichteten bald die Sierra de Tuxtla und zwei Tage später die noch viel höhere Sierra de Tuxpan. Beide haben ihre Namen von Ortschaften, die an ihrem Fuß liegen. Landeinwärts lagen viele Ortschaften in dieser Provinz

Panuco. Endlich erreichten wir einen großen und reißenden Strom, den wir Rio de Canoas nannten. Wir ankerten in seinem Mündungsgebiet.

Die Mannschaft war etwas arglos geworden. Plötzlich kamen sechzehn große Kanus mit schwerbewaffneten Indianern den Fluß herab, griffen unser kleinstes Schiff, das unter dem Kommando des Hauptmanns Alonso Davila stand, mit Pfeilen an und verwundeten zwei Soldaten. Sie kappten die Ankertaue und wollten das Schiff abschleppen. Der Hauptmann und seine Leute wehrten sich wacker und stürzten, noch ehe wir ihnen zu Hilfe kommen konnten, drei Kanus um. Wir ruderten in unseren Booten herbei und schossen mit Armbrüsten und Musketen. Mindestens ein Drittel der Indianer wurde verwundet. Sie kehrten sehr mißvergnügt dahin zurück, woher sie gekommen waren.

Wir aber lichteten bald die Anker und setzten unsere Küstenfahrt fort, bis wir an eine Landspitze kamen, die wir nicht gegen die Meeresströmung umsegeln konnten. Unser Erster Steuermann Anton de Alaminos erklärte dem Generalkapitän, daß es nicht ratsam sei, weiterzusegeln. Der nahe Winter, Mangel an Lebensmitteln, der schlechte Zustand der Schiffe, die zum Teil Wasser einließen, die schlechte Stimmung der Mannschaft, die der Seefahrt herzlich müde war, alles sprach für eine Umkehr. Dazu kam, daß sich der Kommandierende mit seinen Hauptleuten nicht über die Frage einer Niederlassung einigen konnte. So wurde denn im Schiffsrat beschlossen, daß wir nach Kuba zurückkehren sollten. Wir setzten alle Segel und kamen dank der Meeresströmungen in wenigen Tagen in das Mündungsgebiet des Rio de Coatzacoalco und anschließend in das des Rio de Tonala, in das wir einlaufen mußten, um eines der Schiffe, das leck war, zu überholen. Es war in den untiefen Gewässern dreimal an Riffen gestreift.

Während wir an dem Schiff arbeiteten, kamen Indianer von der etwa eine Stunde entfernten Stadt Tonala und brachten uns Maisbrot, Fische und Früchte, die sie uns gern gaben. Unser Hauptmann empfing sie sehr freundlich, schenkte ihnen weiße und grüne Glasperlen und forderte sie auf, uns Gold zum Tauschen zu bringen. Sie hatten nicht viel. Auch die Anwohner der umliegenden Flußgebiete, die nun auch zum Handel kamen, brachten keine nennenswerten Schätze. Sie hatten aber sehr schöne Äxte aus Kupfer, glänzend geschliffen und mit bemalten Stielen, von denen wir in drei Tagen über 600 eintauschten, weil wir glaubten, daß sie Gold enthielten. Erst nach der Ankunft in Kuba wurde festgestellt, daß die Äxte angelaufen und ganz aus Kupfer waren. Über diesen einträglichen Handel wurde noch oft gelacht.

Sobald das Schiff ausgebessert war, setzten wir wieder die Segel. Nach 45 Tagen landeten wir endlich in Santiago de Kuba. Der Statthalter Diego de Velazquez nahm uns aufs beste auf und war sehr erfreut über das Gold, das wir mitgebracht hatten. Nur mit seinem Verwandten Grijalva war er unzufrieden, weil die Hauptleute ihn zu Unrecht herabgesetzt hatten. Als dies geschah, ging man schon mit dem Gedanken um, ein neues Geschwader auszurüsten und sich nach einem neuen Kommandanten umzusehen.

DIE VORBEREITUNGEN FÜR
DIE EXPEDITION DES HERNAN CORTES

Wie Hernan Cortes Generalkapitän wurde

Juan de Grijalva war am 15. November 1518 von seiner Entdek-
kungsreise zurückgekehrt. Im selben Jahr gab der Statthalter den
Befehl, ein neues, beträchtlich größeres Geschwader auszurüsten. Er hatte dazu im Hafen von Santiago schon zehn Schiffe
liegen. Unter diesen waren auch die vier Schiffe, mit denen wir
soeben zurückgekehrt waren. Sie wurden gründlich überholt.
Die anderen Schiffe wurden aus den Häfen der ganzen Insel zu-
sammengeholt. Wir luden nur den nötigen Mundvorrat für
die Fahrt von Santiago nach Havana, wo wir voll ausgerüstet
werden sollten. Schwieriger war die Wahl des Kommandanten. Einige Kavaliere nannten den ausgezeichneten Offizier
Vasco Porcallo, einen Verwandten des Grafen von Feria. Der
Statthalter fürchtete aber, daß dieser kühne Mann sich sehr
bald von der Abhängigkeit befreien und seine eigenen Wege
gehen werde. Andere nannten verschiedene Verwandte von
Diego de Velazquez. Wir Soldaten wollten niemanden als den
Juan de Grijalva, weil er ein tüchtiger Offizier und ein Mann ohne
Tadel war, der sich aufs Kommandieren verstand. Während die
Reden so hin- und hergingen, wurde die Angelegenheit ganz in
der Stille von zwei Vertrauten des Statthalters entschieden, von
seinem Sekretär Andres de Duero und von dem königlichen
Zahlmeister Amador de Lares. Sie trafen die notwendigen Abmachungen mit Hernan Cortes, einem angesehenen Kavalier, der
in Medellin als Sohn des Martin Cortes de Monroy und der
Donna Catalina Pizarro Altamirano geboren worden war. Er
stammte also von zwei alten Adelsgeschlechtern ab, war aber keineswegs vermögend. Cortes besaß eine indianische Kommende
auf Kuba. Er hatte sich erst kürzlich mit der Spanierin Catalina
Xuarez verheiratet. Es war eine leidenschaftliche Liebe, die ihn

zeitweise ins Gefängnis gebracht hatte; denn ihre Familie war gegen diese Heirat, und der Statthalter begünstigte diese Familie. Cortes sollte also Generalkapitän der neuen Flotte werden. Er sollte dafür den ganzen Gewinn an Gold, Silber und Juwelen mit den beiden Männern und mit Diego de Velazquez teilen. Es kam dem Statthalter mehr auf den Tauschhandel an, weniger auf die Gründung von neuen Niederlassungen; denn er versprach sich von dem Handelsgeschäft größeren Gewinn. Sein Sekretär und der königliche Zahlmeister strichen nun den Cortes bei jeder Gelegenheit heraus, rühmten seine Tapferkeit und seine Treue, vor allem aber seine Fähigkeit, ein Kommando zu führen, das ganz besondere Umsicht und Härte verlangte. Ihre Bemühungen hatten Erfolg, und der Sekretarius beeilte sich, die Bestallungen mit der besten Tinte zu schreiben und sie schnell auszufertigen. Als die Wahl bekannt wurde, gab es bei den einen lebhafte Zustimmung, bei anderen Verdruß.

Als der Statthalter am nächsten Sonntag, umgeben von den vornehmsten und angesehensten Personen der Stadt, zur Kirche ging, ehrte er den Hernan Cortes dadurch, daß er ihn auf seine rechte Seite nahm. Auf der anderen Seite aber lief sein Possenreißer, der Narr Cervantes, neben ihm her, schnitt allerhand Fratzen, machte Possen und rief: »Ei Gevatter Diego, wo hast du denn diesen Generalkapitän her? Aus Medellin in der Estremadura? Einen wackeren Kapitän! Nehmt Euch in acht, Diego, daß er Euch nicht mit der ganzen Flotte aus den Händen schlüpft! Das ist ein gewaltiger, ein ehrgeiziger und willensstarker Mann! Das weiß jeder.« Er führte noch weitere boshafte Reden, bis ihm Andres de Duero ein paar tüchtige Hiebe versetzte und ihm zurief: »Schweig, du Trunkenbold, du Narr! Diese boshaften Artigkeiten sind doch nicht in deinem Kopf gewachsen!« Der Narr ließ sich aber nicht stören, sondern fuhr fort: »Lang lebe Don Diego! Glück und Ehre über ihn und seinen kühnen Kapitän! – Bei meiner armen Seele, Don Diego, ich muß wohl selber mit Cortes in die reichen Länder ziehen, damit du den schlechten Handel nicht eines Tages bereuen mußt!« Niemand zweifelte daran, daß die Verwandtschaft des Statthalters den Possenreißer für einige Piaster gedungen hatte, diese boshaften Komplimente an den Mann zu bringen. Und es traf auch alles so ein, wie es der Narr verkündet hatte; denn Kinder und Narren reden immer die Wahrheit. Ebenso gewiß ist aber auch, daß die Wahl des Hernan Cortes Gott angenehm und für unsere heilige Religion ersprießlich war und daß sie Seiner Majestät Nutzen gebracht hat, was sich in der Folge ganz klar zeigen wird.

Wie der neuernannte Generalkapitän die Reise
vorbereitete, und was sich sonst in Santiago und
Trinidad zugetragen hat

Nach seiner Ernennung zum Generalkapitän fing Hernan Cortes sofort an, alle notwendigen Waffen, Kriegsvorräte und Handelsgüter zusammenzutragen. Er putzte sich nun auch selbst mehr heraus und trug einen Federbusch mit einer goldenen Münze daran, der ihm ein stattliches Aussehen gab. Dabei fehlte ihm damals das Geld für jede kleine Ausgabe, ja, er steckte bis über die Ohren in Schulden. Er hatte zwar eine recht einträgliche Kommende, und die Arbeiter in seinen Goldgruben brachten ihm viel ein, aber er brauchte alles für sich und für den Putz seiner jungen Hausfrau. Er hatte übrigens ein sehr angenehmes Äußeres, war ein guter Unterhalter und bei jedermann gern gesehen. Er war auch zweimal Alkalde von Santiago de Baracoa, wo er wohnte, eine Ehre, die man in diesen Ländern besonders hoch einschätzte. Einige mit ihm befreundete Kaufleute streckten ihm nach seiner Ernennung zum Generalkapitän viertausend Goldpiaster in bar vor. Sie gaben ihm auch Kredit auf die Einkünfte aus seiner Kommende und lieferten ihm Waren. Daraufhin ließ er sich ein samtenes Staatskleid machen, das mit goldenen Schleifen besetzt war, und Fahnen mit dem Wappen unseres königlichen Herrn und mit einem Kreuz auf jeder Seite. Darunter stand dem Sinne nach folgender Spruch: »Brüder, lasset uns mit gläubigem Vertrauen dem Zeichen des heiligen Kreuzes folgen! In diesem Zeichen werden wir siegen!«

Hierauf ließ er unter Trommel- und Trompetenschall, im Namen der Königlichen Majestät und ihres Statthalters, öffentlich ausrufen, daß jeder, der mit ihm zur Eroberung und Kolonisierung der kürzlich entdeckten Länder ausziehen wollte, seinen Anteil an Gold, Silber und Juwelen erhalte. Der Statthalter sei von Seiner Majestät ermächtigt, indianische Kommenden zu verteilen, wenn man sich in dem neuen Land festsetze. Die Bekanntmachung erfolgte, noch ehe der Beauftragte von Diego de Velazquez die entsprechenden Vollmachten aus Spanien gebracht hatte. Sie machten trotzdem den größen Eindruck auf der ganzen Insel. Cortes schrieb gleichzeitig überallhin an seine Freunde und forderte sie auf, sich seinem Unternehmen anzuschließen. Viele verkauften daraufhin ihre ganze Habe und schafften Waffen und Pferde an, andere stellten Vorräte aus Kassavebrot und gesalzenem Schweinefleisch bereit; ein jeder rüstete sich aus, so gut er konnte. Auf diese Weise war unsere Mannschaft schon in Santiago auf 300 Soldaten angewachsen. Selbst aus dem Hause des Statthalters hatten sich einige der ersten Offizianten zu uns gesellt; so zum Beispiel der Haushofmeister Diego de Ordas, den der Statthalter zweifellos selbst dazu veranlaßt hatte, darüber zu wachen, daß auf der Flotte nichts gegen seine Interessen geschah; denn im Grunde traute er Cortes nicht, wenn er dies auch zu verbergen suchte. Es kamen noch viele Freunde und Tischgenossen des Statthalters hinzu, darunter auch ich. Ich werde von Fall zu Fall einen jeden von ihnen namhaft machen.

Während Cortes alles unternahm, um die Ausrüstung des Geschwaders zu beschleunigen, waren die in ihrem Ehrgeiz gekränkten Verwandten des Diego de Velazquez nicht untätig. Sie taten alles, um den Generalkapitän in den Augen des Statthalters herabzusetzen, denn sie wollten ihn dazu bringen, Cortes das Kommando wieder abzunehmen. Dieser kannte die Absichten seiner Gegner sehr wohl und wich deshalb nicht von der Seite des

Statthalters. Er zeigte ihm jeden Tag und auf jede Weise immer wieder neu seine Anhänglichkeit und Treue, er wies immer wieder auf den Ruhm und auf den Reichtum hin, die seinem Gönner durch dieses Unternehmen zuwachsen würden. Andres de Duero trieb Cortes an, seine Einschiffung zu beschleunigen; denn die Verwandten hatten den Statthalter mit ihren zudringlichen und falschen Reden schon beinahe umgestimmt. Darum bat Cortes seine Gemahlin, ihm die Lebensmittel und die Geschenke, die alle Frauen bei derartig außergewöhnlichen Unternehmungen ihren Männern mitgaben, an Bord zu schicken. Den Schiffsmeistern, den Steuerleuten und den Mannschaften wurden der Tag und die Nacht mitgeteilt, an denen keiner mehr an Land gehen durfte.

Als sich alle ordnungsgemäß eingeschifft hatten, begab sich Cortes zum Statthalter, um sich von ihm zu beurlauben. Seine besten Freunde und Waffengenossen begleiteten ihn, darunter der königliche Zahlmeister Amador de Lares, der Sekretär des Statthalters Andres de Duero und die vornehmsten Einwohner der Stadt Santiago de Kuba. Velazquez und Cortes sagten sich noch viele Artigkeiten und trennten sich erst nach wiederholten Umarmungen. Am nächsten Morgen hörten wir noch gemeinsam die Messe und gingen dann an Bord. Der Statthalter und zahlreiche Kavaliere gaben uns das Ehrengeleit. Wir aber setzten die Segel und kamen mit günstigen Winden in wenigen Tagen nach Trinidad, liefen in den Hafen ein und gingen an Land.

Die Einwohner hießen Cortes und seine Mannschaft herzlich willkommen. Die vielen wackeren Kavaliere von Trinidad zogen den Generalkapitän sofort in ihr Quartier. Dieser ließ vor der Wohnung seine Standarte aufpflanzen. Gleichzeitig gab er der Bevölkerung durch öffentlichen Ausruf bekannt, was er vorhatte. Er sammelte und kaufte wieder Schußwaffen, Lebensmittel und andere notwendige Waren. Viele Männer von Rang und Namen schlossen sich in Trinidad dem Unternehmen an. Den gleichen Erfolg hatte ein Werbeschreiben von Cortes in der achtzehn Leguas entfernten Stadt Santispiritus. Als die Kavaliere von

dort in Trinidad ankamen, zog ihnen Cortes mit seinen Edelleu-
ten entgegen. Sie wurden mit Freudenschüssen und herzlichen
Freundschaftsbezeigungen empfangen. Alle hatten Landgüter in
der Nähe und ließen dort Kassavebrot backen, Schweinefleisch
einsalzen und alle verfügbaren Mundvorräte einschiffen. Gleichzeitig wurden Soldaten angeworben und Pferde gekauft, die damals sehr selten und darum teuer waren. Ein Teilnehmer hatte
nicht genug Geld, um sich ein Pferd anzuschaffen. Cortes kaufte
ihm eine Grauschimmelstute und bezahlte sie mit den goldenen
Schleifen seines Samtrockes, den er sich erst vor kurzem in Santiago hatte machen lassen. Um dieselbe Zeit kam ein Schiff aus
Havana in Trinidad an. Es hatte Kassavebrot und eingesalzenes
Fleisch für die Bergwerke in Santiago geladen. Als der Besitzer
seine Aufwartung machte, beredete Cortes ihn so lange, bis er
ihm das Schiff mit der ganzen Ladung verkaufte und sich selbst
dem Unternehmen anschloß. Auf diese Weise hatten wir nun elf
Schiffe zur Verfügung.

Wie der Statthalter die Ernennung des Cortes zum
Generalkapitän widerrief, und was daraufhin geschah

Alles ließ sich – Gott sei Dank! – sehr günstig für uns an. Da kamen plötzlich Briefe und Befehle von Diego de Velazquez, nach
denen dem Cortes das Kommando über das Geschwader wieder
abgenommen werden sollte. Kaum hatten wir Santiago verlassen,
da ließ man dem Diego de Velazquez keine Ruhe mehr, bis man
ihn völlig umgestimmt hatte. Da hieß es, Cortes habe sich heimlich aus dem Hafen geschlichen. Die Mannschaft sei bei Nacht
eingeschifft worden, damit der Generalkapitän auch im Falle seiner Entlassung die Möglichkeit behielte, sein Kommando mit
Gewalt aufrechtzuerhalten. Der Statthalter sei von seinem Geheimschreiber und seinem Zahlmeister hinters Licht geführt
worden; denn die beiden hätten mit Cortes ein Übereinkommen
getroffen, nach dem sie ihm in jedem Falle das Kommando ver-

schaffen sollten. Am meisten setzten dem Diego de Velazquez seine Verwandten zu, darunter ein gewisser Juan Millan, den man allgemein den Astrologen nannte, und von dem einige glaubten, daß es unter seinem Hut nicht mehr ganz richtig sei. Der alte Mann sagte: »Ihr werdet sehen, Herr, welche Rache Cortes nun an Euch nehmen wird, weil Ihr ihn einst ins Gefängnis geworfen habt. Er wird Euch zugrunde richten, wenn Ihr ihm nicht zuvorkommt!«

Schließlich war es soweit. Diego de Velazquez schickte zwei zuverlässige Männer seines Haushalts mit den notwendigen Vollmachten und Befehlen an den Alkalden von Trinidad, seinen Schwager Francisco de Verdugo. Er machte ihm zur Pflicht, dem Cortes das Geschwader abzunehmen, weil er nicht mehr der Generalkapitän sei. Das Kommando sei inzwischen dem Vasco Porcallo übertragen worden. Zugleich gab er seinen Boten Briefe für Diego de Ordas und andere Edelleute, Freunde und Verwandte mit. Er forderte sie darin auf, das Geschwader in jedem Fall zu verlassen.

Als Cortes dies erfuhr, traf er sich sofort mit Ordas und allen Offizieren und Einwohnern von Trinidad, von denen er annahm, daß sie den Befehlen des Statthalters folgen würden. Mit guten Worten und sehr ansehnlichen Versprechungen gewann er sie alle für sich. Ja, Diego de Ordas übernahm es, den Alkalden von Trinidad dahin zu bringen, die Befehle aus Santiago vorerst auf sich beruhen zu lassen und geheimzuhalten. Er stellte ihm vor, daß Cortes bislang nur Beweise seiner Ergebenheit gegenüber dem Statthalter und keinerlei Anlaß zu Verdächtigungen gegeben hätte. Im übrigen sei es unmöglich, Cortes das Kommando über eine Flotte abzunehmen, auf der er unter den Kavalieren so viele Freunde habe, während die meisten dem Statthalter feind seien, weil er ihnen keine ergiebigen Kommenden zugeteilt habe. Außerdem könne Cortes auf seine vielen Soldaten zählen und sei darum viel zu stark. Die ganze Stadt würde in den Streit verwickelt. Es könne sein, daß die Schiffsmannschaft plündere. Auf diese Weise wurde jede gewaltsame Unternehmung verhindert;

einer der beiden Beauftragten des Statthalters schloß sich sogar unserem Zug an. Den anderen schickte Cortes mit einem Brief für den Statthalter zurück. Er schrieb sehr liebenswürdig. Er schrieb, daß er sich über den Entschluß des Statthalters sehr wundern müsse, da er, Cortes, doch keinen anderen Wunsch und kein anderes Ziel habe, als Gott, Seiner Majestät, und in deren Namen dem Statthalter zu dienen. Er bäte ihn, seinen Vettern kein Gehör mehr zu geben und seine Gesinnungen nicht um eines alten Narren willen, wie der Juan Millan einer wäre, zu ändern. Gleichzeitig schrieb Cortes an seine übrigen Freunde, vor allem an den Geheimsekretär und den Zahlmeister.

Dann befahl er seinen Mannschaften, die Waffen in Ordnung zu bringen. Alle Schmiede der Stadt mußten Lanzenspitzen machen und die Büchsenmacher alle Magazine nach Pfeilen durchsuchen. Endlich bewog er die Schmiede, sich seinem Zug anzuschließen. Wir blieben noch zwölf Tage in Trinidad und schifften uns dann nach Havana ein. Cortes stellte den Offizieren und Mannschaften frei, ob sie zu Schiff nach Havana segeln oder ob sie zu Fuß über Land marschieren wollten. Ich zog unter Pedro de Alvarado mit fünfzig anderen Kriegsleuten und unserer ganzen Reiterei den Zug über Land vor. Die Schiffe segelten zur selben Zeit ab, kamen aber ohne das Flaggschiff, mit Cortes an Bord, in Havana an. Niemand kannte den Grund für diese Verzögerung. Wir fürchteten schon, daß er mit dem Schiff in Untiefen geraten und dort verunglückt sei. Nach fünf Tagen wurde beschlossen, drei der kleinsten Schiffe abzuschicken, um ihn zu suchen. Über den Zurüstungen für diese Fahrt vergingen wieder zwei Tage. Schon fing man an, Ränke zu schmieden und darüber zu sprechen, wer das Kommando übernehmen solle, bis man über das Schicksal von Cortes Gewißheit habe. Am eifrigsten war dabei Diego de Ordas, der Haushofmeister und heimliche Beobachter des Statthalters. Cortes aber war mit seinem großen Schiff in den Untiefen des Jardines auf Grund geraten, hatte das Schiff ganz entladen müssen, um es wieder flottzumachen, hatte es wieder beladen und konnte erst dann nach Havana weitersegeln. Die

Freude unter den Soldaten und Offizieren war groß, als das Schiff endlich am Horizont auftauchte. Nur einige wenige, die intrigiert und sich auf das Kommando gespitzt hatten, machten enttäuschte Gesichter. Wir geleiteten Cortes in sein Quartier, in das Haus des Pedro Barba. Er ließ wieder seine Standarte aufpflanzen und zur Teilnahme an unserer Expedition aufrufen.

Hier in Havana entschloß sich Francisco de Montejo endgültig dazu, sich uns anzuschließen. Ihm folgten zahlreiche Männer von Stand und Ansehen, aber auch einfache Kriegsleute. Wie Cortes alle diese Kavaliere und Soldaten beisammen sah, ging ihm das Herz auf vor Freude. Er ergänzte die Mundvorräte und schickte zu diesem Zweck ein Schiff in ein indianisches Dorf auf der Guaniguanicospitze, das dem Diego de Velazquez gehörte, wo Kassavebrot gebacken wurde, und wo es eine große Schweinezucht gab. Er gab das Kommando dem Diego de Ordas, der als Haushofmeister des Statthalters dort Verfügungen treffen konnte. Außerdem hielt er sich auf diese Weise den zwiespältigen Mann fern. Er sollte dort seine Ladung einnehmen und auf weitere Befehle warten. Auch die Kavaliere von Havana brachten reichlich Kassavebrot und eingesalzenes Fleisch. Andere Lebensmittel gab es dort nicht. Cortes aber ließ inzwischen unsere zehn kupfernen Geschütze und einige Falkonette an Land bringen und überholen und die notwendige Munition ergänzen. Auch die Armbrüste wurden gemustert und ausgebessert, mit neuen Sehnen und Nüssen versehen und ausprobiert. Weil es aber in Havana viel Baumwolle gab, machten wir uns wattierte Schutzröcke gegen die Pfeile und Spieße der Indianer.

In Havana fing Cortes auch an, sich einen großen Hausstand einzurichten und sich wie ein rechter Herr bedienen zu lassen. Er ernannte einen Haushofmeister, einen Tafelmeister und einen Kämmerer. Dann gab er den Befehl zur Einschiffung, vor allem zur richtigen Verteilung und Verladung der Pferde, für die Krippen, Mais und Heu mitgenommen werden mußten. Um diese Zeit waren Pferde und Neger nur für schweres Geld zu haben. Deshalb war ihre Zahl bei unserer ersten Reise sehr gering.

Wie Diego de Velazquez Befehl gibt, den Cortes
gefangenzunehmen, wie dieser aber mit seiner ganzen Flotte
zur Insel Cozumel fährt, um dort sein Heer zu mustern

Als Diego de Velazquez erfuhr, daß sein eigener Schwager und
Unterstatthalter von Trinidad und Diego de Ordas dem Cortes
die Flotte nicht abgenommen hatten, sondern vielmehr mit ihm
gemeinsame Sache machten, brüllte er vor Wut wie ein wildes
Tier. Er warf seinem Geheimschreiber und seinem Zahlmeister
vor, daß sie ihn betrogen hätten und daß Cortes nun mit dem Geschwader davongegangen sei. Er begnügte sich aber nicht damit,
sondern schickte einen seiner Leute mit strikten Befehlen zu Pedro Barba, seinen Unterstatthalter in Havana. Derselbe Bote
brachte Briefe und Befehle für seine Verwandten mit, an erster
Stelle für Juan Velazquez de Leon und für Diego de Ordas, die
sein besonderes Vertrauen besaßen. Er beschwor sie bei ihrer
Freundschaft, das Geschwader unter keiner Bedingung absegeln
zu lassen, den Cortes gefangenzunehmen und ihn wohlverwahrt
nach Santiago zu schicken. Ohne es zu wissen, hatte der Bote aber
auch Nachrichten für Cortes mit, die den Kommandanten auf in-
direktem Wege vollkommen über die Befehle und Pläne des Statthalters unterrichteten.

Da Ordas mit seinem Schiff unterwegs war, hatte Cortes nur
mit dem Widerspruch des Juan Velazquez de Leon zu rechnen.
Dieser war aber nicht gut auf seinen hochgestellten Schwager zu
sprechen, denn man hatte ihm nur eine schlechte Kommende zugeteilt. Cortes hatte ihn schnell auf seiner Seite, und die Befehle
und Briefe des Statthalters erreichten bei keinem der Adressaten
ihr Ziel. Im Gegenteil, alle schlossen sich nun noch näher an Cortes an. Die Befehle des Diego de Velazquez blieben in Havana
noch geheimer als in Trinidad, und sein Unterstatthalter Pedro
Barba berichtete ihm durch seinen eigenen Boten, daß er es nicht
wagen könne, Cortes gefangenzunehmen, weil dieser zu mächtig
und zu beliebt sei. Es stehe auch zu fürchten, daß die Stadt geplündert und er mit sämtlichen Einwohnern verschleppt würde.

Im übrigen sei Cortes nach allem, was er sehen könne, dem Statthalter treu ergeben und habe keine Pläne, die gegen des Statthalters Interessen seien. Auch Cortes schrieb einen Brief an Diego de Velazquez mit all den schönen Worten und Versprechungen, die er so wohl zu setzen verstand. Er versicherte ihn noch einmal seiner treuen Anhänglichkeit und meldete ihm schließlich, daß er am nächsten Tag in See stechen werde.

Am 10. Februar 1519 hörten wir früh noch eine Messe und segelten dann gen Süden. Neun Schiffe fuhren zusammen, zwei nahmen einen anderen Weg. Eines von den beiden stand unter dem Kommando des Pedro de Alvarado. Es trug sechzig Soldaten, unter denen auch ich war. Der Steuermann hielt nicht den befohlenen Kurs, sondern fuhr geradewegs auf die Insel Cozumel zu, so daß wir zwei Tage vor den anderen dort ankamen. Wir gingen in demselben Hafen an Land wie seinerzeit die Expedition des Grijalva. Die Ortschaft war leer, die Indianer waren alle geflohen. Der Kommandant befahl uns daraufhin, eine andere Ortschaft aufzusuchen, die etwa eine Stunde weit weg war. Aber auch sie war leer, die Einwohner in den Wäldern. Sie hatten aber keine Zeit mehr gehabt, ihre Habe mitzunehmen. Wir fingen 40 Hühner ein und nahmen aus einem Götzentempel einige alte baumwollene Teppiche, Kästchen mit einer Art von Diademen, kleine Götzenbilder, Korallen und allerlei Schmuck aus schlechtem Gold. Ferner fingen wir zwei Indianer und eine Indianerin und kehrten dann mit allem in die Ortschaft zurück, in deren Hafen unser Schiff lag.

Inzwischen war Cortes mit den übrigen Schiffen nachgekommen. Er hatte kaum das Land betreten, da ließ er unseren Steuermann in Fesseln legen, weil er seinen Fahrbefehl nicht befolgt hatte. Als er dann hörte, daß die Ortschaft ganz leer sei und daß wir uns Hühner und Wertgegenstände genommen hatten, wurde er sehr ungehalten und gab dem Pedro de Alvarado einen ernsten Verweis: das sei kein Weg, diese Länder in Frieden zu gewinnen, wenn man den Eingeborenen ihr Eigentum wegnehme. Er ließ dann die drei Gefangenen holen und fing mit ihnen ein Gespräch an. Melchior machte den Dolmetscher. Cortes gab den Indianern den Auftrag, ihre Kaziken und die Einwohner der Dörfer einzuladen, ohne Furcht zurückzukommen. Er gab ihnen auch die Tempelgerätschaften und den Schmuck wieder zurück, gab ihnen Glasperlen für das Geflügel und jedem ein spanisches Hemd. Sie führten ihren Auftrag getreulich durch; denn am nächsten Tag kam ihr Kazike mit allen seinen Leuten, den Frauen und den Kindern. Sie gingen so zutraulich mit uns um, als ob sie uns schon ein ganzes Leben lang kennen würden. Cortes hatte aber auch strengen Befehl gegeben, ihnen nicht das geringste Leid zuzufügen. Auf dieser Insel fing sein Werk kräftig an, ein Werk, dem der Herr seinen Segen gab. Wo er selbst Hand anlegte, ging alles gut, vor allem dann, wenn es sich darum handelte, den Völkern und den Eingeborenen dieser Länder den Frieden zu erhalten.

Am dritten Tag veranstaltete Cortes auf der Insel eine große Musterung. Es ergab sich, daß wir, ohne die Steuermänner und die eigentlichen Seeleute, genau 508 Mann stark waren. Dazu kamen 109 Seeleute und 16 Pferde. Unser Geschwader bestand aus elf Schiffen. Wir hatten 32 Bogenschützen, 13 Musketiere, unser grobes Geschütz und vier Falkonette. Cortes teilte Leute ein, die für die Pflege dieser Waffen und für die dazugehörige Munition verantwortlich waren. Er hatte ein sehr genaues Auge und kümmerte sich um jede Kleinigkeit.

Wie Cortes versuchte, zwei von den Indianern gefangene
Spanier auf friedliche Weise freizubekommen

Eines Tages ließ Cortes, der in allen Dingen sehr hellhörig war, mich und einen anderen kommen und fragte uns, was wir eigentlich von den Worten »Castilan, Castilan« hielten, die uns die Indianer von Campeche seinerzeit zugerufen hatten. Wir erzählten ihm noch einmal alles, was wir wußten. Er sagte darauf: er habe oft über diese Sache nachgedacht und vermute, daß in diesem Land einige Spanier seien. Er wolle jedenfalls den Kaziken von

Cozumel fragen, ob er nichts darüber wisse, Melchior mußte die vornehmsten Indianer nach dieser Sache fragen. Auf diese Weise erfuhren wir, daß mehrere Spanier etwa zwei Tagesreisen entfernt einem Kaziken als Sklaven dienten. Einige hatten noch vor wenigen Tagen mit ihnen gesprochen.

Diese Nachricht erfüllte uns alle mit großer Freude. Cortes teilte den Indianern mit, daß er diesen Spaniern Briefe schicken und sie auffordern wollte, zu ihm zu kommen. Dem Kaziken und dem Briefboten gab er besonders gute Worte und viele Geschenke. Er versprach ihnen noch mehr, wenn sie mit den Spaniern zurückkämen.

Der Kazike machte Cortes darauf aufmerksam, daß er den jetzigen Herren der Spanier Lösegeld schicken müsse. Daraufhin wurden den Boten für diesen Zweck vielerlei Glasperlen mitgegeben. Außerdem schickte Cortes zwei der kleineren Schiffe mit zwanzig Armbrustschützen und Musketieren unter dem Kommando von Diego de Ordas an die Catochespitze ab. Sie sollten mit dem größeren Schiff dort acht Tage kreuzen und das kleinere als Meldeschiff zwischen der Catochespitze und dem Generalkapitän benutzen.

Nach den Mitteilungen der Indianer lebten die Spanier nur vier Wegstunden von der Catochespitze entfernt. Der Brief des Cortes lautete folgendermaßen: »Liebe Herren und Brüder. Ich habe hier auf der Insel Cozumel in Erfahrung gebracht, daß Ihr Euch in der Gewalt eines Kaziken befindet. Ich bitte Euch, kommt zu mir hierher nach Cozumel. Ich schicke zu diesem Zweck ein Schiff mit Mannschaften und mit Lösegeld, falls dies bei den Indianern nötig ist. Das Schiff wird seine Stellung acht Tage lang halten, um auf Euch zu warten. Kommt so schnell wie möglich. Ihr werdet gewiß eine achtungsvolle Behandlung bei mir finden. Ich bin mit fünfhundert Soldaten und elf Schiffen auf dieser Insel und werde mit Gottes Hilfe nach einer Ortschaft, die Tabasco oder Potonchan heißt, weitersegeln...«

Die beiden indianischen Kaufleute gingen an Bord der Schiffe, die den kleinen Golf in drei Stunden durchfuhren und die Boten mit dem Brief und den für die Auslösung bestimmten Waren an Land setzten. Einer der beiden Spanier erhielt tatsächlich nach zwei Tagen den Brief. Er hieß Jeronimo de Aguilar. Als er den Brief gelesen und die Waren für die Auslösung empfangen hatte, war er sehr erfreut und ging zu seinem Herrn, ihn um die Freiheit zu bitten. Nachdem der Kazike sich einverstanden erklärt hatte, ging Aguilar zu seinem Kameraden Gonzalo Guerrero, um ihm die Neuigkeit mitzuteilen. Der antwortete ihm aber: »Bruder Aguilar, ich habe mich hier verheiratet, bin Vater von drei Kindern und gelte in diesem Land soviel wie der Kazike, wenn es Krieg gibt. Gehe du mit Gott! Ich kann mich nicht mehr unter meinen Landsleuten sehen lassen. Mein Gesicht ist bereits auf indianische Art entstellt, und meine Ohren sind durchbohrt. Was würden die Spanier zu mir sagen, wenn sie mich in diesem Aufzug erblickten. Sieh einmal die drei Jungen an, was sie für liebe Kinder sind. Gib mir ein paar von den grünen Glasperlen für sie. Ich sage ihnen dann, daß mir meine Brüder diese Geschenke aus meinem Vaterland geschickt haben.« Die Frau des Guerrero, eine Indianerin, war sehr ungehalten über das Ansinnen Aguilars. »Da seht mir einmal den Sklaven an«, sagte sie, »der kommt einfach hierher, um mir meinen Mann wegzuholen! Geht Euren Weg und kümmert Euch nicht um unsere Angelegenheiten!«

Bei einer späteren Gelegenheit gab Aguilar dem Kameraden zu bedenken, daß er doch ein Christ sei und sein Seelenheil nicht für eine indianische Frau opfern dürfe. Er sagte ihm auch, daß er die Kinder und die Frau mitnehmen könne, wenn er sich nicht von ihnen trennen wolle. Er mochte ihm aber sagen, was er wollte. Der Mann blieb unter den Eingeborenen, und Aguilar machte sich mit den beiden indianischen Kaufleuten allein auf den Weg an die Küste, wo das Schiff sie erwarten sollte. Ordas war aber nicht mehr da. Er hatte acht Tage gewartet und dann noch einen Tag zugegeben. Dann war er zurückgesegelt. Aguilar war sehr niedergeschlagen, als er das Schiff nicht mehr antraf. Er kehrte zu seinem indianischen Herrn zurück. Ordas aber wurde von Cortes keineswegs freundlich empfangen, als er ohne Lösegeld, ohne die

Spanier, ja sogar ohne die indianischen Boten zurückkam. Er sagte, er habe eine bessere Erledigung seines Auftrags erwartet. Nun habe er nicht einmal eine Nachricht von den Spaniern. Ein anderer Vorfall hatte den Generalkapitän in diesem Augenblick besonders in Harnisch gebracht. Ein Soldat hatte nämlich ein paar Seeleute verklagt, daß sie ihm Speckseiten gestohlen hätten. Die Seeleute leugneten und machten ihre Aussage unter Eid. Man durchsuchte ihre Sachen und fand dabei das gestohlene Gut. Es waren sieben Schuldige. Trotz aller Fürbitte der Hauptleute ließ Cortes ihnen eine ordentliche Tracht Prügel aufzählen.

Die Insel Cozumel schien für die Indianer eine Art Wallfahrtsort zu sein; denn die Leute kamen von weither, von der Catochespitze und aus dem übrigen Yucatan. Eines Morgens standen im Hof des Tempels, in dem die scheußlichen Götzen aufgestellt waren, große Massen von Männern und Frauen und verbrannten ein Harz, das wie unser Weihrauch roch. Dann stieg ein alter Indianerpriester im weiten Mantel auf die Spitze des Tempels und predigte. Unsere Dolmetscher erklärten, daß er lauter Gottlosigkeiten verkünde. Cortes ließ sich daraufhin die Kaziken mit den Vornehmsten der Indianer und mit den Priestern kommen und erklärte ihnen, sie müßten von den Götzen ablassen, wenn sie seine Brüder sein wollten. Diese Bilder wären keine Götter, sondern böse Wesen, durch die sie nur zum Irrtum und ihre Seelen in die Hölle gebracht würden. Sie sollten dafür ein Muttergottesbild aufstellen und ein Kreuz errichten. Die Mutter des Herrn würde immer hilfreich sein, ihre Saaten segnen und ihre Seelen vor dem ewigen Verderben retten. Die Priester und die Kaziken aber antworteten darauf, daß schon ihre Väter diese Götter angebetet hätten, weil sie gute Götter seien, und daß sie ihrem Beispiel getreu sein wollten. Wir würden eines Tages schon die Gewalt ihrer Götter zu spüren bekommen; sobald wir sie verlassen hätten, würden wir im Meer zugrunde gehen.

Cortes kümmerte sich nicht um diese Drohungen. Er ließ die Götzen von ihren Postamenten stürzen und zerschlagen. Dann befahl er, mit Hilfe der indianischen Maurer einen Altar zu errichten und das Bild der Muttergottes aufzustellen. Hinter dem Altar wurde eine Art Kapelle um ein großes Holzkreuz gebaut. Dann las Pater Juan Diaz die Messe, und die indianischen Priester, die Kaziken und alle Eingeborenen sahen aufmerksam zu.

Wie wir uns einschifften und am selben Tag
wieder umkehren mußten, und wie der gefangene Spanier
Aguilar nun doch zu uns kam

Cortes wies die Kommandanten der Schiffe und die Steuerleute in ihre Aufgaben ein, gab Befehle für das Verhalten in Notfällen und über die notwendigen Laternensignale von Schiff zu Schiff. Dann nahm er Abschied von den Kaziken und von den Priestern und empfahl ihnen das Bild der Heiligen Jungfrau und das Kreuz besonders angelegentlich: sie sollten davor beten, beide unbeschädigt lassen und sie immer mit frischen Baumzweigen schmücken. Sie versprachen alles, was er verlangte, brachten noch vier Hühner und zwei Töpfe mit Honig, und dann schieden sie voneinander unter freundschaftlichen Umarmungen.

Es war im März 1519, als wir die Segel setzten. Der Wind war gut, und wir kamen flott voran. Da wurde plötzlich schon um zehn Uhr morgens von einem Schiff gerufen; man gab Notzeichen mit Flaggen und mit Schüssen. Cortes beobachtete, wie der Segler des Juan de Escalante beidrehte und nach Cozumel zurücksteuerte. Er rief die nächsten Schiffe an: »Was soll das heißen?« Schließlich bekam er die Antwort, daß Escalantes Schiff, das Kassavebrot geladen hatte, am Absinken sei. Da rief Cortes: »Verhüte Gott, daß uns ein Unglück zustößt!« Und er gab den Befehl, mit der ganzen Flotte nach Cozumel zurückzukehren. Auf diese Weise kamen wir noch am selben Tag in unseren alten Hafen zurück. Wir entluden das Schiff. Die Madonna und das Kreuz waren unberührt. Die Indianer hatten sogar Räucherwerk aufgestellt. Sie halfen uns bei den Lade- und Ausbesserungsarbeiten, die vier Tage dauerten.

Als der Spanier Aguilar, der sich immer noch in der Gewalt der Indianer befand, hörte, daß wir noch einmal auf Cozumel gelandet waren, freute er sich über die Maßen und dankte Gott von ganzem Herzen. Er mietete für sich und die beiden Indianer, die ihm den Brief gebracht hatten, ein Kanu mit sechs Ruderern, das ihn in vier Stunden über den schmalen Seearm auf unsere Insel brachte. Er belohnte seine Helfer reichlich mit indianischen Kostbarkeiten. Soldaten, die Bisamschweine jagten, bemerkten die Ankömmlinge zuerst und meldeten Cortes, daß ein großes Kanu von der Catochespitze eingetroffen sei. Andres de Tapia wurde den Besuchern mit ein paar Mann entgegengeschickt. Er sollte feststellen, was es Neues gäbe. Als die Indianer den Trupp auf sich zukommen sahen, bekamen sie Angst und liefen zu ihrem Kanu, um wieder zurückzurudern. Aguilar redete ihnen aber in ihrer Sprache gut zu und sagte, wir wären doch Brüder von ihm, sie hätten nichts zu befürchten. Andres de Tapia hielt Aguilar auch für einen Indianer und meldete Cortes die Ankunft von sieben Eingeborenen. Erst als sie einander näher gekommen waren und Aguilar in gebrochenem Spanisch die Worte »Gott, Heilige Jungfrau« und »Sevilla« herausstotterte und dabei auf Tapia zuging, um ihn zu begrüßen, erkannten sie den sonderbaren Gast. Einer von Tapias Leuten lief sofort zu Cortes, um ihm zu melden, daß ein Spanier mit dem Kanu gekommen sei, denn er hoffte auf ein reichliches Trinkgeld.

Wir alle freuten uns über die gute Nachricht. Trotzdem erkannten viele den Spanier nicht, denn er sah aus wie ein echter Indianer. Er hatte von Haus aus eine braune Hautfarbe und trug das Haar wie die indianischen Sklaven. Er trug ein Ruder auf der Schulter, einen alten zerrissenen Strumpf an einem Bein und einen anderen, der nicht besser war, um den Leib. Dazu kam ein zerlumpter Mantel und ein noch schlechterer Gürtel, die seine Scham bedeckten. In den Zipfel des Mantels hatte er ein altes, abgenutztes Gebetbuch gewickelt. Cortes ging es wie allen anderen. Er erkannte den Spanier nicht und fragte Tapia nach dem

Mann. Wie Aguilar dies hörte, kauerte er wie die Indianer nieder und sprach: »Ich bin es.«

Cortes ließ ihn daraufhin mit einem Hemd, Wams, Beinkleidern, einer Mütze und Bastschuhen neu einkleiden. Dann fragte er ihn nach seinem Lebensschicksal, nach seinem Namen, und wie er denn in dieses Land gekommen sei. Aguilar antwortete in gebrochenem Spanisch, er sei in Ecija geboren. Vor acht Jahren sei er mit fünfzehn anderen Männern und Frauen von Darien nach San Domingo gereist. Sie hätten aber Schiffbruch erlitten, ihr Schiff sei auf die spitzen Klippen aufgelaufen, und sie hätten es nicht mehr flott bekommen. Die Fahrt sei wegen eines Prozesses unternommen worden, und sie hätten deshalb die ganzen Prozeßakten und 10000 Piaster an Bord gehabt. Nach dem Verlust des Schiffes sei die ganze Mannschaft in das Boot gesprungen in der Hoffnung, doch noch die Insel Kuba oder Jamaika zu erreichen. Heftige Stürme und Meeresströmungen hätten sie aber wieder an Land geworfen. Daraufhin hätten sich die Clachionis, die Priester der Indianer, ihrer bemächtigt und sie unter sich verteilt. Die meisten seiner unglücklichen Gefährten seien den Götzen geopfert worden, einige seien aus Kummer gestorben. Die Frauen mußten Mais mahlen, hielten diese schwere Arbeit aber auf die Dauer nicht aus und starben. Auch er sollte geopfert werden, konnte aber in der Nacht vorher zu dem Kaziken fliehen, dem er bis zuletzt als Sklave gedient habe. Außer ihm lebe von der ganzen Besatzung nur noch ein gewisser Gonzalo Guerrero. Er habe ihn nicht bewegen können, mitzukommen.

Cortes dankte Gott für die glückliche Fügung und versicherte dem fremden Spanier, daß er seinen Entschluß nicht bereuen werde. Dann fragte er ihn nach Land und Leuten. Aguilar aber antwortete, daß er nur wenig berichten könne, weil man ihn nur als Sklaven gehalten habe, der Holz und Wasser tragen und in den Maisfeldern arbeiten mußte. Nur einmal habe er den Auftrag gehabt, eine Last vier Stunden weit zu tragen. Die Last sei aber zu schwer gewesen, er sei krank geworden und habe deshalb den Ort nicht erreicht. Er habe aber gehört, daß dieses Land dicht bevölkert sei. Sein Leidensgenosse Gonzalo Guerrero sei mit einer Eingeborenen verheiratet, habe drei Kinder und habe ganz das Äußere eines Indianers angenommen. Seine Wangen seien tätowiert, die Ohren durchlöchert; er trage weit herabhängende Lippen. Er sei von Haus aus Matrose, in Palos geboren und gelte bei den Indianern als sehr starker Mann. Vor einem Jahr sei ein Geschwader mit drei Schiffen an der Catochespitze angekommen. Guerrero habe geraten, sie als Feinde zu betrachten. Er habe gemeinsam mit dem Kaziken einer großen Ortschaft das Kommando geführt.

Als Cortes dies hörte, erklärte er, er möchte den Guerrero gern in seine Gewalt bekommen; denn es sei keinesweg gut, einen solchen Mann unter den Indianern weiter leben zu lassen. Die Kaziken von Cozumel aber bewirteten Aguilar aufs beste, als sie ihn in ihrer Sprache reden hörten. Der Spanier gab ihnen den Rat, das Muttergottesbild und das Kreuz in großen Ehren zu halten. Das könnte ihnen nur nützen. Auf seinen Rat hin baten sie den Generalkapitän um einen Empfehlungsbrief für den Fall, daß wieder Spanier auf die Insel kämen. Cortes ließ ihnen ein entsprechendes Schreiben übergeben. Dann verabschiedeten wir uns von ihnen in aller Freundschaft und segelten in Richtung Rio de Grijalva.

DIE KÄMPFE UM TABASCO

*Wie wir uns wieder einschifften, was uns
auf der Fahrt begegnete, und wie uns die Indianer
von Tabasco wieder angriffen*

Am 4. März 1519 schifften wir uns ein. Bis zum Abend segelten
wir mit gutem Wind. Dann kam ein Sturm auf, der uns in große
Gefahr brachte, so daß wir fürchten mußten, unsere Schiffe würden an die Küste geworfen. Um Mitternacht legte sich der Sturm,
und am nächsten Morgen schloß sich die Flotte wieder eng zusammen. Nur das Schiff des Juan Velazquez de Leon fehlte. Das
bedrückte uns sehr, denn wir mußten annehmen, daß das Schiff
auf Grund geraten und verloren war. Als wir bis zum Abend
nichts von ihm hörten, befahl Cortes dem Obersteuermann, mit
dem ganzen Geschwader beizudrehen; denn er wolle nicht weitersegeln, ehe er über das Schicksal des fehlenden Fahrzeuges genau Bescheid wisse. Aber wir warteten vergeblich. Da schlug der
Obersteuermann vor, eine bestimmte Bucht anzusteuern, in welcher er das Schiff vermutete. Der Steuermann des vermißten
Schiffes sei nämlich schon zweimal in dieser Gegend gewesen
und kenne deshalb die Landemöglichkeiten. Zu unserer großen
Freude fanden wir das Schiff auch wirklich in der Bucht vor Anker
liegen. Nun blieben wir alle einen Tag dort. Der Obersteuermann ruderte mit zwei Booten an Land. Sie fanden Maispflan-
zungen, einige Stellen, an denen Salz aufbereitet wurde, und vier
Götzentempel mit vielen, meist weiblichen Figuren. Aus diesem
Grund gaben wir der Landspitze den Namen »Punta de las Muje-
res« (Kap der Frauen). Aguilar meldete, daß in dieser Gegend die
Ortschaft sei, in welcher er als Sklave gelebt hatte. Auch das
Dorf, in dem Guerrero sich niedergelassen habe, sei nicht weit.
Die Einwohner hätten alle Gold, freilich nur in kleinen Mengen.
Er wolle uns gern führen, wenn wir das wünschten. Cortes lachte
über seinen Vorschlag und sagte, er sei nicht wegen solcher

Lumpereien ausgezogen. Er stehe vielmehr im Dienste Gottes und des Königs. Aber er schickte den Hauptmann Escobar mit einem flach gebauten, schnellen Segler bis zur Mündung des Rio de Terminos mit dem Auftrag, festzustellen, ob dort wirklich ein natürlicher Hafen sei, ob man dort eine Kolonie anlegen könne und ob die Jagd wirklich so gut sei, wie ihm berichtet worden war. Escobar sollte am Ausgang der Bucht auf das Geschwader warten. Er führte seinen Auftrag ordnungsgemäß durch. In der Bucht begrüßte ihn der Rüde, den wir seinerzeit zurückgelassen hatten. Er erkannte das Schiff sofort, wedelte mit dem Schwanz und begrüßte die Mannschaften mit freudigen Sprüngen. Diesmal ging er mit an Bord. Escobar segelte aus der Bucht, wurde von dort aber durch den Südwind weit in die hohe See getrieben, so daß wir ihn nicht an der Terminosmündung trafen. Wir setzten ein Boot aus. Unsere Leute fanden im Hafen die vereinbarten Zeichen. Er war also dort gewesen. Cortes hatte Sorge um ihn. Wir trafen ihn dann aber bald darauf. Wenig später erreichten wir die Gewässer von Potonchan. Cortes befahl dem Obersteuermann, in die Bucht einzulaufen, in der Francisco Hernandez de Cordoba und Grijalva so schlecht aufgenommen worden waren. Alaminos erklärte dagegen, daß dieser Küstenstrich sich nicht für eine Landung eigne, weil die Schiffe mindestens zwei Stunden vom Ufer weg vor Anker gehen müßten. Es sei hier zu seicht. Cortes wollte den Eingeborenen eine Lehre erteilen, und wir Veteranen der beiden ersten Fahrten redeten ihm natürlich zu, einzulaufen, denn wir wollten Rache nehmen für unsere toten Kameraden. Aber die Steuermänner erklärten, daß uns dieses Unternehmen mindestens drei Tage kosten werde, bei Einbruch von schlechtem Wetter sogar erheblich mehr. Mit dem guten Wind könnten wir aber Tabasco in zwei Tagen erreichen.

Daraufhin stachen wir wieder in See und waren am 12. März 1519 in der Mündung des Rio de Grijalva. Die großen Fahrzeuge gingen wieder draußen vor Anker, während die kleinen und unsere Boote mit sämtlichen Mannschaften auf die uns wohlbekannte Palmenspitze zusteuerten. Am Ufer und in den Mangrovengehölzen sahen wir zahlreiche Indianer, worüber wir Alten uns sehr wunderten. Im Ort selbst hatten sich zwölftausend schwerbewaffnete Eingeborene versammelt. Die Einwohner von Potonchan und von Lazaro hatten ihren Nachbarn von Tabasco nämlich Feigheit vorgeworfen, weil sie seinerzeit dem Grijalva das goldene Geschmeide gegeben hatten. Diese ehrenrührigen Reden hatten unsere früheren Freunde zu Feinden gemacht.

Cortes befahl unserem neuen Dolmetscher Aguilar, der die Sprache der Leute von Tabasco beherrschte, eine Gruppe von sehr vornehmen Indianern, die gerade in einem Kanu an uns vorbeifuhren, zu fragen, was denn dieser Lärm bedeuten solle. Wir wären nicht gekommen, um ihnen Leid zuzufügen. Wir würden vielmehr gern unsere mitgebrachten Waren mit ihnen wie mit Brüdern teilen. Sie sollten sich doch sehr hüten, mit uns einen Krieg anzufangen; denn sie würden das später sehr bereuen. Aguilar sagte ihnen dies und noch viel mehr, um sie friedlich zu stimmen. Sie wurden aber immer trotziger. Sie drohten uns damit, daß sie uns alle umbringen würden, wenn wir in ihren Ort kommen würden, in dem sie sich hinter schweren gefällten Bäumen, Wällen und Palisaden verschanzt hatten. Aguilar machte noch einmal den Versuch, ihnen zum Frieden zu raten. Sie sollten uns in aller Ruhe Wasser fassen lassen, uns gegen Tauschwaren Lebensmittel liefern und die freundschaftlichen Mitteilungen anhören, die wir ihren Kaziken zu ihrem eigenen Vorteil und im Dienste Gottes, unseres Herrn, zu machen hätten. Sie lehnten diese Vorschläge ab und erklärten, wir dürften nicht über die Palmbäume hinaus gehen, sonst würden sie uns umbringen.

Nachdem alle friedlichen Annäherungsversuche gescheitert waren, ließ Cortes die Boote und die kleinen Schiffe zum Kampf rüsten. Jedes Fahrzeug erhielt drei Geschütze, und die Armbrustschützen und die Musketiere wurden gleichmäßig verteilt. Wir »Alten« erinnerten uns, daß von den Palmbäumen aus ein schmaler Weg über einige Bäche und vermurte Stellen in die Ortschaft führte. Dort stellte Cortes drei Mann aus, die ihm melden sollten, ob die Indianer nachts nach Hause gingen. Diese Meldung kam sehr bald, und wir brachten den Rest des Tages mit der Erkundung des Geländes und mit der Ausrüstung der Fahrzeuge zu.

Am nächsten Morgen hörten wir die Messe und richteten unsere Waffen. Dann schickte Cortes den Hauptmann Alonso Davila mit neunzig Mann und zehn Armbrustschützen auf den beschriebenen Weg mit dem Befehl, sobald er Schüsse höre, den Ort anzugreifen; wir würden dann von einer anderen Seite gleichzeitig vorgehen. Cortes fuhr mit den übrigen Mannschaften und Offizieren in den Booten und in den Schiffen flußaufwärts. Als die Indianer uns kommen sahen, kamen sie von allen Seiten, um uns am Ausschiffen zu hindern. Am Ufer drängten sich Kriegsleute mit den verschiedensten Waffen, sie bliesen auf ihren Muscheltrompeten und rührten die Trommeln. Cortes ließ kurz halten und befahl, noch keinen Schuß aus den Armbrüsten und den Musketen abzugeben. Und weil er Wert darauf legte, daß alles in der gehörigen Form geschah, ließ er die Einwohner durch einen königlichen Sekretarius noch einmal auffordern, uns an Land gehen und Wasser einnehmen zu lassen. Aguilar machte den Dolmetscher.

Sie mußten den Indianern zunächst beibringen, wer Gott, unser Herr, und wer unser König ist. Dann wurde ihnen eröffnet, daß sie die Blutschuld auf sich nehmen müßten, wenn sie angriffen und wir in der Gegenwehr ihre Leute totschlügen. Die Indianer blieben aber bei ihrer trotzigen Haltung und erklärten, daß sie uns umbringen würden, wenn wir an Land gingen. Gleichzeitig überschütteten sie uns mit Pfeilen und riefen durch Trommelzeichen ihre übrigen Abteilungen zum Kampf auf. Diese hatten nur auf das Zeichen gewartet und drangen nun mächtig auf uns ein. Sie schlossen mit ihren Kanus einen Kreis um uns und setzten uns so hart zu, daß viele Pfeilwunden erhielten. Lange Zeit mußten wir bis zum Gürtel im Wasser stehen und fechten. Der Grund am Ufer war lehmig und zum Teil vermurt, so daß wir uns nur schwer von ihm lösen konnten. Auch Cortes selbst stand fechtend im Morast. Er mußte einen seiner Strickschuhe stecken lassen. Wir hatten wahrlich einen harten Stand, bis wir endlich alle festen Boden unter die Füße bekamen. Dann gingen wir aber unter Anrufung unseres Herrn und Patrons San Jago mit solchem Ungestüm auf die Feinde los, daß sie zurückweichen mußten. Sie faßten im Gehölz und hinter den künstlichen Verhauen immer wieder Fuß. Wir aber drängten sie in den Ort und kamen auch in den Gassen gut voran, bis wir plötzlich vor einer Barrikade standen, die mit neuen Mannschaften besetzt war. Der Kampf wurde hier mit besonderer Hartnäckigkeit geführt, und die Indianer schrien dazu fortwährend: »Al calacheoni! Al calacheoni!«, was in ihrer Sprache soviel hieß wie: »Bringt den Hauptmann um!« Wie wir mitten in diesem schweren Kampf standen, kam von der anderen Seite Alonso Davila mit seinen Leuten, die durch die zahlreichen vermurten Stellen aufgehalten worden waren. Mit vereinten Kräften schlugen wir die Indianer aus ihrem Gehege. Sie setzten sich als wackere Kriegsleute tapfer zur Wehr und gaben erst auf, als wir einen weiten Hofraum erreicht hatten, von dem aus man in große Gemächer und Säle kommen konnte. Hier standen auch drei Götzenhäuser, deren Gerätschaften die Eingeborenen aber weggeschafft hatten.

Da sie in voller Flucht waren, ließ Cortes haltmachen und die Verfolgung einstellen, um im Namen Seiner Majestät Besitz von diesem Land zu ergreifen. Er zog seinen Degen und schlug drei Kerben in einen mächtigen Kapokbaum, der in der Mitte des Hofes stand. Dazu rief er mit lauter Stimme, daß er diesen Besitz mit Schwert und Schild gegen jeden verteidigen werde, der ihn bestreiten wolle. Alle anwesenden Spanier stimmten in diesen Ruf ein, und der königliche Sekretarius fertigte darüber ein förmliches Protokoll aus. Nur die Partei des Diego de Velazquez war mit dieser Form der Landnahme nicht einverstanden, weil der Statthalter in dem Protokoll nicht erwähnt wurde. Wir hatten vierzehn Verwundete; auch ich hatte einen leichten Pfeilschuß in den Schenkel erhalten. Die Indianer hatten achtzehn Tote. Wir blieben die Nacht über auf den schwer erkämpften Plätzen und sicherten uns durch Wachposten und Späher ab.

Wie Cortes die Hauptleute mit ihren Mannschaften ausschickte,
um das Innere des Landes zu erforschen

Am nächsten Tag beauftragte Cortes den Pedro de Alvarado, mit fünfundachtzig Mann und fünfzehn Armbrustschützen und Musketieren zwei Stunden weit in das Land einzudringen und es auszukundschaften. Er sollte den Melchior von der Catochespitze als Dolmetscher mitnehmen. Der hatte sich aber wahrscheinlich in der Nacht in einem Kanu der Indianer davongemacht. Jedenfalls fand man seine spanischen Kleidungsstücke auf einer Palme. Cortes verdroß diese Flucht sehr; denn Melchior konnte den Eingeborenen manches verraten.

Den Hauptmann Francisco de Lugo schickte der Generalkapitän mit dem gleichen Auftrag in eine andere Richtung. Lugo stieß schon nach einer Stunde auf einen großen Haufen von Indianern mit ihren Hauptleuten, die sofort mit Pfeilschüssen angriffen. Die Indianer umzingelten das kleine Detachement im Nu, denn sie waren in großer Überzahl. Francisco de Lugo und seine tapferen Männer versuchten vergeblich, die Übermacht zum Weichen zu bringen. Er setzte sich deshalb in bester Ordnung in Richtung auf das Hauptlager ab und schickte einen Indianer aus Kuba, der ein sehr guter Läufer war, voraus, um Cortes über die Lage zu unterrichten und um Sukkurs zu bitten. Pedro de Alvarado hatte inzwischen nach einer Stunde eine Bucht erreicht, die er nicht passieren konnte. Da gab ihm der liebe Gott den glücklichen Gedanken ein, auf einem anderen Weg zurückzukehren. Bald hörte er den Kampflärm, Musketenschüsse, die Trommeln und Trompeten der Indianer, ihr Geschrei und ihr Pfeifen. Er marschierte auf den Schall zu, und bald konnten die beiden Kompanien mit vereinten Kräften den Feind auseinandertreiben. Es gelang ihnen freilich nicht, die Indianer völlig in die Flucht zu schlagen. Erst als Cortes mit den übrigen Kompanien zu Hilfe kam, gaben sie den Kampf endgültig auf. Die Affäre hatte uns fünf Tote und acht Verwundete gekostet.

Nach der Rückkehr ins Hauptquartier versorgten wir die Verwundeten, begruben die Toten und stellten reichlich Wachposten aus. Die Indianer verloren fünfzehn Tote und drei Gefangene, von denen einer zu den Vornehmen des Stammes zu gehören schien. Aguilar fragte sie, welcher Wahnsinn sie befallen habe, uns anzugreifen. Da antwortete einer, daß Melchior in der vergangenen Nacht bei ihnen erschienen sei und ihnen geraten habe, uns unentwegt anzugreifen, bei Tag und bei Nacht. Sie würden dann letzten Endes schon mit unserer kleinen Schar fertig werden. Die Sorge des Generalkapitäns, daß uns die Flucht dieses Menschen nur Unheil bringen könne, war also sehr wohl begründet.

Wir schickten einen der Gefangenen mit grünen Glasperlen an die Kaziken ab und ließen ihnen Frieden anbieten. Aber der Mann kam nicht zurück. Die beiden anderen Gefangenen berichteten im Laufe weiterer Vernehmungen, daß uns am ersten Kampftag alle Kaziken der Provinz angegriffen hätten und daß sie am nächsten unser Standquartier überfallen wollten, ein Plan, den ihnen Melchior eingegeben habe.

Wie Cortes die Pferde an Land bringen ließ, wie uns alle Kaziken der Provinz angriffen, und was darauf erfolgte

Da wir nun die Gewißheit hatten, daß wir erneut angegriffen würden, ließ Cortes eiligst die Pferde an Land schaffen. Wie die Pferde nach der langen Seefahrt wieder festen Boden unter die Füße bekamen, waren sie zunächst unbeholfen und furchtsam. Aber schon am nächsten Tag hatten sie die alte Lebhaftigkeit wiedergewonnen. Die Verwundeten und sechs oder sieben junge Soldaten, die so heftige Nierenschmerzen hatten, daß sie nicht mehr stehen konnten, blieben an Bord. Den Kavalieren, die vom Sattel aus fechten sollten, wurde befohlen, den Pferden Schellen umzuhängen. Im übrigen sollten sie erst in den Kampf eingreifen, wenn die Indianer zu fliehen begannen. Dann sollten sie ihre Lanzen auf die Gesichter der Feinde richten. Dreizehn Mann wurden für diesen Dienst ausgewählt. Cortes stellte sich an die

Spitze des Reitertrupps. Das Geschütz befehligte der Artillerist Mesa, die übrige Mannschaft Diego de Ordas, der für die Fußtruppen ein ausgezeichneter Führer war, während er von Pferden nichts verstand. Am nächsten Tag war das Fest Mariä Verkündigung. Wir hörten in aller Frühe die Messe, stellten uns dann in guter Ordnung hinter unserem Fähnrich Antonio de Villareal auf und marschierten auf große Bohnenfelder zu, auf denen Francisco de Lugo und Pedro de Alvarado schon Gefechte bestanden hatten. Ganz in der Nähe lag der Ort Cintla, der etwa eine Legua von unserem Hauptquartier entfernt war. Cortes mußte mit seinen Reitern einen Umweg nehmen, weil die Pferde in dem Morast nicht weiterkamen.

Über die Ebene von Cintla kamen uns die feindlichen Scharen schon entgegen, mit großen Federbüschen auf dem Kopf, in baumwollenen Schutzröcken und mit rot, weiß und schwarz bemalten Gesichtern. Außer Trompeten und Trommeln hatten sie große Bogen und Pfeile, Lanzen und Schilde, mächtige Schlachtschwerter, die nur mit zwei Händen geführt werden konnten, und eine Menge Schleudern und Keulen mit, die im Feuer gehärtet waren. Sie bedeckten mit ihren Massen die ganzen großen Bohnenfelder und griffen uns von allen Seiten an. Wie wütende Hunde stürzten sie auf uns los. Im ersten Ansturm verwundeten sie über siebzig Mann, ein Mann fiel. Gleichzeitig drangen sie mit ihren Spießen auf uns ein. Aber wir blieben ihnen nichts schuldig mit unseren Armbrüsten, Musketen und Geschützen, und mit unseren Degenhieben. Sie wichen auch zurück, aber nur so weit, daß sie uns aus einer sicheren Entfernung mit Pfeilen beschießen konnten. Unser Artillerist schoß in die dichten Haufen und brachte ihnen erhebliche Verluste bei. Trotzdem flohen sie nicht. Da schlug ich unserem Hauptmann Diego de Ordas vor, den Indianern auf den Leib zu rücken; denn sie zogen sich ja nur aus Ehrfurcht vor unseren Klingen zurück und konnten uns jetzt in aller Ruhe mit Pfeilen, Schleudern und Wurfstöcken zusetzen. Ordas aber meinte, daß dies nicht ratsam sei, denn jedem von uns stünden rund dreihundert Gegner gegenüber. Trotzdem wurde mein Vorschlag durchgeführt, und wir rückten ihnen so hart auf den Leib, daß sie sich in die sumpfigen Niederungen zurückzogen.

Inzwischen erwarteten wir dringend Hilfe von Cortes und seiner Reiterei. Wir fürchteten schon, daß ihm ein Unfall zugestoßen sei. Ich werde nie das Pfeifen und Schreien vergessen, mit dem die Indianer auf jeden Schuß unserer Geschütze antworteten. Sie warfen Erde und Stroh in die Höhe, schrien, lärmten mit ihren Trompeten und Trommeln, und versuchten mit ihrem Feldgeschrei »Alala! Alala!« ihre Verluste zu verdecken. Plötzlich kam Cortes mit seinem Trupp angesprengt. Die Feinde waren so sehr mit uns beschäftigt, daß sie die Reiter nicht sahen. Diese fielen ihnen in den Rücken. Die Indianer hatten noch nie Pferde gesehen und glaubten, daß Roß und Reiter ein Körper seien. Entsetzt räumten sie das Kampffeld und flohen auf einen benachbarten Hügel. Cortes war durch Morast und durch ein Gefecht mit anderen feindlichen Haufen aufgehalten worden. Fünf Reiter und acht Pferde waren verwundet.

Wir ruhten unter den Bäumen des Schlachtfeldes aus, priesen Gott und die Heilige Jungfrau und dankten ihnen mit hoch erhobenen Händen für den vollständigen Sieg. Und weil gerade Mariä Verkündigung war, erhielt die Stadt, die später hier gebaut wurde, den Namen »Santa Maria de la Vitoria«. Es war die erste Schlacht, die wir unter Cortes in Neuspanien geliefert haben. Nach dieser frommen Feier verbanden wir unsere Verwundeten und behandelten die Verletzungen der Pferde mit heißem Fett. Bei dieser Gelegenheit wurden die feindlichen Toten gezählt. Es waren über achthundert, viele waren noch halb am Leben. Die meisten waren durch unsere Stiche gefallen, viele waren durch das Geschütz und durch die Reiterei getötet worden. Wir machten fünf Gefangene, darunter zwei Kaziken. Hungrig und müde kehrten wir in unser Hauptquartier zurück, beerdigten die zwei Gefallenen, stellten Wachposten aus, aßen zur Nacht und gingen dann zur Ruhe.

Francisco Lopez de Gomara berichtet von dieser Schlacht, daß schon vor der Ankunft des Cortes mit der Reiterei der Francisco de Morla auf einem Apfelschimmel angeritten sei, und daß der heilige Apostel Jakob oder Sankt Petrus persönlich seine Gestalt angenommen hätten. Ich kann nur sagen, daß wir alle unsere Waffentaten und unsere Siege unserem Herrn Christus verdanken, und daß in dieser Schlacht gegen jeden einzelnen von uns so viele Feinde standen, daß wir mit Erde zugedeckt worden wären, wenn ein jeder nur eine Handvoll auf uns geworfen hätte. Gottes große Barmherzigkeit hat uns daher gewiß in diesem Kampf beigestanden, und vielleicht sind uns wirklich die glorreichen Apostel zu Hilfe geschickt worden. Vielleicht bin ich um meiner Sünden willen nicht des Glücks teilhaftig geworden, sie zu erblicken; denn ich sah den Francisco de Morla, zusammen mit Cortes, auf einem Braunen ansprengen, und noch in dem Augenblick, da ich dies niederschreibe, ist die ganze Schlacht, so wie ich sie erzählt habe, meinen sündigen Augen vollkommen gegenwärtig. Und wie ich unwürdiger Sünder nicht wert gefunden wurde, einen glorreichen Apostel von Angesicht zu Angesicht zu schauen, so habe ich auch die über vierhundert beteiligten Kriegsleute, Cortes selbst und seine Kavaliere nie davon reden und dieses Wunder bezeugen hören. Wir hätten gewiß eine Kirche gebaut und die Stadt Santiago oder San Pedro de la Vitoria und nicht Santa Maria de la Vitoria genannt. Wenn es daher mit dem, was Gomara erzählt, seine Richtigkeit hat, dann sind wir schlechte Christen gewesen, daß wir den Beistand, den uns der liebe Gott in seinen Aposteln gesandt hat, nicht besser in Ehren gehalten und nicht dafür gesorgt haben, daß ihm dafür täglich in einer eigenen Kirche gedankt werden kann.

Wie Cortes alle Kaziken dieser Provinzen versammelte,
und was weiter geschah

Unser Dolmetscher Aguilar unterhielt sich eingehend mit den fünf Gefangenen und machte daraufhin Cortes den Vorschlag, die beiden Kaziken als Vermittler zu ihren Landsleuten zu schikken. Cortes nahm den Vorschlag an. Er ließ ihnen versichern, daß ihre Völkerschaften nach dieser Schlacht von unserer Seite nichts mehr zu befürchten hätten, und er beauftragte sie, sämtliche Kaziken hier zu versammeln, weil er mit ihnen reden wolle. Sie bekamen grüne und blaue Glasperlen mit, und wurden dann in Freiheit gesetzt. Die beiden führten diese Aufträge auch getreulich aus. Zunächst erschienen bei uns fünfzehn indianische Sklaven mit geschwärzten Gesichtern, in zerrissene Mäntel gehüllt, und brachten Hühner, gebratene Fische und Maisbrot. Cortes nahm sie freundlich auf. Aguilar aber fragte sie mißmutig, warum sie mit geschwärzten Gesichtern kämen. Es sähe ja so aus, als ob sie Krieg und nicht Frieden wollten. Wenn sie den Frieden annehmen wollten, den wir ihnen böten, dann müßten sich schon Leute von Ansehen bei uns einfinden, nicht Sklaven. Das sollten sie ihren Herren mitteilen. Trotzdem wurden die Geschwärzten gut behandelt und mit Glasperlen beschenkt.

Am nächsten Tag erschienen tatsächlich dreißig vornehme, gutgekleidete Indianer. Auch sie brachten Hühner, Fische, Früchte und Maisbrot mit. Sie baten Cortes um die Erlaubnis, die Leichname ihrer gefallenen Landsleute zu verbrennen und zu begraben, weil sie sonst die Luft verpesten würden. Nachdem Cortes die Erlaubnis erteilt hatte, kamen sie mit einer Menge von Leuten, um die Leichname zu verbrennen und nach ihrem Brauch zur Erde zu bestatten. Cortes kam selbst und sah ihnen zu. Bei dieser Gelegenheit bestätigten sie ihm, daß ihnen über 800 Mann fehlten, die Verwundeten nicht gerechnet. Im übrigen dürften sie sich in keine Unterhandlungen einlassen. Morgen kämen die Vornehmen und Häuptlinge zusammen, um über den Frieden zu beraten.

Cortes, der jeden Vorteil ausnützte, sagte anschließend lächelnd zu uns: »Meine Herren, mir scheint, daß die Indianer große Angst vor unseren Pferden haben. Sie sind wohl der Meinung, daß unsere Pferde und unser Geschütz den Krieg allein führen. Ich habe einen Einfall, der diese Überlegung bestätigen soll. Ihr müßt die Stute des Joan Sedeno holen, die erst kürzlich an Bord geworfen hat. Ihr sollt sie hier, wo ich stehe, anbinden. Dann bringt Ihr den Hengst des Musikers Ortiz, der besonders hitzig ist und schnell die Witterung der Stute haben wird. Sobald Ihr merkt, daß es soweit ist, führt Ihr die beiden Rosse wieder weg, jedes an einen anderen Ort, damit die Kaziken sie weder sehen noch hören, bevor sie mir vorgestellt und wir mitten im Gespräch sind.« Ferner ließ Cortes das größte unserer Geschütze mit reichlich Pulver und einer Kugel laden. Gegen Mittag kamen vierzig Kaziken, mit vielem Anstand und nach ihrer Art und Weise reich gekleidet. Sie begrüßten Cortes und uns alle, räucherten uns mit Weihrauch an, baten um Verzeihung für das Vergangene und versprachen Freundschaft für alle Zukunft.

Cortes antwortete durch unseren Dolmetscher mit finsterem Ernst. Er sagte, er habe sie oft zum Frieden eingeladen, und nun sei es allein durch ihre Schuld fast so weit gekommen, daß wir alle Einwohner der hiesigen Ortschaften umgebracht hätten. Wir wären die Vasallen eines großen Königs und Herrn, der uns in dieses Land geschickt und befohlen habe, alle, die sich seiner Oberhoheit unterwerfen, zu begünstigen und zu unterstützen. Wenn ihre Versicherungen wahr und sie wirklich friedlich gesinnt seien, dann könnten wir diesen Befehl unseres Herrn auch ausführen. Sei dies aber nicht der Fall, dann müßten wir die Tepuzques – den Namen hatten die Indianer den Geschützen gegeben – auf sie loslassen. Die Tepuzques seien ohnehin noch sehr erbittert über ihre Feindseligkeit. In diesem Augenblick wurde auf ein Zeichen des Generalkapitäns das große Stück abgefeuert. Es gab einen donnerähnlichen Knall, und die Kugel flog mit lautem Geräusch über die Höhen weg. Man konnte sie deutlich hören, weil es völlig windstill war.

Die Kaziken hatten derartiges noch nie gesehen. Sie bekamen Angst und glaubten alles, was Cortes ihnen zuvor gesagt hatte. Er ließ sie nun durch Aguilar beruhigen und ihnen versichern, daß er den Befehl gegeben habe, ihnen keinerlei Schaden zuzufügen. In diesem Augenblick brachte man den Hengst, der die Witterung der Stute hatte, und band ihn ganz in der Nähe an. Der Hengst fing sehr bald an, zu wiehern, mit den Hufen zu stampfen und sich aufzubäumen. Seine Augen waren unaufhörlich auf die Indianer gerichtet; denn sie standen vor dem Zelt des Cortes, in dem die Stute versteckt war. Die Kaziken aber mußten glauben, daß der Hengst alle diese Bewegungen nur um ihretwillen mache, und sie waren deshalb in großer Furcht. Cortes ließ die Szene auf die Indianer wirken. Dann stand er von seinem Stuhl auf, trat zu dem Pferd, nahm es am Zügel und ließ es durch die Stallknechte wieder wegführen. Aguilar aber versicherte den Kaziken, Cortes habe dem Roß befohlen, ihnen kein Leid zuzufügen. Während dieses Auftritts erschienen dreißig indianische Lastträger, die sie »Tamemes« nennen, mit Hühnern, gerösteten Fischen und allerlei Früchten. Die Träger hatten mit ihren Lasten den Kaziken nicht so schnell folgen können. Zwischen den indianischen Häuptlingen und Cortes entwickelte sich ein lebhaftes Palaver. Sie verließen uns schließlich sehr zufrieden mit der Versicherung, daß sie am nächsten Tag mit Geschenken wiederkommen würden.

Wie die Kaziken und Priester sich mit Geschenken
wieder einfanden, und was dann weiter geschehen ist

Am nächsten Morgen, einem der letzten Märztage des Jahres 1519, kamen die Kaziken und viele Vornehme aus Tabasco und Umgebung zu uns und erwiesen uns große Ehrerbietung. Sie brachten vier Diademe und vielerlei Kleinodien, Eidechsen, Enten, Hunde aus Gold, ferner prächtige Mäntel und viele andere kleine Dinge. Aber das alles war nichts im Vergleich zu den zwanzig Weibspersonen, die sie uns verehrten. Unter ihnen befand sich eine ganz vortreffliche Frau, die später das Christentum annahm und Donna Marina genannt wurde. Cortes nahm die Geschenke mit großer Freude entgegen. Er führte mit Hilfe des Dolmetschers lange Gespräche mit seinen Gästen und sagte ihnen bei dieser Gelegenheit, daß er sie noch um ein weiteres Geschenk bitten müsse: er wünsche, daß die Eingeborenen mit ihren Frauen und Kindern wieder in ihre alten Wohnungen ziehen. Er könne den versprochenen Frieden erst anerkennen, wenn die Ortschaft binnen zwei Tagen wieder bewohnt sei.

Die Kaziken gaben daraufhin die notwendigen Anweisungen, und nach zwei Tagen war der Ort wieder bewohnt. Sie zeigten sich sogar bereit, ihre Götzen und Menschenopfer aufzugeben. Cortes versuchte, ihnen die Grundsätze des Christenglaubens klarzumachen. Er zeigte ihnen ein Muttergottesbild und erklärte ihnen, daß wir in dieser Frau die Mutter Gottes verehren, die im Himmel wohne. Die Kaziken erklärten darauf, daß ihnen die große Tececiguata – so nennen sie ihre bedeutenden Frauen – gut gefiele. Sie wollten sie behalten, und Cortes ließ einen Altar und ein hohes Kreuz errichten. Auf die Frage nach Melchior, der sie gegen uns aufgehetzt hatte, gaben die Kaziken keine klare Antwort. Wir wußten aber inzwischen, daß man ihn nach der verlorenen Schlacht gefangen und den Götzen geopfert hatte. Deshalb konnten sie auch den Wunsch von Cortes nicht erfüllen, ihn auszuliefern.

Am nächsten Tag wurden der Altar und das Kreuz aufgerichtet und das Muttergottesbild auf den Altar gestellt. Unser Pater las die Messe. Alle Kaziken und die Vornehmen aus der Nachbarschaft waren anwesend. Bei dieser Gelegenheit erhielt die Stadt Tabasco in aller Feierlichkeit den neuen Namen Santa Maria de la Vitoria, und der Pater predigte zu den zwanzig Indianerinnen, erzählte ihnen viel Schönes von unserer heiligen Religion, erklärte, daß ihre Götzen keine Götter, sondern böse Geister seien, die sie meiden und denen sie nicht opfern sollten. Sie hätten bislang in einem großen Irrtum gelebt; denn Christus sei ihr Herr, ihn sollten sie nun anbeten. Dann wurden die Frauen getauft. Die hübscheste, gewandteste und aufgeweckteste erhielt den Namen Donna Marina und wurde von Cortes dem Alonso Hernandez Puertocarrero, einem wackeren Kavalier, zur Frau gegeben. Als dieser später nach Spanien ging, nahm Cortes Donna Marina zu sich, und sie bekam einen Sohn von ihm. Die übrigen

Frauen verteilte der Generalkapitän nach der Taufe unter die anderen Hauptleute. Wir blieben fünf Tage in der Ortschaft, um die Heilung der Verwundeten und der Kranken abzuwarten. Cortes brachte die Kaziken dazu, als erste feierlich dem König von Spanien zu huldigen. Am Tag vor unserer Abfahrt feierten wir zusammen mit allen Teilnehmern an unserer Entdeckungsreise und mit den Kaziken und Vornehmen der Indianer, die auch ihre Frauen und Kinder mitgebracht hatten, eine hohe Messe, frühstückten, empfahlen ihnen den Altar mit dem Kreuz und dem Muttergottesbild und begaben uns dann alle an Bord. Am nächsten Morgen segelten wir mit gutem Wind ab nach San Juan de Ulua, vorbei an den Küstenstrichen, die wir unter Grijalva gesehen hatten.

Wie Donna Marina, die Gebieterin über Land und Leute war, nach Tabasco gekommen ist

Donna Marina war als Gebieterin über Land und Leute geboren; denn ihre Eltern herrschten als Kaziken in dem Ort Paynala, zu dem eine ganze Reihe anderer Ortschaften gehörte und der etwa acht Stunden von der Stadt Coatzacoalco entfernt war. Der Vater starb sehr früh, und die Mutter verheiratete sich mit einem anderen, sehr jungen Kaziken, mit dem sie bald einen Sohn hatte, den beide sehr liebten. Ihm wollten sie nach ihrem Tod die Herrschaft übertragen. Um die Tochter mit ihren Anrechten aus der ersten Ehe loszuwerden, brachten sie das Mädchen zu einer indianischen Familie nach Xicalango und verbreiteten das Gerücht, daß sie verstorben sei. Die Indianer von Xicalango gaben das Mädchen an Einwohner von Tabasco weiter, und so kam sie schließlich zu Cortes. Ich habe die Mutter gesehen und den Stiefbruder kennengelernt, als er schon erwachsen war und mit seiner Mutter zusammen die Herrschaft ausübte. Sie traten beide zum Christentum über und erhielten die Namen Martha und Lazaro. Da Marina in allen Kriegen in Neuspanien wichtige Dienste als

Dolmetscherin leistete, nahm sie Cortes überallhin mit. Marina hatte sehr großen Einfluß in Neuspanien und machte mit den Indianern, was sie wollte.

Cortes kam im Jahr 1523 nach Coatzacoalco und besuchte von dort aus mit anderen und mir den Geburtsort der Donna Marina. Auch ließ er damals alle Kaziken der Provinz kommen und redete ihnen zu, das Christentum anzunehmen. Bei dieser Gelegenheit fanden sich auch der Bruder und die Mutter der Marina ein. Sie hatten große Angst; denn sie fürchteten, man habe sie nur kommen lassen, um sie aus Rache für ihre bösen Taten umzubringen. Donna Marina aber trocknete ihre Tränen. Sie sprach ihnen Mut zu und sagte, daß sie nicht gewußt hätten, was sie tun. Sie verzeihe ihnen. Gott habe auf diese Weise alles zum Besten gelenkt. Er habe sie vom Heidentum zum Christentum gebracht und habe ihr durch Cortes einen Sohn geschenkt, außerdem habe sie auf diese Weise einen guten Gatten bekommen. Das sei ihr mehr wert als die Herrschaft über ganz Neuspanien. Cortes gab ihr übrigens später einen zweiten Mann, den Juan Xaramillo, einen Kavalier aus der Ortschaft Orizaba. Diese Frau war ein entscheidendes Werkzeug bei unseren Entdeckungsfahrten. Vieles haben wir unter Gottes Beistand nur mit ihrer Hilfe vollbringen können. Ohne sie hätten wir die mexikanische Sprache nicht verstanden, zahlreiche Unternehmungen hätten ohne sie einfach nicht durchgeführt werden können.

ERSTE GESANDTSCHAFTEN MOTECZUMAS
ERSTE WIDERSTÄNDE DER ANHÄNGER
DES STATTHALTERS VON KUBA

Wie wir mit allen Schiffen nach San Juan de Ulua
kamen, und was wir dort weiter unternahmen

Aber zurück nach San Juan de Ulua. Am Gründonnerstag 1519 kamen wir mit dem ganzen Geschwader dort an. Alaminos ließ die Schiffe so vor Anker gehen, daß sie vor dem Nordwind geschützt waren. Wir lagen noch keine halbe Stunde fest, da kamen zwei große Kanus, die sie hier Pirogen nennen, mit vielen Indianern auf uns zu. Sie nahmen Richtung auf das Schiff von Cortes, das sie an der Flagge als Kommandoschiff erkannt hatten, kamen ohne alle Umstände an Bord und fragten nach dem Tatuan, nach dem Gebieter. Donna Marina verstand ihre Sprache und brachte sie zu Cortes. Sie zeigten gegenüber dem Generalkapitän auf ihre Weise große Ehererbietung und hießen ihn willkommen. Ihr Gebieter, der wieder ein Untertan des großen Moteczuma sei, habe sie gesandt, um zu erkunden, wer wir wären und was wir in diesem Land suchten. Wir sollten ihnen nur sagen, was wir für unsere Wasserhäuser (Schiffe) brauchten, sie würden veranlassen, daß alles Notwendige gebracht werde.

Cortes dankte ihnen sehr freundlich, ließ ihnen zu essen vorsetzen und ihnen blaue Glasperlen schenken. Er sagte, daß wir nur gekommen seien, um sie kennenzulernen und mit ihnen Handel zu treiben. Wir hätten durchaus nicht die Absicht, ihnen irgendeinen Schaden zuzufügen, und sie sollten deshalb ganz ohne Sorge sein. Die Gesandten kehrten zufrieden mit diesen Auskünften in ihre Heimat zurück. Wir schifften am nächsten Morgen, am Karfreitag, die Pferde und unsere Artillerie aus. Mesa fand eine gute Stellung für das Geschütz in den Dünen. Dann errichteten wir einen Altar, an dem sofort eine Messe gelesen wurde. Für Cortes, die Hauptleute und für je drei Mann von uns wurden aus Baumzweigen Hütten gebaut. Auch die Pferde bekamen eine gute Unterkunft. Darüber verging der Karfreitag. Am Samstag schickte uns ein Beauftragter Moteczumas, der Cuitlapitoc hieß und von uns später Ovandillo genannt wurde, viele Indianer. Sie hatten Äxte bei sich und hieben damit noch viele Zweige ab, um die Hütte des Cortes abzudichten. Darüber hingen sie große Stücke Zeug, um sie so besser gegen die Hitze zu schützen, die damals schon ziemlich groß war. Sie brachten auch Hühner, Maisbrot und Pflaumen, die gerade reif waren, und wenn ich mich recht erinnere, auch goldenes Geschmeide. Cortes nahm die Geschenke sehr vergnügt an und ließ den Leuten allerlei Tauschwaren geben, die ihnen Freude machten.

Am Ostersonntag kam tatsächlich der angekündigte Statthalter Tendile mit seinem Gehilfen Cuitlapitoc (Pitalpitoque), mit zahlreichen Indianern und zahlreichen Geschenken. Tendile ließ die Träger zurücktreten und machte dann Cortes, und anschließend uns allen, auf indianische Weise sehr ehrerbietige Reverenzen. Cortes hieß ihn herzlich willkommen, umarmte ihn und bat ihn, auf seine Antwort noch etwas zu warten. Inzwischen war der Altar geschmückt worden, und Pater Bartolome de Olmedo sang die Messe, Pater Juan Diaz ministrierte. Der Statthalter und seine vornehmsten Begleiter wohnten der Messe bei und speisten anschließend mit Cortes und einigen Hauptleuten. Erst nach der Tafel ließ Cortes sich mit Hilfe der Dolmetscher auf ein Gespräch mit seinen Gästen ein. Er teilte ihnen mit, daß wir Christen und Untertanen des größten Monarchen der Welt seien, nämlich des Kaisers Karl, dem viele Fürsten und große Herren dienten. Auf seinen Befehl seien wir in dieses Land gekommen, dessen Namen und Fürsten Seine Majestät schon lange Jahre kenne. Er, Cortes wünsche, den Fürsten als Freund zu gewinnen. Er habe ihm im Namen seines Kaisers manches zu eröffnen, was ihm sicher Freude machen werde. Man möge ihm deshalb den Aufenthaltsort ihres Herrschers angeben, damit er ihm seine Aufwartung machen und alle Maßnahmen für eine freundschaftliche Zusammenarbeit mit ihm verabreden könne.

Tendile antwortete Cortes darauf in ziemlich hochfahrendem Ton: »Ihr seid soeben erst angekommen und wollt schon eine Unterredung mit unserem Gebieter haben! Nehmt erst einmal die Geschenke an, die wir Euch in seinem Namen überreichen, und dann sagt uns, was Ihr braucht!« Darauf nahm er aus einer Art Koffer viel goldenes, kunstvoll gearbeitetes Geschmeide, zwanzig Pakete mit Stoffen aus weißer Baumwolle und aus Federn, die sehr gut aussahen, und präsentierte dies alles nebst vielen anderen kostbaren Dingen, an die ich mich nach den vielen Jahren nicht mehr im einzelnen erinnern kann. Dazu kamen eine große Menge köstlicher Lebensmittel.

Cortes empfing alles mit heiterem Anstand und schenkte den Herren dafür brillantierte Glasperlen und andere Sachen aus Spanien. Dann bat er sie, in den Ortschaften bekanntzumachen, daß wir mit den Einwohnern gern Geschäfte machen würden und vielerlei Dinge besäßen, die wir gegen Gold eintauschen würden. Sie versprachen, diesen Wunsch weiterzugeben. Dann ließ Cortes einen schönbemalten Armsessel bringen, eine hervorragende Einlegearbeit, ferner einige besonders schöne Markasitkristalle, die in wertvolle, parfümierte Tücher gewickelt waren, eine Schnur mit brillantierten Glasperlen und eine scharlachrote Mütze mit einer goldenen Medaille, die den heiligen Georg hoch zu Roß zeigte, wie er den Drachen tötet. Cortes sagte dazu dem Tendile: er sende seinem Herrn den Sessel, damit er sich darauf setzen könne, wenn er ihm seine Aufwartung mache, die Perlenschnur aber solle er sich bei dieser Gelegenheit um den Hals legen. Diese Geschenke überreiche er im Namen des Kaisers, als Zeichen der Freundschaft und seiner Achtung. Er möge ihm bald mitteilen, wann und wo er Moteczuma seine Aufwartung machen könne.

Tendile nahm die Geschenke in Empfang und erwiderte, sein Gebieter, der selbst ein großer Monarch sei, werde sich freuen, von unserem mächtigen Kaiser zu hören. Er werde ihm die Geschenke so schnell wie möglich bringen und bald wieder zurückkommen. Dann ließ er von einem sehr geschickten Maler Skizzen von Cortes und seinen Hauptleuten machen, von einigen Soldaten, von den Schiffen und Pferden, ja sogar von den Hunden, den Geschützen und allem was ihm bemerkenswert schien. Cortes aber wollte ihn noch stärker beeindrucken. Er ließ das Geschütz scharf laden und befahl den Reitern, aufzusitzen, den Pferden Glocken an die Brustriemen zu hängen und in voller Karriere an den Leuten des Moteczuma vorbeizureiten. Die Indianer wurden von dem Donner des Geschützes und den übrigen Vorführungen sehr beeindruckt. Als Tendile eine Sturmhaube sah, die halb vergoldet war, meinte er, sie habe Ähnlichkeit mit einem Helm, den ihr Kriegsgott Huitzilopochtli seit Urzeiten als Kopfschmuck trage. Er sagte, Moteczuma würde sich sehr freuen, wenn auch er diese Sturmhaube sehen könnte.

Cortes schenkte ihm den Helm und forderte ihn auf, das Gold unserer Flüsse mit ihrem Gold zu vergleichen. Sollte Moteczuma ihm aber den Helm mit Goldkörnern füllen, dann würde er sie unserem großen Kaiser schicken. Tendile und Cortes verabschiedeten sich dann mit freundlichen Worten und einer herzlichen Umarmung. Später erfuhren wir, daß Tendile ein ausgezeichneter Staatsmann und Moteczumas schnellster Läufer war. Er beeilte sich sehr, seinem Herrn Bericht zu erstatten und die Bilder und Geschenke zu übergeben. Moteczuma war sehr überrascht und zugleich erfreut über unsere friedlichen Absichten. Als er die Sturmhaube mit dem Helm seines Kriegsgottes verglich, zweifelte er keinen Augenblick mehr daran, daß wir die Vorläufer jenes Volkes wären, das nach den alten Prophezeiungen dereinst die Macht über sein Land übernehmen sollte.

Wie die Gesandten Moteczumas Geschenke brachten,
zugleich aber eine Zusammenkunft mit ihrem Gebieter
verhindern wollten

Tendile ließ Pitalpitoque in unserem Lager zurück. Der hauste in einer etwas abseits gelegenen Hütte und ließ von seinen Indianern für die Offizierstafel Maisbrot backen und Hühner, Fische und

Früchte herbeischaffen. Wir einfachen Männer mußten uns selbst Muscheln sammeln und Fische fangen, um satt zu werden. Es kamen aber genug Eingeborene, die sich ihre Lebensmittel mit Glasperlen bezahlen ließen. Sie brachten auch etwas Gold und Geschmeide zum Tausch mit. Nach sechs oder sieben Tagen erschien Tendile wieder. Er brachte über hundert schwerbeladene Träger und einen großen mexikanischen Kaziken mit, der Cortes sehr ähnlich sah, und den Moteczuma deshalb für diese Aufgabe gewählt hatte. Er hieß Quintalbor; wir sprachen von nun an nur noch von »unserem Cortes« und von dem »Cortes der anderen«.

Die Gesandten traten vor unseren Feldhauptmann, berührten die Erde vor ihm mit der Hand und räucherten ihn und alle in der Nähe stehenden Spanier an. Die beiden Kaziken hießen Cortes geziemend in ihrem Land willkommen. Es wurden viele freundliche Reden gewechselt. Dann breiteten sie Matten aus, legten darauf baumwollene Stoffe und die prächtigen Geschenke ihres Gebieters. Das erste war eine außerordentlich schöne Arbeit, eine goldene, reichverzierte Scheibe in der Größe eines Wagenrades, die nach der Meinung von Kennern ihre zwanzigtausend Goldpiaster wert war. Sie stellte die Sonne dar. Dann kam der Mond, eine noch größere, schwere silberne Scheibe, mit zahlreichen Figuren verziert. Und schließlich übergaben die Kaziken die Sturmhaube, bis oben hin mit feinen Goldkörnern gefüllt, wie sie aus den Bergwerken kommen. Sie waren mindestens dreitausend Piaster wert. Aber selbst der zehnfache Wert wäre für uns weniger gewesen als die Gewißheit, daß es in diesem Land reiche Gold- und Silbergruben geben mußte. Dazu kamen zwanzig sehr reizvoll nach der Natur geformte Enten, Figuren von Hunden, Tigern, Löwen und Affen, zehn Halsketten und Berlocken, lauter besonders schöne Arbeiten aus reinem Gold; sie brachten ferner in Gold und Silber gefaßte Federbüsche und Fächer, dreißig Ballen feine baumwollene Stoffe, kurz eine Menge von Gegenständen aller Art, dazu Waffen und Lebensmittel; ich kann mich nach den vielen Jahren nicht mehr an alle Einzelheiten erinnern.

Die beiden Kaziken baten Cortes, die Geschenke ebenso freundlich aufzunehmen, wie Moteczuma die unseren aufgenommen habe. Er solle sie nun nur unter die Teules (die Götter) und unter die Männer seiner Begleitung verteilen (die Indianer hielten also damals noch einige von uns, vielleicht die Reiter, für übernatürliche Wesen). Dann übermittelten sie folgende Botschaft ihres Gebieters: er, Moteczuma, sei sehr erfreut über die Ankunft so tapferer Männer in seinen Ländern. Er wünsche sehr, unseren großen Kaiser zu sehen, der nach allen Berichten ein mächtiger Herrscher sei, und von dem er trotz der großen Entfernung schon früher gehört habe. Er wolle ihm kostbare Steine zum Geschenk machen. Er sei gern bereit, uns mit allem zu unterstützen, was wir hier in seinem Land brauchten. Er bitte aber, den Plan einer Zusammenkunft zwischen ihm und Cortes aufzugeben. Dieses Treffen sei nicht notwendig. Es sei außerdem mit sehr großen Schwierigkeiten verbunden.

Cortes dankte den beiden Gesandten wiederholt und sehr verbindlich. Er schenkte jedem zwei Hemden aus holländischer Leinwand, blaue Glasperlen und andere Kleinigkeiten. Dann bat er sie aber, zu ihrem Gebieter zurückzukehren und ihm zu melden, daß unser großer Kaiser und Herr sehr ungnädig sein werde, wenn er höre, daß wir Moteczuma nicht persönlich begrüßt hätten. Wir seien schließlich aus sehr fernen Ländern und über große Meere gekommen, nur um Moteczuma unsere Aufwartung zu machen. Wir könnten nun nicht unverrichteterdinge zurückfahren. Er müsse deshalb in jedem Fall Gelegenheit haben, die Residenz ihres großen Herrschers aufzusuchen, um seine Befehle persönlich entgegenzunehmen.

Die beiden Kaziken versicherten, daß sie Moteczuma alles getreulich ausrichten würden, daß sie aber nach wie vor eine Begegnung zwischen ihm und Cortes für überflüssig hielten. Unser Generalkapitän gab ihnen dann aus unserer Armut einen vergoldeten Florentiner Kelch mit feingeschliffenem Laubwerk, drei Hemden aus holländischem Leinen und andere Kleinigkeiten als Geschenk für ihren Gebieter. Daraufhin reisten die Gesandten ab. Pitalpitoque blieb wieder zurück, um die Versorgung unseres Lagers mit Lebensmitteln sicherzustellen.

Wie uns die Lebensmittel ausgingen, und wie die
Anhänger des Statthalters nach Kuba zurück wollten,
während die Indianer heimlich das Land verließen

Kaum waren die mexikanischen Gesandten abgereist, da beauftragte Cortes den Francisco de Montejo, mit zwei Schiffen zehn
Tage lang dem alten Kurs des Juan de Grijalva zu folgen, einen sicheren Hafen und einen vorteilhaften Ort für eine Niederlassung
zu erkunden. Das Geschwader wurde an derselben Stelle, an der
Grijalva umkehren mußte, von starken Meeresströmungen aufgehalten (Kap Rojo). Es kehrte um und meldete, daß in einer
Entfernung von zwölf Leguas eine festungsartig ausgebaute
Ortschaft liege, die Quiauitztlan heiße. Dort solle auch ein
sicherer Hafen sein. Montejo hatte für diese Fahrt zwölf Tage gebraucht.

Inzwischen wurde die Lebensmittelversorgung durch Pitalpitoque schlechter, die Indianer ließen sich immer seltener sehen,
wurden scheu und zurückhaltend. Unser Kassavebrot war wieder einmal schimmlig geworden und wimmelte von Würmern.
Wer keine Schaltiere fand, mußte hungern. Wir waren deshalb
sehr erfreut, als Tendile mit einer großen Menge Indianern zurückkam. Sie waren höflich wie immer, räucherten Cortes und
uns an und übergaben uns zehn Ballen mit schönen Federmänteln
und vier prächtige Chalchihuites, Edelsteine, die sie besonders
hoch einschätzten, und die für unseren Kaiser bestimmt waren.
Dazu schenkten sie uns goldenes Geschmeide im Wert von etwa
dreitausend Piastern. Sie berichteten, daß Moteczuma unsere
Geschenke gnädig aufgenommen habe. Er bitte aber darum, nun
keine Gesandtschaften mehr nach Mexiko zu schicken. Auch die
Zusammenkunft zwischen ihm und Cortes könne nicht
stattfinden. Cortes war sehr betroffen, ließ sich aber nichts anmerken und dankte sehr verbindlich. Zu einigen von uns aber
sagte er: »Dieser Moteczuma muß ein großer Herr sein. So Gott
will, werden wir ihn trotz aller Widerstände eines Tages sehen!«
Und wir antworteten: »Wir wollten, es wäre schon soweit!«

Das alles geschah um die Zeit des Ave Maria. Auf ein Glockenzeichen versammelten sich alle um ein Kreuz, das wir auf der höchsten Düne errichtet hatten. Cortes erklärte den Kaziken den Grund unserer Andacht und ließ unseren Feldgeistlichen eine Predigt über die wichtigsten christlichen Glaubenssätze halten. Die Indianer hörten gut zu. Cortes erklärte anschließend, daß unser großer Kaiser die Abschaffung des Götzendienstes, der Menschenopfer und des Menschenraubes wünsche. Er gab unter Hinweis auf die Predigt unseres Paters gute Gründe dafür an. Er bat sie, auf ihren Tempeln Kreuze zu errichten und Bilder der Mutter Gottes mit ihrem Sohn aufzustellen. Der Segen Gottes werde dann über sie kommen.

Indessen fingen die Indianer des Tendile wieder mit ihrem Tauschhandel an. Wir nahmen ihr Gold und gaben es an die Seeleute weiter, die uns dafür Fische beschafften; denn nur auf diese Weise konnten wir unseren Hunger stillen. Die Kreaturen des Velazquez beklagten sich darüber bei Cortes. Sie sagten, wir seien nicht so weit gesegelt, um das ganze Gold den Soldaten in die Taschen fallen zu lassen. Man müsse befehlen, daß keiner Tauschhandel treiben dürfe außer Cortes persönlich, und daß jeder melden müsse, was er an Gold habe, damit das königliche Fünftel sichergestellt werden könne. Auch müsse Cortes nun endlich einen Schatzmeister ernennen.

Cortes gab ihnen recht und ließ sie einen Schatzmeister wählen, einen gewissen Gonzalo Mexia. Erst dann rückte er mit seiner Meinung heraus. Er sagte: »Seht Ihr denn nicht, meine Herren, wie schlecht es unseren Kameraden geht, seit wir keine Lebensmittel mehr haben? Ich habe ihnen durch die Finger gesehen, damit sie ihren Hunger stillen können. Dieser Handel bringt ohnehin nichts ein. Das soll mit Gottes Hilfe anders werden. Ich habe nun nach Eurem Willen den Tauschhandel verboten. Jetzt müssen wir aber sehen, auf welchem Weg wir zu den notwendigen Lebensmitteln kommen.«

Eines schönen Tages waren die Indianerhütten alle leer. Die Eingeborenen waren mit ihrem Kaziken abgezogen. Wir erfuhren erst später, daß Moteczuma den Befehl dazu gegeben hatte. Seine Priester hatten ihm im Auftrag der Götzen dazu geraten. Er opferte täglich mehrere Knaben, um auf diese Weise eine Offenbarung über das Schicksal zu erzwingen, das er uns bereiten sollte. Wäre es nach ihm gegangen, dann hätte er uns eingefangen, um uns Kinder zeugen zu lassen und dann zu opfern. Wir hatten also allen Anlaß, wachsam zu sein.

Wir hatten überall unsere vorgeschobenen Posten. Eines Tages stand ich so mit anderen Kameraden auf einer Düne, als wir sahen, wie fünf Indianer über den Strand auf uns zukamen. Wir wollten wegen der paar Mann nicht das ganze Lager alarmieren und ließen sie herankommen. Sie waren sehr vergnügt, grüßten uns ehrerbietig und baten uns durch Zeichen, sie ins Lager zu führen. Ich ließ meine Kameraden auf dem Posten und brachte sie zurück. Damals hatte ich noch keine so schweren Beine wie jetzt mit meinen vierundachtzig Jahren. Die Tracht und die Sprache dieser Indianer war ganz anders als die der Leute des Moteczuma. Unseren Herrn grüßten sie mit den Worten »Lope luzio, lope luzio«, was in der totonakischen Sprache soviel heißt wie »Herr, großer Herr!« In den durchbohrten Unterlippen und Ohren steckten blaugesprenkelte Steine und Goldplättchen. Donna Marina fragte sie, ob einer von ihnen die mexikanische Sprache verstehe. Da meldeten sich zwei, und die Unterhaltung konnte beginnen. Sie hießen uns im Namen ihres Gebieters willkommen, den wir später den dicken Kaziken nannten. Er habe sie hergeschickt, um zu erfahren, wer wir seien und was wir vorhätten. Er freue sich, wenn er so mächtigen Männern wie uns dienen könne. Sie hätten uns früher aufgesucht, wenn nicht die Leute von Culua bei uns gewesen wären, die sie fürchteten. Sie wußten von unseren Kämpfen. Sie wußten auch, daß sich die Leute des Moteczuma vor drei Tagen heimlich davongemacht hatten. Für Cortes war dies Gespräch außerordentlich aufschlußreich. Er hörte zum erstenmal etwas über die Feinde des Moteczuma und war deshalb sehr freundlich zu den Männern, beschenkte sie und gab ihnen den Auftrag, ihrem Herrn seinen Besuch anzukündigen.

Unser Lager auf den Dünen wurde immer unerträglicher. Große und kleine Schnaken plagten uns Tag und Nacht, und unsere wenigen Lebensmittel wurden immer ungenießbarer. Was Wunder, daß Männer, die schon Besitz auf Kuba hatten, wieder in ihre Heimat zurück wollten. Die Kreaturen des Diego de Velazquez nutzten diese Stimmung gegen Cortes aus. Daraufhin gab Cortes den Befehl zum Aufbruch nach Quiauitztlan, dem Ort, den Montejo erkundet hatte, wo unsere Schiffe einen geschützten Hafen finden sollten. Der Anhang des Diego de Velazquez machte Einwendungen: wie er diesen Zug ohne Lebensmittel durchführen wolle. Wir könnten in keinem Fall weiter vorgehen. Fünfunddreißig Mann seien an ihren Wunden und an Hunger gestorben. Das Land sei groß, und die zahlreichen Eingeborenen würden uns sicher in den nächsten Tagen angreifen. Es wäre deshalb am besten, auf dem kürzesten Weg nach Kuba zurückzusegeln und dort Rechnung abzulegen über das eingetauschte Gold. Cortes erwiderte: sie seien schlecht beraten, wenn sie jetzt schon umkehren wollten. Wir hätten das Land ja noch gar nicht erforscht. Wir dürften uns bis jetzt nicht beklagen. Der liebe Gott habe uns in allem beigestanden. Es sei bei kriegerischen Unternehmungen nun einmal nicht zu vermeiden, daß Leute ums Leben kämen. Jedenfalls wolle er erst das Land erforschen, das übrigens viele Maisvorräte habe, mit denen wir uns vorerst begnügen müßten.

*Wie wir Cortes zum Generalkapitän und Oberrichter
wählten, und wie die Anhänger des Statthalters diese
Wahl nicht anerkennen wollten*

Damit brachte er seine Gegner zunächst zum Schweigen. Seine Freunde aber gingen heimlich von Mann zu Mann und überredeten sie, gegen die Rückkehr nach Kuba zu stimmen und den Cortes zum Generalkapitän und Oberrichter zu wählen. Sie wollten hier eine Niederlassung errichten und eine direkte Verbindung

mit der kaiserlichen Majestät aufnehmen, damit sie diese Maßnahmen alle billigen und bestätigen könne. Sie kamen auch zu
mir, und ich erklärte, daß ich mit allem einverstanden sei. Die
Anhänger des Diego de Velazquez bekamen bald Wind von
dieser Sache und stellten Cortes zur Rede. Er tat so, als ob er
nachgebe, um uns auf diese Weise zum offenen Widerspruch zu
reizen. Wir hielten ihm vor, daß er auf Kuba öffentlich bekanntgemacht habe, daß er hier die Gründung von Niederlassungen
plane. Wenn er nun nur noch Handel treiben und dann nach Hause
fahren wolle, dann breche er sein Versprechen. Wir hätten hier
jetzt Fuß gefaßt. Die Einwohner würden uns nie mehr landen lassen, wenn wir umkehrten. Wir seien deshalb entschlossen, hier
eine Niederlassung zu gründen. Sei erst ein fester Punkt da, dann
kämen von allen Inseln die notwendigen Soldaten nach, um uns
zu unterstützen. Wer nicht hier bleiben wolle, könne ja nach
Kuba zurückfahren.

Nach langen und umständlichen Widerreden fügte sich Cortes
unseren Wünschen gemäß dem Sprichwort: »Um was du bittest,
wünsche ich.« Er bedang sich aber aus, daß wir ihn zum Oberrichter und Generalkapitän wählen und daß wir nach dem kaiserlichen Fünftel ein Fünftel von allem Gold an ihn abführen sollten.
Der königliche Schreiber fertigte über diese Abmachungen eine
Urkunde aus. Dann beschlossen wir, hier eine Stadt zu gründen,
die den Namen Villa Rica de la Vera Cruz (Die reiche Stadt vom
wahren Kreuz) erhielt; denn wir waren hier am Gründonnerstag
angekommen und am Karfreitag an Land gegangen. Nach der
Grundsteinlegung wählten wir gleich die Alkalden und die Regidoren, den Platzkommandanten, den Schatzmeister, den Ban-
nerherrn und die anderen Würdenträger. Wir sorgten aber auch
für die Errichtung eines Schandpfahls und eines Galgens.

Die Anhänger des Diego de Velazquez gerieten darüber in
Wut. Sie rotteten sich zusammen, lärmten mit ihren Waffen und
schimpften laut auf den Generalkapitän. Sie erkannten die Wahl
nicht an, denn sie sei ohne Vorwissen aller Offiziere und Mannschaften geschehen. Der Statthalter habe Cortes nur die Voll-

macht zum Tauschhandel erteilt. Sie erklärten, daß sie Cortes nicht gehorchen, sondern nach Kuba zurücksegeln würden. Dieser erwiderte, daß er niemanden mit Gewalt zurückhalten wolle. Wer seinen Abschied haben wolle, könne gehen, auch wenn er schließlich ganz allein zurückbleibe. Es sah vorübergehend so aus, als käme es zu einem offenen Kampf. Zum Schluß blieben aber nur wenige übrig, die dem Generalkapitän in aller Form den Gehorsam verweigerten, nämlich: Juan Velazquez de Leon, der mit dem Statthalter nah verwandt war, Diego de Ordas, dann Escobar, den wir nur den Pagen nannten, Pedro Escudero und einige andere. Nun waren scharfe Maßnahmen notwendig. Wir nahmen die Widerspenstigen fest, legten sie in Ketten und bewachten sie gut.

RUHE UND UNRUHE IM LAND DES DICKEN KAZIKEN

Wie Pedro de Alvarado Lebensmittel heranholte, und
wie wir dann doch nach Quiauitztlan zogen

Dann gab Cortes dem Pedro de Alvarado hundert Mann, darunter fünfzehn Armbrustschützen und sechs Musketiere, und beauftragte ihn, das Land zu erkunden und Lebensmittel heranzuschaffen. Die Hälfte der Mannschaft bestand aus Anhängern des Statthalters. Die Leute, auf die sich Cortes verlassen konnte, blieben zurück. Wir sollten neue Umtriebe oder gar Meutereien verhindern.

Alvarado kam in eine Reihe kleiner Ortschaften, die verwaltungsmäßig alle zu dem Platz Cotaxtla gehörten. Dort wurde die Culuasprache gesprochen wie im ganzen übrigen Herrschaftsbereich des Moteczuma. Die Dörfer waren alle verlassen. In den Cues (Tempeln) waren kurz vorher noch Erwachsene und Kinder geopfert worden. Die Wände und die Altäre troffen von frischem Blut, die Obsidianmesser, mit denen die Priester den beklagenswerten Opfern die Brust öffneten, um das Herz herauszuschneiden, lagen noch an ihrem Ort. Den meisten Leichen fehlten die Arme und die Beine. Nach Aussagen der Indianer sind sie verzehrt worden. Unsere Leute waren entsetzt über die Grausamkeiten, die sie überall im Land feststellen mußten. In den Dörfern lagerten viele Lebensmittel. Da die Indianer alle geflohen waren, gab es aber keine Träger. Die Mannschaften mußten sich also das Gemüse, die Hühner und die Früchte selbst aufladen. Sie kamen ohne jeden Unfall zurück ins Lager. Alle anderen Wertgegenstände blieben unberührt in den Ortschaften. Cortes hatte streng verboten, außer Lebensmitteln irgend etwas mitzunehmen. Wir waren alle sehr vergnügt; denn wenn der Mensch sich satt essen kann, vergißt er die Hälfte seiner Leiden.

Cortes versuchte inzwischen alles, um die Anhänger des Statthalters für sich zu gewinnen. Er war dabei mit Gold und mit Versprechungen nicht kleinlich; denn Gold kann Berge versetzen. Bis auf Juan Velazquez de Leon und Diego de Ordas wurden seine Widersacher bald alle freigelassen. Nur die beiden lagen noch in Ketten auf einem Schiff. Aber auch sie gewann er schließlich mit Gold. Sie haben sich späterhin als echte Freunde des Generalkapitäns bewährt. Und nun war es soweit, daß alle den einstimmigen Beschluß fassen konnten, nach Quiauitztlan zu ziehen. Die Schiffe sollten gleichzeitig Segel setzen und in den Hafen einlaufen, der eine Stunde von der Stadt weg lag.

Wir marschierten an der Küste entlang und brachten unterwegs einen riesigen Fisch um, den das Meer ans Land geworfen hatte. Dann kamen wir an einen ziemlich tiefen Fluß (Antigua), an dessen Ufern heute die Stadt Vera Cruz liegt. Wir überschritten ihn mit Hilfe von Fähren und in ein paar alten Kanus, die wir dort vorfanden. Ich schwamm hinüber. Auf dem anderen Ufer fanden wir wieder viele kleine Dörfer, die alle zu der Stadt Cempoal gehörten. Hier waren die fünf Indianer zu Hause, die seinerzeit als Gesandte des dicken Kaziken bei uns waren. Die Götzentempel waren in demselben Zustand wie in den Orten des Moteczuma. Wir fanden viele Papageienfedern und merkwürdige, übereinandergenähte Papiere, die wie spanisches Tuch aussahen. Indianer trafen wir nicht. Sie hatten noch nie Leute unserer Art, sie hatten noch nie Pferde gesehen, hatten Angst bekommen und waren davongelaufen. Wir mußten also hungrig schlafen gehen.

Am nächsten Morgen marschierten wir auf gut Glück weiter ins Land hinein, nach Osten. Wir kamen über einen schönen Wiesengrund mit viel Rotwild. Alvarado machte auf seiner Fuchsstute Jagd auf eines der Tiere, brachte ihm auch ein paar Lanzenstiche bei, konnte es aber nicht einfangen. Im Laufe des Tages fanden sich zwölf Indianer ein, die aus der Gegend stammten. Sie brachten Hühner und Maisbrot. Ihr Kazike ließ uns bitten, ihn in seiner Residenz zu besuchen, die nur eine Sonne, eine Tagesreise weit von unserem Standort entfernt sei. Cortes dankte ihnen sehr freundlich. Sie führten uns in eine kleine Ortschaft, in der kurz zuvor viele Menschenopfer geschlachtet worden waren. Aber der Leser wird der immer wiederkehrenden Feststellung von Menschenopfern überdrüssig werden. Wir fanden sie in jeder Ortschaft und auf allen Wegen, die wir nahmen. Ich will lieber davon schweigen. Die Indianer gaben uns ein Nachtessen und erzählten uns, daß Quiauitztlan auf einem Berg liege.

Am nächsten Morgen schickte Cortes sechs Indianer voraus, die uns in Cempoal anmelden und die Zustimmung zu unserem Besuch einholen sollten. Wir marschierten in fester Ordnung, jederzeit zum Kampf bereit, Beobachter und Spähtrupps auf allen Seiten. Eine Stunde vor Cempoal kamen uns zwanzig vornehme Indianer entgegen und begrüßten uns im Auftrag ihres Kaziken. Sie hatten Kränze aus hochroten Rosen, die sie Cortes und allen Berittenen umhängten. Sie teilten mit, daß ihr Gebieter uns in seinem Haus erwarte; sein großer Leibesumfang hindere ihn daran, uns persönlich entgegenzukommen. Cortes dankte ihnen herzlich für ihre Aufmerksamkeiten, und wir zogen weiter. Als wir schließlich in den Ort zogen, überraschte uns die Größe der Häuser und der ganzen Stadtanlage, die einem üppigen Lustgarten glich. Zahlreiche Frauen und Männer lustwandelten durch die Straßen, um uns zu sehen, und wir dankten Gott, daß er uns solche Länder entdecken ließ.

Unsere Vorhut war weit voraus und befand sich schon auf einem weiten Platz, um den herum große Höfe lagen, in denen wir Quartier nehmen sollten. Die Mauern waren wenige Tage vorher frisch geweißt worden. Sie glänzten in der Sonne so hell, daß einer unserer Reiter glaubte, sie seien mit Silber überzogen. Er sprengte mit verhängtem Zügel zu Cortes, um ihm zu melden, daß die Wände hier aus Silber wären. Donna Marina und Aguilar stellten schnell fest, daß es sich nur um frisch aufgetragenen Kalk handelte. Der wackere Reiter aber mußte in Zukunft nicht mehr für den Spott sorgen.

Auf dem großen Platz empfing uns der dicke Kazike. Er war wirklich über die Maßen korpulent, und ich muß ihn deshalb in

Zukunft den dicken Kaziken nennen. Er machte eine tiefe Ver-
beugung vor Cortes, räucherte ihn nach Landessitte an und
wurde umarmt. Die Quartiere waren groß und bequem. Bald
wurde das Essen gebracht, darunter auch einige Körbe mit
Pflaumen, die gerade reif waren. Wir waren sehr ausgehungert
und hatten lange nicht mehr so reichlich gegessen. Darum nannten wir die Stadt zunächst Villa Viciosa, die Stadt des Überflus-
ses, andere nannten sie Sevilla. Cortes hatte befohlen, daß keiner
der Soldaten das Quartier verlassen und daß niemand die Einwohner behelligen dürfe.

Als der Kazike hörte, daß wir fertig gespeist hätten, schickte er
uns einen Boten, der seinen Besuch ankündigte. Er folgte dem
Boten auf dem Fuß, umgeben von vielen vornehmen Indianern,
die alle schwere goldene Geschmeide und reich geschmückte
Mäntel trugen. Cortes trat vor die Tür und hieß sie willkommen.
Dann ließ der Kazike Geschenke bringen, goldenes Geschmeide
und Baumwollstoffe. Sie waren nicht viel wert. Trotzdem wiederholte der dicke Mann immer wieder die Worte: »Lope luzio!
Lope luzio! Nehmt diese Gaben freundlich auf; hätten wir mehr,
dann würden wir mehr geben.« Cortes dankte ihm durch Donna
Marina und Aguilar. Er sagte: er wolle sich ihm und seinem Volk
durch die Tat nützlich machen. Wir seien die Vasallen des großen
Kaisers Karl, der über viele Königreiche und Herrschaften gebiete. Er habe uns über das Meer geschickt, um überall Unrecht
wiedergutzumachen, die Bösen zu bestrafen und seine Gesetze zu
verkünden. Er wünsche vor allem, daß die Menschenopfer unterlassen werden. Bei der Gelegenheit unterrichtete er den Kaziken
auch über manche Glaubenssätze unserer heiligen Religion.

Als Cortes zu Ende geredet hatte, seufzte der dicke Kazike tief
auf und beklagte sich bitter über Moteczuma und seine Statthalter.
Es sei noch gar nicht lange her, da habe er auch ihn unterjocht und
alles goldene Geschmeide geraubt. Niemand wage gegen Moteczuma und den harten Druck anzugehen, den seine Statthalter
ausübten; denn er beherrsche viele große Städte und Länder,
habe zahlreiche Untertanen und unterhalte große Heere. Cortes

versicherte dem Kaziken, daß er alles tun werde, um hier Abhilfe zu schaffen. Im Augenblick könne er sich freilich der Sache noch nicht annehmen. Er müsse zunächst einmal nach seinen Acales (Schiffen) sehen und sein Hauptquartier in Quiauitztlan einrichten. Dann könnten sie sich eingehend über die Frage unterhalten. Der Kazike war damit ganz zufrieden.

Wie wir in die Festung Quiauitztlan einzogen

Am nächsten Morgen brachen wir nach Cempoal auf. Über vierhundert indianische Lastträger, die sie hier Tamemes nennen, begleiteten uns. Jeder von ihnen konnte fünfzig Pfund etwa fünf Stunden lang tragen. Wir waren sehr erfreut, daß wir auf diese Weise unsere Schnappsäcke einmal anderen aufpacken konnten; denn unsere fünf oder sechs Indianer aus Kuba konnten nicht viel tragen. Donna Marina und Aguilar erklärten uns, daß die Kaziken in diesem Land in Friedenszeiten immer Lastträger stellen müßten, ganz gleich, wem die Last gehöre. Das sei hier so Sitte. Wir handelten in Zukunft natürlich nach dieser Sitte. Am Abend erreichten wir einen kleinen Ort in der Nähe von Quiauitztlan. Wir übernachteten dort. Der Ort war unbewohnt. Die Einwohner von Cempoal brachten uns zu essen.

Am nächsten Tag gegen zehn Uhr erreichten wir Quiauitztlan. Die Stadt liegt auf hohen, steil abfallenden Felsen. Sie war gewiß uneinnehmbar, wenn Widerstand geleistet wurde. Wir trauten dem Landfrieden nicht und marschierten in geschlossener Ordnung, unter Berücksichtigung aller Vorsichtsmaßnahmen. Unser Geschütz eröffnete den Zug, damit es im Bedarfsfall sofort eingesetzt werden konnte. Dabei erinnere ich mich an folgenden Vorfall: Hauptmann Alonso Davila, ein harter und hochmütiger Mann, stach mit seiner Lanze in den leeren Ärmel eines einarmigen Soldaten, weil er nicht in Reih und Glied marschierte. Aber auch ich trete aus dem Glied, wenn ich so alte Geschichten erzähle.

Wir zogen bis in die Mitte der Stadt, ohne einem Menschen zu begegnen. Es war kein Indianer da, mit dem wir reden konnten. Das überraschte uns sehr. Die Einwohner waren aus Furcht vor uns am frühen Morgen geflohen. Auf dem höchsten Punkt der Festung war ein großer freier Platz, an dem die Götzentempel standen. Dort erwarteten uns fünfzehn sehr gut gekleidete Indianer mit den üblichen Räucherbecken. Sie gingen damit auf Cortes und alle Umstehenden zu, räucherten sie an und gaben ihnen damit den Willkomm auf ihre Weise. Dann verneigten sie sich tief und baten darum, zu entschuldigen, daß sie uns nicht entgegengekommen seien. Sie gestanden offen, daß sie die Furcht vor uns und unseren Pferden abgehalten hätte. Sie hätten erst mit eigenen Augen sehen müssen, wer wir eigentlich seien. Nun sollten wir es uns aber bequem machen. Sie würden dafür sorgen, daß die Einwohner noch in der Nacht in ihre Häuser zurückkämen.

Cortes dankte ihnen sehr freundlich für den Empfang, gab ihnen die inzwischen üblich gewordene kurze Aufklärung über unsere heilige Religion und über unseren großen Kaiser und beschenkte sie mit grünen Glasperlen und anderen Siebensachen. Zum Dank brachten die Indianer Hühner und Maisbrot. Wir saßen noch beim Essen, da wurde Cortes gemeldet, daß der dicke Kazike in einer Sänfte zu uns unterwegs sei, die von vielen vornehmen Indianern getragen werde.

Er kam bald an und wiederholte seine Klagen über Moteczuma. Der Kazike der Stadt und die übrigen Vornehmen bestätigten seinen Bericht und erzählten von so vielen Gewalttaten, daß sie selbst seufzen und weinen mußten und uns ganz weich ums Herz wurde. Schon bei der Unterwerfung waren sie sehr hart behandelt worden. Dann verlangte Moteczuma jedes Jahr eine große Zahl ihrer Söhne und Töchter, die zum Teil den Götzen geopfert, zum anderen Teil im Dienst seines Hauses und als Feldarbeiter verwendet wurden. Waren ihre Weiber und Töchter hübsch, dann wurden sie von den Steuereinnehmern mißbraucht. Dem Nachbarland der Totonaken mit seinen dreißig Ortschaften gehe es nicht anders. Cortes tröstete sie, so gut er konnte, und versprach, ihren Nöten so bald wie möglich abzuhelfen. Sein Kaiser habe ihn ja deswegen in dieses Land geschickt. Sie sollten also nicht verzweifeln. Sie würden bald hören, was er zu ihrem Besten unternehme. Die Leute beruhigten sich daraufhin etwas, ganz konnte Cortes ihnen freilich die Furcht vor dem großen Moteczuma nicht aus den Köpfen treiben.

Wir sollten sehr bald erfahren, wie sehr sie sich vor ihm fürchteten. Während wir nämlich noch sprachen, meldeten einige der eingeborenen Indianer, daß fünf mexikanische Steuereinnehmer angekommen seien. Die Kaziken wurden bei dieser Nachricht blaß vor Angst. Sie verließen Cortes, empfingen die unerwarteten Gäste und ließen sie reichlich bewirten, vor allem mit Kakao, der bei den Indianern das vornehmste Getränk ist. Da das Haus des Kaziken ganz in der Nähe lag, kamen die Mexikaner an unserem Quartier vorbei. Sie trugen sich sehr hochmütig und zurückhaltend. Keiner redete mit Cortes oder gar mit einem von uns. Sie trugen reichgeschmückte Mäntel und Schamgürtel, die damals noch bei ihnen Mode waren. Die glänzenden Haare waren in einem Knoten hochgebunden, in dem duftende Rosen staken. Jeder trug einen Stock mit einem Haken. Indianische Sklaven trugen ihnen Fliegenwedel nach. Zu ihrer Umgebung gehörten zahlreiche vornehme Totonaken, die aber nur blieben, bis das Essen aufgetragen war.

Nach dem Essen ließen sie den dicken Kaziken und die Häupter der Stadt kommen und stellten sie zur Rede, weil sie uns aufgenommen hatten. Das sei gar nicht im Sinne ihres Herrn Moteczuma. Er wolle mit uns nichts zu tun haben, und es gehe nicht an, daß uns ohne seinen Befehl oder seine ausdrückliche Erlaubnis Quartier und Geschenke gegeben würden. Das werde sie teuer zu stehen kommen. Vorerst hätten sie zwanzig Indianer und ebenso viele Indianerinnen zu liefern. Sie würden den Götzen geopfert, um diese wieder zu versöhnen. Cortes wollte den Grund für die allgemeine Unruhe wissen und ließ sich von Donna Marina und Aguilar alles übersetzen. Als er hörte, worum es ging, bat er den dicken Kaziken und die Vornehmen der Stadt zu sich und ließ sich von ihnen bestätigen, was er schon wußte. Neu war für uns nur die Mitteilung, daß Moteczuma uns fangen und zu seinen Sklaven machen wolle.

Wie Cortes seine Gastgeber dazu bringt, Moteczuma
den Gehorsam aufzusagen, und was Moteczuma
daraufhin unternimmt

Cortes sprach dem dicken Kaziken und seinen Leuten Trost und Mut zu. Er versicherte ihnen, daß er die Mexikaner schon züchtigen werde. Seine Mannschaft sei dazu stark genug. Nach den Befehlen seines Kaisers könne er keine weiteren Menschenopfer dulden. Da die Beamten des Moteczuma ihnen Menschen rauben wollten, müsse man diese Mexikaner gefangennehmen. Die Kaziken erschraken außerordentlich. Sie hielten dies Verlangen für vermessen, für eine Zumutung, sie wagten nicht, Hand an die Beauftragten des großen Moteczuma zu legen. Cortes aber redete ihnen so lange zu, bis sie sich endlich ermannten und die fünf Männer auf ihre Weise mit Halsbändern an lange Balken fesselten, so daß sie sich nicht mehr bewegen konnten. Einer, der sich wehrte, bekam sogar Prügel.

Dann befahl Cortes den Kaziken, dem Moteczuma von nun an weder gehorsam zu sein, noch an ihn Tribut zu entrichten. Diesen ihren Willen sollten sie allen befreundeten und verbündeten Völkerschaften bekanntmachen. Sollten aber irgendwo noch mexikanische Steuereinnehmer sein, dann solle ihm das gemeldet werden, damit er sie holen lassen könne. Da der dicke Kazike überallhin Boten schickte, verbreitete sich die Kunde von diesen Vorgängen sehr schnell im ganzen Land. Die Indianer aber glaubten an Wunder. Sie konnten sich nicht vorstellen, daß Menschen derart große Dinge unternehmen können. Darum hielten sie uns für Teules, für Götter, und wenn ich im Laufe meiner weiteren Erzählung von Teules rede, dann meine ich uns und unsere Mannschaften.

Die Kaziken wollten die Gefangenen opfern, damit niemand Nachricht über ihr Schicksal nach Mexiko bringen könne. Cortes verbot aber, Hand an sie zu legen, und ließ sie von seinen Leuten bewachen. Um Mitternacht befahl er den Wachhabenden zu sich und eröffnete ihm dies: »Gebt sehr genau acht auf das, was ich Euch jetzt sage! Ihr sucht jetzt die zwei flinksten von Euren Gefangenen aus und bringt sie zu mir ins Quartier. Sorgt dafür, daß die hier ansässigen Indianer nichts davon merken!« Als die beiden Männer da waren, tat Cortes, als ob er sie gar nicht kenne. Er fragte sie, woher sie kämen und warum man sie gefangengenommen habe.

Sie antworteten, die Kaziken von Cempoal und von dieser Stadt hätten sie im Einvernehmen mit uns festgenommen. Cortes aber versicherte ihnen, daß er von alledem nichts gewußt habe und daß er die ganze Sache leid sei. Er ließ ihnen Essen geben, war sehr freundlich und beauftragte sie, ihrem Gebieter Moteczuma zu melden, daß wir seine besten Freunde und seine ergebenen Diener seien. Damit ihnen kein weiteres Unheil zustoße, wolle er sie jetzt aus der Haft entlassen. Er werde die Kaziken, die sie gefangen hätten, zur Rede stellen. Er sei überhaupt bereit, ihnen jeglichen Dienst zu leisten. Er werde auch ihre drei Mitgefangenen befreien. Sie sollten sich aber jetzt so schnell wie möglich aus dem Staub machen, damit die Einwohner sie nicht erwischen und umbringen könnten. Die beiden Gefangenen dankten ihm für die Befreiung, erklärten aber, daß sie große Angst hätten, ihren Feinden wieder in die Hände zu fallen. Sie müßten ja mitten durch ihr Land fliehen.

Cortes gab daraufhin sechs Matrosen den Befehl, die beiden Mexikaner nachts in einem Ruderboot an einen Punkt der Küste zu bringen, der vier Stunden weit weg und schon jenseits der Grenze von Cempoal lag. Das glückte auch, und der dicke Kazike und seine Hauptleute waren am nächsten Morgen sehr erstaunt, als sie nur noch drei Gefangene vorfanden. Nun wollten sie wenigstens diese drei opfern. Cortes tat so, als ob er über die Flucht der beiden Gefangenen sehr aufgebracht sei, und eröffnete dem

Kaziken, daß er die drei nun selbst in Verwahrung nehmen werde. Zu diesem Zweck ließ er Ketten aus den Schiffen holen und die Gefangenen gefesselt an Bord bringen. Dort wurden ihnen die Ketten wieder abgenommen. Sie wurden sehr gut behandelt. Außerdem wurde ihnen mitgeteilt, daß man sie sehr bald nach Mexiko zurückschicken werde.

Das Verschwinden der beiden Gefangenen veranlaßte den dikken Kaziken und seine Freunde, dem Cortes gemeinsam ihre Lage darzulegen. Sie sagten, es sei nicht daran zu zweifeln, daß Moteczuma auf die erste Nachricht von der Gefangennahme seiner Steuerbeamten hin seine ganze Kriegsmacht in Bewegung setzen und über sie herfallen werde. Das habe die gänzliche Ausrottung ihrer Völker zur Folge. Cortes aber versicherte ihnen mit dem heitersten Gesicht der Welt, daß er und seine Brüder sie schon verteidigen würden. Wer sie auch nur beunruhige, der müsse sein Leben lassen. Die Kaziken versprachen daraufhin, daß sie ihre Streitkräfte mit den unseren vereinigen und sich ganz unserem Befehl unterstellen wollten. Nur so könnten sie sich gegen Moteczuma und seine Bundesgenossen wehren. Der königliche Schreiber setzte eine Urkunde auf, nach der sich die anwesenden Kaziken und Hauptleute der Indianer in aller Form dem Szepter Seiner Kaiserlichen Majestät unterwarfen; Boten brachten diese Nachricht zu den verschiedenen Völkerschaften. Da in der Urkunde keine Rede von Tributen war und da die mexikanischen Steuereinnehmer sich nicht mehr sehen ließen, waren die Leute außer sich vor Freude, daß sie auf diese Weise die Knechtschaft des Moteczuma losgeworden waren.

Wie wir mit dem Bau von Vera Cruz begannen, und wie Moteczuma erneut Gesandte schickte

Nachdem dieses Bündnis abgeschlossen war, gingen wir ernstlich an den Bau unserer neuen Stadt Villa Rica de la Vera Cruz. Wir wählten einen Platz in der Ebene, eine halbe Legua von

Quiauitztlan entfernt. Wir steckten das Gelände für die Kirche, den Markt, die Magazine und die übrigen öffentlichen Gebäude ab. Dann legten wir darum herum ein Fort an. Emsig wurden die Grundmauern bis zur Höhe des Holzwerks aufgeführt, Türme gebaut, Schießscharten angelegt und Brustwehren errichtet. Cortes legte selbst mit Hand an und gab damit das Beispiel, dem alle Kaziken, die gesamte Mannschaft und die Indianer folgten. Er nahm einen Korb mit Erde und Steinen auf den Rücken und half beim Ausheben des Bodens für die Fundamente. Alle arbeiteten fleißig mit. Ein Teil der Leute war mit den Lehmwänden beschäftigt, schleppte Wasser, brannte Kalk, Backsteine und Dachziegel; andere sorgten fürs Essen und schafften das Holz herbei; die Schmiede hämmerten mächtig an dem Eisenwerk und machten Nägel. Vom Vornehmsten bis zum Geringsten war ein jeder eifrig am Werk. Die Indianer unterstützten uns so kräftig, daß die Kirche und einige Häuser in sehr kurzer Zeit fertig waren und an dem Ausbau des Forts nicht mehr viel fehlte.

Inzwischen war die Nachricht von der Gefangennahme der Steuereinnehmer bis zu Moteczuma gedrungen. Gleichzeitig erfuhr er, daß unsere Verbündeten ihm den Gehorsam aufgekündigt hatten. Moteczuma, der »Herr der Menschen«, war außerordentlich aufgebracht gegen Cortes und gegen seine früheren Vasallen. Er gab seinem Heer den Befehl, die abgefallenen Völkerschaften mit Krieg zu überziehen und auszurotten. Gegen uns wollte er selbst mit einer großen Armee und mit vielen Generalen zu Felde ziehen. Die Vorbereitungen für dieses Unternehmen waren noch im Gange, als die beiden freigelassenen Gefangenen nach Mexiko kamen. Als Moteczuma nun hörte, daß Cortes selbst sie entlassen und mit dem Auftrag nach Mexiko geschickt hatte, ihm unsere Dienste anzubieten, wandte der Mächtige sein Herz wieder vom Zorn ab und beschloß, uns selbst fragen zu lassen, was wir für Absichten hätten. Zu diesem Zweck schickte er zwei seiner jungen Neffen mit vier alten, sehr vornehmen Kaziken an uns ab und gab ihnen baumwollene Stoffe und Gold als Geschenke mit. Sie hatten den Auftrag, Cortes für die Entlassung der beiden Steuereintreiber zu danken, gleichzeitig aber nachdrücklich Beschwerde einzulegen: die mit uns verbündeten Völkerschaften hätten es nur unter unserem Schutz gewagt, von ihm abzufallen, ihm den Gehorsam aufzukündigen und den Tribut zu verweigern. Er habe in uns die Männer erkannt, die ihm durch seine Vorfahren angekündigt und die mit ihm eines Stammes seien. Nur die Rücksicht auf uns halte ihn ab, diese seine ehemaligen Untertanen völlig auszurotten. Solange wir die gleichen Häuser bewohnten wie sie, werde er sie nicht strafen, aber die Verräter würden ihrem Schicksal nicht entgehen.

Cortés nahm die Botschaft und die Geschenke freundlich entgegen und versicherte, daß wir alle Moteczumas Freunde seien und daß wir die drei Steuerbeamten nur zu ihrer eigenen Sicherheit in Verwahrung genommen hätten. Er ließ sie von den Schiffen holen, neu einkleiden und übergab sie den Gesandten. Dann brachte er seine eigenen Beschwerden gegen Moteczuma vor: sein Beauftragter sei eines Nachts heimlich aus dem Lager verschwunden. Das sei eine geplante Aktion gewesen, die keineswegs dem Auftrag entsprochen habe, den Moteczuma ihm ursprünglich gegeben hatte. Das sei der Grund gewesen, der ihn veranlaßt habe, die Gegenden und die Städte aufzusuchen, in denen wir uns jetzt aufhielten, in denen uns die Einwohner freundlich aufgenommen hätten. Moteczuma möge deshalb um unseretwillen den Leuten verzeihen. Was aber die Beschwerde ihres Gebieters über die Verweigerung des Tributs anlange, müsse er ihm sagen, daß die Leute nicht zwei Herren dienen könnten. Sie hätten inzwischen unserem Kaiser die Treue geschworen, und solange wir hier seien, müßten sie die notwendigen Abgaben an uns leisten. Im übrigen würde er, Cortés, sich in Kürze mit seinen Kameraden nach Mexiko aufmachen, um Moteczuma persönlich seine Aufwartung zu machen. Dann könne man diese Fragen sicher ohne Verzögerung besprechen und ins reine bringen.

Nach diesen langen Ausführungen ließ Cortés den beiden hochgeborenen jungen Leuten und den ehrwürdigen Begleitern blaue und grüne Glasperlen geben. Er erwies ihnen auch sonst jede Ehre. Dann befahl er dem Alvarado, der eine besonders schöne Fuchsstute ritt, den Herren auf dem Wiesengrund ein paar eindrucksvolle Reiterkunststücke vorzuführen. Die anderen Reiter beteiligten sich auch. Die Gesandten hatten viel Freude an den flotten Manövern und trennten sich in aller Freundschaft, um nach Mexiko zurückzukehren.

Um diese Zeit ging das Pferd von Cortes ein. Der Musiker Ortiz und der Bergmann Bartholomeo Garcia traten ihm ihre schwarzbraune Stute ab, die zu den besten Pferden gehörte, die wir mitgebracht hatten. Die Einwohner von Cempoal und unsere anderen Verbündeten hatten übrigens sehr angstvolle Stunden hinter sich; denn sie waren überzeugt, daß Moteczumas Heere längst marschierten, um sie anzugreifen und auszurotten. Als sie aber Verwandte des großen Herrschers kommen sahen, die sich uns gegenüber sehr respektvoll verhielten und uns Geschenke mitbrachten, fingen sie wieder an, uns zu fürchten. Die Kaziken meinten nun, daß wir Teules sein müßten; anders könnten sie sich nicht erklären, daß Moteczuma Angst vor uns habe und uns Geschenke schicke. Unsere Macht war in ihren Augen im Zusammenhang mit den letzten Ereignissen nur gewachsen.

Wie der dicke Kazike wieder um Hilfe bat, und wie einige Anhänger des Statthalters unseren Weitermarsch verhindern wollten

Kaum waren die mexikanischen Gesandten abgefertigt, da kam der dicke Kazike mit allen seinen vornehmen Freunden zu Cortes und bat ihn, nach Cingapacinga zu marschieren, das etwa zwei Tagereisen von Cempoal entfernt liegt. Dort hätten sich viele mexikanische Krieger gesammelt, die ihre Felder und Pflanzungen zerstörten, ihre Untertanen überfielen und ihnen jede Pein und jede Schande antäten. Cortes zeigte sich sehr erschüttert und sagte zu, daß er selbst marschieren oder seine Soldaten schicken werde. Er überlegte einige Zeit und sagte dann insgeheim zu einigen von uns, die bei ihm standen: »Meine Herren, wir gelten jetzt hierzulande als außerordentliche Helden. Seit dem Vorfall mit den Steuerbeamten halten uns die Leute für eine Art Götter oder Götzen. Wir werden sie in dieser Meinung bestärken und ihnen erklären, daß ein einziger unserer Männer ausreiche, die besetzte Stadt zu befreien. Wir nehmen dazu den alten Heredia aus dem Baskenland. Er wirkt wahrhaftig erschreckend mit seinem großen Bart, dem zerfetzten Gesicht, den großen Schielaugen und dem lahmen Bein. Außerdem ist er ein guter Musketier!« Cortes ließ wahrhaftig den Mann rufen und sagte zu ihm: »Ihr geht mit dem Kaziken bis an den Fluß, der etwa eine Viertelstunde von hier entfernt ist. Wenn Ihr dort angekommen seid, stellt Ihr Euch so, als ob Ihr großen Durst hättet, wascht Euch die Hände und feuert bei dieser Gelegenheit einen Schuß ab. Auf dieses Zeichen hin werde ich Euch jemanden nachschicken, der Euch in meinem Namen zurückruft. Die Indianer halten uns für eine Art Götter, und mir liegt daran, daß sie diesen Glauben behalten. Ihr habt nicht gerade ein liebliches Gesicht, und deshalb meine ich, daß sie Euch am ehesten für einen Götzen halten werden.« Heredia, der lange in Italien gedient hatte, fand sich gut in diese Rolle, die er mit einigem Vergnügen übernahm.

Cortes ließ den dicken Kaziken und seine Hauptleute rufen und sagte: »Ich gebe euch diesen meinen Bruder mit. Er wird die Mexikaner aus eurer Stadt verjagen. Wen er nicht tötet, den wird er gefangen zu mir bringen.« Die Kaziken wußten zunächst nicht, ob Cortes im Ernst mit ihnen sprach. Er verzog keine Miene. Da zogen die Kaziken mit Heredia von dannen. Der lud seine Muskete und schoß irgendwo in den Bergen in die Luft, so daß es die Indianer weithin hörten. Die Kaziken aber ließen in den Ortschaften verkünden, daß sie einen Teule bei sich hätten und mit ihm nach Cingapacinga zögen, um dort die Mexikaner umzubringen.

Ich erzähle die Geschichte nur, um zu zeigen, daß Cortes keinen Kunstgriff scheute, um die Indianer in Furcht und Ehrfurcht zu halten. Natürlich wurde der alte Heredia wieder zurückgerufen. Die Kaziken kamen mit, und Cortes erklärte ihnen, daß er sich anders entschlossen habe. Seine Freundschaft zu ihnen sei so groß, daß er sie selbst mit einigen seiner Brüder begleiten wolle, zumal er bei dieser Gelegenheit auch Land und Leute kennenlerne. Sie sollten für hundert Lastträger sorgen, die das Geschütz tragen müßten, und sich am kommenden Morgen wieder einfinden. Bei Tagesanbruch marschierten wir dann mit vierhundert Mann, zahlreichen Musketen und Büchsen und vierzehn Pferden ab.

Als die Rottenführer an diesem Morgen durch die Quartiere gingen, um die Mannschaften mit Waffen und Pferden zum Ausrücken zu rufen, antworteten ihnen einige der Anhänger des Diego de Velazquez in ziemlich frechem Ton, daß sie keinen Kriegszug mehr mitmachen würden. Sie wollten in ihre Heimat und zu ihrem Eigentum nach Kuba zurückkehren. Sie hätten schon genug verloren, seit sie Cortes zu dieser Unternehmung verleitet habe. Nun verlangten sie die Erfüllung des Versprechens, das er ihnen im Dünenlager gegeben habe. Er habe zugesagt, daß jeder nach Kuba zurückkehren könne, der das wünsche.

Sieben Männer bestanden besonders nachdrücklich auf dieser Forderung. Cortes ließ sie vor sich kommen und fragte sie: «Warum wollt ihr mir diesen bösen Streich spielen?» Sie antworteten ihm im Zorn: «Wir müssen uns wundern, daß Ihr in einem Land an eine Niederlassung denkt, das zahlreiche Ortschaften mit vielen tausend Einwohnern hat, die stärker sind als unsere kleine Mannschaft. Wir sind krank und des Herumziehens müde. Wir wollen zu unserem Eigentum nach Kuba zurück. Gebt uns den Abschied, wie Ihr es uns versprochen habt!»

Cortes erwiderte ihnen in aller Ruhe, daß er ihnen allerdings dieses Versprechen gegeben habe, daß sie aber pflichtvergessen handelten, wenn sie die Fahne ihres Obristen in einem Zeitpunkt verließen, zu dem er gerade eine Unternehmung vorhabe. Er gab ihnen den Befehl, sich augenblicklich einzuschiffen, bestimmte das Fahrzeug, das sie benutzen sollten, und ließ ihnen Kassavebrot, einen Krug Öl und Gemüse geben, wie man sie auf Seerei-

sen mitnimmt. Einer von den Leuten besaß einen gut zugeritte-
nen Falben, den er vorteilhaft gegen verschiedene andere Sachen
eintauschte, die ein Kamerad noch auf der Insel Kuba hatte.

Als sie gerade die Segel setzen wollten, trat die übrige Mannschaft mit den Alkalden und Regidoren der Stadt Vera Cruz vor
Cortes und bat ihn, zu befehlen, daß niemand das Land verlassen
dürfe. Sie stünden hier im Dienste Gottes und Seiner Majestät
des Kaisers. Wer inmitten einer solchen Menge von Feinden an
eine Heimkehr denken könne, sei des Todes würdig. Sie könnten
einen solchen Mann nur wie einen Fahnenflüchtigen einschätzen,
der seinen Obristen mitten im Krieg und im Augenblick der größten Gefahr verlassen wolle. Cortes tat so, als ob er die Unzufriedenen wirklich entlassen wolle, nahm aber schließlich die Erlaubnis, die er ihnen gegeben hatte, wieder zurück. Die Männer
hatten schließlich nichts als Spott und Schande, und einer war
um sein Pferd gekommen, denn der neue Eigentümer gab es nicht
mehr zurück.

Wie wir nach Cingapacinga zogen, und wie wir die
Götzenbilder in Cempoal zerstörten

Auf unserem ersten Tagesmarsch kamen wir in fünf Stunden bis
Cempoal, wo wir übernachteten. Dort standen zweitausend Indianer bereit, um sich unserer Expedition anzuschließen. Sie waren in vier Hauptmannschaften eingeteilt. Am zweiten Tag kamen wir gegen Abend bis zu den Pflanzungen vor Cingapacinga.
Wir schlugen sofort den Weg in die Festung ein, der zwischen
hohen Felswänden auf den Berg führte. Die Einwohner mußten
über unsere Ankunft unterrichtet worden sein; denn schon auf
halbem Weg kamen uns acht vornehme Indianer und Papas mit
Friedenszeichen entgegen, die Cortes weinend fragten: »Warum
wollt ihr uns umbringen, wir haben gegen euch nichts verschuldet. Ihr steht in dem Ruf, überall nur Gutes zu stiften und die
Unterdrückung der Völker zu verhindern. Aus diesem Grund

habt ihr doch die Steuerbeamten Moteczumas gefangengenommen. Zwischen den kriegerischen Einwohnern von Cempoal und uns bestehen alte Feindschaften wegen Grundbesitz und Grenzfragen. Sie haben keine andere Absicht, als uns unter eurem Schutz umzubringen und auszuplündern. Gewöhnlich liegt eine mexikanische Besatzung in unserem Ort. Sie ist vor wenigen Tagen in ihre Heimat zurückgekehrt. Wir bitten euch deshalb, nicht weiter vorzurücken und barmherzig mit uns umzugehen!«

Aufgrund dieser Erklärungen ließ Cortes den Indianern von Cempoal durch zwei Hauptleute aus seiner engeren Umgebung den Befehl übermitteln, den weiteren Vormarsch sofort einzustellen. Wir trafen die Leute aus Cempoal beim Plündern der Pflanzungen. Cortes ließ ihre Hauptleute zu sich kommen und nahm sie scharf ins Gebet. Er befahl ihnen unter schweren Drohungen, ihren Raub sofort zu ihm zu bringen, und er verbot ihnen, die Stadt zu betreten. Sie hätten uns belogen und unsere Hilfsbereitschaft dazu ausgenützt, ihre Nachbarn auszuplündern und umzubringen. Dafür hätten sie mehrfach den Tod verdient. Unser Herr, der Kaiser, habe uns nicht in dieses Land geschickt, um derartige Frevel zu unterstützen. Sie sollten sich hüten, weitere Schuld auf sich zu laden. Er würde dann keinem mehr das Leben schenken.

Die Kaziken und Hauptleute von Cempoal brachten daraufhin die Leute und die Hühner von Cingapacinga, die sie gefangen hatten. Cortes gab den Gefangenen die Freiheit und die Hühner ihren Eigentümern zurück. Den Mannschaften aus Cempoal aber befahl er in größtem Zorn, sofort ihr Lager aufzusuchen und die Nacht über dort zu bleiben.

Als die Kaziken, die Papas und die Einwohner von Cingapacinga sahen, wie Cortes ihnen mit Worten und Taten ihr Recht verschaffte und sie freundlich behandelte, riefen sie die Eingeborenen aus allen umliegenden Ortschaften zusammen und unterwarfen sich in aller Form der Herrschaft unseres Kaisers. Jetzt hörten sie auch den Reden des Cortes über die Grundsätze unserer heiligen Religion besonders aufmerksam zu. Er forderte wieder die Abschaffung des Menschenraubs, der Menschenopfer und der Sodomie. Die Indianer brachten bei dieser Gelegenheit wieder viele Klagen gegen Moteczuma vor.

Am nächsten Morgen in aller Frühe bestellte Cortes die Kaziken und Hauptleute aus Cempoal zu sich. Sie erwarteten ein Strafgericht. Cortes aber nützte die Gelegenheit aus und versöhnte sie mit den Leuten aus Cingapacinga. Dann machten wir uns auf dem Umweg über zwei mit Cingapacinga befreundete Ortschaften nach Cempoal auf. Der Marsch in der heißen Sonne war besonders ermüdend. Wir rasteten deshalb in einem der Dörfer. Einer unserer Männer nahm aus einem Haus zwei Hühner mit. Cortes war darüber dermaßen erbittert, daß er dem Mann einen Strick um den Hals legen ließ. Er hätte ihn hängen lassen, wenn nicht Alvarado im letzten Augenblick mit seinem Dolch den Strick zerschnitten und damit dem armen Teufel das Leben gerettet hätte.

Auf dem Weitermarsch trafen wir den dicken Kaziken mit seinen Hauptleuten. Sie hatten Hütten gebaut, in denen sie uns bewirten wollten und in denen wir dann über Nacht blieben. Sie hatten nun eingesehen, daß wir uns für die gute und gerechte Sache einsetzten, und suchten engeren Anschluß. In jedem Fall versuchten sie alles, uns in ihrem Land festzuhalten; denn sie fürchteten nach wie vor die Vergeltung Moteczumas. Sie schlugen uns vor, durch eine Verbindung mit ihren Töchtern für eine gemeinsame Nachkommenschaft zu sorgen, und brachten fürs erste gleich acht Indianerinnen mit, lauter Töchter von Kaziken. Die Nichte des dicken Kaziken war für Cortes bestimmt. Die Mädchen trugen kostbare Hemden, goldenen Schmuck um den Hals und in den Ohren, und hatten zahlreiche andere Indianerinnen zu ihrer Bedienung bei sich. Der dicke Kazike präsentierte sie persönlich und sagte dabei zu Cortes: »Tecle« (das heißt soviel wie »Herr«), »diese sieben Frauen sind für deine Hauptleute ausersehen, meine Nichte aber, die selbst über Land und Leute gebietet, ist für dich bestimmt.«

Cortes nahm die Frauen heiter an. Er dankte den Kaziken und sagte, daß er diese Frauen gerne als Bänder ihrer brüderlichen Vereinigung betrachte. Ehe er sie annehmen könne, müßten sie aber Christinnen werden. Sie müßten den Irrglauben an ihre Götzen ablegen, und sie alle müßten die Menschenopfer und die Sodomie aufgeben. Erst dann könne die Freundschaft zwischen ihnen von Dauer sein, und erst dann könne er sie auch zu Herren von anderen Ländern machen. Die Kaziken, die Papas und die Hauptleute der Indianer antworteten darauf, daß es ihnen unmöglich sei, ihre Götzen und die Menschenopfer aufzugeben. Von diesen Götzen käme ihnen alles Gute; sie ließen die Saaten wachsen und schenkten ihnen alles, was sie für ihr Leben brauchten. Die Sodomie würden sie in Zukunft nach Möglichkeit verhindern.

Diese schroffe Ablehnung zwang uns zu Gegenmaßnahmen. Cortes beriet lange mit uns. Wir stimmten ihm zu, als er sagte, daß wir für diese Leute und zur Ehre Gottes nichts Besseres tun könnten, als diesen Götzendienst mit seinen unmenschlichen Opfern zu verhindern. Wenn wir jetzt die Tempel stürmten, um die Idole der Indianer zu zerstören, dann würden sich die Einwohner wahrscheinlich zur Wehr setzen. Wir müßten es aber darauf ankommen lassen, auch wenn es uns allen das Leben koste.

Wir machten uns also kampffertig, und Cortes teilte den Kaziken kurz mit, daß wir jetzt ihre Götzenbilder zerstören würden. Da rief der dicke Kazike seine Leute zur Verteidigung auf. Als wir anfingen, die endlose Treppe zu ihrem höchsten Opfertempel zu ersteigen, warfen sich die Kaziken Cortes entgegen und fragten ihn, warum er ihre Götter zerstören wolle. Diesen Schimpf könnten sie nicht auf sich nehmen. Es werde ihr und unser Verderben sein.

Nun verlor Cortes vollends die Geduld und erwiderte sehr laut: »Ich habe euch oft gesagt, daß ihr diesen Ungeheuern nicht mehr opfern sollt. Sie sind nichts als Lug und Trug. Nun bleibt uns nichts anderes übrig, als selbst Hand anzulegen und diese

Scheusale zu stürzen. Ihr seid nicht unsere Freunde, ihr seid unsere schlimmsten Feinde, wenn ihr unseren besten Rat nicht annehmen wollt. Ich weiß sehr wohl, was eure Hauptleute im Schilde führen. Meine Geduld ist jetzt erschöpft. Der Widerstand wird euch allen das Leben kosten. « Donna Marina verdolmetschte den Indianern diese Rede und fügte hinzu, sie hätten wohl den mächtigen Moteczuma vergessen und seine Drohung, sie auszurotten. Daraufhin besannen sich die Kaziken eines anderen und erklärten, sie seien selbst nicht würdig, Hand an ihre Götter zu legen. Wenn wir dieses Wagnis auf uns nehmen wollten, dann sollten wir tun, was wir nicht lassen könnten.

Sie hatten noch nicht zu Ende geredet, da stürmten schon etwa fünfzig von unseren Leuten den Tempel, rissen die Götzen um, schlugen sie in Stücke und warfen sie die Treppe herunter. Scheußlich anzusehen waren diese Ungetüme, fürchterliche Drachen, große Hunde, Mißgestalten, halb Mensch, halb Tier. Als die Kaziken und die Papas ihre Idole zerschlagen vor sich liegen sahen, erhoben sie ein schauerliches Geheul, bedeckten ihre Gesichter mit den Händen und flehten ihre Götzen in totonakischer Sprache um Vergebung an: sie seien nicht imstande, sich gegen diese Teules zu schützen, und sie könnten uns auch nicht angreifen, weil sie Angst vor einer Einmischung Moteczumas hätten. Aber es blieb nicht bei diesen Klagen. Ihre Krieger fingen an, uns mit Pfeilen zu beschießen. Daraufhin nahmen wir den dicken Kaziken, sechs Papas und mehrere Hauptleute der Indianer fest, und Cortes erklärte, daß diese Männer sterben müßten, wenn der Angriff nicht sofort eingestellt werde. Der dicke Kazike gab seinen Leuten den Befehl, den Kampf aufzugeben, und als alle sich beruhigt hatten, kam es doch noch zu einer friedlichen Lösung.

Cortes befahl, die Bruchstücke der Götzenbilder wegzuschaffen und zu verbrennen. Dieser Befehl wurde von acht Papas ausgeführt. Diese Priester trugen lange ärmellose schwarze Mäntel und eine Art Kapuzen. Sie rochen widerlich nach Schwefel und faulem Fleisch; denn ihre Gewänder waren von oben bis unten mit Blut verklebt. Die Papas waren Söhne von vornehmen Herren. Sie durften nicht heiraten, gaben sich aber der Sodomie hin und mußten an bestimmten Tagen fasten. Ich habe sie nur Samenkörner des Baumwollstrauches essen sehen. Aber wahrscheinlich haben sie auch andere Speisen zu sich genommen.

Nachdem die Götzen verbrannt waren, hielt Cortes eine erbauliche Rede. Er sagte unter anderem: »Nun erst können wir euch als unsere wirklichen Brüder betrachten, jetzt erst können wir euch gegen Moteczuma und seine Mexikaner mit allen Mitteln unterstützen. Ich habe dem großen Moteczuma schon mitteilen lassen, daß er gegen euch keinen Krieg führen und daß er in euren Ländern keine Tribute mehr erheben dürfe. An die Stelle eurer Götzen werde ich jetzt unsere glorreiche und heilige Frau setzen, die Mutter Jesu Christi, welcher der Sohn Gottes ist, an den wir glauben und den wir anbeten. Sie soll eure Vertreterin und Beschützerin im Himmel sein.« Die Maurer des Ortes brachten Kalk, reinigten die verschmutzten Tempelwände und tünchten sie frisch. Dann wurde ein Altar errichtet, mit baumwollenen Stoffen bedeckt und mit herrlich duftenden Rosen- und Baumzweigen geschmückt. Vier Papas erhielten den Auftrag, den Blumenschmuck regelmäßig zu erneuern. Zuvor aber schnitt man ihnen die Haare ab, ließ sie die verschmutzten Mäntel ausziehen und gab ihnen dafür reine, weiße Mäntel, die sie in Zukunft sauberhalten sollten. Als Aufsicht gab Cortes ihnen den alten lahmen Invaliden Juan de Torres, der gleichsam als Einsiedler beim Altar leben sollte. Auf einem hohen Postament errichteten Zimmerleute ein großes Kreuz.

Am nächsten Morgen las Pater Bartolome de Olmedo eine feierliche Messe, an der alle Vornehmen des Ortes und aus der Nachbarschaft teilnahmen. Das Räucherwerk des Landes wurde in Zukunft als Weihrauch verwendet, und die Einwohner lernten, Wachslichter zu machen. Die ersten Kerzen brannten schon an diesem Tag auf dem Altar. Die acht Indianerinnen wurden nach einer erbaulichen Rede getauft. Die Nichte des Kaziken bekam den Namen Donna Catalina. Sie war alles andere als hübsch und wurde dem Cortes gegeben, der sie mit vergnügter Miene in Empfang nahm. Dagegen war die Tochter des großen Herrn Cuesco für eine Indianerin ausnehmend schön. Sie erhielt in der Taufe den Namen Donna Francisca und wurde dem Alonso Hernandez Puertocarrero zugeteilt. Die Namen und Empfänger der anderen Frauen weiß ich heute nicht mehr. Nach der Messe wurden die Kaziken mit ihren Herren entlassen. Wir lebten nachher in bester Freundschaft mit ihnen; denn sie waren freudig überrascht, daß Cortes ihre Töchter angenommen hatte.

DIE ENDGÜLTIGE ENTSCHEIDUNG
GEGEN DIEGO DE VELAZQUEZ

Wie wir in unsere Stadt Vera Cruz zurückkehrten und
dem Kaiser einen Bericht und Geschenke schickten,
und was Diego de Velazquez dagegen unternahm

Nach diesem erfolgreichen Zug kehrten wir mit einigen Vornehmen aus Cempoal in unsere Stadt Vera Cruz zurück. Wir erreichten sie am selben Tag wie ein Schiff aus Kuba, das Francisco de Saucedo kommandierte, den wir nur den »Eleganten« nannten, weil er sich immer übertrieben vornehm gab und anzog. Er soll Haushofmeister beim Admiral von Kastilien gewesen sein. Mit ihm kamen ein ausgezeichneter Offizier, Luis Marin, der später als Hauptmann den mexikanischen Feldzug mitmachte, zehn Soldaten und drei Pferde. Sie berichteten, daß Diego de Velazquez nun die kaiserliche Genehmigung habe, überall Handel zu treiben und Kolonien zu gründen; außerdem sei er zum Adelantado von Kuba ernannt worden, worüber sich seine Anhänger natürlich besonders freuten.

Der Ausbau des Forts hatte uns sehr lange beschäftigt, war aber jetzt so weit, daß man die Balken legen konnte. Die folgende Ruhezeit wurde uns bald lästig. Wir zogen deshalb geschlossen zu Cortes und erklärten ihm, daß wir nun schon bald drei Monate hier im Lande seien und daß es langsam Zeit werde, einmal nachzusehen, wie groß der große Moteczuma wirklich sei. Wir würden dafür gern unser Leben einsetzen. Wir bäten ihn also, den Zug vorzubereiten. Zuvor möchten wir aber der Kaiserlichen Majestät unsere Treue bezeigen und ihr einen ausführlichen Bericht erstatten. Auch schlugen wir vor, dem Kaiser alles Gold, das der Tauschhandel bisher eingebracht hatte, und die Geschenke des Moteczuma direkt zu schicken.

Cortes erwiderte, daß dies ganz in seinem Sinne sei. Er habe diese Fragen schon wiederholt mit seinen Kavalieren besprochen.

Er fürchte nur, daß nicht genug Gold für ein würdiges Geschenk zusammenkomme, wenn jeder von der Mannschaft bei dieser Gelegenheit seinen Anteil zurückhalte. Aus diesem Grunde beauftragte er Diego de Ordas und Francisco de Montejo, zwei besonders tüchtige Geschäftsleute, sich einmal alle Männer einzeln vorzunehmen, von denen zu erwarten war, daß sie ihren Anteil verlangen. Es gehe darum, dem Kaiser als erstes Geschenk eine außergewöhnliche Menge Gold zu schicken. Diese käme aber nur zusammen, wenn jeder auf seinen Anteil verzichte. Es stehe jedem frei, sich so oder so zu entscheiden. Hier sei ein Zettel zum Unterschreiben für jeden, der Lust habe. Sie unterschrieben alle ohne Ausnahme und wählten den Alonso Hernandez de Puertocarrero und den Francisco de Montejo zu ihren Beauftragten. Diese erhielten für die Überfahrt das beste Schiff der Flotte, die nötigen Lebensmittel, fünfzehn Matrosen und zwei Steuerleute, von denen einer die Straße von Bahama schon kannte. Dann schrieben Cortes und wir unabhängig voneinander ausführliche Berichte für den Kaiser. Unsere Botschaft unterzeichneten alle leitenden Persönlichkeiten der neuen Stadt und zehn Soldaten, unter denen auch ich war. Dazu kam noch ein drittes Schreiben von sämtlichen Offizieren und Soldaten. Wir berichteten getreulich über unsere Kriegszüge, über unsere Erfolge, über unsere Abmachungen mit Cortes, über Moteczuma und die anderen indianischen Stämme, denen wir bislang begegnet waren. Gleichsam als Probe schickten wir dem Kaiser vier Eingeborene, die wir in Cempoal aus einem hölzernen Käfig befreit hatten, in dem sie für den Opferschmaus gemästet wurden.

Dann baten wir die Kaiserliche Majestät sehr nachdrücklich, keinem ihrer Offiziere das Kommando über die neuen Länder zu geben. Diese Länder seien groß genug, um sie durch einen Infanten oder einen anderen großen Herrn regieren zu lassen. Wir hätten allen Anlaß zu befürchten, daß der kaiserliche Beauftragte für Indien, der Erzbischof Juan Rodriguez de Fonseca, das Kommando einer seiner Kreaturen zugedacht habe, in erster Linie einem gewissen Diego de Velazquez, der zur Zeit Statthalter auf

Kuba sei und der den Erzbischof reichlich mit Geschenken versorge, die aus den königlichen Goldgruben auf Kuba kämen. Wir baten in aller Bescheidenheit um eine schnelle Antwort. Wir erklärten, daß wir einen neuen Herrn, den Fonseca oder Diego de Velazquez schicken, nicht anerkennen werden, bis wir direkte Nachricht von Seiner Majestät hätten. Ferner baten wir den Kaiser um die Gnade, Hernan Cortes mit dem Kommando zu beauftragen. Wir hätten seine Treue und Ergebenheit gegenüber Seiner Majestät in vielen schweren Lagen erlebt. Alle Offiziere und Mannschaften, die zu Cortes standen, unterschrieben. Für alle Fälle ließen wir noch eine zweite Ausfertigung herstellen.

Cortes wollte das Schreiben lesen. Er war sehr vergnügt über den Inhalt, dankte uns herzlich und versprach uns goldene Berge. Nur zwei Punkte gefielen ihm nicht: wir sollten nicht erwähnen, daß wir ihm ein Fünftel des Goldes zugesagt hatten, und wir sollten über die früheren Entdecker des Landes schweigen. Einige erwiderten, daß es unsere Pflicht sei, dem Kaiser die Dinge so zu berichten, wie sie gewesen seien. Im übrigen waren die Briefschaften nun einmal ausgefertigt. Sie wurden unseren Boten übergeben, denen wir nachdrücklich einschärften, daß sie nicht in Havana landen dürften oder in El Marien, wo Montejo Besitzungen hatte. Als es soweit war, bestand Montejo doch auf einer Landung, ein Matrose schwamm heimlich an Land, um Briefe für Diego de Velazquez zu bestellen, der auf diese Weise gegen unseren Willen über alle Vorgänge in Vera Cruz unterrichtet wurde. Angeblich soll ihm Montejo selbst geschrieben haben.

Der Statthalter war wütend über alle Beteiligten und ließ sofort zwei besonders schnelle Segler mit Geschützen und Mannschaften auf die Spur unseres Schiffes setzen. Er gab den Befehl, unsere Leute mit dem Gold einzufangen und nach Santiago de Kuba zu bringen. Aber unser Schiff war schneller und hatte die Straße von Bahama passiert, lange ehe die Verfolger aufkreuzten. Diego de Velazquez war zunächst ziemlich ratlos. Er schickte Gesandtschaften an den Erzbischof de Fonseca und an die königliche Audienz auf der Insel San Domingo. Er erhob förmlich Klage gegen

Cortes und uns alle. Von dem Gerichtshof erhielt er den Bescheid, daß man nach den vorliegenden Unterlagen dem Cortes und seinen Leuten keinen Vorwurf machen könne. Wir hätten Außerordentliches geleistet und hätten sehr wohl das Recht, uns direkt an Seine Kaiserliche Majestät zu wenden, zumal wir ihr ein Geschenk geschickt hätten, wie man es in Spanien seit langen Zeiten nicht mehr gesehen habe. Außerdem beauftragte der Gerichtshof einen der Seinen, die Angelegenheiten des Diego de Velazquez einmal an Ort und Stelle zu prüfen. Das kam sehr unerwartet. Der Statthalter lag mehrere Tage krank. Dann ermannte er sich aber und stellte in kurzer Zeit eine große Flotte mit achtzehn Schiffen auf. Er gab das Kommando dem Panfilo de Narvaez und befahl ihm, Cortes mitsamt seinen Männern gefangenzunehmen.

In der Zwischenzeit waren unsere Beauftragten glücklich in Spanien gelandet. Der Hof residierte damals in Valladolid. Da der junge Kaiser in Flandern war, führte der Erzbischof Fonseca die Geschäfte. Unsere Leute überreichten ihm die Berichte, die Briefe und die kostbaren Geschenke und baten ihn, sie mit einem Kurier nach Flandern zu schicken, damit sie dem Kaiser persönlich ihre Aufwartung machen könnten. Der Bischof behandelte sie sehr schroff, lehnte ihre Wünsche ab und klagte sie an, weil sie gegen Diego de Velazquez rebelliert hätten. Da Montejo nicht den Mut hatte, sich für uns einzusetzen, übernahm Puertocarrero diese Aufgabe. Es wurden harte Worte gewechselt, und Puertocarrero wurde unter einem Vorwand vom Erzbischof gefangengesetzt. Als feststand, daß der Bischof dem Kaiser einen falschen Bericht geschickt und die Briefe und Geschenke unserer Beauftragten überhaupt nicht erwähnt hatte, sandten sie ihm mit Hilfe der Gegner des Bischofs einen eigenen Kurier mit den Zweitschriften der Berichte und mit einer ausführlichen Liste der Geschenke. Der Kaiser nahm diese Berichte mit Interesse und mit großer Freude auf. Er ließ unseren Leuten mitteilen, daß er bald selbst nach Spanien käme, um unsere Sache näher zu untersuchen und uns zu belohnen. Sie mußten also die Rückkehr des Kaisers abwarten. Der Erzbischof fiel bald in Ungnade. Er hatte unter anderem auch einen Teil unserer Geschenke für sich zurückbehalten.

Wie Cortes eine Rebellion unterdrückte und den
Entschluß faßte, nach Mexiko zu ziehen

Vier Tage nach der Abfahrt unserer Beauftragten nach Spanien verschworen sich mehrere Anhänger des Statthalters gegen Cortes, die einen, weil er ihnen den versprochenen Abschied verweigert hatte, die anderen, weil er ihren Goldanteil für den Kaiser genommen hatte, einige Matrosen, weil sie die Rutenhiebe nicht vergessen wollten, die sie für den Schinkendiebstahl auf der Insel Cozumel erhalten hatten. Sie wollten mit einem kleinen Schiff nach Kuba segeln, um Diego de Velazquez in ihrem Sinne zu unterrichten und gegen Cortes aufzurufen. Als Cortes der Plan gemeldet wurde, ließ er die Segel, die Steuerruder und den Kompaß des Fluchtschiffes holen, die Verschworenen fesseln und sofort eine strenge Untersuchung durchführen. Es war ein Kriegsgericht, das die beiden Anführer Pedro Escudero und Juan Cermeno zum Tode durch den Strang, den Steuermann Gonzalo de Umbria zum Verlust eines Fußes und jeden Matrosen zu zweihundert Stockhieben verurteilte. Den ebenfalls beteiligten Pater Juan rettete nur seine geistliche Würde. Ich werde nie den Augenblick vergessen, in dem Cortes die Urteile unterzeichnen mußte. Erschüttert und tief aufseufzend rief er: »Oh, welch ein Glück wäre es, nicht schreiben zu können; dann könnte man auch kein Todesurteil unterzeichnen!« Das Urteil wurde vollzogen. Cortes schwang sich sofort aufs Pferd und ritt in einem Zug nach Cempoal, wohin er auch alle seine Truppen befahl.

Während wir in Cempoal alles für den Zug nach Mexiko vorbereiteten, machten wir Cortes den Vorschlag, unsere Schiffe auf den Strand laufen zu lassen. Damit würde allen Meutereien der Boden entzogen, und wir könnten beruhigt ins Innere des Landes vorrücken. Im übrigen seien die hundert Steuerleute und Matrosen eine erfreuliche Verstärkung unserer Mannschaft. Der Gedanke, unsere Flotte zu zerstören, stammte zweifellos von Cortes selbst. Es lag ihm nur daran, daß die Forderung von uns kam; denn wer an der Zerstörung beteiligt war, mußte im Notfall später auch mit für den Ersatz der Schiffe eintreten. Wir faßten den Beschluß, und Cortes befahl dem Juan de Escalante, einem ihm sehr ergebenen und überaus tapferen Mann, den wir zum ersten Bürgermeister von Vera Cruz gewählt hatten, alle Fahrzeuge mit Ausnahme der Boote auf Strand zu setzen. Anker, Taue, Segel, kurz alles, was man auch anderwärts brauchen konnte, wurde geborgen. Die Steuerleute, alte Schiffsmeister und für den Kampf untaugliche Seeleute mußten in der Stadt bleiben und sich als Fischer betätigen.

Juan de Escalante führte den Befehl pünktlich aus. Eines Tages kam er mit einer Kompanie Matrosen an, von denen viele sehr gute Soldaten geworden sind. Unmittelbar danach ließ Cortes alle Kaziken unserer Verbündeten rufen. Er erklärte ihnen, daß sie beim Bau der Kirche, des Forts und der Häuser helfen müßten. Dann nahm er den Juan de Escalante bei der Hand und sagte: »Dieser Mann ist mein Bruder, ihm müßt ihr gehorchen, an ihn müßt ihr euch wenden, wenn ihr Hilfe gegen Moteczuma braucht. Er wird immer selbst mit ausziehen, um euch zu helfen.« Die Kaziken erkannten Juan de Escalante als ihren Oberen an, versprachen, ihm zu gehorchen, und räucherten ihn nach Landessitte an, was er sich nur ungern gefallen ließ. Cortes konnte ihm ruhig das Kommando der Stadt anvertrauen. Er würde sich in seiner Abwesenheit auch dann richtig verhalten, wenn Diego de Velazquez hier etwas unternehmen sollte.

Die Schiffe wurden vor unseren Augen zerstört. Anschließend hielt Cortes eine lange Rede an uns alle über den Feldzugsplan. Schließlich sagte er, daß wir die bevorstehenden Gefechte und Schlachten nur mit dem Beistand unseres Herrn Jesus Christus bestehen könnten. Das Vertrauen auf Gott könne aber den eigenen Mut und die eigene Tapferkeit nicht ersetzen. Würden wir geschlagen, was der allmächtige Gott verhindern möge, dann hätte unsere kleine Schar nur noch den eigenen Wagemut und die Hoffnung auf Hilfe von oben. Wir hätten nun keine Schiffe mehr, um nach Kuba zurückzukehren. Er führte für unsere Lage zahlreiche schöne Beispiele aus der Geschichte an. Wir aber antworteten ihm alle wie aus einem Munde, daß wir seinen Befehlen blindlings folgen würden, die Würfel seien gefallen, wie Cäsar hätten wir jetzt den Rubikon überschritten. Im übrigen ständen wir mit unserem Tun und Wagen immer im Dienste Gottes und Seiner Majestät des Kaisers. Es war eine sehr gute und eine sehr eindringliche Rede.

Anschließend ließ Cortes den dicken Kaziken kommen, erinnerte ihn an die Ehrfurcht und die Sorgfalt, die er der Kirche schuldig sei, und teilte ihm mit, daß wir jetzt gegen Moteczuma ziehen, um auch ihn zur Aufgabe des Götzendienstes und der Menschenopfer zu bringen. Für den Transport der Geschütze müsse er für uns für diesen Feldzug zweihundert Lastträger stellen, außerdem müßten wir fünfzig seiner besten Krieger mitnehmen.

Wir wollten eben abmarschieren, da brachte ein Bote aus Vera Cruz die Meldung des Escalante, daß ein Schiff vor der Küste aufgekreuzt sei. Er habe ihm mit weißen Tüchern, Rauch und anderen Mitteln Zeichen gegeben, er sei in einem scharlachroten Gewand am Strand entlanggeritten, die Schiffsleute hätten diese Bewegungen unbedingt bemerken müssen, sie hätten aber in keiner Weise reagiert. Er bitte um Befehl, wie er sich verhalten solle.

Cortes gab daraufhin dem Pedro de Alvarado und dem Gonzalo de Sandoval den gemeinsamen Befehl über alle Truppen in

Cempoal, wählte vier Reiter und fünfzig der schnellsten Fußsoldaten und marschierte mit uns nach Vera Cruz, wo wir noch in der Dunkelheit ankamen. Dort schlug Escalante vor, noch in derselben Nacht das Schiff anzugreifen, damit es nicht die Anker lichten und das Weite suchen könne. Er wolle das mit zwanzig Mann erledigen. Cortes solle nur ruhig schlafen gehen. Cortes erwiderte, daß er keine Ruhe habe, solange noch etwas getan werden könne, er wolle das Unternehmen selbst führen. Und damit waren wir schon auf dem Marsch. Unterwegs fingen wir vier Spanier ab, die im Namen des Statthalters von Jamaika, Francisco de Garay, Besitz von dem Land ergreifen sollten. Einer ihrer Offiziere, Alonso de Pinedo, habe vor wenigen Tagen im Mündungsgebiet des Panucoflusses eine Niederlassung errichtet und sie dann hierhergeschickt. Einer hatte die Besitznahmeurkunde schriftlich festgehalten, die anderen waren nur die Zeugen. Cortes fragte sie, wie denn Francisco de Garay dazu komme, hier Niederlassungen zu gründen. Sie berichteten, daß ihr Statthalter durch unseren Steuermann Alaminos schon nach den ersten Entdeckungsfahrten mit Cordoba und Grijalva auf den Gedanken gebracht worden sei, Seine Kaiserliche Majestät zu bitten, ihm die Entdeckung aller Länder zu überlassen, die nördlich des Rio San Pedro y San Pablo liegen. Das sei 1518 gewesen. Im Vertrauen auf seine Gönner in Madrid habe er deswegen seinen Haushofmeister nach Spanien geschickt und tatsächlich die Bestallung als Adelantado und Statthalter für diese noch unentdeckten Gebiete erhalten. Nun habe Garay drei Schiffe mit zweihundertsiebzig Mann und einigen Pferden unter der Führung von Pinedo ausgeschickt. Ihr Kommandant sei noch am Panucofluß. Sie selbst seien nur hier, um die Befehle ihrer Vorgesetzten auszuführen, für die sie nicht verantwortlich seien.

Das waren wichtige Aufschlüsse, und Cortes war sehr freundlich zu den Leuten. So nebenbei fragte er sie, ob man sich denn nicht des Schiffes bemächtigen könne. Die Männer versuchten daraufhin, die Schaluppe an Land zu rufen. Aber die Leute auf dem Schiff rührten sich nicht und antworteten auf kein Zeichen.

Nun versuchten wir es mit einer List. Die vier Mann wechselten die Kleider mit Leuten unserer Mannschaft, die am Strand zurückblieben, während wir abmarschierten und uns hinter einem Bergrücken verbargen. Bei völliger Dunkelheit versteckten wir uns dann unmittelbar am Strand, so daß am nächsten Morgen nur die vier verkleideten Männer zu sehen waren. Sie mußten lange winken, bis endlich eine Schaluppe mit sechs Matrosen vom Schiff ablegte. Zwei Matrosen kamen gleich mit Wasserflaschen an Land. Wir wollten warten, bis auch die anderen aussteigen würden. Als unsere Leute nicht gleich auf das Boot zugingen, riefen die draußen: »Was macht ihr denn da? Warum kommt ihr denn nicht wieder an Bord?« Einer von unseren Leuten antwortete: »Kommt ihr doch lieber an Land und seht euch auch ein wenig hier um!« Da erkannten die anderen die fremde Stimme und ruderten so schnell wie möglich wieder zu ihrem Schiff zurück. Wir wollten ihnen nachschießen, aber Cortes sagte: »Laßt sie in Frieden ziehen und ihren Anführern Bericht erstatten!« So blieb es denn bei den sechs Gefangenen, und wir marschierten wieder nach Vera Cruz zurück, ohne einen Bissen gegessen zu haben.

DIE KÄMPFE UM TLAXCALA

Wie wir endlich abmarschierten und ohne große
Fährnisse bis Xocotlan kamen

Mitte August 1519 brachen wir von Cempoal auf. Wir marschierten mit einer Vorhut und mit seitlichen Sicherungen und kamen
so am ersten Tag bis Jalapa. Von da zogen wir nach Socochima,
einem befestigten, schwer zugänglichen Platz, um den herum viel
Wein wuchs. Die Bevölkerung war gutwillig. Sie war eng befreundet mit den Leuten aus Cempoal und zahlte keine Tribute
an Moteczuma. Wir wurden gut aufgenommen und bewirtet.
Donna Marina und Aguilar versuchten, die Grundsätze unserer
Religion zu erklären. Wir errichteten in jeder Ortschaft ein Kreuz
und verpflichteten die Eingeborenen, ihm Ehrfurcht zu erweisen.
Über einen hohen Bergpaß zogen wir weiter nach Texutla.
Auch in dieser Stadt waren uns die Leute wohlgesinnt. Sie zahlten keine Tribute an Moteczuma. Kurz hinter dieser Stadt erreichten wir die Paßhöhe. Das Land war unbewohnt, vom
Schneegebirge herab kam ein kalter Wind, es regnete und hagel-
te, wir hatten nichts zu essen und zitterten vor Kälte; denn wir
hatten uns inzwischen an das heiße Klima in Kuba und Vera Cruz
gewöhnt und waren nicht auf winterliche Verhältnisse vorbereitet. Bald darauf kamen wir an einen zweiten Paß. Dort standen feste Häuser und hohe Opfertempel; davor lagen große Holzstöße,
aber wir fanden nichts zu essen, und es wurde immer kälter. Auf
dem Weitermarsch kamen wir in das Einzugsgebiet der Stadt Xocotlan. Wir waren jetzt wieder in einem Land, das zum Herrschaftsbereich von Moteczuma gehörte. Deshalb bewegten wir
uns mit besonderer Vorsicht und schickten zwei Leute aus Cempoal voraus, die uns beim Kaziken anmelden und ihn um freundliche Aufnahme bitten sollten. Die vielen Häuser mit den weißen
Söllern und die hochgebauten steinernen Tempel erinnerten uns
sehr an spanische Städte. Wir nannten den Ort deshalb Castil-

blanco. Der Kazike kam uns mit den vornehmsten Einwohnern entgegen und führte uns in unsere Quartiere. Er hieß Olintetl und ließ uns durchaus merken, daß wir nicht ausgesprochen willkommen waren. Dementsprechend fiel auch die Verpflegung sehr mager aus.

Nach dem Essen fragte Cortes den Kaziken aus, um Näheres über Moteczuma zu erfahren. Olintetl berichtete von großen Armeen, die in den unterworfenen Ländern und an den Grenzen stünden, von der sehr ausgedehnten, befestigten Stadt Mexiko, die mitten im Wasser liege, so daß man nur über Brücken oder in Kähnen von Haus zu Haus könne. Jedes Haus sei wie eine Wasserburg von Gräben umgeben; sie seien durch den Aufbau von Brustwehren leicht in fast uneinnehmbare Kastelle zu verwandeln. Im übrigen habe die Stadt drei Zugänge über Straßendämme, deren jeder vier- bis fünfmal durch hölzerne Brücken unterbrochen sei. Diese Brücken könne man leicht abbauen. Der Zugang zur Stadt sei dann gesperrt. Moteczuma sei ein außerordentlich reicher Fürst. Er habe Gold und Silber, kostbare Steine und andere wertvolle Dinge in großen Mengen in seinen Schatzkammern aufgehäuft. Der Kazike konnte den Reichtum und die Macht seines Gebieters nicht genug rühmen. Wir waren sehr erstaunt über alles, was er sagte. Aber es liegt wohl in der Natur der Spanier, daß uns diese Erzählungen nicht abschreckten: je mehr der Kazike von den Befestigungen und von den Brücken berichtete und von der Unmöglichkeit, ihrer Herr zu werden, um so mehr reizte uns gerade dieses starke Mexiko dazu, unser Glück zu versuchen. Später zeigte sich, daß die Stadt viel stärker befestigt war, als Olintetl wußte. Der Kazike hatte im übrigen ziemliche Angst vor seinem Fürsten. Er sagte: Moteczuma sei gewohnt, daß ihm jedermann blind gehorche. Er werde die Nachricht, daß wir ohne seine ausdrückliche Erlaubnis in die Stadt einmarschiert und dort verpflegt worden seien, sicher böse aufnehmen.

Cortes erwiderte ihm: »Wir kommen aus Ländern, die weit jenseits des Meeres liegen, auf Befehl unseres Herrn und Kaisers Karl, dem viele mächtige Fürsten und Vasallen untertan sind.

Wir haben den Auftrag, eurem Motoczuma zu eröffnen, daß er den Menschenraub und die Menschenopfer aufgeben müsse, daß er keine neuen Länder unterwerfen dürfe. Er muß sich vielmehr unserem Kaiser und Herrn gegenüber zum Gehorsam verpflichten. Und für dich, Olintetl, und die anderen anwesenden Kaziken gilt dasselbe. Das gebietet der große Gott, an den wir glauben und den wir verehren. Von ihm hängen Leben und Tod ab, und er wird uns einmal in seinen Himmel aufnehmen.« Die Indianer schwiegen. Daraufhin sagte Cortes: »Ich glaube, meine Herren, hier ist weiter nichts zu tun. Wir werden ein Kreuz errichten.« Da fiel ihm Pater Bartolome ins Wort und sagte: »Ich glaube, gnädiger Herr, daß es dazu noch zu früh ist. Die Leute sind Untertanen des Motoczuma und haben keine große Angst oder gar Ehrerbietung vor uns. Sie werden das Kreuz verbrennen oder auf eine andere Weise zerstören. Ich glaube, wir sollten warten, bis sie für die Lehren unserer Religion empfänglicher sind.« Daraufhin wurde kein Kreuz errichtet.

Francisco de Lugo hatte einen großen Hund, der fast die ganze Nacht bellte. Die Kaziken fragten unsere Freunde aus Cempoal, ob das ein Tiger oder ein Löwe sei und ob er die Indianer fresse. Und die Leute aus Cempoal antworteten: es sei ein starkes Tier, das jeden töte, der uns angreife. In ähnlichem Sinne klärten sie unsere Gastgeber auch über die Kanonen und über die Pferde auf, so daß Olintetl schließlich seinen Hauptleuten zurief: »Wahrlich, das müssen Teules sein!« Und unsere Freunde antworteten: »Habt ihr das nun auch gemerkt? Hütet euch, sie zu reizen. Ihr könnt machen, was ihr wollt, sie erfahren alles. Sie kennen eure geheimsten Gedanken. Sie haben die Steuereinnehmer des großen Motoczuma gefangengenommen und uns und unseren Nachbarn verboten, an Motoczuma weiterhin Tribute abzuführen. Sie haben unsere Teules aus den Tempeln gerissen und zerstört, und dafür ihren Teules Altäre gebaut. Sie haben die Völkerschaften von Tabasco und Champoton unterworfen, und wir verdanken den Frieden mit Cingapacinga nur ihnen. Der große Motoczuma ist mächtig. Aber er hat ihnen Gold und kostbare Stoffe zum Geschenk gemacht. Nun sind wir in eurer Stadt, und ihr habt ihnen noch kein Geschenk gemacht. Es wird Zeit, diesen Fehler gutzumachen!« Die Leute von Cempoal waren gute Mittler. Die eingesessenen Kaziken brachten uns sehr bald vier Berlocken, drei Halsketten und einige Eidechsen aus Gold, einen großen Ballen Stoff und vier Frauen zum Brotbacken. Cortes nahm die Geschenke freundlich an und erbot sich zu Gegendiensten.

Nie werde ich einen Platz in der Nähe der Opfertempel vergessen, auf dem Menschenschädel in einer sehr übersichtlichen Ordnung aufgeschichtet waren. Wir zählten an 100 000. Die Zahl ist richtig! Auf einem anderen Platz lagen die übrigen Knochen menschlicher Skelette, unzählbar. Drei Papas hielten die Wacht auf dieser Schädelstätte. Ähnliche entsetzliche Haufen menschlicher Überreste fanden wir von nun an in allen Orten, auch im Gebiet von Tlaxcala, unserem nächsten Ziel.

Wir fragten Olintetl nach dem besten und bequemsten Weg nach Mexiko. Er riet uns, über Cholula zu marschieren. Unsere Freunde aus Cempoal rieten uns aber dringend davon ab, durch diese große Stadt zu ziehen, in der immer eine starke Besatzung des Moteczuma liege und deren Einwohner in keiner Weise zuverlässig seien. Wir sollten lieber den Weg über Tlaxcala wählen. Die Eingeborenen seien ihre Freunde und geschworene Feinde des Moteczuma. Cortes nahm den Vorschlag an.

Wie wir nach Tlaxcala aufbrachen, wie die Einwohner
des Landes unsere Boten gefangennahmen,
und was dann geschah

Der Kazike stellte uns noch zwanzig seiner besten Krieger, dann brachen wir auf. Wir erreichten bald den kleinen Ort Xalacingo. Von dort aus schickten wir zwei zuverlässige und vornehme Leute aus Cempoal voraus. Als gute Freunde der Tlaxcateken sollten sie uns anmelden, unser Lob und unsere friedlichen Absichten verkünden. In Xalacingo waren wir noch mit Geschmeide, Stoffen und zwei Indianerinnen beschenkt worden. Gleichzeitig hatten wir aber auch erfahren, daß ganz Tlaxcala gegen uns unter Waffen stehe. Da sich uns zahlreiche Krieger aus Ortschaften angeschlossen hatten, die dem Moteczuma zinspflichtig waren, nahm man an, daß wir nur als Feinde kommen könnten. Aus diesem Grund hörten die Tlaxcateken unsere Boten gar nicht an. Sie warfen sie sofort ins Gefängnis. Wir warteten zwei Tage vergeblich auf ihre Rückkehr.

Dann brachen wir auf. Unterwegs trafen wir unsere Boten. Freunde hatten sie heimlich befreit. Sie waren sehr niedergeschlagen und wagten zunächst nicht, zu sprechen. Endlich berichteten sie, daß man sie gleich festgenommen, übel beschimpft und bedroht habe. Man habe ihnen gesagt: »Jetzt brechen wir auf, um die Leute, die ihr Teules nennt, umzubringen. Dann wird sich ja zeigen, ob sie so tapfer sind, wie ihr behauptet. Wir werden sie und euch verzehren; denn ihr kommt mit arglistigen Absichten zu uns. Ihr kommt im Auftrag des Verräters Moteczuma!« Die Boten mochten dagegen sagen, was sie wollten, die Tlaxcateken glaubten ihnen nicht.

Als Cortes und wir anderen hörten, daß wir von einem kampfbereiten Feind erwartet würden, nahmen wir die Sache keineswegs leicht. Wir empfahlen uns schließlich aber dem Schutz des Allmächtigen und folgten unserer Fahne; denn die Einwohner von Tlaxcala waren schon auf dem Marsch gegen uns. Sie wollten in jedem Falle verhindern, daß wir ihre Grenze überschreiten. Wir beschlossen, drei Mann unserer Reiterei mit eingelegten Lanzen vorzuschicken. Sie sollten in kurzem Galopp die Feinde attackieren. Cortes sagte zu ihnen: »Meine Kameraden, ihr wißt, wir sind nur wenige Männer gegenüber der großen Zahl der Feinde. Wir müssen darum doppelt auf der Hut sein. Der Gegner kann uns jeden Augenblick über den Hals kommen. Wir müssen uns aber auch schon jetzt in den Kampf selbst hineindenken. Jeder Soldat, der von Reitern angegriffen wird, versucht zuerst die Lanze mit der Hand abzufangen. Weil wir nur so wenige sind, müssen wir alles versuchen, um das zu verhindern. Im übrigen braucht ihr meinen Rat nicht. Ihr macht eure Sache immer besser, als ich sie euch befehlen könnte.«

Nach zwei Stunden standen wir plötzlich vor einer gewaltigen Schanze aus Steinen, Kalk und Bergharz, die so fest war, daß man sie nur mit schweren Spitzhacken zerstören konnte. Sie war unbesetzt. Man hätte sie nur unter großen Verlusten durchbrechen können. Ob sie als Verteidigungsstellung gegen Moteczuma oder andere Gegner gebaut war, konnten wir nicht eindeutig klären. Wir hielten eine Weile vor dem Werk. Dann rief Cortes: »Folgen wir unserer Fahne, Kameraden! Sie trägt das Zeichen des heiligen Kreuzes! In diesem Zeichen werden wir siegen!« Und wir antworteten ihm einmütig: »Auf, mit Glück! Bei Gott ist die wahre Stärke!«

Wir zogen also mit allen Sicherungen weiter. Nach kurzer Zeit beobachtete unsere Vorhut etwa dreißig Indianer, die als Späher vorgeschoben waren. Sie trugen ihre breiten Schwerter, die nur mit zwei Händen geführt werden können und die eine Schneide aus Obsidian haben, die schärfer ist als jedes Metallmesser. Ferner hatten sie Spieße und Schilde, und die üblichen Federbüsche auf dem Kopf. Cortes gab einer Gruppe von Reitern den Befehl, sie anzugreifen. Sie sollten versuchen, möglichst einen unverwundeten Gefangenen zu machen. Er ließ noch fünf Reiter folgen für den Fall, daß die ersten aus einem Hinterhalt angegriffen würden. Außerdem bewegte sich das Gros mit aller Vorsicht auf den Engpaß zu. Unsere Männer ritten los und winkten den Indianern mit den Händen. Sie gingen zurück und setzten sich erst zur Wehr, als die Unsrigen versuchten, einen von ihnen zu fangen. Sie verteidigten sich sehr tapfer und verwundeten mehrere Pferde. Da schwoll auch unseren Leuten der Kamm, und sie töteten fünf Indianer. Im selben Augenblick brachen etwa dreitausend Indianer aus dem Hinterhalt vor und überschütteten unsere Reiter mit Pfeilen. Auf unserer Seite wurde jetzt das Geschütz eingesetzt. Nach kurzer Zeit brachten wir den Feind zum Weichen. Er hinterließ siebzehn Tote und zahlreiche Verwundete. Wir hatten vier Verwundete, von denen einer nach vier Tagen starb. Der Feind zog sich zurück, und wir folgten ihm.

Sobald wir das Gebirge hinter uns hatten, wurde das Land eben. Hier gab es große Maispflanzungen und Felder mit Maguey (Agave americana), aus der die Indianer Pulque, ein alkoholisches Getränk, brauen. Wir lagerten an einem Bach und verbanden unsere Verwundeten. Weil wir kein Öl hatten, verwendeten wir dazu das Fett eines toten feisten Indianers. Zum Nachtessen gab es junge Hunde, die abends alle wieder in die verlassenen Häuser und Ställe zurückgekehrt waren. Im übrigen stellten wir reichlicher Sicherungen aus als gewöhnlich.

Von dem gefährlichen und blutigen Krieg, den wir
gegen die Tlaxcateken führen mußten

Am nächsten Morgen empfahlen wir uns Gott, formierten unsere Kompanien zu geschlossenen Gruppen und marschierten weiter. Die Reiterei hatte den Auftrag, überall einzugreifen, wo Gefahr war, und vor allem etwa entstehende Lücken zu schließen. Nach kurzer Zeit stießen wir auf zwei feindliche Haufen, die zusammen etwa sechstausend Mann stark waren. Sie erhoben ein gewaltiges Geschrei, lärmten mit Trommeln und Trompeten, schossen auf uns mit Pfeilen, warfen mit Spießen und wollten uns mit jeder Geste ihre Überlegenheit zeigen. Cortes ließ haltmachen und schickte drei Gefangene zu ihnen, die wir am Vortag gemacht hatten. Er lud sie ein, die Feindseligkeiten einzustellen; denn wir kämen als Brüder und Freunde. Gleichzeitig erhielt unser königlicher Schreiber, Diego de Godoy, den Auftrag, alle Vorgänge sehr genau zu beobachten und zu notieren, so daß er in der Lage war, Zeugnis abzulegen, wenn man uns einmal vorwerfen sollte, daß wir den Indianern große Verluste beigebracht hätten. Er sollte beweisen können, daß wir alles getan haben, um die Angelegenheit friedlich zu erledigen.

Aber der Feind änderte seine Gesinnung in keiner Weise. Er griff mit solcher Heftigkeit an, daß wir unmöglich weiter untätig bleiben konnten. Cortes rief: »Vorwärts! Sankt Jakob ist mit uns! Auf den Feind!« Wir setzten den Indianern mit unseren verschiedenen Schießgewehren so zu, daß viele verwundet und getötet wurden, darunter vier Hauptleute. Daraufhin zogen sie sich einige Büchsenschüsse weit in eine Stellung zurück, in der unter ihrem Oberkommandierenden Xicotencatl an die vierzigtausend Mann in Bereitschaft lagen. Als Zeichen der Zusammengehörigkeit trugen sie alle ein rot-weißes Abzeichen. Das Gelände war von vielen Schluchten durchzogen. Wir konnten mit unserer Reiterei also erst operieren, wenn wir diese gefährlichen Einschnitte glücklich hinter uns hatten. Die Feinde verteidigten sich sehr geschickt mit allen ihren Waffen. Aber schließlich gewannen wir doch die Ebene und erschlugen eine große Menge. Wer freilich aus dem Glied trat, um mit einem einzelnen Gegner anzubinden, wurde sofort schwer verwundet. Wir mußten also fest geschlossen kämpfen. Auf diese Weise bekamen wir an die zwanzig Heerhaufen auf den Hals, die uns gut warm machten. Zum Überfluß warfen sie uns Sand in die Augen, um uns zu blenden. Hier konnte nur Gottes Barmherzigkeit helfen! Dem Feind kam es vor allem darauf an, eines der Rosse in die Hand zu bekommen. Das gelang ihnen auch bis zu einem gewissen Grad. Als nämlich Pedro de Moron mit anderen Reitern in die feindlichen Reihen einbrach, entrissen sie ihm die Lanze und verwundeten ihn schwer mit ihren Schwertern. Seine Stute erhielt einen Hieb in den Hals und brach tot zusammen. Drei Kameraden eilten dem Moron sofort zu Hilfe und verteidigten ihn so lange, bis die Kompanie heran war. Sonst wäre er umgekommen. Der Stute konnten wir nur noch den Gurt abschneiden, um wenigstens den Sattel zu retten. Das Pferd soll von den Indianern zerteilt und in Einzelstükken an alle Ortschaften von Tlaxcala geschickt worden sein; die Hufeisen, der flandrische Filzhut und der Brief, die wir den Tlaxcateken als Friedenszeichen geschickt hatten, sollen aber den Götzen geopfert worden sein. Moron war ein besonders tüchtiger

Reiter. Er starb nach wenigen Tagen. Ich kann mich jedenfalls nicht erinnern, ihn nach dieser Affäre noch einmal gesehen zu haben.

Das Gefecht dauerte schon über eine Stunde. Der Feind stand uns dicht gedrängt gegenüber. Unsere Gewehre müssen ihm große Verluste beigebracht haben. Wir alle taten unser Bestes und schlugen uns wie rechte Kriegsleute; denn fürwahr, es ging jetzt um mehr als um unsere Haut. Viele Indianer bissen ins Gras, darunter acht Hauptleute, Söhne alter Kaziken, die alle in der Hauptstadt wohnten. Endlich zog sich der Feind in guter Ordnung zurück. Wir waren sehr froh darüber; denn wir konnten uns vor Mattigkeit kaum mehr auf den Beinen halten. An eine Verfolgung war nicht zu denken. Zahlreiche Häuser, die über das ganze Gelände verstreut waren, und grubenähnliche Behausungen der Eingeborenen erschwerten den Kampf außerordentlich. Die Schlacht fand an den ersten zwei Septembertagen des Jahres 1519 in der Nähe der Ortschaft Tehuacacingo statt. Wir dankten Gott inbrünstig für den Sieg und für die Rettung aus größter Gefahr.

Nach der Schlacht zogen wir uns auf einige der festgebauten und hochgelegenen Opfertempel zurück, die man leicht zu Kastellen ausbauen konnte. Wir versorgten die Wunden von fünfzehn Mann wieder unter Verwendung von Indianerfett. Einer ist später seinen Verletzungen erlegen. Auch fünf Pferde mußten verbunden werden. Dann speisten wir zu Abend. Wir ließen uns die vielen Hühner und Hunde, die wir in den Wohnungen vorfanden, gut schmecken. Dann stellten wir zahlreiche Wachen aus, ließen die ganze Nacht Ronden gehen und konnten nun endlich schlafen. Wir hatten fünfzehn Gefangene gemacht, darunter zwei sehr vornehme Tlaxcateken. Die Zahl der Verwundeten und Toten konnten wir nie feststellen, weil jeder, der verwundet war, vom Feind sofort weggeschafft wurde.

Die Kämpfe hatten uns sehr ermüdet. Wir legten deshalb einen Rasttag ein und brachten unsere Waffen in Ordnung. Tags darauf aber sagte Cortes: »Es wird gut sein, wenn die Reiterei in der Gegend herumstreift. Die Indianer könnten sonst glauben, wir seien schlachtenmüde. Sie müssen den Eindruck haben, daß wir ihnen ständig auf den Fersen sind.« Wir bildeten eine Kampfgruppe aus zweihundert Mann mit Reitern, Musketieren und Armbrustschützen und nahmen alle unsere Verbündeten mit. Der Rest blieb im Standquartier, das sorgfältig gesichert wurde. Auf unserem Marsch durch die Ortschaften fingen wir zwanzig Indianer beiderlei Geschlechts, ohne sie zu verletzen. Unsere Verbündeten aber konnten es nicht lassen, Häuser anzuzünden. Als wir in unser Standquartier zurückkamen, ließ Cortes die Gefangenen losbinden. Sie bekamen zu essen, Donna Marina und Aguilar sprachen freundlich mit ihnen, gaben ihnen Glasperlen und forderten sie auf, doch nicht so töricht zu sein und weiter mit uns zu kämpfen. Wir würden sie viel lieber als unsere Brüder betrachten und ihnen im Notfall beistehen. Auch die zwei vornehmen Gefangenen wurden freigelassen und zu ihrem obersten Kaziken geschickt mit dem Auftrag, den Tlaxcateken klarzumachen, daß wir nie Böses gegen sie im Schilde geführt hätten. Wir wollten lediglich durch ihr Land nach Mexiko ziehen, wo wir mit Moteczuma zu reden hätten.

Die beiden Abgesandten kamen auch bis ins Hauptquartier des Xicotencatl, das etwa zwei Stunden von unserem Standort entfernt in Tecuacinpacingo lag. Sie trafen dort nur den Sohn, der ihnen folgende Antwort gab: wir sollten nur zu seinem Vater kommen. Dort würden sie dann Frieden machen. Zuvor aber würden sie sich mit unserem Fleisch sättigen und ihre Götter mit dem Opfer unseres Blutes und unserer Herzen ehren. Am nächsten Morgen würden wir seine Antwort mit eigenen Augen sehen.

Diese hochmütige Antwort machte uns nach den letzten Gefechten und Schlachten nicht gerade große Freude. Cortes behandelte die beiden Boten trotzdem sehr freundlich. Ihre Rückkehr hatte ja gezeigt, daß sie keine Angst vor uns hatten. Cortes wollte sie später noch einmal als Friedensboten verwenden und schenkte ihnen deshalb Glasketten. Außerdem erkundigte er sich genau nach den Stärkeverhältnissen der feindlichen Truppen. Es stellte sich heraus, daß der Feind viel stärker war, als wir bisher wußten. Unter der Führung von Xicotencatl standen uns fünfzigtausend Mann gegenüber, die in fünf gleichstarke Heerhaufen eingeteilt waren. Die Hauptleute waren sehr bedeutende Kaziken und Heerführer. Auf ihren Fahnen zeigten sie einen weißen Vogel mit ausgebreiteten Flügeln, der wie ein Strauß aussah. Jeder Hauptmann hatte dazu seine eigenen Feldzeichen und Farben. Diese Angaben wurden uns von anderen gefangenen Indianern bestätigt. Weil wir nun einmal Menschen waren und Angst vor dem Tod hatten, beichteten fast alle noch einmal bei den zwei Geistlichen, die wir mithatten. Wir beteten inbrünstig zu Gott, daß er uns den Sieg verleihen möge.

Von der großen Schlacht und unserem Sieg über
die Tlaxcateken

So verging die Nacht. Am Morgen des 5. September 1519 stellten wir zuerst unsere Pferde auf. Dann ordneten wir die übrigen Mannschaften. Auch die Verwundeten mußten mit in den Kampf ziehen. Die Armbrustschützen und Musketiere erhielten den Befehl, daß die einen nur laden, die anderen nur pelotonweise schießen sollten. Die Schwertträger sollten auf die Bauchgegend der Feinde zielen, damit die Gegner nicht mehr so nah an uns herankommen könnten wie das letzte Mal. Keiner durfte aus dem Glied treten. Die Reiter wurden besonders eindringlich ermahnt, einander nicht im Stich zu lassen, nur im Galopp zu attackieren und nach den Gesichtern und den Augen zu stechen. Der Fähnrich bekam vier Mann Fahnenwache. Dann rückten wir mit fliegenden Feldzeichen aus. Wir waren noch keine Viertelstunde marschiert, da füllte sich das Feld so weit wir sehen konnten mit feindlichen Kriegern. Sie trugen ihre großen Federbüsche, schwangen ihre Fahnen und machten einen gewaltigen Lärm mit Trommeln und Trompeten. Das war eine Schlacht, so gefährlich und so zweifelhaft in bezug auf ihren Ausgang, wie eine Schlacht nur sein kann.

Die Feder wird nicht fertig damit, alles zu beschreiben. Im Nu waren wir von allen Seiten von Heeresmassen eingeschlossen, die zwei Quadratstunden (25 km²) der Ebene füllten. In der Mitte stand unser Häufchen von vierhundert Mann, von denen die meisten marode oder blessiert waren. Jeder von uns wußte, daß der Feind nur denen das Leben schenken würde, die er seinen Göttern opfern wollte.

Der Angriff begann mit einem wahren Hagel von Schleudersteinen und Pfeilen. Der ganze Boden war mit Spießen bedeckt, die zweischneidige Spitzen hatten und derart scharf waren, daß sie überall durchdrangen. Besonders gefährdet war der Unterleib, der ja ohnehin am wenigsten geschützt ist. Wütend, mit fürchterlichem Geschrei, fielen sie über uns her. Wir setzten alle unsere Waffen geschickt ein und empfingen jeden, der uns näher auf den Leib rücken wollte, mit gutgezielten Hieben und Stichen, so daß sie uns dieses Mal nicht so nahekamen wie in der letzten Schlacht. Ganz besonders geschickt und tapfer manövrierte unsere Reiterei. Nach Gott war sie unsere Rettung. Unsere Linie war schon halb zurückgeworfen und durchbrochen. Alle Befehle, uns wieder zusammenzuschließen, waren vergeblich. Die Überzahl der Indianer war so ungeheuer, daß wir uns nur mit dem Degen in der Hand den Platz erkämpfen konnten, auf dem wir unsere Glieder zusammenhalten konnten. Die große Menge der Feinde war ein Vorteil für uns. Sie standen so dicht, daß jeder unserer Schüsse saß. Außerdem hatten sie keinen Platz mehr zum Manövrieren; viele kamen gar nicht zum Schlagen. Dazu kam, daß sich der Kazike Chichimecatecuhtli nicht den Befehlen des Xicotencatl fügte, weil dieser ihm vorwarf, daß er in der letzten Schlacht versagt habe. Das ging so weit, daß er einem Heeresteil den Befehl gab, sich nicht am Kampf zu beteiligen. Ferner hatte der Feind in der ersten Schlacht unsere Pferde und unsere Geschütze, unsere Schußwaffen und Degen und unsere Tapferkeit fürchten gelernt. Endlich aber darf nicht vergessen werden, daß

Gottes Barmherzigkeit uns für diesen Kampf besondere Stärke verliehen hat.

Schließlich verweigerten zwei Hauptleute dem Xicotencatl den Gehorsam, und seine eigenen Leute waren erbost, daß man sie im Stich ließ, und wurden lässiger im Kampf. Wahrscheinlich ist auch einer ihrer Feldobristen gefallen. Jedenfalls zogen sie sich in guter Ordnung zurück. Unsere Reiterei verfolgte sie noch ein Stück, mußte dann aber aus Müdigkeit umkehren.

Wir dankten Gott dem Allmächtigen aus ganzem Herzen, als wir diese furchtbare Menge Feinde los waren. Wir hatten nur einen Mann verloren, sechzig waren blessiert und alle Pferde verwundet. Ich hatte zwei Wunden, eine am Kopf von einem Steinwurf und eine am Schenkel von einem Pfeilschuß. Sie waren aber beide nicht so schlimm, daß ich aus dem Kampf ausscheiden mußte. Das war übrigens bei den meisten der Kameraden der Fall. Sie konnten weiter Dienst tun. Das war auch dringend nötig; denn die Zahl der Unverwundeten war viel zu klein gegenüber dem starken Feind. Wir kehrten in unser Quartier zurück. Unseren Toten begruben wir in einer der unterirdischen Wohnungen, auf die wir eine Menge Erde häuften. Die Indianer sollten auch weiterhin glauben, daß wir unsterblich sind. Die Verwundeten versorgten wir in der inzwischen üblich gewordenen Weise. Oh, was war das für eine Not! Wir hatten kein Öl für die Wunden und kein Salz für das Essen. Wir hatten nichts, womit wir uns gegen den eiskalten Wind schützen konnten, der von der Sierra Nevada herüberwehte. Wir zitterten vor Frost. Trotzdem behielten wir unseren guten Mut und schliefen besser als in der letzten Nacht.

Wie wir den Tlaxcateken noch einmal Frieden anboten und in der Nacht überfallen wurden

In der letzten Schlacht hatten wir wieder drei vornehme Indianer gefangen, die Cortes zusammen mit den beiden anderen, die schon einmal für uns verhandelt hatten, zu ihrem Kaziken schickte mit dem Auftrag, ihm nochmals den Frieden anzubieten und ihn aufzufordern, uns den unbehelligten Durchzug nach Mexiko zu gestatten. Die Aufforderung war mit der Drohung verbunden, daß wir sie ausrotten würden, wenn sie uns wieder eine Absage schickten. Es täte uns freilich leid, wenn sie es so weit kommen ließen; denn wir hätten ein gutes Herz und würden sie lieber als Brüder annehmen. Sie hätten uns ja gezwungen, ihnen Leid anzutun. Cortes ließ ihnen noch viele gute Worte sagen, um endlich ihre Freundschaft zu gewinnen.

Unsere Abgesandten trafen in Tlaxcala alle Kaziken versammelt. Sie waren ziemlich niedergedrückt. Sie beschlossen, alle Zeichendeuter und Papas, die sie Tacalnaguas nannten, zusammenzutrommeln. Sie sollten feststellen, was wir eigentlich für Leute wären, ob wir wirklich Teules seien, oder ob man uns auf irgendeine Weise erledigen könne. Die Tacalnaguas führten ein geheimnisvolles Theater auf und erklärten schließlich: wir seien Menschen von Fleisch und Blut; wir würden Hühner, Brot und Früchte essen wie sie, wenn wir welche hätten, Indianer aber und die Herzen getöteter Feinde würden wir nicht verzehren. Das Schlimmste aber, was die Wahrsager und Papas über uns sagten, war dies: wir könnten nur zur Nachtzeit überwunden werden; wir zögen alle Kraft aus der Sonne. Sobald sie untergegangen sei, sei es auch mit unserer Stärke vorbei. Das leuchtete den Kaziken sehr ein.

Sie gaben ihrem Generalkapitän Xicotencatl den Befehl, uns so bald wie möglich mit einer großen Heeresmacht bei Nacht zu überfallen. Xicotencatl wählte zehntausend seiner besten Krieger aus und griff unser Lager mitten in der Nacht von drei Seiten an. Die Indianer rechneten damit, daß sie, ohne großen Widerstand zu finden, schnell ein paar Gefangene machen könnten, die geeignete Opfer für ihre Götter wären. Aber der Allmächtige hatte Besseres für uns beschlossen. Unsere Vorposten hörten auch die leisesten Geräusche und gaben sofort Alarm. Wir waren gewohnt, in Kleidern zu schlafen, mit den Waffen in der Hand, die Pferde aufgezäumt, die Geschütze schußfertig. Wir empfingen sie so unfreundlich mit Schießen und Hauen, daß sie uns bald den Rücken kehrten. Es war eine mondhelle Nacht, und unsere Reiter konnten sie noch ein gutes Stück verfolgen. Zwanzig Tote und Verwundete lagen am nächsten Morgen noch dicht vor unserem Lager. Sie sollen so erbost auf die Papas und auf ihre Wahrsager gewesen sein, daß sie zwei von ihnen als Opfer geschlachtet haben. Wir verloren in dieser Nacht einen unserer Freunde aus Cempoal und hatten zwei Verwundete. Wir konnten vier Gefangene machen.

Wie schlecht es uns erging, und wie die Tlaxcateken nun doch Frieden machen wollten

Nach allem, was ich bisher erzählt habe, wird der geneigte Leser sich gut vorstellen können, wie glücklich wir waren, daß auch diese Affäre so gut vorbeigegangen war. Aber unsere Lage war deswegen keineswegs rosig. Jeder von uns war bis jetzt ein- bis zweimal verwundet worden, und alle waren durch die Strapazen und Krankheiten stark mitgenommen. Xicotencatl wich nicht von unseren Fersen. Wir hatten fünfundfünfzig Mann auf dem Schlachtfeld, durch Frost und durch Krankheiten verloren. Zwölf Leute waren marode; unser Feldobrist Cortes selbst und der Pater Bartolome litten sehr unter dem Fieber. Niemand wird sich darüber wundern. Zu den gewöhnlichen Mühseligkeiten eines Feldzuges kam die ständige Alarmbereitschaft, die uns zwang, mit den Waffen in der Hand zu schlafen; dazu kamen die Kälte und der Mangel an Salz. Schließlich mußten wir immer daran denken, was denn aus uns werden sollte, wenn wir uns glücklich aus dieser Schlinge gezogen hätten. Es schien uns zu diesem Zeitpunkt ein lächerliches Unterfangen, das mächtige Mexiko erobern zu wollen. Sollte es uns auch gelingen, die Tlaxcateken als Bundesgenossen zu gewinnen, was sollte aus uns werden, wenn wir einmal mit den großen Armeen des Moteczuma kämpfen mußten. Wir hatten keine Nachricht über das Schicksal unserer Besatzung von Vera Cruz, und die Leute dort wußten nichts von uns. Wir hatten genug tüchtige und tapfere Kriegsleute unter uns, die Cortes auch mit klugem Rat beistanden. Er unternahm nichts, ohne sich vorher mit ihnen zu beraten. Cortes war ein vortrefflicher Feldherr.

Wir beschworen den Fiebernden einmütig, nun etwas für sich selbst zu tun. Dann baten wir ihn, die Gefangenen zu entlassen und zu ihrem Kaziken zu schicken. Sie sollten ihn noch einmal um Frieden aufrufen. Sie sollten ihm versichern, daß wir dann das Vergangene vergessen und ihnen den Verlust des Pferdes verzeihen würden. Bei der Gelegenheit möchte ich den hohen Sinn und die Tapferkeit einer Frau rühmen, der Donna Marina. Sie hat alle schwierigen, mitunter fast hoffnungslosen Situationen dieses Feldzuges aus nächster Nähe erlebt und war nie niedergeschlagen; im Gegenteil, sie hat andere noch aufgerichtet. Jetzt instruierte sie wieder die Gefangenen, die das Friedensangebot machen sollten. Wir erwarteten binnen zwei Tagen Antwort. Andernfalls würden wir das ganze Land verwüsten, in die Stadt einziehen und alle über die Klinge springen lassen.

Unsere Abgesandten trafen in Tlaxcala die beiden obersten Kaziken an, den alten Xicotencatl, den Vater des Generalkapitäns gleichen Namens, und Maseescasi. Sie trugen ihnen den Friedensvorschlag vor. Die beiden schwiegen lange Zeit. Dann gab ihnen der Allmächtige den Gedanken ein, doch Frieden zu schließen. Sie beriefen eine Versammlung der Kaziken, der Hauptleute und ihrer Ältesten ein, an die Xicotencatl nach späteren Berichten etwa folgende Ansprache richtete: »Brüder und Freunde! Ihr alle wißt, wie oft die Teules uns den Frieden angeboten haben, wie oft sie uns versichert haben, daß sie als Freunde zu uns gekommen sind, die uns Beistand leisten wollen. Sicher habt ihr auch nicht vergessen, daß sie viele von uns gefangen, aber bald wieder freigelassen haben, ohne daß diesen unseren Leuten ein Leid geschah. Wir haben sie dreimal, bei Tag und bei Nacht, mit allen unseren Streitkräften angegriffen und sind nicht Meister geworden. Im Gegenteil, sie haben in diesen Schlachten viele unserer Untertanen, Söhne, nahe Verwandte und Hauptleute getötet. Sie wiederholen jetzt ihre Forderung nach Frieden. Die von Cempoal, die mit ihnen im Felde stehen, versichern, daß die Teules die Feinde des Moteczuma sind. Sie haben ihnen und den Totonaken verboten, den Mexikanern weiter Tribute zu entrichten. Wir alle wissen aber, daß diese Mexikaner seit weit über hundert Jahren immer wieder in unser Land einfallen. Sie haben uns in unseren Grenzen eingesperrt. Wir können nicht ausbrechen, um uns Salz oder Baumwolle zu holen. Wer sich über die Grenze wagt, kommt selten mit dem Leben davon. Unsere Wahrsager und Papas haben ihre Meinung über diese Teules gesagt. Wir aber haben ihre Stärke und Tapferkeit am eigenen Leibe erfahren. Daher meinen wir, daß wir Frieden mit ihnen machen müssen. Ob sie nun Menschen sind oder Teules, in jedem Fall wird für uns ein Bündnis mit ihnen nützlich sein. Deshalb wollen wir vier unserer angesehensten Männer mit Lebensmitteln zu ihnen schicken, um ihnen unsere Friedfertigkeit und unsere Zuneigung zu zeigen, und damit sie uns gegen unsere Feinde unterstützen. Wir wollen sie in unser Land einladen und ihnen Frauen aus unserem Volke geben, damit wir mit ihnen zu einem Volk zusammenwachsen. Ihre Abgesandten haben uns nämlich mitgeteilt, daß sie Weiber bei sich haben.«

Die Kaziken erklärten sich nach diesen eindringlichen Worten mit einem Friedensschluß einverstanden. Dem Generalkapitän Xicotencatl und den übrigen Hauptleuten wurde befohlen, den Kampf sofort einzustellen. Aber der junge Xicotencatl hörte die Boten gar nicht an. Er war denkbar verärgert und fuhr sie hart an. Die Lage eigne sich keineswegs für einen Frieden. Schon seien viele Teules und ein Pferd tot. Er werde in der nächsten Nacht über sie herfallen und ihnen endgültig den Garaus machen. Der Vater Xicotencatl und die übrigen Kaziken wurden sehr zornig, als sie diese Antwort vernahmen. Sie befahlen sofort allen Hauptleuten, dem Generalkapitän jeden Gehorsam zu verweigern, wenn er sie zum Angriff auf uns auffordere. Aber der junge Xicotencatl fügte sich auch dieser Order nicht, und die vier vornehmen Männer, die eigentlich uns das Friedensangebot bringen sollten, wurden nun zu ihm geschickt, um ihn zur Vernunft zu bringen. Die Herren hatten aber solche Angst vor ihm, daß sie den Auftrag nicht ausführten.

Wie wir wieder zu Lebensmitteln kamen, wie aber die
Anhänger des Diego de Velazquez nochmals
gegen Cortes aufstanden

Zwei Tage warteten wir schon auf eine Antwort unserer Gegner. Da schlugen wir Cortes vor, einen Ort zu überfallen, der nur eine Stunde von uns weg lag und dessen Bewohner wir vergeblich zu Friedensverhandlungen aufgefordert hatten. Wir wollten keine blutigen Kämpfe; wir wollten uns nur Lebensmittel verschaffen, den Leuten Angst einjagen und sie auf diese Weise für Verhandlungen gewinnen. Diese Ortschaft Zimpancingo war gleichsam auch die Hauptstadt eines kleines Gebietes, zu dem auch Teocadzumpancingo gehörte, wo wir gerade lagen. Cortes nahm unseren Vorschlag an, und wir marschierten noch vor Tagesanbruch ab. Von den Schneegebirgen herab wehte ein eisiger Wind. Wir bebten vor Kälte, und zwei Pferde setzte der ungewohnte Frost so zu, daß sie wie Espenlaub zitterten, die Darmgicht bekamen und zurückgeschickt werden mußten, weil wir fürchteten, daß sie uns sonst krepierten. Kurz vor Sonnenaufgang erreichten wir Zimpancingo. Die Einwohner hatten uns längst bemerkt und waren geflüchtet. Sie hatten grauenhafte Vorstellungen von den Teules und ihren Untaten. Als wir sahen, wie verängstigt sie waren, hielten wir auf einem freien Platz, um das volle Tageslicht abzuwarten. Hoch oben auf den Opfertempeln standen einige Papas und alte, besonders angesehene Männer. Als sie sahen, daß wir still hielten und niemandem etwas zu Leide taten, faßten sie Mut und kamen herunter zu Cortes. Zunächst entschuldigten sie sich, weil sie auf unsere Friedensangebote und die Aufforderung, Lebensmittel zu schicken, nicht geantwortet hatten. Sie versicherten, daß daran nur der Feldherr Xicotencatl schuld sei, der ganz in der Nähe sein Hauptquartier aufgeschlagen habe. Er hatte ihnen jede Aufnahme von Verbindungen zu uns verboten. Die Krieger von Tlaxcala standen alle unter seinem Kommando. Sie mußten ihn also fürchten.

Donna Marina und Aguilar, die immer und überall, bei Tag und bei Nacht, zur Verfügung stehen mußten, antworteten im Auftrag von Cortes: sie sollten nur ohne Furcht sein und ihrem obersten Kaziken melden, daß er schleunigst kommen solle, um Frieden zu schließen. Der Krieg könne ihnen nur Unglück bringen. Die Papas mußten diese Botschaft persönlich überbringen; denn wir hatten ja noch immer keine Nachricht von dem alten Xicotencatl. Zuvor aber brachten uns die Papas mehr als vierzig Hühner und Hähne und zwei Indianerinnen zum Brotbacken. Cortes nahm die Geschenke freundlich an und verlangte noch zwanzig Indianer als Träger. Diese stellten sich sehr bald ein und zogen ohne jede Furcht mit uns ins Lager. Wir schenkten ihnen einige Kleinigkeiten, und sie kehrten sehr zufrieden nach Hause zurück. Die Einwohner rühmten unsere Gutmütigkeit, weil wir niemandem ein Haar krümmten, die Papas und die Ältesten aber meldeten dem Generalkapitän Xicotencatl, daß sie uns Lebensmittel und zwei Indianerinnen geschickt hätten. Er war darüber sehr erbost. Die Kaziken dagegen empfingen die gleiche Meldung mit Erleichterung. Wir hätten unsere Gastgeber bei Nacht ja ohne weitere Umstände alle umbringen können. Der ältere Xicotencatl und seine Mitregenten befahlen den Kaziken des Ortes, uns täglich mit allem zu versorgen, was wir brauchten. Außerdem gaben sie den vier Bevollmächtigten erneut den Auftrag, mit uns zu verhandeln. Wir aber kehrten mit den Lebensmitteln und den Indianerinnen sehr vergnügt in unser Hauptquartier zurück.

Dort erwarteten uns nur Klagen und Unzufriedenheit. Ich will die Namen der sieben nicht nennen, die sich diesmal wieder zusammenfanden, zu Cortes gingen und ihren besten Redner als Sprecher vorschickten. Er begann seine Ansprache wie ein wohlwollender Ratgeber: Cortes möge doch bedenken, daß wir alle verwundet, abgehetzt und völlig ermattet seien von den außergewöhnlichen Strapazen, dem pausenlosen, zermürbenden Dienst bei Tag und Nacht, den ewigen Schlachten und Gefechten. Wir hätten seit unserer Abfahrt von Kuba fünfundfünfzig Mann verloren und wüßten nicht, wie es heute in Vera Cruz aussehe. Sicher, der Allmächtige habe uns immer wieder den Sieg verliehen, aber es hieße seine Gnade und Langmut über Gebühr versuchen, wenn wir so weitermachten. Der Krug gehe so lange zum Wasser, bis er breche. Eines Tages würden wir doch alle den Götzen geopfert. Wenn wir nach unserer Stadt Vera Cruz zurückmarschierten, dann würde Gott dies vielleicht in Gnaden verhüten. Wir sollten dort so lange stillhalten, bis wir ein neues Schiff ausgerüstet und Diego de Velazquez um Verstärkung und Nachschub gebeten hätten. Der Rat, die Schiffe zu vernichten, sei unbedacht gewesen: »Gebe Gott, daß Ihr und die, welche dazu geraten, es nicht zu bereuen haben!« Das Maß der Mühseligkeiten sei jetzt voll. Unser Zustand beginne unerträglich zu werden. Unser Leben sei schlimmer als das der Lasttiere. Ihnen nehme man nach einer langen Tagesreise das Gepäck ab, gebe ihnen zu fressen und lasse sie ausruhen. Wir müßten Tag und Nacht in Kleidern und in Waffen sein. Cortes solle nur die Geschichte der großen Feldherrn, des Alexander und der Römer nachlesen, keiner habe inmitten einer solchen Unzahl von feindlichen und kriegstüchtigen Völkern seine Flotte zerstört. Er werde einmal seinen eigenen Tod und unser aller Untergang zu verantworten haben. Deswegen möge er versuchen, unser Leben zu erhalten, und nach Vera Cruz zurückmarschieren. Sie hätten ihm das alles schon viel früher sagen wollen. Aber die Übermacht der Feinde, die uns täglich gegenüberstanden, habe das unmöglich gemacht. Jetzt seien die Gegner vorübergehend friedlich. Wahrscheinlich habe der Feldherr Xicotencatl nur neue Truppen abgewartet. Wir dürften es aber nicht wieder auf einen neuen Versuch ankommen lassen.

Dies und vieles andere trugen sie Cortes vor. Sie trugen dabei die Nase recht hoch. Weil sie ihre Vorwürfe aber in die Form eines guten Rates gekleidet hatten, antwortete ihnen Cortes mit bemerkenswerter Sanftmut: »Das meiste von dem, was ihr mir vorgetragen habt, ist auch mir nicht entgangen. Ich habe aber im Lauf unseres Feldzuges die Überzeugung gewonnen, daß es in der ganzen Welt keine Spanier gibt, die so tapfer sind, die sich so brav schlagen und die alle Strapazen so mutig aushalten wie wir. Freilich, wir wären unfehlbar verloren gewesen, hätten wir nicht immer die Waffen in der Hand gehabt, bei Tag und Nacht Wachen und Vorposten ausgestellt, Spähtrupps ausgeschickt und uns jeder Witterung ausgesetzt. Daß wir diese Strapazen ausgehalten haben, hat uns das Leben gerettet. Sicher stand uns der Allmächtige immer wieder bei. Erinnert euch an die ungezählten Heerhaufen der Feinde, die von allen Seiten geschlossen mit ihren Schwertern auf uns eindrangen, erinnert euch besonders an die letzte Schlacht, in der sie uns ein Pferd getötet haben! Ich kann mir kein größeres Heldentum vorstellen! In dieser verzweifelten Lage habe ich euren hohen Sinn besser kennengelernt als bei jeder anderen Gelegenheit. Nachdem uns der Allmächtige aber aus dieser Notlage geholfen hat, habe ich alle Hoffnung, daß in Zukunft alles ebenso gut gehen wird. Ich glaube, ihr könnt bezeugen, daß mich in den Gefahren, die ich mit euch geteilt habe, niemand mutlos sah, und daß ich das Vertrauen zu euch nie verloren habe.« – Und wahrlich, das durfte Cortes mit vollem Recht von sich sagen; denn er kämpfte in allen Schlachten mit in der vordersten Reihe. – »Daran muß ich euch erinnern, meine Herren: ihr sollt darauf vertrauen, daß der Allmächtige uns auch in Zukunft Beistand und Rettung sein wird. Ja, wir dürfen mit besonderer Zuversicht darauf hoffen; denn vom ersten Tag unseres Unternehmens an haben wir seine heilige Religion allen Völkern nach bestem Vermögen verkündet und die Götzen zerstört. Wir dürfen auch im Vertrauen auf Gott und unseren Schutzpatronen, den heiligen Petrus, den Feldzug in dieser Provinz für abgeschlossen betrachten. Xicotencatl und die übrigen feindlichen Feldherrn haben sich nicht mehr sehen lassen; vielleicht fürchten sie weitere Niederlagen, wie wir sie ihnen in den ersten drei

Schlachten zugefügt haben, vielleicht bringen sie ihre verspreng-
ten Leute nicht mehr zusammen. Ihr seht ja selbst, wie uns die
Einwohner von Zimpancingo gutwillig Lebensmittel bringen
und wie die Bevölkerung rings um uns ruhig in ihren Häusern
bleibt.

Ihr tadelt die Zerstörung der Schiffe! Sie war notwendig und
richtig. Wenn ich von euch sieben keinen zu Rat gezogen habe,
dann hatte ich dazu nach den Vorgängen auf den Dünen allen
Grund. Was ihr mir jetzt ratet, kommt aus dem gleichen Geist.
Ihr müßt aber bedenken, daß in unserer Truppe viele Kavaliere
sind, die eure Meinung keineswegs teilen, die vielmehr raten und
fordern, daß wir wie bisher alles Gott anheimstellen. Ihr habt
recht, die großen Feldherrn des Altertums haben keine solchen
Heldentaten vollbracht wie wir. Mit Gottes Hilfe werden unsere
Taten von der Geschichte noch höher gerühmt werden. Gottes
Barmherzigkeit wird uns auch fürderhin beistehen, unsere Erfolge werden immer glänzender werden; denn all unser Tun ist ja
darauf abgestellt, Gott zu verherrlichen und den Ruhm und Nutzen unseres Kaisers zu mehren. Strenge Gerechtigkeit und christ-
licher Sinn sind unsere Führer in allem. Wenn ihr glaubt, daß ein
Rückschritt uns retten könnte, dann habt ihr das nicht gut überlegt, meine Herren. Selbst wenn wir die Völker im tiefsten Frieden verlassen, würden sie sofort die Waffen gegen uns erheben.
Die Indianer halten uns jetzt für höhere Wesen, ja für Götter. Sie
würden uns dann für mutlos und feige halten. Ihr meint, wir
könnten ruhig unter den Totonaken leben? Ich muß euch sagen,
daß uns diese Ruhe nicht vergönnt wäre. Sie werden gegen uns
aufstehen, sobald sie merken, daß wir umkehren, ohne gegen
Mexiko vorzugehen. Was bliebe ihnen dann auch anderes übrig?
Wenn wir sie verlassen und sie dem Moteczuma nicht den früheren Tribut entrichten, dann wird er seine ganzen Kräfte gegen sie
einsetzen, sie unterwerfen und sie außerdem zwingen, gegen uns
Krieg zu führen. Ihnen bleibt in diesem Fall ja nur die Wahl, aus-
gerottet zu werden oder gegen uns zu kämpfen. Unsere heutigen
Freunde werden dann unsere Feinde sein. Und der mächtige Mo-

teczuma wird alle unsere bisherigen Reden und Botschaften für Spielereien halten, sobald wir umkehren. Ihr seht, meine Herren: die eine Waagschale trägt viele Übel, die andere noch mehr! Es ist am besten, zunächst einmal in diesem dichtbevölkerten ebenen Land Stellung zu beziehen, wo wir Lebensmittel im Überfluß haben, heute Hühner, morgen Hunde. Uns fehlen nur Salz und warme Kleidung. Das sind aber in der Tat unsere einzigen großen Sorgen in dieser Hinsicht. Ihr sagt, wir hätten seit unserer Abfahrt aus Kuba fünfundfünfzig Mann durch Wunden, Hunger, Kälte, Strapazen und Krankheiten verloren, unser Haufen sei klein und jeder sei verwundet oder krank. Aber Gott hat uns dafür auch die Kraft von vielen verliehen. Zudem ist dies im Krieg nun einmal nicht anders. Jeder Krieg kostet Menschen und Pferde, man mag ihn führen wie man will. Man findet heute die notwendigen Lebensmittel, morgen nicht. Im übrigen sind wir nicht in dieses Land gekommen, um uns auszuruhen, sondern um uns wacker zu schlagen, wo es notwendig ist. Darum bitte ich euch, meine Herren, euch Kavaliere, die sich bisher tapfer gezeigt haben und denen Mutlosigkeit schlecht ansteht, ich bitte euch, schlagt euch die Insel Kuba und alles, was ihr dort zurückgelassen habt, aus dem Sinn! Erweist euch wie bisher als echte Soldaten! Sicher kommt es in erster Linie auf die Gnade und den Beistand Gottes an, unmittelbar danach aber auf unsere tapferen Arme!«

Die sieben brachten diese Antwort ihrem Anhang. Sie fügten hinzu, man könne gegen das, was er gesagt habe, nichts einwenden. Schließlich hätten sie ja alle unsere neue Stadt in der Absicht verlassen, nach Mexiko zu marschieren. Dem Cortes aber erwiderten sie: man wisse jetzt mehr über die Stärke dieser Festung Mexiko und über die Schlagkraft des mexikanischen Heeres; die Tlaxcateken könnten ja nicht genug davon erzählen. Man sage, das Volk von Cempoal sei ruhig. Man habe aber keine sichere Nachricht darüber, ebenso wie über die tatsächliche Lage in Mexiko. Wir hätten bisher außerordentlich viel ausgestanden. Wenn wir jetzt noch einmal so wütend angegriffen würden wie in den letzten Schlachten, dann könnten wir uns nicht mehr auf den

Beinen halten. Ließen uns die bisherigen Feinde aber in Ruhe, dann sei nach ihrer Meinung der Zug nach Mexiko ein entsetzliches Unternehmen, das man sich schon vorher gründlich überlegen müsse. Cortes antwortete darauf ziemlich unmutig: »Nun, es ist immer besser, als tapferer Soldat zu sterben, es ist schändlich, als Mann ohne Ehre weiterzuleben!«

Wir anderen, die Cortes zum Generalkapitän gewählt und ihm geraten hatten, die Flotte zu zerstören, wir billigten seine Rede voll und ganz. Wir verkündeten laut, er solle sich um das Gerede und die ungerechtfertigten Klagen nicht kümmern, sondern anordnen, was nötig sei. Er könne sich auf uns in jeder Weise verlassen. Damit nahmen diese üblen Kabalen ein Ende. Sie murrten zwar auch später noch gegen Cortes, sie verwünschten ihn und uns, sie fluchten auf die Leute von Cempoal, weil sie diesen Feldzug veranlaßt hatten. Es fiel manches unziemliche Wort. Aber sie hielten um diese Zeit noch an sich und gehorchten dem Generalkapitän auf jeden Wink.

Wie der jüngere Xicotencatl zwanzigtausend Mann
gegen uns aufmarschieren läßt, obgleich sein Vater schon
eine Friedensbotschaft an uns abgesandt hat

Viermal erhielt der Generalkapitän der Indianer, Xicotencatl der Jüngere, von seinen Kaziken den Auftrag, mit uns Friedensverhandlungen zu führen. Seine Hauptleute hatten den Befehl, ihn in keiner Weise zu unterstützen, wenn er uns trotzdem angreifen wolle. Er hatte seinen Standort ganz in unserer Nähe und war aufs äußerste erbost über diese Befehle. Dennoch schickte er uns vierzig Indianer mit Lebensmitteln, vier häßliche alte Indianerweiber und eine Menge Kopal und Papageienfedern. Wir waren zunächst der Meinung, daß sie in friedlicher Absicht kämen. Sie räucherten auch Cortes an, sobald sie ihm vorgeführt wurden. Sie unterließen aber alle sonst bei ihnen üblichen Höflichkeitsgesten. Ihr Sprecher sagte ziemlich unvermittelt zu Cortes: »Unser Feldherr Xicotencatl sendet euch diese Geschenke. Wenn ihr Teules seid, wie die Leute von Cempoal behaupten, und Opfer braucht, dann schlachtet diese vier alten Weiber und verzehrt ihre Herzen und Gliedmaßen. Da wir nicht wußten, wie ihr es damit halten wollt, haben wir darauf verzichtet, sie zu opfern. Seid ihr Menschen, dann laßt euch die Hühner und die Früchte schmecken. Im Falle ihr aber gute und sanftmütige Teules seid, nehmt Kopal und die Papageienfedern und opfert diese.«

Cortes antwortete ihnen, er habe ihnen bereits mehrfach mitteilen lassen, daß er keinen Krieg, sondern den Frieden wolle. Er sei in das Land gekommen, um sie im Namen seines Gottes und seines kaiserlichen Herrn zu bitten, von den Menschenopfern abzulassen. Wir seien alle Menschen von Fleisch und Blut wie sie; wir seien keine Teules, sondern Christen. Wir brächten nur Leute ums Leben, die uns angreifen. Dann seien uns allerdings Tag und Nacht gleich zum Morden. Er danke für die Lebensmittel. Sie sollten aber nun endlich einlenken und eine Friedensbotschaft schicken.

Im übrigen mußten wir sehr bald feststellen, daß die vielen Leute, die Xicotencatl mitgeschickt hatte, Spione waren. Sie sollten die Zugänge zu unserem Biwak, die Lage der Hütten, die Zahl der Besatzung, der Pferde, der Geschütze, kurz alles für den Gegner Wichtige auskundschaften. Als sie auch nach Einbruch der Nacht blieben, schöpften die Leute aus Cempoal Verdacht; denn es ist bei diesen Völkern nicht üblich, länger als unbedingt nötig im Lager der Feinde zu bleiben. Den gleichen Leuten hatten ein paar Eingeborene berichtet, daß Xicotencatl einen großen Angriff vorbereite. Sie hatten das als Aufschneiderei betrachtet und Cortes keine Meldung gemacht. Sobald Donna Marina davon erfuhr, unterrichtete sie Cortes. Dieser ließ daraufhin eine ganze Reihe Tlaxcateken festnehmen und verhören. Sie gestanden unabhängig voneinander, daß sie Spionageaufträge hätten und daß ihr Heerführer nur ihre Meldungen abwarte, um uns anzugreifen.

Cortes befahl daraufhin, daß jeder im Lager auf seiner Hut und alarmbereit sein müsse. Dann ließ er siebzehn Spione fangen, ließ ihnen teils die Daumen, teils die ganzen Hände abhauen, schickte sie so zu Xicotencatl und ließ ihm sagen: »Das ist die Art, in der bei uns solche Botschafter gestraft werden.« Im übrigen möge er nur kommen wie er wolle, bei Tag oder bei Nacht; wir würden schon seit zwei Tagen auf ihn warten. Wären wir nicht friedlich gesinnt, dann hätten wir ihn längst angegriffen. Es sei nun aber wirklich an der Zeit, daß er vernünftig werde und eine ernsthafte Friedensbotschaft an uns sende.

Die unglücklichen Verstümmelten kamen in dem Augenblick in das Hauptquartier von Xicotencatl, in dem er uns angreifen wollte. Wie er erfuhr, warum die Kundschafter so böse behandelt worden waren, verließ ihn sein Übermut. Ebenso entscheidend mag allerdings gewesen sein, daß einer seiner Hauptleute, mit dem er Streitigkeiten hatte, mitsamt seinen Mannschaften ab- marschiert war.

Wie die vier Unterhändler des älteren Xicotencatl
zu uns kamen, und was sie meldeten

Wir wußten zu dieser Zeit nicht, ob uns die nächsten Stunden oder Tage den Frieden oder den Krieg bringen würden, und rü- steten uns deshalb auf jeden Fall für den Krieg. Da meldete plötz- lich einer unserer Vorposten, daß sich auf der Straße von Tlaxcala zahlreiche Indianer und Indianerinnen auf unser Lager zube- wegten. Sie seien alle schwer beladen; einer unserer Reiter sei ihnen entgegengeritten, um zu erkunden, was sie für Absichten hätten. Der Mann hatte noch nicht zu Ende geredet, da kam sein Kamerad auch schon angeritten und meldete, daß die Leute zu uns ins Lager kommen wollten. Sie seien schon ziemlich nahe und rasteten. Cortes freute sich außerordentlich über diese gute Nachricht; denn für uns stand fest, daß die Indianer uns jetzt den Frieden bringen. Er gab keinen Alarm, sondern befahl uns viel- mehr, ruhig in den Hütten zu bleiben.

Als die Spitze des Zuges unser Lager erreicht hatte, traten die vier ehrwürdigen Männer vor, die der Kazike als Unterhändler geschickt hatte, verneigten sich zum Zeichen des Friedens und gingen auf die Hütte von Cortes zu. Sie berührten die Erde mit der Hand, küßten den Boden, machten drei tiefe Verbeugungen und räucherten mit Kopal. Dann begann einer zu sprechen. Er sagte: »Alle Kaziken von Tlaxcala mit ihren Untertanen, Freunden und Verbündeten wollen sich unter den Frieden und die Freundschaft von euch und euren Brüdern, den Teules, begeben. Wir bitten, zu verzeihen, daß wir Krieg mit euch angefangen haben, anstatt eure Freundschaft zu suchen. Aber wir glaubten, daß ihr Freunde der Mexikaner seid, die seit uralten Zeiten unsere Todfeinde sind. In dieser Meinung wurden wir dadurch bestärkt, daß wir in eurem Zug viele den Mexikanern zinspflichtige Leute beobachtet haben. Es ist bei diesen Völkerschaften üblich, unter vielerlei Vorwänden in unser Land einzudringen und Weiber und Kinder zu rauben. Deshalb haben wir euren Friedensbotschaften keinen Glauben geschenkt. Im übrigen waren wir nicht die ersten, die euch angegriffen haben. Wir haben auch nicht den Befehl dazu gegeben. Wilde Bergvölker haben euch angegriffen, weil sie hofften, mit euch leicht fertig zu werden, Gefangene zu machen und sich auf diese Weise die Gunst ihrer Herren zu verdienen. Wir kommen nun, um für alles, was vorgefallen ist, um Verzeihung zu bitten. Wir werden euch jeden Tag ausreichend Lebensmittel bringen, mehr als heute. Nehmt sie in der freundlichen Gesinnung an, in der sie gegeben werden. In zwei Tagen werden unsere Kaziken und unser Heerführer Xicotencatl der Jüngere vor euch erscheinen und euch bestätigen, daß ganz Tlaxcala Frieden und Freundschaft mit euch wünscht.«

Nach Beendigung dieser Rede verneigten sie sich aufs neue, berührten den Boden mit den Händen und küßten die Erde. Cortes antwortete ihnen in sehr würdiger Haltung und sehr ernst: »Ich habe Grund genug, euch kein Gehör zu schenken und mit euch keine Freundschaft zu schließen. Als wir den ersten Schritt in euer Land machten, habe ich euch den Frieden und meine Unterstützung gegen Moteczuma angeboten. Ihr aber habt uns nicht geglaubt. Ihr wolltet unsere Abgesandten umbringen, ihr habt uns dreimal, bei Tag und bei Nacht, heftig angegriffen und uns zu guter Letzt Spione ins Lager geschickt. Wir hätten in diesen Schlachten viel mehr von euren Leuten töten können. Aber wir bedauern schon die zahlreichen Opfer, zu denen ihr uns gezwungen habt. Wir wollten nicht noch mehr Leute töten. Wir waren entschlossen, den Ort, in dem eure ehrwürdigen Kaziken sitzen, anzugreifen. Da ihr aber nun hier vor mir mit Friedensvorschlägen erscheint, will ich diese im Namen unseres Kaisers und Herrn wohlwollend prüfen und die mitgebrachten Lebensmittel annehmen. Im übrigen meldet euren Herrn und Gebietern, daß der Friede für uns nur dann gewährleistet ist, wenn sie binnen zwei Tagen selbst hier vor uns erscheinen. Kommen sie nicht, dann greifen wir ihre Residenz an. Meldet ihnen ferner, daß sie sich unserem Lager nur bei Tag nähern dürfen. Wer bei Nacht kommt, muß über die Klinge springen!« Zum Zeichen des Friedens gab Cortes den Abgesandten blaue Glasperlen für ihre Kaziken mit. Sie zogen sich daraufhin in einige abgelegene indianische Häuser zurück und ließen uns dort von den mitgebrachten Indianerinnen ein schmackhaftes Mahl bereiten. Wir aber dankten Gott von ganzem Herzen, daß er uns den Frieden geschenkt hatte; denn es war wahrlich an der Zeit. Wir waren so kraftlos und erschöpft, daß wir keinen Krieg mehr führen wollten, dessen Ende gar nicht abzusehen war.

*Wie Abgesandte des Moteczuma in unser Lager kamen
und Geschenke brachten*

Die Nachricht von unserem Sieg über die Tlaxcateken, die Meldung, daß unsere kleine Mannschaft die überlegene Macht dieses Volkes gebrochen und es gezwungen hatte, um Frieden zu bitten, verbreitete sich schnell in den indianischen Ländern. Viele hatten uns schon früher für eine Art Götter, für Teules, gehalten; jetzt

154

wuchsen unser Ansehen und die Angst vor unserer unüberwind-
baren Tapferkeit. Wir wußten nicht, ob der in den Augen seiner
Freunde und Feinde fast allmächtige Moteczuma Angst vor einem Angriff auf seine Hauptstadt hatte oder ob er uns nur aus
reiner Herzensgüte fünf vornehme und gewichtige Männer ins
Lager schickte, die uns zu unserer Ankunft und zu unserem Sieg
beglückwünschen sollten. Die Abgesandten brachten prächtige
Kleinodien im Wert von eintausend Piastern und zwanzig Lasten
mit feinen baumwollenen Stoffen mit.

Er ließ uns mitteilen, daß es sein Wille sei, auch ein Vasall unseres großen Kaisers zu werden. Er freue sich, uns so nahe bei seiner Hauptstadt zu wissen, und er denke mit Wohlwollen und in
Freundschaft an Cortes und seine Brüder, an alle Teules. Wir
sollten ihm mitteilen, welchen Tribut er alljährlich an unseren
Kaiser entrichten müsse: in Gold, in Silber, in Juwelen und in
Stoffen. Es sei dazu nicht notwendig, daß wir uns bis nach Mexiko bemühten. Er würde uns dort zwar mit Vergnügen sehen
und empfangen. Es sei aber ein sehr mühseliger Marsch durch
unfruchtbares und felsiges Land, und es bewege ihn sehr, daß er
die Hindernisse, die uns dort im Wege lägen, nicht beseitigen
könne.

Cortes dankte ihnen für die freundliche Gesinnung, für die Geschenke und für das Anerbieten, Tribut zu zahlen. Er bat sie, erst
abzureisen, wenn er selbst in der Hauptstadt von Tlaxcala sei. Er
wolle ihnen dort eine Botschaft für ihren Herrn geben. Der eigentliche Grund für die Verzögerung der Antwort aber war, daß
Cortes am Vortag gegen seine Krankheit ein purgierendes Mittel
genommen hatte und daß er sich jetzt zur Ruhe begeben wollte,
weil der übliche Fieberanfall kam.

Wie auch der Generalkapitän Xicotencatl ins Lager
kam, um Frieden zu schließen, und was sonst
noch geschah

In diesem Augenblick wurde ihm gemeldet, daß der jüngere Xicotencatl mit zahlreichen Kaziken und Hauptleuten auf dem Weg
zu ihm sei. Sie trügen Mäntel, deren eine Hälfte weiß, deren andere Hälfte aber bunt sei. Das seien die Farben des Friedens. In
der Begleitung von Xicotencatl befänden sich mindestens fünfzig
Vornehme. Die neuen Besucher folgten dem Boten auf dem Fuß,
machten große Gebärden der Ehrfurcht vor Cortes und verbrannten eine Unmenge Kopal. Cortes empfing sie außerordentlich
freundlich und bat sie, neben ihm Platz zu nehmen. Dann sprach
Xicotencatl: »Ich komme im Auftrag meines Vaters, des Maseescasi und aller Kaziken von Tlaxcala mit der Bitte, uns in eure
Freundschaft aufzunehmen. Wir unterwerfen uns der Herrschaft
eures Kaisers und geloben ihm Gehorsam. Verzeiht uns bitte,
daß wir gegen euch die Waffen erhoben und euch angegriffen haben! Wir wußten nicht, wer ihr seid. Wir glaubten, daß euch unser Feind Moteczuma gegen uns aufgerufen hat; er hat schon viele
arglistige Versuche gemacht, in unser Land einzudringen, um es
auszuplündern und zu zerstören. Wir fürchteten auch diesmal einen solchen Anschlag und haben deshalb unser Vaterland tapfer
verteidigt. Wir sind arm; wir haben weder Gold noch Silber,
Edelsteine oder baumwollene Stoffe; wir haben nicht einmal
Salz, weil Moteczuma jeden Versuch unterbindet, Salz außerhalb unseres Landes zu gewinnen oder einzuhandeln. Unsere
Vorfahren besaßen noch Gold und Edelsteine. Nach und nach
sind diese Schätze aber alle an Moteczuma ausgeliefert worden,
bei Waffenstillstandsabschlüssen und bei Friedensverträgen. Das
ist alles schon sehr lange her, und wir haben jetzt nichts, womit
wir euch angemessene Geschenke machen könnten. Wir bitten
euch, das nicht übel aufzunehmen. Es fehlt nicht an unserem guten Willen; es liegt an unserer Armut.« Das war gleichsam die
Vorrede. Ihr folgten Klagen und Beschwerden über Moteczuma

und seine Verbündeten. »Die Vasallen des Moteczuma stehen alle gegen uns und lassen uns nie Ruhe. Wir haben uns bisher mit allen Kräften und mit Erfolg verteidigt. Nur gegen euch waren alle unsere Anstrengungen vergeblich. Wir haben dreimal angegriffen, aber ihr seid unüberwindlich. Wir haben euch in harten Kämpfen kennengelernt. Wir möchten jetzt eure Freunde werden und damit Vasallen eures großen Kaisers Karl. Sind wir mit euch verbündet, dann können wir mit unseren Weibern und Kindern in Frieden leben und müssen nicht jeden Augenblick fürchten, daß uns die arglistigen Mexikaner überfallen. «

Xicotencatl war ein schöner, großer und breitschultriger Mann. In seinem fleischigen Gesicht hatte er viele Narben, wie von den Pocken. Er war etwa fünfunddreißig Jahre alt, zeigte aber schon große Würde. Cortes dankte ihm besonders freundlich und verbindlich. Er erklärte schließlich: »Ich nehme euch hiermit als Vasallen unseres Kaisers und Herrn an und betrachte euch in Zukunft als unsere Freunde. «

Xicotencatl bat Cortes daraufhin, in die Hauptstadt seines Vaterlandes zu kommen, wo ihn alle Kaziken, die Ältesten und die Papas mit Ungeduld erwarteten. Cortes antwortete, daß er demnächst kommen werde. Vorerst müsse er hier noch einige Geschäfte mit den Abgesandten des Moteczuma erledigen. Erst dann könne er sie besuchen. Dann fuhr er in einem sehr ernsten und rauhen Ton fort: er sprach von den wiederholten Angriffen der Tlaxcateken. Er wolle ihnen zwar nichts nachtragen, sondern alles vergeben; sie müßten aber nun auch den Frieden, den er ihnen schenke, fest und unverbrüchlich halten. Wenn sie ihr Versprechen nicht hielten, dann werde er unbarmherzig ihre Stadt und ihr Land verwüsten und alle Einwohner über die Klinge springen lassen. Dann werde er kein Wort mehr über den Frieden anhören. Xicotencatl und seine vornehmen Begleiter erklärten darauf, daß sie ihre Zuverlässigkeit beweisen würden und daß sie alle bereit seien, als Geiseln für ihren Friedenswillen zu haften. Das Gespräch dauerte noch lange. Schließlich schenkte man ihnen grüne und blaue Glaskugeln für sie und ihre Herren. Sie wurden mit der Versicherung verabschiedet, daß wir bald in ihre Hauptstadt kommen würden.

Die mexikanischen Abgesandten hatten diese ganzen Unterredungen und Abmachungen mit angehört. Sie waren gar nicht in ihrem Sinne; denn unser Bündnis mit den Tlaxcateken konnte für die Mexikaner nur nachteilige Folgen haben. Als sich Xicotencatl mit seinen Leuten beurlaubt hatte, sagten sie deshalb lächelnd zu Cortes: er solle doch diesen friedlichen Worten und Angeboten keinen Glauben schenken. Das sei alles nur Gaukelspiel, Arglist und Verrat. Man wolle uns nur in die Stadt locken, in eine Falle, in der man leichter Herr über uns werde. Sie seien erst offen gegen uns aufgestanden; jetzt versuchten sie es mit List und Heuchelei. Cortes antwortete darauf unbewegt, er kümmere sich nicht um diese Gesinnungen. Es wäre ihm eine Lust, im Notfall die Tlaxcateken zu züchtigen und mit dem Tod zu bestrafen. Sie sollten ihn nur angreifen, bei Tag oder bei Nacht, im offenen Feld oder in der Stadt, für ihn sei das kein Unterschied. Er werde in jedem Fall in die Stadt einziehen, weil er sehen wolle, wie die Dinge wirklich stünden.

Als die Mexikaner sahen, daß Cortes sich nicht beeinflussen ließ, baten sie ihn, wenigstens noch sechs Tage im Lager zu bleiben. Sie wollten Moteczuma eine Botschaft schicken, seine Antwort könne aber erst in sechs Tagen wieder hier sein. Cortes war damit einverstanden. Er konnte in dieser Zeit etwas gegen sein Fieber tun und die Aufrichtigkeit der Tlaxcateken prüfen; denn es konnte ja sein, daß die Warnung der Mexikaner doch einen Grund hatte.

Und weil es nun überall wieder friedlich zuging und auf dem Weg zwischen uns und unserer Stadt Vera Cruz nur befreundete Völkerschaften wohnten, schrieb Cortes einen Brief an Escalante, in dem er ihm von unseren großen Siegen und den neuen Verbündeten berichtete. Er gab ihm den Auftrag, mit den Totonaken zusammen ein Dankfest zu feiern. Dann bat er ihn darum, zwei Flaschen Wein und Hostien zu schicken, die er an einer bestimmten Stelle in seiner Wohnung vergraben hatte; denn die unseren waren längst ausgegangen. Escalante antwortete sehr schnell. Die Freude über die guten Nachrichten war in Vera Cruz groß. Aber ich will darüber hier nicht viele Worte machen. Wir errichteten in diesen Tagen in unserem Lager ein hohes, majestätisches Kreuz, und Cortes ließ von den Indianern einen Tempel reinigen und frisch weißen.

Unsere neuen Freunde in Tlaxcala wurden langsam ungeduldig. Sie schickten jeden Tag Hühner und Feigen, die gerade zeitig waren, und andere Lebensmittel. Sie wollten nie etwas dafür nehmen, baten aber Cortes jedesmal, nun endlich seinen Einzug in die Stadt zu halten. Er vertröstete sie mit freundlichen Entschuldigungen, denn er wollte die Rückkehr der Mexikaner abwarten. Diese kamen sehr pünktlich, sechs ehrwürdige Männer, mit Juwelen, mit zweihundert Stücken besonders schöner Stoffe, die mit Federn verziert waren, und mit anderen Erzeugnissen des mexikanischen Kunsthandwerks.

Sie meldeten, daß Moteczuma mit großem Vergnügen den guten Fortgang unserer Angelegenheiten verfolge. Er bäte uns nur dringend, keine Tlaxcateken in seine Staaten zu bringen, weder als Freunde noch als Feinde. Er solle ihnen überhaupt nicht vertrauen. Es komme ihnen nur darauf an, ihm eines Tages das Gold und andere Kostbarkeiten zu rauben; denn sie seien blutarm und hätten nicht einmal Mäntel aus guter Baumwolle. Cortes nahm die Geschenke, die einen Wert von etwa dreitausend Piaster hatten, mit Vergnügen an und versprach dem Moteczuma seine guten Dienste. Sollten die Tlaxcateken Böses im Schilde führen, dann würden sie das sehr bitter büßen. Er habe Vertrauen zu ihnen und werde jetzt in ihre Stadt ziehen, um zu sehen, welches Urteil über dieses Volk richtig sei.

Wie die alten Kaziken von Tlaxcala doch in unser Lager
kamen, um uns in ihre Stadt einzuholen

Cortes hatte noch nicht ausgeredet, da kamen Boten aus Tlaxcala an, die meldeten, daß die Kaziken des ganzen Landes unterwegs seien, um uns in ihre Hauptstadt einzuholen. Die Mexikaner mußten es sich deshalb gefallen lassen, daß Cortes sie bat, noch drei Tage auf eine Antwort zu warten, weil er jetzt mit seinen neuen Gästen über Krieg und Frieden verhandeln müsse.

Als die alten Kaziken von Tlaxcala sahen, daß wir nicht kamen, machten sie sich selbst zu uns auf, zu Fuß, in Sänften, auf Tragbahren und auf dem Rücken von anderen Indianern. Sechs besonders hervorragende Kaziken führten das zahlreiche Gefolge vornehmer Männer an. Sie grüßten Cortes und uns in tiefer Ehrfurcht, machten drei Verbeugungen, berührten die Erde mit der Hand, küßten sie und räucherten reichlich mit Kopal. Dann hielt der alte Xicotencatl diese Ansprache: »Malinche! Malinche! Wir haben dich oft bitten lassen, uns zu verzeihen, daß wir euch angegriffen haben. Wir haben auch mitteilen lassen, daß wir glaubten, uns damit gegen die große Macht des Moteczuma zu verteidigen; denn wir lebten in dem Wahn, daß ihr auf seiner Seite steht und mit ihm verbündet seid. Hätten wir früher gewußt, was wir jetzt wissen, fürwahr, wir hätten euch bei euren Schiffen an der Küste abgeholt und euch nicht erst hier in unserer nächsten Nähe mit Lebensmitteln versorgt. Ihr habt uns vergeben, und ich bin deshalb mit allen Kaziken gekommen, um euch zu bitten, jetzt in unsere Stadt einzuziehen. Wir haben euren Empfang nach unserem Vermögen mit allen Kräften vorbereitet. Laßt jetzt alle anderen Geschäfte, Malinche! Wir bitten dich, gleich mitzukommen. Wir fürchten nämlich, daß die Mexikaner uns bei euch mit Lügen und falschen Angaben verleumdet haben und daß ihr deshalb nicht in unsere Stadt kommen wollt. Wir sind derartige Manöver von ihnen gewohnt. Schenke ihnen bitte keinen Glauben, ja, höre sie nicht weiter an! Was sie reden und tun ist Lüge.«

Cortes antwortete ihm sehr freundlich und liebenswürdig: »Wir wußten schon seit Jahren, daß wir eines Tages in euer Land kommen werden. Ihr seid ein braves Volk, und wir waren deshalb sehr erstaunt, daß ihr uns als Feinde behandelt habt. Die anwesenden Mexikaner müssen noch eine Botschaft für ihren Gebieter Moteczuma abwarten, ehe sie abreisen können. Wir nehmen eure Einladung mit dem gleichen Vergnügen an, mit dem wir eure Lebensmittel empfangen haben. Ihr wißt, daß wir gern zu Gegendiensten bereit sind. Wir sind bis heute nur deshalb nicht zu euch gekommen, weil wir niemanden hatten, der unsere Tepuzques (Geschütze) tragen konnte.«

Diese Antwort machte den guten Männern sichtlich Freude. Man konnte ihnen von den Gesichtern ablesen, wie sehr sie sich jetzt erleichtert fühlten. Sie riefen: »Wie? Das war der ganze Grund? Und du hast ihn uns nicht sagen wollen?« Schon nach einer halben Stunde waren fünfhundert Lastträger auf dem Platz, und wir konnten unseren Abmarsch für den nächsten Morgen ansetzen. Wir brachen in aller Frühe in der üblichen Ordnung auf. Cortes hatte die Abgesandten des Moteczuma gebeten, uns zu begleiten. Sie könnten dann selbst sehen, wie sich die Bevölkerung von Tlaxcala uns gegenüber verhalte. Er wolle sie erst in der Stadt abfertigen. Im übrigen sollten sie in seinem eigenen Quartier wohnen. Dort hätten sie nichts zu befürchten.

Ehe ich in der Erzählung fortfahre, möchte ich hier kurz erklären, warum die Indianer Cortes mit Malinche anredeten. Sie gaben ihm damit eigentlich den indianischen Namen der Donna Marina, die als Dolmetscherin immer um ihn war, besonders wenn Gesandtschaften kamen oder mit den Kaziken wichtige Unterhandlungen zu führen waren. Er war für sie der Kapitän der Marina *(ein Name, der von den Indianern und den Spaniern langsam in Malinche abgewandelt wurde)*.

Als die Kaziken sahen, daß wir wirklich aufbrachen, eilten sie voraus, um alles für unseren Empfang vorzubereiten und unsere Quartiere mit Zweigen zu schmücken. Eine Viertelstunde vor der Stadt kamen sie uns mit ihren Töchtern, ihren Nichten und vielen vornehmen Leuten entgegen. Jeder Stamm blieb für sich. Die Eingeborenen strömten aus allen Orten in der Umgebung herbei. Sie trugen hübsche bunte Kleider aus Sisalleinen. Den Kaziken folgten sämtliche Papas des Landes. Sie trugen die Kohlenbecken und räucherten uns an. Einige trugen lange weiße Mäntel, die mit ihren Krägen wie die Chorhemden der Domherren aussahen. Ihre Haare waren lang, struppig und voller Blut, denn sie hatten noch am Morgen geopfert. An den Fingern hatten sie ungewöhnlich lange Nägel. Ihre Köpfe trugen sie gesenkt, wie zum Zeichen der Demut. Sie sollen von den Eingeborenen wie Heilige oder Mönche verehrt werden. Die Vornehmen des Landes gaben Cortes das Ehrengeleit.

Die Straßen und die Söller der Stadt konnten kaum die Menge der Männer und Frauen fassen, die uns sehen und grüßen wollten. Alle zeigten freudige Gesichter. Sie verteilten einundzwanzig Körbe herrlich duftender Rosen in allen Farben an Cortes, an alle, die sie für Offiziere hielten, und vor allem an die Reiter. So kamen wir nach und nach in das Innere der Stadt und in die großen Höfe, um die herum unsere Quartiere lagen. Xicotencatl der Ältere und Maseescasi nahmen Cortes bei der Hand und führten ihn in seine Wohnung. Für jeden von uns waren mit Gras gefüllte Matratzen und Sisalmäntel bereitgestellt. Unsere Freunde aus Cempoal und Xocotlan wurden in unserer Nachbarschaft untergebracht, und für die Abgesandten des Moteczuma bat Cortes um eine Herberge in unserem Hof.

Überall kamen uns die Menschen in freundlicher Gesinnung und mit dem besten Willen entgegen, so daß wir unsere sonstige Vorsicht und Wachsamkeit aufgaben. Der Wachoffizier meinte sogar, man könne auf die üblichen Vorposten und auf die Ronden verzichten. Cortes erwiderte ihm: »Ihr habt recht, dennoch wollen wir den guten Brauch nicht aufgeben und ständig auf der Hut sein. Schon mancher Feldherr ist daran gescheitert, daß er zu vertrauensselig und sorglos war. Wir sind gegenüber diesen großen Völkerschaften nur eine Handvoll Leute, und der mächtige Moteczuma hat uns eigens warnen lassen. Mag sein, daß er dafür keinen Grund hatte. Wir müssen für alle Fälle gerüstet sein.« Die beiden Kaziken Xicotencatl und Maseescasi fühlten sich durch diese Maßnahme tief gekränkt. Sie sprachen dies auch aus. Sie sagten zu Cortes: »Malinche! Nach den Vorsichtsmaßnahmen, die du ergreifst, hältst du uns nach wie vor für deine Feinde; auf jeden Fall hast du kein Zutrauen zu dem Frieden, den wir doch mit dir geschlossen haben. Du stellst Wachen aus und läßt Ronden gehen wie in den Zeiten, in denen du jeden Augenblick einen Angriff von uns erwarten mußtest. Aber das tust du nicht aus eigenem Antrieb, Malinche! Die Mexikaner haben dir dieses Mißtrauen eingeflößt; denn sie wollen dich von uns trennen. Glaube ihnen nicht! Du bist nun mitten unter uns. Darum steht dir alles zur Verfügung, was wir haben, wir selbst und unsere Kinder. Wir sind jederzeit bereit, für dich in den Tod zu gehen. Fordere von uns so viele Geiseln, wie du haben willst. Du wirst sie sofort bekommen.« Cortes und wir alle waren gerührt über die Wärme und die Freundschaft, die uns die Worte des alten Mannes zeigten. Cortes antwortete ihm deshalb, daß wir keine Geiseln haben wollten; denn wir müßten ja nur unsere Augen aufmachen, um zu sehen, daß wir keinen Anlaß hätten, mißtrauisch zu sein. Es sei nun aber einmal militärischer Brauch, Wachen und Posten aufzustellen, und sie sollten sich daran nicht stoßen. Er danke ihnen sehr für ihre freundschaftliche Gesinnung und hoffe, auch ihnen einmal gute Dienste leisten zu können. Wir haben die Stadt am 23. September 1519 betreten und lebten dort zwanzig Tage lang im größten Überfluß.

Wie in Gegenwart der Kaziken eine feierliche Messe gelesen wurde, und wie die Kaziken ihre Töchter brachten

Am nächsten Morgen gab Cortes den Befehl, einen Altar aufzubauen und die Messe zu lesen. Pater Bartolome de Olmedo lag mit Fieber im Bett und war so schwach, daß der Weltgeistliche Juan Diaz diese Aufgabe übernehmen mußte. Alle Kaziken waren anwesend. Nach der Messe zog sich Cortes mit uns, seinen ständigen Begleitern, in sein Quartier zurück. Der alte Xicotencatl schloß sich mit seinen Kaziken an und fragte Cortes, ob er ihm jetzt ein Geschenk übergeben dürfe. Cortes antwortete, er werde es jederzeit mit Vergnügen entgegennehmen. Sie breiteten daraufhin Matten und einen Mantel aus, auf den sie fünf bis sechs Stückchen Gold, einige geringwertige Edelsteine und ein paar Ballen Sisalleinen legten. Alles war ziemlich armselig und keine zwanzig Piaster wert. Der alte Xicotencatl sagte dazu lachend: »Malinche! Wir können uns gut vorstellen, daß diese armseligen Geschenke dir keine besondere Freude machen. Wir haben dir früher schon erzählt, wer uns um unseren Reichtum gebracht hat. Sieh nicht auf den Wert dieser Geschenke, sondern auf die freundschaftliche Gesinnung, in der wir sie dir geben!«

Cortes nahm die Geschenke und eine große Menge Lebensmittel sehr liebenswürdig und mit Dank an. Er sagte dem Alten unter anderem, daß diese Geschenke für ihn und uns größeren Wert hätten als ein ganzes Haus voller Goldkörner; denn sie kämen von ihm und sie seien mit einer unvergleichlichen Herzlichkeit gegeben worden, die wir alle wohl zu schätzen wüßten. Aber der alte Xicotencatl wollte noch einmal reden. Er sagte: »Malinche! Du sollst noch deutlicher sehen, wir groß unsere Zuneigung ist und daß wir für euch gern alles tun, was euch angenehm ist. Wir haben deshalb beschlossen, euch unsere Töchter zuzuführen. Sie sollen eure Frauen werden und uns gemeinsame Nachkommenschaft bringen. Es liegt uns viel daran, mit solch tapferen und guten Männern verbrüdert zu sein. Ich selbst habe eine Tochter, die sehr schön ist. Sie war nie verheiratet. Ich bestimme sie für dich.« Maseescasi und die anderen Kaziken redeten im selben Sinne und brachten ihre Mädchen. Xicotencatl war sehr alt und blind. Er tastete deshalb den Cortes von Kopf zu Fuß ab, damit er sich eine Vorstellung von ihm machen konnte.

Cortes dankte für die Frauen, auch in unserem Namen. Dann fragte er den Pater Bartolome, ob es jetzt nicht an der Zeit sei, die Kaziken aufzufordern, von den Menschenopfern abzulassen. Sie lebten doch in großer Furcht vor Moteczuma und würden deshalb uns zuliebe tun, was wir wollen. Der Pater riet zu warten, bis sie ihre Töchter bringen. Dann könne man die Annahme der Mädchen von dieser Forderung abhängig machen.

Am nächsten Morgen brachten die Kaziken die Mädchen. Sie waren für Indianerinnen wirklich hübsch und fein herausgeputzt. Cortes nahm die schöne Tochter des Xicotencatl entgegen, erklärte aber dann, daß die Mädchen vorerst noch bei ihren Vätern bleiben sollten. Als die Kaziken verwundert nach dem Grund fragten, sagte er: »Ich habe dafür nur den Grund, daß ihr zuvor eine Auflage erfüllen müßt, die zu machen wir unserem Gott und unserem Kaiser gegenüber verpflichtet sind. Ihr sollt nämlich euren Götzendienst, die Menschenopfer und die Sodomie aufgeben und an unseren Gott glauben, welcher der allein wahre Gott ist.« Cortes schloß an diese Erklärung ausführliche Belehrungen über unseren heiligen Glauben, zeigte den Kaziken Bilder der Mutter Gottes und ihres Sohnes, unseres Herrn, und beendete seine lange Rede schließlich mit den Worten: »Wenn ihr wirklich unsere Brüder sein und enge und wahre Freundschaft mit uns haben wollt und wenn wir eure Töchter in Liebe annehmen und als unsere Frauen halten sollen, dann müßt ihr eure abscheulichen Götter verlassen, dann müßt ihr an unseren Herrn und Gott glauben, den wir verehren und anbeten. Ihr werdet bald sehen, daß ihr davon großen Nutzen habt; denn der Segen Gottes wird auf allem liegen, was ihr auch unternehmt; er wird eure Leiber vor Krankheiten schonen, wird euch fruchtbringendes Wetter schicken, und eure Seelen werden nach eurem Tod in den Himmel versetzt und der ewigen Seligkeit teilhaftig. Eure Götter aber sind Teufel, und die Menschenopfer bringen euch keine andere Frucht als die sichere Fahrt in das ewige Feuer, in die Hölle.«

Die Kaziken verständigten sich sehr schnell untereinander und antworteten dann: »Malinche! Du hast uns dies alles schon früher gesagt und erklären lassen. Wir glauben gern, daß ihr einen guten Gott habt und daß diese erlauchte Frau ein sehr gütiges Wesen ist. Aber bedenke doch einmal, daß ihr erst vor wenigen Tagen dieses Land und diese Wohnungen betreten habt. Wir brauchen Zeit, um euch, euren Gott und seine Lehre gründlich kennenzulernen. Erst dann können wir darüber entscheiden, was recht ist. Wollten

wir in unserem hohen Alter dir zu Gefallen gleich auf deine Vorschläge eingehen, was würden dazu unsere Papas, die jungen
Männer und die Knaben sagen? Sie würden gegen uns aufbegeh-
ren. Die Papas haben schon mit unseren Teules gesprochen. Die
Götter haben ihnen geantwortet, daß wir in keinem Fall von den
Menschenopfern und von den sonstigen Satzungen ablassen sollen. Sie würden sonst unser ganzes Land mit Hunger, Pestilenz
und Krieg überziehen.«

Nach dieser aufrichtigen und furchtlosen Antwort war kein
Zweifel mehr, daß wir unsere Forderung nicht aufrechterhalten
konnten. Sie hätten sich eher totschlagen lassen, als ihre
Menschenopfer aufzugeben. Selbst Pater Bartolome, der ein sehr
guter Theologe war, sagte zu Cortes: »Gnädiger Herr, setzt den
Leuten nicht länger mit dieser Forderung zu. Es hat keinen Sinn,
wenn wir sie mit Gewalt zu Christen machen. Ich wollte, wir
hätten die Götzen in Cempoal nicht zerstört. Denn was hilft es,
wenn man den Leuten die Götzen wegnimmt, ehe sie unsere
Religion kennen und selbst bereit sind, ihren Geboten zu folgen?
Sie gehen dann eben in einen anderen Tempel. Wir dürfen
nicht müde werden, sie in christlichem Sinn zu beeinflussen und
zu belehren. Eines Tages wird das dann schon Früchte bringen.«
Einige Kavaliere redeten Cortes im gleichen Sinne zu. Er erkannte diese Einwendungen an und beschränkte sich darauf, die
Räumung eines neuen Opfertempels zu fordern, in dem wir unseren Altar und ein Kreuz aufstellten. Diesen Wunsch erfüllten die
Kaziken schnell und gern. Schon sehr bald konnte dort die erste
Messe gelesen und den Kazikentöchtern die Taufe gespendet
werden.

Die Tochter des Xicotencatl erhielt den Taufnamen Donna
Luisa. Cortes nahm sie an der Hand und übergab sie dem Pedro
de Alvarado. Zu Xicotencatl gewendet sagte er dazu: er habe sie
seinem Bruder und ersten Hauptmann zugesprochen. Er werde
sie sicher gut behandeln, und sie werde sich bei ihm glücklich
fühlen. Der Kazike war daraufhin mit diesem Tausch vollkommen einverstanden. Die übrigen Mädchen wurden in ähnlicher

Weise an unsere Kavaliere verteilt. Ganz Tlaxcala nahm an dem Schicksal der Donna Luisa besonderen Anteil. Sie verehrten sie wie ihre Gebieterin. Alvarado bekam noch im ledigen Stand einen Sohn von ihr, der den Namen Don Pedro erhielt, und eine Tochter, die Donna Leonora, die spätere Gattin des Don Francisco de la Cueva.

DER MARSCH NACH MEXIKO

Wie die Nachrichten lauteten, die Cortes über
Mexiko einzog

Gelegentlich nahm Cortes die beiden alten Kaziken beiseite und fragte sie nach der Lage in Mexiko. Xicotencatl gab ihm zuverlässige und ausführliche Auskünfte. Maseescasi half ihm dabei nur zuweilen. Sie erzählten: Moteczuma verfüge über eine Kriegsmacht, die es ihm erlaube, jederzeit mit hunderttausend Mann ins Feld zu rücken, wenn er eines ihrer Länder angreife. Cortes fragte sie, wieso es ihnen dann gelungen sei, sich gegen eine derart überlegene Macht zu halten. Sie gaben zu, daß sie von Moteczuma oft geschlagen worden seien, daß sie in den Schlachten und auf den Opferstätten der Mexikaner viele Tote verloren hätten; sie hätten aber auch ihrerseits viele Feinde umgebracht und gefangengenommen. Im übrigen blieben solch große Truppenbewegungen nie geheim. Sie könnten immer rechtzeitig ihre ganzen Streitkräfte aufbieten und sich der Hilfe ihrer Freunde aus Huexotzincan versichern. Es komme ihnen sehr zustatten, daß die von Moteczuma unterjochten und ausgeplünderten Provinzen nicht die zuverlässigsten Soldaten stellen, denn die Herrschaft der Mexikaner sei überall verhaßt. Sie würden auch immer rechtzeitig über alle Truppenbewegungen und Pläne unterrichtet. Am gefährlichsten sei die Stadt Cholula, die nur eine Tagereise von Tlaxcala entfernt sei. Dort sammle Moteczuma meistens seine Truppen, und die Einwohner seien ein ganz besonders hinterlistiges Volk. Maseescasi ergänzte diese Darstellung und sagte, daß Moteczuma neben seinem Feldheer in allen Provinzen starke Besatzungen unterhalte. Alle unterworfenen Völkerschaften müßten ihm schwere Tribute entrichten: Gold, Silber, Federn, kostbare Steine, baumwollene Stoffe, Indianer und Indianerinnen, die Menschen für die täglichen einfachen Dienste und als Opfer für die Götter. Die Paläste dieses mächtigen Fürsten seien mit

Reichtümern jeder Art gefüllt, die er sich mit Zwang und mit Gewalt verschaffe. Sie berichteten des weiteren ausführlich über die prächtige Hofhaltung in Mexiko, über die vielen Weiber des Moteczuma, über die Uneinnehmbarkeit der Stadt, die ihr süßes Wasser aus der Chapultepecquelle beziehe, die eine halbe Stunde außerhalb der Stadt liege. Das Wasser werde in Röhren unmittelbar in die Häuser geleitet, es werde aber auch in Kähnen in die Stadt gerudert und auf den Straßen verkauft.

Ihre wichtigsten Waffen seien zweischneidige Wurfspieße, die sie mit Hilfe eines Riemens abschießen und denen kein Harnisch standhalte. Sie seien gute Bogenschützen und hätten Spieße mit Klingen aus Obsidian, die so scharf seien wie Schermesser. Zu ihrem Schutz trügen sie Schilde und baumwollene Panzer. Schleuderer trügen scharfe Spieße oder sehr scharfe Schwerter, die man nur mit zwei Händen führen könne. Zur Veranschaulichung legten sie uns große Stücke Sisalleinen vor mit den Bildern ihrer Schlachten und ihrer Kampfweise.

Wir kamen dann auf andere Dinge zu sprechen. Sie berichteten, daß ihre Vorfahren aus einem anderen Land hierhergezogen seien. Das sei der Grund, warum sie sich von den Mexikanern so sehr unterschieden und warum ewige Feindschaft zwischen ihnen und diesen Alteingesessenen sei. Nach den Erzählungen ihrer Vorfahren soll in diesem Land früher ein Geschlecht von Männern und Frauen gelebt haben, das außergewöhnlich groß war, ein böses und wildes Volk, das aber in vielen Kämpfen langsam aufgerieben worden sei. Sie brachten ein großes Röhrenbein, das sie für einen Oberschenkelknochen hielten. Es war so lang wie ein ausgewachsener Mensch. Sie zeigten uns mehrere solche Knochen, die freilich schon ziemlich verwittert waren. Cortes wollte diesen Knochen bei nächster Gelegenheit dem Kaiser schicken.

Nach einer anderen alten Überlieferung soll ein Götze, den ihre Vorfahren besonders verehrt haben, ihnen prophezeit haben, daß eines Tages von Sonnenaufgang her Leute kämen, die das Land unterwerfen und beherrschen würden. Sie würden sich freuen, wenn wir damit gemeint seien; denn wir seien doch tapfere und umgängliche Männer. Diese Reden überraschten uns außerordentlich, und wir fragten sie, ob wir sie richtig verstanden hätten; denn sie erklärten, daß diese Prophezeiung auch ihre Friedensbereitschaft stark beeinflußt habe und daß sie uns ihre Töchter nur deswegen gegeben hätten, um auf diese Weise Verwandtschaftsbande mit uns zu knüpfen und Beistand gegen die Mexikaner zu gewinnen.

Cortes erwiderte, daß wir allerdings von Sonnenaufgang her kämen und daß unser Kaiser uns ausdrücklich befohlen habe, uns mit ihnen zu verbrüdern; denn er habe von ihnen gewußt. Und er schloß mit den Worten: »Gebe Gott in seiner Gnade, daß ihr mit unserer Hilfe vor dem ewigen Verderben gerettet werdet!« und wir alle sprachen »Amen!«.

Aber es gibt hierzulande noch andere bemerkenswerte und einzigartige Dinge. Da ist zum Beispiel der feuerspeiende Berg bei Huexotzincan, der gerade, als wir ankamen, besonders viel Feuer spie. Wir hatten alle noch keinen Vulkan gesehen und betrachteten ihn deshalb mit großer Verwunderung. Diego de Ordas kam die Lust an, ihn näher zu untersuchen und zu besteigen. Er bat Cortes um die Erlaubnis. Cortes war sofort einverstanden und erteilte entsprechende Befehle. Diego de Ordas nahm zwei Männer mit und forderte einige vornehme Einwohner von Huexotzincan auf, ihn zu begleiten. Sie lehnten dieses Ansinnen zwar nicht ab, aber sie warnten ihn und sagten, daß sie den Popocatepetl – so hieß der Berg – nur halb besteigen könnten. Sie würden nur bis zu einigen Tempeln der Teules aufsteigen, die auf halber Höhe lägen. Weiter oben würden uns Flammenstöße, heiße Asche und heiße Steine am weiteren Vordringen hindern. Sie kehrten auch tatsächlich bei ihren Tempeln um. Ordas aber stieg mit seinen zwei Männern weiter bis zur Spitze des Berges. Einmal fing der Berg an, besonders große Flammen, halb verbrannte und durchlöcherte Steine und eine Menge Asche auszuwerfen. Das ganze Gebirge zitterte unter ihren Füßen. Sie machten halt und warteten eine Stunde, bis der Aschenregen nachließ und sie bis an den Kraterrand vordringen konnten.

Dieser war vollkommen rund und hatte einen Durchmesser von einer Viertel Legua. Sie sahen von dort aus die große Stadt Mexiko mit dem See und mit allen Ortschaften, die um ihn herum lagen; denn der Berg war nur zwölf oder dreizehn Leguas von der Stadt entfernt. Nachdem Diego de Ordas den Blick auf Mexiko genossen und alles genügend betrachtet hatte, kehrte er mit seinen Männern nach Tlaxcala zurück. Die Einwohner fanden sein Unterfangen vermessen. Wir aber bewunderten den Mut der Männer und staunten über das, was sie Cortes berichteten. Damals war es noch ein Wagnis, den Berg zu besteigen. Später sind viele bis zum Krater vorgedrungen; aber Ordas war eben der erste, der es wagte. Als er nach Spanien zurückkam, bat er den Kaiser, daß er einen Vulkan in seinem Wappen führen dürfe. Aus diesem Grunde haben seine Nachfahren noch heute einen Berg im Wappen.

Auch in Tlaxcala gab es Häuser aus Holz, die wie Käfige aussahen. Dort sperrten die Priester eine Menge Indianer und Indianerinnen ein und mästeten sie für die Opfer und für ihre Mahlzeiten. Wir überlegten nicht lange, brachen die Kerker auf, ließen die Gefangenen frei und zerstörten ihr Gefängnis vollends. Die Unglücklichen wagten es nicht, von unserer Seite zu weichen. Nur darum kamen sie mit dem Leben davon. Überall, wohin wir kamen, machten wir es so. Cortes machte den Kaziken immer wieder ernsthafte Vorhaltungen. Sie versprachen auch, keine Menschen mehr zu verzehren. Aber sobald wir nur den Kopf abwendeten, begingen sie die alten Grausamkeiten.

*Wie wir den Marsch nach Mexiko beschlossen, und von
Gesandtschaften des großen Moteczuma und
der Stadt Cholula*

Wir waren siebzehn Tage in Tlaxcala und hatten viel über die Macht und die Schätze des großen Moteczuma und über seine prächtige Stadt Mexiko gehört. Da rief Cortes alle Offiziere und einen Teil der Soldaten zusammen, um mit ihnen seine Vormarschpläne zu beraten. Manche hielten es für vermessen, sich mit einer Handvoll Männer in eine große feste Stadt zu wagen, deren Gebieter Herr über zahlreiche Kriegsvölker war. Cortes erklärte dagegen, das Gerede über diese Frage sei überflüssig. Wir hätten bei jeder Gelegenheit betont, daß wir Moteczuma persönlich aufsuchen wollen, wir könnten jetzt nicht mehr zurück, ohne mit dem Gesicht auch alle bisherigen Erfolge zu verlieren. Als die Zweifler seine Entschlossenheit sahen, gaben sie nach und beschlossen zusammen mit uns alten Kriegsleuten, daß der Abmarsch unverzüglich erfolgen solle.

Als die beiden alten Kaziken der Tlaxcateken von unserem Entschluß hörten, rieten sie dem Cortes dringend ab. Sie warnten ihn vor Moteczuma und seinen Mexikanern: Cortes dürfe ihren demütigen und höflichen Redensarten keinen Glauben schenken. Sie würden ihn gewiß bei der ersten Gelegenheit verraten. Was die Mexikaner in der einen Stunde geben, das nehmen sie in der nächsten wieder an sich. Er müsse Tag und Nacht auf der Hut sein und dürfe keinem Gefangenen das Leben schenken; denn die jungen Männer würden immer wieder die Waffen gegen uns ergreifen, die Greise aber würden uns mit ihrem Rat schaden. Cortes dankte den Kaziken herzlich für ihre gutgemeinten Ratschläge, machte ihnen große Geschenke und erklärte, daß er es für das beste halte, zwischen den Tlaxcateken und den Mexikanern Frieden und Freundschaft zu stiften. Das friedliche Zusammenleben könne ihnen nur Vorteile bringen; sie müßten dann zum Beispiel nicht mehr auf Baumwolle, Salz und andere wichtige Waren verzichten.

Xicotencatl aber erwiderte, daß ein Friedensschluß mit den Mexikanern nur eine leere Formsache sei. Tief im Herzen bleibe die Feindschaft. Es sei charakteristisch für dieses Volk, daß es im tiefsten Frieden den schwärzesten Verrat vorbereite. Man könne in keinem Fall auf ihre Zuverlässigkeit zählen. Ihre Worte seien so gut wie keine Worte, und sie könnten uns nicht oft genug bitten, uns vor den Angriffen dieses bösartigen Volkes zu hüten.

Sie machten auch Einwendungen dagegen, daß wir über Cholula nach Mexiko marschieren wollten. Sie empfahlen uns dringend den Weg über Huexotzincan, weil dort ihre Verwandten und Freunde wohnten. Die Abgesandten des Moteczuma, die immer noch bei uns waren, wollten uns über Cholula führen. Sie erklärten, daß diese Stadt dem Moteczuma untertan sei und daß die dortigen Einwohner aus diesem Grund zu jedem Dienst bereit seien. Cortes entschloß sich für diesen Marschweg. Er war durch keinerlei Einwendungen von diesem Entschluß abzubringen; denn Cholula war nach allen Beschreibungen eine sehr volkreiche und stark befestigte Stadt, mit vielen Türmen und weitläufigen und hohen Cues. Die Stadt lag nahe bei Tlaxcala. Wir konnten also enge Verbindung mit unseren Freunden halten. Es zeigte sich dann, daß Cholula wie unsere Stadt Valladolid in Altkastilien in einer weiten und sehr fruchtbaren Ebene lag und daß wir kaum einen besseren Ort finden konnten, um zu warten, bis sich uns ein Weg in die mexikanische Hauptstadt öffnete, ohne daß wir uns vorher mit der großen Macht des Moteczuma einlassen mußten.

Cortes ließ den Einwohnern von Cholula unsere Absichten mitteilen. Bei der Gelegenheit gab er seiner Verwunderung darüber Ausdruck, daß die Chololteken uns noch keine Botschaft geschickt hatten, obgleich sie doch in der nächsten Nachbarschaft wohnten. Er ließ ihnen sagen, daß er alle Kaziken und die Papas der Stadt in Tlaxcala erwarte, damit sie dem Kaiser, unserem Herrn, huldigen könnten. Sollten sie nicht erscheinen, dann müsse er annehmen, daß sie uns böse gesinnt seien.

Kaum waren die Abgesandten für Cholula abgefertigt, da erschienen vier Botschafter des mächtigen Moteczuma und überreichten unter tiefen Verbeugungen reiche Geschenke, Goldgeschmeide und prächtige Stoffe im Wert von mindestens zehntausend Piastern. Ihre Botschaft aber lautete: ihr Gebieter wundere sich, daß wir so lange bei diesem armen und unzivilisierten Volk blieben, das kaum zu Sklavendiensten gut sei, bei diesen bösartigen, verräterischen und diebischen Leuten, die uns eines Tages umbringen und ausplündern würden. Er bäte uns, doch lieber in seine Stadt zu kommen. Er werde alles für uns aufbieten; er würde auch für unsere Verpflegung sorgen, obgleich alle Lebensmittel auf Lasttieren in die Stadt gebracht werden müßten. Es könne freilich trotzdem geschehen, daß nicht alles unserem Ansehen und unseren Wünschen gemäß sei.

Mit diesen schönen Reden wollte uns Moteczuma möglichst bald aus Tlaxcala herauslocken; denn er wußte längst, daß wir mit der Bevölkerung enge Freundschaft geschlossen und uns mit den Kaziken durch ihre Töchter verbunden hatten. Er wollte in jedem Fall ein Bündnis mit den Tlaxcateken verhindern. Die alten Kaziken von Tlaxcala kannten übrigens die Abgesandten des Moteczuma sehr gut und teilten uns mit, daß sie alle große Herren mit eigenem Landbesitz seien, die nur mit außergewöhnlich wichtigen Verhandlungen betraut würden. Cortes dankte den Gesandten sehr höflich und freundschaftlich. Er versicherte ihnen, daß wir ihrem Gebieter schon sehr bald unsere Aufwartung machen würden. Sie selbst lud er ein, einige Tage bei uns zu bleiben.

In diesen Tagen gab Cortes zweien seiner besten Offiziere die Erlaubnis zu einem Alleingang nach Mexiko. Sie wollten die Befestigungs- und Verteidigungsanlagen der Stadt in Augenschein nehmen und den großen Moteczuma besuchen. Es handelte sich um Pedro de Alvarado und um Bernardino Vazquez de Tapia. Sie hatten sich schon auf den Weg gemacht. Vier von den Abgesandten des Moteczuma, die uns Geschenke gebracht hatten, waren als Geiseln zurückgeblieben. Die übrigen Mexikaner begleiteten sie. Ich lag damals schwer verwundet, hatte Fieber und keine zureichenden Heilmittel. Deshalb weiß ich nicht mehr, wie weit die beiden gekommen sind. In jedem Fall haben wir gegen diese Unternehmung energisch Einspruch erhoben, sobald wir davon hörten. Den beiden Offizieren wurde der schriftliche Befehl nachgeschickt, sofort umzukehren. Sie kamen sehr schnell zurück, denn Tapia hatte unterwegs hohes Fieber bekommen.

Moteczuma aber wollte von seinen Leuten wissen, wie die beiden Teules ausgesehen haben, die zu ihm unterwegs waren, und ob es Offiziere waren. Die Mexikaner müssen ihrem Gebieter ein gutes Bild und eine zutreffende Beschreibung gegeben haben; denn Pedro de Alvarado erhielt von den Indianern daraufhin den Beinamen Tonatio, das heißt Sonne, Sohn der Sonne, ein Name, der ihm auch geblieben ist. Er war ja in der Tat ein Mann, der sehr gut aussah und immer heiter war. Moteczuma soll sehr bedauert haben, daß die beiden wieder umgekehrt sind. Wir dagegen waren froh, als sie wieder glücklich bei uns waren.

In der Zwischenzeit erschienen vier Indianer von geringem Stand aus Cholula und meldeten, daß ihre Kaziken wegen Unpäßlichkeit nicht erscheinen könnten. Im übrigen kamen sie mit leeren Händen. Die Kaziken von Tlaxcala, die bei diesem Auftritt zugegen waren, machten Cortes darauf aufmerksam, daß diese Abordnung ein Hohn gegen ihn und alle seine Gefährten sei; denn man habe ihm vier Ackerknechte geschickt. Cortes ließ daraufhin den Kaziken und den Einwohnern von Cholula bestellen, daß er binnen drei Tagen eine Abordnung der ersten Männer von Cholula erwarte. Sie hätten ja nur einen Weg von fünf Stunden zurückzulegen. Sollte in der angegebenen Frist niemand erscheinen, dann betrachte er die Stadt Cholula als eine feindliche Stadt. Er habe ihren Abgesandten wichtige Dinge mitzuteilen, die ihr weiteres Leben erleichtern und verschönen und die ihre Seelen retten könnten. Wir würden sie gern als Freunde und Brüder betrachten, genauso wie ihre Nachbarn, die Tlaxcateken. Wäre ihnen aber unsere Freundschaft unangenehm, dann wären wir weit davon entfernt, uns ihnen aufzudrängen.

Auf diese freundliche Mitteilung hin erwiderten die Einwohner von Cholula, daß sie nur darum nicht nach Tlaxcala kommen könnten, weil die Einwohner dieser Stadt ihre verschworenen Feinde seien, die uns sicher viel Nachteiliges über sie und ihren Gebieter Moteczuma gesagt hätten. Wir sollten nur in aller Ruhe die Grenze überschreiten. Sollten sie uns dann nicht die Ehrerbietung erweisen, die sie uns schuldig seien, dann könnten wir sie ja immer noch als Feinde behandeln.

Cortes fand diese Entschuldigung ganz vernünftig, und wir beschlossen, nach Cholula zu marschieren. Als die Kaziken von Tlaxcala von diesem Entschluß hörten, sagten sie zu Cortes: »Du schenkst also den Mexikanern mehr Glauben als uns, die wir deine Freunde sind? Wir haben dich oft und oft darauf aufmerksam gemacht, daß du dich vor den Leuten von Cholula und überhaupt vor den Mexikanern in acht nehmen mußt. Wir wollen dir aber trotzdem im Falle der Not mit Taten beistehen. Deshalb haben wir zehntausend Krieger ausgerüstet, die dich begleiten sollen.« Cortes bedankte sich sehr bei den braven Männern und beriet lange mit uns, ob es gut sei, mit einer solchen Menge Kriegsvolk in ein Land zu marschieren, dessen Freundschaft man gewinnen wolle. Wir nahmen schließlich zweitausend Mann mit; die übrigen mußten zu Hause bleiben.

*Wie uns die Chololteken glänzend empfingen, uns dann
aber auf Befehl Moteczumas alle umbringen wollten*

Eines Morgens brachen wir also nach Cholula auf, in der üblichen Kampfgliederung; denn wir wollten wie immer auf der Hut sein. Wir marschierten am ersten Tag bis zu einem Fluß, von dem aus noch etwa eine Stunde Wegs bis Cholula war. Wir übernachteten an einer Stelle, an der Hütten für uns vorbereitet waren. Heute steht dort eine steinerne Brücke.

Noch in der Nacht besuchten uns im Auftrag der Kaziken von Cholula eine Reihe sehr vornehmer Männer, die uns auf ihrem Boden willkommen hießen. Sie brachten reichlich Lebensmittel mit und kündigten für den nächsten Morgen den Besuch aller Kaziken und Papas an. Cortes dankte ihnen für die Lebensmittel und ihre freundliche Gesinnung. Wir teilten unsere Wachen und Ronden ein und gingen dann zur Ruhe.

Mit Tagesanbruch setzten wir unseren Marsch fort. Kurz vor der Stadt kamen uns die Kaziken, die Papas und eine Menge Indianer entgegen, um uns zu empfangen. Die meisten trugen lange baumwollene Mäntel. Es sah so aus, als seien sie alle guten Willens. Zum Zeichen des Friedens räucherten die Papas den Generalkapitän und uns Krieger an. Als sie die Tlaxcateken sahen, baten sie die Donna Marina, Cortes darauf aufmerksam zu machen, daß es sehr unpassend wäre, wenn ihre Feinde als seine Begleitung mit Waffen in den Händen in die Stadt einzögen. Cortes ließ daraufhin haltmachen und hielt an uns Spanier folgende Ansprache: »Ich denke, meine Herren, daß wir die Gesinnung dieser Kaziken und Papas vor unserem Einzug in die Stadt erst einmal prüfen müssen. Sie regen sich über unsere Freunde aus Tlaxcala auf und haben, wenn man die Sache von ihnen aus betrachtet, vollkommen recht. Ich halte es deshalb für nötig, sie bis zu einem gewissen Grad darüber zu unterrichten, warum wir in ihre Stadt kommen wollen. Ihr wißt, daß wir ein Volk vor uns haben, das zu Meutereien neigt. Ich halte es deshalb für zweckmäßig, sie erst einmal unserem Kaiser huldigen zu lassen.«

Nach dieser Rede ließ Cortes die Kaziken und Papas vor sich auf einen Platz rufen. Er saß hoch zu Roß, und wir hatten alle um ihn herum Aufstellung genommen. Die Leute von Cholula aber ließen ihn gar nicht zu Wort kommen. Drei der Vornehmsten und zwei Papas traten vor und hielten folgende Rede: »Malinche, du darfst es uns nicht übelnehmen, daß wir nicht nach Tlaxcala gekommen sind, um dir aufzuwarten und um dir Lebensmittel zu übergeben. Es hat uns nicht an gutem Willen gefehlt. Aber Maseescasi, Xicotencatl und ganz Tlaxcala sind unsere Feinde. Sie haben uns und unserem großen Gebieter Moteczuma viel Böses nachgesagt; und nun sind sie frech genug und wollen, unter eurem Schutz, bewaffnet in unsere Stadt einziehen. Wir bitten dich inständig, laß sie in ihr Land zurückkehren oder befiehl ihnen wenigstens, auf dem Feld vor der Stadt zu bleiben. Ihr übrigen aber seid freundlich gebeten, bei uns einzuziehen; ihr seid herzlich willkommen.«

Cortes ging auf diesen vernünftigen Wunsch ein und befahl dem Pedro de Alvarado und dem Cristobal de Olid, die Tlaxcateken entsprechend zu verständigen. Sie sollten sich vor der Stadt

Hütten bauen und nicht mit uns einziehen. Nur die Geschützträ-
ger und unsere Freunde aus Cempoal sollten mitkommen. Sie
sollten aber auch den Grund für diesen Befehl erfahren: daß nämlich die Chololteken große Angst vor ihnen hätten. Sie sollten
diese ganz notwendige Änderung nicht übelnehmen. Sobald es
weiter nach Mexiko gehe, lasse er sie verständigen.

Die Leute von Cholula zeigten sich daraufhin ruhiger, und
Cortes konnte nun seine Ansprache halten. Er sagte ihnen, daß
unser Kaiser ein mächtiger Herr sei, dem viele Fürsten und Kaziken untertan seien. Er habe sie in diese Länder geschickt, um ihnen seinen Willen kundzutun: sie sollten in Zukunft keine
Götzenbilder mehr anbeten, keine Menschen opfern, kein Menschenfleisch mehr essen und die Sodomiterei und andere Greuel
aufgeben. Wir kämen durch diese Stadt, weil sie am Weg nach
Mexiko liege, wo wir mit dem mächtigen Moteczuma zu reden
hätten. Wir würden auch sie gern als unsere Brüder betrachten.
Sie sollten deshalb dem Beispiel vieler großer Kaziken folgen und
unserem Kaiser Gehorsam und Treue schwören.

Die Kaziken antworteten: wir hätten ihr Land noch nicht betreten und würden schon fordern, daß sie ihre Götter aufgeben.
Das sei doch etwas viel verlangt, und sie könnten sich nicht dazu
entschließen. Dagegen seien sie durchaus bereit, unserem Kaiser
zu huldigen. Sie leisteten dann ihren Treueschwur mündlich, allerdings nicht in aller Form vor einem königlichen Notar. Dann
zogen wir in die Stadt ein. Die Straßen, die Plätze, die Söller waren mit Eingeborenen überfüllt. Die Leute hatten ja noch nie
Menschen unserer Art und noch nie Pferde gesehen. Diese
Menschenansammlung war also gar nicht verwunderlich. Als
Quartier wurden uns große Säle zugewiesen, in denen auch unsere Freunde aus Cempoal und aus Tlaxcala und unser Gepäck
Platz fanden. Dort aßen wir gut und reichlich.

Nach allem durften wir annehmen, daß der feierliche Empfang
in Cholula ehrlich und herzlich gemeint war. Das änderte sich
aber sehr schnell. Moteczuma befahl nämlich den Einwohnern
durch seine Abgesandten, heimlich gegen uns zu rüsten und uns,

zusammen mit 20000 Mann, die schon unterwegs waren, zu überfallen. Sie dürften uns Tag und Nacht keine Ruhe lassen und sollten möglichst viele von uns fangen und gebunden nach Mexiko schicken. Er machte den Chololteken dafür große Versprechungen, schickte schon jetzt wertvolle Geschenke, unter denen sich eine Trommel aus Gold befand, und gab den Papas den Befehl, zwanzig Mann von uns den Göttern zu opfern.

Alles war bis in die Einzelheiten vorbereitet. Die Krieger Moteczumas waren zum Teil unmittelbar vor der Stadt in Waldschluchten versteckt, zum Teil waren sie schon heimlich in die Stadt eingeschmuggelt worden. Sie waren alle sehr gut bewaffnet; die Söller waren zu Brustwehren ausgebaut, die Straßen durch Gräben und Erdaufwürfe gesperrt, um den Einsatz der Reiter unmöglich zu machen; in einigen Häusern lagerten schon die langen Stangen, die Halsriemen und die Stricke, an die gebunden wir nach Mexiko geführt werden sollten. Aber Gott der Allmächtige hatte es anders beschlossen, und es kam das genaue Gegenteil.

Wir hatten bequeme Quartiere und bekamen gut zu essen. Wir waren unserer alten Gewohnheit gemäß trotzdem auf der Hut. Schon am dritten Tag brachte man uns nichts mehr zu essen. Kein Kazike und kein Papa ließ sich mehr blicken. Wenn einmal ein neugieriger Indianer etwas näher kam, dann lachte er höhnisch, als müsse sehr bald etwas Unerwartetes mit uns geschehen. Cortes ersuchte die Männer des Moteczuma, die noch bei uns waren, dafür zu sorgen, daß wir wieder zu essen bekämen. Daraufhin brachten ein paar alte Leute etwas Wasser und Holz und versicherten, daß es in ganz Cholula keinen Mais mehr gebe.

Am selben Tag kamen neue Abgesandte von Moteczuma, die uns im Auftrag ihres Gebieters in unhöflichster Form mitteilten, daß wir nicht nach Mexiko kommen sollten, weil man uns dort nicht unterbringen und verpflegen könne. Sie verlangten eine umgehende Antwort, weil sie sofort zurückreisen wollten. Cortes sah die böse Wendung der Dinge sehr wohl, antwortete den Botschaftern aber in der höflichsten Form, daß er sich sehr wundern müsse, wie oft ein so mächtiger Herrscher wie Moteczuma seine Beschlüsse ändere. Er bat sie, noch einen Tag zu bleiben, damit er Zeit habe, festzustellen, inwieweit er ihre Forderung erfüllen könne. Ich glaube, er gab den Leuten auch noch ein paar Schnüre mit Glasperlen. In jedem Fall blieben sie bis zum nächsten Tag. Nach dieser Unterredung rief Cortes uns zusammen und schärfte uns ein, ganz besonders vorsichtig zu sein.

Dann bat er einen vornehmen Kaziken zu sich. Man antwortete ihm, daß der Herr unpäßlich sei und an seiner Stelle auch kein anderer kommen könne. Nun befahl Cortes, aus einem benachbarten großen Opfertempel, ohne Anwendung von Gewalt und ohne Aufsehen zu erregen, zwei Papas zu holen. Das gelang sehr schnell. Cortes schenkte jedem einen Chalchehuit, jenen Edelstein, den die Indianer höher schätzen als wir die Smaragde. Dann fragte er sie in liebenswürdiger Weise, was denn die Kaziken, die Papas und die anderen Vornehmen so sehr in Furcht versetzt habe, daß niemand mehr seiner Einladung, zu ihm zu kommen, Folge leiste. Einer der beiden Papas war eine Art Bischof. Alle Opfertempel der Stadt unterstanden ihm, und das Volk zeigte ihm gegenüber besondere Ehrfurcht. Dieser Mann antwortete Cortes: »Wir Papas haben keine Angst vor euch. Wenn die Kaziken und die anderen Vornehmen nicht erscheinen, dann bin ich bereit, sie zu holen. Ich zweifle nicht im geringsten, daß sie sofort erscheinen werden.«

Cortes ließ ihn in Gottes Namen gehen und behielt solange den anderen Papa bei sich. Aber der Kazike und die anderen Vornehmen der Stadt kamen sehr bald unter der Führung des Papa. Cortes fragte sie, warum sie Furcht vor uns hätten und warum sie nichts mehr zu essen brächten. Er sagte ihnen, daß wir morgen nach Mexiko abmarschieren würden, wenn ihnen unser Aufenthalt in der Stadt lästig sei. Sie müßten nur die notwendigen Lastträger für das Gepäck und für die Tepuzques, und natürlich die notwendige Verpflegung bereithalten. Der Kazike war zunächst sehr verlegen und wagte es kaum, den Mund zu öffnen. Schließlich sagte er aber die Lieferung von Lebensmitteln zu. Er werde die notwendigen Anweisungen geben, obwohl ihm sein Gebieter Moteczuma befohlen habe, uns nicht mehr zu verpflegen und uns auch nicht mehr weiter vorrücken zu lassen.

Während dieser Unterredung kamen drei von unseren Freunden aus Cempoal und meldeten Cortes heimlich, daß ganz in der Nähe unseres Quartiers quer durch die Straßen Gräben gezogen worden seien. Sie seien mit Balken und Erde bedeckt und kaum zu sehen. Sie hätten einen Graben näher untersucht und festgestellt, daß man dort scharf zugespitzte Pfähle eingerammt habe, an denen sich wohl die Pferde aufspießen sollten. Auf den Söllern lägen viele Haufen Steine. Im übrigen habe man sie mit Brustwehren versehen. Eine andere Straße sei mit dicken Balken verrammelt. Alles sei sehr geschickt vorbereitet. Sehr bald darauf erschienen acht Tlaxcateken aus dem Lager vor der Stadt. Sie sagten: »Da siehst du nun, Malinche, was sie in dieser Stadt im Schilde führen. In der vergangenen Nacht haben sie ihrem Kriegsgott sieben Menschen, darunter fünf Kinder, geopfert, damit er ihnen den Sieg über euch schenke. Alle ihre Habseligkeiten, die Weiber und die Kinder haben sie aus der Stadt geschafft.«

Cortes schickte die Tlaxcateken wieder in ihr Lager zurück und ließ ihren Hauptleuten sagen, sie sollten sich für den Marsch in die Stadt bereithalten. Er werde sie rufen. Den Kaziken, den Vornehmen und den Papas von Cholula aber sagte er, sie könnten ganz ohne Sorge sein. Nur wer das Treuegelöbnis gegenüber unserem Kaiser breche, habe schwere Bestrafung zu erwarten. Er habe ihnen schon gesagt, daß er am kommenden Morgen nach Mexiko abmarschiere. Er brauche dazu von ihnen zweitausend Krieger, die sich seinem Zug anschließen müßten. Die Tlaxcateken hätten ihm die gleiche Anzahl Krieger gestellt.

Die Häupter von Cholula erklärten daraufhin, daß sie die notwendigen Lastträger und Krieger stellen werden. Sie beurlaubten sich dann, um die notwendigen Anordnungen treffen zu können. Sie waren froh, daß sie uns auf diese Weise zunächst entkommen waren. Sie konnten sich nicht vorstellen, daß wir auch nur mit einigem Erfolg gegen sie und die Truppen des Moteczuma kämpfen könnten. Sie gaben ihren Kriegern den Befehl, möglichst alle Ausgänge zu verrammeln und uns in enge Gassen einzuschließen, sobald wir uns am nächsten Morgen in Marsch gesetzt hätten. Sie wollten zweitausend Mann einsetzen. Sie glaubten, daß wir von ihren ganzen Vorbereitungen nichts gemerkt hätten und daß es darum sehr leicht sein werde, uns zu überwältigen, gefangenzunehmen und nach Mexiko zu schicken. Außerdem hatten sie ja ihrem Kriegsgott geopfert und von ihm das Versprechen erhalten, daß sie siegten.

Cortes beauftragte inzwischen die Donna Marina, die beiden Papas noch einmal für eine Unterredung zu gewinnen. Er gab ihr zu diesem Zweck weitere Edelsteine mit. Donna Marina brachte die beiden auch tatsächlich dazu, Cortes noch einmal aufzusuchen. Dieser forderte sie auf, ihm wahrheitsgemäß alles zu berichten, was sie wüßten. Sie seien doch Priester und Männer von Stand und darum doppelt verpflichtet, die Wahrheit zu sagen. Er sicherte ihnen volle Verschwiegenheit zu und stellte ihnen weitere wertvolle Geschenke in Aussicht.

Sie ließen sich schließlich überreden und berichteten, daß Moteczuma seine Meinung über unseren Marsch nach Mexiko täglich mehrfach wechsle. Bald schicke er nach Cholula den Befehl, uns ehrenvoll zu empfangen und nach Mexiko zu geleiten, bald lasse er sagen, seine Götter hätten ihm befohlen, uns alle in Cholula umzubringen. Sie meldeten Cortes, auf welche Weise ihr Gebieter uns vernichten wolle. Cortes schenkte ihnen zwei besonders schöne Mäntel und verpflichtete sie zum Stillschweigen über dies Gespräch. Er sagte ihnen, daß jeder Verrat nach seiner Rückkehr aus Mexiko das Leben koste.

In der Nacht wurde in kleinem Kreis Kriegsrat gehalten. Die Meinungen gingen natürlich weit auseinander. Die einen wollten auf einer anderen Straße nach Mexiko ziehen, die zweiten Frieden halten und nach Tlaxcala zurückkehren. Die meisten aber bekannten sich mit uns Kriegsleuten zu der Überzeugung, daß die Mexikaner uns bei anderen Gelegenheiten nur noch viel schlimmer mitspielen würden, wenn wir diesen Verrat ungestraft durchgehen ließen. Da wir nun einmal in einem großen Ort waren, der reichlich mit Lebensmitteln versorgt war, wollten wir die Feindseligkeiten auch hier ausbrechen lassen, weil wir den Gegner hier am empfindlichsten treffen würden. Wir beschlossen also, uns auf den Abmarsch vorzubereiten und am nächsten Morgen aus unseren ummauerten Höfen heraus anzugreifen und den Chololteken den ihnen gebührenden Lohn zu geben. Gleichzeitig benachrichtigten wir die Tlaxcateken, damit sie rechtzeitig eingreifen könnten. Den Abgesandten des Moteczuma wollten wir nichts von unserem Vorhaben verraten, ihnen aber eröffnen, daß einige Verbrecher in Cholula einen Verrat vorbereitet und die Schuld dafür auf Moteczuma und sie als seine Beauftragten geschoben hätten. Wir würden diesen Burschen zwar keinen Glauben schenken, müßten sie aber bitten, bis auf weiteres das Quartier nicht mehr zu verlassen, damit sie nicht in falschen Verdacht kämen.

Die Botschafter versicherten zwar, daß sie keine Ahnung hätten. Wir gaben ihnen aber sehr zu ihrem Unbehagen eine Wache, die jede Aufnahme einer Nachrichtenverbindung verhinderte. Wir waren die ganze Nacht alarmbereit. Die Pferde standen gesattelt. Wir waren bereit, den Angriff sämtlicher Krieger von Mexiko und Cholula abzuwehren.

Eine alte Indianerin bestätigte alles, was wir bisher über die Pläne unserer Feinde wußten. Sie kam zu Donna Marina, deren Jugend und Schönheit *(und Wohlhabenheit?)* sie anzog, und forderte sie auf, sich in ihrer Wohnung in Sicherheit zu bringen. Sie wollte ihr den zweiten Sohn zum Gatten geben. Donna Marina ging zum Schein auf das Angebot ein und erwiderte: »Du ahnst nicht, wie dankbar ich dir für deine Warnung bin, Mutter. Ich würde sofort mit dir gehen, wenn ich jemanden hätte, der meine Mäntel und mein goldenes Geschmeide tragen könnte; denn ich besitze ziemlich viel von diesen Dingen. Darum bitte ich dich, Mutter; bleibe noch bis zur Nacht bei mir. Dann wird es für mich leichter sein, unbemerkt zu entkommen. Du siehst ja, wie wachsam die Teules sind und daß sie ihre Augen und Ohren überall haben.« Die vertrauensselige Alte ließ sich ohne weiteres darauf ein, und Donna Marina plauderte mit ihr und fragte sie weiter aus und fand die Angaben der beiden Papas voll und ganz bestätigt. Dann fragte sie die Alte, woher sie denn diese geheimen Pläne alle kenne. Die Indianerin antwortete: »Ich weiß alles von meinem Mann, der Hauptmann in einem Viertel dieser Stadt ist und der sich jetzt schon bei seinen Leuten aufhält, um die letzten Anordnungen zu treffen. Ich weiß das alles schon seit Tagen; denn vor drei Tagen haben sie meinem Mann eine vergoldete Trommel und den anderen Hauptleuten Geschmeide und kostbare Mäntel geschickt mit dem Auftrag, die Teules alle einzufangen und gefesselt nach Mexiko zu schicken.« Donna Marina zog sich unter einem Vorwand zurück und verständigte sofort Cortes über diese neue Aussage. Cortes fragte die Indianerin selbst noch einmal aus und fand alles bestätigt, was er über den geplanten Anschlag schon wußte.

Am nächsten Morgen war es eine Lust, die Zufriedenheit und den Hohn von den Gesichtern der Kaziken, der Papas und ihrer Krieger abzulesen. Es sah fast so aus, als hätten sie uns schon in ihren Schlingen. Sie führten uns viel mehr Krieger zu, als wir verlangt hatten. Aber wir waren lange vor ihnen bereit. Das Tor des größten Hofes wurde von einer Mannschaft gesichert, die mit Schwert und Schild ausgerüstet war und die keinen bewaffneten Indianer einließ. Cortes saß hoch zu Roß, umgeben von vielen seiner Soldaten, die ihn schützen wollten. Vor dem Tor aber standen die Kaziken, die Papas und zahllose feindliche Krieger. Cortes rief ihnen zu: »Wie ungeduldig sind doch diese Verräter! Sie können uns nicht früh genug in ihre Hinterhalte locken, um sich dann mit unserem Fleisch zu sättigen. Aber der Allmächtige wird es anders fügen, als sie sich das gedacht haben!«

Dann fragte er nach den beiden Papas, die mit den anderen vor dem Tor warteten. Er ließ ihnen durch Aguilar sagen, daß er sie heute nicht brauche. Sie sollten ihre Wohnungen aufsuchen, damit sie in dem Gemetzel nicht umkämen. Dann machte er vom

Pferde herab den Kaziken schwere Vorwürfe: »Warum wolltet ihr uns in der vergangenen Nacht umbringen? Haben wir euch auch nur das geringste Leid zugefügt? Haben wir irgend etwas getan oder gesagt, was diesen Verrat rechtfertigen würde? Wie viele andere Völker, so habe ich auch euch nur ermahnt, vom Bösen abzulassen, die Menschenopfer und die Menschenfresserei, die Sodomiterei und alle anderen Übeltaten aufzugeben und ein gottgefälliges Leben zu führen. Ich habe euch nur von den Grundsätzen unserer heiligen Religion erzählt und euch in keiner Weise Gewalt angetan. Wofür habt ihr denn die vielen langen Stangen mit den Halsriemen und den Stricken bestimmt, die in dem Haus neben dem großen Cue lagern? Warum sind seit drei Tagen die Straßen verbarrikadiert, Fallgruben ausgehoben und die Söller mit Brustwehren versehen? Warum habt ihr eure Weiber und Kinder mitsamt ihren Habseligkeiten aus der Stadt geschafft? Nun könnt ihr euren bösen Willen und euren Verrat nicht mehr leugnen! Selbst die notwendigen Lebensmittel habt ihr zurückgehalten und uns zum Hohn nur Holz und Wasser geschickt! Ihr wolltet uns weismachen, daß euch der Mais ausgegangen ist. Ich weiß sehr wohl, daß uns in den Schluchten um die Stadt zahlreiche Krieger auflauern, um uns zu überfallen und uns den Weg nach Mexiko zu verlegen. In der letzten Nacht haben sich noch viele eurer Leute diesem verräterischen Vorhaben angeschlossen. Ist das der Lohn dafür, daß wir euch wie Brüder geachtet haben, daß wir euch die friedlichen Gesetze unserer heiligen Religion und unseres Kaisers brachten? Wollt ihr deswegen unser Fleisch verzehren? Habt ihr deswegen schon die Töpfe mit Salz, Pfeffer und Goldäpfeln vorbereitet? Wenn ihr uns schon angreifen wolltet, warum habt ihr uns nicht wie gute und tapfere Krieger im offenen Feld gestellt, wie eure Nachbarn, die Tlaxcateken? Ich weiß alles, was ihr in dieser Stadt mit uns vorhabt. Ich weiß, daß ihr zwanzig meiner tapferen Männer eurem Kriegsgott opfern wollt; ich weiß, daß ihr vor drei Nächten diesem Kriegsgott sieben Menschenopfer dargebracht habt, damit er euch den Sieg über uns gebe. Aber alle Versprechungen eurer Götzen sind nichts als Lug und Trug! Sie haben keine Gewalt über uns. Eure Bosheit und euer Verrat werden auf euch selbst zurückfallen!«

Donna Marina verdolmetschte den Indianern diese Rede sehr deutlich. Die Kaziken gestanden ein, daß alles, was Cortes gesagt hatte, der Wahrheit entspreche. Sie fügten aber hinzu, daß sie nicht die eigentlichen Schuldigen seien, Moteczuma habe ihnen durch seine Botschafter diese Maßnahmen befohlen. Cortes entgegnete: »Nach unseren spanischen Gesetzen darf ein solch schwerer Verrat nicht ungestraft bleiben. Ihr müßt ihn mit dem Leben büßen!« Und im selben Augenblick ließ er ein Geschütz abfeuern. Der Schuß war das Signal für unsere blutige Arbeit.

Wir ließen viele dieser Leute über die Klinge springen, viele verbrannten lebendig, und ihre falschen Götter halfen ihnen nicht. Schon nach zwei Stunden drangen unsere Freunde aus Tlaxcala in die Stadt ein und schlugen sich wacker mit den Kriegern von Cholula. Wir konnten nicht verhindern, daß sie schließlich plünderten. Am nächsten Tag kamen weitere Heerhaufen aus Tlaxcala und richteten noch viel größeren Schaden an; denn der Haß gegen die von Cholula war alt und tief eingewurzelt. Cortes griff ein und verlangte von den Tlaxcateken die Einstellung aller Mißhandlungen. Pedro de Alvarado und Cristobal de Olid ließen alle Hauptleute vor Cortes antreten. Der Generalkapitän hielt ihnen eine schöne Dankrede und verlangte dann, daß sie in ihr Lager zurückkehrten. Nur die Männer von Cempoal blieben bei uns in der Stadt.

Zu dieser Zeit kamen Kaziken und Papas aus anderen Stadtteilen und erklärten, daß sie an dem Verrat nicht beteiligt seien. Das war durchaus möglich, denn jedes Viertel hatte seine eigene Obrigkeit. Sie baten Cortes, er möge, nachdem die Verbrecher ihr Leben verloren hätten, den Verrat verzeihen. Auch die beiden Papas und die alte Indianerin, die uns den geheimen Plan mitgeteilt hatten, baten um Gnade für die Bevölkerung. Cortes war zunächst nicht dazu bereit. Schließlich ließ er aber die Botschafter des Moteczuma rufen, die wir in den Kampftagen gut verwahrt hatten. Dann erklärte er in ihrer Gegenwart: »Eigentlich wollten wir diese Stadt mitsamt ihren Einwohnern ausrotten. Sie hätten es verdient. Mit Rücksicht auf euren obersten Gebieter Moteczuma aber will ich Gnade vor Recht ergehen lassen. Ich erwarte allerdings dafür, daß ihr von nun an eine bessere Gesinnung zeigt. Auch der kleinste Versuch, gegen uns aufzustehen, wird euch allen das Leben kosten!« Dann befahl er die Kaziken von Tlaxcala zu sich und forderte sie auf, die gefangenen Männer und Frauen freizugeben. Es sei jetzt genug Schaden angerichtet, und sie hätten mehr als genug Gelegenheit gehabt, Rache zu nehmen. Den Tlaxcateken fiel es schwer, diesen Befehl durchzuführen. Sie behaupteten, die Leute von Cholula hätten sie schon so oft verraten, daß sie viel härtere Strafen verdienten. Aber sie ließen Cortes zuliebe eine Menge Menschen frei. Sie hatten in Cholula wahrlich genug Gold, Mäntel, Baumwolle, Salz und Sklaven gefunden und kamen als reiche Leute von diesem Feldzug nach Hause. Cortes versuchte, die beiden feindlichen Stämme miteinander auszusöhnen. Tatsächlich soll das gute Einvernehmen der alten Gegner später nicht mehr gestört worden sein.

Den Kaziken und Papas von Cholula aber befahl Cortes, die Einwohner in die Stadt zurückzuholen und den Markt und die Verkaufsgewölbe wieder zu öffnen. Er sagte ihnen zu, daß niemand mehr belästigt werde. Dann erkundigte er sich, wer als Nachfolger für den gefallenen Kaziken in Frage käme. Auf Anraten der Eingesessenen setzte er dann den Bruder des alten Kaziken vorerst als Statthalter ein. Nach fünf Tagen waren Stadt und Markt wieder belebt. Jetzt rief Cortes die Papas, die Hauptleute und die Vornehmen der Stadt zusammen und hielt ihnen nochmals eine ausführliche Rede über unsere heilige Religion und über die Lasterhaftigkeit ihres Irrglaubens. Ihre Götzen seien nichts als böse Geister, von denen sie nur Unwahrheiten erwarten könnten. Sie sollten sich doch daran erinnern, daß man ihnen nach dem Opfer von sieben Menschenleben den Sieg versprochen habe. Aber niemand habe Wort gehalten. Sie sollten deshalb diese Lug- und Truggötzen stürzen und zertrümmern oder seinen Männern diese Aufgabe überlassen, wenn sie selbst dazu nicht den Mut hätten. Zunächst sollten sie einen Tempel räumen und frisch weißen; denn er wolle ihn als Kapelle verwenden und darin ein Kreuz errichten.

Den letzten Wunsch erfüllten die Chololteken sofort. Sie versprachen auch, ihre Götzen aufzugeben. Aber es geschah nichts. Pater Bartolome beruhigte Cortes. Er machte ihm klar, daß es keinen Zweck habe, die Indianer zu einer anderen Religion zu zwingen, solange ihnen dazu die notwendige Einsicht fehle. Es wäre auch besser, die Auswirkung unseres Erfolges auf Mexiko abzuwarten, wie denn überhaupt die Zeit uns alle Entschließungen erleichtern werde. Er habe jetzt die Leute wiederholt ermahnt und vor ihnen das Kreuz errichtet. Damit habe er zunächst seiner Christenpflicht Genüge getan.

Aber wir müssen uns nun noch einmal den zahlreichen Kriegshaufen des Moteczuma zuwenden. Sie lagen in Verstecken außerhalb der Stadt und hatten Palisaden errichtet und Gräben gezogen. Als sie hörten, was in der Stadt geschehen war, machten sie sich eilig aus dem Staube und erstatteten dem Moteczuma Bericht. Der mächtige Mann soll erschüttert gewesen sein. Wieder opferte er seinem Kriegsgott zahlreiche Indianer. Er verlangte von ihm einen Rat, wie er unseren Zug nach Mexiko jetzt noch verhindern könne oder ob er uns ungestört in die Hauptstadt einziehen lassen solle. Zwei Tage lang zog er sich mit seinen Papas zu Andachtsübungen und Opfern zurück. Dann gaben ihm seine Götzen den Rat, uns Botschafter zu schicken und sich für die Vorfälle in Cholula zu entschuldigen. Er solle uns auf jede Weise seine Freundschaft zeigen, uns in seine Hauptstadt marschieren lassen, uns dort aber aushungern, einschließen und umbringen. Wenn man uns gleichzeitig von allen Seiten angreife, dann könne sich keiner mehr retten. Dann müsse er dem Kriegsgott und dem Gott der Hölle große Opfer bringen; unsere Schenkel, Arme und Beine sollten von ihm und den Seinen aufgezehrt, die Eingeweide und die Körperreste aber den Schlangen und Tigern vorgeworfen werden.

Die Nachricht von der Züchtigung Cholulas verbreitete sich

im übrigen wie ein Lauffeuer in ganz Neuspanien. Hatten uns die Eingeborenen bis jetzt für gefährliche Teules gehalten, so kamen wir jetzt in den Ruf, noch höhere, allwissende, göttliche Wesen zu sein, denen nichts verborgen bleibe.

Wie wir weiter mit Moteczuma verhandelten
und Botschaften mit ihm austauschten

Wir lagen nun schon vierzehn Tage in Cholula. Die Einwohner waren wieder heimgekehrt, die Märkte mit Waren reich gefüllt, Handel und Wandel blühten, die neue Freundschaft zwischen den früheren Feinden festigte sich, wir hatten ein Kreuz errichtet und zu vielen Malen versucht, den Indianern einen Begriff von unserer Religion zu geben. Wir wußten auch, daß Moteczuma Spione in unser Quartier schickte, um zu erfahren, was wir planten, vor allem, ob wir immer noch nach Mexiko ziehen wollten. Außerdem waren seine beiden Botschafter immer noch bei uns. Sie berichteten ihm alle Vorkommnisse genau.

Cortes rief wieder den Kreis seiner vertrauten Offiziere und Soldaten zusammen, um mit ihnen den weiteren Fortgang der notwendigen Unternehmungen zu besprechen. Wichtige Entschlüsse faßte er nie ohne sie; denn er schätzte ihre Tapferkeit ebenso wie ihre Klugheit. Wir beschlossen, dem Moteczuma eine Gesandtschaft zu schicken, die ihm in aller Liebenswürdigkeit etwa Folgendes eröffnen sollte: Wir hätten in Erfüllung der Befehle unseres Kaisers und Herrn viele Meere befahren und zahlreiche Länder durchzogen, immer in der Absicht, ihm, dem Herrscher von Mexiko, unsere Aufwartung zu machen und ihm bei dieser Gelegenheit Dinge mitzuteilen, deren Kenntnis für ihn von größtem Nutzen sein werde. Die Straße von Cholula sei uns von seinen Botschaftern nachdrücklich empfohlen worden. Sie hätten uns auch versichert, daß die Einwohner dieser Stadt seine Untertanen seien. Wir seien auch in allen Ehren empfangen und zwei Tage lang gut aufgenommen und verpflegt worden. Dann hätten freilich Verräter den Plan ausgeheckt, uns alle umzubringen. Dieser Plan habe mißlingen müssen, weil wir die Eigenschaft hätten, alles, was man gegen uns unternehmen wolle, rechtzeitig zu erfahren. Es sei völlig unmöglich, irgendeine Bosheit oder einen Verrat gegen uns anzuzetteln, ohne daß wir davon hörten. Wir hätten deshalb auch eine große Zahl der Leute, die in Cholula gegen uns aufgestanden seien, gezüchtigt. Nur mit Rücksicht auf ihn, den Oberherren von Cholula, hätten wir es unterlassen, alle zu bestrafen, die Verrat gegen uns geübt haben. Nur die Achtung und Ehrfurcht, die wir vor seiner Person hätten, und die Rücksicht auf die innige Freundschaft mit ihm habe uns zu dieser Milde veranlaßt. Die Papas und die Kaziken hätten einstimmig erklärt, daß alles auf seinen Rat, ja auf seinen Befehl geschehen sei. Wir hätten dieser Erklärung keinen Glauben geschenkt, weil wir uns nicht vorstellen könnten, daß ein mächtiger Fürst, der sich immer als unseren Freund bezeichnet habe, derartige Befehle erteilen könne. Im übrigen hätten wir erwartet, daß er uns im offenen Feld angreife, wenn seine Götzen ihm schon raten, mit uns zu kämpfen. Uns sei es im Grunde freilich gleich, ob wir uns bei Tag oder bei Nacht, im Feld oder in der Stadt herumschlagen müßten. Wir würden so und so mit jedem Feind fertig. Unser Generalkapitän sei nach wie vor überzeugt, daß Moteczuma trotz allem unser Freund sei. Deswegen lege er großen Wert darauf, ihn persönlich kennenzulernen und von Mann zu Mann mit ihm zu verhandeln. Wir würden uns deshalb demnächst nach seiner Hauptstadt in Marsch setzen, um die Befehle unseres Kaisers in aller Form auszuführen.

Moteczuma fastete wieder mit seinen Papas, opferte den Götzen und forderte von ihnen eine Weisung. Das Orakel wiederholte seinen Rat. Auch die Hauptleute und Papas von Moteczuma vertraten die Meinung, daß man uns in die Stadt einholen und dort vernichten müsse. Würde man uns schon vorher angreifen, dann hätten wir die Unterstützung aller Feinde von Mexiko, der Totonaken, der Tlaxcateken und vieler anderer, mit denen wir inzwischen Freundschaft geschlossen hätten.

Die zuversichtliche Sprache unserer Botschaft, die Wiederholung unseres Freundschaftsangebotes und unsere bisherigen überraschenden Erfolge machten aber Moteczuma wieder schwankend. Er änderte seine Entschlüsse mehrfach, ehe er sechs seiner bedeutendsten Männer mit Geschenken im Wert von mehr als zweitausend Piastern und mit folgender Botschaft zu uns schickte: »Malinche! Moteczuma, unser Herr und Gebieter schickt dir diese Geschenke und bittet dich, sie wohlwollend anzunehmen. Sie sollen ein Zeichen der Zuneigung sein, die er dir und deinen Brüdern gegenüber empfindet. Er bedauert die Zwischenfälle in Cholula außerordentlich. Es wäre ihm nur lieb, wenn du dieses bösartige und lügenhafte Volk noch härter strafst, nachdem es die Schuld für seine schändlichen Pläne unseren Botschaftern aufbürden wollte. Du kannst auf unsere Freundschaft bauen. Komme in unsere Hauptstadt, wann es dir beliebt. Moteczuma wird euch als tapfere Männer und als Botschafter eures mächtigen Kaisers mit allen Ehren empfangen. Er muß nur bedauern, daß er eure Tafel vielleicht nicht so gut bestellen kann, wie er es wünscht. Denn Mexiko liegt in der Mitte eines Sees, und die Versorgung der großen Stadt ist schwierig. Unser Gebieter hat alle Ortschaften verständigt, durch die euer Weg führt. Sie werden euch alles liefern, was ihr braucht.« Die Herren redeten noch lange. Aber es waren nur Artigkeiten.

Cortes dankte ihnen in besonders liebenswürdiger Weise für diese Worte und für die wertvollen Gaben. Er umarmte sie und beschenkte sie seinerseits mit Glaswaren. Wir alle, Offiziere und Soldaten, freuten uns über die glückliche Wendung der Dinge und über die Aussicht, nun endlich nach Mexiko zu kommen, in diese Stadt, die uns mit jedem Tag mehr anzog. Cortes gab den Botschaftern eine passende Antwort und verfügte, daß drei von ihnen als Führer bei uns bleiben sollten. Die drei anderen sollten ihrem Herrn melden, daß wir uns schon in Marsch gesetzt hätten.

Die beiden alten Kaziken von Tlaxcala bedauerten diesen Beschluß außerordentlich. Sie warnten nochmals eindringlich und baten, sehr gründlich zu überlegen, was wir tun wollten. Wir zögen in eine außerordentlich große, mit allen Machtmitteln ausgestattete Stadt. Die Mexikaner würden uns dort sicher überfallen, und es bestehe keine große Aussicht für uns, mit dem nackten Leben davonzukommen. Sie wollten uns aber ihren guten Willen zeigen und hätten deshalb zehntausend Mann unter ihren besten Offizieren für uns bereitgestellt.

Cortes dankte ihnen für das großzügige Angebot, mußte ihnen aber eröffnen, daß es nicht zweckmäßig sei, mit einem so großen Heer nach Mexiko zu ziehen. Der Haß zwischen den Mexikanern und den Tlaxcateken sei noch zu groß. Er brauche tausend Mann, die er als Lastträger und als Wegearbeiter verwenden wolle. Xicotencatl schickte uns umgehend tausend besonders starke und flinke Burschen. Wir wollten uns gerade in Bewegung setzen, da erschienen die Kaziken von Cempoal mit ihren Hauptleuten. Sie wollten umkehren und nicht über Cholula hinaus mitmarschieren. Sie erklärten: »Wir sind überzeugt, daß dieses neue Unternehmen allen das Leben kosten wird, euch und uns. Im übrigen gehören wir zu den angesehensten Männern von Cempoal, und jeder weiß, daß wir es waren, die darauf bestanden, dem Mot{zuma den Gehorsam zu verweigern, ihm keinen Tribut mehr zu zahlen und seine Steuerbeamten festzusetzen.«

Cortes erklärte ihnen, sie sollten doch ganz ohne Sorge sein; solange sie mit uns zusammen zögen, werde es niemand wagen, sie zu belästigen. Sie blieben aber bei ihrem Entschluß, keine Versprechungen, keine guten Worte der Donna Marina konnten sie zurückhalten. Da rief Cortes: »Nun, da sei Gott vor, daß wir diese braven Leute, die uns so gute Dienste geleistet haben, gegen ihren Willen zwingen, mit uns zu ziehen!« Er beschenkte sie reich, gab ihnen Pakete für den dicken Kaziken und seinen Neffen mit, schrieb einen ausführlichen Bericht für Escalante in Vera Cruz und entließ unsere Freunde. Dem Escalante legte er besonders ans Herz, den Festungsbau schnell zu vollenden und unsere indianischen Freunde gegen die Mexikaner in Schutz zu nehmen.

Wie wir über das Gebirge marschierten, und was uns dort alles begegnete

Eines Morgens marschierten wir endlich ab, wie immer stets kampfbereit. Weit voraus erkundeten einige Reiter das Gelände. Ihnen folgten besonders flinke Fußgänger, die sofort helfen muß- ten, wenn Hindernisse auftauchten oder wenn die Wege ausge- bessert werden mußten. Die Geschütze, die Musketen und die Armbrüste waren schußbereit. Die Reiterei war in Gruppen zu je drei Mann über den ganzen Zug verteilt, um überall schnell zur Hand zu sein. Die übrigen Mannschaften marschierten in ge- schlossenen Gliedern. Wir waren also auf alle Überraschungen vorbereitet.

Am ersten Tag zogen wir etwa vier Stunden weit bis zu einem Weiler, der hoch im Gebirge lag und der zu Huexotzincan gehör- te. Dort erwarteten uns alle Kaziken und Papas der umliegenden Ortschaften. Sie waren Freunde, Nachbarn und Verbündete der Tlaxcateken. Sie brachten uns reichlich Lebensmittel und ein kleines Goldgeschenk und baten uns, nicht auf die Geringfügig- keit ihres Geschenkes zu achten, sondern auf den guten Willen. Auch sie rieten uns dringend ab, nach Mexiko zu ziehen. Über die Wegeverhältnisse sagten sie folgendes: »Sobald ihr den Paß hinter euch habt, stoßt ihr auf zwei Straßen, von denen eine nach Chal- co, die andere nach Tlalmanalco führt. Beide Ortschaften stehen unter mexikanischer Herrschaft. Die eine Strecke ist sehr gut gangbar, die andere aber mit Bäumen und hohen Pinien gesperrt, die man gefällt und über den Weg geworfen hat, um euren Marsch zu verhindern. Die gute Straße führt im Gebirge durch einige Engpässe. Dort lauern mexikanische Krieger in gut ausge- bauten Verstecken auf euch, um euch umzubringen. Wir raten euch deshalb, die Straße nach Tlalmanalco zu benutzen. Wir ge- ben euch Männer mit, die alle Baumsperren beseitigen. Die Tlax- cateken werden uns sicher bei dieser Arbeit helfen.«

Cortes dankte den guten Leuten für ihre Geschenke und vor al- lem für ihren guten Rat, den er gern annahm. Wir brachen am nächsten Morgen in aller Frühe auf und überschritten gegen Mittag die Paßhöhe (zweitausendsechshundert Meter). Dort rasteten wir kurz und besprachen noch einmal die Wegefrage. Cortes ließ die Botschafter des Moteczuma dazurufen und bat sie um ihren Rat. Sie empfahlen die freie Straße, die nach Chalco führe, einer ansehnlichen Stadt, in der wir im Namen Moteczumas gut aufgenommen würden. Die andere, gesperrte Straße habe sehr gefährliche Stellen. Für den, der nach Mexiko wolle, sei sie ein großer Umweg, und der Zielort sei viel kleiner als Chalco. Selbstverständlich entschloß sich Cortes nun gerade, die gesperrte Straße zu benutzen. Unsere indianischen Freunde schafften die mächtigen Bäume aus dem Weg. Als wir endlich die Höhe erreichten, begann es heftig zu schneien. Das ganze Land war weiß. Wir zogen aber jetzt bergab und machten in einigen freistehenden Gehöften Nachtquartier. Dort fanden wir genug zum Essen. Unsere Wachen mußten trotz der großen Kälte ihre Posten beziehen.

Am nächsten Vormittag erreichten wir Tlalmanalco, wo wir sehr gut aufgenommen und bewirtet wurden. Bald sammelte sich eine Menge Leute aus den benachbarten Orten, von denen einige schon an dem großen See liegen und einen eigenen Kanuhafen haben. Sie übergaben ein gemeinsames Geschenk: Gold, Baumwollzeug und acht Indianerinnen. Sie sagten dazu: »Malinche, laß dir dieses Geschenk gefallen und betrachte uns von nun an als deine Freunde.« Cortes war sehr gütig zu ihnen und bot ihnen seine Hilfe an, wenn sie einmal in Not kämen. Dann ließ er den Pater Bartolome den üblichen Vortrag über unsere heilige Religion und die Gefahren des Götzendienstes halten. Sie hörten sich alles gutwillig an und sagten schließlich, daß man sehen müsse, was die Zukunft bringe. Als wir dann von unserem Kaiser sprachen und davon, daß er uns hierhergeschickt habe, um allen Räubereien und Unterdrückungen ein Ende zu bereiten, da wurden sie plötzlich beredt. Sie klagten sehr über die Zwangsherrschaft des Moteczuma und seiner Steuerbeamten; alles würde ihnen genommen, Frauen und Töchter würden vor den Augen der Männer vergewaltigt; sie würden verschleppt und wie Sklaven behandelt. Sie müßten die schwersten Arbeiten leisten, Holz, Mais und Steine schleppen, die herrschaftlichen Felder bearbeiten und die eigenen den Tempeln übereignen. Cortes tröstete sie und sagte ihnen, daß er jetzt keine plötzliche Änderung herbeiführen könne, daß er sie aber eines Tages von dieser drückenden Herrschaft befreien werde.

Dann bat er zwei der vornehmsten Besucher heimlich, zusammen mit Leuten aus Tlaxcala zu erkunden, ob die andere Paßstraße noch gesperrt und besetzt sei. Die Kaziken antworteten ihm: »Dazu brauchen wir nicht erst hinzugehen, Malinche. Es ist alles frei und eingeebnet. Vor sechs Tagen haben die Mexikaner den Paß verbaut und eine Menge Krieger in den Hinterhalt gelegt. Inzwischen hat ihnen aber ihr Kriegsgott geraten, euch ungehindert überall durchmarschieren zu lassen und euch erst mitten in der Stadt Mexiko umzubringen. Bleibt deshalb bei uns. Wir werden gern für alles sorgen, was ihr braucht. In Mexiko rennt ihr in euer sicheres Verderben.«

Cortes erwiderte ihnen auf diese wohlgemeinte Rede mit lachender Miene, daß weder die Mexikaner noch irgendein anderes Volk die Macht hätten, uns das Leben zu nehmen. Das stehe allein im Ermessen unseres allmächtigen Gottes. Wir müßten uns bald wieder in Marsch setzen, um Moteczuma, den Kaziken und Papas gegenüber die Aufträge unseres Gottes und unseres Kaisers zu erfüllen. Bei der Gelegenheit würden wir auch dafür sorgen, daß ihnen in Zukunft Gerechtigkeit widerfahre. Sie sollten uns nur zwanzig angesehene Männer mitgeben. Diese Versprechungen lösten bei den Indianern große Freude aus, und die zwanzig Mann, die Cortes angefordert hatte, stellten sich sehr bald ein.

Wie Moteczuma eine neue Botschaft sandte, und was Cortes ihm antwortete

Unser Abmarsch wurde wieder einmal durch vier vornehme Mexikaner verzögert, die Moteczuma mit reichen Geschenken als Botschafter zu Cortes schickte. Nach den üblichen Begrüßungszeremonien sagten sie: »Malinche! Diese Geschenke sendet dir unser Herr und Gebieter, der mächtige Moteczuma. Er bedauert die vielen Mühseligkeiten, die du auf deinem langen Zug bis zu diesem Ort auf dich nehmen mußtest, um ihn von Angesicht zu Angesicht zu sehen. Er bestätigt hiermit seine Bereitschaft, dir für deinen Kaiser große Tribute in Gold, Silber und Edelsteinen zu entrichten. Er hält für dich und die übrigen Teules, die mit dir ziehen, reiche Geschenke bereit. Er bittet dich aber erneut, nicht weiter vorzurücken, sondern dahin zurückzukehren, woher du gekommen bist. Er wird Gold, Silber und Juwelen in Hülle und Fülle für deinen Kaiser in den Seehafen schicken, in dem du dich einschiffst; dazu für dich vier Lasten Gold und für jeden deiner Kameraden eine Last. Deinen Einmarsch nach Mexiko muß er aber auf jeden Fall verbieten. Alle seine Untertanen stehen unter Waffen, um deinen weiteren Vormarsch abzuwehren. Es führt nur ein einziger, sehr schmaler Weg in die Hauptstadt. Außerdem haben wir in der Stadt nicht genug Lebensmittel für euch.«

Die Botschafter nannten noch viele andere Gründe, um uns aufzuhalten. Aber je unerfreulicher ihre Mitteilungen waren, um so freundlicher wurde Cortes. Er umarmte sie und bedankte sich herzlich für die Geschenke. Dann erwiderte er aber: »Ich muß mich doch sehr wundern, wie oft euer Gebieter Moteczuma, der sich doch immer wieder als meinen Freund bezeichnet und der ein mächtiger Herrscher sein soll, seine Entschlüsse umwirft und ändert. Er sagt heute dies und morgen das genaue Gegenteil. Ich danke ihm im Namen des Kaisers geziemend für die schon erhaltenen und für die zugesagten zukünftigen Geschenke. Wir hoffen und wünschen sehr, daß wir bald Gelegenheit haben werden, ihm auch gute Dienste zu leisten. Aber fragt euren Herrn einmal, was er sagen würde, wenn seine Gesandten unmittelbar vor dem Palast eines gleichrangigen Herrschers umkehren würden, ohne den Fürsten gesehen und ohne ihre Botschaften persönlich vorgetragen und übergeben zu haben. Er würde sie sicher als nichtswürdige Memmen betrachten und entsprechend behandeln. Der

Kaiser, unser Herr, denkt nicht anders. Darum haben wir jetzt keine Wahl mehr. Wir müssen so oder so in eure Stadt kommen. Sagt eurem Herrn, er soll uns in Zukunft keine ähnlichen Botschaften mehr schicken. Ich muß euren Fürsten sehen und sprechen. Ich muß ihn persönlich über die Absichten unseres Zuges aufklären. Ich will ihn dazu unter vier Augen sprechen. Es kommt mir nur darauf an, daß er uns anhört. Sobald ihm unser Aufenthalt in seiner Stadt mißfällt, werden wir sie augenblicklich verlassen und dahin zurückkehren, woher wir gekommen sind. Der Mangel an Lebensmitteln ist ja nur eine Ausrede. Wir sind im übrigen gewohnt, mit wenig auszukommen. Ihr seht, wir können unseren Marsch unmöglich aufgeben, und euer Gebieter wird sich mit unserem Besuch abfinden müssen.«

Mit dieser Antwort schickte Cortes die Botschafter zurück zum »Herrn der Menschen«. Wir aber setzten uns wieder in Marsch nach Mexiko. Nachdem wir von so vielen Seiten nachdrücklich gewarnt worden waren und nachdem wir wußten, daß uns Moteczuma nach dem Gebot seiner Götter in der Stadt umbringen müsse, regte sich nun doch die menschliche Natur in unserer Brust. Der Gedanke an den Tod beschäftigte uns alle, und wir waren doppelt vorsichtig in diesem dichtbevölkerten Land. Wir überlegten jede kleinste Maßnahme sehr genau, um uns gegen überraschende Überfälle zu sichern, und machten deswegen nur kurze Tagesmärsche. Immer wieder empfahlen wir uns dem Schutz Gottes und seiner gebenedeiten Mutter. Das feste Vertrauen auf unseren Herrn Christus gab uns immer wieder die Hoffnung, daß er uns auch in dieser großen Gefahr vor der Übermacht der Mexikaner schützen werde.

Wir übernachteten in Ayotzinco, wo wir ein gutes Nachtessen vorfanden. Der Ort liegt halb im Wasser, halb auf dem Land, dicht bei einigen kleinen Anhöhen. Heute steht dort in der Nähe ein guter Gasthof. Nach Erhalt unserer Botschaft beschloß Moteczuma, uns seinen Neffen Cacama, den Fürsten von Tetzcuco, mit allem Pomp entgegenzuschicken, um uns feierlich zu empfangen. Die erste Meldung darüber kam von unseren Vorposten, die eine große Menge Mexikaner beobachteten, die in feierlichen Kleidern und in sichtlich friedlicher Absicht uns entgegenzogen. Es war noch sehr früh am Tag. Cortes befahl uns, wieder in unsere Quartiere zurückzukehren. Er wollte erst feststellen, was dieser neue Besuch bringen würde.

Zunächst kamen vier Männer von hohem Rang und meldeten Cortes nach tiefen Verbeugungen, daß Cacama, der Fürst von Tetzcuco, ein Neffe des Moteczuma, auf dem Weg zu uns sei und uns bitte, seine Ankunft abzuwarten. Nach kurzer Zeit erschien der Fürst selbst. Er saß in einem Tragsessel, der mit grünen Federn und mit edelsteinbesetztem silbernen und goldenen Laubwerk geschmückt war. Acht Große des Reiches trugen ihn. Nach den Erzählungen der Einheimischen geboten alle acht Herren über eigene Ortschaften. Wir hatten bis jetzt noch keinen Mexikaner mit solchem Glanz auftreten sehen. Als sie im Quartier unseres Generalkapitäns angekommen waren, stieg der Fürst aus. Seine Leute kehrten jede Stelle, die sein Fuß betreten sollte, so daß kein Strohhalm liegenblieb.

Nach vielen Verbeugungen und feierlichen Begrüßungszeremonien sagte der Fürst zu Cortes: »Malinche! Ich und diese Herren, wir kommen zu dir, um dich zu begrüßen. Wir wollen für alles sorgen, was ihr und eure Waffengenossen nötig haben. Wir werden euch in unsere Stadt und in die für euch vorgesehenen Quartiere führen. Wir handeln auf Befehl unseres Gebieters, des großen Moteczuma.«

Uns alle überraschten der Glanz und die Majestät, mit denen dieser Fürst und seine Kaziken auftraten, und wir fragten uns, wie groß demgegenüber die Macht und die Herrlichkeit von Moteczuma selbst sein müsse. Cortes umarmte den Fürsten und sagte ihm und seiner erlauchten Begleitung manche Artigkeiten. Er bedankte sich bei dieser Gelegenheit für alle Freundlichkeiten und für alle Geschenke, die Moteczuma uns bis jetzt geschickt hatte, und überreichte ihnen echte Perlen und Glasperlen als kleine Gegengabe.

Nach dieser Unterredung zogen wir weiter. Wir kamen aber nur langsam voran, denn das große Gefolge des Fürsten und die zahlreichen neugierigen Bewohner der anliegenden Ortschaften verstopften die Straße. Am nächsten Morgen erreichten wir die Hauptstraße nach Iztapalapa. Von dort aus sahen wir alle zum erstenmal die große Zahl der Städte und Dörfer, die mitten in den See gebaut waren, und die noch weitaus größere Zahl der Ortschaften an den Ufern, und schließlich die sehr gepflegte, kerzengerade Straße, die in die Stadt Mexiko führte. Wir waren baß erstaunt über dieses Zauberreich, das fast so unwirklich schien wie die Paläste in dem Ritterbuch des Amadis. Hoch und stolz ragten die festgemauerten, steinernen Türme, Tempel und Häuser mitten aus dem Wasser. Einige unserer Männer meinten, das seien alles nur Traumgesichte. Je näher wir Iztapalapa kamen, je höher wuchsen unsere Vorstellungen von der Macht und dem Reichtum dieses Landes. Am Ortseingang empfingen uns wieder neue Kaziken: Cuitlahuac, der Fürst von Iztapalapa und der Fürst von Coyohuacan, beide nahe Verwandte von Moteczuma. Wir wurden in Iztapalapa in wahren Palästen einquartiert, in riesigen Bauten aus schön behauenen Quadersteinen, die mit Holzwerk aus Zedern und anderen wohlriechenden Hölzern ausgeschmückt waren. Alle Gemächer waren mit baumwollenen Tapeten behangen. Zu diesen Palästen gehörten herrliche Gartenanlagen mit vielerlei blühenden Bäumen, Rosenhecken und Blumenbeeten, mit Obstgärten und einem Teich, der durch einen Kanal mit dem See verbunden war. Über allem schwebten herrliche Düfte. Der Kanal war vollkommen ausgemauert. Die mehrfarbigen Steine waren so gesetzt, daß sich schöne Ornamente ergaben. Auf den verschiedenen Gewässern schwammen vielerlei Vögel. Alles war so schön und anmutig, daß man sich gar nicht satt sehen konnte. Fürwahr, ich glaube nicht, daß vor unserer Zeit schönere Länder entdeckt worden sind, denn Peru war damals noch nicht erobert. Heute ist von alldem nichts mehr zu sehen. Kein Stein dieser schönen Stadt steht mehr auf dem anderen.

Die Kaziken und ihr Fürst kamen sehr bald mit einem prächtigen Geschenk, das an die zweitausend Piaster wert war. Cortes bedankte sich geziemend, sagte den Überbringern manche Artigkeiten und sprach auch bei dieser Gelegenheit ausführlich über die Grundsätze unserer heiligen Religion und über die Macht unseres Kaisers und Herrn. Damals war Iztapalapa eine sehr große Stadt, die zur Hälfte im Wasser, zur anderen Hälfte auf festem Boden stand. Heute ist die ganze Gegend ausgetrocknet. Wo man einst mit den Kanus fuhr, wird jetzt gesät und geerntet. Alles ist verändert, und wer heute die weiten Maisfelder sieht, kann sich nicht vorstellen, daß hier einmal ein großer See war.

Von der Pracht und der Feierlichkeit, mit denen der
große Moteczuma den Cortes und uns
alle empfangen hat

Am nächsten Morgen begleiteten uns alle vornehmen Kaziken, von denen ich bis jetzt gesprochen habe. Die Straße, auf der wir marschierten, war nach meiner Erinnerung acht Schritte breit und führte kerzengerade bis in die Mitte von Mexiko. Aber diese große Straße reichte nicht aus, um die Menschenmenge aufzunehmen, die aus der Stadt kam und die in die Stadt zog, um uns zu sehen und zu begleiten. Auf allen Türmen und Tempeln standen Zuschauer, der ganze See war dicht bedeckt mit überfüllten Fahrzeugen. Aber was Wunder? Diese Leute hatten ja noch nie Menschen unserer Art und Pferde gesehen.

Wir marschierten wie im Traum durch diese Herrlichkeiten. Neue Städte tauchten auf. Sie lagen an den Ufern und mitten im See. Wir zogen weiter über große Brücken, bis sich schließlich vor uns die Hauptstadt Mexiko ausbreitete in all ihrer Pracht. Unser kleiner Haufen von vierhundertfünfzig Mann zog mitten durch dichte Menschenmassen, den Kopf noch voll von den Warnungen unserer vielen indianischen Freunde. Der geneigte Leser muß sich einmal ganz in unsere Lage versetzen! Dann darf ich ihn nämlich fragen: hat es je Männer gegeben, die ein derart kühnes Wagnis auf sich genommen haben?

Als wir die Straße nach Coyohuacan kreuzten, kamen uns zahlreiche Kaziken und andere Vornehme in prächtigen Galakleidern entgegen. Es waren so viele, daß sie die ganze Straße füllten. Moteczuma hatte sie gesandt, uns zu empfangen. Sie begrüßten uns in seinem Namen, berührten zum Zeichen des Friedens den Boden mit der Hand und küßten die Erde. Wir hielten kurz an, während die Fürsten von Tetzcuco, Iztapalapa, Tlacopan und Coyohuacan dem großen Moteczuma entgegeneilten. Er saß auf einem überaus kostbaren Tragsessel, umgeben von anderen Großen seines Reiches, und kam langsam auf uns zu. Als wir die ersten Türme der eigentlichen Stadt Mexiko erreichten, stieg er von seinem Sessel, die vornehmsten Kaziken faßten ihn unter dem Arm und führten ihn unter einen prächtigen Thronhimmel, der mit grünen Federn, feinem goldenen und silbernen Schnitzwerk, mit Perlen und Edelsteinen reich geschmückt war. Man brauchte lange dazu, um alles genau zu sehen.

Moteczuma selbst war sehr kostbar gekleidet. Er trug eine Art Halbstiefel, die mit Juwelen besetzt waren und goldene Sohlen hatten. Auch die vier Großen, die ihn führten, waren jetzt ausnehmend prächtig gekleidet. Sie mußten sich unterwegs umgezogen haben; denn die Kleider, in denen sie uns empfingen, waren einfacher, aber schon glänzend genug. Zahlreiche andere Große umgaben den Herrscher, breiteten vor ihm kostbare Tücher auf den Boden, damit sein Fuß nicht die nackte Erde berühren müsse, und trugen seinen Thronhimmel. Niemand wagte es, ihm ins Gesicht zu sehen. Alle senkten ihre Augen ehrfurchtsvoll. Nur die vier fürstlichen Vettern und Neffen, die ihn führten, wagten es, ihn anzublicken.

Als man Cortes meldete, daß Moteczuma selbst in der Nähe sei, stieg er vom Pferd und ging ihm zu Fuß entgegen. Nun gab es von beiden Seiten große Begrüßungszeremonien. Moteczuma hieß Cortes willkommen, und der Generalkapitän antwortete durch Marina, er wünsche, daß Moteczuma sich wohl befinde.

Wenn ich mich recht erinnere, bot Cortes Moteczuma seine rechte Hand. Der Fürst wies sie aber zurück und breitete zum Gruß seine Arme aus. Ich weiß aber gewiß, daß Cortes dann Moteczuma eine prächtige Kette um den Hals legte. Sie bestand aus besonders schönen vielfarbigen Steinen, die auf goldene Schnüre gezogen und mit Moschus parfümiert waren. Als Cortes den Herrscher umarmen wollte, hielten ihn die Fürsten davon ab; denn sie sahen in dieser Bewegung einen Mangel an Ehrerbietung. Er mußte sich also damit begnügen, Moteczuma zu sagen, wie sehr es ihn ehre und erfreue, daß er ihm persönlich entgegengekommen sei. Moteczuma antwortete mit wohlgesetzten Worten: »*O unser Herr! Mit Mühsal, mit Ermüdung hast du es erlangt, daß du hier im Lande angekommen bist, daß du an deine Stadt Mexiko herangekommen bist, daß du auf deiner Matte, deinem Stuhl zu sitzen gekommen bist, den ich nur eine kleine Weile für dich gehütet habe... Möchte doch einer von denen, die vor mir die Stadt Mexiko beherrscht haben, wiederkommen und staunend sehen, was jetzt über mich gekommen ist, was ich nunmehr sehe, ich, den sie zurückgelassen haben. Denn ich träume nicht, ich fahre nicht aus dem Schlaf auf, ich sehe es nicht im Traum, ich träume nicht, daß ich dich gesehen, dir ins Angesicht geschaut habe. Ich war bekümmert, eine ganze Reihe von Tagen, wie ich hinschaute nach dem unbekannten Land, aus dem du gekommen bist, aus den Wolken heraus. Denn das haben uns die Häuptlinge überliefert, daß du kommen wirst, deine Stadt aufzusuchen, daß du dich auf deine Matte, deinen Stuhl setzen wirst, daß du wiederkommen wirst. Und jetzt ist es wahr geworden. Du bist zurückgekehrt. Mit Mühsal, mit Ermüdung hast du es erreicht. Sei nun wohl angekommen! Ruhe dich aus! Besuche deinen Palast!*« (Diese Ansprache zitiert der indianische Chronist Sahagun. Er berichtet auch, daß Moteczuma, der ›Herr der Menschen‹, sich vor Cortes zur Erde beugte, um sie mit seiner Hand zu berühren und sie an seinen Mund zu führen, wie jeder gewöhnliche Sterbliche, wie jeder Untertan vor seinem Herrn. In diesem Augenblick hatte er sich und sein Volk dem Kaiser des Heiligen Römischen Reiches unterworfen, sein Schicksal entschieden.) Er gab dann seinen beiden fürstlichen Neffen den Befehl, uns in die Quartiere zu führen. Er selbst kehrte mit den beiden anderen Fürsten und dem ganzen großen Gefolge wieder in die Stadt zurück. Als der Zug an uns vorbeikam, konnten wir mit eigenen Augen sehen, wie alle in der Umgebung des Herrschers die Augen niederschlugen und keiner wagte, den Blick zu ihm zu erheben. Ihre tiefe Ehrfurcht fand auf diese Weise sichtbaren Ausdruck.

Auch die Straßen der Stadt Mexiko, die Söller und die Kanus auf den Kanälen waren überfüllt mit einer Menge von Männern, Frauen und Kindern, die uns sehen wollten. In dem Augenblick, in dem ich dies schreibe, sehe ich wieder alles lebendig vor mir, wie wenn es erst gestern gewesen wäre. Welche große Gnade hat uns der Herr Christus geschenkt, daß er uns den Mut und die Kraft gab, in eine Stadt wie diese einzuziehen! Ich bin ihm ganz besonderen Dank schuldig; denn er hat mich vor tausend schweren Gefahren bewahrt. Wahrlich, ich kann ihn dafür nie genug loben und preisen, daß er mir dieses lange Leben gegeben hat und jetzt noch die Zeit, diese Erzählung aufzuschreiben, wenn sie auch vielleicht nicht so gut ausfällt, wie ich es gerne möchte.

Wir wurden in einem riesigen Gebäude untergebracht, in dem Platz für uns alle war. Der Vater des mächtigen Moteczuma, Kaiser Axayacatl, hatte früher in diesem Palast gewohnt. Moteczuma hatte große Tempel in dieser Residenz und eine geheime Schatzkammer, in welcher er den von seinem Vater ererbten Goldschatz aufbewahrte, den er nie berühren wollte. Man hatte diese Baulichkeiten für uns gewählt, weil man uns allenthalben Teules nannte und wohl zum Teil auch für Teules hielt und weil wir hier unter den Götzen unter unseresgleichen wohnten. Die einzelnen Gemächer und die Säle waren sehr groß, die für Cortes bestimmten Räume waren mit Teppichen ausgelegt. Jeder von uns fand hier ein Bett mit Matten, Kissen, Decken und Vorhängen, wie sie die vornehmsten Männer nicht besser und schöner haben können. Alles war sehr sauber gekehrt, frisch getüncht und ausgeschmückt.

Als wir in dem großen Hof des Palastes ankamen, trat der

mächtige Moteczuma auf Cortes zu, faßte ihn an der Hand und führte ihn selbst in die für ihn bestimmten, reichgeschmückten Gemächer. Dort hängte er ihm eine sehr kostbare goldene Kette um den Hals, deren Glieder aus fein ausgearbeiteten Krebsen bestanden. Die mexikanischen Fürsten waren nicht wenig erstaunt über die vielfachen Gunstbeweise ihres Herrschers gegenüber unserem Generalkapitän. Cortes dankte dem Fürsten für alles, und Moteczuma verabschiedete sich mit den Worten: »Malinche! Du und deine Brüder, ihr sollt euch hier wie in eurem eigenen Hause fühlen. Ruht jetzt von eurer weiten Reise aus!« Dann ging er in seinen Palast, der ganz in der Nähe lag.

Wir verteilten unsere Kompanien auf die vielen Gemächer, brachten die Geschütze in eine geeignete Stellung und teilten alles so ein, daß jeder Reiter und jeder Mann zu jeder Zeit sofort dienst- und kampfbereit war. Dann erst setzten wir uns an einen reichgedeckten Tisch und ließen es uns schmecken.

Dieser kühne und glückliche Einzug in die große Stadt Mexiko, welche die Indianer Tenochtitlan nannten, fand am 8. November des Jahres 1519 nach Christi Geburt statt. Lob und Dank unserem Herrn und Erlöser für alles, was er an uns getan!

ALS FREUNDE DES HERRN DER MENSCHEN IN DER HAUPTSTADT MEXIKO

Wie der mächtige Moteczuma und unser Generalkapitän
sich gegenseitig besuchten

Als Moteczuma gespeist hatte, ließ er sich melden, ob wir auch soweit wären, und kam dann mit großem Gefolge und mit großem Pomp in unser Quartier. Cortes ging ihm bis zur Mitte des Saales entgegen. Man brachte einen mit reichen Goldarbeiten verzierten, kostbaren Sessel, der Herrscher nahm Cortes bei der Hand und bat ihn, neben ihm Platz zu nehmen. Dann hielt Moteczuma eine lange, wohl durchdachte Rede. Er sagte, er freue sich, in seinem Reich und in seinem Haus so tapfere Kavaliere beherbergen zu dürfen wie unseren Generalkapitän und seine Männer. Man habe ihm schon vor zwei Jahren von einem anderen Hauptmann berichtet, der sich in Champoton gezeigt habe, und ein Jahr später von einem zweiten, der mit vier Schiffen an der Küste erschienen sei. Er habe sich schon lange gewünscht, Cortes persönlich kennenzulernen. Nun dieser Wunsch erfüllt sei, sei er zu jedem Dienst für uns bereit. Er habe inzwischen die Überzeugung gewonnen, daß wir die Männer seien, deren Kommen seine Vorfahren angekündigt hätten; sie hätten vorausgesagt, daß Fremde vom Sonnenaufgang her kommen und eines Tages diese Länder beherrschen würden. Wir hätten uns überall so tapfer geschlagen, daß darüber gar kein Zweifel mehr sei. Er habe sich die Bilder von unseren Kämpfen vorlegen lassen.

Cortes erwiderte ihm, daß wir nicht in der Lage seien, die großen Geschenke und Freundlichkeiten, mit denen er uns täglich überschütte, zu vergelten. Wir kämen freilich von Sonnenaufgang her und seien Diener und Untertanen eines mächtigen Monarchen, des Kaisers Don Carlos, dem eine Menge großer Fürsten als Vasallen untergeben seien. Unser Kaiser habe von ihm, von Moteczuma und von seinem mächtigen Reich gehört und uns befohlen, dieses Land aufzusuchen, um ihm und seinen Untertanen den wahren, den christlichen Glauben zu bringen. Die Botschafter hätten ihm sicher von den ausführlichen Gesprächen berichtet, die er mit ihnen über unsere heilige Religion gehabt habe. Er werde hier Gelegenheit haben, ihn noch viel ausführlicher und eingehender zu unterrichten; denn nur der eine, wahre Gott könne uns alle vor dem ewigen Verderben retten.

Nach dieser Unterredung beschenkte Moteczuma Cortes, die Offiziere und uns einfache Soldaten sehr reich mit Gold und mit baumwollenem Zeug. Er zeigte sich wahrhaft als großer Herr, und wir hatten den Eindruck, daß er recht vergnügt und befriedigt war. Er fragte Cortes, ob wir alle, ohne Ausnahme, Brüder und Untertanen unseres großen Kaisers seien. Cortes versicherte, daß wir alle wie Brüder in Liebe und Freundschaft verbunden seien und daß wir angesehene Männer im Reiche unseres Kaisers seien. Moteczuma brach bald auf, um uns am ersten Tag nicht lästig zu fallen. Zuvor veranlaßte er noch, daß wir und unsere Pferde die gewohnte Verpflegung bekamen. Cortes gab ihm das Geleit bis auf die Straße. Dann befahl er uns, das Quartier nicht zu verlassen. Wir wollten erst wissen, wie die Dinge hier in Mexiko weiterliefen.

Am nächsten Tag machte Cortes dem Moteczuma einen Gegenbesuch. Er ließ anfragen, ob es dem Herrscher gut gehe und ob ihm jetzt ein Besuch recht sei. Er nahm vier Hauptleute und fünf Soldaten mit, unter denen auch ich war. Moteczuma begrüßte uns in der Mitte eines großen Saales, nur von seinem Neffen begleitet. Andere Große wurden nur bei außergewöhnlichen Gelegenheiten in seine Räume eingelassen. Die beiden Herren begrüßten sich gegenseitig mit großer Ehrerbietung. Moteczuma führte Cortes zu einem erhöhten Sitz und bat ihn, zu seiner Rechten Platz zu nehmen. Für uns andere wurden einfache Sitze gebracht. Dann setzte Cortes zu einer langen Rede an. Er sagte: »Alle meine Wünsche und die Wünsche meiner Kameraden sind nun erfüllt. Wir haben unser Reiseziel erreicht und damit den Befehl unseres Herrn und Kaisers ausgeführt. Es bleibt uns nur noch die Pflicht, auch die Befehle unseres Gottes zu übermitteln. Deine verschiedenen Botschafter haben dir sicher schon das Wesentliche mitgeteilt. Ich darf mich deshalb kurz fassen: wir sind Christen und glauben nur an einen wahren Gott, an Jesus Christus, der für uns gelitten hat und für uns gestorben ist, um uns zu erlösen. Das Kreuz ist für uns das Symbol für seinen Martertod, durch den das ganze Menschengeschlecht vor dem ewigen Verderben bewahrt wurde. Christus ist nach drei Tagen wieder aus dem Grab auferstanden und in den Himmel gefahren. Von ihm ist alles erschaffen worden: Himmel, Erde und Meer, alle lebendigen Wesen und die leblosen Steine. Nichts geschieht ohne seinen Willen. Wir glauben an ihn allein, und darum verehren wir auch nur ihn allein. Die Wesen aber, die ihr für Götter haltet, sind keine Götter. Sie sind böse Geister, sie sind Teufel, die in Wahrheit viel schlimmer sind als ihre abscheulichen Abbilder. Ihre Erbärmlichkeit und Machtlosigkeit ist unabstreitbar. Ihr werdet euch ebenso wie eure Botschafter bald davon überzeugen, daß eure Götzen nicht mehr zu erscheinen wagen, sobald wir in einem eurer Tempel ein Kreuz errichtet haben. Jetzt bitte ich euch aber, ganz besonders aufmerksam anzuhören, was ich euch noch sagen möchte.«

Cortes gab dann eine sehr klare Darstellung der Schöpfungsgeschichte, er betonte vor allem, daß wir alle Brüder und Söhne eines Vaters und einer Mutter seien. Er führte aus, daß unser kaiserlicher Herr den Gedanken nicht länger ertragen könne, daß so viele Menschenseelen für ewig verloren sein sollten, weil falsche Götzen sie in die Hölle stürzten, in das unauslöschliche Feuer. Deshalb habe er uns in diese Länder gesandt. Wir sollten dem Elend ein Ende machen die Völker mahnen, den Götzendienst aufzugeben, keine Menschen mehr zu rauben und zu opfern und die Sodomiterei zu unterlassen. Unser Kaiser werde demnächst heiligmäßige Männer hierherschicken, die alles dies noch viel ausführlicher und anschaulicher darstellten könnten als er. Wir seien nur die ersten Boten. Er bitte Moteczuma mitzuhelfen, das begonnene Werk fortzuführen und zu vollenden. Als Cortes ah, daß

Moteczuma antworten wollte, brach er seine Rede ab und sagte nur noch: »Wahrlich, das soll vollbracht werden! Was hier und jetzt geschieht, soll nur der erste Anfang sein!«

Nun nahm Moteczuma das Wort und sagte: »Malinche! Was du soeben über deinen Gott gesagt hast, habe ich allerdings schon früher durch meine Diener erfahren, die dich seinerzeit an der Küste aufgesucht haben. Ich weiß auch, was du in allen Ortschaften gepredigt hast, durch die du gekommen bist, und warum ihr überall das Kreuz errichtet. Wir haben dazu geschwiegen. Die Götter, die wir anbeten, werden seit Urzeiten von unseren Völkern angebetet. Wir halten sie für gute Götter. Wir sind überzeugt, daß auch eure Götter gute Götter sind. Darum laß uns nicht weiter darüber reden! Auch wir sind überzeugt, daß die Welt vor undenklichen Zeiten geschaffen worden ist. Wir sind außerdem überzeugt, daß ihr die Männer seid, deren Kommen unsere Vorfahren angekündigt haben; denn ihr kommt ja vom Sonnenaufgang her. Ich fühle mich deinem großen Kaiser gegenüber sehr verpflichtet. Deshalb werde ich ihm die kostbarsten Dinge senden, die ich habe. Schon vor zwei Jahren habe ich von ihm gehört. Damals landeten mehrere Schiffe an unserer Küste, und die Männer der Besatzung erklärten auch, sie seien alle Untertanen eures Kaisers. Sage mir, gehört ihr wirklich alle zusammen?«

Cortes versicherte Moteczuma, daß wir alle Diener unseres großen Kaisers seien. Die Schiffe seien damals vorausgeschickt worden, um die Fahrstraße, die Meere und die Häfen zu erkunden und auf diese Weise unsere Reise vorzubereiten. Moteczuma sagte dazu, er habe damals schon die Absicht gehabt, einige dieser Männer zu sich zu bitten und angemessen zu ehren. Nun hätten die Götter alle seine Wünsche erfüllt, und wir wären hier in diesem Palast, den wir als unser Eigentum betrachten sollten. Es wäre jetzt an der Zeit für uns, auszuruhen und es uns gut gehen zu lassen. Er habe uns des öfteren bitten lassen, nicht in seine Hauptstadt zu kommen. Das sei nicht gern geschehen. Er habe dies mit Rücksicht auf seine Untertanen tun müssen, die große Furcht vor uns gehabt hätten. Sie glaubten nämlich, daß wir Teules seien, unbändige und wilde Teules, die Feuer und Blitze schleudern und mit ihren Pferden alle Menschen töten, die ihnen in den Weg kommen. Nun habe er uns persönlich kennengelernt und gefunden, daß wir verständige Menschen aus Fleisch und Blut seien, sehr besonnene und überaus tapfere Männer. Er achte uns deshalb nur um so höher und wolle alles mit uns teilen, was er habe.

Cortes dankte Moteczuma für diese überaus freundliche Gesinnung und versicherte ihm, daß wir alle uns ihm sehr verpflichtet fühlten. Moteczuma erwiderte ihm mit liebenswürdigem Lächeln: »Ich weiß sehr wohl, Malinche, was dir die Leute aus Tlaxcala, mit denen du dich eng verbunden hast, erzählt haben. Ich soll eine Art Teule sein, und meine Paläste sollen bis oben hin mit Gold und Silber und mit Juwelen gefüllt sein. Aber ihr seid ja verständige Männer und habt dieses Gerede nicht geglaubt. Inzwischen wirst du dich ja auch überzeugt haben, Malinche, daß ich aus Fleisch und Bein bin wie du und daß meine Paläste aus Stein, Holz und Kalk bestehen. Sicher, ich bin ein mächtiger Herrscher. Es ist wahr, ich habe von meinen Vorfahren große Schätze geerbt. Aber was man sonst alles von mir erzählt, ist Unsinn. Ihr werdet an diese Schnurren ebensowenig glauben wie wir an eure Schleuderblitze.«

Cortes erwiderte lachend: »Es ist eine alte Erfahrung, daß Feinde nie Gutes und nie Wahres von Feinden berichten. Ich habe mich inzwischen längst überzeugt, daß es in diesen Landen keinen hochherzigen und glanzvollen Herrscher gibt, der sich mit dir messen kann. Das große Ansehen, das du bei unserem Kaiser genießt, ist wohlbegründet.« Moteczuma hatte inzwischen feine Goldarbeiten und außergewöhnlich schöne Stoffe bringen lassen, die er nach dem Gespräch an Cortes und die vier Offiziere verteilte. Wir Soldaten bekamen jeder zwei goldene Halsketten im Wert von zehn Piastern und zwei Packen baumwollenes Zeug. Moteczuma verteilte diese Geschenke mit der Würde eines großen und überragenden Fürsten. Die Mittagsstunde war schon vorüber. Cortes brach deshalb auf. Man verabschiedete sich gegenseitig mit großer Höflichkeit, und wir kehrten in unser Quartier zurück und berichteten den Kameraden angeregt von diesen neuen eindrucksvollen Erlebnissen.

Von der Persönlichkeit des Moteczuma

Moteczuma war um diese Zeit etwa vierzig Jahre alt. Er war groß und schlank, vielleicht etwas zu mager. Seine Haut war nicht braun; sie hatte nur einen leichten Schimmer des üblichen Indianerteints. Seine schwarzen Haare fielen in Locken über seine Ohren. Sie waren im übrigen nicht ausgesprochen üppig. Er trug einen schwachen, aber gutaussehenden schwarzen Bart. Das Gesicht war länglich und wirkte immer heiter. Er hatte sehr ausdrucksvolle Augen, von denen man leicht Liebe oder Ernst ablesen konnte. Er hielt sehr viel von Reinlichkeit und badete jeden Abend. Neben einer Menge Konkubinen, die alle Töchter von vornehmen Männern waren, hatte er zwei gesetzmäßige Gemahlinnen aus fürstlichen Häusern, die er aber nur heimlich besuchte. Unnatürliche Wollust war ihm fremd. Hatte er ein Kleid einen Tag getragen, dann zog er es erst nach vier Tagen wieder an. In den Sälen um seine Wohnräume standen immer zweihundert vornehme Männer bereit, um ihn zu bewachen und um ihm aufzuwarten. Er sprach aber nie mit ihnen. Sie nahmen seine Befehle entgegen, und er hörte ihre Meldungen an. Das war alles. Bevor sie sein Gemach betraten, mußten sie ihre vornehme Kleidung ablegen und ein geringeres, aber sauberes Gewand anlegen. Sie durften ihm nur barfuß und mit gesenktem Blick nahen. Niemand durfte ihm ins Gesicht sehen. Zu den drei Verbeugungen, die sie jedesmal machen mußten, sagten sie aber: »Gnädiger Herr! Gnädiger Herr! Erhabener Gnädiger Herr!« Die Meldungen mußten kurz und knapp sein. Während der Meldung blieben die Augen auf den Boden gerichtet. Man durfte sich erst in dem Augenblick umkehren, in dem man den Saal verließ. Auch die Fürsten und die Großen, die aus dem Innern des Landes kamen,

um Prozesse zu führen oder andere Geschäfte zu erledigen, mußten ihre Kleider wechseln und barfuß vor den Fürsten treten. Sie
durften auch nicht gleich auf ihn zugehen, sondern mußten an
den Türen wenigstens kurz anhalten, um ihre Ehrfrucht zu zeigen.

Zu jeder Mahlzeit servierten ihm die Köche mehr als dreißig
Gerichte. Die Schüsseln wurden auf kleinen Kohlenbecken
warm gehalten. Dreihundert Schüsseln standen jeweils für Moteczuma bereit und tausend für die Leute, die bei ihm Dienst hatten. Er soll zuweilen mit seinen ersten Hofbeamten noch vor der
Tafel in die Küche gekommen sein, um sich die besten Gerichte
zeigen zu lassen. Man erzählt sich auch, daß man ihm als besonderen Leckerbissen Knabenfleisch vorgesetzt habe. Aber das läßt
sich nicht nachprüfen. Ich weiß jedoch, daß Moteczuma befohlen
hat, ihm kein solches Gericht mehr vorzusetzen, nachdem Cortes
ihm wegen der Menschenopfer und der Menschenfresserei Vorwürfe gemacht hat.

Wenn es kalt war, heizte man mit Kohlen, die aus Baumrinden
gewonnen wurden. Sie entwickelten keinen Rauch und verbreiteten einen sehr angenehmen Geruch. Wurde das Feuer zu warm,
dann stellte man einen goldenen, mit Götzenbildern bemalten
Wandschirm vor das Kohlenbecken. Moteczuma saß auf einem
niederen, sehr geschmackvollen gepolsterten Sitz und hatte einen
weißgedeckten Tisch vor sich. Vier ausgesucht hübsche Frauen
bedienten den Herrscher beim Händewaschen. Sie brachten das
Wasser in kürbisförmigen Gießkannen, die man hierzulande Xicales nennt, gossen es ihm über die Hände, fingen es in anderen
Gefäßen wieder auf und reichten ihm Tücher zum Abtrocknen.
Zwei andere Frauen brachten mit Eiern gebackenes Maisbrot.
Ehe Moteczuma zu essen begann, wurde eine große, stark vergoldete hölzerne Wand vor ihn gestellt, damit man ihn nicht essen
sehen konnte. Die Frauen gingen an ihre Plätze. Dafür traten vier
alte, sehr vornehme Männer neben den Monarchen. Mit ihnen
sprach er auch zuweilen. Es galt für eine ganz besondere Gunst,
wenn er einem von ihnen eine seiner Schüsseln reichte. Sie aßen

dann im Stehen, ohne ihm ins Gesicht zu schauen. Alle Gerichte wurden in bunten und in schwarzen Porzellanschüsseln aufgetragen, die in Cholula hergestellt waren. Während der Monarch aß, mußten sich alle Anwesenden, aber auch die Leute in den benachbarten Sälen ganz und gar ruhig verhalten.

Nach den warmen Speisen wurden Früchte aufgetragen. Aber Moteczuma aß davon sehr wenig. Dafür trank er öfters aus einem goldenen Becher ein kakaoartiges Getränk, das gewisse Triebe wecken soll. Beim Trinken bedienten die Frauen ihren Gebieter mit besonderer Ehrfurcht. Während der Tafel ließ er sich von kleinen verwachsenen Indianern Taschenspielerkünste vorführen; oder es kamen Possenreißer, die amüsante Reden von sich gaben, oder Sänger und Tänzer. Er hatte viel Spaß an diesen Unterhaltungen und ließ an die Leute die Reste von den Kakaogetränken verteilen. Nach dem Essen nahmen die vier Frauen die Tücher vom Tisch und reichten ihm noch einmal das Waschwasser. Er unterhielt sich etwas mit den vier Greisen, entließ sie aber meist bald und begab sich selbst zur Mittagsruhe.

Nach dem Fürsten speisten die Wachen und die übrigen Hausleute, nach diesen die Frauen, die Aufwärterinnen, die Bäckerinnen und die Kakaoköchinnen. Es gab eine außerordentlich große Zahl von Hausgesinde in diesem Palast, vom Haushofmeister angefangen, und wir waren überrascht, wie ruhig und glatt alles funktionierte.

Bald hätte ich vergessen zu erzählen, daß sich Moteczuma von zwei hübschen Frauen besondere, mit sehr nahrhaften Dingen gefüllte Kuchen und Brote reichen ließ. Man brachte ihm auch eine Art Oblatenbrot. Nach Tisch legte man ihm drei schön bemalte vergoldete Röhren vor, die mit Liquidamber (Eukalyptussaft) und einem Kraut gefüllt waren, das man Tabak nennt. Sie wurden angezündet, und er ließ den Rauch durch den Mund gehen. Nach einer kurzen Weile schlief er ein.

Der Oberhofmeister war zu dieser Zeit ein sehr vornehmer Kazike, den wir Tapia nannten. Er führte die Bücher über die Einnahmen seines Herrschers und benutzte dazu große Bücher aus

Papier, welche die Mexikaner Amatl nannten. Seine Rechnungen füllten ein ganzes Haus.

Die Waffen waren in zwei Zeughäusern untergebracht und wurden ständig vermehrt. Neben prächtigen, mit Gold und Edelsteinen verzierten Waffen aller Art lagen dort vor allem die Ausrüstungen für die Krieger: große und kleine Schilde, Säbel, große Schwerter, die nur mit zwei Händen geführt werden konnten, Schwerter mit Obsidianklingen, Lanzen mit außerordentlich langen und scharfen Spitzen, die durch jeden Schild drangen. Die Mexikaner verwendeten dazu geschliffene Feuersteine (Obsidian), die so scharf waren wie Schermesser. Sie benutzten diese Steine ja auch als Rasiermesser. Ferner lagen in den Zeughäusern Bogen und Pfeile, Wurfspieße mit einfacher und mit doppelter Spitze und mit den dazugehörigen Wurfriemen, Schleudern mit runden Steinen, sehr große Schilde, die den ganzen Körper bedeckten, die man aber auf dem Marsch zusammenrollen konnte, die uns aus den Schlachten bekannten Baumwollpanzer, Sturmhauben, Helme, Federschmuck. Es war eine reichliche Auswahl.

Dann gab es eigene Häuser für die Vögel, mit Adlern aller Art, mit Kolibris, mit Quezales, einer Art Elster, die ihnen die grünen Federn liefern, mit Sperlingen, deren Federn in allen Farben spielen, mit Papageien, mit Gänsen, die auch ihre Federn abgeben mußten, und mit vielen anderen, die ich nicht mehr weiß. Die Vögel heckten hier in selbst gebauten Nestern. Eine ganze Anzahl Indianer und Indianerinnen versorgte sie, hielt die Räume sauber, legte die Eier unter, brachte Futter. Im Hof des Hauses war ein großer Teich für die Wasservögel.

Dann gab es noch ein großes Gebäude, in dem sehr viele, besonders wilde Götzen aufgestellt waren. Neben ihnen hausten zahlreiche reißende Tiere: Tiger, Löwen, Schakale, Füchse und andere kleine Raubtiere. Sie wurden mit Truthähnen, Wildbret, Hunden und mit den Resten der Menschenopfer gefüttert.

Über diese abscheulichen Menschenopfer hat man mir folgendes erzählt: man schlitzt den unglücklichen Opfern mit einem Obsidianmesser die Brust auf, reißt das schlagende Herz heraus und opfert es dem Götzen. Dann werden Beine, Arme und Kopf abgeschnitten. Die Köpfe werden an besondere Balken gehängt, Arme und Beine werden bei förmlichen Gastmählern verzehrt; der Rumpf und die Eingeweide werden den wilden Tieren vorgeworfen, unter denen auch viele Schlangen sind. Die gefährlichste ist eine Schlange mit einer Art Klapper am Schwanz. Sie werden in Käfigen gehalten, die mit Federn ausgepolstert sind. Dort legten sie ihre Eier und brüteten ihre Jungen aus. Als man uns aus Mexiko verjagte, haben wir über achthundertfünfzig Mann verloren. In dieser Zeit sollen diese Bestien mit dem Fleisch der Unsrigen gefüttert worden sein. Wahrlich, es war grausig anzuhören, wenn die Löwen und die Tiger brüllten, die Schakale und die Füchse heulten und die Schlangen dazwischen zischten. Es war wie in der Hölle.

Berichten wir lieber von den vielen Beweisen der Kunstfertigkeit, die wir bei den Mexikanern gesehen haben. An erster Stelle stehen die Gold- und Silberschmiede, die es auch verstanden, Gußarbeiten zu machen; dann die Steinschneider, die Maler, die mit Vogelfedern arbeiteten, ausgezeichnete Bildhauer, nicht zu vergessen die Weberinnen und Stickerinnen, welche die feinen, mit Federn durchwirkten Stoffe anfertigten. Die Konkubinen des Moteczuma webten sehr schön. Die Gewebe mit den Federn wurden fast durchweg von einer Art Nonnen angefertigt, die in der Nähe des großen Cue des Götzen Huichilobos wohnten. Die Väter brachten ihre Töchter aus Frömmigkeit dorthin oder um eine weibliche Gottheit zu ehren, welche die Ehen beschützte. Sie blieben dort bis zu ihrer Verheiratung.

Moteczuma unterhielt aber auch eine Menge Tänzer und Seilspringer. Die einen tanzten mit Balken an den Füßen, die anderen flogen an langen Stricken von hohen Bäumen herab oder trieben andere muntere Gaukeleien für ihren Gebieter. Ein ganzes Quartier war nur mit diesen Leuten gefüllt. Natürlich standen auch Steinmetze, Zimmerer, Maurer und andere Handwerker ständig in seinem Dienst, um die großen Paläste in Ordnung zu halten oder weiter auszubauen und auszuschmücken. Ferner dürfen wir

die schönen Gärten nicht vergessen, die Baumkulturen, die Blu-
menzüchtereien, die Gemüsegärten, die zahllosen Bäder, Brunnen und Bassins, die Teiche und die Kanäle.

*Wie Cortes den Hauptplatz der Stadt und den größten
Tempel besuchte, und von dem Streit, den er dort
mit Moteczuma hatte*

Wir waren nun schon vier Tage in Mexiko, und niemand von uns
hatte bis jetzt das Quartier verlassen. Cortes wollte aber den großen Marktplatz der Stadt und den Haupttempel besichtigen. Er
schickte deshalb seine Dolmetscher, die Donna Marina und
Aguilar und einen seiner Pagen, den Ortega, der schon etwas
Mexikanisch gelernt hatte, zu Moteczuma, und ließ ihn um sein
Einverständnis bitten. Der Fürst antwortete zwar, daß wir überall willkommen seien, hatte aber doch Sorge, daß wir seine Götzen in irgendeiner Form beleidigen könnten, und begleitete uns
daher, zusammen mit vielen seiner Großen. Es war ein prachtvol-
ler Aufzug. Auf halbem Weg stieg er aus der Sänfte; denn er hielt
es für unehrerbietig, sich den Götzen anders als zu Fuß zu nahen.
Die ersten Männer seines Hofes führten ihn unter den Armen;
andere gingen vor ihm her und trugen zwei Stöcke, die wie Szepter aussahen und die Nähe des Fürsten ankündigten. In der Sänfte
trug er immer einen kleinen Stab, halb Gold, halb Holz, der wie ein
Richterstab aussah. Er bestieg den Tempel in Begleitung von vielen
Papas und brachte dem Huitzilopochtli, dem Kriegsgott, Rauch-
opfer dar. Unser Generalkapitän aber und wir anderen Berittenen
waren wie üblich bewaffnet. Wir ritten, begleitet von zahlreichen
Kaziken, über den großen Marktplatz von Tlatelolco.

Dort fanden wir eine unerwartet große Menge Menschen, zahlreiche Verkaufsstände und eine ausgezeichnete Ordnungspolizei.
Die Kaziken machten uns auf alle Besonderheiten aufmerksam.
Jede Warengattung hatte ihre Plätze. Da gab es Gold- und Silberarbeiten, Juwelen, Stoffe aller Art, Federn, Baumwolle und

Sklaven. Der Sklavenmarkt war hier genauso groß wie der Negermarkt der Portugiesen in Guinea. Damit sie nicht fliehen konnten, waren sie mit Halsbändern an lange Stangen geschnallt. Nur wenige durften frei herumgehen.

Dann kamen die Stände mit einfacheren Waren, mit grobem Zeug, mit Zwirn und Kakao zum Beispiel. Ganz Neuspanien bot hier seine Erzeugnisse an. Ich kam mir vor wie auf der großen Messe zu Hause, in meinem Geburtsort Medina del Campo, wo auch jede Ware ihre eigene Straße hat. Da gab es Sisalstoffe, Seile und Strickschuhe. Dort wurden gekochte süße Yucawurzeln und andere aus dieser Pflanze gewonnene Produkte angeboten. Es gab rohe und gegerbte Häute von Tigern, Löwen, Schakalen, Fischottern, Rotwild, wilden Katzen und anderen Raubtieren. Wir fanden aber auch Stände, an denen Bohnen, Salbei und vielerlei andere Gemüse und Gewürze verkauft wurden. Es gab einen besonderen Geflügel- und Wildbretmarkt, einen für die Kuchenbäcker und einen für die Wursthändler. In den Ständen der Töpfer fanden wir von großen Gefäßen bis zum kleinsten Nachttopf alles. Wir gingen an Verkäufern von Honig, Honigkuchen und anderen Leckereien vorbei, an Möbel-, Holz- und Kohlenhändlern. Ganze Kähne mit menschlichen Fäkalien lagen am Ufer. Die Mexikaner brauchten sie zum Gerben. Ich finde kein Ende mit dieser Aufzählung, und doch habe ich das Papier, die Röhren mit dem flüssigen Eukalyptusöl und mit dem Tabak, die wohlriechenden Salben und die Hallen mit den Sämereien noch gar nicht genannt, ganz zu schweigen von den Heilkräutern. Und nun hätte ich doch fast die Handwerker vergessen, welche die Feuersteinmesser machen, das Salz, den Fischmarkt und die Brote, die aus getrocknetem Schlamm gemacht werden, den man in den Seen fischt. Sie schmecken wie Käse. Schließlich gab es noch Instrumente aus Messing, Kupfer und Zinn, handgemalte Tassen und Krüge aus Holz, kurz so vielerlei Waren, daß mein Papier nicht ausreicht, sie alle zu nennen. Es gab übrigens auch eine Art Marktgericht mit drei Richtern und mehreren Gehilfen, die für die Warenschau verantwortlich waren.

Wir wollten aber den großen Cue besteigen. Als wir auf dem Weg dorthin an den Vorhöfen des Marktes vorbeikamen, sahen wir noch Kaufleute, welche die Goldkörner aus den Bergwerken verkauften. Sie schütteten ihre wertvolle Ware in große Gänseknochen, deren Wände sie so lange bearbeiteten, bis das Gold durchschien. Je nach der Länge und Dicke dieser Röhren konnte man dafür soundso viele Packen Zeug oder Kakaobohnen (die heute noch als kleine Münze verwendet werden) oder Sklaven oder andere Waren eintauschen.

Vom Markt aus kamen wir bald in die großen Höfe, die den Haupttempel der Hauptstadt Mexiko umgaben. Sie waren größer als der Marktplatz von Salamanka. Um den riesigen Hof lief eine doppelte Mauer aus Kalk und Stein. Er war durchweg mit weißen, sehr glatten Platten gepflastert, die in einem bestimmten Wechsel von einem bräunlichen Estrich unterbrochen wurden. Alles war so sauber, daß man nirgends einen Strohhalm oder ein Stäubchen sah.

Moteczuma war bei seinen Opferzeremonien hoch oben auf dem Tempel. Er schickte uns über die vielen Stufen sechs Papas und zwei vornehme Staatsbeamte entgegen, die Cortes hinaufführen sollten. Es waren einhundertundvierzehn hohe Stufen. Die Mexikaner fürchteten, daß der Aufstieg unserem Cortes ebenso schwerfallen werde wie ihrem Moteczuma. Sie wollten ihm deshalb den Arm reichen. Er lehnte aber jede Hilfe ab. Die stumpfe Spitze des Cue war eine breite Plattform mit großen Steinen, auf welche die armen Opfer gelegt wurden. Darüber stand ein großes Götzenbild, ein Drache, umgeben von anderen abscheulichen Figuren. Überall sahen wir Spuren von frischem Menschenblut. Moteczuma trat mit zwei Papas aus einer Art Kapelle, in der seine verfluchten Götzen standen, und empfing Cortes mit großer Höflichkeit. Er sagte: »Der Aufstieg wird dich wohl ermüdet haben, Malinche?« Cortes antwortete, daß uns nichts ermüden könne. Daraufhin nahm der Fürst ihn an der Hand und forderte ihn auf, von hier oben aus seine Hauptstadt, die anderen in den See gebauten Städte und die zahlreichen Ortschaften ringsherum zu betrachten, nicht zuletzt auch den großen Marktplatz, den man von hier aus besonders gut übersehen konnte.

Dieser Teufelstempel beherrschte wirklich die ganze Gegend. Wir sahen die drei Dammstraßen, die nach Mexiko führten: die von Iztapalapa, über die wir eingezogen waren, die von Tacuba, über die wir acht Monate später unter großen Verlusten fliehen mußten, und die von Tepeaquilla. Wir sahen die große Wasserleitung, die von Chapultepec kommt und die ganze Stadt mit süßem Wasser versorgt, und die langen hölzernen Brücken, von denen die Dammstraßen unterbrochen waren, um die Verbindung zwischen den vielen Teilen des Sees zu ermöglichen. Auf dem See wimmelte es von Fahrzeugen, die Waren und Lebensmittel aller Art geladen hatten. Wir stellten einwandfrei fest, daß man Mexiko nur über die Zugbrücken oder in Kähnen erreichen konnte. Aus allen Orten ragten die weißen Opfertempel wie Burgen über die Häuser mit ihren Söllern, über kleinere kapellenartige Bauten und über die Befestigungstürme hinaus. Es war ein einmaliger Blick.

Lange staunten wir dieses herrliche Gebäude unter uns an. Dann besahen wir uns von hier oben aus noch einmal den Marktplatz mit seinem Gewimmel von Menschen, die einen Lärm machten, den man über eine Stunde weit hören konnte. Leute, die Konstantinopel und Rom gesehen hatten, erzählten, daß sie noch nirgendwo einen so großen und volkreichen Marktplatz gefunden hätten.

Bei dieser Gelegenheit fragte Cortes den Pater Bartolome, ob er nicht auch finde, daß man jetzt den Moteczuma um die Erlaubnis zum Bau einer Kirche bitten solle. Der Pater meinte, es sei wohl jetzt noch etwas zu früh, so schön dieser Plan wäre. Er glaubte nicht, daß der Fürst darauf eingehen werde. Daraufhin sagte Cortes zu Moteczuma: »Ihr seid fürwahr ein großer Monarch, und es käme Euch zu, ein noch größerer zu sein! Es war für uns eine ganz besondere Freude, all Eure Städte von hier oben aus betrachten zu dürfen. Nachdem wir nun schon einmal hier sind, habe ich aber noch eine Bitte: zeigt uns auch Eure Götter und Teules!« Der Fürst besprach sich erst mit seinen Papas. Dann führte er uns in einen Turm. Dort war ein großer Saal mit zwei altarähnlichen Postamenten und einer reichgeschmückten Decke. Auf diesen Postamenten standen zwei riesige, dicke Figuren. Die eine stellte den Kriegsgott dar, den Huitzilopochtli. Das Götzenbild zeigte ein breites Gesicht, mißgestaltete grausige Augen und war über und über mit Edelsteinen, Gold und Perlen bedeckt, die mit einem Kleister befestigt waren, den die Indianer aus einer besonderen Wurzel gewinnen. Riesige goldene, juwelengeschmückte Schlangen wanden sich um den Leib des Ungeheuers, das in der einen Hand einen Bogen, in der anderen Pfeile trug. Ein kleiner Götze stand neben ihm und trug ihm einen kurzen Spieß und einen goldenen, mit Edelsteinen besetzten Schild. Mit blauen Steinen verzierte Masken und Herzen aus Gold und Silber hingen dem Kriegsgott um den Hals. Vor ihm standen mehrere Kohlenbecken mit Kopal, dem uns schon bekannten Weihrauch des Landes, und mit drei Herzen von Indianern, die an diesem Tag für ihn geschlachtet worden waren und nun hier als Opfer verbrannt wurden. Die Wände und der Boden waren schwarz von Menschenblut. Es stank abscheulich in diesem Tempelraum.

Auf dem anderen Postament stand der Gott der Hölle mit einem Bärengesicht und mit leuchtenden Augen, die aus einem Spiegelglas gemacht waren, das sie in Mexiko Tezcat nennen. Auch dieser Huichilobos war über und über mit Juwelen bedeckt. Um seinen Leib wand sich ein Kreis von Figuren, die wie Teufel aussahen und lange nackte Schwänze hatten. Dem Ungeheuer waren an diesem Tag schon fünf Menschenherzen geopfert worden. Auf der höchsten Spitze des Opfertempels stand wieder ein kapellenartiger Bau aus Holz, der ganz besonders schön und kostbar war. Er war der Fruchtbarkeitsgöttin gewidmet. Auch sie saß erhaben da, halb Mensch, halb Eidechse. Die untere Hälfte mit den Samen aller Pflanzen der Erde war vor den Augen der Besucher verhüllt. In dem Raum war ein Gestank, schlimmer wie in jedem schlechtgelüfteten Schlachthaus. Wir konnten es kaum erwarten, wieder an die frische Luft zu kommen. Dort stand auch die Höllenpauke, eine ungeheure Trommel, die einen sehr schwermütigen Ton von sich gab, den man zwei Stunden weit hörte. Das Trommelfell war aus der Haut einer Riesenschlange. Es gab dort oben auf der Plattform noch mehr Hölleninstrumente: große und kleine Höllentrompeten, riesige Schlachtmesser und die Reste von verbrannten Menschenherzen. Unser Generalkapitän sagte lächelnd zu Moteczuma: »In der Tat, ich kann nicht begreifen, wie ein so großer und weiser Herrscher wie Ihr an diese Götzen glauben kann, die doch keine Gottheiten sein können, sondern böse Geister, Teufel. Erlaubt uns, auf die Spitze dieses Tempels ein Kreuz und in einem Raum neben Eurem Kriegs- und Höllengott ein Muttergottesbild zu setzen. Ihr und Eure Papas, Ihr werdet sehr bald sehen, welche Angst diese Götzen ergreifen wird.«

Moteczuma kannte das Madonnenbild. Er antwortete Cortes in Gegenwart von zwei Papas, die sehr böse dreinblickten, mit nur schlecht verhaltenem Zorn: »Malinche! Hätte ich gewußt, welche Schmähreden du hier halten würdest, ich hätte dir meine Götter keineswegs gezeigt! In unseren Augen sind es gute Götter. Sie schenken uns Leben und Gedeihen, Wasser und gute Ernten, gesundes und fruchtbares Wetter, und wenn wir sie darum bitten, auch Siege. Deshalb beten wir zu ihnen, und deshalb opfern wir ihnen. Ich muß dich bitten, kein unehrerbietiges Wort mehr gegen sie zu sagen!« Cortes hörte die zornigen Worte und sah die Erregung, in der sie gesprochen wurden. Darum erwiderte er nichts, sondern sagte nur: »Ich glaube, es ist für uns beide Zeit zu gehen.«

Moteczuma antwortete, daß er ihn nicht länger aufhalten wolle. Er müsse nun hierbleiben und seine Götter wieder versöhnen; denn er habe uns auf den Tempel geführt und sei mit schuld an diesen Beleidigungen. Cortes erwiderte: »Wenn es so steht, dann bitte ich um Verzeihung.« Dann stiegen wir die einhundertvierzehn Stufen wieder hinunter, was einigen unserer Leute sehr schwerfiel, denn sie hatten geschwollene Leistendrüsen *(Syphilis)*.

Die Ausmaße des Tempels waren ungeheuer. Ich kann sie aber nicht mehr genau angeben. *(Basis hundert mal hundert Meter, Höhe dreißig Meter.)* Zu der Zeit, in der wir in Mexiko waren, dachte ich an ganz andere Dinge als an das Bücherschreiben. Ich weiß aber noch, daß er über tausend Jahre alt war und daß die Einwohner Gold, Silber und Edelsteine abliefern mußten, die in die Fundamente eingemauert wurden. Der Baugrund wurde mit dem Blut von zahllosen Kriegsgefangenen gedüngt und mit den Samen aller Pflanzen des Landes bestreut; denn die Götter sollten dem Land Siege, Reichtum und ergiebige Ernten schenken. Als wir später an der Stelle des Tempels eine Kirche errichteten, fanden wir dort die vor vielen hundert Jahren eingemauerten Kostbarkeiten. Ein spanischer Bürger von Mexiko, dem auch ein Teil des Baugrundes zugesprochen war, fand auch dort Gold, Silber und Edelsteine. Es gab noch einen Prozeß deswegen; denn die Rentbeamten sprachen diese Funde der Krone zu.

In der Nähe des Haupttempels stand ein kleiner Turm, ein Götzen- nein, ein Höllentempel. Über dem einen Tor öffnete sich ein mit riesigen Hauzähnen bewaffneter Rachen, ein Höllenrachen, der die Seelen verschlang; Teufels- und Schlangengestalten standen um einen dick mit Blut verkrusteten Altar, der wie alle diese Opferstellen mit frischem Blut bedeckt war. In einem Haus daneben standen viele große Töpfe und Gefäße, in denen das Fleisch der unglücklichen Opfer für die Papas gekocht wurde. Auf zahlreichen Fleischbänken lagen Dolche und Haumesser bereit. Das notwendige Feuerholz war abseits aufgestapelt, das Wasser aber floß aus einer verborgenen Röhre in einen großen Behälter. Ich kann dieses Haus nur das Haus des Satans nennen.

Es gab noch viele andere Tempel in Mexiko. Jeder war einer anderen Gottheit gewidmet, die Tore und die Teufelsgestalten waren dementsprechend auch verschieden. Die Opfer waren überall gleich abscheulich, und die Opferpriester trugen überall lange schwarze Mäntel mit Kapuzen wie unsere Dominikaner; sie hatten alle durchbohrte Ohren und lange, struppige, mit Blut verklebte Haare. Sie wohnten in Häusern um den großen Tempelplatz. Dort standen auch Gebäude, in denen die Töchter der Eingeborenen, ähnlich wie unsere Nonnen, bis zu ihrer Verheiratung in Klausur lebten. Sie hatten ihre eigenen weiblichen Götzen, die man um gute Männer bitten mußte.

Nur in Cholula habe ich einen größeren Tempel gesehen, zu dem die Indianer von weither Wallfahrten machten. Er hatte einhundertundzwanzig Stufen. Jede Stadt hatte ihren eigenen Götzen, und kein Götze kümmerte sich um den anderen, und allen wurden Menschenopfer gebracht. Wir hatten bald genug von diesen scheußlichen Opferstätten und kehrten in Begleitung zahlreicher Kaziken wieder in unser Quartier zurück.

DIE ROLLE DES GEFANGENEN MOTECZUMA

*Wie wir in unserem Quartier eine Kirche und vor demselben ein Kreuz
errichteten, wie wir die Schatzkammer des Vaters von Moteczuma fanden,
und wie wir schließlich beschlossen, Moteczuma gefangenzunehmen*

Unser Generalkapitän und Pater Bartolome wußten, daß Moteczuma nie mit der Errichtung einer Kirche in seinem Haupttempel
oder mit der Errichtung eines Kreuzes auf der Spitze dieses Baues
einverstanden sein werde. Wir hatten uns daher bei der heiligen
Messe mit gewöhnlichen Tischen beholfen, wollten aber jetzt in
unserem Quartier eine Kirche bauen und forderten dazu vom
Haushofmeister das notwendige Material und Arbeitskräfte an.
Um die Bedenken des Hofbeamten zu zerstreuen, fragte Cortes
deswegen direkt bei Moteczuma an, der sofort die notwendigen
Befehle erteilte. Nach drei Tagen war die Kirche fertig, und vor
unserem Quartier stand ein Kreuz. Nun wurde jeden Tag die
Messe gelesen, bis der Wein ausging. Das war sehr bald der Fall,
weil Cortes, Pater Bartolome und die Hauptleute den Wein während der Kämpfe als Medizin gebraucht hatten, wenn sie unpäßlich waren. Wir gingen aber trotzdem alle Tage in die Kirche und
beteten auf den Knien vor dem Altar und vor den heiligen Bildern. Das geschah keineswegs nur aus Christenpflicht oder aus
löblicher Gewohnheit; wir wollten damit auch Moteczuma und
seinen Großen zeigen, wie heilig uns der Glaube war. Wir
hofften, daß unser Gebet auf sie Eindruck machte, vor allem
dann, wenn wir zusammen das Ave Maria beteten.

Auf der Suche nach einer passenden Stelle für unseren Altar
hatten zwei Männer von uns die Spur einer sorgfältig vermauer-
ten und übertünchten Tür gefunden. Wir wußten, daß in unserem Quartier irgendwo der Schatz des Vaters von Moteczuma
vergraben sein mußte. Die beiden vermuteten deshalb, daß sie
den geheimen Eingang zur Schatzkammer gefunden hätten. Sie
meldeten diese Entdeckung ihren Hauptleuten und sprachen in

der ganzen Kompanie davon. Auf diese Weise kam die Sache eines Tages auch zu den Ohren Cortes'. Er ließ die Türe heimlich aufbrechen und betrat mit einigen Offizieren den bisher verschlossenen Raum. Es war wirklich die Schatzkammer, mit Reichtümern und Kostbarkeiten gefüllt, wie wir sie uns nie im Traum vorgestellt hätten. Alle Offiziere und Soldaten beschlossen jedoch, nichts anzurühren und die Türen wieder zuzumauern, so daß niemand eine Veränderung feststellen konnte.

Unsere Offiziere und unsere einfachen Soldaten waren kräftige und entschlossene Männer, die viele Erfahrungen gesammelt hatten und die jetzt in der Ruhepause Zeit fanden, etwas gründlicher über ihre Lage nachzudenken. Wir wählten deshalb eines Tages vier Hauptleute und zwölf besonders zuverlässige und vertrauenswürdige Soldaten, unter denen auch ich war, und schickten sie als Abordnung zu Cortes. Wir sagten ihm, daß wir in dieser Stadt wie in einem Netz oder in einem Käfig gefangensäßen. Wir baten ihn, an die leicht zerstörbaren Brücken und Dammstraßen zu denken und an die zahlreichen Warner, die uns mitgeteilt hatten, daß wir nach dem Willen der Götter des Moteczuma in dieser Stadt eingeschlossen und umgebracht werden sollten. Wir baten ihn zu bedenken, wie wandelbar der Sinn der Menschen, insbesondere der Sinn der Indianer sei; wir baten ihn, der Freundschaft des Moteczuma nicht zu trauen. Unsere Lage könne sich mit einem Schlag ändern, auch dann, wenn Moteczuma uns nicht gerade mit Waffengewalt überfalle. Er brauche uns ja nur die Lebensmittel und das Wasser entziehen und die Brücken abbrechen, wenn er uns zugrunde richten wolle. Allein die Leibwache des Fürsten sei so stark, daß wir gegen sie nicht aufkommen könnten, die Häuser der Stadt stünden in Wasser und die Verbindung mit unseren Freunden in Tlaxcala sei abgebrochen. Wir schlugen Cortes deshalb vor, zur Sicherung unseres eigenen Lebens Moteczuma unverzüglich gefangenzunehmen und damit keinen Tag mehr zu warten. Das Gold, das uns der Beherrscher der Mexikaner gebe, die Kostbarkeiten der Schatzkammer, die gute Verpflegung wirkten wie Gift auf uns. Es könne durchaus sein, daß einige Dummköpfe hinter diesen Schätzen den Tod nicht sähen, der auf sie warte. Uns würden diese Gedanken Tag und Nacht bewegen.

Cortes erwiderte uns: »Glaubt ja nicht, meine Herren, daß ich ruhig schlafe! Ich habe dieselben Sorgen wir Ihr. Es ist nur die Frage, ob wir stark genug sind, dieses Wagnis auf uns zu nehmen. Bedenkt, wir müssen einen mächtigen Fürsten in seinem eigenen Palast, mitten unter seinen Leibwachen und Kriegsleuten gefangennehmen. Wie sollen wir das machen, ohne selbst Opfer seiner Leute zu werden?« Unsere Sprecher, die vier Hauptleute, sagten darauf, man müsse Moteczuma unter einem Vorwand aus seinem Palast locken und ihm in unserem Quartier erklären, daß er nun unser Gefangener sei. Wolle er sich widersetzen oder Lärm schlagen, dann müsse man ihn eben einfach niedermachen. Wenn Cortes selbst mit dieser Sache nichts zu tun haben wolle, dann solle er wenigstens uns die Erlaubnis dazu geben. Wir seien so oder so in größter Gefahr: wenn wir den Fürsten gefangennähmen und wenn wir abwarteten, bis er uns überfallen lasse.

Einige Männer stellten dazu fest, daß der Haushofmeister übermütig werde und daß die Verpflegung schon jetzt nicht mehr so gut und so reichlich sei wie in den ersten Tagen. Dazu meldeten uns die Freunde aus Tlaxcala heimlich, daß die Mexikaner seit zwei Tagen Böses im Schilde führten. Wir berieten über eine Stunde und beschlossen dann, das Wagnis durchzuführen. Pater Bartolome betete mit uns die ganze Nacht, um den Beistand des Allmächtigen für diese heilige Tat zu erbitten.

Am nächsten Tag erschienen heimlich zwei Tlaxcateken mit einem Brief aus Vera Cruz, in dem stand, daß der Kommandant unserer Stadt, Escalante, und sechs andere Soldaten in einem Gefecht mit den Mexikanern gefallen seien. Auch ein Pferd sei tot, und alle Totonaken, die er bei sich gehabt habe, seien niedergemacht worden. Die Gebirgsvölker und die Leute von Cempoal hätten schon ihren Sinn geändert. Sie würden keine Lebensmittel mehr liefern und nicht beim Festungsbau helfen. Seit dieser Niederlage glaubten die Indianer nicht mehr, daß wir Teules sind.

Bei den Totonaken und bei den Mexikanern sei an die Stelle großer Ehrfrucht und Angst völlige Geringschätzung getreten.

Gott weiß, wie sehr uns diese Nachricht gerade jetzt erschüt-
terte. Es war die erste ernsthafte Niederlage, die wir in Neuspanien erlitten haben. Der geneigte Leser mag daraus sehen, wie
schnell sich Fortunas Rad vom Glück zum Unglück drehen kann.
Soeben sind wir noch glänzend empfangen worden und im
Triumph in die Hauptstadt von Mexiko eingezogen. Die täglichen reichen Geschenke des Moteczuma hatten uns auf dem kürzesten Weg zu schnellem Reichtum gebracht. Wir hatten den
Schatz seines Vaters gesehen. Unsere Feinde hatten uns für Götter gehalten, die in jeder Schlacht siegen müssen. Mit einem
Schlag waren alle diese Täuschungen verweht. Wir waren nichts
mehr als schwache Menschen, keineswegs unüberwindlich, und
die Indianer begannen schon, trotzig und übermütig zu werden.
Wir hatten allen Grund, unsere Entschlüsse möglichst schnell
durchzuführen.

Von dem unglücklichen Gefecht unserer Männer
in Vera Cruz mit den Mexikanern

Zuvor aber möchte ich von den Vorgängen in Vera Cruz berichten. Die Steuereintreiber des Moteczuma verlangten von Ortschaften, die mit unseren Freunden in Cempoal verbündet waren,
die Ablieferung von Tributen in Gestalt von Indianern und Indianerinnen und Lebensmitteln. Im Vertrauen auf ihre Verbündeten
und auf unsere Besatzung in Vera Cruz verweigerten die Orte die
Auslieferung. Sie erklärten, daß Malinche ihnen befohlen habe,
so zu handeln, und daß Moteczuma diese Regelung gebilligt habe.
Die mexikanischen Hauptleute ließen sich aber nicht abfertigen.
Sie drohten, jede Ortschaft, die den Tribut verweigere, zu zerstören. Die Einwohner sollten als Sklaven weggeführt werden. Dies
sei der letzte Befehl Moteczumas. Die Totonaken baten daraufhin
Juan de Escalante um Hilfe und beklagten sich bei ihrem Ver-

bündeten bitter über die Verwüstungen und Plünderungen. Escalante forderte die Mexikaner auf, die mit uns verbündeten Völkerschaften in Ruhe zu lassen. Er berief sich dabei auf Abmachungen mit Moteczuma, mit dem wir auf bestem Fuße stünden. Falls sie sich nicht an diese Vereinbarung hielten, müsse er sie als Feinde betrachten und gegen sie vorgehen. Die Mexikaner antworteten von oben herab, er solle sich die Antwort auf dem Schlachtfeld holen. Escalante versammelte die wenigen kampffähigen Spanier und zweitausend Totonaken um sich und griff die weit überlegenen Mexikaner an, die gerade wieder eine Ortschaft ausplünderten. Die Totonaken ließen ihn nach dem ersten Angriff im Stich. Escalante hatte mit seiner Handvoll Leute gerade Almeria erreicht und den kleinen Ort in Brand gesteckt. Er war selbst schwer verwundet, sein Pferd war tot, ein Spanier war lebend gefangengenommen worden, sechs waren gleichfalls verwundet. Er mußte sich mit dem Rest von nicht ganz vierzig Mann nach Vera Cruz zurückziehen, wo er und die anderen Verwundeten nach drei Tagen starben.

Als die mexikanischen Hauptleute ihrem Gebieter den Sieg meldeten, schickten sie ihm den Kopf des Arguello mit, des gefangenen Spaniers, der wahrscheinlich auf dem Transport an seinen Wunden gestorben ist. Er war ein noch junger, außergewöhnlich starker Mann mit einem großen Kopf und einem krausen, schwarzen Bart. Moteczuma konnte den Anblick dieses Hauptes nicht ertragen. Er soll es deshalb in den Tempel eines auswärtigen Götzen geschickt haben. Aber er fragte, wieso seine Hauptleute mit weit über zweitausend Mann nicht mit den paar Teules fertig geworden seien. Man erwiderte ihm: die Tapferkeit seiner Mexikaner habe nicht ausgereicht, um die Teules völlig zu vernichten; denn an der Spitze der Weißen sei eine große spanische Göttin gestanden, welche die Feinde immer wieder zu neuen tapferen Taten angefeuert habe. Moteczuma soll davon überzeugt gewesen sein, daß die heilige Mutter Gottes diese erhabene Frau gewesen ist. Die Soldaten des Escalante, die dabei gewesen sind, bestätigten diese Erscheinung. Ich habe sie nicht selbst gesehen. Aber wir waren bei unseren Unternehmungen in Mexiko immer davon überzeugt, daß die göttliche Barmherzigkeit und die heilige Mutter Gottes bei uns gewesen sind.

Wie wir den Moteczuma gefangennahmen, und was darauf weiter erfolgte

Am Morgen nach unserem Beschluß über das weitere Schicksal Moteczumas ließ Cortes sich wie üblich bei dem Fürsten melden. Wir anderen standen marsch- und kampfbereit, die Pferde gesattelt. Moteczuma hatte sicher ein schlechtes Gewissen wegen der Affäre von Almeria. Trotzdem ließ er sagen, daß ihm der Besuch angenehm sei. Cortes nahm fünf Hauptleute mit. Alle waren schwer bewaffnet. Das konnte aber nicht auffallen; denn wir waren immer bewaffnet, wenn wir zu Moteczuma gingen. Nach den üblichen Begrüßungszeremonien sagte unser Generalkapitän: »Ich muß mich sehr wundern, gnädiger Herr, daß ein so mächtiger Fürst wie Ihr, der sich als unseren Freund ausgibt, seinen Hauptleuten den Befehl geben konnte, meine Mannschaft in Vera Cruz anzugreifen, entgegen den getroffenen Vereinbarungen von unseren Verbündeten Tribute zu fordern, die Ortschaften auszuplündern und zu zerstören, ja einen meiner Brüder und sein Pferd zu töten.« (Von den anderen Toten sprach Cortes nicht; denn diese Tatsache konnte Moteczuma damals noch nicht bekannt sein.) »Wie verschieden ist doch unser Verhalten gegeneinander! Ich rechnete fest mit deiner Freundschaft und befahl meinen Hauptleuten, sich keinem deiner Wünsche zu versagen. Du hast deinen Truppenführern das genaue Gegenteil befohlen. Schon in Cholula sollten uns deine Leute umbringen. Ich habe damals dir zuliebe so getan, als ob ich nichts davon wüßte. Aber deine Untertanen und deine verantwortlichen Männer wühlen weiter gegen uns, sie wollen unseren Untergang. Ich will trotzdem keinen Krieg mit euch anfangen; denn er würde die vollständige Zerstörung dieser Stadt zur Folge haben. Du wirst aber nun zur Erhaltung des Friedens ein persönliches Opfer bringen und ohne Lärm zu machen und ohne Widerstreben mit in unser Quartier kommen und in Zukunft dort wohnen. Wir werden dafür sorgen, daß du so gut und ehrfurchtsvoll behandelt wirst wie in deinem eigenen Palast. Solltest du Lärm machen oder deine Leute rufen, dann wirst du niedergestoßen. Nur für diesen Notfall habe ich heute diese Offiziere mitgenommen.«

Moteczuma erschrak über diese Mitteilung derart, daß es ihm einige Augenblicke die Stimme verschlug. Als er endlich wieder sprechen konnte, erklärte er, er habe nie den Befehl gegeben, die Waffen gegen uns zu ergreifen. Er wolle sofort seine Hauptleute rufen, die Sache untersuchen und die Schuldigen exemplarisch bestrafen. Zu diesem Zweck löste er das Siegel und das Zeichen des Kriegsgottes von seinem Handgelenk, was nur geschah, wenn er einen außergewöhnlich wichtigen Befehl erteilte, um damit den Überbringer zu legitimieren. Er beschwerte sich bitter über unsere Vermessenheit, mit der wir ihn gefangennehmen und aus seinem Palast vertreiben wollten. Niemand stehe das Recht zu, ihm dies zuzumuten, und er habe nicht die geringste Lust, sich unserem Willen zu fügen.

Rede und Widerrede führten zu einem Wortwechsel, der über eine halbe Stunde dauerte. Da verloren unsere Offiziere die Geduld und sagten sehr erregt zu Cortes: »Warum verlieren Euer Gnaden so viele Worte? Entweder er geht freiwillig mit oder wir machen ihn nieder! Seid bitte so gut und macht ihm das klar! Es kommt jetzt darauf an, wie wir unser eigenes Leben retten. Wird dieses Gespräch noch länger fortgesetzt, dann sind wir verloren!« Juan de Velazquez hatte sehr laut und barsch gesprochen, wie es so seine Art war. Moteczuma hatte die Erregung der Offiziere sehr wohl bemerkt und fragte Donna Marina, was denn dieser Mann mit der lauten Stimme gesagt habe. Donna Marina, die in solchen Dingen sehr geschickt war, antwortete: »Gnädiger Herr, wenn ich Euch raten darf, dann macht weiter keine Schwierigkeiten! Geht sofort mit in das Quartier dieser Herren! Sie werden

Euch dort behandeln und ehren, wie es einem Fürsten geziemt. Wenn Ihr Euch aber weiterhin weigert, dann seid Ihr des Todes!«

Da sagte Moteczuma zu Cortes: »Malinche! Wenn du nun schon einmal kein Vertrauen zu mir hast, dann nimm meinen Sohn und meine beiden rechtmäßigen Töchter als Geiseln! Nur mute mir selbst diese Schmach nicht zu! Was sollen die Großen meines Reiches sagen, wenn sie sehen, daß ich als Gefangener in meiner eigenen Hauptstadt sitze?« Aber Cortes blieb fest und erklärte, daß nur seine eigene Person uns die nötige Sicherheit gebe und daß er kein anderes Beruhigungsmittel anerkennen könne.

Endlich entschloß sich Moteczuma, gutwillig mit uns zu gehen. Von diesem Augenblick an behandelten ihn unsere Hauptleute mit aller Zuvorkommenheit und Ehrerbietung. Sie baten ihn, seiner Leibwache und seinen Heerführern zu erklären, daß es sein eigener freier Entschluß sei, die Wohnung zu wechseln, und daß der Kriegsgott und seine Priester diesen Entschluß gebilligt hätten. Er müsse ihn nun aus Rücksicht auf die Erhaltung seiner Gesundheit und seines Lebens durchführen.

Man brachte die große prächtige Sänfte, die er immer benutzte, wenn er den Palast verließ. Er stand auf und kam mit uns in unser Quartier. Dort unterließen wir nichts, was seine Flucht verhindern konnte. Im übrigen geschah alles, um ihm die Gefangenschaft so erträglich wie möglich zu machen. Schon nach kurzer Zeit erschienen die mexikanischen Großen und seine Neffen. Sie fragten ihn nach dem Grund der Gefangennahme und ob sie die Feindseligkeiten gegen uns eröffnen sollten. Moteczuma antwortete ihnen, der Wohnungswechsel sei sein eigener freier Entschluß. Er wolle sich das Vergnügen machen, einige Tage hier bei uns zuzubringen. Falls er seinen Willen ändere, werde er sie sofort verständigen. Sie sollten sich seinetwegen keine Sorgen machen, sich ruhig verhalten und für Ruhe in der Hauptstadt sorgen. Im übrigen habe der Kriegsgott seinen Entschluß voll gebilligt. Er habe durch einige Priester das Orakel befragen lassen.

Das ist die wahre Geschichte von der Gefangennahme Moteczumas. Im übrigen hatte er seine ganze Dienerschaft und seine
Frauen um sich. Er nahm auch die üblichen Bäder. Zwanzig hohe
Beamte, Räte und Offiziere taten Dienst bei ihm. Er ließ seinen
Leuten gegenüber nicht merken, daß ihn die Gefangenschaft verdroß. Er schlichtete wie zuvor die Streitsachen, die ihm aus dem
ganzen Lande zugetragen wurden, er empfing regelmäßig die fäl-
ligen Tribute und erledigte nach wie vor alle wichtigen Regie-
rungsgeschäfte. Auch das Zeremoniell blieb dasselbe. Streitfälle
wurden ihm anhand von Bildern vorgetragen. Man deutete mit
dünnen, zierlichen Stäben auf die Darstellung der Sache, um die
es gerade ging. Zwei Kaziken standen ihm als Gutachter ständig
zur Seite. Er teilte seine Entscheidungen mit wenigen Worten
mit. Die Parteien zogen sich dann zurück, ohne irgend etwas ein-
zuwenden.

Nach einiger Zeit führte man Moteczuma die Hauptleute vor,
die gegen Escalante gekämpft hatten. Sie kamen als Gefangene.
Er gab sie an Cortes weiter und bat ihn, über sie zu Gericht zu sitzen. Die Unglücklichen bestätigten, daß sie nur auf den ausdrücklichen Befehl Moteczumas hin gehandelt hätten. Cortes ließ
dem Fürsten dieses Geständnis mitteilen. Gleichzeitig sagte er
ihm aber, daß er an die Schuld dieser Männer glaube, nachdem
Moteczuma ihm versichert habe, daß er keine einschlägigen Befehle gegeben habe. Cortes erklärte, daß nach den Gesetzen unseres Kaisers jeder zum Tod verurteilt werden müsse, der den
Tod eines anderen verschuldet habe. Er werde Moteczuma in
diesem Fall die Verantwortung abnehmen. Die mexikanischen
Hauptleute wurden vor dem Palast des Fürsten bei lebendi-
gem Leib verbrannt.

Während dieses harte Urteil vollzogen wurde, ließ Cortes Moteczuma in Ketten legen. Der Fürst wehrte sich mit Händen und
Füßen, wurde dann aber gefügig. Als das Urteil vollstreckt war,
kam Cortes mit fünf Offizieren und nahm ihm die Fesseln persönlich ab. Er versicherte ihm dabei, daß er ihn wie einen Bruder liebe. Er sei ein mächtiger Monarch. Aber er, Cortes, werde ihm

noch weit mehr Länder unterwerfen, als er selbst erobern könne. Er könne im übrigen auch seine anderen Paläste besuchen, wenn er dazu Lust habe.

Moteczuma kamen die Tränen. Er wußte, daß Cortes nur leere Worte machte. Trotzdem dankte er ihm für seine Güte. Er sagte aber dazu, daß er vorerst keinen Gebrauch von dem Angebot machen könne. Seine Großen und seine Neffen und Verwandten kämen täglich zu ihm und bäten ihn immer dringlicher, ihnen die Erlaubnis zum Kampf und zu seiner gewaltsamen Befreiung zu geben. Er könne sie nur mit Mühe zurückhalten. Würde er jetzt sein Quartier verlassen, dann würden die Seinen ihn mit Gewalt entführen; und wäre er dann immer noch gegen einen Aufstand, dann würden sie einen anderen Fürsten wählen. Jetzt könne er sie noch mit der Versicherung beruhigen, der Kriegsgott habe ihm befohlen, seine Gefangenschaft ruhig zu ertragen.

Cortes hatte das Seine getan, um Moteczuma so gefügig zu machen; er hatte ihm durch den Dolmetscher Aguilar heimlich sagen lassen, daß es ihn nichts nütze, wenn der Generalkapitän ihm die Erlaubnis zum Verlassen des Quartiers gebe. Die Offiziere und Soldaten würden sich fraglos widersetzen. Cortes stellte sich so, als ob er von all dem keine Ahnung habe. Er umarmte den Fürsten und beteuerte seine Freundschaft. Er gab ihm auch seinen Pagen Ortega, der schon etwas Mexikanisch verstand und der uns und Moteczuma sehr nützlich gewesen ist. Der Fürst ließ sich von ihm über alle spanischen Dinge unterrichten, und wir erfuhren durch ihn, was die mexikanischen Hauptleute mit ihrem Gebieter besprochen hatten. Ortega bediente den Fürsten, der ihn mit der Zeit sehr liebgewann. Er schien überhaupt mit unserer Aufmerksamkeit zufrieden zu sein. Jeden, der bei ihm vorbeikam, zog er in ein Gespräch. Wir durften es uns bei ihm, auch wenn Cortes dabei war, etwas bequemer machen und Sturmhauben und Waffen ablegen.

Der schnelle Vollzug des harten Urteils über die mexikanischen Hauptleute hat seine Wirkung getan. Die Nachricht davon verbreitete sich wie ein Lauffeuer durch ganz Neuspanien. Die indianischen Stämme an der Küste hörten davon mit Schrecken und leisteten den Einwohnern unserer Stadt Vera Cruz wieder jeden Dienst, den sie verlangten.

Wie Cortes einen neuen Kommandanten und einen
neuen Bürgermeister für unsere Stadt
Vera Cruz ernannte

Cortes ernannte Alonso de Grado, einen sehr gewandten und gescheiten Mann, der gut aussah, zum Kommandanten von Vera Cruz. Grado war nebenbei ein ausgezeichneter Musiker und sehr federfertig. Er gehörte zu der Gruppe von Kavalieren, die Cortes immer entgegengearbeitet hatten. Er war alles andere als ein guter Soldat, dafür aber in anderen Dingen sehr geschickt. Cortes kannte ihn durch und durch; er wußte auch, daß er ein Hasenfuß war. Darum sagte er lächelnd zu ihm: »Ihr werdet Euch nach Vera Cruz verfügen, Herr Alonso de Grado, was Ihr Euch ja schon immer gewünscht habt. Dort müßt Ihr nachdrücklich für den weiteren Ausbau der Festung sorgen. Ihr sollt Euch aber nicht in militärische Unternehmungen einlassen. Sie könnten Euch schlecht bekommen, wie dem guten Escalante, der dabei sein Leben lassen mußte.« Dabei blinzelte er uns mit den Augen zu; denn er wußte sehr wohl, daß man den Grado an den Haaren ins Feld ziehen müßte.

Als Alonso de Grado seine Bestallung erhielt, bat er Cortes, er möge ihm doch auch den Bürgermeisterposten übertragen wie dem Escalante. Der Generalkapitän erwiderte ihm, daß dafür schon Gonzalo de Sandoval vorgesehen sei. Es werde sich später sicher noch ein ehrenvoller Posten finden, den man ihm übertragen könne. Er solle sich in Gottes Namen auf den Weg machen. Er ermahnte ihn, für die Einwohner von Vera Cruz väterlich zu sorgen, sie mit Liebe zu behandeln und jede Gewalttat gegen die benachbarten Indianer zu unterbinden. Dann sollte er von den beiden Schmieden in Vera Cruz zwei schwere eiserne Ketten machen lassen. Sie sollten zusammen mit den Ankern von unseren Schiffen möglichst bald nach Mexiko geschickt werden.

Alonso de Grado befolgte diese Befehle nicht. Er benahm sich sehr herablassend gegenüber der spanischen Besatzung, zog die Mannschaften zu persönlichen Diensten heran und spielte den großen Herrn. Aus den Nachbarorten, die wieder im besten Frieden mit unseren Leuten lebten, ließ er goldenes Geschmeide und schöne Frauen holen. Um den Festungsbau kümmerte er sich überhaupt nicht. Er verbrachte seine Zeit mit Wohlleben und Spielen. Außerdem ließ er jetzt seinen früheren feindlichen Gesinnungen gegen Cortes freien Lauf. Für den Fall, daß Schiffe des Diego de Velazquez aus Kuba kämen, wollte er ihnen das Land übergeben. Cortes bedauerte sehr bald die Wahl dieses Mannes, dessen schlechten Charakter er vorher gekannt hatte. Da er immer noch fürchten mußte, daß der Statthalter von Kuba unsere Bevollmächtigten an den Kaiser abfängt oder gar Truppen nach Vera Cruz schickt, mußte er Gardo durch einen zuverlässigen Mann ablösen. Er schickte Gonzalo de Sandoval, der damit wieder beide Posten in einer Hand vereinigte wie einst Escalante.

Sandoval verhaftete Grado und schickte ihn befehlsgemäß unter sicherer indianischer Bedeckung zu Cortes nach Mexiko. Sandoval sorgte zunächst für die vielen Kranken und gab ihnen Lebensmittel. Er bewährte sich als fürsorglicher, gerechter und umsichtiger Mann und gewann sehr schnell die Zuneigung aller Einwohner, der Soldaten und der Indianer. Er förderte auch den Festungsbau und tat überhaupt, was einem tüchtigen Kommandanten ansteht. Wir werden noch erleben, wie er später Cortes und uns allen entscheidende Hilfe geleistet hat.

Inzwischen war Alonso de Grado in Mexiko eingetroffen. Er bat vergebens um ein Gespräch mit Cortes. Er wurde in ein hölzernes Gefängnis gebracht, das wir kurz vorher aus nach Knoblauch und Zwiebeln stinkendem Holz gezimmert hatten. Dort saß er zwei Tage. Weil er aber ein gewandter Kopf und um Auswege nie verlegen war, gelang es ihm doch, das Gehör des Generalkapitäns zu finden. Er war sehr bald wieder frei, ja, er stand schließlich mit Cortes auf recht gutem Fuß. Ein militärisches Kommando erhielt er allerdings nie mehr. Als Cortes den Alonso Davila als seinen Sachwalter nach San Domingo schickte, übergab er Grado das Rechnungswesen.

Wie wir dem Moteczuma die Gefangenschaft erleichterten, und wie er die Erlaubnis bekam, seinen Tempel zu besuchen

Cortes war ein Mann, der an alles dachte. So sorgte er auch dafür, daß dem Moteczuma die Gefangenschaft nicht zur Last wurde. Jeden Tag besuchte er ihn nach dem Morgengebet in Begleitung von vier Offizieren, erkundigte sich nach seinem Befinden, bat um seine Wünsche und plauderte mit ihm. Moteczuma sagte einmal, daß ihm die Gefangenschaft gar nicht so unangenehm sei. Unsere Götter hätten uns ja dazu die Macht gegeben, und seine Götter hätten nichts dagegen unternommen. Cortes und Pater Bartolome nutzten diese Bemerkung natürlich gleich dazu aus, um dem Fürsten noch einmal die Grundsätze unserer heiligen Religion klarzumachen.

Mitunter spielte Cortes auch mit Moteczuma Totoloque: man wirft mit kleinen, glatten Kugeln, die in diesem Fall aus Gold waren, nach anderen gleichartigen Kugeln. Fünf Würfe machen ein Spiel. Die Preise bestanden in kostbarem Geschmeide und Juwelen. Als Pedro de Alvarado einmal die Gewinnpunkte für Cortes notierte, machte er immer einen Strich zuviel, bis Moteczuma dies merkte und lächelnd sagte: er habe keine große Freude daran, wenn Tonatio anschreibe; denn er mache viele Ixoxol. Wir mußten alle schallend lachen, als wir das hörten. Alvarado war ein vornehmer, ein feiner und schöner Mann. Aber er konnte nicht immer maßhalten, vor allem wenn er redete.

Die Gewinne fielen übrigens immer den Umstehenden zu. Cortes schenkte sie den Neffen und den Dienern des Fürsten, und dieser schenkte die seinen uns. Aber er war auch sonst sehr freigebig gegen uns alle. Einmal hatte ein Matrose Nachtwache. Es war ein großer und starker Mann, dem ein kleines Unglück begegnete, das ich mit Rücksicht auf den geneigten Leser nicht näher beschreiben möchte. Moteczuma aber hörte es. Als großer Herr war er nicht gewohnt, daß andere sich ihm gegenüber derartige Freiheiten erlaubten. Er war deshalb sehr beleidigt und fragte seinen Pagen Ortega, wer denn dieser schlecht erzogene Mensch sei. Der antwortete, daß es sich um einen Seemann handle, der wie alle Seeleute nicht viel von guter Lebensart wisse. Als es Tag war, ließ der Fürst den Matrosen rufen, hielt ihm sein schlechtes Benehmen vor und empfahl ihm, sich zu bessern. Als Trost für diese Lektion schenkte er ihm ein Geschmeide im Wert von fünf Piastern. Diese gütige Behandlung hatte aber keinen Erfolg. In der Hoffnung, wieder beschenkt zu werden, wiederholte der Mann die Ungezogenheit in der folgenden Nacht. Nun beschwerte sich Moteczuma beim Wachhabenden, der dem Matrosen den Kopf wusch und ihn in Zukunft anderwärts einteilte.

Eine ähnliche Geschichte passierte mit einem Soldaten, mit dem Pedro Lopez. Der war ein ausgezeichneter Armbrustschütze, aber sonst ein einfältiger Tropf. Als er einmal Nachtwache hatte, sagte er zu dem Korporal, der die Ronde machte: »Ich wollte, daß der heidnische Hund beim... wäre! Diese ewigen Nachtwachen werden mich noch das Leben kosten!« Moteczuma hatte diese Bemerkung gehört und war schwer gekränkt. Er beklagte sich am nächsten Morgen bei Cortes. Der war so erbost, daß er dem Mann eine Tracht Prügel aufmessen ließ. Von da an schwiegen alle, die beim Fürsten auf Wache zogen. Die meisten von uns bedurften allerdings dazu keiner besonderen Belehrung. Moteczuma kannte sehr bald alle unsere Namen und Eigenschaften und beschenkte uns mit kostbaren Stoffen, mit goldenen Geschmeiden und mit hübschen Frauen. Ich war damals noch ein junger, frischer und leichtfertiger Bursche. Wenn ich aber bei ihm Wache hatte, zeigte ich die geziemende Ehrfurcht und nahm meine Sturmhaube ab. Das fiel ihm auf. Dazu hatte ihm Ortega erzählt, daß ich schon vor Cortes zweimal in Neuspanien gewesen sei, also zu den ersten Entdeckern dieses Landes gehöre. Als ich ihm darum einmal durch Ortega sagen ließ, daß ich nichts gegen hübsche Mexikanerinnen hätte, rief er mich zu sich und sagte: »Ich höre, Bernal del Castillo, daß du schon eine Menge Gold und kostbare Stoffe hast. Darum lasse ich dir heute ein schmuckes Mädchen geben. Behandle es gut. Sie ist die Tochter eines angesehenen Mannes, und ihre Eltern werden ihr Gold und baumwollene Stoffe mitgeben.« Ich erwiderte ihm mit allem Respekt, daß ich ihm die Hand dafür küsse und daß der liebe Gott ihm seine Güte vergelten möge. Als der Page ihm diese Antwort übersetzt hatte, sagte er: »Dieser Diaz scheint mir die Gesinnung eines echten Edelmannes zu haben«, und schenkte mir noch drei Goldplatten und zwei Packen baumwollenes Zeug.

Eines Tages erklärte Moteczuma dem Cortes, er wolle seinen Tempel besuchen, um dort seine Andacht zu verrichten und den Göttern zu opfern. Er wolle bei der Gelegenheit auch seinen Großen, den Hauptleuten und den Verwandten zeigen, daß er aus freiem Willen bei uns wohne und daß der Kriegsgott selbst damit einverstanden sei. Cortes erwiderte, daß er für das Leben des Fürsten bange; denn seine Kaziken könnten ja die Gelegenheit benützen, sich seiner zu bemächtigen und mit den Feindseligkeiten gegen uns zu beginnen. Es könne leicht geschehen, daß er dann im Handgemenge umkomme. Grundsätzlich habe er aber nichts dagegen. Er solle nur möglichst früh aufbrechen. Er bäte ihn aber, keine Menschen zu opfern; denn das wäre eine schwere Sünde gegen unseren Gott. Im übrigen könne er aber seine Andacht viel besser vor unseren Altären und vor der Heiligen Jungfrau halten.

Moteczuma sagte zu, daß er keine Menschenopfer darbringen werde. Er wolle nur in aller Pracht, umgeben von den Großen seines Reiches, mit allen Zeichen seiner Herrscherwürde zum Tempel ziehen. Cortes möge ihm vier seiner Hauptleute und einhundertfünfzig Mann mitgeben. So zogen wir denn gemeinsam zum Tempel des scheußlichen Kriegsgottes. Moteczuma ließ sich aus seinem Sessel heben und von den Neffen und anderen Kaziken in den Tempel führen. Vor den Stufen des Tempels erwartete ihn eine Menge Priester, die ihm beim Aufstieg helfen wollten. Sie hatten in der Nacht vorher wieder vier Indianer geschlachtet. Unter den augenblicklichen Verhältnissen konnten wir dagegen nichts Ernsthaftes unternehmen. Moteczuma erschien sehr bald wieder. Er war sehr guter Laune und schenkte nach der Rückkehr ins Quartier jedem von uns goldenes Geschmeide.

Wie wir zwei große Brigantinen auf dem See von Mexiko erbauen ließen, und wie Moteczuma zur Jagd fuhr

Sobald die Ketten, die Anker und das Takelwerk aus Vera Cruz eingetroffen waren, bat Cortes Moteczuma um Holz und Zimmerleute für den Bau von zwei Brigantinen, mit denen er Lustfahrten auf dem See machen wolle. Die Beschaffung des Rohmaterials und der Bau der Schiffe gingen ungewöhnlich schnell vor sich, denn die Mexikaner konnten nach bewährten Modellen bauen. Unsere Schiffsbaumeister Martin Lopez und Alonso Nunez beaufsichtigten die Arbeiten. Beide Schiffe fielen sehr gut aus und waren vortreffliche Segler. Als Moteczuma von ihnen hörte, wollte er gleich eine Wasserfahrt über den See in sein Jagdgebiet machen, das auf einem Berg überm See lag. Dieses Gebiet dürfe bei Todesstrafe niemand betreten. Cortes äußerte die gleichen Bedenken wie bei dem Tempelbesuch, schlug ihm dann aber vor, unsere Brigantinen zu benutzen, weil sie sicherer seien als alle Kanus.

Moteczuma nahm dieses Angebot mit Freuden an. Er bestieg mit zahlreichen hohen Würdenträgern die schnellere Brigantine, während sich einer seiner Söhne mit zahlreichen Kaziken auf das zweite Schiff begab. Cortes hatte zweihundert Mann, vier Kanonen und die dazugehörigen Artilleristen mitgenommen. Allen wurde größte Aufmerksamkeit und größte Wachsamkeit befohlen. Es kam ein frischer Wind auf, und dem Fürsten machte es sichtlich Freude, so über den See zu fliegen. Die Kanus mit den Hofjägern und den vornehmen Mexikanern blieben weit zurück. Im Jagdrevier richtete der Fürst eine blutige Verheerung unter dem Rotwild, den Hasen und den Kaninchen an. Dann kehrte er sehr zufrieden in seine Hauptstadt zurück. Als wir in die Nähe von Mexiko kamen, bat er unsere Offiziere, das Geschütz abzufeuern. Diese ihm bis dahin unbekannten Dinge machten ihm besondere Freude. Er wurde überraschend freundlich und zutraulich, und wir erwiesen ihm mit Vergnügen die Ehrfurcht, die einem so hochgestellten Herrscher nun einmal zukommt. Unsere Ergebenheit war aber nichts im Vergleich mit der tiefen Ehrfurcht, die ihm alle Fürsten und Eingeborenen Neuspaniens entgegenbrachten. Ein Wort von ihm genügte, und sein Wunsch war schon erfüllt. Seine Befehle wurden umgehend und sorgfältig ausgeführt. Die Mexikaner gehorchten dem gefangenen Gebieter, auch wenn er Befehle gab, die sich gegen ihre besten Absichten wandten.

IN ERWARTUNG DES ANGRIFFS

*Wie die Großen des Reiches die Befreiung ihres Fürsten
und unsere Vernichtung beschlossen*

Als Cacama, der Fürst von Tetzcuco, der zweitgrößten Stadt Mexikos, von der Gefangenschaft seines Oheims hörte und erfuhr, daß wir den Schatz seines Ahnherrn gefunden hatten, beschloß er, unsere Herrschaft zu brechen. Er rief die Fürsten des Reichs zusammen. Sie setzten einen Tag fest, an dem sie ihre ganzen Streitkräfte versammeln und mit vereinten Kräften über uns herfallen wollten. Ein sehr naher Verwandter Moteczumas, der Fürst von Matlatzinco, den alle für den tapfersten Mann im ganzen Land hielten, sagte seine Hilfe nur unter der Bedingung zu, daß man ihm nach dem sicheren Sieg die Krone gebe. Cacama aber erklärte, daß der Thron eher ihm, dem Neffen Moteczumas, zukomme und daß sie auch ohne einen so teuer erkauften Beistand mit uns fertig würden.

Der Fürst von Matlatzinco unterrichtete Moteczuma über die Pläne Cacamas. Um seiner Sache ganz sicher zu sein, ließ dieser alle Großen Mexikos zu sich rufen. Er stellte fest, daß Cacama die anderen mit Hilfe von Versprechungen und Geschenken überredet hatte, ihn bei einem Angriff auf uns zu unterstützen und seinen Oheim zu befreien. Moteczuma war ein kluger Mann. Er wollte seine Hauptstadt nicht in einem Krieg zerstören lassen. Deshalb unterrichtete er Cortes über diese Umtriebe. Unser Generalkapitän wußte von den Plänen Cacamas, er kannte nur keine Einzelheiten. Nun schlug er dem Fürsten vor, Cacamas Stadt anzugreifen, zu erobern und die ganze Provinz zu zerstören. Der Fürst sollte ihm dazu seine Truppen unterstellen. Moteczuma ging aber auf diesen Plan nicht ein. Daraufhin ließ Cortes dem Cacama sagen, daß er in sein Verderben renne, wenn er nicht Ruhe halte. Der junge Fürst war aber ein Hitzkopf, und um ihn herum waren genug Leute, die ihn in seiner Meinung bestärkten.

Er antwortete Cortes, daß er schon lange wisse, was an seinen glatten Worten wirklich sei. Er solle ihn mit seinen Botschaften verschonen. Sie könnten ja auf dem Schlachtfeld miteinander reden. Cortes warnte ihn noch einmal. Er erklärte, daß er in uns unseren Kaiser beleidige und daß dies ein todeswürdiges Verbrechen sei. Cacama antwortete, er kenne unseren Kaiser nicht und es wäre ihm lieber, wenn er auch Cortes nie gekannt hätte, der mit seinen falschen Schmeicheleien seinen Oheim betört habe. Diese Antwort veranlaßte Cortes, den Moteczuma zu bitten, nun sein ganzes Ansehen gegen die Rebellen in die Waagschale zu legen. Er unterrichtete ihn bei der Gelegenheit darüber, daß in Tetzcuco viele mächtige, ihm nahe verwandte Männer gegen den anmaßenden Cacama wären. Dabei stellte sich heraus, daß bei Moteczuma ein Bruder von Cacama lebte. Er hatte aus seiner Heimatstadt fliehen müssen, weil der regierende Bruder ihn als möglichen Rivalen verfolgte. Cortes schlug Moteczuma vor, Cacama in Tetzcuco verhaften zu lassen oder ihn unter irgendeinem geheimnisvollen Vorwand nach Mexiko zu rufen, um ihn hier festzusetzen. Er könne ja dann dem Bruder des Rebellen die Herrschaft übertragen. Nachdem Cacama nicht nur unseren, sondern auch seinen Sturz anstrebe, habe er ja längst das Recht auf sein Fürstentum verwirkt.

Moteczuma entschloß sich dazu, Cacama rufen zu lassen. Erst wenn er nicht freiwillig käme, wollte er ihn verhaften. Cortes bedankte sich und sagte unter anderem: »Ich für meine Person hätte nichts dagegen, wenn Ihr in Euren Palast zurückkehren würdet; denn ich kenne nun Eure ehrliche Gesinnung, ich bin Euch überhaupt in großer Liebe zugetan. Aber diese Entscheidung hängt nicht allein von mir ab. Außerdem habt Ihr selbst erklärt, daß Ihr als Gefangener nicht in die aufrührerischen Machenschaften Eurer Neffen gezogen werden könnt. Ich hätte Euch nie eingesperrt, wenn mich meine Offiziere nicht dazu gedrängt hätten. Sie betrachten Euch als Pfand für die Sicherheit von uns allen.« Moteczuma glaubte an den guten Willen von Cortes, zumal ihn sein Page Ortega schon in ähnlichem Sinne unterrichtet hatte. Er erwiderte deshalb, daß er es vorziehe, in unserer Gewalt zu bleiben, bis man sehen könne, wohin die Pläne seiner Neffen eigentlich führten. Er wolle nun besonders vertrauenswürdige Leute zu Cacama schicken und versuchen, ihn mit uns auszusöhnen.

Er versuchte tatsächlich, Cacama zu beeinflussen. Er ließ ihm sagen, daß es seit geraumer Zeit nur von ihm abhänge, wann er die Gefangenschaft verlasse. Cortes habe ihn schon mehrfach aufgefordert, wieder in seine Residenz zurückzukehren. Wenn er trotzdem hierbleibe, dann befolge er damit die Befehle seiner Götter, die ihm geoffenbart hätten, daß er weiter ausharren müsse, wenn er nicht sein Leben verlieren wolle. Wenn er ein gutes Verhältnis mit Malinche und seinen Brüdern anstrebe, dann geschehe dies also in seinem eigenen Interesse und in dem des Staates. Im gleichen Sinne unterrichtete er seine Verwandten in Tetzcuco. Er ließ ihnen außerdem mitteilen, daß er seinen Neffen zu sich eingeladen habe. Er wolle sich mit ihm versöhnen. Sie sollten inzwischen verhüten, daß der Brausekopf plötzlich die Waffen gegen die Spanier erhebe.

Die Botschaft des Moteczuma veranlaßte Cacama, seine vornehmsten Ratgeber um sich zu versammeln. Er sprach sehr anmaßend und gereizt. Er erklärte, er werde uns binnen vier Tagen vernichten. Sein Oheim sei eine feige Memme. Er hätte uns schon auf dem Anmarsch im Gebirge niedermachen sollen. Damals hätte er die notwendigen Truppen zur Verfügung gehabt. Er habe uns aber in die Stadt gerufen. Er gebe uns alles Gold, das für den Staatsschatz eingehe. Wir hätten die Schatzkammer seines Ahnherrn erbrochen und hielten Moteczuma in Haft. Wir redeten ihm ständig zu, sich von seinen bewährten Göttern abzuwenden und die unsrigen an ihre Stelle zu setzen. Der Schaden sei schon jetzt sehr groß, er dürfe nicht noch größer werden. Sie hätten alle mit eigenen Augen gesehen, wie die Hauptleute des Moteczuma verbrannt wurden. Es sei höchste Zeit, uns mit allen Kräften zu bekämpfen. Dazu erbitte er die Hilfe aller. Im übrigen versprach er, daß er allen hohe Würden verleihen werde, wenn er erst auf dem Thron sitze. Er habe das Einverständnis und Hilfeversprechen der wichtigsten Fürsten. Auch in Mexiko selbst stehe er mit zahlreichen einflußreichen Männern in Verbindung, die ihm den Einzug in die Stadt erleichtern würden. Ein Teil der Truppen werde die drei Hauptstraßen benutzen, die Masse der Mannschaften aber müsse mit Kanus in die Stadt gebracht werden. Da der gefangene Moteczuma keine Befehle erteilen könne, würde man nirgends Widerstand finden. Außerdem sei ihnen allen ja bekannt, daß die Hauptleute des Moteczuma erst vor wenigen Tagen bei Almeria zahlreiche Teules und ein Pferd getötet hätten. Der Kopf eines der toten Spanier und das tote Roß seien überall in Neuspanien gezeigt worden. Eine einzige Stunde werde genügen, um mit uns fertig zu werden und aus unseren Leibern ein festliches Mahl zu richten.

Nach dieser Rede sollen sich die Hauptleute erst einmal fragend angesehen haben, und jeder habe darauf gewartet, daß der andere zu sprechen beginne. Schließlich hätten vier oder fünf auf einmal das Stillschweigen gebrochen und gesagt: sie könnten nicht ohne Befehl und ohne ausdrückliche Erlaubnis Moteczumas in seiner Hauptstadt Feindseligkeiten eröffnen. Es sei vielmehr ihre Pflicht, ihn vorher zu benachrichtigen. Willige er ein, dann würden sie alles tun, um seinen Befehl auszuführen; gegen seinen Willen zu handeln, wäre aber Verrat.

Cacama fand diese Antwort nicht nach seinem Sinn und ließ in seiner Wut drei Hauptleute, die gegen ihn gesprochen hatten, ins Gefängnis werfen. Die übrigen, meist Verwandte, Hitzköpfe wie er selbst, erklärten, daß sie ihm auf Leben und Tod beistehen werden. So kam es, daß Cacama dem Moteczuma antworten ließ: »Du hättest dir die Mühe sparen können, mich zur Freundschaft mit Leuten aufzurufen, die dich gefangengenommen und dir damit Schmach und Schande zugefügt haben. Wir können dein Verhalten nur mit Zauberei erklären. Die Götter der Spanier und ihre große Frau, die sie für ihre Beschützerin halten, fesseln mit ihrem Zauber deinen hohen Sinn und deine Kraft.« Und wahrlich, Cacama hatte nicht unrecht: die große Barmherzigkeit Gottes und die Heilige Jungfrau sind immer unsere besten Stützen gewesen. Die Botschaft Cacamas schloß mit dem Satz: »Es ist mein Wille, den Spaniern und dir einen Besuch zu machen, der euch allen zusammen freilich keine Freude bringen wird. Ich werde mit den Spaniern Worte reden, die sie töten.«

Diese unverschämte Antwort erbitterte Moteczuma außerordentlich. Er ließ sofort sechs seiner zuverlässigsten Offiziere kommen und gab ihnen sein Siegel und andere Kostbarkeiten. Er befahl, seinen Verwandten und den Feinden Cacamas unter den Würdenträgern der Stadt Tetzcuco heimlich sein Siegel zu zeigen und in seinem Namen zu befehlen, Cacama und seine Ratgeber sofort festzunehmen und nach Mexiko zu bringen. Die Offiziere machten sich sofort auf den Weg. Sie erledigten ihren Auftrag so gut, daß sie Cacama und fünf seiner engsten Vertrauten auf einen Schlag festnehmen konnten. Sie trafen sie im Palast des Fürsten bei einem Kriegsrat, legten sie in Fesseln, warfen sie in ein bereitstehendes Boot und waren nach kurzer Zeit wieder in Mexiko. Dort ließen sie Cacama in seine Sänfte steigen und brachten ihn mit allen ihm zukommenden Ehren zu Moteczuma.

Durch die Gefangenen erfuhr dieser erst alle Einzelheiten, vor allem, daß sein Neffe ihm die Krone rauben wollte, um sie sich selber aufzusetzen. Nur Cacama trat auch jetzt noch mit größter Frechheit gegen seinen Oheim auf. Moteczuma ließ deshalb die Berater frei und übergab Cacama dem Cortes. Dieser dankte ihm für diesen Freundschaftsbeweis und vereinbarte, daß an die Stelle Cacamas sein Bruder treten solle. Die einflußreichen Männer der Stadt und der Provinz Tetzcuco wurden versammelt. Sie riefen in aller Form den jungen Prinzen zu ihrem Fürsten aus. Er erhielt den Namen Don Carlos, sein mexikanischer Name war Cuicuitzcatl.

Als die drei anderen fürstlichen Neffen Moteczumas hörten, wie es Cacama ergangen war, wagten sie nicht mehr, ihren Oheim zu besuchen; denn sie wußten, daß er ihre Mitschuld kannte. Moteczuma ließ sie im Einverständnis mit Cortes festnehmen. Es dauerte keine acht Tage, da hatten wir das Vergnügen, sie alle an unserer schweren Kette sitzen zu sehen.

Nach der Gefangennahme der drei Kleinkönige lag das ganze
Land im tiefsten Frieden. Cortes erinnerte jetzt den großen Moteczuma an sein wiederholtes Versprechen, unserer Kaiserlichen
Majestät den Treueid zu leisten. Moteczuma war bereit, die Großen seines Reiches zu diesem Zweck zusammenzurufen. Bis auf
den Fürsten Matlatzinco, der für seinen Kopf fürchtete, erschienen alle. Matlatzinco ließ mitteilen, daß er weder erscheinen noch
Tribut zahlen könne. Er könne kaum mit dem auskommen, was
seine Provinz aufbringe. Für Moteczuma kam diese Antwort unerwartet. Er war deshalb doppelt zornig und befahl einigen seiner
Offiziere, den mächtigen Fürsten festzunehmen. Matlatzinco
aber hatte genug Zuträger, die ihm diese Entscheidung mitteilten. Er zog sich von Tula ins Innere des Landes zurück und
konnte dort nicht festgenommen werden.

Der Rat der Großen fand ohne uns statt. Nur der Page Ortega
konnte uns später dies berichten: Moteczuma begann mit dem
Hinweis auf die alte Prophezeiung, nach der einst Leute von
Sonnenaufgang kommen und die Regierung übernehmen werden. Er habe die Götter befragt. Sie hätten ihm sagen lassen, daß
die Spanier die angekündigten neuen Herrscher seien. Er habe
sich diese Aussage noch einmal vom Kriegsgott ausdrücklich bestätigen lassen wollen, wider die Gewohnheit des Gottes aber
keine Antwort erhalten. Aus diesem Grund seien an die Götter
auch keine weiteren Fragen gestellt worden. Er müsse daraus
schließen, daß die Götter es für recht hielten, wenn die Mexikaner
unserem Kaiser huldigten. Jedenfalls müsse man sich jetzt an
diese Entscheidung halten. Aus diesem Grund befehle er ihnen,
die Oberhoheit des spanischen Herrschers feierlich anzuerkennen. Malinche verlange von ihm den Treueid, und er könne ihm
diesen nicht mehr verweigern. Sie hätten ihm in den acht oder
zehn Jahren seiner Regierung treue Dienste geleistet; er habe sie
dafür reich gemacht, ihre Besitzungen vergrößert und ihnen hohe

Würden verliehen. Seine Gefangenschaft aber habe ihm der Kriegsgott auferlegt. Er habe ihnen das ja schon gesagt.

Mit Tränen in den Augen erklärten sich die Anwesenden bereit, die Befehle Moteczumas auszuführen. Den Herrscher selbst bewegte diese Entscheidung am meisten. Er ließ sofort zu Cortes schicken und ihm melden, daß die Huldigung am nächsten Tag stattfinden könne. Der feierliche Akt wurde dann in Gegenwart des Generalkapitäns, aller Offiziere und der meisten unserer Mannschaften vollzogen. Der Geheimschreiber Pedro Fernandez war der Notar. Die Mexikaner waren alle sehr erschüttert, Moteczuma konnte die Tränen nicht zurückhalten. Wir hatten ihn so liebgewonnen, daß wir seinen Schmerz lebhaft mitfühlten, und mancher von uns weinte mit dem fremden Fürsten. Alle versuchten von da an, ihm noch liebenswürdiger zu begegnen.

Wie Cortes Männer ausschickte, welche Goldgruben,
goldhaltige Flüsse und Häfen erkunden sollten

Im Gespräch mit Moteczuma kam eines Tages die Rede auf die Goldbergwerke. Cortes wollte Näheres darüber wissen, weil er einmal ein paar Fachleute dorthin schicken wollte. Der Fürst sagte ihm, daß es in seinen Ländern drei Goldvorkommen gebe. Das größte sei in der Provinz Zacatula, zehn bis zwölf Tagereisen südlich Mexikos. Dort werde die goldhaltige Erde in hölzernen Trögen ausgewaschen. Gold gebe es auch in der nördlichen Provinz Tuxtepec. Dort finde man das Gold im Flußsand. Wir seien ja in der Nachbarschaft gelandet. Die Provinz grenze an die Länder der Chinanteken und der Zapoteken, die besonders ergiebige Goldgruben hätten. Sie gehörten aber nicht zu seinen Untertanen. Wenn Cortes Leute dorthin schicken wolle, gebe er diesen gern ein paar Männer von Ansehen als Begleitung mit.

Cortes machte von diesem Anerbieten sofort Gebrauch. Er schickte den Steuermann Gonzalo de Umbria mit zwei Mann nach Zacatula und einen jungen Offizier mit vier Bergleuten in den Norden. Der Offizier hieß übrigens Pizarro, ein Name, der damals, vor der Entdeckung von Peru, noch ziemlich unbekannt war. Beide Erkundungstrupps sollten in vierzig Tagen wieder zurück sein.

In diesen Tagen zeigte Moteczuma unserem Cortes auch eine Karte, die wie die Meldebilder auf Sisalleinen gemalt war. In diese Karte waren alle Flüsse und Buchten vom Panuco bis zum Tabasco und darüber hinaus eingetragen. Die dargestellte Küstenlänge betrug etwa einhundertvierzig Leguas. Auf dieser Karte fanden wir auch den Coatzacoalcostrom, der nach den Aussagen der Indianer besonders breit und tief sein sollte. Es war der einzige Fluß in diesem Küstengebiet, den wir noch nicht kannten. Deshalb wollte Cortes auch dorthin einen Erkundungstrupp schicken. Diego de Ordas, ein besonders verständiger und mutiger Mann, meldete sich sofort für diese Expedition. Cortes ließ ihn sehr ungern ziehen, weil er ihn dringend in seinem Rat brauchte. Er gab ihm aber die Erlaubnis, um ihn nicht vor den Kopf zu stoßen. Moteczuma hatte auch große Bedenken, weil das Gebiet nicht mehr zu seinem Reich gehörte und weil die dortigen Einwohner sehr kampffreudig seien. Ordas müsse also sehr vorsichtig sein. Falls er es für notwendig halte, könne er eine Abteilung seiner Grenztruppen in das Land mitnehmen. Dann zog auch Ordas mit zwei Spaniern und einigen vornehmen Mexikanern ab.

Der erste, der zurückkam, war Gonzalo de Umbria mit seinen Gefährten. Er brachte Goldkörner im Wert von dreihundert Piastern mit, die man ihm in Zacatula geschenkt hatte. Er berichtete von zwei Flüssen, die Goldsand führten und die bei einer planmäßigen Ausschöpfung einen sehr guten Ertrag geben müßten. Sie brachten zwei vornehme Männer aus der Provinz mit, die Cortes ein Goldgeschenk für den Kaiser im Wert von zweihundert Piastern übergaben. Der Generalkapitän hatte an der kleinen Goldgabe mehr Freude als an einem Geschenk von dreißigtausend Piastern; denn nun wußte er, daß es dort ergiebige Goldgruben gab. Er behandelte deshalb die beiden Kaziken besonders liebenswürdig, ließ ihnen grüne Glasperlen geben und gab ihnen noch mehr schöne Worte mit auf den Weg, so daß sie sehr vergnügt nach Hause reisten. Im übrigen erzählte Umbria noch von vielen großen Orten, die in der Nähe von Mexiko lagen, vor allem von der Nachbarprovinz Matlatzinco. Wir sahen wohl, daß Umbria und seine Gefährten nicht vergessen hatten, ihre eigenen Taschen zu füllen. Cortes übersah das aber. Er hatte den Mann früher einmal sehr hart strafen müssen und war froh, daß er jetzt wieder guter Laune war.

Auch Diego de Ordas kam nicht mit leeren Händen zurück. Er war durch viele große Orte gekommen, die er alle mit ihren Namen aufzählen konnte. Er war überall mit großen Ehren empfangen worden und hatte auch die Grenzbesatzungen Moteczumas besucht. Die Eingeborenen erhoben nach wie vor schwere Klagen gegen diese Männer, die rücksichtslos Tribute eintrieben, raubten und den Frauen Gewalt antaten. Ordas und die vornehmen Mexikaner, die mit ihm waren, hatten den Anführern Vorhaltungen deswegen gemacht und ihnen gedroht, Meldung an Moteczuma zu machen, der sie sicher hart strafen werde. Diese Vorstellungen sollen Eindruck gemacht haben. Über die Grenze habe ihn nur ein einziger Mexikaner begleitet. Er habe dem Kaziken von Coatzacoalco, der Tochel heiße, seinen Besuch angemeldet und sei überall außerordentlich freundlich empfangen worden. Für die Erforschung des Stromes stellte ihm der Kazike mehrere große Kanus zur Verfügung, ja er begleitete ihn mit seinen Würdenträgern selbst. Die Messungen ergaben an der Mündung eine Tiefe von drei Klaftern, weiter aufwärts wurde der Strom immer tiefer, so daß dort die größten Schiffe liegen konnten. In einem Dorf beschenkte man ihn mit Geschmeide und einer hübschen Indianerin. Die Einwohner wollten sich der Herrschaft unseres Kaisers unterwerfen; denn sie hatten sich sehr über Moteczuma und seine Truppen zu beklagen. Erst kürzlich hatten sie ein Gefecht gegen die Mexikaner bestanden und viele von ihnen getötet. Ordas dankte ihnen für die Ehrung und schenkte ihnen spanische Glasperlen. Er berichtete weiter, daß das Land sich besonders für die Schafzucht, überhaupt für die Viehzucht eigne. Der Hafen liege zwar für den Verkehr mit Kuba, Jamaika und San Domingo sehr günstig, er liege aber zu weit von Mexiko weg und habe sehr viele Untiefen. Aus diesem Grund haben wir ihn auch später verhältnismäßig wenig benutzt.

Pizarro brachte nur noch einen seiner spanischen Begleiter aus Tuxtepec zurück. Auf Befragen meldete er Cortes etwas zögernd, daß er die drei anderen in dem reichen Land zurückgelassen habe mit dem Befehl, eine Niederlassung mit Kakao-, Mais- und Baumwollpflanzungen zu gründen. Sie sollten außerdem Geflügelzucht treiben und nach weiteren Goldvorkommen suchen. Cortes erwiderte vor uns nichts. Er muß seinem Verwandten aber unter vier Augen desto schärfer das Notwendige gesagt haben. Im übrigen schickte er den drei Männern den schriftlichen Befehl, sofort zurückzukommen.

Dafür brachte Pizarro viel Gold mit. Er lieferte Körner im Wert von tausend Piastern ab. Er habe dort selbst angefangen Gold zu waschen und dazu viele Indianer an die Flüsse mitgenommen. Er habe ihnen zwei Drittel des Ertrages für ihre Arbeit gegeben. Er sei auch weiter nördlich im Land der Chinanteken gewesen. An der Grenze hätten ihn die Chinanteken schwer bewaffnet empfangen. Sie hätten erklärt, daß kein Mexikaner die Grenze überschreiten dürfe. Nur die Teules seien willkommen. Die Mexikaner seien daraufhin zurückgeblieben. Die Kaziken hätten Gold für sie waschen lassen. Die Körner seien dort in den Gruben rauh und gehaltvoller. Pizarro brachte zwei Kaziken mit, die unsere Freundschaft suchten, Geschenke mitbrachten und nicht genug Böses über die Mexikaner sagen konnten. Cortes war sehr freundlich zu den Männern, erklärte sich bereit, ihnen nützlich zu sein, und entließ sie wieder in ihre Heimat. Zwei mexikanische Kaziken mußten sie bis zur Grenze begleiten, um Überfälle zu verhindern.

Wie Cortes den Moteczuma aufforderte, bei allen
Kaziken seines Reiches einen Goldtribut für unseren
Kaiser zu erheben

Für uns stand nun fest, daß das Land reich war. Nach einer eingehenden Beratung mit seinen Offizieren forderte Cortes deshalb Moteczuma auf, von allen Kaziken und Ortschaften seines Reiches Tribut für unseren Kaiser zu erheben und als reichster Mann des Landes mit gutem Beispiel voranzugehen. Moteczuma war bereit, diese Aufgabe zu übernehmen. Er erklärte aber von vornherein, daß es viele Orte gebe, die kein Gold hätten, die höchstens altererbten Schmuck abliefern könnten. Er schickte mehrere Beauftragte in die Provinzen, vor allem in die Grubengebiete, und verlangte den gleichen Tribut, den er für sich bekommen hatte, noch einmal. Der uns schon als Widerpart bekannte Fürst von Matlatzinco ließ sagen, er werde weder Gold abliefern noch Moteczuma gehorsam sein. Er habe denselben Anspruch auf die Krone von Mexiko wie Moteczuma, der nun Tributzahlungen von ihm verlange. Diese Antwort beleidigte den Fürsten außerordentlich. Er gab seinen beiden besten Offizieren sein Siegel und den Befehl, den Herrn von Matlatzinco gefesselt vorzuführen.

Diesmal gelang die Festnahme. Als man den Fürsten vorführte, zeigte er Moteczuma gegenüber keine Furcht, er war vielmehr über alle Maßen unverschämt und unehrerbietig. Moteczuma befahl deshalb, ihn hinzurichten. Da bat Cortes um die Übergabe des Gefangenen. Er redete dem Mann gut zu und riet ihm, Moteczuma gegenüber nicht den Wahnsinnigen zu spielen. Nur dann könne er ihm zu seiner Freiheit verhelfen. Moteczuma aber verlangte, daß er zu den anderen an die Kette gelegt werde.

Nach zwanzig Tagen kamen die Beamten zurück, welche die Tribute in der Provinz erheben sollten. Moteczuma bat daraufhin Cortes, alle Offiziere und die Soldaten, die er als Wachen kennengelernt hatte, zu sich. Dann sagte er etwa: »Malinche, ihr übrigen Offiziere und Soldaten! Ich fühle mich eurem Kaiser gegenüber in großer Schuld. Schon daß er es der Mühe wert gefunden hat, sich über die große Entfernung weg nach mir zu erkundigen, verpflichtet mich. Noch mehr beschäftigt mich die alte Prophezeiung, nach der das Schicksal ihm die Herrschaft über dieses Land bestimmt hat. Nehmt deshalb dieses Gold für ihn in Empfang. Es ist nicht viel; aber die Zeit zum Einsammeln war zu kurz. Ich für mein Teil habe für den Kaiser den Schatz meines Vaters bestimmt. Ich weiß, daß ihr ihn schon gesehen und wieder eingemauert habt. Wenn ihr diesen Schatz an euren Kaiser sendet, dann müßt ihr dazu schreiben: ›Dies sendet Euch Euer treuer Vasall Moteczuma.‹ Ich werde noch einige besonders schöne Edelsteine hinzufügen, die nur einem so mächtigen Kaiser wie dem Kaiser Karl zukommen, denn jeder von ihnen ist zwei Lasten Gold wert. Außerdem will ich ihm drei Armbrüste mit den dazugehörigen Kugeln und Kugelbeuteln schicken. Sie sind so reich mit Juwelen besetzt, daß sie ihm bestimmt Freude machen werden. Ich möchte ihm überhaupt gern alles geben, was ich habe. Aber nun ist mir nicht viel übriggeblieben; denn ich habe euch nach und nach den größten Teil meines Goldes und meiner Juwelen geschenkt. «

Cortes und wir alle waren überrascht von der Großzügigkeit und Güte des Fürsten. Wir nahmen alle unsere Sturmhauben ab und dankten ihm herzlich. Cortes erklärte, daß er die prächtigen Geschenke für den Kaiser alle genau verzeichnen werde, so daß nichts vergessen werden könne. Noch in derselben Stunde erschien der Haushofmeister, um uns die Schatzkammer zu übergeben. Wir brauchten drei Tage, um die vielen Kostbarkeiten anzusehen und schätzen zu lassen. Wir mußten dazu zwei Goldarbeiter Moteczumas kommen lassen. Allein das Gold war über sechshunderttausend Pesos wert, das Gold, das wir in Scheiben, Barren und Körnern vorfanden, nicht mitgerechnet. Das ganze Gold wurde übrigens eingeschmolzen und in Barren gegossen, die drei Daumen lang und breit waren. Als wir fertig waren, schickte Moteczuma die prächtigen Steine und die geschmückten Armbrüste, die er uns für den Kaiser versprochen hatte.

Cortes ließ einen eisernen Stempel in der Größe eines Reals

machen. Nun konnten die Rentbeamten alles Gold mit dem spanischen Wappen kennzeichnen. Nur die gefaßten Juwelen konnten wir dazu nicht auseinandernehmen. Nach Abzug des königlichen Fünftels sollten die Schätze an alle Offiziere und Mannschaften verteilt werden, wobei auch die Besatzung von Vera Cruz berücksichtigt wurde. Cortes wollte damit warten, bis sich noch mehr angesammelt hätte. Aber die Leute drängten auf eine Verteilung. Sie behaupteten, daß schon ein Drittel von dem Haufen verschwunden sei. Als ihnen ihre Anteile zugewogen wurden, mußten sie allerdings feststellen, daß nichts fehlte.

Von der Verteilung des Goldes, und wie es dabei
zu Streitereien kam

Zunächst wurden von dem ganzen Schatz das Fünftel für die Krone und das Fünftel für Cortes abgezogen, das wir ihm seinerzeit auf den Dünen versprochen hatten. Dann stellte Cortes die Kosten in Rechnung, die er und Diego de Velazquez für die Schiffe und ihre Ausrüstung ausgelegt hatten. Ferner zog er die Kosten für die Reise unserer Agenten nach Spanien ab, den Wert der beiden umgekommenen Rosse und den Anteil für die Besatzung von Vera Cruz, die damals siebzig Mann stark war. Nun erst ging es an die allgemeine Verteilung. Aber auch hier gab es keine Gleichheit: die beiden Geistlichen, die Offiziere, die Reiter, die Musketiere und die Armbrustschützen erhielten doppelte Portionen. Für die einfachen Leute blieb so wenig übrig, daß manche ihren Anteil gar nicht annahmen, womit er wieder dem Cortes zufiel. Wir waren alle geprellt worden, mußten damals aber schweigen; denn was hätte es genützt, wenn wir unter den damaligen Verhältnissen nach Gerechtigkeit geschrien hätten? Cortes hatte viele durch Geschenke und freundliche Worte auf seine Seite gebracht. Die lautesten Schreier hatten bis zu hundert Pesos bekommen, damit sie das Maul hielten.

Der Anteil der Besatzung von Vera Cruz wurde zur Aufbe-

wahrung nach Tlaxcala geschickt. Die Offiziere und einige Soldaten, die es verstanden hatten, Geld zu machen, ließen sich bei
mexikanischen Goldarbeitern schöne Ketten und Schmuckstücke
anfertigen; andere verspielten ihre Anteile. Für den Eindruck,
den diese Art der Goldverteilung auf die Mannschaften gemacht
hatte, nur ein Beispiel: Da war der Cardenas, ein Seemann aus
Triana, ein armer Teufel, der zu Hause Weib und Kinder hatte.
Ihm blieb nichts als seine Haut. Wie der Mann die großen Haufen
Gold und Schmuck sah und selber nur hundert Pesos bekam,
wurde er tiefsinnig. Einer seiner Freunde fragte ihn, warum er so
traurig sei. Er antwortete: »Es ist zum . . .! Ich sollte es mir freilich
nicht so zu Herzen nehmen, wenn das Gold, das wir uns wahrlich
sauer verdienen mußten, mit lauter Fünfteln und Aufrechnungen
für Pferde, Schiffe und andere faule Fische in die Tasche des Cortes fällt, während mein Weib und meine Kinder zu Hause Hun-
gers sterben. Und dabei hätte ich ihnen Hilfe schicken können,
als unsere Agenten nach Spanien segelten. Damals wäre genug
Gold dazu vorhanden gewesen.« Der Freund fragte ihn, woher er
damals das Gold hatte. »Hätte Cortes uns damals durch allerhand
Kniffe nicht das ganze Gold abgenommen, dann hätte ich genug
für mein Weib und für meine Kinder gehabt. Aber damals sollte
dem Kaiser ein großer Schatz geschickt werden, und der Vater
von Cortes erhielt an die sechstausend Piaster. Von dem, was er
heimlich auf die Seite gebracht hat, will ich gar nicht reden. Wir
übrigen müssen uns mit dem Zusehen begnügen. Dabei waren
wir es, die sich bei Tag und Nacht, bei Tabasco und Tlaxcala, bei
Cingapacinga und Cholula herumgeschlagen haben! Und schwe-
ben wir nicht immer noch in größten Gefahren? Müssen wir nicht
täglich den Tod vor Augen haben? Was geschieht mit uns armen
Teufeln, wenn es dieser großen Stadt einfällt, gegen uns aufzustehen? Cortes aber spielt den König und nimmt von unserem
sauer verdienten Gewinn ein Fünftel weg wie der Kaiser!« In diesem Ton fuhr der Mann fort. Sein Freund aber erwiderte: »Und
mit diesen Gedanken willst du dir das Leben verbittern? Was hilft
es denn, wenn man weiß, wohin das Gold kommt, das man selbst

nicht hat? Geht es denn mit den Lebensmitteln anders? Cortes und seine Offiziere fressen fast alles allein auf, und uns bleibt ein schäbiger Rest. Lasse deine trübseligen Betrachtungen fahren und bitte lieber den Allmächtigen, daß er uns nicht in dieser Stadt zugrunde gehen läßt!«

Cortes wußte von dieser Unzufriedenheit; er wußte, daß die Leute ihm und allen Beteiligten die Veruntreuungen sehr übelnahmen. Darum ließ er alle zusammenrufen und hielt eine honigsüße Rede. Er habe zwar alles uns zu verdanken. Er habe aber nicht ein Fünftel verlangt, sondern nur den Anteil, den wir ihm versprochen hätten, als er zum Generalkapitän gewählt wurde. Er sei im übrigen bereit, jedem Bedürftigen zu helfen. Das Gold, das wir bis jetzt gesammelt hätten, sei doch nur eine Kleinigkeit gegenüber den Reichtümern, die uns noch erwarteten. Wir sollten uns doch die großen Städte und die reichen Goldgruben ansehen. Cortes verstand es vortrefflich, gutklingende Redensarten an den Mann zu bringen. Wo sie nicht halfen, griff er zu kräftigeren Mitteln. Manchen gab er heimlich Geschmeide, anderen machte er große Versprechungen. Im übrigen ließ er die Lebensmittel jetzt so verteilen, daß jeder Mann dasselbe erhielt wie er selbst. Auch den armen Matrosen nahm er beiseite, schenkte ihm dreihundert Piaster und versprach ihm, daß er mit dem ersten Schiff, das nach Spanien gehe, zu seiner Familie heimfahren dürfe.

Das Gold ist das Ziel aller menschlichen Wünsche. Je mehr einer hat, um so mehr will er haben. Von den drei Goldhaufen, die wir gemacht hatten, fehlten Stücke, die viele von uns gut kannten. Juan Velazquez de Leon aber ließ sich bei den mexikanischen Goldarbeitern schwere Ketten und andere wertvolle Schmiedearbeiten machen. Unser Schatzmeister Gonzalo Mexia mußte ihn insgeheim darauf aufmerksam machen, daß ein Teil der Stücke, die er zum Umschmelzen gab, zu dem Geschenk Moteczumas für unseren Kaiser gehöre und daß viele von uns diese Stücke kennen. Velazquez erwiderte, daß er nichts zurückgeben werde. Er habe nichts selbst genommen, sondern alles von Cortes erhalten, ehe eingeschmolzen worden sei. Der Schatzmeister gab sich mit dieser Auskunft nicht zufrieden. Er erklärte, daß er von Velazquez und vielen anderen Waffengenossen auf diese Weise das königliche Fünftel nicht erhalten habe. Auch Cortes habe es nicht abgegeben. Es kam zu einem heftigen Wortwechsel, die beiden zogen die Degen, und wenn wir uns nicht dazwischengeworfen hätten, wäre mindestens einer umgekommen.

Sobald Cortes von dieser Auseinandersetzung erfuhr, ließ er beide in Ketten legen und in den Arrest sperren. Da er mit dem Velazquez ein Herz und eine Seele war, meinten viele, das alles sei nur Gaukelspiel. Man erzählte sich, Cortes habe Velazquez heimlich im Arrest besucht und ihm zugesagt, daß er nur zwei Tage sitzen müsse und daß dann beide wieder freigelassen würden. Andere waren mit Mexia nicht zufrieden, weil er die Sache zur Sprache gebracht, aber gegenüber Cortes nicht durchgefochten habe. Er habe damit gegen die Pflichten eines königlichen Schatzmeisters gehandelt. Die Geschichte geht aber ganz anders weiter. Velazquez war in einem Zimmer untergebracht, das an die Gemächer Moteczumas stieß. Wenn der große, starke Mann dort auf und ab ging und die schwere Kette hinter sich herschleppte, mußte der Fürst das Klirren hören. Er ließ sich von seinem Pagen Ortega den Grund für die Fesselung des Velazquez sagen, den er als Wachoffizier gut kannte.

Als Cortes ihn besuchte, fragte der Fürst ihn, warum er denn einen so ausgezeichneten und tapferen Offizier in Fesseln gelegt habe. Cortes antwortete halb im Scherz, daß es bei dem Mann unter dem Hut nicht ganz richtig sei. Er bilde sich ein, zuwenig Gold bekommen zu haben, und wolle nun herumreisen und überall selbst Gold eintreiben. Er habe ihn festsetzen lassen, um die Ausführung dieses Planes zu verhindern. Moteczuma bat Cortes daraufhin, den Velazquez wieder in Freiheit zu setzen. Er werde ihm diese Gedanken schon austreiben und ihm Gold aus seinem Schatz geben. Cortes tat so, als ob er nur sehr ungern einwillige und nur aus Gefälligkeit gegen Moteczuma nachgebe. Aber er ließ den Mann frei, versöhnte ihn mit Mexia, und der Fürst schickte Velazquez mit einigen seiner Beamten nach Cholula, um dort Gold einzutreiben. Nach sechs Tagen kam er reicher denn je zurück. Mexia hat Cortes den Vorfall nie verziehen. Es ist ein charakteristisches Beispiel dafür, wie schlau Cortes es anstellte, wenn er sich das Ansehen eines strengen und gerechten Mannes geben wollte, vor dem wir alle zittern sollten.

Wie der mächtige Moteczuma dem Cortes eine seiner Töchter als Gattin gab, und wie wir auf dem höchsten Tempel einen Altar errichteten

Eines Tages erklärte Moteczuma dem Cortes bei seinem täglichen Besuch: »Um dir zu beweisen, Malinche, wie sehr ich dich ins Herz geschlossen habe, will ich dir eine meiner Töchter, die übrigens sehr schön ist, als Gattin geben.« Cortes nahm seine Mütze ab und bedankte sich sehr für diese Ehre. Er sagte, er sei leider schon verheiratet, und nach den Gesetzen unserer Religion dürfe er nur eine Frau haben. Er werde seine Tochter ihrem Stand gemäß behandeln, sie müsse allerdings Christin werden. Moteczuma war damit einverstanden.

Er zeigte uns gegenüber immer den besten Willen. Nur von den Menschenopfern ließ er sich nicht abbringen, und es verging kein Tag ohne diese Greueltaten. Alle Bitten und Erklärungen von unserer Seite halfen nichts. Cortes drängte aber auf eine Entscheidung. Dabei mußte er vermeiden, die Priester und die Einwohner der Stadt zur Rebellion zu reizen. Nach einer langen Beratung beschlossen wir, die Götzen auf dem Haupttempel zu stürzen. Sollten die Mexikaner Miene machen, sich zu verteidigen oder gegen uns aufzustehen, dann wollten wir auf den Göttersturz verzichten; in jedem Fall aber wollten wir auf der Plattform des Tempels einen Altar mit dem Marienbild und ein Kreuz errichten. Cortes ging mit sieben Offizieren und Soldaten zu Moteczuma, um ihm diesen Plan mitzuteilen. Er sagte: »Gnädiger Herr! Ich habe euch oft und oft gebeten, den falschen Göttern, die euch betört haben, keine Menschen mehr zu opfern. Trotzdem sterben nach wie vor täglich Menschen auf diese grauenhafte Weise. Ich komme deshalb mit diesen Offizieren, die im Namen aller Waffengefährten sprechen, zu Euch und bitte Euch, zu erlauben, daß wir die Götzen aus eurem Haupttempel entfernen und dafür dort ein Bild unserer Muttergottes und ein Kreuz errichten. Die Sache liegt uns sehr am Herzen. Wir würden sie auch gegen deinen Willen durchführen. Dann ließe es sich freilich kaum vermeiden, daß der eine oder der andere deiner Papas dabei umkommt. «

Moteczuma hörte den Antrag an und sah an unseren Gesichtern, wie ernst wir die Sache nahmen. Er erwiderte: »Ach, Malinche, warum willst du mich zwingen, diese ganze Stadt zugrunde zu richten? Unsere Götter sind schon zornig genug, und wer weiß, was euch bei einem solchen Unternehmen zustößt? Gestatte mir, daß ich alle Papas zusammenrufe, um mit ihnen diese Frage zu besprechen!« Listig, wie er war, bat Cortes daraufhin den Fürsten, ihn und den Pater Bartolome noch einmal allein anzuhören. Er befahl deshalb seinen Offizieren, sich zurückzuziehen. Dann eröffnete er Moteczuma: es gebe noch ein Mittel, der Stadt den Aufruhr zu ersparen und die Götzen zu schonen. Er solle nur die Erlaubnis geben, auf der Plattform des Tempels einen Muttergottesaltar und ein Kreuz zu errichten. Es werde ihm sicher gelingen, dafür das Einverständnis seiner Papas zu bekommen. Die Mexikaner würden dann bald selbst feststellen können, daß ihnen diese Maßnahme in jeder Hinsicht Segen bringe. Aber auch diesen Vorschlag konnte Moteczuma nicht ohne weiteres annehmen. Seufzend bat er Cortes um eine Frist, damit er vorher mit seinen Papas sprechen könne. Nach vielem Hin und Her wurden aber unser Altar mit dem Muttergottesbild und das Kreuz doch auf der Tempelplattform errichtet. Wir dankten dem Allmächtigen und hielten ein feierliches Hochamt. Als Mesner wurde ein alter Soldat bestellt. Er sorgte für Sauberkeit, verbrannte Weihrauch vor dem Altar und sorgte für das Ewige Licht und für die ständige Erneuerung des Blumenschmucks. Cortes bat Moteczuma, dafür zu sorgen, daß seine Papas den Mann in Ruhe arbeiten ließen.

ZWISCHEN ZWEI FEINDEN

Wie Moteczuma dem Cortes riet, mit seinen Männern
aus Mexiko zu fliehen, weil das ganze Volk
gegen ihn aufstehen werde

Sobald wir den Altar errichtet und das feierliche Hochamt gehalten hatten, zog sich über uns ein schweres Unwetter zusammen. Die Götter sollen nämlich den Papas gesagt haben, daß sie nun das Land verlassen werden; denn sie könnten unmöglich mit dem Kreuz und dem christlichen Altar an einem Ort wohnen. Wolle man, daß sie bleiben, dann müsse man die Spanier umbringen. Das sei ihr letztes Wort. Man solle Moteczuma und seine Großen doch daran erinnern, wie wir das für die Götter bestimmte Gold zu Barren eingeschmolzen hätten, daß wir die Herren im Lande spielten und fünf mächtige Fürsten an Ketten geschlossen seien.

Moteczuma schickte Ortega zu Cortes und bat ihn dringend zu sich. Der Page hatte diesmal nichts von den geheimen Verhandlungen der Mexikaner verstanden. Cortes begab sich mit fünf Offizieren und den Dolmetschern sofort zum Fürsten, der folgende unerwartete Rede hielt: »Ach, Malinche und ihr anderen Herren Offiziere! Die Götter haben meinen Papas, mir und meinen Hauptleuten einen neuen Befehl erteilt, der mir außerordentlichen Kummer bereitet. Sie verlangen von uns allen Ernstes, daß wir Krieg mit euch anfangen, euch umbringen oder auf irgendeine andere Weise aus dem Land schaffen. Wahrscheinlich ist es ihnen lieber, wenn ihr von selbst geht, noch ehe es zu Feindseligkeiten kommt. Das ist es, was ich dir eröffnen muß, Malinche! Es besteht kein Zweifel, daß es um euer aller Leben geht. Fasse deshalb einen guten Entschluß!«

Niemand von uns hatte eine so plötzliche Wendung der Dinge erwartet. Wir waren in äußerster Gefahr und sehr bestürzt über diese Eröffnung. Doch Cortes faßte sich schnell. Er dankte für die

Benachrichtigung und bedauerte, daß er keine Schiffe mehr habe, um auf ihnen das Land zu verlassen. Er würde dann übrigens Moteczuma mitnehmen müssen, um ihn seinem Kaiser zu präsentieren. Er bat den Fürsten, seine Priester und die Hauptleute so lange hinzuhalten, bis drei Schiffe für uns an der Küste gebaut seien. Das geschehe nur zu ihrem eigenen Vorteil; denn in einem Krieg kämen sie alle ums Leben. Er bat Moteczuma auch gleich, zwei seiner Hauptleute zu stellen, die mit unseren Schiffsbaumeistern an die Küste gehen und für das notwendige Baumaterial sorgen sollten.

Moteczumas Niedergeschlagenheit wurde nur noch größer, als er hörte, daß er mit uns reisen müsse. Aber er gab sofort die notwendigen Befehle für den Schiffbau, riet allen, schnell zu handeln und nicht viel zu reden, und rief die Papas und seine Hauptleute zu sich. Er sagte ihnen, daß es nicht nötig sei, die Stadt in Aufruhr zu versetzen. Sie sollten die Götter einstweilen mit Opfern – aber nicht mit Menschenopfern – beruhigen. Cortes erteilte seinerseits unseren Schiffsbaumeistern, dem Martin Lopez und dem Alonso Nunez, die entsprechenden Befehle. Die Leute setzten sich sofort in Marsch.

Ich will dem geneigten Leser nicht verhehlen, daß uns nach dieser bewegten Unterredung keineswegs wohl zumute war. Wir saßen inmitten dieser großen Stadt in ständiger Alarmbereitschaft. Nach geheimen Meldungen drohte draußen unseren Freunden von Tlaxcala ein schwerer Angriff. Der Page Ortega weinte unaufhörlich, und wir mußten mehr denn je auf die Sicherheit Moteczumas achten.

Wie die Flotte des Diego de Velazquez gegen uns eingesetzt wurde und im Hafen von San Juan de Ulua landete

Aber die Mexikaner waren nicht die einzigen, die uns bedrohten. Ich habe schon berichtet, daß der Statthalter von Kuba, Diego de Velazquez, eine Flotte mit neunzehn Schiffen gegen uns aufgestellt hatte. Sie hatte vierzehnhundert Mann an Bord, zwanzig Geschütze, achtzig Reiter, neunzig Armbrustschützen und siebzig Musketiere. Befehlshaber war Panfilo de Narvaez. Die Flotte hatte den Auftrag, uns gefangenzunehmen oder uns umzubringen. Der königliche Gerichtshof in San Domingo fand keinen vernünftigen Grund für die Ausrüstung der Flotte. Diese unparteiischen Männer sahen sehr wohl, daß unsere ganzen Eroberungen durch eine derartige Auseinandersetzung schwer gefährdet werden müßten. Sie schickten deshalb den Lizentiaten Lucas Vazquez de Ayllon, den Auditor des Gerichtshofs von San Domingo, nach Kuba. Er protestierte in aller Form gegen das Auslaufen der Flotte und drohte schwere Strafen an. Der Statthalter aber hatte sein ganzes Vermögen für diese Aktion geopfert; außerdem rechnete er mit der Gunst des Bischofs Fonseca. Er erklärte, daß der Auditor nicht zuständig sei, und leistete deshalb seinen Befehlen keine Folge. Daraufhin beschloß Vazquez, sich mit einzuschiffen, um wenigstens zwischen Cortes und Narvaez Frieden zu stiften. Manche meinen, er habe von vornherein die Absicht gehabt, die Partei des Cortes zu ergreifen.

Kurz vor dem Hafen von San Juan de Ulua kam die Flotte in einen Sturm, in dem Narvaez ein Schiff verlor. Die übrigen achtzehn Schiffe landeten ohne Schwierigkeiten. Einige Soldaten, die im Auftrag von Cortes nach Erzvorkommen suchen sollten, sahen die Schiffe zuerst. Drei von ihnen, der Cervantes, der Escalona und Alonso Hernandez Carretero, begaben sich ohne Bedenken auf das Flaggschiff von Narvaez. Kaum hatten sie es betreten, dankten sie Gott laut, daß sie nun der Gewalt des Cortes und der gefährdeten Stadt Mexiko entronnen seien. Narvaez ließ sie gut verpflegen und ihnen vor allem reichlich einschenken. So kamen sie ins Reden und sagten in seiner Gegenwart: »Fürwahr, das ist doch ein ganz anderes Leben hier, mit einem guten Glas Wein in der Hand, als der Sklavendienst bei Cortes, der einem Tag und Nacht keine Ruhe gönnt, bei dem man den Mund nicht öffnen darf, wo bei Tag und Nacht überall der Tod lauert!« Cervantes aber, ein gemeiner Possenreißer, rief dem Narvaez zu: »O Narvaez, o Narvaez, du hast Glück! Du kommst in einem Augenblick, in dem Cortes siebenhunderttausend Piaster angehäuft hat. Die ganze Mannschaft ist gegen ihn aufgebracht, weil er sie um einen großen Teil ihres Goldes geprellt hat, so daß viele den schäbigen Rest gar nicht angenommen haben!«

Solche Reden führten die ehrlosen und niederträchtigen Gesellen, und Narvaez wußte bald mehr, als er erfahren sollte. Sie sagten ihm auch, daß acht Stunden von ihrem Standort entfernt unsere neue Stadt Vera Cruz liege mit nur sechzig Invaliden als Garnison, deren Kommandant Gonzalo de Sandoval sei. Sie müßten nur ein paar Männer zeigen, dann würden sich die Leute sicher ergeben.

Moteczuma hörte sehr schnell von der Ankunft der Flotte. Ohne Cortes zu unterrichten, schickte er mehrere seiner höchsten Würdenträger an Narvaez ab mit dem Befehl, ihm Gold und Geschenke zu bringen und die Eingeborenen anzuweisen, ihn mit Lebensmitteln zu versorgen.

Narvaez erwiderte diese Botschaft mit Schmähungen gegen Cortes und uns alle und ließ Moteczuma sagen, wir seien ein Haufen Gesindel und Räuber, die ohne Wissen des Kaisers aus Spanien geflohen seien. Seine Majestät, der Kaiser, habe in Erfahrung gebracht, daß wir in diesem Lande seien, Unruhe stifteten und ihn, Moteczuma, sogar gefangengenommen hätten. Der Kaiser habe ihm daher befohlen, mit seiner Flotte und seinen Truppen wieder Ordnung zu schaffen und Moteczuma aus seiner Gefangenschaft zu befreien. Außerdem solle er Cortes und uns alle entweder niedermachen oder gefangennehmen und nach Spanien schicken, wo uns die Todesstrafe erwarte.

Diese sauberen Reden mußten die drei Soldaten den Abgesandten des Moteczuma verdolmetschen, und Narvaez schenkte ihnen dazu spanische Waren. Moteczuma war überrascht und erfreut über diese Mitteilungen. Er war überzeugt, daß Narvaez mit seiner Übermacht leicht mit uns fertig werden könne. Nachdem seine Botschafter die drei verräterischen Schurken aus unserer Mannschaft bei Narvaez persönlich gesehen hatten, zweifelte er auch nicht an der Wahrheit der gegen Cortes vorgebrachten Infamien. Er schickte deshalb sofort eine zweite Botschaft mit wertvolleren Geschenken an die Küste und schärfte seinen Untertanen ein, daß sie besonders gut für die neuangekommenen Truppen sorgen müßten.

Moteczuma hatte die Nachricht von der Ankunft der Flotte drei Tage vor Cortes. Dem Generalkapitän fiel aber auf, daß der Fürst besonders guter Laune war. Er fragte ihn nach dem Grund, ohne eine stichhaltige Antwort zu bekommen. Erst am dritten Tag bekam es Moteczuma mit der Angst. Er fürchtete, daß Cortes auch Nachrichten haben könne. Um jeden Argwohn aus dem Weg zu räumen, sagte er ihm deshalb: «Soeben, Malinche, habe ich die Meldung bekommen, daß in den Hafen, in dem auch du gelandet bist, eine Flotte mit achtzehn Schiffen und zahlreichen Soldaten und Reitern eingelaufen ist. Ich habe hier eine Bildmeldung von der ganzen Expedition. Aber für dich ist das sicher nichts Neues. Ich nahm an, daß du mich jetzt bei deinem zweiten Besuch darüber unterrichten würdest. Denn jetzt mußt du ja keine neuen Schiffe mehr bauen. Wenn es mich auch schmerzt, daß du mir gegenüber aus der Sache ein Geheimnis gemacht hast, so freue ich mich auf der anderen Seite doch über die Ankunft deiner Brüder. Nun kannst du mit ihnen zusammen nach Spanien zurückkehren, und damit sind alle Schwierigkeiten mit einem Schlag aus dem Wege geräumt.»

Cortes rief vergnügt: »Gott sei gelobt! Seine Hilfe kommt immer zur rechten Zeit!« Auch wir konnten unseren Jubel nicht unterdrücken, tummelten unsere Rosse und gaben Freudenschüsse über Freudenschüsse ab. Insgeheim nahm Cortes die Sache aber sehr ernst. Er wußte, daß diese Flotte vom Statthalter nur gegen uns eingesetzt sein konnte. Als er darum die tatsächlichen Zusammenhänge erkundet hatte, teilte er seine Überlegungen allen Männern mit und zog uns durch Geschenke und Versprechungen auf seine Seite, was ihm nicht schwerfiel, weil wir den Befehlshaber der neuen Flotte nicht kannten. Wir waren trotzdem sehr vergnügt; denn wir betrachteten diese Truppen als Hilfe in der Not.

*Wie Narvaez den Gonzalo de Sandoval zur Übergabe
der Stadt aufforderte, und von den Briefen, die Cortes
in dieser Sache schrieb*

Fürs erste schickte Narvaez den Geistlichen Guevara, der ein gutes Mundwerk hatte, einen sehr angesehenen Verwandten des Diego de Velazquez, einen Sekretär und drei Zeugen zu Sandoval nach Vera Cruz. Als Ausweis bekamen sie eine Abschrift seiner Bestallung mit. Sie sollten die Ankunft der Flotte melden und die Stadt zur Übergabe auffordern. Sandoval war durch die Eingeborenen über die Ankunft der Flotte unterrichtet und hatte für jeden Fall alles für die Verteidigung vorbereitet. Er schickte alle Invaliden und maroden Soldaten in ein abgelegenes Dorf, um nur gesunde Leute in der Festung zu behalten. An der Straße nach Cempoal, die Narvaez benutzen mußte, wurden Vorposten aufgestellt. Schließlich verpflichtete er jeden einzelnen seiner Männer dazu, die Stadt weder an Diego de Velazquez noch an irgendeinen anderen zu übergeben, und ließ zur Warnung einen Galgen auf einer Anhöhe vor der Stadt errichten. Als ihm die sechs Spanier gemeldet wurden, zog er sich in seine Wohnung zurück, befahl seinen Leuten, sich gleichfalls in ihre Quartiere zu begeben, und erwartete die Parlamentäre. Diese fanden deshalb niemanden, mit dem sie reden konnten. Sie sahen die Indianer an den Festungswerken arbeiten und gingen zuerst einmal in die Kirche, um zu beten. Dann erst betraten sie die Wohnung Sandovals, das größte Haus der Stadt.

Der Geistliche Guevara soll Sandoval mit den Worten begrüßt haben: »In Gottes Namen, guten Abend!« Und Sandoval soll geantwortet haben: »Gleichfalls in Gottes Namen, guten Abend!« Dann hielt der Geistliche eine Rede, in der von großen Summen die Rede war, die der Statthalter für die Flotte des Cortes aufgewendet habe, und von dem Undank, den er geerntet habe; denn Cortes sei mit seiner ganzen Mannschaft zum Verräter geworden. Schließlich forderte er Sandoval auf, Narvaez Gehorsam zu leisten. Sandoval hörte sich die beleidigende Rede an, schwieg eine

Weile, um seinen Ärger zu schlucken, und antwortete dann in aller Ruhe: »Ehrwürdiger Herr, Ihr habt sehr unrecht, wenn Ihr Männer, die bessere Diener des Kaisers sind als Diego de Velazquez, Verräter schimpft. Wenn ich Euch für diese Beleidigung nicht sofort strafe, dann geschieht das nur aus Achtung vor Eurem geistlichen Stand. Geht in Gottes Namen nach Mexiko! Dort findet Ihr den Generalkapitän und obersten Richter von Neuspanien. Er wird Euch die richtige Antwort geben. Hier habt Ihr nichts mehr verloren!«

Der Geistliche ließ sich durch diese Worte nicht abschrecken, sondern befahl dem Sekretär, Sandoval und den anderen Anwesenden die Bestallung von Narvaez vorzuzeigen. Sandoval aber befahl dem Sekretär, er solle seine Papiere in der Tasche behalten. Er könne doch nicht beurteilen, ob die Vollmachten echt seien oder nicht. Als der Sekretär diese Anweisung einfach überhörte, fuhr ihn Sandoval scharf an: »Ich warne Euch! Ich habe Euch befohlen, die Papiere in der Tasche zu behalten und damit nach Mexiko zu gehen. Ich verspreche Euch dazu, daß ich Euch hundert Stockhiebe aufzählen lasse, sobald Ihr nur einen Buchstaben aus diesen Papieren vorlest. Könnt Ihr mir denn Eure Bestallung als königlicher Sekretarius nachweisen? Und wer gibt mir die Gewißheit, daß Eure Vollmachten echt sind?«

Da rief der Geistliche: »Was macht ihr für Umstände mit diesen Verrätern? Zieht die Papiere heraus und lest sie vor!« Auf diese Beleidigung antwortete Sandoval nur: »Du lügst wie ein schlechter Pfaffe!« Dann befahl er seinen Leuten, die Herren festzunehmen und nach Mexiko zu bringen. Er hatte noch nicht ausgesprochen, da wurden die Spanier von den indianischen Festungsarbeitern gepackt, wie arme Sünder gefesselt und von Lastträgern nach Mexiko getragen, wo sie nach vier Tagen ankamen. Die Herren waren recht erstaunt über diese rasche Abfertigung. Je weiter sie in das Land hineinkamen, je mehr Städte und Dörfer sie sahen, in denen die Träger sich ablösten und ihnen zu essen gaben, um so banger wurde ihnen ums Herz. Sie sollen nicht mehr gewußt haben, ob sie verzaubert sind oder träumen.

Sandoval ließ den Transport von Pedro de Solis begleiten, dem er Berichte über die letzten Vorgänge an der Küste und über die Flotte mitgab. Diese Berichte trafen schon vor den Gefangenen ein, so daß Cortes ihnen drei Pferde für die Vornehmen und leckere Speisen entgegenschicken konnte. Er ließ sie sofort losbinden. In einem Brief entschuldigte er sich für die falsche Behandlung, die sie durch Sandoval erfahren hätten. Er ritt ihnen selbst entgegen und führte sie mit großen Ehren in die Stadt. Der Geistliche und seine Begleiter staunten über die Pracht und Größe der Stadt Mexiko, über das Gold, das jeder von uns besaß, und über die offene und edle Art und Weise, in der Cortes sie empfing. Sie waren keine zwei Tage bei uns, da hatte Cortes mit guten Worten, Versprechungen, Goldbarren und Juwelen die wilden Löwen in sanfte Lämmer verwandelt. Sie kehrten in der Absicht zur Flotte zurück, Cortes alle guten Dienste zu leisten. Als sie in Cempoal ankamen, erklärten sie deshalb ihrem Befehlshaber Narvaez und allen Soldaten, daß es das beste wäre, mit uns gemeinsame Sache zu machen.

Cortes war ein Mann, der seine Augen überall hatte und der aus jeder Verlegenheit einen Weg fand. Freilich hatte er auch das Glück, Offizieren und Soldaten zu befehlen, auf die er sich in jedem Fall verlassen konnte, die nicht nur starke Arme für den Kampf, sondern auch kluge Köpfe hatten. Wir faßten einmütig den Beschluß, indianische Schnellboten mit einem Brief an Narvaez zu schicken, der noch vor seinen Parlamentären ankommen mußte. In dem Brief wurden ihm viele Artigkeiten gesagt; wir boten ihm unsere Dienste an und baten ihn nur um die einzige Gefälligkeit, das Land nicht in Aufruhr zu bringen und den Indianern nichts von unseren Mißhelligkeiten zu verraten. Da der Geistliche und der Sekretär uns berichtet hatten, daß Narvaez keineswegs mit allen seinen Offizieren gut stehe, versuchten wir natürlich, auch unter ihnen Freunde zu gewinnen. Guevara meinte, daß einige Barren Gold und einige Ketten schnell das Eis brechen würden.

Narvaez las den Brief seinen Offizieren vor und machte sich dabei über Cortes und uns alle lustig. Die Herren einigten sich sehr schnell, den Brief überhaupt nicht zu beantworten. Unterdessen kam Guevara mit seinen Begleitern an. Die guten Berichte und die Ratschläge dieser Männer verärgerten Narvaez derart, daß er von da an für sie nicht mehr zu sprechen war. Um so stärker wirkten die Berichte auf seine Mannschaften und auf einen Teil seiner Offiziere. Diese Wirkung verstärkte sich noch, als Pater Bartolome, den Cortes als seinen Botschafter geschickt hatte, insgeheim Briefe und Goldbarren verteilt hatte. Narvaez ließ den Pater gar nicht zu Wort kommen, sondern beschimpfte uns in seiner Gegenwart als Hochverräter. Der Geistliche zog aber inzwischen die wichtigsten Offiziere der Flotte von Narvaez auf seine Seite. Der kaiserliche Auditor stellte sich offen hinter Cortes, nur wenige uneinsichtige Männer hielten noch zu ihrem Oberbefehlshaber. Es kam fast zu einem Aufruhr. Narvaez ließ daraufhin den kaiserlichen Auditor mit seinem Gefolge festnehmen, auf ein Schiff und nach Spanien oder Kuba bringen. Der Auditor setzte auf hoher See eine Kursänderung in Richtung San Domingo durch, wo das Hohe Gericht sich ganz auf seine Seite stellte. Von diesem Zeitpunkt an setzte sich das Gericht in Spanien nachdrücklich für Cortes und gegen seine geld- und ruhmgierigen Gegner ein. Freunde und Verwandte des Auditors verließen die Flotte und gingen zu Sandoval über, der sie mit offenen Armen aufnahm.

Was Narvaez weiter unternahm, und wie wir beschlossen,
gegen ihn zu kämpfen

Narvaez aber marschierte mit allen seinen Männern und dem ganzen Troß nach Cempoal, bezog in der schon übervölkerten Stadt Quartier, raubte dem dicken Kaziken alle seine Baumwollstoffe und allen Schmuck, war gewalttätig gegenüber den Eingeborenen, vor allem gegen die Frauen, und verspottete den Kaziken, der ihm das gute und freundschaftliche Benehmen von Cortes und uns als Beispiel vorhielt.

Cortes erfuhr auf den verschiedensten Wegen alle Einzelheiten über die Zustände im Lager von Narvaez und über die schlechte Stimmung unter seinen Offizieren. Als er hörte, daß Narvaez in Kürze nach Mexiko ziehen und uns niederkämpfen wolle, beschlossen wir, ihm zuvorzukommen. Pedro de Alvarado sollte mit den weniger Kampflustigen und mit den Leuten, die zur Partei des Statthalters gehörten, in Mexiko bleiben und Moteczuma bewachen. Genügend Lebensmittelvorräte für diese dreiundachtzig Mann und ihre indianischen Hilfstruppen waren vorhanden.

Cortes wußte von den heimlichen Verbindungen, die Moteczuma mit Narvaez pflegte, und Moteczuma kannte die Pläne unseres Generalkapitäns. Aber keiner von beiden sprach mit dem anderen darüber, bis Moteczuma endlich doch fragte: »Malinche! Deine Offiziere und Soldaten sind in den letzten Tagen sehr unruhig geworden. Auch du besuchst mich seltener, und mein Page Ortega berichtet mir, daß ihr gegen eure eigenen Brüder zu Felde ziehen wollt und daß Tonatio hierbleiben wird, mich zu bewachen. Sage mir bitte, was an der Sache ist. Sollte ich dir bei dem Unternehmen in irgendeiner Weise helfen können, dann tue ich das mit Vergnügen. Ich habe Sorge, daß ihr in euer eigenes Unglück zieht; denn ihr seid sehr wenige Männer gegenüber den neuangekommenen Teules. Sie sind fünfmal so stark, sind auch Christen, verehren dasselbe Kreuz, halten Messe wie ihr und verbreiten überall die Nachricht, daß ihr eurem Kaiser entflohen seid und daß sie den Befehl haben, euch zu fangen oder zu töten. Ich weiß wirklich nicht, was ich von euch denken soll. In jedem Fall bitte ich euch, sehr zu überlegen, was ihr unternehmen werdet.«

Cortes erwiderte ihm mit heiterer Miene, er habe ihm bis jetzt die Angelegenheit verschwiegen, weil er ihn nicht mit unnötigen Sorgen belasten wollte. Es sei richtig, daß die Neuankömmlinge auch Untertanen unseres Kaisers und Christen seien; es sei aber eine grobe Unwahrheit, daß wir aus dem Spanischen Reich geflohen seien. Vielmehr habe uns unser Kaiser mit den Aufträgen hierhergeschickt, die Moteczuma inzwischen zur Genüge kenne. Wegen der Zahl der Gegner machten wir uns keine Sorgen. Unser Herr Jesus Christus und seine gebenedeite Mutter hätten uns genug Kraft gegeben, um mit diesen bösen Menschen fertig zu werden, die mit schlimmen Plänen in dieses Land gekommen seien. Er solle sich also keine Sorgen um uns machen, sondern sich mit Tonatio gut stellen, seine Papas und Kaziken daran hindern zu rebellieren, was ihnen schließlich doch nur das Leben kosten würde, und für die Zurückbleibenden genügend Lebensmittel liefern. Dann umarmten sich die beiden, und Cortes verabschiedete sich.

Wir zogen ohne Frauenzimmer, Dienerschaft und anderen Ballast nach Cholula und schickten von dort aus Boten nach Tlaxcala. Cortes bat die beiden alten Kaziken, ihm viertausend Krieger zu schicken. Xicotencatl und Maseescasi antworteten aber, sie würden die verlangten Truppen sofort stellen, wenn sie gegen Indianer kämpfen sollten, ginge es aber gegen die Teules mit ihren Kanonen und ihren Pferden, dann sollten wir es ihnen nicht übelnehmen, wenn sie zu Hause blieben. Dazu schickten sie zwanzig Mann mit zwanzig Lasten Hühner.

Nun sandte Cortes einen Eilboten zu Sandoval und bat ihn, mit seinen Leuten zu einem bestimmten Treffpunkt zu kommen, der zwölf Stunden von Cempoal entfernt war. Er solle aber so vorgehen, daß er in keinem Fall von den Leuten des Narvaez gesehen werde oder gar mit ihnen in Gefechtsberührung komme. Wir selbst marschierten wieder mit allen üblichen Sicherungen. Zwei Späher waren eine ganze Tagesreise voraus. Die Indianer meldeten uns jede Bewegung des Gegners. Auf diese Weise trafen wir sehr bald einen gewissen Alonso de Mata, der als königlicher Sekretarius auftrat und uns die Befehle und die Abschriften der Vollmachten von Narvaez zustellen sollte. Als Zeugen hatte er vier Mann mitgebracht.

Als sie uns sahen, grüßten sie fast demütig, und als Cortes hörte, wer sie seien, stieg er vom Pferd und ging ihnen entgegen. Alonso de Mata wollte gleich mit der Verlesung seiner Papiere beginnen. Cortes unterbrach ihn aber und fragte ihn, ob er königlicher Sekretarius sei. Diese Frage beantwortete Mata mit »Ja«. Er konnte aber die geforderte Urkunde darüber nicht vorlegen. Aus diesem Grund erklärte ihm Cortes, dann brauche er auch die Dokumente nicht vorzulesen. Im übrigen würde er sie auch nur dann anhören, wenn es Originale wären und wenn sie des Kaisers Unterschrift trügen. Der Mata bekam es mit der Angst bei dieser Begrüßung; denn er war wirklich kein Sekretarius. Er und seine Begleiter blieben deshalb stumm. Cortes freute sich an ihrer Verlegenheit und ließ ihnen zu essen geben. Dann sagte er ihnen, daß wir jetzt in die Nähe des Ortes Tampecanita marschieren. Dort würden ihn Nachrichten von Narvaez erreichen, wenn er welche für ihn habe. Cortes hielt sich bei diesem Gespräch sehr zurück und sagte kein böses Wort über seinen Gegner. Er redete mit den Leuten noch allein und schmierte ihnen die Hände mit Gold, so daß sie ganz vergnügt von dannen zogen. Wir hatten unsere Waffen mit Juwelen geschmückt und trugen goldene Ketten um den Hals, als die Boten von Narvaez uns aufsuchten. Sie erzählten drüben nur Gutes von Cortes und von uns. Das hatte die Folge, daß viele wichtige Männer im feindlichen Lager den dringenden Wunsch hatten, zwischen den beiden Feldherrn zu vermitteln.

Wir marschierten noch bis Tampecanita, wo am nächsten Tag auch Sandoval mit seinen sechzig Mann eintraf. Die Verwandten und Freunde des Auditors waren bei ihm. Cortes empfing sie besonders herzlich. Dann ließ er sich von Sandoval ausführlich über seine Erlebnisse mit den Abgesandten von Narvaez berichten. Dieser erzählte unter anderem, daß zwei Soldaten als Indianer verkleidet im gegnerischen Lager gewesen seien. Sie hätten dem Intimus von Narvaez, dem Maulhelden Salvatierra, Kirschen verkauft und dafür eine Schnur Glasperlen erhalten. Im übrigen hätten sie manche Gespräche gehört, vor allem wie dieser Salvatierra uns wieder Verräter geheißen und unser blutiges Ende vorausgesagt habe. Daraufhin hätten sie ihm zwei Pferde gestohlen, die sie auch glücklich ins Lager von Sandoval gebracht hätten.

Nach Lage der Dinge wollten wir noch einmal versuchen, in Frieden mit Narvaez auseinanderzukommen. Wir schickten deshalb den Pater Bartolome, der ein kluger Kopf war, ins gegnerische Lager. In einem Begleitbrief stand unter anderem: wir hätten uns über die Ankunft des Korps gefreut und gehofft, mit einem Helden wie Narvaez die Sache Gottes und des Kaisers noch besser fördern zu können. Er habe aber auf unsere erste Botschaft gar nicht geantwortet, sondern uns Moteczuma gegenüber als Hochverräter bezeichnet und damit das ganze Land in Unruhe versetzt. Cortes wolle trotzdem über diese völlig ungerechtfertigten Beschimpfungen wegsehen; denn es komme ihm darauf an, das zu tun, was im Interesse Seiner Kaiserlichen Majestät sei. Er sei deshalb auch bereit, das Land mit ihm zu teilen. Narvaez solle ihm nur mitteilen, welche Provinzen er haben wolle. Cortes habe darum gebeten, ihm die Originale der kaiserlichen Bestallungen und Befehle vorzulegen, damit er sich von ihrer Echtheit überzeugen und ihnen pflichtgemäß nachkommen könne. Er habe dies billige Verlangen unbeachtet gelassen. Er ersuche ihn nunmehr, die kaiserlichen Vollmachten binnen drei Tagen durch einen königlichen Sekretarius vorlegen zu lassen. Er verspreche ihm, die Befehle Seiner Majestät aufs genaueste zu erfüllen. Habe er aber keine kaiserlichen Bestallungen, dann könne er unbehelligt wieder nach Kuba zurückkehren. Er solle es aber unterlassen, die Einwohner aufzuhetzen. Wir seien sonst gezwungen, ihn als Feind zu behandeln, einzufangen, zu fesseln und dem Kaiser zur Aburteilung zu schicken. Jeder Tropfen Blut, der vergossen werde, jeder Schaden, der durch Sengen und Brennen entstehe, falle auf ihn zurück. Cortes schrieb, er sei gezwungen, ihm diese Mitteilungen schriftlich zu machen, weil kein königlicher Notarius bereit sei, ihn persönlich aufzusuchen, seit er den kaiserlichen Auditor wider alles Recht gefangengenommen und verschickt habe. Er frage Narvaez, woher er das Recht zu einer derartigen

Entscheidung nehme. Als Generalkapitän und oberster Richter in Neuspanien müsse er ihn in dieser Sache vor sich laden. Narvaez müsse sich vor ihm wegen dieses Verbrechens gegen die Majestät verantworten. Außerdem müsse er verlangen, daß er dem dicken Kaziken unverzüglich die baumwollenen Stoffe, die Wertsachen und die Kazikentöchter zurückschicke. Seine Mannschaft müsse den strikten Befehl erhalten, das Eigentum der Eingeborenen unangetastet zu lassen. Der Brief wurde mit den üblichen Courtoisien geschlossen, von Cortes, den Offizieren und einigen Soldaten, unter denen auch ich war, unterschrieben und gesiegelt.

Pater Bartolome gab den Brief nicht gleich ab. Er suchte zunächst Verbindung mit einigen Kavalieren und anderen wichtigen Männern im Hauptquartier von Narvaez. Seine Gespräche und die mitgebrachten Goldbarren taten ihre Wirkung. Er führte manchen geheimen Disput, vor allem mit Andres de Duero, dem früheren Geheimsekretär des Statthalters Diego de Velazquez, der Cortes ja schon vor seiner Ausfahrt immer unterstützt hatte. Dem Einfluß von Duero auf die Mannschaften und auf Narvaez verdankte es Pater Bartolome auch, daß er nicht gefangengenommen wurde. Die Vertrauten von Narvaez fürchteten nämlich mit Recht, daß der Pater Offiziere und Mannschaften gegen ihren Befehlshaber beeinflussen wolle. Dem schlauen und verschlagenen Mönch gelang es auch, zur Verlesung des Briefes alle Offiziere und zahlreiche Mannschaften um sich zu versammeln, so daß ihn sehr viele hören konnten. Er erreichte schließlich, daß Andres de Duero beauftragt wurde, Cortes aufzusuchen, um mit ihm zu verhandeln.

Duero benutzte diese Gelegenheit, um Cortes an seine Versprechungen zu erinnern, nach denen er an den Gewinnen der Expedition beteiligt werden sollte. Cortes versprach ihm nicht nur große Schätze, sondern auch ein Kommando, das ihm den Besitz von großen Ländereien einbringen sollte. Die Beute und das Kommando sollten nach der Ausschaltung von Narvaez an Cortes, Duero und an den Feldzeugmeister des Gegners, Augu-

stin Bermudez, gehen. Dafür verpflichteten sie sich, den Maßnahmen ihres Befehlshabers in allen Dingen entgegenzuarbeiten
und noch weitere wichtige Leute für Cortes zu gewinnen. Für
diesen Zweck nahm Duero zwei Lasten Gold mit. Am
Pfingstsonntag stieg Duero wieder zu Pferd, und Cortes verabschiedete ihn mit den Worten: »Nun reiset mit Gott, Herr Andres de Duero! Haltet Euch genau an alles, was wir vereinbart haben. In längstens drei Tagen bin ich mit meinen Leuten in Eurem
Hauptquartier. Seid Ihr dann nicht bei der Stange geblieben,
dann seid Ihr der erste, den meine Lanze durchbohrt.« Und
Duero antwortete ihm darauf lächelnd: »Ihr könnt ganz ruhig
sein. Es wird alles geschehen, was zu Eurem Nutzen ist.« Dann
ritt er zu Narvaez und brachte ihm die beruhigende Meldung, daß
Cortes und wir alle nichts sehnlicher wünschten, als möglichst
bald unter seinen Befehl zu treten.

Wie Juan de Velazquez ins Hauptquartier von Narvaez
ritt, und wie es ihm dort erging

Nun bat Cortez den Hauptmann Juan Velazquez de Leon zu sich,
den nahen Verwandten des Statthalters von Kuba, der einer seiner treuesten und zuverlässigsten Offiziere war. Er sagte ihm lächelnd: »Ich habe Euch rufen lassen, Herr Juan de Velazquez,
weil man im Lager von Narvaez überzeugt ist, daß Ihr gegen mich
Partei ergriffen habt. Man hält deshalb meine Lage für völlig aus-
sichtslos. Aus diesem Grund möchte ich Euch bitten, ins feindliche Lager zu gehen und Euch dort ein wenig umzuhören. Ich
möchte Euch auch noch den Herrn Diego de Ordas schicken, der
Narvaez als Haushofmeister von Diego de Velazquez seine Aufwartung machen soll.« Velazquez wurde mit vielen Kostbarkeiten ausgestattet und ritt bald ab. Wir aber marschierten Richtung
Cempoal weiter.
    Juan Velazquez wurde in Cempoal vom dicken Kaziken und
seinen Untertanen und im gegnerischen Hauptquartier mit

offenen Armen empfangen. Narvaez kam ihm mit vielen seiner Offiziere auf der Straße entgegen und umarmte ihn. Er bat ihn, nicht beim dicken Kaziken, sondern bei ihm Quartier zu nehmen. Velazquez aber erklärte, daß er nicht viel Zeit habe. Er sei nur in der Absicht gekommen, zwischen Narvaez und Cortes Frieden und Freundschaft zu stiften. Narvaez fragte sehr erregt, wieso er als Vetter des Statthalters von der Versöhnung mit einem Mann reden könne, der mit seiner ganzen Flotte eben diesen Vetter verraten habe. Juan Velazquez widersprach ihm sehr energisch: Cortes sei ein treuer Diener des Kaisers und alles andere als ein Verräter. Er müsse darum bitten, in seiner Gegenwart keine derartigen Beleidigungen mehr auszusprechen.

Daraufhin wechselte Narvaez den Ton und bot Velazquez eine hohe Offiziersstelle an, wenn es ihm gelinge, daß Cortes sich mit seiner ganzen Mannschaft unter seinen Befehl stelle. Velazquez aber sagte dagegen, daß er sich für den größten Verräter hielte, wenn er irgend etwas gegen Cortes unternehme. Er habe ihm den Fahneneid geschworen, er habe ihn als treuen Gefolgsmann des Kaisers kennengelernt und werde Cortes die Treue halten wie dem Kaiser. Er bitte ihn dringend darum, ihm in Zukunft keine derartigen Ehrlosigkeiten zuzumuten. Die Offiziere hörten einen Teil des Gesprächs mit an. Sie behandelten Velazquez mit ausgesprochener Hochachtung. Nur die engsten Freunde von Narvaez waren ganz anderer Meinung. Sie erreichten, daß ihr Feldherr den Befehl zur Verhaftung gab. Die heimlichen Anhänger von Cortes erfuhren dies so rechtzeitig, daß sie Narvaez warnen konnten. Sie sagten ihm, daß es doch keinen Sinn habe, diesen Mann zu verärgern. Cortes könne mit seinen wenigen Leuten so und so nichts gegen ihn unternehmen. Außerdem habe er alle Abgesandten sehr höflich empfangen und mit reichen Geschenken entlassen. Es würde für die weitere Entwicklung sicher besser sein, wenn er Velazquez zur Tafel lade.

Narvaez ließ sich überzeugen, und Velazquez wurde zur Tafel gebeten. Er machte dem Befehlshaber allerdings wenig Hoffnung, daß Cortes sich ihm unterstellen werde. Er hielt die

Teilung des Landes für die beste Lösung. Inzwischen erschien Pater Bartolome, der das ganze Vertrauen von Narvaez gewonnen hatte, und schlug vor, das ganze Korps vor Juan de Velazquez aufmarschieren zu lassen, damit er einen Eindruck von seiner Stärke bekomme. In Wirklichkeit lag ihm nur daran, die unruhigen Männer auf diese Weise zu beschäftigen. So trat denn das ganze Korps vor Juan, seinem Reitknecht und dem Pater an. Als Juan sie sah, sagte er zu Narvaez: »Fürwahr, Euer Gnaden, Ihr habt eine große Macht zur Verfügung! Gott gebe, daß sie noch weiter wächst!« Und Narvaez erwiderte: »Nicht wahr, jetzt ist Euch klar, daß es mich nur einen Tagesmarsch kostet, um euch alle niederzuzwingen?« »Darüber kann ich nichts sagen«, antwortete Velazquez; »aber Ihr dürft mir glauben, daß wir unser Leben teuer verkaufen werden!« Am nächsten Morgen wäre es beim Frühstück fast zu einer blutigen Auseinandersetzung gekommen, weil ein junger Neffe des Statthalters wieder von Verrätern sprach. Juan de Velazquez brach daraufhin sehr plötzlich auf, und Narvaez sagte ihm zum Abschied, er solle sich nun endlich in Gottes Namen auf den Weg machen. Es wäre besser gewesen, wenn er nie gekommen wäre. Auch der junge Diego de Velazquez machte noch einige unverschämte Bemerkungen. Aber Juan antwortete nur, es werde sich ja zeigen, ob seine Tapferkeit der Kühnheit seiner Worte gemäß sei. Darüber kam es zu weiteren bitteren Reden, bis sich die geheimen Anhänger von Cortes einschalteten und Juan de Velazquez sehr grob auf den Weg schickten. Narvaez hatte nämlich wieder den Befehl gegeben, ihn zu verhaften. Er entkam auch nur mit knapper Not einem gegnerischen Reitertrupp, der ihn bis dicht vor unser Lager verfolgte.

Wir empfingen ihn sehr herzlich und hörten gespannt seinen Berichten zu. Der Mönch aber erzählte, wie er sich das Vertrauen von Narvaez erschlichen habe, mit welcher List es ihm gelungen sei, den Brief öffentlich zu verlesen, wie er den Befehlshaber dazu gebracht habe, sein Korps zu präsentieren, und wie er schließlich sogar die Freundschaft des Maulhelden Salvatierra erlangt habe.

Wir mußten herzhaft lachen über seine schlauen Eulenspiegelei-
en, die uns von großem Nutzen waren. Dabei sollten wir zwei-
hundertsechsundsechzig Mann am nächsten Tag zu einer entscheidenden Schlacht gegen eine fünffache Übermacht antreten.
Wir zogen gegen Abend, in der kühleren Jahreszeit, noch bis in
die Nähe von Cempoal.

Der Sieg über Narvaez

Nach den Besuchen unserer Abgesandten rieten die Vertrauten
des Narvaez dringend zu äußerster Wachsamkeit. Auch der dicke
Kazike ließ unsere Bewegungen beobachten. Als er hörte, daß wir
uns Cempoal nähern, sagte er zu Narvaez: »Wie könnt ihr nur so
ruhig und sorglos sein! Glaubt ihr denn, daß Malinche und seine
Männer Leute sind wie ihr? Fürwahr, wenn ihr euch nicht genügend sichert, dann kommt er eines Tages plötzlich über euch und
macht euch alle nieder.« Narvaez und sein Anhang lachten zwar
über diese Warnung, trafen aber doch einige Vorsichtsmaßnahmen. Als erstes teilten sie den Soldaten ihres Korps mit, daß
es nun zum Kampf auf Leben und Tod mit uns komme. Dann
ließ Narvaez seine Leute mit allem Kampfgerät ein Lager beziehen, das eine Viertelstunde von Cempoal weg lag, weil man uns
von dort aus besser beobachten konnte. Wer von unseren Leuten
dort vorbeikam, sollte gefangengenommen oder niedergemacht
werden. Damals fiel aber gerade ein starker Regen, und die
kriegsungewohnten Offiziere beredeten ihren Befehlshaber so
lange, bis er sie wieder die alten Quartiere beziehen ließ. Nur Vorposten und Wachen blieben draußen. Dafür versprach er jedem,
der Cortes oder Sandoval lebend oder tot einbrächte, zweitausend
Piaster.
Doch wieder zurück zu uns: wir waren an einen Bach gekommen, von dem aus es noch eine Stunde bis Cempoal war. Wir lagerten in einem schönen Wiesengrund, besetzten die Vorposten
mit unseren zuverlässigsten Leuten und stellten die üblichen Wa-

chen aus. Dann rief Cortes alle Offiziere und Soldaten zusammen und hielt eine seiner honigsüßen Reden, mit viel Schmeicheleien und noch mehr lockenden Versprechungen. Er rief die ganze Geschichte unserer Unternehmung von der Ausfahrt aus Kuba bis zum heutigen Tag in unser Gedächtnis zurück, vergaß dabei nicht die Strapazen und Nöte, die wir ausgestanden hatten, und fuhr dann fort: »Es ist euch bekannt, meine Herren, daß mich der Statthalter von Kuba zum Generalkapitän für dieses Unternehmen ernannt hat, wenngleich genug Kavaliere zur Verfügung standen, die nicht weniger würdig waren. Ihr erinnert euch sicher, daß wir mit dem Ziel auszogen, Niederlassungen in diesem Land zu errichten. Die ganze Unternehmung ist ja nie anders als unter diesem Gesichtspunkt bekanntgegeben worden. Dennoch hat man sie später als reine Handelsfahrt deklarieren wollen. Ich war bereit, nach Kuba zurückzukehren und mit Diego de Velazquez abzurechnen. Da habt ihr von mir verlangt, ja ihr habt mich gezwungen, im Namen Seiner Majestät des Kaisers, hier eine Niederlassung zu errichten. Das haben wir dann auch mit Gottes Hilfe geschafft. Dann habt ihr mich zu eurem Generalkapitän und zum obersten Richter von ganz Neuspanien gewählt, der bis zu einer anderen Verfügung des Kaisers hier seines Amtes walten sollte. Ihr wißt, daß es wegen der Rückkehr nach Kuba auch später noch Auseinandersetzungen gegeben hat. Dennoch hat sich langsam bei allen die Überzeugung durchgesetzt, daß der Allmächtige unsere Unternehmungen gesegnet hat; denn sonst hätten wir nicht derart große Dinge leisten können. . . . Ihr wißt auch noch, daß wir den Kaiser durch unsere Abgesandten bitten ließen, für dieses reiche Land, das viermal so groß ist wie Spanien, einen Infanten als Regenten einzusetzen und nicht eine der Kreaturen des Bischofs von Burgos. Wir ließen ihm melden, daß wir jede seiner Entscheidungen respektieren würden, daß wir aber bis zum Eintreffen dieser kaiserlichen Entscheidung keine anderen Befehle oder Verfügungen annehmen könnten. Wir schickten dem Kaiser mit diesem Bericht alles Gold, alles Silber, alle Juwelen und alle Kostbarkeiten, die wir bis dahin gesammelt hatten.

Sie waren der einzige Lohn für unsere Mühsal, für schwer er-kämpfte Siege, für zahlreiche Wunden, für Hunger und Durst, für ständige Todesgefahren. Wir mußten Nässe, Hunger und Wind ertragen, wir mußten bei Schnee und Regen auf dem nackten Bo-den schlafen, wir konnten unsere Waffen keinen Augenblick aus den Händen legen. Wir verloren über fünfzig Kameraden, und wir alle wurden mit Wunden bedeckt, die zum Teil bis heute noch nicht geheilt sind. Zunächst mußten wir alle Gefahren der See bestehen, dann kamen die Schlachten von Tabasco, von Al-meria und Cingapacinga, nicht zu vergessen die Hinterhalte in den Gebirgen. Wie nahe waren wir bei Tlaxcala unserem Unter-gang! Aber wir durften nur kurz Atem holen; denn schon kamen die Kämpfe um Cholula, wo die Töpfe bereitstanden, in denen man unser Fleisch kochen wollte. Nie werde ich den Marsch durch die Gebirgspässe vergessen, die Moteczuma besetzt hielt, und die dichten Baumsperren, mit denen uns der Weg verlegt werden sollte. Dennoch zogen wir endlich in Mexiko ein und nahmen mitten in der Stadt Quartier. Aber wie oft trat uns gerade dort der Tod dicht vor Augen! Wahrlich, alle diese Gefahren ent-ziehen sich einer menschlichen Berechnung! Dabei haben man-che von uns noch viel mehr durchgemacht. Ich denke an jene un-ter euch, die schon vorher zwei Entdeckungsreisen in diese Län-der mitgemacht und dabei manchen Kameraden und ihr ganzes Vermögen verloren haben.

Und da kommt nun der Panfilo de Narvaez wie ein toller Hund dahergerannt, um uns den Garaus zu machen! Er nennt uns Bö-sewichte und Hochverräter, er wiegelt Moteczuma gegen uns auf, er maßt sich an, den Auditor Seiner Kaiserlichen Majestät in Fesseln zu legen. Das allein ist schon ein schweres Verbrechen gegen unseren Kaiser! Und nun verkündet er den Vernichtungs-krieg gegen uns!« Cortes sprach dann von der Tapferkeit, die wir in allen Schlachten gezeigt hätten. Er sagte, bisher hätten wir nur um unsere Haut gekämpft, diesmal aber gehe es um Leben und Ehre. Man wolle uns alle zu Gefangenen machen und unser Ei-gentum rauben. Narvaez habe keinen Auftrag vom Kaiser selbst.

Unser Todfeind, der Bischof von Burgos, habe das ganze Unternehmen gegen uns veranlaßt. Unterlägen wir in diesem Kampf, dann würden alle Dienste, die wir der Sache Gottes und des Kaisers geleistet hätten, als Verbrechen bezeichnet. Man würde uns des Mordes, der Plünderung, der Verheerung des Landes anklagen, obwohl Narvaez gemordet, geplündert und die Eingeborenen aufgewiegelt habe. Ihm würde dann als Verdienst angerechnet, was man uns als Verbrechen vorwerfe. Und Cortes schloß mit den Worten: »Und weil nun dies alles sonnenklar ist und wir als rechtschaffene Kavaliere verpflichtet sind, die Ehre Seiner Majestät des Kaisers, unsere eigene Ehre und unser Hab und Gut zu verteidigen, habe ich mich entschlossen, von Mexiko auszuziehen, um diesem Unrecht unser heiliges Recht und unsere ganze Kraft entgegenzustellen.«

Mehrere Offiziere und Soldaten antworteten ihm darauf im Auftrag von uns allen, daß er sich auf uns verlassen könne: wir würden siegen oder sterben. Cortes freute sich über unsere Entschlossenheit und erklärte, er habe es nicht anders erwartet. Dann gab er seine Angriffsbefehle. Sechzig junge Soldaten, unter denen auch ich war, sollten unter der Führung von Pizarro die achtzehn Geschütze nehmen, die vor dem Quartier des Gegners im Regen standen. Nach Durchführung dieser Aktion sollten wir den Tempel stürmen, in dem Narvaez sein Hauptquartier hatte. Gonzalo de Sandoval war mit weiteren sechzig Mann dazu ausersehen, sich der Person des Narvaez zu bemächtigen. Juan de Velazquez aber sollte mit weiteren sechzig Mann den Diego de Velazquez festnehmen, den entfernten Verwandten, mit dem er den Wortwechsel gehabt hatte. Cortes selbst behielt für sich nur zwanzig Mann zurück, um überall eingreifen zu können. Er hatte es vor allem auf Salvatierra abgesehen. Die Befehle wurden an die Hauptleute schriftlich erteilt.

Dann ergriff Cortes noch einmal das Wort und sagte: »Ich weiß, daß das Korps Narvaez viermal stärker ist als wir. Aber die meisten sind nicht an den Kampf gewöhnt, sehr viele lehnen ihren eigenen Befehlshaber ab, viele sind krank, und im übrigen kommen wir allen unerwartet über den Hals. Ihre Gegenwehr wird nicht erschütternd sein, und ich vertraue auf den Allmächtigen, daß er uns den Sieg verleiht. Die Männer drüben wissen auch, daß sie bei einem Wechsel des Befehlshabers nichts verlieren, sondern höchstens gewinnen können. Ja, meine Herren, unsere Ehre und unser Leben hängen jetzt nur noch von Gott und eurer Tapferkeit ab. Der Ruhm der Nachwelt liegt in unseren Händen. Es ist würdiger, den Tod auf dem Schlachtfeld zu sterben, als ein erbärmliches Leben zu retten.« Damit brach Cortes seine Rede ab; denn es wurde dunkel und begann zu regnen.

Wir verhielten uns zunächst ruhig und bereiteten nur die verschiedenen Aktionen vor. Ich war gerade auf Posten gezogen, als ein Korporal kam und sagte, einer der Überläufer sei wahrscheinlich ein Spion gewesen. Man könne ihn nicht mehr finden. Da unser ganzes Unternehmen damit verraten sei, habe Cortes befohlen, direkt auf Cempoal vorzugehen. Im selben Augenblick hörten wir auch schon die Trommeln und die Pfeifen, und unsere Kompanie setzte sich in Bewegung. Inzwischen hatte man aber den Überläufer gefunden. Er lag schlafend unter einem Haufen von Mänteln und Decken, denn der arme Teufel hatte sich noch nicht an die Kälte und den Regen gewöhnt.

Cortes ließ daraufhin die Trommeln und die Pfeifen wieder schweigen, und wir pirschten uns an den Fluß heran, wo zwei Vorposten des Gegners standen, von denen wir einen überwältigen konnten. Der andere entkam und machte Lärm. Ich werde nie vergessen, wie wir den Fluß durchschritten. Er war vom Regen angeschwollen, die Steine waren glitschig, und die schweren Waffen hinderten uns bei der jeder Bewegung. Cortes gab jetzt den Befehl zum Angriff. Wir senkten unsere Spieße und stürmten die Geschütze so schnell, daß die Artilleristen nur vier Schüsse lösen konnten. Bis auf eine Kugel gingen alle über uns weg. Drei Kameraden blieben liegen. In diesem Augenblick drangen auch die anderen Kompanien vor. Die Reiterei des Narvaez leistete kurzen Widerstand. Sechs oder sieben blieben auf dem Platz. Wir konnten die Geschütze zunächst nicht den Artilleristen überlassen, weil Narváez uns von seinem Tempel aus stark mit Pfeilen und Musketen beschoß.

Da stürmte Sandoval mit seinen Leuten den Tempel, der sehr stark verteidigt wurde. Als wir sahen, daß uns niemand mehr die Geschütze streitig machte, eilten wir ihm zu Hilfe. Wir kamen gerade zurecht, wie er fünf oder sechs Stufen zurückgedrängt worden war. Unser Eingreifen belebte den Kampf wieder. Unsere Spieße hatten schwere Arbeit zu leisten, ehe wir uns Bahn brechen konnten. Da hörten wir auf einmal die Stimme von Narváez: »Heilige Mutter Gottes, steh mir bei, sie haben mir ein Auge ausgestoßen! Ich bin des Todes!« In diesem Augenblick riefen wir: »Viktoria! Viktoria! Für Cortes! Narváez ist gefallen!« Dennoch dauerte es lange, bis wir den Tempel fest in der Hand hatten. Der Schiffsbaumeister Lopez zündete das Stroh auf der obersten Plattform des Tempels an. Da rollten die Gegner wie Kugeln die Stufen herunter. Bei der Gelegenheit wurde auch Narváez ergriffen. Und unsere Männer riefen: »Hoch lebe der Kaiser, hoch lebe in seinem Namen der Feldherr Cortes! Viktoria! Viktoria! Narváez ist tot!«

An anderen Punkten dauerte der Kampf noch an. Mehrere Hauptleute von Narváez verteidigten andere Tempel. Da ließ der kluge Cortes durch einen Herold bekanntgeben, daß sich die Mannschaft des Narváez sofort unter die Fahne des Kaisers und in dessen Namen unter die Fahne von Cortes zu stellen habe. Wer diesen Befehl nicht ausführe, den erwarte die Todesstrafe. Diese Drohung, unsere Erfolge und die Nachricht vom Tod ihres Befehlshabers verfehlten nicht ihre Wirkung bei den Gegnern. Nur der junge Diego de Velazquez und die Leute von Salvatierra wollten sich nicht ergeben. Sie hatten sich in hohe Opfertempel zurückgezogen und waren dort schwer zu erreichen. Aber Sandoval ließ sich nicht zurückschrecken. Er trieb die Leute schließlich mit dem Degen in der Hand aus ihren Nestern. Salvatierra und der junge Velazquez wurden seine Gefangenen. Aber der Widerstand war immer noch nicht ganz gebrochen. Cortes ließ deshalb nochmals durch den Herold die Männer des Feindes unter seine

Fahne rufen. Die ganzen Kämpfe fanden bei Nacht statt. Als wir anfingen, war es stockfinster, es regnete stark. Erst viel später ging der Mond auf. Durch die dunkle Nacht flogen sehr viele große Leuchtkäfer, welche die Leute des Narvaez noch nicht kannten. Sie hielten sie für Lunten, die wir zum Abfeuern der Musketen benutzten, und bekamen eine ganz falsche Vorstellung von unserer Feuerkraft.

Narvaez bat Sandoval, ihm und seinen Offizieren den Wundarzt zu schicken, den er mitgebracht hatte. Als dieser gerade seine Verbände machte, kam Cortes vorbei. Irgend jemand machte Narvaez auf seine Anwesenheit aufmerksam. Daraufhin sagte er: »In der Tat, Herr General, auf diesen Sieg und auf meine Gefangennahme dürft Ihr Euch etwas einbilden!« und Cortes antwortete: »Ich danke Gott dafür und den tapferen Kameraden, die er mir gegeben hat. Aber dieser Sieg ist eine der geringsten Waffentaten, die wir in Neuspanien vollbracht haben.« Er ermahnte uns noch, die Gefangenen nur von besonders zuverlässigen Leuten bewachen zu lassen, und ging dann weiter. Wir hatten dem Narvaez Beinschellen angelegt und brachten ihn zusammen mit den anderen Gefangenen sicher unter. Der junge Diego de Velazquez hatte sich gut geschlagen. Er war verwundet und war jetzt der persönliche Gefangene des Juan de Velazquez, der ihn in allen Ehren in sein Quartier aufnahm. Dem Maulhelden Salvatierra war mitten im Kampf übel geworden. Seine Leute berichteten, sie hätten noch nie einen so feigen Kerl gesehen wie ihn.

Narvaez hatte am Abend, noch vor Beginn der Kämpfe, vierzig Reiter an den Fluß geschickt. Sie sollten uns den Übergang unmöglich machen. Wir fürchteten, daß sie uns überfallen und die gefangenen Offiziere wieder entreißen könnten. Christobal de Olid und Diego de Ordas suchten deshalb diese Kampfgruppe. Es gelang ihnen, sie mit schönen Worten und Versprechungen in unser Lager und unter die Fahne von Cortes zu ziehen. Cortes empfing die Freunde aus dem anderen Lager in seinem orangefarbenen Rock. Er saß dazu, von uns allen umgeben, in einem Lehnstuhl, sehr heiter und aufgeräumt.

(*»Merkwürdigerweise erzählt Diaz nichts davon, daß sich dreihundert Mann von Narvaez noch sehr lang und zäh verteidigten. Cortes setzte gegen sie alle Geschütze ein. Sie ergaben sich erst, nachdem sie ihre Munition verschossen hatten. Er hat auch die zwei Schwestern des Ordas vergessen, die im Lager von Narvaez waren. Sie empörten sich über die schimpfliche Niederlage und schrien zum Fenster heraus: ›Ihr feigen Schurken! Der Spinnrokken ziemt euch besser als der Degen! Was sind wir für törichte Weiber, die mit solchen Lumpen ins Feld gezogen sind!‹«*) (Zitat nach Sahagun).

Die Schlacht hatte auf der Feindseite vier bis fünf Tote und viele Verwundete, auf unserer Seite vier Tote und nur wenige Verwundete gekostet. Auch der dicke Kazike hatte eine leichte Blessur. Er war in seiner Angst aus Cempoal ins Quartier von Narvaez geflohen. Von den drei verräterischen Überläufern war einer ums Leben gekommen, einer schwer verwundet, der dritte wurde fast zu Tode geprügelt.

Am Tage nach dem Kampf, spät am Abend, trafen die zweitausend Indianer ein, die Cortes in Chinantla angefordert hatte. Ihr Kazike führte sie an. Es waren prächtige, kraftvolle Gestalten mit langen Spießen und mächtigen Schilden. Auf jeden Spießträger kam ein Bogenschütze. Sie marschierten in bester Ordnung auf, mit wehenden Federbüschen, mit Trommel- und Trompetenschall und mit dem Ruf: »Es lebe der Kaiser! Es lebe Cortes!« Die Leute von Narvaez waren sehr beeindruckt von dieser Kampfgruppe. Sie waren froh, daß die Chinanteken zu spät gekommen waren. Cortes empfing die indianischen Häuptlinge sehr freundlich, dankte ihnen für ihre Kampfbereitschaft, beschenkte sie mit spanischen Waren und entließ sie wieder in ihre Heimat.

Wie Cortes die Flotte in Besitz nahm, und wie wir in
Eilmärschen nach Mexiko zogen, um Pedro de Alvarado
zu entsetzen

Nachdem alle Mannschaften des Narvaez entwaffnet waren, befahl Cortes dem Francisco de Lugo, die Schiffskapitäne und Steuerleute der achtzehn Schiffe zu ihm zu schicken und die Segel, die Steuerruder und die Kompasse an Land zu schaffen, damit kein Schiff absegeln und dem Statthalter von Kuba Nachrichten über die Ereignisse in Neuspanien zukommen lassen konnte. Wer den Gehorsam verweigerte, sollte gefesselt werden. Als die Kapitäne und die Steuerleute in Cempoal eintrafen, nahm Cortes ihnen den Treueid ab. Zum Admiral ernannte er einen gewissen Pedro Caballero, der unter Narvaez einfacher Schiffskapitän war. Er erhielt die strikte Weisung, kein Schiff auslaufen zu lassen. Sollten weitere Schiffe von Diego de Velazquez kommen, dann sollte er sie überwältigen und die Ruder, die Segel und die Kompasse an Land schaffen, im übrigen aber bei Cortes weitere Befehle einholen. Caballero hat diese Befehle später genau befolgt.

In unserem Hauptquartier wurden nun folgende Beschlüsse gefaßt: Juan Velazquez de Leon sollte mit einhundertzwanzig Mann und zwei Schiffen die Provinz Panuco unterwerfen und erforschen. Den gleichen Auftrag erhielt Diego de Ordas für das Gebiet am Coatzacoalcofluß. Beide sollten in diesen Ländern Kolonien anlegen. Cortes sollte Leute nach Jamaika schicken, um dort Pferde, Rindvieh, Schweine, Schafe, Ziegen und spanische Hühner zu holen, weil sich das Land ganz besonders für jede Art von Viehzucht eignete.

Dann ließ Cortes alle gefangenen Offiziere und Soldaten frei, mit Ausnahme von Narvaez und Salvatierra, der angeblich ein Magenleiden hatte. Als sie auch ihre Waffen und ihre Pferde wiederbekommen sollten, gab's verdrießliche Gesichter; denn alle diese Dinge hatten längst neue Besitzer gefunden, die sie nach Kriegsrecht für ihr wohlverdientes Eigentum hielten. Cortes aber bestand auf der Rückgabe, und weil er der Generalkapitän war, blieb uns nichts übrig, als ihm zu gehorchen. Ich selbst hatte mir ein Pferd mit Sattel und Zaum, zwei Seitengewehre, drei Dolche und eine Tartsche angeeignet. Wie viele meiner Kameraden mußte ich diese Beutestücke nun wieder abgeben. Alonso Davila, einer unserer Stabsoffiziere, und Pater Bartolome machten Cortes insgeheim Vorstellungen wegen dieser Verfügung. Sie beklagten sich auch darüber, daß Cortes nach der Schlacht alle Lebensmittel und Kostbarkeiten, die uns die Indianer der Umgebung brachten, den Offizieren von Narvaez geschenkt hatte. Cortes erwiderte ihnen, daß alles, was er besäße, ihnen gehöre. Er könne im Augenblick aber nicht anders handeln. Es sei unser aller Vorteil, wenn wir die Männer von Narvaez ganz für uns gewinnen könnten. Sie könnten uns sehr schlimm mitspielen, wenn sie einmal gegen uns aufständen. Alonso Davila antwortete darauf ziemlich hochfahrend, so daß Cortes erwiderte: wer nicht gehorchen wolle, könne ja die Fahne verlassen. Die Weiber in Spanien brächten genug Kinder zur Welt, und jeder Weibersohn sei ein Soldat. Davila sagte darauf: »Das ist wahr. Unter diesen Weibersöhnen sind auch Generale und Statthalter im Überfluß. Es ist leichter, die Soldaten mit Generalen zu versorgen, als die Generale und Statthalter mit Soldaten und mit Provinzen.« Seit dieser Zeit standen Cortes und Davila ziemlich gespannt miteinander, zumal Cortes in unserer damaligen Lage nachgeben und den Kavalier auch noch beschenken mußte.

Narvaez hatte auch einen Neger bei sich, der die Pocken hatte. Durch ihn ist diese furchtbare Krankheit in ganz Neuspanien verbreitet worden. Die Indianer kannten sie noch nicht und behandelten sie wie alle ihre Krankheiten mit Wasser und mit Bädern, wodurch die Pocken nur noch schlimmer wurden. Es starben unzählige Eingeborene, ehe sie glücklich in den Schoß der christlichen Kirche aufgenommen waren.

Aber ich greife vor. Wir waren eben dabei, mit der Durchführung unserer Pläne zu beginnen, da kamen zwei Tlaxcateken aus Mexiko mit der Nachricht, Pedro de Alvarado sei in seinem Quartier eingeschlossen, die Feinde versuchten das neue Befestigungswerk an allen Ecken und Enden anzuzünden, und er habe schon sieben Mann verloren. Viele andere seien verwundet. Er brauche dringend schnelle Hilfe. Die Nachricht wurde in einem Brief von Alvarado bestätigt, der kurz danach eintraf. Außerdem erschienen Abgesandte von Moteczuma, die sich über Alvarado beklagten. Er sei ohne jeden Anlaß mit seiner ganzen Mannschaft ausgerückt, habe die bedeutendsten indianischen Offiziere und die Kaziken bei einem Fest überfallen und viele verwundet und getötet. Das Fest, bei dem sie alle zu Ehren der Götter getanzt hätten, habe er vorher selber genehmigt. Sie hätten sich zur Wehr setzen müssen, und dabei seien sechs Spanier umgekommen. Cortes erwiderte ihnen mit finsterer Miene, er werde sich selbst sofort nach Mexiko begeben und dort Ordnung schaffen. Die Botschafter kehrten mit dieser Meldung nach Mexiko zurück. Sie soll Moteczuma keine große Freude gemacht haben. Cortes teilte gleichzeitig dem Alvarado mit, daß wir ihm in Eilmärschen zu Hilfe kämen. Im übrigen berichtete er ihm von unserem Sieg über Narvaez.

Auf die Nachrichten aus Mexiko hin wurden die Kolonisationspläne bis auf weiteres aufgegeben. Narvaez und Salvatierra wurden als Gefangene nach Vera Cruz gebracht. Das Gros sollte in Eilmärschen nach Mexiko ziehen. Die Mannschaften des Narvaez kamen nur sehr ungern mit. Cortes mußte seine ganze Überredungskunst aufwenden, um sie für diesen Plan zu gewinnen. Hätten sie eine Ahnung von der tatsächlichen Macht Mexikos gehabt, dann wäre keiner mitgekommen.

In Tlaxcala erfuhren wir, daß die Mexikaner ihre Feindseligkeiten gegen Alvarado erst eingestellt haben, als sie von unserem Sieg hörten. Die Lieferung von Wasser und Lebensmitteln habe aufgehört. Cortes veranstaltete daraufhin eine Musterung, die ergab, daß wir dreizehnhundert Soldaten, sechsundneunzig Reiter, je achtzig Armbrustschützen und Musketiere und zweitausend Tlaxcateken zur Verfügung hatten. Mit dieser Kampfgruppe glaubte er, ohne Gefahr nach Mexiko marschieren zu können. Als wir in die Stadt Tetzcuco kamen, erlebten wir zum erstenmal die unfreundliche Stimmung der Bevölkerung gegen uns. Niemand erschien zu unserem Empfang, kein Kazike ließ sich blicken. Ähnlich erging es uns, als wir am Johannistag des Jahres 1520 zum zweitenmal in die Stadt Mexiko marschierten. Die Straßen waren wie ausgestorben. Nur Moteczuma kam Cortes bis auf den Hof entgegen, um ihn zu begrüßen und ihm zu seinem Sieg Glück zu wünschen. Aber Cortes hörte ihm nur unaufmerksam zu, so daß sich der Fürst traurig und nachdenklich in seine Gemächer zurückzog. Wir bezogen wieder unsere alten Quartiere; die Leute von Narvaez bekamen andere Räume zugewiesen.

Cortes stellte sofort Untersuchungen an, um zu erfahren, wie es eigentlich zu dem Aufstand in Mexiko gekommen sei. Leute, die mit Alvarado unzufrieden waren, behaupteten, ohne das Eingreifen von Moteczuma wären sie heute alle nicht mehr am Leben. Alvarado stellte die Sache anders dar. Er meinte, Mexiko habe rebelliert, weil man Moteczuma in Freiheit setzen und weil man dafür Rache nehmen wollte, daß unser Altar und unser Kreuz auf dem Tempel errichtet worden waren. Viele Mexikaner hätten das heilige Bild entfernen wollen, keiner sei aber stark genug gewesen. Die Einwohner hätten darin ein großes Wunder gesehen, und Moteczuma habe befohlen, alles an seiner Stelle zu lassen. Es sei übrigens unwahr, daß Narvaez dem Moteczuma habe sagen lassen, er werde ihn befreien. Moteczuma habe aber sehr bald gemerkt, daß wir nicht fortsegeln, sondern wieder nach Mexiko zurückkommen werden. Daraufhin habe man beschlossen, erst den Alvarado mit seinen Männern zu vernichten, Moteczuma zu befreien und dann über alle anderen Spanier herzufallen. Die Mexikaner hätten an die Durchführbarkeit dieses Plans geglaubt; denn niemand habe erwartet, daß Narvaez unterliegen könnte. Cortes wollte wissen, warum Alvarado denn die Mexikaner bei ihrem Tanz- und Opferfest überfallen habe. Er erwiderte: Papas und andere Vornehme hätten ihn darüber unterrichtet, daß er gleich nach dem Fest überfallen werden solle. Cortes fragte zurück, warum er dann die ausdrückliche Erlaubnis zu diesem Fest gegeben habe. Alvarado antwortete, er habe das Fest für seine

Strafaktion ausgenützt, um den Mexikanern zuvorzukommen und sie durch den unerwarteten Angriff zu erschrecken. Cortes befriedigten diese Erklärungen keineswegs. Er sagte dem Alvarado sehr mißmutig, daß er in allem wenig Wahrheit finde, dafür aber sehr viel Unüberlegtheit, und in jedem Fall große Nachteile für die spanische Sache. Und er fügte hinzu: »Denn wahrlich, wenn der allmächtige Gott nicht zuließ, daß Moteczuma in Freiheit kam, dann geschah das nur, damit er seinen Götzen keinen Verdienst daraus machen konnte.« Mit dieser Rede wandte er Alvarado den Rücken. Es war sein letztes Wort in dieser Sache.

Moteczuma trug mit ziemlicher Gewißheit keine Schuld. Er ließ vielmehr seinen Leuten, die Alvarado angreifen wollten, den Befehl geben, alle Feindseligkeiten einzustellen. Sie antworteten ihm jedoch, sie könnten nicht länger zusehen, wie man ihn gefangenhalte und wie ihre besten Leute an ihren Freudenfesten ermordet würden. Sie seien entschlossen, ihn in Freiheit zu setzen und alle Teules, die sie daran hindern wollten, umzubringen.

DIE FLUCHT AUS MEXIKO

Wie uns die Mexikaner angriffen, und wie Moteczuma
ums Leben kam

Auf dem Marsch hatte Cortes seinen Offizieren gegenüber groß
damit getan, daß er jetzt in einer ganz anderen Verfassung nach
Mexiko ziehe wie das erste Mal. Sie würden bald sehen, wie sie
überall aufgenommen und feierlich empfangen würden. Nun
wäre er Herr dieses Landes, und Moteczuma und seine Großen
würden es nicht mehr wagen, sich gegen ihn zu stellen. Sie müßten ihm vielmehr reiche Goldgeschenke bringen. Es tat deshalb
seinem Stolz sehr weh, als es ganz anders kam und er nicht einmal
mehr genug Lebensmittel für seine Leute erhielt. Als ihn Moteczuma durch zwei seiner Würdenträger um einen Besuch bitten
ließ, rief er deshalb zornig: Er könne ihn am Arsch lecken, wenn
er keine Wochenmärkte mehr halten und keine Lebensmittel liefern lasse!

Als seine Hauptleute das hörten, versuchten sie, ihn zu beruhigen, und sagten: »Mäßigt Euren Zorn, gnädiger Herr! Denkt
doch daran, wieviel Ehren uns dieser Fürst erwiesen hat. Er hat
uns viele Vorteile gebracht. Ohne ihn hätten die Mexikaner uns
längst alle aufgezehrt. Hat er Euch nicht seine eigene Tochter zur
Frau geben wollen?« Diese etwas vorwurfsvollen Worte reizten
Cortes nur noch mehr, und er fuhr seine Offiziere an: »Was soll
ich mit diesem Hurenhund lange Umstände machen? Hat er sich
nicht hinter meinem Rücken mit Narvaez eingelassen? Und
warum will er uns jetzt keine Verpflegung mehr liefern?« Die
Hauptleute sagten darauf: »Nach unserer Meinung tut er genau
das, was seine Lage erfordert. Er handelt nicht unklug.« Cortes
aber verließ sich auf die Stärke seiner Truppen und ließ Moteczuma sagen, er solle sofort den Befehl geben, die Märkte wieder zu
öffnen. Er sei sonst gezwungen, andere Maßnahmen zu ergreifen.

Die beiden Mexikaner hatten die Schmähworte wohl verstanden, sie hatten auch die Einwendungen der Hauptleute gehört. Darum gingen sie, im Unmut oder weil der Angriff gegen uns bereits beschlossen war, zu Moteczuma und berichteten ihm alle Gespräche wörtlich. Kaum eine Viertelstunde später kam einer unserer Männer schwerverwundet angelaufen. Er sollte in Tacuba einige Frauen holen, die zum Haushalt des Cortes gehörten und unter denen auch die Tochter Moteczumas war. Die Frauen waren für die Zeit der Abwesenheit der Spanier bei ihren fürstlichen Verwandten in Tacuba untergebracht worden. Der Mann erzählte, alle Straßen, die ganze Stadt wimmle von Kriegern. Sie hätten ihm die Frauen abgenommen und zwei Wunden beigebracht. Sie wollten ihn in einen Kahn werfen, fortführen und opfern. Eine der Dammbrücken sei schon zerstört.

Uns und auch Cortes wurde nicht gerade wohl bei dieser Meldung. Wir wußten, daß die Indianer ungewöhnlich viele Menschen in den Kampf schicken und daß wir ihnen zahlenmäßig weit unterlegen waren. Dazu kamen bei uns die erheblichen Verpflegungsschwierigkeiten. Cortes befahl dem Diego de Ordas, mit vierhundert Mann auszurücken, um festzustellen, was an der Meldung war. Er solle aber nach Möglichkeit alle Feindseligkeiten vermeiden.

Ordas war mit seiner Mannschaft nur ein kurzes Stück durch unsere Straße marschiert, als die Indianer sie von allen Seiten angriffen, so daß sie im ersten Ansturm schon acht Tote verloren. Die meisten anderen wurden verwundet. Ordas selber hatte drei Verletzungen. Es blieb ihm nichts anderes übrig, als sich wieder in unser Quartier zurückzuziehen. Bei diesem Manöver verlor er noch einen besonders tüchtigen Soldaten.

Aber die Masse, die gleichzeitig unser Quartier angriff, war noch viel größer als die Kampfgruppe, mit der es Ordas zu tun hatte. Sie setzten uns derart mit Spießen, Pfeilen und Schleudersteinen zu, daß wir im ersten Ansturm schon sechsundvierzig Blessierte hatten, von denen zwölf an ihren Wunden starben. Sie griffen uns von hinten und vorn und von den Söllern der Häuser aus an und standen so dicht, daß Ordas sich mit seinen Leuten kaum zu uns durchkämpfen konnte. Unser schweres Geschütz, unsere Armbrüste, Musketen und Lanzen fügten dem Feind schwere Verluste zu. Sie stürzten sich förmlich in unsere Waffen. Aber die Lücken wurden immer wieder aufgefüllt, die Glieder schlossen sich immer fester zusammen, sie wichen keinen Schritt zurück. Als sich Ordas endlich durchgekämpft hatte, waren dreiundzwanzig Soldaten gefallen und alle anderen verwundet. Dabei wuchs die Masse der Angreifer immer mehr an. Sie setzten uns mit allen Waffen zu und sparten dabei nicht mit Beschimpfungen. Fast noch schlimmer war, daß sie Feuer in unser Quartier warfen, so daß wir es vor Flammen und Rauch kaum lange ausgehalten hätten, wenn wir die Glut nicht mit Erde erstickt und die Feuerherde einfach zugemauert hätten. Der Kampf dauerte den ganzen Tag bis tief in die Nacht. Sie warfen auch bei Dunkelheit so viele Speere und Steine, daß unsere Höfe damit über und über bedeckt waren. Wir mußten aber die Nacht dazu benutzen, unsere Wunden zu verbinden, die Gebäudeschäden auszubessern und uns auf den nächsten Tag vorzubereiten.

Cortes beschloß, gleich bei Tagesanbruch mit allen Kräften und Waffen einen Ausfall zu machen, um den Feind damit zu verjagen oder ihn wenigstens unsere Kampfkraft spüren zu lassen. Die Mexikaner hatten aber den gleichen Entschluß gefaßt. Sie schlugen sich mit außerordentlicher Tapferkeit und warfen ständig frische Kräfte ins Gefecht. Wahrlich, zehntausend trojanische Hektor und ebenso viele Rolande würden vergeblich versucht haben, diese Massen zu durchbrechen! Noch in diesem Augenblick steht der ganze Kampf lebendig vor meinen Augen. Es fehlen mir aber die Ausdrücke, um die unbeugsame Hartnäkkigkeit der Feinde zu beschreiben. Wir rückten ihnen mit grobem Geschütz und mit leichten Gewehren auf den Leib, wir stießen bei jedem Anlauf dreißig bis vierzig Mann nieder, ihre Glieder blieben dicht geschlossen und ihre Tapferkeit wuchs mit jedem Angriff. Wichen sie einmal zurück, dann lockten sie uns damit in Sackgassen, aus denen wir uns nur mit großen Verlusten wieder zurückziehen konnten. Wir konnten auch ihre Häuser nicht in Brand stecken; denn man konnte nur durch tiefes Wasser von einem Haus in das andere gelangen. Sie waren ja nur durch Zugbrücken miteinander verbunden. Am meisten Verluste fügten sie uns zu, wenn sie unsere Leute von den hohen Söllern aus mit schweren Steinen und mit Spießen bewarfen. Nur mit äußerster Anstrengung kämpften wir uns wieder in unser Quartier zurück. Die Indianer stürmten mit entsetzlichem Lärm, mit Trommeln, Trompeten und Pfeifen auf uns ein. Der Tag kostete uns zehn oder zwölf Soldaten, und keiner von uns war unverwundet.

In der Nacht beschlossen wir, vier turmähnliche Maschinen zu bauen. Je fünfundzwanzig Mann sollten unter ihnen marschieren, um sie in Bewegung zu setzen. Sie hatten Schießscharten und Lucken, aus denen man mit dem schweren Geschütz feuern konnte, ferner Platz genug, um eine größere Anzahl Musketiere und Armbrustschützen unterzubringen. Neben den hölzernen Türmen sollten Schützen, Musketiere und Reiter marschieren, um Angriffe auf die Türme abzuwehren. Wir konnten am nächsten Tag keinen Ausfall machen, weil wir diese Maschinen bauen und zahlreiche Breschen in unseren Befestigungen ausbessern mußten. Dazu waren schwere Angriffe nach allen Seiten abzuwehren. Die Stürmenden hatten Leitern angelegt, und fast hätten sie ihre Drohung erfüllt, uns alle ums Leben zu bringen. Wir alle sollten den Götzen geopfert, die Herzen sollten uns aus dem Leib gerissen, unser Blut abgezapft, unsere Arme und Beine bei ihren höllischen Festen aufgefressen werden. Den Rest wollten sie den Tigern und Schlangen vorwerfen, die man schon zwei Tage nicht mehr gefüttert hatte. Die Tlaxcateken aber wollten sie in den Käfigen mästen und erst später opfern und auffressen. Wir sollten ihnen ihren Kaiser Moteczuma herausgeben. Der Lärm und die wütenden Angriffe dauerten die ganze Nacht durch.

Am nächsten Morgen empfahlen wir uns dem Schutz des Allmächtigen und zogen mit unseren Kriegsmaschinen aus. Auch diesmal erschlugen wir wieder viele Feinde, wir konnten sie aber trotzdem nicht zum Weichen bringen. Wir wollten alles einsetzen, um mit unseren Türmen bis zum Tempel des Kriegsgottes zu kommen. Aber es war ein sehr harter Kampf. Jedes Haus stand gegen uns wie eine Festung. Einen besonders schweren Stand hatten unsere Reiter. Wenn sie mit verhängtem Zügel gegen den Feind rannten, dann flogen ihnen so viele Steine, Pfeile und Lanzen entgegen, daß die Rosse über und über mit Wunden bedeckt waren. Die Reiter waren zwar gegen die Geschosse geschützt, konnten aber in ihrer Schwerfälligkeit meist nur wenig ausrichten. Drangen sie zu weit vor, dann warfen die Mexikaner sie in die Kanäle oder in den See, wo die Rosse ihnen nicht mehr folgen konnten, oder es erwartete sie ein Wald von langen Spießen. Ebenso sinnlos war es, Häuser in Brand zu setzen oder niederzureißen. Das Feuer breitete sich nicht aus, weil jedes Haus für sich im Wasser stand. Trotzdem gelang es uns endlich, bis zum großen Tempel vorzudringen. Er war von weit mehr als viertausend Mann besetzt. Sie standen lange Zeit tapfer gegen unser Geschütz, gegen unsere Türme und gegen die Reiter, deren Pferde auf dem glatten Pflaster der Höfe ausrutschten und stürzten. Unsere Schüsse rissen oft Lücken von zehn und fünfzehn Mann, aber die Übermacht der Feinde nahm dadurch nicht spürbar ab. Dennoch gaben wir nicht nach. Wir ließen unsere Türme, die ohnehin ziemlichen Schaden gelitten hatten, stehen und kämpften uns die Stufen des Opfertempels hoch. Hier zeigte sich Cortes im vollen Glanz seiner Tapferkeit. Das war ein schwerer, blutiger Kampf! Vierzig Mann waren schon gefallen, als wir endlich den Punkt erreichten, an dem wir das Muttergottesbild aufgestellt hatten. Wir fanden es nicht mehr. Moteczuma hatte es in Sicherheit bringen lassen. Dafür zündeten wir die mexikanischen Götzen an. Dabei ist auch ein Teil der Hallen mit den beiden Hauptgöttern verbrannt. Gleichzeitig ging aber der Kampf auf der Plattform ununterbrochen weiter. Hier standen viele Papas und drei- oder viertausend der vornehmsten Mexikaner, die uns keinen Atem holen ließen und uns schließlich auch sechs, dann zehn Stufen zurückwarfen. Aus allen Gewölben und Nischen des großen Gebäudes kamen die Feinde, wir wußten oft nicht, wohin wir uns zuerst wenden sollten.

Das Ergebnis unserer außerordentlichen Anstrengungen waren sechsundvierzig Tote und zertrümmerte Kampftürme. Wir beschlossen, uns wieder in unsere Quartiere zurückzuziehen. Aber unsere Lage wurde dadurch nicht besser. Der Feind drang nach wie vor von allen Seiten in unvorstellbarer Zahl auf uns ein. Die zurückgelassene Besatzung hatte inzwischen mit äußerster Anstrengung verhindert, daß die Indianer unsere Gebäude anzündeten. In dieser Schlacht nahmen wir übrigens zwei der vornehmsten Papas gefangen, deren sichere Verwahrung uns Cortes ganz besonders ans Herz legte.

Als wir nach einem schweren Rückzug endlich unser Quartier erreichten, kamen wir gerade recht, um eine Feindgruppe, die durch ein großes Mauerloch einzudringen versuchte, wieder zurückzuwerfen. Wir wurden die ganze Nacht durch beschossen. Die Indianer machten dazu einen furchtbaren Lärm. Wir versorgten unsere Verwundeten, begruben die Toten, besserten die Breschen aus und hielten Kriegsrat. Aber alle Vorschläge für die Weiterführung des Kampfes hielten einer genauen Prüfung nicht stand. Dazu kam, daß die Leute von Narvaez in denkbar schlechter Stimmung waren. Sie verwünschten Cortes, ja sogar ihren Diego de Velazquez, der sie aus ihrer behaglichen Ruhe aufgestört und in diesen Kampf geschickt hatte. Die Leute hatten völlig den Kopf verloren; sie waren gegen alles taub, was man ihnen sagte oder vorschlug. Bei dieser Lage beschlossen wir, die Mexikaner um Frieden zu bitten und die Stadt zu räumen.

Aber der Tag war kaum angebrochen, da begannen die Angriffe in der alten Stärke, im Gegenteil, sie waren noch heftiger, verbissener, wütender. In der Nacht war Cortes auf den Gedanken gekommen, Moteczuma noch einmal einzuschalten. Er sollte auf den Söller treten und seinen Untertanen die Einstellung der Feindseligkeiten empfehlen. Als man ihm dieses Ansinnen im Namen von Cortes vortrug, soll er in tiefer Wehmut gerufen haben: »Warum wendet sich Malinche nun an mich? Ich bin des

Lebens müde und mag nichts mehr von ihm hören, nachdem er mich in diesen Jammer gestürzt hat.« Moteczuma blieb bei seiner Weigerung. Er soll noch gesagt haben: »Ich will nichts mehr von diesem Mann sehen und hören! Ich glaube nicht mehr an seine falschen Worte und Versprechungen! Alles, was er sagt, ist Lüge!« Da gingen Pater Bartolome und Cristobal de Olid zu ihm und redeten ihn mit der alten Herzlichkeit an. Aber er erwiderte: »Ach, zu all dem ist es jetzt zu spät! Ich bin überzeugt, daß die Mexikaner auf mein Verlangen hin die Angriffe nicht einstellen werden. Sie haben ja inzwischen einen anderen auf den Thron gesetzt. Außerdem haben sie beschlossen, keinen von euch am Leben zu lassen. Für mich besteht kein Zweifel, daß ihr alle in dieser Stadt euer Grab finden werdet.«

Schließlich war Moteczuma doch bereit, einen Versuch zu machen. Er trat unter starker Bedeckung an die Brüstung eines Söllers und forderte seine Untertanen auf, die Feindseligkeiten einzustellen, weil wir bereit seien, Mexiko sofort zu verlassen. Viele seiner Offiziere erkannten ihn. Sie geboten ihren Leuten Stille. Das Schießen wurde eingestellt. Vier von ihnen traten vor und sagten zu ihm mit Tränen in den Augen: »Ach, gnädiger Herr! Euer Unglück und das Unglück Eurer Kinder und Verwandten geht uns sehr nahe. Wir wollen Euch nicht verschweigen, daß wir inzwischen einen Eurer Vettern auf den Thron gehoben haben. Wir müssen diesen Krieg so beenden, wie wir ihn begonnen haben. Wir haben unseren Göttern geschworen, nicht eher Schluß zu machen, bis der letzte Spanier umgekommen ist. Wir haben täglich zu den Göttern gefleht, Euch zu befreien. Solltet Ihr frei werden, dann werden wir Euch noch mehr verehren als zuvor. Wir müssen Euch bitten, uns unser jetziges Verhalten zu verzeihen!«

Unsere Leute hatten Moteczuma mit ihren Schilden gedeckt. Als der Angriff unterbrochen wurde, ließ ihre Aufmerksamkeit nach. Nach diesem Gespräch wurden die Feindseligkeiten aber überraschend schnell wieder eröffnet. Ehe man sich versah, war der Fürst viermal verwundet. Er wurde sofort in seine Gemächer gebracht, lehnte aber jede Stärkung und jede Versorgung der

Wunden ab. Wider Erwarten kam bald darauf die Meldung, daß er verschieden sei. Cortes, seine Offiziere und wir alle weinten um diesen Fürsten. Es war für viele von uns, wie wenn wir unseren Vater verloren hätten. Er hat siebzehn Jahre regiert. Mexiko hat nie einen besseren Herrscher gehabt. Er war ein tapferer Mann. Dreimal hatte er im Zweikampf um Länder gekämpft, die man ihm streitig machen wollte. Er hat dreimal gesiegt.

Wie Cortes den mexikanischen Würdenträgern den Tod Moteczumas anzeigen ließ

Cortes befahl, einen Papa und einen der führenden Mexikaner, die wir gefangen hatten, freizulassen. Sie wurden zu ihrem neuen Gebieter geschickt und sollten ihm mitteilen, daß Moteczuma tot sei. Sie sollten ferner bezeugen, daß Moteczuma durch die Geschosse seiner eigenen Leute schwer verwundet wurde und den Verletzungen erlegen ist. Wir würden mit ihnen um diesen großen Mann trauern. Sie möchten den Leichnam in Empfang nehmen, damit sie ihm die letzten Ehren erweisen könnten. Die Krone aber sollten sie dem Vetter von Moteczuma, der noch bei uns sei und dem sie in erster Linie zustehe, oder einem seiner Söhne geben. Sie wüßten ja selbst, daß der Fürst, den sie inzwischen auf den Thron gehoben hätten, keine begründeten Ansprüche habe. Im übrigen seien wir bereit, in Friedensverhandlungen einzutreten und Mexiko zu räumen. Sie sollten diese Gelegenheit, mit uns in Güte auseinanderzukommen, nicht ungenutzt vorbeigehen lassen. Denn wir hätten uns bisher nur aus Liebe und Verehrung gegenüber dem verstorbenen Moteczuma zurückgehalten. Würden wir weiter zum Kampf gezwungen, dann würden wir die Stadt völlig, Haus für Haus, zerstören.

Dann wurde der Leichnam Moteczumas sechs anderen Großen des Reiches und einer Menge Papas übergeben, die in unseren Händen waren. Sie sollten den Leichnam nach draußen bringen. Sie hatten alle die letzten Ereignisse in unserem Quartier miterlebt und berichteten ihrem Gebieter genau über den tatsächlichen Sachverhalt. Als die Mexikaner den Leichnam sahen, erhoben sie ein großes Jammergeschrei. Ihre Angriffe, ihre Kühnheit und ihre Wut wuchsen. Sie schrien: »Nun sollt ihr uns aber den Tod des Kaisers und den Schimpf, den ihr unseren Göttern angetan habt, teuer bezahlen!« Und andere riefen: »Wir haben jetzt einen Kaiser gewählt, der das Herz auf dem rechten Fleck hat. Ihn werdet ihr nicht so leicht mit euren Lügen bestricken können wie den gutmütigen und schwachen Moteczuma. Kümmert euch nicht um sein Begräbnis, sondern denkt an euer eigenes Grab! In drei Tagen soll keinem von euch mehr ein Glied weh tun!« Und dann hörten wir die höhnische Frage: »Jetzt also bittet ihr um Frieden? Kommt doch heraus und laßt uns sehen, wie wir miteinander auskommen!«

Wieder versuchten die Feinde, unser Quartier an allen Ecken und Enden in Brand zu stecken. Wir mußten einsehen, daß wir uns unmöglich länger halten konnten. Wir beschlossen, die Hauptstadt zu räumen und den Krieg auf dem festen Land weiterzuführen, weil wir dort die feindlichen Besitzungen leichter zerstören konnten. Die Reiterei sollte den Zug eröffnen und die feindliche Verteidigung um jeden Preis durchbrechen und in den See werfen, auch wenn es alle Pferde kostete. Wir kämpften am nächsen Tag mit aller Tapferkeit, machten viele Feinde nieder, zündeten an die zwanzig Häuser an und drangen bis nah an das feste Land vor. Aber wir mußten diesen Erfolg wieder mit zwanzig Toten erkaufen. Außerdem waren die Brücken zerstört, und die Kanäle waren an allen Furten mit Palisaden gesperrt. Auf allen Seiten nichts als Hindernisse! Dazu kam, daß die Leute des Narvaez noch nicht an die ständigen Kämpfe gewöhnt und darum zuweilen noch sehr ängstlich waren.

So verminderte jeder Tag unsere Kräfte, während die der Indianer wuchsen. Viele waren gefallen, die meisten verwundet. Unsere Tapferkeit konnte auf die Dauer nichts ausrichten gegen die großen Massen der Feinde, unsere Pulvervorräte gingen zu Ende, Lebensmittel und Wasser wurden immer kärglicher. Moteczuma war nicht mehr, und seine Nachfolger verweigerten uns den Frieden, um den wir sie baten. Der Feind hatte die Brücken an den drei Dammstraßen abgebrochen. Überall lauerte der Tod auf uns.

Wie wir um die Brücken kämpften, und wie sich nur ein kleiner Haufen retten konnte

Darum beschlossen wir in einem Kriegsrat, die Stadt heimlich zu räumen, in der Nacht, wenn die Wachsamkeit der Feinde erfahrungsgemäß nachließ. Um sie noch sicherer zu machen, sollte ihnen am Abend vor der Nacht, in der wir fliehen wollten, durch einen vornehmen Papa mitgeteilt werden, daß wir alles Gold und alle anderen Schätze zurücklassen würden, wenn sie uns in acht Tagen ungehindert ausziehen ließen. Auf diesen Entschluß hatte einer unserer Soldaten, Botello, besonderen Einfluß gehabt. Er war ein geborener Italiener, ein sehr gelehrter Ehrenmann, von dem manche behaupteten, er könne Tote beschwören, andere, er könne Horoskope stellen. Er wollte mit Hilfe seiner geheimen Künste festgestellt haben, daß keiner von uns aus Mexiko hinauskomme, wenn wir die Stadt nicht spätestens in der nächsten Nacht verließen. Dem Cortes sagte er voraus, er werde noch viel Unglück erleben, Hab und Ehre verlieren, schließlich aber ein reicher und sehr angesehener Mann werden.

Nun aber zu den Vorbereitungen für unseren Rückzug: das Wichtigste war eine bewegliche Brücke aus starken Balken, auf der wir die Kanäle überschreiten wollten. Vierhundert Tlaxcateken und einhundertfünfzig Spanier sollten sie transportieren, auf- und abbauen und verteidigen. Weitere zweihundertfünfzig Tlaxcateken und fünfzig Spanier waren für den Transport und die Verteidigung der Geschütze eingeteilt. Der Vortrab stand unter dem Befehl von vier Hauptleuten, denen acht oder zehn Offiziere von Narvaez zugeteilt waren. Sie mußten die Straßen vom Feind freihalten. Zwischen dem Gepäck, den indianischen

Dienstfrauen und den Gefangenen sollte Cortes mit mehreren Offizieren und fünfzig Mann reiten. Er wollte von dieser Stelle aus überall eingreifen, wo es besonders nötig war. Den Nachtrab mit der ganzen Reiterei, hundert Fußsoldaten und dem größten Teil der Leute von Narvaez kommandierten zwei Offiziere. Die Gefangenen, Donna Marina und Donna Luisa wurden einer Eskorte von dreißig Spaniern und dreihundert Tlaxcateken anvertraut.

Cortes ließ durch seinen Kämmerer den ganzen Gold- und Silberschatz zusammentragen. Das kaiserliche Fünftel wurde acht verwundeten Pferden und achtzig Tlaxcateken aufgeladen. Cortes ließ ein Protokoll darüber aufnehmen, daß er alles versucht habe, das kaiserliche Fünftel zu retten. Dann gab er den Rest des Schatzes frei. Jeder Mann konnte so viel mitnehmen wie er wollte. Ich nahm mir nur vier der begehrten indianischen Halbedelsteine und steckte sie zwischen Panzer und Brust. Diese Steine konnte ich später gut gebrauchen.

Es war Mitternacht und ziemlich dunkel, als wir unseren Marsch antraten. Über der Stadt lag ein feiner Nebel. Dazu regnete es. Kaum war die Brücke zum erstenmal gelegt, da erhob sich plötzlich die wilde Kriegsmusik der Indianer. Sie schrien: »Auf nach Tlatelolco! Auf nach Tlatelolco! Heraus mit den Kähnen! Die Teules wollen fliehen! Schneidet ihnen den Weg über die Brücken ab!« Im Nu war der See so dicht mit Kähnen bedeckt, daß wir nicht mehr weiterkamen, obwohl viele von uns die Brücke schon hinter sich hatten. Um den Besitz dieser Brücke wurde besonders heftig gekämpft. Zwei unserer Pferde rutschten auf den nassen Brettern aus, wurden scheu und stürzten in den See. Dadurch kam die ganze Brücke aus dem Gleichgewicht und stürzte um. Die Mexikaner waren so zahlreich und griffen so heftig an, daß wir die Brücke nicht zurückerobern konnten. Dafür füllte sich der Kanal mit toten Pferden und ihren Reitern, die von den Nachdrängenden ins Wasser gestoßen wurden. Wer nicht schwimmen konnte, war verloren. Den Indianern fielen die Geschütze, viele Tlaxcateken und Dienstfrauen und der größte Teil des Gepäcks in die Hände. Es gab herzzerreißende Szenen, denn

jeder einzelne wurde von einer ganzen Meute von Mexikanern gejagt, zwischen den Häusern, auf dem Wasser und auf den engen
Straßendämmen. An die vorgesehene Marschordnung war nicht
mehr zu denken. Wer jetzt nicht selbständig handelte, war ein
Tor. Cortes und seine Offiziere sprengten auch, ohne auf ihre
Mannschaften zu achten, mit verhängten Zügeln über die Brük-
ken weg und versuchten, so schnell wie möglich festes Land zu gewinnen. Die Reiter konnten in dieser Lage ohnehin nichts ausrichten. Sie wurden von allen Seiten mit Wurfspießen und Pfeilen beschossen, von den Söllern aus mit Steinen überschüttet und
mußten durch einen Wald von Schwertern und Speeren. Nur
sehr wenige Rosse und Reiter konnten diesen vielfachen Gefahren entrinnen. Die Musketen und die Armbrüste konnte man
beim Kampf im Wasser nicht verwenden, denn sie waren naß.
Dazu kam die Dunkelheit, die nur vorsichtige Bewegungen erlaubte, sosehr sie uns auf der anderen Seite nützte. Bei Tag wären
unsere Verluste viel größer gewesen, ja wahrscheinlich hätte sich
kaum einer retten können. Wir versuchten immer wieder, uns zu
einer Kampfgruppe zusammenzuschließen, und kamen in diesem
gemeinsamen Einsatz auch immer wieder ein kleines Stück weiter. Letzten Endes wäre aber keiner von uns mit dem Leben davongekommen, wenn nicht ein jeder versucht hätte, seine Haut
allein zu retten.

In Tacuba kamen wir endlich wieder auf festes Land. Dort trafen wir den Vortrupp unter Sandoval, mit vielen Reitern und anderen Mannschaften. Sandoval und andere Offiziere wollten mit
ihren Leuten noch einmal umkehren, um den Kameraden zu helfen. Cortes sagte ihnen aber, es wäre ein Wunder, daß sich noch
so viele gerettet hätten. Wenn sie jetzt wieder bis zu den Brücken
zurückritten, dann wären sie mitsamt ihren Rossen verloren.
Trotzdem ritt Cortes mit seinen Offizieren und sechs oder sieben
Reitern zurück. Sie kamen aber nicht weit. Pedro de Alvarado
kam ihnen, schwer verwundet, auf seine Lanze gestützt, mit sieben Spaniern und acht Tlaxcateken entgegen. Das war der ganze
Rest seiner Kompanie. Da kehrten alle wieder um und zogen nach

Tacuba. Die Mexikaner hatten inzwischen auch die Einwohner dieser Stadt und der Nachbarorte zu den Waffen gerufen. Wir mußten uns also auch hier noch tüchtig herumschlagen. Sie griffen uns vor allem mit langen Spießen an, auf die sie unsere eigenen Degen gesteckt hatten.

Als Alvarado über das Schicksal der Zurückgebliebenen berichtete, brach Cortes in Tränen aus. Juan Velazquez de Leon war mit dem größten Teil der Reiterei und über zweihundertfünfzig Mann verloren. Als die Pferde gefallen waren, hatte Alvarado achtzig Mann zusammengerafft und hatte mit ihnen, über Leichen und Gepäck weg, den ersten Kanal überschritten. Juan de Velazquez ist dort mit rund zweihundert Mann gefallen. Die zweite Brücke konnten sie nicht passieren, weil sie über die zahlreichen Leichen nicht wegkamen. Alvarado soll den Kanal mit Hilfe seiner Lanze übersprungen haben, und deshalb heißt die Brücke jetzt »Der Alvaradosprung«. Ich halte es aber für unmöglich, daß er mit Hilfe einer Lanze über diesen breiten Kanal springen konnte, auch wenn er noch so gewandt war.

Die Gegend um Tacuba wurde für uns immer gefährlicher. Wir büßten bei den Kämpfen mit den dortigen Mexikanern noch drei Mann ein. Wir wollten uns deshalb so bald wie möglich von dieser unangenehmen Nachbarschaft befreien. Einige Tlaxcateken wußten einen Seitenweg in ihre Heimatstadt. Sie führten uns sehr geschickt. Auf einer Anhöhe fanden wir einige Häuser und einen Opfertempel, in denen wir uns zur Verteidigung einrichteten. Denn die Mexikaner hatten uns auch auf diesem Weg keinen Augenblick Ruhe gelassen. Wir zündeten viele Feuer an und verbanden unsere Wunden. Zu essen gab es nichts. Dafür waren wir alle sehr erkältet und spürten die Schmerzen unserer Wunden doppelt. Aber viel schlimmer war der Verlust so vieler tapferer Männer. Wenn ich ihre Namen hier alle aufzählen wollte, würde ich damit nicht so bald fertig. Von den Leuten des Narvaez blieben die meisten an den Brücken. Sie hatten sich zu viel Gold aufgeladen. Das gleiche Schicksal erlitten die Tlaxcateken mit dem Kronschatz. Auch der Astrologe Botello, die Söhne Moteczumas und die übrigen gefangenen Fürsten sind in dem allgemeinen Unglück untergegangen.

Es war für uns schwer, neue Entschlüsse zu fassen. Wir waren alle verwundet und hatten nur noch dreiundzwanzig Pferde, Geschütze und Pulver waren dahin. Auch die meisten Armbrüste waren verloren. Diese konnten wir aber am ehesten ersetzen. Für jeden Fall machten wir uns noch in unserem Tempel neue Pfeile. Der Feind ließ uns auch hier Tag und Nacht keine Ruhe. Dazu kam die bittere Frage, ob wir noch mit unseren Freunden in Tlaxcala rechnen konnten. Trotz all diesen Bedenken brachen wir um Mitternacht wieder auf. Die Wegweiser gingen mit den Tlaxcateken voraus, die Schwerverwundeten und alle, die an Stöcken gehen mußten, wurden in die Mitte genommen, und wer nicht mehr gehen konnte, wurde auf eines der frei gewordenen Pferde gebunden. Wer noch Waffen tragen oder reiten konnte, nahm die Spitze oder verteidigte den Zug in den Flanken. Die Tlaxcateken wurden in gleicher Weise auf den Zug verteilt. Die Mexikaner blieben uns auf den Fersen. Sie begleiteten uns vor allem mit Pfeifen und Schreien. Sie riefen: »Geht nur! Geht nur! Es kommt doch keiner von euch mit dem Leben davon!« Wir erfuhren erst später, was sie mit diesen Drohungen meinten. Große Freude empfanden wir darüber, daß unsere Donna Marina und die Donna Luisa, die Tochter des alten Xicotencatl, sich retten konnten. Sie waren unter den ersten, welche die Stadt verlassen hatten. Leider sind die meisten anderen indianischen Frauen, die man uns in Tlaxcala und in Mexiko selbst gegeben hatte, nicht so glücklich gewesen. Sie sind fast alle an den Brücken umgekommen.

Von der großen Schlacht bei Otumba

An diesem Tag kamen wir nur bis zu der großen Ortschaft Cuauhtitlan, die dem Alonso Davila gehört hat. Aber auch hier empfing man uns mit Hohnrufen, Steinwürfen und Pfeilen. Wir mußten uns alles geduldig gefallen lassen. In den kleinen Weilern und Dörfern ging es uns nicht besser. Die Zahl unserer Feinde wuchs ständig. Sie versuchten uns einzuschließen und beschossen uns pausenlos von allen Seiten. In einem Engpaß verloren wir noch zwei Soldaten, die nicht mehr weiter konnten, und ein Pferd. Wir machten auch einige wenige Feinde nieder. Wir übernachteten in freistehenden Häusern und verzehrten das gefallene Pferd. Am nächsten Morgen marschierten wir in besserer Ordnung als am Vortag weiter, die Hälfte der Reiter immer weit voraus. Wir zogen etwa eine Stunde durch eine ausgedehnte Ebene, da meldeten uns drei Reiter, daß die Felder vor uns dicht mit Mexikanern besetzt seien, die uns dort erwarteten.

Diese Nachricht jagte uns keinen geringen Schreck ein. Wir waren aber noch mutig genug, den Kampf anzunehmen. Wir machten kurz halt, damit Cortes seine Befehle geben konnte. Die Reiter sollten mit verhängtem Zügel und gefällten Lanzen die feindlichen Reihen durchbrechen, das Fußvolk aber sollte vor allem mit Schwertern und Degen auf die Bäuche der Feinde zielen. Dann empfahlen wir uns Gott und stürzten uns mit dem Ruf »Santiago! Santiago!« auf die Feinde. Fünf Reiter hatten die feindlichen Linien durchbrochen, und wir waren ihnen nachgestürmt. Es war eine furchtbare Schlacht. Wir kämpften Mann gegen Mann, die Mexikaner schlugen sich wie wütende Hunde. Sie brachten uns mit ihren Spießen und den großen Schlachtschwertern schwere Wunden bei und töteten viele unserer Leute. Das ebene Gelände war sehr günstig für die Reiterei. Sie war unermüdlich und tauchte überall dort auf, wo der Feind am verwundbarsten war. Unsere Offiziere, Cortes an der Spitze, übertrafen sich selbst. Er und Sandoval ließen es nicht an aufmunternden Zurufen fehlen. Wir fochten also mit großem Mut. Gott und seine gebenedeite Mutter stärkten uns, und der heilige Jakob von Compostella stand uns besonders bei. Ein Hauptmann aus Guatemozin will ihn sogar persönlich gesehen haben. Endlich lenkte der Allmächtige Cortes mit seinen besten Offizieren gegen die Gruppe der Feinde, in welcher der mexikanische Befehlshaber mit seiner Fahne und seinem Stab stand. Sie sprengten mitten in diese Gruppe. Cortes selbst ritt so heftig gegen den mexikanischen Heerführer an, daß er seine Fahne fallen ließ; die Offiziere verjagten die übrigen Leute des feindlichen Stabes. Als der Mexikaner seine Fahne aufheben und fliehen wollte, ritt ihm Juan de Salamanca nach, stieß ihn nieder, entriß ihm die Fahne und den reichgeschmückten Federbusch und präsentierte alles Cortes.

Nach dem Ausfall ihrer Führer hielten die Mexikaner nicht mehr stand. Sie zogen sich zurück, aber unsere Reiter blieben ihnen dicht auf den Fersen. Nun fühlten wir keinen Hunger, keinen Durst und keine Wunden mehr, uns war zumute, als ob wir ganz frisch in dieses Treffen kämen. Auch unsere tlaxcatekischen Freunde verwandelten sich in wahre Löwen. Als die Reiter wieder zurück waren, dankten wir Gott für diesen Sieg über einen weit überlegenen Feind. In der Nähe des Schlachtfeldes lag der Ort Otumba, nach dem diese Schlacht später benannt wurde. Es war der 14. Juli 1520. Wir hatten in den letzten fünf Tagen neunhundertzweiundvierzig Mann und über zwölfhundert Tlaxcateken verloren. Sie sind gefallen oder den Götzen geopfert worden. Wir waren jetzt nur noch vierhundertvierzig Mann, zwölf Schützen und sieben Musketiere, mit zwanzig Pferden. Mit der gleichen Zahl Soldaten sind wir seinerzeit von Kuba abgesegelt.

Nach dem Sieg verzehrten wir Kürbisse, die wir auf den Feldern fanden, und zogen eigentlich mit ganz fröhlichem Mut nach Tlaxcala weiter. Wir mieden die Ortschaften. Der Feind neckte uns weiter mit Geschrei und mit Schüssen. Gegen Abend bezogen wir dann einen Opfertempel und ein großes Haus, das sich leicht verteidigen ließ. Hier blieben wir über Nacht, pflegten unsere Wunden und ruhten aus. Der Feind plänkelte zwar immer noch mit uns, aber es war ein Abschiedsgeplänkel mit dem unausgesprochenen Hintergedanken: »Nun seid ihr ja bald jenseits unserer Grenzen! Glückliche Reise!« Von unserem Lager aus konnten wir die Hügel von Tlaxcala sehen. Unsere Freude über diesen Anblick war so groß, wie wenn es unsere Heimat wäre. Und doch wußten wir damals noch nicht, ob uns dieses Volk treu geblieben war, und wie es in Vera Cruz stand.

Am nächsten Morgen ermahnte uns Cortes, nun doppelt auf der Hut zu sein, nachdem uns der Herr so wunderbar gerettet hatte. Wir sollten uns vor allem hüten, die Tlaxcateken in irgendeiner Weise zu verletzen. Er hoffe zu Gott, daß sie noch treu zu uns stünden. Sollten sie aber ihre Meinung geändert haben, dann müßten wir eben ein zweites Mal mit ihnen fertig werden. Wir marschierten mit den üblichen Sicherungen, rasteten kurz an der Grenze und erreichten schließlich den tlaxcatekischen Ort Hueyotlipan. Man nahm uns dort auf und gab uns auch zu essen. Wer satt werden wollte, mußte aber mit Gold nachhelfen. Wir legten einen Rasttag ein, um uns und die Pferde zu pflegen.

Als die alten Kaziken in Tlaxcala hörten, daß wir in ihrem Land seien, besuchten sie uns sofort mit einer Menge ihrer vornehmen Bürger. Die Begrüßung zwischen ihnen und Cortes war sehr herzlich. Vielen stolzen Tlaxcateken standen die Tränen in den Augen. Sie sagten: »Ach Malinche! Dein Unglück geht uns sehr nahe. Wir trauern um deine Brüder und viele der Unsrigen, die den Tod gefunden haben. Haben wir euch nicht oft gesagt, daß ihr den Mexikanern nicht trauen sollt? Ihr habt uns leider keinen Glauben geschenkt. Aber geschehen ist geschehen. Uns bleibt jetzt nichts zu tun, als eure Wunden zu pflegen und euch kräftige Nahrung zu geben. Fühlt euch hier bei uns wie in eurer Heimat! Ruht aus und kommt dann in unsere Stadt, um bei uns Quartier zu nehmen. Es ist keine geringe Tat, Malinche, daß ihr aus dieser befestigten Stadt ausgebrochen seid, nachdem alle Brücken abgebrochen waren. Wir haben euch schon immer für tapfere Männer gehalten, unsere Achtung ist jetzt aber erheblich gestiegen. Ich weiß, daß viele Männer und Frauen dieses Landes um ihre Söhne, ihre Väter und Brüder weinen. Laß dir das nicht zu sehr zu Herzen gehen! Du bist deinen Göttern großen Dank schuldig, daß sie dich so glücklich bis hierher geleitet haben, und daß ihr den starken Feind bei Otumba noch überwunden habt. Er lag seit vier Tagen dort, um euch zu überfallen. Ich wollte euch mit dreißigtausend Mann zu Hilfe kommen. Aber ich konnte die Männer nicht so schnell versammeln.«

Cortes, die Offiziere und die Soldaten umarmten die braven Männer herzlich. Wir schenkten ihnen, was wir an Wertsachen bei uns fanden. Sie jubelten, als sie Donna Marina und Donna Luisa gerettet sahen. Die Freude verwandelte sich aber in Trauer, als sie von dem Tod vieler Angehörigen hörten. Am stärksten betroffen war Maseescasi, der seine Tochter, Donna Elvira, und seinem Eidam, Juan Velazquez de Leon, verloren hatte. So zogen wir denn in Begleitung aller Kaziken in die Hauptstadt des Landes Tlaxcala ein. Cortes wurde bei Maseescasi einquartiert und Alvarado bei Xicotencatl. Wir pflegten unsere Wunden und warteten unsere Genesung ab. Vier von unseren Leuten starben noch an ihren Blessuren, und bei vielen anderen ging die Heilung nur sehr langsam voran.

Cortes schickte drei Tlaxcateken mit einem Bericht nach Vera Cruz. Der dicke Kazike von Cempoal hatte aber unsere Besatzung schon über die Niederlage in Mexiko unterrichtet. Die Ältesten der Stadt hatten den für Vera Cruz bestimmten Goldschatz in Tlaxcala abgeholt. Sie sind aber auf dem Rückweg umgekommen, der Schatz fiel in die Hände der Mexikaner. Im übrigen hatte die Stadt von den ganzen Kämpfen nichts gespürt. Es war dort vollkommen ruhig geblieben. Der Admiral Caballero meldete gleichfalls, daß bei ihm alles in Ordnung sei. Die seinerzeit von Cortes gegebenen Befehle waren alle zur Zufriedenheit ausgeführt worden.

Aber es gab auch innerhalb des Landes Tlaxcala Schwierigkeiten und ernste Gefahren. Der junge Xicotencatl, der seinerzeit die ganze tlaxcatekische Kriegsmacht gegen uns geführt hatte, und seine Freunde forderten ihre Landsleute zu einem Überfall auf uns auf. Als der alte Xicotencatl von diesen Umtrieben hörte, wurde er sehr zornig und befahl seinem Sohn, sich diese Pläne aus dem Kopf zu schlagen. Wenn seine Mitregenten davon erführen, dann würden sie ihn umbringen, und er würde seine Zustimmung dazu geben. Der junge Mann ließ sich aber nicht raten, sondern bereitete sein Unternehmen weiter vor. Da bekamen die anderen Kaziken Wind von der Sache, riefen die Häupter der Städte zusammen und ließen den jungen Xicotencatl gefesselt vorführen. Maseescasi hielt folgende Ansprache: »Ich frage euch: war in den letzten hundert Jahren jemals so viel Wohlstand im Land Tlaxcala wie seit der Zeit, da die Teules bei uns erschienen sind? Haben wir jemals bei unseren Nachbarn in so großem Ansehen gestanden? Erst seit dieser Zeit haben wir wieder Gold und baumwollene Stoffe in Menge, erst seit dieser Zeit essen wir wieder Salz, das wir lange Jahre entbehren mußten. Wo sich unsere Krieger mit den Teules gezeigt haben, wurden sie sehr ehrenvoll behandelt. Freilich haben viele von unseren Leuten in Mexiko den Tod gefunden, sie haben aber nur das Schicksal der Teules geteilt. Ihr alle kennt die alte Prophezeiung, nach der Männer von Sonnenaufgang zu uns kommen und die Herrschaft übernehmen werden. Wie kann sich nach all dem dieser Xicotencatl auf hochverräterische Pläne einlassen, die uns nur in den Krieg und zum Untergang führen können? Ist das nicht ein Verbrechen, das nicht verziehen werden kann? Brütet dieser Mann in seinem Kopf nicht ständig neue gefährliche Anschläge aus? Jetzt sollen wir Verrat an unseren Freunden begehen, jetzt, wo wir helfen müssen, ihre Kräfte für einen neuen Feldzug gegen Mexiko wiederherzustellen?« Die anderen Kaziken, auch der Vater, billigten diese Vorwürfe voll und ganz.

Der jüngere Xicotencatl aber antwortete, er sei nach wie vor der Meinung, daß es für sie am klügsten wäre, mit den Mexikanern Frieden zu schließen. Er muß dabei die regierenden Oberhäupter mit sehr scharfen Worten angegriffen haben; denn trotz ihrem hohen Alter sprangen die Kaziken auf und warfen ihn schimpfend die Treppe hinunter. Wäre sein Vater nicht dabeigewesen, sie hätten ihn getötet. Die Kaziken ließen alle, die an der Verschwörung beteiligt waren, ins Gefängnis werfen. Der jüngere Xicotencatl wurde später auf Befehl von Cortes in einer Ortschaft bei Tetzcuco gehängt.

MUT ZU NEUEN UNTERNEHMUNGEN

*Wie wir nach Tepeaca zogen, und was wir daselbst
ausrichteten*

Die Einwohner der benachbarten mexikanischen Provinz Tepeaca hatten Spanier ermordet. Sie mußten gezüchtigt werden.
Cortes bat die Kaziken von Tlaxcala, ihm für dieses Unternehmen fünftausend Mann zu stellen. Es ging dabei um einige wenige Orte, die alle nur fünf bis sieben Stunden von Tlaxcala entfernt lagen. Die Lust der Tlaxcateken, Rache zu nehmen, war fast
noch größer als die unsere; denn die feindlichen Nachbarn hatten
immer wieder wertvolle Felder vernichtet und im Gebiet von
Tlaxcala großen Schaden angerichtet. Ungerufen standen schon
viertausend Mann bereit.

Die Leute von Tepeaca waren aber nicht unvorbereitet. Sie
hatten schnell in Erfahrung gebracht, wie man uns in Tlaxcala
aufgenommen hatte, und sie zweifelten keinen Augenblick daran,
daß wir nach einer kurzen Ruhepause, zusammen mit den Tlaxcateken, über sie herfallen würden. Die ganze Grenze war
deshalb mit mexikanischen Truppen besetzt, und in der Stadt
Tepeaca lag eine starke Besatzung. Maseescasi und der alte
Xicotencatl wußten das. Sie gingen deshalb mit einiger Sorge auf
dies Unternehmen ein, zumal wir keine Geschütze und keine
Handfeuerwaffen einsetzen konnten, weil wir die schweren
Waffen auf dem Rückzug verloren und für die Handwaffen kein
Schießpulver mehr hatten.

Unsere kleine Armee bestand aus siebzehn Reitern, sechs
Armbrustschützen, vierhundertzwanzig Spaniern, von denen die
meisten nur mit Seitengewehren und mit einem Schild ausgerüstet waren, und fünftausend Tlaxcateken. Wir nahmen
nur für einen Tag Verpflegung mit; denn in dem dichtbevölkerten Tepeaca gab es Mais, Hühner und Bisamschweine
im Überfluß. Unsere Plänkler waren wie üblich weit voraus.

Wir bezogen das erste Nachtquartier drei Stunden vor Tepeaca. Die Orte, durch die wir kamen, waren leer. Die Einwohner waren geflüchtet und hatten mitgenommen, was sie schleppen konnten. Nur in einer kleinen Niederlassung fanden wir noch sechs Männer und vier Weiber. Cortes verhörte die Gefangenen eingehend. Er wollte wie immer strenge Gerechtigkeit üben, deshalb fragte er sie, wie und warum die achtzehn Spanier ohne erkennbaren Anlaß umgebracht worden seien. Er wollte ferner wissen, was die starken mexikanischen Truppenverbände an der Grenze sollten und warum die Leute aus Tepeaca die Besitzungen unserer Freunde in Tlaxcala verheert hätten.

Cortes schickte Gefangene mit den gleichen Fragen nach Tepeaca hinein. Er forderte die Einwohner auf, die Mexikaner wegzuschicken und ihn um Frieden zu bitten. Würden sie sich weiter feindlich verhalten, dann müsse er sie wie Empörer, Mörder und Strauchdiebe behandeln. Er werde ihr Land mit Feuer und Schwert heimsuchen und alle Bewohner zu Sklaven machen. Die Gefangenen kamen schon bald mit zwei Mexikanern zurück, die uns sehr von oben herab behandelten. Sie wußten, daß wir Gesandte höflich behandelten und beschenkten. Cortes schenkte tatsächlich jedem einen Mantel und schickte die aufgeblasenen Kerle mit einem neuen Friedensangebot zurück. Er sagte, er wisse, daß sie ihm seine Spanier nicht mehr lebendig zurückgeben könnten. Wenn sie aber um Frieden bäten, werde er alles verzeihen. Obgleich er wußte, daß die Mexikaner nicht lesen konnten, gab er ihnen ein Schriftstück mit, in dem alle Bedingungen festgelegt waren. Die Mexikaner waren sehr bald wieder zurück. Ihre Antwort lautete: wir sollten schleunigst hingehen, woher wir gekommen seien, sonst müßten sie am nächsten Tag über uns kommen und aus unserem Fleisch noch bessere Mahlzeiten zubereiten als in Mexiko, an den Brücken und bei Otumba.

Daraufhin hielt Cortes einen Kriegsrat und ließ durch den königlichen Sekretär folgenden Beschluß niederschreiben: alle Verbündeten der Mexikaner, die Spanier ermordet hätten, sollten zu Sklaven gemacht werden, weil sie damit ihr Treuegelöbnis gegenüber Seiner Majestät dem Kaiser gebrochen und sich empört hätten. Dieser Beschluß wurde auch dem Feind mitgeteilt. Am nächsten Tag kam es zu schweren Kämpfen. In dem ebenen Gelände wurden die Indianer aber schnell von unseren wenigen Reitern geworfen; das Fußvolk und unsere Freunde, die Tlaxcateken, rückten ihm hart auf den Leib. Wir brachten ihm große Verluste bei. Wir verloren nur drei Tlaxcateken und ein Pferd, zwölf Spanier wurden leicht verwundet. Wir nahmen eine Menge Frauen und Kinder gefangen. Die Männer überließen wir als Sklaven den Tlaxcateken.

Diese unerwartete Niederlage der tapferen mexikanischen Besatzung veranlaßte die Einwohner von Tepeaca, mit uns über den Frieden zu verhandeln. Sie leisteten uns noch einmal den Treueid und jagten die Mexikaner fort. Wir zogen in die Stadt ein und gründeten in ihrer Nähe die Villa Segura de la Frontera. Sie lag mitten in einer sehr fruchtbaren Gegend und im Schutz der Tlaxcateken. Cortes ernannte die Alkalden und Regidoren. Dann suchten wir alle Ortschaften heim, in denen Spanier ermordet worden waren. Wir machten viele zu Sklaven und brannten ihnen mit einem Eisen ein G (= guerra = Krieg) auf den Rücken.

Inzwischen war der Nachfolger Moteczumas an den Pocken gestorben. Der neue König hieß Cuauhtemoc. Seine Frau war eine Tochter Moteczumas. Er war erst fünfundzwanzig Jahre alt und galt als außerordentlich mutig. Seine Leute zitterten vor ihm. Sobald er die ersten Meldungen über die Affäre von Tepeaca erhielt, schickte er zuverlässige Beamte in alle Orte und befahl den Einwohnern, sich auf einen Kampf vorzubereiten. Er unterstützte diesen Befehl mit wertvollen Geschenken und dem Erlaß von Tributen. Außerdem schickte er seine besten Generale an die Grenzen.

Wie der Abgesandte des Diego de Velazquez,
der Hauptmann Pedro Barba, in Vera Cruz mit seinem Schiff
ankam und gefangen wurde

Während wir in Tepeaca Ordnung schafften, landete in Vera
Cruz ein kleines Schiff mit dreizehn Soldaten, zwei Pferden und
Briefen für den von Velazquez als Statthalter von Neuspanien
eingesetzten Panfilo de Narvaez. Das Schiff stand unter dem Befehl des Hauptmanns Pedro Barba, der ein guter Freund von Cortes war. Die Briefe enthielten den Befehl, Cortes und seine höheren Offiziere nach Kuba zu transportieren; denn der Bischof von
Burgos habe dies als Präsident des Rates von Indien so befohlen.
Admiral Pedro Caballero, den Cortes in Vera Cruz zurückgelassen hatte, ging sofort an Bord, um den Ankömmling zu begrüßen.
Die Bootsbesatzung war schwer bewaffnet, die Waffen waren
aber versteckt. Auf die Frage nach dem Befinden von Narvaez
und Cortes gab Pedro Caballero die Auskunft: Narvaez sei ein
mächtiger und in diesen Landen sehr angesehener Mann, Cortes
aber irre mit zwanzig Mann als Flüchtling durch das Land. Barba
nahm die Einladung, sich auszuschiffen, gerne an. Er ging dazu in
das Boot des Caballero. Die Leute des Hauptmanns Barba wurden von anderen Booten aufgenommen. Sobald alle an Land
waren, erklärte ihnen der Admiral: »Meine Herren, ihr seid die
Gefangenen des Generalkapitäns Cortes!« Die Männer waren
bestürzt, mußten sich aber in ihr Schicksal fügen. Segel, Steuerruder und Kompasse wurden aus dem Schiff genommen.
Dann schickte man alle in das Hauptquartier von Cortes nach
Tepeaca.

Wir freuten uns sehr über diese Verstärkung; denn wir hatten
uns noch lange nicht von unseren Wunden und unseren vielerlei
Erkrankungen erholt. Fünf unserer Leute waren in vierzehn Tagen an Seitenstechen eingegangen. Unser Gesamtzustand war
kläglich. Dabei mußten wir Tag und Nacht kampfbereit sein.
Cortes bereitete dem Hauptmann Barba einen sehr ehrenvollen
Empfang und übergab ihm gleich eine Kompanie Armbrust-

schützen. Barba avisierte noch ein zweites, kleineres Schiff, das tatsächlich nach acht Tagen eintraf. Es stand unter dem Befehl des Kavaliers Rodrigo Morejan de Lobera und brachte acht Soldaten, sechs Armbrüste, Munition und eine Stute mit. Die Leute wurden auf dieselbe Weise eingefangen wie Pedro Barba. Sie wurden alle von Cortes freundlich empfangen und gleich alle angestellt. Wir dankten Gott inbrünstig für diese unerwartete Verstärkung.

Wie die Einwohner von Guacachula um Hilfe gegen die mexikanische Besatzung baten

Der neue Regent von Mexiko hatte besonders starke Besatzungen in die Grenzorte Guacachula und Izucar gelegt, die nur zwei bis drei Stunden auseinander lagen. Die Mexikaner terrorisierten die Bevölkerung, raubten Kleidungsstücke, Mais, Geflügel und goldenes Geschmeide und vergewaltigten Mädchen und Frauen in Gegenwart ihrer Ehemänner und Verwandten. Als die Eingesessenen sahen, wie die von Cortes besetzten Orte in Ruhe und Frieden lebten, schickten sie heimlich vier angesehene Männer zum Generalkapitän mit der Bitte, sie mit Hilfe der Teules von ihren Unterdrückern zu befreien. Sie versicherten, daß die Bevölkerung der ganzen Umgebung bereit sei, uns beizustehen.

Cortes beschloß daraufhin, Cristobal de Olid mit dreihundert Spaniern, dem größten Teil unserer Reiter und einer starken Abteilung Tlaxcateken nach Guacachula zu schicken. Unter den Spaniern waren viele aus der Mannschaft des Narvaez, die Angst bekamen, als sie hörten, daß die Provinz und die Ortschaften dicht mit Mexikanern besetzt seien, ja, daß der neue König an ihrer Spitze stehe. Ihr ganzes Bestreben ging nach wie vor dahin, möglichst bald nach Kuba zurückzukehren. Sie dachten an den verlustreichen Rückzug aus Mexiko, an die schweren Kämpfe um die Brücken und an die Schlacht von Otumba und zeigten keine Lust, sich auf neue Kriegszüge einzulassen. Sie erklärten Cristobal de Olid, daß dieser Feldzug gegen eine Übermacht nie gut ausgehen könne und allen das Leben kosten werde. Olid und die alten Soldaten des Cortes konnten dagegen sagen, was sie wollten, sie glaubten nicht an die Überlegenheit der wenigen spanischen Reiter oder daran, daß die alten Eroberer in Mexiko viel gefährlichere Unternehmungen glücklich bestanden hatten. Sie erklärten, daß sie nicht mitmarschieren würden, und verwirrten Olid mit Klagen und Lamentieren schließlich so sehr den Kopf, daß er den Befehl gab umzukehren.

Als Cortes die Meldung über die Lage erhielt, war er wütend. Er schickte zwei Armbrustschützen mit einem Brief zu Cristobal de Olid, in dem er sagte, er müsse sich sehr über seinen Mangel an Kraft und Entschlossenheit wundern. Wenn einer, dann müsse er doch wissen, daß es nichts gebe, was einen aufrechten Soldaten von der Ausführung eines Befehls abhalten könne. Nun war Olid wütend, machte seinen schlechten Beratern bittere Vorwürfe und gab den strikten Befehl, zum Kampf anzutreten. Wer nicht mit vorwärts gehen wolle, der solle ins Hauptquartier von Cortes gebracht und dort als Memme und Ausreißer bestraft werden. Der Zorn über sein eigenes Versagen hatte Olid in einen Löwen verwandelt. Er setzte sich mit seinen Leuten sofort in Marsch nach Guacachula. Eine Stunde vor der Stadt kamen ihm die Kaziken des Landes entgegen, um Vorschläge zu machen, wie die Mexikaner mit Hilfe der Eingesessenen am schnellsten überwältigt werden könnten. Kurz darauf kam es zum ersten schweren Gefecht, in dem die Mexikaner sehr tapfer fochten. Sie verwundeten mehrere Spanier, töteten zwei Pferde und verletzten acht andere, die sie aus einer Verschanzung beschossen hatten. Nach einer Stunde waren sie jedoch geschlagen. Die Tlaxcateken und die Einwohner halfen wacker mit, den Mexikanern eine vernichtende Niederlage beizubringen. Der Feind zog sich auf Izucar zurück und wurde in diesem stark befestigten Platz von einer großen mexikanischen Besatzung aufgefangen. Auf der Flucht brannten sie noch schnell eine Brücke ab, die zwischen den beiden Orten lag.

Aber Olids Löwenmut war an dem Erfolg nur gewachsen. Er ließ sich nun durch kein Hindernis aufhalten. Er riß alles mit, was ihm folgen konnte, erzwang den Flußübergang und schlug den Feind endgültig. Er verlor dabei wieder zwei Pferde; er selbst wurde zweimal, sein Pferd schwer verwundet. Er blieb zwei Tage in Izucar, empfing dort die Kaziken des ganzen Landes und nahm ihre Treueerklärung entgegen. Dann marschierte er ins Hauptquartier zurück. Cortes zog den Siegern mit uns allen entgegen. Der Jubel war groß. Die Rückzugsbewegung nach Cholula wurde nur noch im Scherz erwähnt, und Olid schwor, zu ähnlichen Unternehmungen nur noch die armen tapferen Soldaten des Cortes mitzunehmen, nicht die reichen Leute des Narvaez, die mehr an ihre Bergwerke in Kuba als an ihre Waffen dächten.

Wie wir nochmals Verstärkung erhielten

Während wir in Villa Segura de la Frontera lagen, landete in Vera Cruz eines der Schiffe des Francisco de Garay, die den Auftrag hatten, am Panucostrom neue Kolonien anzulegen. Es stand unter dem Befehl eines gewissen Camargo und hatte sechzig Soldaten an Bord, die alle schwer krank waren. Sie waren blaß wie der Tod und hatten aufgetriebene Bäuche, denn sie waren völlig ausgehungert. Die Indianer hatten der ganzen Expedition, die Alvarez Pinedo anführte, ein trauriges Ende bereitet. Alle Beteiligten waren tot, die Schiffe verbrannt. Nur Camargo konnte sich mit seinen Leuten noch rechtzeitig einschiffen und nach Vera Cruz fliehen. Die Leute wurden nach und nach alle nach Villa de Segura gebracht. Cortes nahm sie in Ehren auf und empfahl sie uns zur Pflege. Viele starben sehr bald. Wir nannten sie im Scherz die Grünspanwänste; denn sie sahen mit ihren aufgetriebenen Bäuchen aus wie der leibhaftige Tod.

Bald darauf lief noch ein Schiff unter dem Kommando von Miguel Diaz de Auz ein, das Garay dem Alvarez Pinedo nachge-

schickt hatte. Sie hatten am Panucostrom nur feindselige Indianer und keine Spur von Pinedo gefunden. Als sie von dem traurigen Schicksal ihrer Kameraden hörten, segelten sie nach Vera
Cruz und landeten dort mit fünfzig Mann und sieben Pferden.
Das war die beste Verstärkung, die wir je erhalten haben. Sie
marschierten gleich weiter ins Hauptquartier. Miguel Diaz de
Auz hat in der Folge Seiner Majestät in Neuspanien außerordentliche Dienste geleistet.

Wenige Tage später landete noch ein Schiff in Vera Cruz, das
gleichfalls von Garay zur Unterstützung der Panucoflotte ausgerüstet worden war. Es hatte vierzig Soldaten, zehn Pferde und
reichlich Munition an Bord. Kommandant war ein älterer Mann,
namens Ramirez, dem wir den Beinamen »der Ältere« gaben,
weil wir schon einen anderen Ramirez unter unseren Fahnen hatten. So ließ Francisco de Garay ein Schiff nach dem anderen in den
Wind gehen für eine Expedition, die uns den Wind aus den Segeln nehmen sollte. Den Nutzen aber hatten Cortes und wir. Die
Verstärkung konnte zu keinem günstigeren Zeitpunkt kommen.

Cortes empfing die Hauptleute und ihre Mannschaften in Tepeaca. Wir nannten die steifen und fetten Burschen des Diaz de
Auz nur die »Steifbeine« und die dicken Kerle des älteren Ramirez mit ihren schweren baumwollenen Waffenröcken, durch die
kein Pfeil dringen konnte, die »Saumsättel«. Cortes hatte nun
immerhin über hundert Mann und zwanzig Pferde mehr zur Verfügung.

Wie Cortes die Einwohner von Xalacingo und Cacatami
befrieden ließ

Um diese Zeit erfuhr Cortes, daß Leute aus Xalacingo und Cacatami Männer des Narvaez und die Boten ermordet und ausgeraubt hatten, die den Goldanteil der Besatzung von Vera Cruz
von Tlaxcala in die Hafenstadt bringen sollten. Er befahl deshalb
dem sehr umsichtigen und mutigen Gonzalo de Sandoval, mit

zweihundert alten Soldaten, unter denen zwanzig Reiter und Armbrustschützen waren, ins Feld zu ziehen, um diese Untaten zu sühnen. Die Feinde waren auf den Angriff wohlvorbereitet. Sie hatten sich mit den mexikanischen Besatzungstruppen zusammen zur Verteidigung eingerichtet. Drei- oder viermal schickte Sandoval seine Boten zum Feind, um den Frieden anzubieten. Sie forderten das geraubte Gold zurück, verlangten die Anerkennung der kaiserlichen Oberhoheit und boten dafür die Verzeihung für alle Untaten an. Die Indianer antworteten stolz, sie würden Sandoval und seine Mannschaft nicht anders behandeln wie die Teules, für deren Tod sie Rechenschaft ablegen sollten. Sie würden alle verzehrt.

Nun ließ Sandoval ihnen mitteilen, daß er sie wie Verräter und Straßenräuber behandeln und ihnen das Zeichen der Sklaven aufbrennen werde. Sie sollten nur um ihr Leben kämpfen. Er griff sie gleichzeitig an zwei verschiedenen Punkten an. Die Feinde verteidigten sich tapfer, mußten aber schließlich doch fliehen. Sandoval verfolgte sie heftig und fing eine große Menge gemeinen Volks ein, mußte aber die meisten wieder laufenlassen, weil er nicht genügend Bewachungsmannschaften zur Verfügung hatte. In einem Opfertempel fand er spanische Waffen, Pferdegeschirr, Sättel und Kleider.

Jetzt kamen die Kaziken, baten um Verzeihung und unterwarfen sich Seiner Kaiserlichen Majestät. Sandoval erklärte ihnen, sie könnten erst Verzeihung erhalten, wenn sie das geraubte Gold zurückgebracht hätten. Die Kaziken erwiderten, daß sie das Gold den Mexikanern gegeben hätten. Es sei jetzt im Besitz des neuen Königs von Mexiko. Daraufhin verwies Sandoval sie an Cortes. Er trat mit zahlreichen gefangenen jungen Burschen und Frauen den Rückmarsch an. Acht Mann waren schwer verwundet, Sandoval hatte einen Pfeilschuß bekommen, drei Pferde waren tot. Cortes freute sich über den guten Zustand, in dem die Truppe zurückkam. Ich war nicht bei diesem Kampf; denn ich hatte heftiges Fieber und warf dabei viel Blut aus. Aber mit Gottes Hilfe und durch viele Aderlässe wurde ich bald wiederhergestellt.

Bald nach uns erschienen auch die Kaziken von Xalacingo und Cacatami, baten Cortes um Frieden und beschworen ihre Unterwerfung in einem feierlichen Akt. Diese Unternehmung hatte weitreichende Folgen. Sie brachte dem ganzen Land Ruhe. Cortes galt nun in ganz Neuspanien als Vorbild der Gerechtigkeit und der Tapferkeit. Jeder hatte Angst vor ihm, vor allem der junge König von Mexiko. Das Ansehen unseres Generalkapitäns war so groß, daß Leute aus den fernsten Gegenden kamen, um seine Entscheidung im Streit um ganze Herrschaften, um Grundbesitz und Untertanen anzuhören und anzunehmen. In dieser Zeit rafften die Pocken viele Kaziken weg. Auf diese Weise wurde auch das Fürstentum von Itzocan Streitobjekt zwischen einem Neffen von Moteczuma und anderen nahen Verwandten des Königs. Cortes sprach es dem Neffen zu, und dabei blieb es.

Zu dieser Zeit brachten wir in Erfahrung, daß auch in Cocotlan, das nur sechs Stunden von unserem Hauptquartier weg lag und das wir Castil Blanco nannten, neun Spanier umgebracht worden waren. Sandoval erhielt den Befehl, mit dreißig Reitern, hundert Füsilieren, acht Armbrustschützen, fünf Musketieren und zahlreichen Tlaxcateken aufzubrechen, die Einwohner zu züchtigen und Ruhe und Ordnung herzustellen. Wie immer schickte er fünf vornehme Männer von Tepeaca voraus. Sie boten den Frieden und drohten. Die mexikanische Besatzung ließ antworten, daß sie schon einen Herrn hätten, nämlich ihren König in Mexiko, und daß sie deshalb nicht wüßten, warum sie eine Abordnung schicken sollten. Sie seien stark genug, um sich mit uns auf dem Schlachtfeld zu messen. Wie weit unsere Kräfte reichten, das hätten sie an den Brücken in Mexiko und an den Straßendämmen erfahren.

Auf diese Antwort hin bereitete sich Sandoval zum Angriff vor. Er gab den Tlaxcateken den strengen Befehl, erst einzugreifen, wenn der Feind geworfen sei, damit sie nicht wie früher die Rosse scheu machten oder in die Schußlinie der Armbrustschützen und der Musketiere kämen. Sie sollten den Feind dann verfolgen. Dieser erwartete die Angreifer an einem Paß. Er hatte eine Schlucht mit einem Verhau gesperrt und schlug sich dort sehr wacker. Schließlich setzten ihm unsere weittragenden Schußwaffen doch so zu, daß wir den Angriff auf den Paß mit Rossen forcieren konnten. Vier Mann und neun Pferde wurden verwundet. Ein Pferd kam später um. Aber unsere Reiterei brach trotz des sehr ungünstigen Geländes durch und kam bis dicht vor den Ort. Dort hatte sich die Masse der Mexikaner in einem großen Hof, in Befestigungsanlagen und in mehreren Opfertempeln aufgebaut. Es gab einen kurzen, aber heftigen Kampf, dann war der Feind geschlagen. Sieben Indianer blieben auf dem Platz. Die Tlaxcateken mußte man nicht erst auffordern, die Verfolgung aufzunehmen. Viele Männer und Frauen wurden gefangen. Sandoval blieb zwei Tage in Cocotlan und empfing die Kaziken, die um Verzeihung für ihre Untaten baten. Sandoval verlangte, daß sie erst alles beibringen sollten, was die Ermordeten bei sich hatten. Die Kaziken erklärten, daß ihnen das unmöglich sei, weil sie alles verbrannt hätten. Sie hätten fünf Spanier lebendig zum König nach Mexiko geschickt, die anderen hätten sie selbst aufgezehrt. Sie hätten in diesem Kampf viele Tote eingebüßt, und Sandoval möge ihnen doch jetzt verzeihen. Sie wollten ihn und das Hauptquartier Malinches auch reichlich mit guten Lebensmitteln versorgen. Als Sandoval sah, daß nichts mehr zu holen war, sprach er die Verzeihung aus und rückte ab.

Wie es zum Streit über die Verteilung der Sklaven kam

Nun war Ruhe im Lande. Cortes beschloß deshalb im Einvernehmen mit den Kronbeamten, alle Sklaven mit dem Eisen zu markieren und bei dieser Gelegenheit das königliche Fünftel einzubehalten. Die Mannschaften mußten dazu alle Gefangenen in einem bestimmten Haus abliefern. Sie brachten vor allem Frauen und Knaben; denn die erwachsenen Männer waren schwer zu hüten. Außerdem standen uns ja die tüchtigen Tlaxcateken zur Verfügung. Nachdem alle Gefangenen beisammen und markiert waren, wurden erst das königliche Fünftel und dann das Fünftel für Cortes abgezählt. In der Nacht vorher hatte man schon die besten indianischen Frauen beiseite gebracht, so daß für uns nur alte und häßliche Weiber übrigblieben. Wir waren sehr unzufrieden mit Cortes und allen, die uns auf diese Weise übervorteilt hatten, und Leute aus der Mannschaft des Narvaez sagten Cortes ins Gesicht, sie hätten bis jetzt nicht gewußt, daß es in den spanischen Reichen zwei Könige gebe und daß deshalb zwei königliche Fünftel erhoben werden müßten. Ein gewisser Juan Bono de Quexo fügte hinzu, daß es auch in Neuspanien keine besonderen Regelungen geben dürfe und daß er Seiner Majestät dem Kaiser und dem Rat von Indien Anzeige erstatten werde. Ein anderer Soldat sagte zu Cortes, sie hätten genügend böse Erfahrungen mit seinen Machenschaften in Mexiko gemacht. Bei der Goldverteilung habe er seinerzeit nur von dreihunderttausend Piastern gesprochen. Vor der Noche triste habe er sich aber bescheinigen lassen, daß über siebenhunderttausend Piaster Gold zurückgeblieben seien. Er fragte Cortes, wie er dazu käme, den armen, mit Wunden bedeckten Soldaten auch noch die hübschen Indianerinnen wegzunehmen, die einzige Entschädigung für schwere Strapazen. Sie seien der Meinung gewesen, man wolle die Sklaven schätzen und dann das königliche Fünftel einziehen. Von einem Fünftel für Cortes sei keine Rede gewesen.

Mit der Zeit merkte Cortes, daß es dringend notwendig war, die Gemüter zu besänftigen. Er fand sehr freundliche Worte und schwor wie immer bei seinem Gewissen, daß in Zukunft alle Gefangenen geschätzt und zum Schätzpreis verkauft werden sollten, so daß keiner mehr Grund habe, unzufrieden zu sein. Dieses Versprechen wurde späterhin tatsächlich gehalten. Die zahlreichen Gefangenen von Tetzcuco wurden auf diese Weise verteilt.

Eine andere Sache aber machte noch mehr böses Blut. Der geneigte Leser wird sich noch daran erinnern, daß Cortes in der Nacht der Trübsal, beim Auszug aus Mexiko, den Teil des Goldes, den seine Träger nicht mehr mitnehmen konnten, in Gegenwart eines königlichen Sekretärs der Mannschaft preisgab. Viele Leute des Narvaez, aber auch mancher alte Soldat hatten wacker zugegriffen. Die meisten sind, weil sie so schwer bepackt waren, umgekommen. Manche haben aber ihren Schatz durchgebracht und haben diesen Gewinn mit Wunden und Lebensgefahr teuer genug bezahlt. Cortes erfuhr, daß die Mannschaften noch viele Goldbarren hatten und darum üble Glücksspiele veranstalteten; denn Liebe und Gold lassen sich nicht lange verbergen. Eines Tages befahl er, daß jeder das Gold, das er in Mexiko an sich gebracht habe, abliefern müsse. Er sollte ein Drittel zurückbekommen. Wer sein Gold zurückhielt, sollte schwer bestraft werden und alles hergeben müssen. Die meisten Mannschaften weigerten sich, den Befehl zu befolgen. Bei einigen wurde das Gold gleichsam mit Gewalt entliehen. Die meisten Offiziere und sogar die Kronbeamten waren reichlich mit Gold versehen. Darum ließ Cortes die Sache plötzlich fallen, es war nie mehr die Rede davon. Diese Maßnahme hat aber trotzdem seinem Ansehen außerordentlich geschadet.

Wie Offiziere des Narvaez ihren Abschied nahmen und nach Kuba zurückkehrten, von Gesandtschaften, die Cortes nach San Domingo, Jamaika und Spanien schickte, und von den Vorbereitungen für einen neuen Angriff auf Mexiko

Als die Offiziere von Narvaez und der Expedition von Garay sahen, daß die Provinz Tepeaca befriedet war, drangen sie darauf, daß Cortes sie gemäß ihren Abmachungen nach Kuba entlassen solle. Cortes gab ihnen den verlangten Abschied, versprach ihnen aber zugleich große Schätze, wenn sie sich an der endgültigen Unterwerfung Neuspaniens beteiligen würden. Sie erhielten die verfügbaren Lebensmittel: Mais, eingesalzene Hunde und Hühner. Cortes gab ihnen eines der besten Schiffe. Er gab ihnen Briefe, Gold und Juwelen für seine Gemahlin mit, die noch auf Kuba lebte. Er schrieb auch an seinen Schwager und berichtete allen von seinem Unglück, von den außerordentlichen Schwierigkeiten, mit denen er zu kämpfen habe, und warum er Mexiko wieder verlassen mußte. Alle, die bei dieser Gelegenheit abreisten, verließen Neuspanien als reiche Leute.

Wir fragten Cortes, warum er diesen ganzen Haufen ziehen lasse, denn wir seien doch jetzt nur noch wenige. Er antwortete, er wolle die ewigen Zudringlichkeiten und Klagen endlich nicht mehr hören. Die meisten seien außerdem für den Kriegsdienst untauglich, und in jedem Fall wäre es besser, allein zu sein, als in schlechter Gesellschaft. Pedro de Alvarado führte das Schiff. Er hatte den Befehl, nach der Durchführung seiner Aufgabe sofort ins Hauptquartier zurückzukehren.

Um dieselbe Zeit schickte Cortes Diego de Ordas und Alonso de Mendoza nach Spanien. Sie hatten Aufträge, die ich nicht kenne. Ich weiß nur, daß der Bischof von Burgos dem Diego de Ordas ins Gesicht gesagt hat, wir seien alle Bösewichter und Hochverräter, und daß Ordas ihm die Antwort nicht schuldig geblieben ist. Ordas wurde damals trotzdem Komtur vom Santiagoorden und erhielt den Vulkan in sein Wappen. Was er sonst erreicht hat, werde ich später erzählen.

Mit einem zweiten Schiff wurden der Schatzmeister von Neuspanien, Alonso Davila, und der tüchtige Geschäftsmann Francisco Alvarez Chico nach San Domingo zu den Hieronymitenbrüdern geschickt, die als Statthalter des Kaisers über sämtliche Inseln gesetzt waren. Sie sollten eingehend über unsere Unternehmungen berichten, die Genehmigung für die Behandlung der Expedition von Narvaez einholen und sich das Recht zur Versklavung aller Verbündeten der Mexikaner bestätigen lassen, die gegen die Herrschaft Seiner Majestät aufstehen. Sie sollten ferner bitten, Seiner Majestät über die großen Dienste zu berichten, die wir dem Thron geleistet hatten und ständig leisten. Sie sollten die frommen Brüder ersuchen, gegen den Erzbischof von Rosano, der nur unser Verderben wolle, aufzutreten und dafür zu sorgen, daß uns Gerechtigkeit widerfahre.

Ein drittes Schiff fuhr unter einem gewissen Solis nach Jamaika, um Pferde einzukaufen. Der Leser wird fragen, woher Cortes das Geld für diese teuren Gesandtschaften nahm. Dazu ist zu sagen, daß von den Goldträgern, die in der Nacht der Trübsal mit den Goldbarren beladen wurden, doch mehr durchgekommen sind, als zu erwarten war. Das meiste Gold haben die achtzig Tlaxcateken gerettet, die mit dem Vortrab fast unbehindert über die Brücken gekommen sind. Wir armen Soldaten, die nicht zu befehlen, sondern nur zu gehorchen hatten, kümmerten uns damals nicht darum, wieviel Gold gerettet wurde. Wir waren froh, wenn wir selbst lebend durchkamen und Zeit hatten, unsere Wunden zu pflegen. Cortes hatte die geretteten Schätze soweit wie möglich wieder an sich gezogen. Einige murmelten auch, er habe den Anteil der Besatzung von Vera Cruz, immerhin vierzigtausend Piaster, in die eigene Tasche gesteckt und damit die Gesandtschaften finanziert.

Nachdem die Provinz Tepeaca ruhig war, setzte Cortes den Francisco de Orozco als Kommandanten von Villa Segura de la Frontera ein. Er gab ihm dazu zwanzig invalide Soldaten. Wir marschierten mit dem Hauptkorps wieder nach Tlaxcala zurück. Dort ließ er Holz für dreizehn Brigantinen schlagen, die wir eines Tages für eine Unternehmung gegen Mexiko dringend brauchen würden. Mit der Leitung dieses Unternehmens beauftragte er unseren bewährten Schiffsbaumeister Martin Lopez. Es war ein Glück, daß wir diesen Mann von Anfang an bei uns hatten. Er hat als guter Soldat und als Techniker außerordentliche Dienste geleistet.

Als wir wieder nach Tlaxcala kamen, fanden wir den treuesten Vasallen unserer Kaiserlichen Majestät, den alten großen Freund Maseescasi nicht mehr am Leben. Er war ein Opfer der Pocken geworden. Dieser Verlust ging uns allen sehr nahe, und Cortes sagte, ihm sei, als habe er einen Vater verloren. Wir legten zum Zeichen der Trauer schwarze Mäntel an und erwiesen den Angehörigen des Toten die ihnen gebührenden Ehren. Maseescasi hatte seiner Familie noch auf dem Totenbett empfohlen, sich an

Malinche und seine Brüder zu halten; denn wir seien die künftigen Herren dieser Länder. Darum entschied Cortes auch den Streit um die Nachfolge zugunsten des Sohnes von Maseescasi.

Der alte Xicotencatl und die übrigen Kaziken von Tlaxcala unterstützten die Vorbereitungen für einen Krieg mit Mexiko in jeder Weise. Cortes umarmte sie herzlich und dankte ihnen für ihren guten Willen. Ja, er brachte den alten Xicotencatl so weit, daß er Christ wurde. Pater Bartholome de Olmedo vollzog die Taufe in aller Form. Xicotencatl erhielt den Namen Don Lorenzo de Vargas.

Inzwischen gingen die Arbeiten an den Brigantinen gut voran. Cortes ließ eine große Menge Eisen, Nägel, Anker, Segel, Tauwerk und andere Dinge von den zerstörten Schiffen aus Vera Cruz holen. Auch die Schmiede kamen nach Tlaxcala. Tausend Indianer führten den Transport durch. Aus Feindschaft gegen die Mexikaner halfen sie uns gern. Auch die Pfannen, in denen der Teer gekocht werden sollte, kamen aus Vera Cruz. Wir hatten aber keinen Teer, und die Indianer wußten nicht, wie man ihn zubereitet. Schließlich fand Cortes unter den Matrosen vier Mann, die Teer machen konnten. Sie wurden in einen Fichtenwald geschickt und kamen bald mit frischem Teer zurück.

Nachdem der Bau der Brigantinen so schnell vorankam, beschloß Cortes, zunächst Tetzcuco anzugreifen. Wir mußten ja jetzt nicht mehr mit den Leuten des Narvaez rechnen, die gegen jede Unternehmung Bedenken hatten, die immer meinten, daß wir zu schwach seien, um Mexiko zu belagern, und die alle anderen mit ihrer Zaghaftigkeit ansteckten. Cortes berief einen großen Kriegsrat ein. Die Meinungen über das Ziel der Unternehmung gingen sehr auseinander. Die einen meinten, daß Ayotzinco bei Chalco mit seinen Wassergräben und seiner Bucht sich besonders dazu eigne, die Brigantinen vom Stapel zu lassen; andere meinten wieder, daß Tetzcuco, das ja in der Mitte von vielen dichtbevölkerten Ortschaften lag, der günstigste Ausgangspunkt für einen Angriff auf Mexiko sei. Schließlich entschied man sich für Tetzcuco.

Wir hatten unsere Beratung noch nicht abgeschlossen, da kam

aus Vera Cruz die Meldung, daß ein großes spanisches Schiff eingelaufen sei. Es komme direkt von den Kanarischen Inseln. Eigentümer sei ein gewisser Juan de Burgos, Kapitän Francisco
Medel. Das Schiff habe eine Menge Armbrüste, Musketen, Pulver und andere Munition, vielerlei Waren, drei Pferde und dreizehn Soldaten an Bord. Diese Gäste und ihre Waren kamen gerade im rechten Augenblick. Cortes kaufte sofort die ganze Ladung und empfing den Schiffseigner, den Kapitän und sämtliche
Passagiere sehr herzlich in seinem Hauptquartier. Unter den Reisenden war auch ein gewisser Monjaraz, der Oheim von zwei
Brüdern, die schon bei uns dienten, der Vater einer ungewöhnlich schönen Tochter, die später auch nach Mexiko kam und allgemein die Monjaraza genannt wurde. Dieser Monjaraz machte
übrigens keinen unserer Kriegszüge mit. Er war immer schwer
krank, wenn es darauf ankam. Erst als wir die Stadt Mexiko schon
eingeschlossen hatten, kam er frisch und gesund zu uns und erklärte, er wolle doch sehen, wie wir uns mit den Mexikanern
schlügen, von deren Tapferkeit er nicht viel halte. Im Übermut
bestieg er damals einen hohen indianischen Tempel, der wie ein
Turm aussah. Wir haben ihn nachher nie mehr gesehen und auch
nie erfahren, wie die Mexikaner an ihn gekommen sind und was
sie mit ihm gemacht haben. Leute, die ihn von San Domingo her
kannten, wollten in seinem schnellen Tod einen Fingerzeig Gottes sehen. Sie erzählten, er habe seine schöne und rechtschaffene
Frau ohne allen Grund umgebracht, aber falsche Zeugen gefunden, die beschworen, sie habe ihren Mann vergiften wollen. Aber
das sind alte Geschichten!

Wie wir mit dem ganzen Korps gegen Tetzcuco
marschierten und die Stadt besetzten

Nachdem wir nun wieder gut ausgerüstet waren, konnten wir es
kaum erwarten, bis der neue Angriff auf die große Stadt Mexiko
begann. Cortes schlug den Kaziken von Tlaxcala vor, ihm für den

Feldzug gegen Tetzcuco zehntausend Kriegsleute zu stellen. Der alte Xicotencatl hielt eine wohlgesetzte Rede und erklärte, daß uns weit mehr Männer zur Verfügung stünden und daß unser guter und bewährter Freund, der tapfere Kazike Chichimecatecuhtli selbst mit uns ziehen werde. Cortes bedankte sich geziemend, besichtigte noch einmal seine ganze Mannschaft, an deren Zahl ich mich nicht mehr erinnere, und gab am vierten Weihnachtsfeiertag des Jahres 1520 den Befehl zum Abmarsch. *(Nach dem Bericht des Cortes an Kaiser Karl V. hatte er damals vierzig Pferde, 550 Mann spanisches Fußvolk, darunter achtzig Musketiere und Armbrustschützen, acht bis neun Feldstücke und nur einen kleinen Pulvervorrat.)*

Die erste Nacht verbrachten wir in einem Ort, der zum Verwaltungsbezirk von Tetzcuco gehörte. Wir erhielten dort alles, was wir brauchten. Von da aus marschierten wir mit größter Vorsicht in mexikanisches Gebiet ein. Vorposten untersuchten die Engpässe. Nach eingegangenen Meldungen sollte ein besonders schwieriger Paß durch einen Verhau von Bäumen gesperrt sein. Wir stießen aber nirgends auf ein Hindernis. In der zweiten Nacht lagerten wir drei Stunden weiter am Fuß des Gebirges. Es war sehr kalt, und wir mußten besonders wachsam sein. Erst am dritten Tag kamen wir in das eigentliche Gebirge. Ein gefährlicher Engpaß war mit gefällten Fichten gesperrt. Aber unsere Freunde aus Tlaxcala machten ihn schnell frei. Eine Kompanie Musketiere und Armbrustschützen marschierte voraus, die Arbeit unserer Freunde zu decken, welche die vom Feind ausgehobenen Gräben zuschütten mußten, damit die Reiter passieren konnten. Wir hatten jetzt die Paßhöhe hinter uns. Der Weg senkte sich, und bald erreichten wir eine Stelle, von der aus wir das Hochtal von Mexiko und die großen Städte, die mitten in den See gebaut waren, übersehen konnten. Bei diesem Anblick dankten wir dem Allmächtigen, daß er uns wieder hierhergeführt hatte. Wir gelobten, daß wir in diesem Feldzug vorsichtiger sein würden.

Beim weiteren Abstieg sahen wir viele Feuerzeichen in Tetzcuco und in den umliegenden Ortschaften. Der Feind erwartete uns mit einem großen Kriegshaufen an einer Engstelle vor einer halb abgebrannten Brücke, die über ein ziemlich tiefes Wasser führte. Wir konnten die Mexikaner aber leicht vertreiben und kamen alle glücklich über das Wasser. Die Feinde erhoben in den Schluchten und auf den Feldern lautes Geschrei. Dabei blieb es aber auch. Unsere Reiterei konnte sich in dem unübersichtlichen und schwierigen Gelände nicht entwickeln. Unsere Freunde aus Tlaxcala aber schwärmten über das ganze Land aus und nahmen, was sie fanden. Cortes hatte zwar befohlen, alle Feindseligkeiten zu unterlassen, solange wir nicht angegriffen würden, die Tlaxcateken aber sagten dagegen, die Mexikaner hätten nicht versucht, unseren Weitermarsch zu verhindern, wenn sie uns freundlich gesinnt wären. In der folgenden Nacht schliefen wir in einer Ortschaft, die unmittelbar zu Tetzcuco gehörte. Die Bevölkerung hatte sich aus dem Staub gemacht, der Ort war leer. Wir trafen alle Sicherheitsmaßnahmen; denn wir erwarteten den Angriff einer großen Übermacht von Mexikanern, die sich an einem Engpaß versammelt hatten und uns durch Gefangene angekündigt waren. Später hörten wir, daß sie es nicht gewagt hätten, sich mit uns einzulassen. Die Einwohner von Mexiko und von Tetzcuco waren sich nämlich keineswegs einig, was sie unternehmen sollten. Zudem wüteten die Pocken in der ganzen Gegend, und sie hatten keinen Überfluß an gesunden Kriegern. Schließlich wußten alle von unseren Siegen über die mexikanischen Grenzbesatzungen, und jeder glaubte, daß die ganze Kriegsmacht von Tlaxcala und Huexotzincan unter unseren Fahnen marschiere. Auf diese Weise fügte es der Allmächtige, daß sie beschlossen, uns nicht zu erwarten.

Von dem neuen Nachtquartier aus waren es noch zwei Stunden bis Tetzcuco. Bei Sonnenaufgang marschierten wir in der gewohnten Ordnung ab, unter Anwendung aller militärischen Vorsichtsmaßnahmen. Nach einer knappen halben Stunde meldeten die Vorposten sehr vergnügt, daß etwa zehn unbewaffnete Indianer im Anmarsch seien, die eine Art goldene Fahne trügen.

Das Geschrei links und rechts der Vormarschstraße habe ganz aufgehört, Häuser und Pflanzungen lägen in tiefem Frieden. Cortes, die Offiziere und wir alle freuten uns über diese gute Nachricht. Wir machten einen kurzen Halt, um uns auszuruhen. Bald kamen dann auch die sieben vornehmen Männer aus Tetzcuco. Sie trugen an einem langen Spieß eine goldene Fahne, die sie zum Zeichen des Friedens vor uns senkten. Als sie vor Cortes geführt wurden, hielten sie folgende Ansprache: »Malinche, unser Herr und Gebieter Coanochtzin, der Fürst von Tetzcuco, schickt uns dir entgegen, um dich zu bitten, ihn in deine Freundschaft aufzunehmen. Er erwartet dich in seiner Stadt und schickt dir zum Zeichen des Friedens diese Fahne. Zugleich bittet er dich, deinen Brüdern und den Tlaxcateken zu befehlen, in seinem Land keinen Schaden anzurichten; dich selbst aber bittet er, in seiner Stadt Quartier zu nehmen. Er wird dich mit allem Notwendigen versorgen.«

Die Abgesandten versicherten ferner, daß alle Truppen, die uns in den Engpässen entgegengetreten waren, nicht aus Tetzcuco, sondern aus Mexiko stammten. Der König habe sie gegen uns marschieren lassen. Diese Friedensbotschaft löste bei uns allen große Freude aus. Cortes umarmte die Gesandten, von denen uns drei, nahe Verwandte Moteczumas, gut bekannt waren. Er ließ sofort die Führer der Tlaxcateken kommen und wies sie an, dafür zu sorgen, daß im Lande Tetzcuco niemand Schaden zugefügt und nichts geraubt werde. Im allgemeinen hielten sich unsere Freunde auch an diesen Befehl. Nur mit Lebensmitteln wurde es nicht so genau genommen; denn in allen Wohnungen fanden sich Mais, Bohnen, Hühner und Hunde.

Cortes hielt nun mit unseren Offizieren Kriegsrat. Vorerst zweifelten noch alle daran, daß dieses Friedensangebot ernst gemeint sei. Das ganze Unternehmen wirkte sehr überstürzt. Außerdem hatten die Botschafter keine Lebensmittel mitgebracht. Cortes nahm trotzdem die Friedensfahne an, die etwa achtzig Piaster wert war. Er dankte den Gesandten und erklärte, daß es bei uns nicht Brauch sei, die Untertanen unseres Kaisers schlecht zu behandeln. Wenn sie wirklich Frieden hielten, könnten wir ihnen auch unsere Freundschaft zuwenden. Sie hätten ja selbst gehört, wie er den Tlaxcateken befohlen habe, das Land zu schonen. Er wisse aber leider, daß beim Rückzug aus Mexiko in ihrer Stadt vierzig Spanier und zweihundert Tlaxcateken umgebracht und ausgeplündert worden seien. Er müsse darum ihren Fürsten und ihre Kaziken hiermit auffordern, den Raub zurückzugeben. Dann erst ließe sich über eine Verzeihung für die Morde reden. Die Gesandten erwiderten, sie würden ihrem Fürsten alles berichten. Im übrigen seien die Teules seinerzeit alle nach Mexiko gebracht und dort von dem damaligen Regenten dem Kriegsgott geopfert worden. Um sie nicht weiter einzuschüchtern, antwortete Cortes darauf nicht. Er ließ alle, bis auf einen, in Frieden ziehen.

Bald darauf kamen wir in eine Vorstadt von Tetzcuco, deren Namen ich nicht mehr weiß. Wir wurden dort gut verpflegt. Unterwegs zerstörten wir in den Wohnungen ein paar Götzen, die wir dort fanden. Am nächsten Morgen rückten wir in Tetzcuco ein. Es fiel uns auf, daß wir nur Männern begegneten, die sich scheu und zurückhaltend benahmen, wie Leute, die heimlich einen Kampf vorbereiten. Frauen, Knaben und Kinder waren nirgends zu sehen. Cortes ließ die Quartiere beziehen und verbot das Verlassen der Höfe, die dazu gehörten. Er befahl uns, sehr auf der Hut zu sein. Er wolle erst sehen, wie sich alles entwickle. Vorerst mache die Stadt keinen friedlichen Eindruck.

Dann befahl er dem Pedro de Alvarado, dem Cristobal de Olid, mir und einigen anderen alten Kriegsleuten, mit zwanzig Musketieren den großen Cue zu besetzen, von dem aus man die Stadt und den See leicht übersehen konnte. Wir stellten fest, daß die ganze Bevölkerung der Umgebung in Bewegung war. Die Frauen flohen mit den Kindern und ihren Habseligkeiten ins Gebirge oder in die schilfbewachsenen Teile des Sees, der dicht mit Fahrzeugen aller Größen bedeckt war. Als wir Cortes diese Beobachtungen meldeten, beschloß er, den Fürsten von Tetzcuco sofort gefangenzusetzen. Als er ihn durch einige Papas rufen ließ, stellte sich heraus, daß er sich schon in Sicherheit gebracht hatte. Er war mit vielen Vornehmen der Stadt nach Mexiko geflohen.

Die erste Nacht in der Stadt verlief ohne Zwischenfälle. Wir hatten viele Posten ausgestellt und überallhin Späher vorgeschickt. Am nächsten Morgen befahl Cortes die Vornehmen der Stadt zu sich, unter denen viele Gegner des Fürsten waren, mit dem sie um mancherlei Rechte und Vorrechte stritten. Sie berichteten, daß er im Einverständnis mit dem Nachfolger von Moteczuma, der uns seinerzeit aus der Stadt verjagt hatte, seinen regierenden Bruder umgebracht und sich selbst auf den Thron gesetzt habe. Es gebe aber Leute, die weit mehr Anrecht auf den Thron hätten, an erster Stelle den natürlichen Sohn des alten, inzwischen verstorbenen Fürsten von Tetzcuco, der Nezahualpilli hieß und ein Großonkel Moteczumas war. Dieser Prinz wurde ohne Aufschub, und im vollen Einverständnis mit den Einwohnern von Tetzcuco und der zur Stadt gehörenden Ortschaften, feierlich auf den Thron erhoben. Er wurde übrigens bald darauf Christ. Cortes war sein Taufpate. Der Generalkapitän gab ihm als Hofmeister den Antonio de Villareal, der die schöne Isabella de Ojeda zur Frau hatte, und einen Baccalaureus namens Escobar, die ihn beide in der Regierungskunst, in unserer heiligen Religion und in der spanischen Sprache unterrichten sollten. Zum Kommandanten von Tetzcuco wurde ein besonders bewährter Soldat ernannt, der Pedro Sanchez Farfan, dessen Frau die tapfere Maria de Estrada war. Er sollte vor allem darüber wachen, daß der neue Fürst keine Verbindung mit den Mexikanern aufnahm. Dieser leistete uns übrigens ausgezeichnete Dienste. Er war bei seinen Untertanen sehr beliebt und wurde von ihnen hoch geachtet. Als wir von ihm Arbeitskräfte für den Stapellauf der Brigantinen anforderten und ihm bei der Gelegenheit eröffneten, daß wir die Absicht hätten, Mexiko einzuschließen, sagte er sofort jede Mitwirkung zu. Außerdem schickte er Abgeordnete in die benachbarten Orte und forderte sie auf, unsere Freundschaft zu suchen, sich Seiner Majestät zu unterwerfen und sich damit gegen Mexiko zu erklären.

Wir aber stellten Tag und Nacht unsere Posten aus. Jede Kompanie hatte ihren genau festgelegten Wachbereich. Das war sehr nötig; denn von Zeit zu Zeit setzte der König von Mexiko eine Menge Kriegsvolk in großen Pirogen *(Einbäumen)* und Kähnen ein, mit dem Auftrag, uns an irgendeiner schwachen Stelle anzugreifen. Mit der Zeit kamen mehrere Nachbarstämme, die zum Verwaltungsbereich von Tetzcuco gehörten, und baten um Frieden und um Vergebung ihrer Mordtaten. Cortes verzieh ihnen und nahm sie sehr freundlich auf. Gleichzeitig wurde unser Schiffbau rasch vorangetrieben. Sieben- bis achttausend Indianer arbeiteten allein an den Wasserwegen, die für die hochbordigen Schiffe vertieft und verbreitert werden mußten.

Wie wir gegen Iztapalapa zogen

Unsere Tlaxcateken brannten darauf, im Kampf mit den Mexikanern neuen Ruhm zu gewinnen. Schließlich erklärte sich Cortes mit einem Zug gegen Iztapalapa einverstanden, gegen jene Stadt, die uns auf unserem Rückzug schweren Schaden zugefügt hatte und deren Fürst nach Moteczumas Tod zum König von Mexiko erhoben worden war. Außerdem überfielen sie von Zeit zu Zeit die Grenzorte der mit uns befreundeten Provinzen. Schließlich wußten die Einwohner von Tetzcuco nicht mehr, woher sie die Lebensmittel für so viele Gäste nehmen sollten. Es lag also durchaus in unserem Interesse, sie bald zu entlasten.

Cortes führte die Unternehmung selbst. Er nahm Pedro de Alvarado und Cristobal de Olid mit, dazu dreizehn Reiter, zwanzig Armbrustschützen, sechs Musketiere und zweihundertzwanzig spanische Füsiliere. Alle Tlaxcateken und zwanzig vornehme Einwohner von Tetzcuco schlossen sich an. Sie waren alle Verwandte des neueingesetzten Fürsten und Feinde seines Vorgängers. Iztapalapa lag etwa vier Stunden von Tetzcuco entfernt und war zur Hälfte mitten in den See gebaut. Wir trafen alle erdenklichen Vorsichtsmaßnahmen.

Die mexikanischen Wachposten und Späher beobachteten jede kleinste Bewegung und besetzten jeden Punkt, den sie bedroht glaubten. Sie hatten auch diesmal von unserem Vorhaben gehört und der Stadt Iztapalapa achttausend Mann zu Hilfe geschickt. Wir wurden also von einem stattlichen Heer erwartet, das sich lange Zeit tapfer schlug. Auf die Dauer konnten sie aber ihre Stellungen nicht gegen unsere Reiter, unsere Schützen und Musketiere und gegen unsere Freunde aus Tlaxcala halten, die wie wütende Hunde über sie herfielen. Sie räumten das Feld und zogen sich auf die Stadt selbst zurück. Dieser Rückzug erfolgte planmäßig, und wir wären in unser Verderben gerannt, wenn wir die Stadt nicht schnell wieder verlassen hätten. Die Feinde, die sich vor uns zurückzogen, sprangen nämlich in Kähne und verbargen sich in Häusern, die im Wasser standen, und im Schilf. Darüber war es Nacht geworden. Der Feind verhielt sich ganz ruhig. Wir stellten die üblichen Sicherungen aus und waren mit unserem bisherigen Erfolg zufrieden. Wir dachten nicht daran, daß uns eine große Gefahr bedrohen könnte. Plötzlich überfluteten große Wasser die Ortschaft. Hätten die Leute aus Tetzcuco uns nicht rechtzeitig gewarnt und uns veranlaßt, die Häuser so schnell wie möglich zu verlassen, dann wären wir unfehlbar alle ertrunken. Die Mexikaner hatten nämlich zwei Schleusen geöffnet und dadurch die Stadt so plötzlich unter Wasser gesetzt, daß viele unserer tlaxcatekischen Freunde, die nur kleine Gewässer gewohnt waren und nicht schwimmen konnten, umkamen. Auch wir wurden durch und durch naß, verloren unser Schießpulver und mußten die Stadt fluchtartig verlassen. Wir verbrachten die sehr kalte Nacht naß, mit leerem Magen und unter dem Hohngeschrei der Mexikaner. Es kam aber noch schlimmer. Die Leute aus Iztapalapa und die Mexikaner griffen uns am nächsten Morgen zu Wasser und zu Lande von allen Seiten an. Sie wollten uns ins Wasser treiben und ersäufen. Wir konnten uns nur mit äußerster Anstrengung halten. Wir verloren zwei Spanier und ein Roß; viele von uns und noch mehr Tlaxcateken wurden verwundet. Endlich ermatteten die Kräfte der Feinde, so daß wir uns beschämt nach Tetzcuco zurückziehen konnten. Da wir kein Pulver mehr hatten, war auch dieses Absetzmanöver für uns nicht sehr ehrenvoll ausgelaufen. Trotzdem müssen die Mexikaner vor uns Respekt bekommen haben; denn sie verhielten sich nun ruhig, versorgten ihre Verwundeten, verbrannten ihre Toten und besserten die schadhaften Häuser aus.

Wie weitere Ortschaften sich uns unterwarfen und andere um Hilfe gegen die Gewalttaten der Mexikaner baten

Zwei Tage nach unserer Rückkehr erschienen Abgesandte von drei Ortschaften, die für ihre Gemeinden um Frieden baten. Sie entschuldigten die Ermordung mehrerer Spanier damit, daß sie damals auf ausdrücklichen Befehl ihres Königs gehandelt hätten. Wenn sie die Spanier mitsamt den Pferden und ihren Schätzen in die Hauptstadt geschickt hätten, dann hätten sie nur getan, was sie in keinem Fall vermeiden konnten. Bei einem der drei Orte handelte es sich übrigens um Otumba, um den Platz, bei dem wir die letzte große Schlacht mit den Mexikanern zu unseren Gunsten entschieden hatten. Die Kaziken dieser Städte hatten nicht etwa plötzlich ihre Liebe zu uns entdeckt. Es wäre ihnen viel lieber gewesen, wenn wir in Iztapalapa alle ersoffen wären. Sie fürchteten aber einen Besuch von uns und wollten einer Züchtigung vorbeugen. Cortes sah diese Hintergründe genau, verzieh ihnen und nahm ihren Treueschwur entgegen. Sie versicherten, daß sie in Zukunft jede Verbindung mit Mexiko unterlassen würden. Sie haben sich tatsächlich an diese Versprechungen gehalten. Noch freundlicher wurden die Botschafter der Ortschaft Mizquic aufgenommen, die mitten im See lag und die für uns dieser Lage wegen besonders wertvoll war. Die Einwohner haßten die Mexikaner von ganzem Herzen.

Während diese Verhandlungen noch liefen, kamen Eilboten von den ersten vier Ortschaften, die uns um unsere Freundschaft gebeten hatten. Der König hatte eine Menge seiner Krieger gegen sie angesetzt, und die Leute wagten nicht, den Feind in ihren Behausungen zu erwarten. Sie wollten in die Berge fliehen oder in Tetzcuco Schutz suchen. Sie redeten so lange auf Cortes ein, bis er schließlich ein Hilfskorps aufstellte, das ganz ähnlich zusammengesetzt war wie der Verband, der auf Itztapalapa angesetzt war. Wir marschierten unter seiner Führung in die Orte, die zwei Stunden von Tetzcuco entfernt lagen. Die Mexikaner hatten ihnen gedroht, sie völlig auszurotten, weil sie mit uns Freundschaft geschlossen hatten. Die Mexikaner wollten außerdem die reiche Maisernte einbringen und für Mexiko beschlagnahmen. Auf den offenen Feldern waren schon mehrere Indianer umgebracht worden. Die vier Orte hatten die Ernte aber für sich und für die Versorgung unserer Mannschaften bestimmt. Cortes versprach den Leuten, sie zu schützen. Sie sollten ruhig in ihren Häusern bleiben und rechtzeitig melden, wenn sie mit der Ernte beginnen wollten. Wir zogen dann auch wiederholt mit Reitern, Füsilieren, Musketieren, Schützen und den Tlaxcateken aus, um die Felder zu bewachen. Einmal kam es zu einem schweren Scharmützel. Die mexikanischen Krieger kamen in mehr als tausend Kähnen, verbargen sich in den Feldern und versuchten, unsere Bundesgenossen einzeln abzufangen. Erst nach heißen Kämpfen konnten wir sie wieder vertreiben und zwingen, in ihren Kähnen zurückzurudern. Sie töteten dabei einen Spanier und verwundeten zwölf Mann. Die Tlaxcateken verloren zwanzig bis fünfundzwanzig Mann, von denen fünf lebend weggeschleppt wurden.

Am Tage nach dieser Affäre baten die Orte Chalco und Tlalmanalco und die dazugehörigen Landschaften um unsere Hilfe und um Frieden. Die mexikanische Besatzung hatte sie bis jetzt daran gehindert, mit uns Verbindung aufzunehmen. Man hatte sie ausgeplündert, mißhandelt und die Frauen mißbraucht. Diese Nachricht war für uns sehr schlecht; denn um diese Zeit waren die Schiffbauer in Tlaxcala soweit, daß die Brigantinen vom Stapel laufen konnten. Sie mußten nach Tetzcuco transportiert werden, und wir hatten dafür nicht genügend Kräfte frei. Dazu kam, daß die vielen kleinen mit uns verbündeten Ortschaften sich ständig über Feindseligkeiten der Mexikaner beklagten, die ihnen ihre Freundschaft mit uns übelnahmen. Schließlich wollten auch viele Tlaxcateken nach Hause, um ihre kleine Beute an Salz und Gold in Sicherheit zu bringen. Die Wege waren aber denkbar unsicher. Cortes beschloß, in erster Linie den Einwohnern von Chalco und Tlalmanalco beizustehen, damit sie sich mit uns verbünden konnten. Die übrigen Ortschaften mußten zunächst sich selbst überlassen werden; denn Tetzcuco durfte in keinem Fall von Truppen entblößt werden. Es erforderte vielmehr doppelte Wachsamkeit.

Gonzalo de Sandoval und Francisco de Lugo erhielten deshalb den Befehl, sich mit fünfzehn Reitern, zweihundert Füsilieren, einigen Schützen und Musketieren und mit Tlaxcateken in Marsch zu setzen. Sie hatten den Auftrag, alles zu tun, um die mexikanischen Besatzungen aus Chalco und Tlalmanalco zu verjagen und die Straßen nach Tlaxcala und nach Vera Cruz vom Feinde zu säubern. Die Einwohner von Chalco wurden über unsere Pläne unterrichtet. Sie bereiteten sich mit Vergnügen darauf vor, gleichzeitig mit uns loszuschlagen.

Sandoval hatte befohlen, daß die Masse der Tlaxcateken mit fünf Reitern und fünf Schützen den Nachtrab bilden sollte, der das ganze Gepäck mit sich führte. Die Mexikaner beobachteten jede unserer Bewegungen genau und griffen die Nachhut mit weit überlegenen Kräften an. Unsere zehn Männer konnten die Übermacht nicht lange abwehren, zumal zwei von ihnen gleich am Anfang der Kämpfe fielen und alle anderen verwundet wurden. Sandoval brachte ihnen zwar schnell Hilfe, trieb die Mexikaner wieder in ihre Kähne und tötete sieben von ihnen; er konnte sie aber nicht schlagen, weil die mexikanische Bevölkerung dieses Bezirks ihren Landsleuten bei der Flucht half. Sandoval verdroß dieser verlustreiche Anfang seiner Unternehmung. Er warf den Leuten vor, daß sie sich schlecht verteidigt hätten, und da es sich fast ausschließlich um Neuankömmlinge aus Spanien handelte, sagte er ihnen auch, daß sie eben noch nicht wüßten, was Krieg sei.

Seine erste Sorge war jetzt die Sicherheit der Tlaxcateken und ihres Gepäcks und die Beförderung der Briefe nach Tlaxcala und vor allem nach Vera Cruz. Cortes teilte seinem Kommandanten in diesen Schreiben den Stand der Dinge und unsere Angriffspläne mit. Er bat ihn ferner, alle felddiensttauglichen Männer in Tlaxcala bereitzustellen. Sie sollten dort warten, bis der Weg zu uns frei gemacht sei. Dann machten wir wieder kehrt und marschierten auf Chalco zu, das ganz in der Nähe lag. Bald darauf griff uns der Feind in einer mit Mais und Maguey bepflanzten Ebene heftig an. Er hatte lange Spieße, mit denen er gegen unsere Pferde losging. Sandoval durchbrach die Massen zweimal und schlug sie schließlich mit seinen Spaniern und den wenigen Bundesgenossen, die er noch bei sich hatte, in die Flucht. Fünf Spanier, sechs Pferde und zahlreiche Tlaxcateken wurden verwundet. Der Feind mußte den Schaden, den er uns zu Anfang zugefügt hatte, teuer bezahlen. Unter den acht Gefangenen, die wir einbrachten, waren drei vornehme Mexikaner. Die Einwohner von Chalco zogen dem siegreichen Sandoval entgegen und empfingen ihn mit großer Freude und in allen Ehren.

Am nächsten Tag erklärte Sandoval, daß er nun wieder nach Tetzcuco zurück müsse. Die Einwohner von Chalco wollten ihn begleiten. Ihr Fürst war vor wenigen Tagen an den Pocken gestorben und hatte in Gegenwart der Großen des Landes noch auf dem Totenbett bestimmt, daß Malinche seine beiden Söhne in ihr Erbe einsetzen solle. Die beiden Prinzen sollten nun Cortes vorgestellt werden. Der Sterbende hatte seinem Volk empfohlen, sich dem großen Kaiser der Teules zu unterwerfen; denn ihre Ahnen hätten ja schon die Prophezeiung überliefert, nach der einst Männer mit Bärten von Sonnenaufgang her kommen würden, um die Herrschaft in diesen Ländern zu übernehmen. Es sei gar kein Zweifel, daß wir nun gekommen seien, um diese Vorhersage zu erfüllen.

Sandoval kehrte mit den beiden Prinzen, vielen Vornehmen aus Chalco und den acht mexikanischen Gefangenen nach Tetzcuco zurück. Cortes war sehr erfreut über das Ergebnis dieser

Unternehmung. Er empfing die Kaziken von Chalco sehr feierlich und freundlich. Sie trugen ihm die Wünsche ihres verstorbenen Fürsten vor, präsentierten die beiden Prinzen und brachten Geschenke im Wert von etwa zweihundert Piastern. Donna Marina und der Dolmetscher Aguilar übertrugen den Vortrag der Gesandten sehr sorgfältig. Cortes antwortete außerordentlich freundlich und setzte den älteren Prinzen als neuen Herrn von Chalco, den jüngeren aber als Herrn von Tlalmanalco, Chimalhuacan und Ayotzinco ein, so daß der ältere etwas mehr als die Hälfte des ganzen Erbes erhielt. Die jungen Fürsten und die Kaziken erklärten sich zu jedem Dienst für uns bereit. Sie versicherten immer wieder, daß nur die mexikanische Besatzung sie daran gehindert habe, sich Seiner Majestät früher zu unterwerfen. Sie hätten übrigens in der Zeit unseres Rückzuges aus Mexiko zwei Spanier, die wegen Maislieferungen verhandeln sollten, vor den Mexikanern versteckt und nachts heimlich an unsere Freunde in Huexotzincan ausgeliefert. Sie hätten ihnen dadurch das Leben gerettet. Wir wußten schon seit mehreren Tagen, daß diese Angaben richtig waren; denn einer unserer Leute war nach Tlaxcala entkommen. Cortes dankte den braven Männern herzlich für ihre gute Gesinnung. Er bat sie, noch zwei Tage bei uns zu bleiben. Sie könnten dann mit einem unserer Offiziere reiten, der in Tlaxcala das Holzwerk für die Brigantinen holen müsse. Auf diese Weise kämen sie sicher über die Straßen, die von den Mexikanern ständig bedroht seien. Die Leute nahmen diesen Vorschlag gerne an.

Die acht mexikanischen Gefangenen aber schickte Cortes nach Mexiko zu ihrem König. Sie sollten ihrem Fürsten folgendes eröffnen: ihm, Cortes liege alles daran, den Fürsten von Mexiko und seine große Stadt vor dem Verderben zu bewahren. Er schicke ihm deshalb eine Friedensbotschaft. Er wolle den Mexikanern alle Verluste an Menschen und Gütern verzeihen. Er wolle nicht mehr von dem reden, was wir verloren hätten. Es sei nicht schwer, einen Krieg anzufangen. Am Ende bringe er aber immer dem Verderben, der ihn begonnen habe. Uns sei sehr wohl bekannt, welche Anstrengungen Mexiko mache, um sich zum Krieg zu rüsten und um seine Verteidigungswerke auszubauen. Das seien doch alles unnütze Unternehmungen, die schließlich nur den Tod seiner Untertanen und die völlige Zerstörung seiner Hauptstadt zur Folge hätten. Der König möge nicht vergessen, daß hinter uns die große Macht unseres Herrn und Gottes stehe, der uns in jeder Lage Beistand leiste. Er möge bedenken, daß alle benachbarten Völkerschaften sich inzwischen für uns erklärt hätten. Die Tlaxcateken könnten den Beginn des Krieges mit Mexiko kaum erwarten; denn sie suchten eine Gelegenheit, endlich den Verrat und den Mord ihrer Männer zu rächen. Mexiko könne also nichts Besseres tun, als bei uns den Frieden zu suchen. Er, Cortes, werde dafür sorgen, daß die Stadt und ihr König einen ehrenvollen Frieden bekämen.

Mit diesen Weisungen, denen Donna Marina und Aguilar noch manches freundliche Wort und manchen guten Rat hinzufügten, gingen die acht Gefangenen schließlich nach Mexiko ab. Sie erreichten aber nichts bei ihrem König. Er wollte nicht einmal eine Antwort geben; denn er hatte nur Kriegsrüstungen und Verteidigungsmaßnahmen im Kopf. Er schickte Boten in alle Provinzen mit dem Befehl, jeden Spanier, den man fangen könne, nach Mexiko zu schicken, damit er dort den Göttern geopfert werden könne. Im übrigen sollten sich alle bereit halten, um auf den ersten Wink des Königs sofort gegen uns marschieren zu können. Um die Bereitschaft der Leute zu fördern, erließ er viele Tribute und machte große Versprechungen. Um diese Zeit beklagten sich die Einwohner von Quiauitztlan bei uns über neue Feindseligkeiten der Mexikaner. Auch der Streit um die Maisfelder begann wieder. Die Mexikaner griffen die Feldarbeiter jede Woche mindestens einmal an; mehrere Arbeiter hatten sie gefangengenommen und nach Mexiko geschleppt. Cortes beschloß daraufhin, dem Unfug ein Ende zu machen. Er stellte eine Truppe mit hundert Füsilieren, zwanzig Reitern und zwölf Musketieren und Schützen bereit. Weit vorgeschobene Späher beobachteten den Feind und meldeten jede Angriffsbewegung. Auf diese Weise konnte Cortes schon wenige Tage später eine starke feindliche Abteilung überraschend angreifen, die zwei Stunden vor Tetzcuco wieder unsere Freunde überfallen wollte. Er schlug sie und warf sie in ihre Kähne zurück. Vier Mexikaner fielen, drei wurden gefangen. Nach dieser Affäre hatten die Ortschaften Ruhe vor den Mexikanern.

Wie Sandoval das Holzwerk für die Brigantinen aus Tlaxcala holte, und wie es ihm dabei im »Maurennest« erging

Wir warteten alle mit Ungeduld auf die Fertigstellung der Brigantinen; denn wir wollten nicht weiter untätig bleiben und wollten vor allem die Stadt Mexiko bald enger einschließen. Cortes befahl dem Gonzalo de Sandoval, mit zweihundert Füsilieren, zwanzig Musketieren und Schützen, mit fünfzehn Reitern, einem großen Trupp Tlaxcateken und zwanzig angesehenen Männern aus Tetzcuco nach Tlaxcala zu marschieren, um das Holzwerk für die Brigantinen zu holen. Sandoval sollte auch die jüngsten und die ältesten Leute aus Chalco mitnehmen und sie in Ortschaften von Tlaxcala in Sicherheit bringen.

Zuvor aber stiftete Cortes Freundschaft zwischen dem Volk aus Chalco und dem aus Tlaxcala. Da Chalco bisher eng mit Mexiko liiert war, hatten seine Krieger an jeder Unternehmung der Mexikaner gegen Tlaxcala teilgenommen. Das führte natürlich zu einer tiefen Feindschaft zwischen den beiden Stadtstaaten. Cortes machte diesem Zustand jetzt in Tetzcuco ein Ende. Er stiftete einen Freundschaftsbund, der zum Vorteil beider Parteien bestehenblieb.

Sobald die Bewohner von Chalco in Sicherheit waren, sollte Sandoval eine Ortschaft aufsuchen, die fast auf seinem Wege lag. Sie gehörte zum Verwaltungsbezirk von Tetzcuco. Wir nannten sie nur das Maurennest (Calpullalpan). Die Einwohner hatten auf unserem Rückzug vierzig Mann, die unter Narvaez standen, einige von unseren Leuten und viele Tlaxcateken umgebracht. Sie hatten ihnen außerdem drei Lasten Gold abgenommen. Die Leute sollten nun gezüchtigt werden, obgleich die Hauptschuld für diese Untaten auf Tetzcuco fiel, das damals die Feindseligkeiten eröffnet und geleitet hatte. Sandoval fand die Ortschaft öd und leer. Die Einwohner waren ins Gebirge geflüchtet. Er verfolgte sie bis tief in die Berge. Drei oder vier Leute wurden unbarmherzig niedergemacht, viele Frauen und Kinder und vier angesehene Männer wurden gefangen eingebracht. Sandoval behandelte die Leute freundlich und fragte sie, wie sie denn mit so vielen Spaniern fertig geworden seien. Da stellte sich heraus, daß Krieger aus Mexiko und Tetzcuco unsere Leute in einem Hohlweg überfallen hatten, in dem sie nur Mann hinter Mann marschieren konnten. Dort seien sie teils getötet, teils gefangen worden. Die Gefangenen habe man nach Tetzcuco gebracht, wo sie auf Tetzcuco und Mexiko verteilt worden seien. Man habe auch sie gezwungen, sich an diesem Angriff zu beteiligen. Man habe mit dieser Metzelei den Fürsten Cacama von Tetzcuco rächen wollen, den Cortes kurz vorher gefangen hatte und der in der Nacht der Trübsal umgekommen sei.

An den Wänden der Götzentempel dieser Ortschaft klebte noch viel spanisches Blut. Wir fanden auf einem Altar die Skalpe von zwei Spaniern mit ihren Bärten. Sie waren wie Handschuhleder gegerbt. Alle Knochen waren entfernt. Auf die gleiche Weise hatten die Papas auch die Häute von vier Pferden präpariert. Haare und Beschläge waren gut erhalten. Sie hingen als Siegeszeichen im Haupttempel des Ortes. Wir fanden auch eine Menge Kleidungsstücke der gefallenen Spanier, die man den Götzen geopfert hatte, und an der Wand eines Hauses standen, mit Kohle geschrieben, die Worte: »Hier lag der unglückliche Juan Yuste mit vielen seiner Kameraden in feindlicher Gefangenschaft.« Dieser Juan Yuste war einer der angesehensten Kavaliere, die in dem Korps von Narvaez gedient haben.

Diese Erlebnisse machten einen sehr schlechten und schmerzhaften Eindruck auf Sandoval und seine Leute. Was sollte er aber jetzt tun? Er konnte nur verzeihen und als Friedensbringer auftreten. Die Einwohnerschaft war mit Weib und Kind verschwunden; die wenigen Frauen, die man erwischt hatte, weinten um ihre Männer und um ihre Väter. Sandoval schenkte den vier vornehmen Männern und den Frauen die Freiheit. Er schickte sie fort mit dem Auftrag, die anderen Einwohner aus den Bergen zurückzuholen. Sie kamen verhältnismäßig schnell, baten um Nachsicht, leisteten den Treueid, gelobten, unseren Befehlen zu folgen, und verkündeten den Mexikanern ewige Feindschaft. Auf die Frage nach dem Verbleib des Goldes antworteten sie, die Mexikaner und die Vornehmen von Tetzcuco hätten es seinerzeit unter dem Vorwand mitgenommen, Moteczuma habe das Gold aus den Tempeln geraubt und Malinche gegeben.

Sandoval setzte nun seinen Marsch nach Tlaxcala fort und erreichte sehr bald den Hauptort des Landes, in dem die Kaziken wohnten. Alles war sehr gut vorbereitet. Das Zimmerholz und die Bretter konnten sofort verladen werden. Über achttausend Indianer trugen die Lasten auf ihren Schultern. Dazu kamen achttausend Krieger und zweitausend Lastträger für die notwendigen Lebensmittel. Den Befehl über diese Massen führte der uns schon bekannte Chichimecatecuhtli persönlich. Zwei Unterbefehlshaber und zahlreiche Kaziken standen ihm zur Seite. Den Transport selbst leitete unser Schiffsbaumeister Martin Lopez mit Hilfe einiger anderer Spanier. Sandoval hatte damit gerechnet, daß wir mehrere Tage in Tlaxcala bleiben müßten, ehe sich der Transport in Bewegung setzen könnte. Er war sehr erfreut, daß alles so rasch und glatt ablief. Die Leute marschierten so zügig voran, daß der Transport schon nach zwei Tagen auf mexikanisches Gebiet kam. Nun bestand die Gefahr, daß die Mexikaner mit großen Truppenverbänden ausbrechen und den Zug angreifen könnten. Die Tlaxcateken hatten deswegen große Sorgen. Im Gebirge und beim Zug durch die Felder hörten sie ständig das Geschrei der Feinde aus Schluchten und Verstecken, in denen ihnen unsere Reiter und unsere Musketiere nicht beikommen konnten. Sandoval verteilte die Reiter, die Schützen und die

Musketiere auf die Spitze und auf die beiden Flanken der Kolonne. Chichimecatecuhtli sollte mit seinen Leuten die Nachhut bilden. Er war deswegen sehr gekränkt und erklärte, man habe wohl kein sehr großes Zutrauen zu seiner Tapferkeit. Als Sandoval aber selbst bei der Nachhut blieb und ihm erklärte, daß die Mexikaner erfahrungsgemäß zuerst die Nachhut mit dem Gepäck angriffen, gab er sich zufrieden, umarmte Sandoval und dankte ihm für die Ehre, die er ihm mit der Zuweisung dieses Postens erwiesen habe.

Nach zwei weiteren Tagesmärschen erreichte die Spitze die Stadt Tetzcuco. Der Einzug in die Stadt wurde sehr feierlich. Die Tlaxcateken hatten ihre besten Mäntel angezogen und ihre Federbüsche aufgesteckt. Sie marschierten mit Trommeln und Pfeifen in militärischer Ordnung. Der Einzug dauerte über einen halben Tag. Keiner unserer Freunde trat in dieser Zeit aus dem Zug. Sie schrien ohne Pause: »Es lebe der Kaiser! Es lebe Spanien! Es lebe Tlaxcala!« Cortes ging dem Zug mit seinen Offizieren entgegen und empfing Chichimecatecuhtli außerordentlich freundlich.

Das Holzwerk wurde in der Nähe der Kanäle und Häfen abgeladen, an denen die Brigantinen zusammengebaut werden sollten. Martin Lopez ging mit seinen Leuten tüchtig ans Werk. Nach kurzer Zeit konnten die Schiffe schon aufgerichtet werden. Sie mußten nur noch kalfatert und mit Masten, Segeln und Takelwerk ausgestattet werden. Dreimal versuchten die Mexikaner, sie in Brand zu setzen. Wir mußten also sehr auf der Hut sein. Bei einer dieser Unternehmungen fingen wir fünfzehn Mexikaner, durch die wir genau erfuhren, was gegen uns geplant war. Der König wollte unter keiner Bedingung Frieden machen. Er wollte entweder kämpfend untergehen oder uns allen das Lebenslicht ausblasen. Die Orte im mexikanischen Herrschaftsbereich erhielten Aufforderung um Aufforderung, sich zum Kampf vorzubereiten. Sie sollten Tag und Nacht an ihrer Rüstung arbeiten. Dafür wurden ihnen alle Abgaben erlassen. Die Kanäle, welche die Dammstraßen unterbrachen, wurden verbreitert, vertieft, verschanzt und mit Palisaden versehen. Zur Bekämpfung unserer Pferde wurden lange Spieße angefertigt. Die Spitzen bestanden aus unseren eigenen Degen, die wir in der Rückzugsnacht verloren hatten. Ferner wurden runde Steine für die Schleudern vorbereitet, viele Arten von Schlachtschwertern geschmiedet und andere Waffen in großen Mengen bereitgelegt.

Aber auch unsere Vorbereitungen gingen gut voran. Der Kanal, der die Brigantinen nach dem Stapellauf aufnehmen sollte, war so breit und tief, daß er recht ansehnliche Schiffe aufnehmen konnte. Täglich arbeiteten ja auch achttausend Indianer an diesem Graben.

Wie Cortes gegen Xaltocan und andere Ortschaften im See zieht

Mit dem Holzwerk für die Brigantinen waren an die fünfzehntausend Tlaxcateken nach Tetzcuco gekommen. Nach fünf Tagen hatten die Leute die Ruhe satt. Ganz abgesehen davon, wurden langsam die Lebensmittel für so viele Menschen knapp. Chichimecatecuhtli war ein ehrgeiziger und sehr tapferer Mann. Er bat Cortes um einen Kampfauftrag. Er sagte: er wünsche, im Dienste des Kaisers etwas zu unternehmen. Seine Leute wollten sich gern im Kampf mit den Mexikanern messen, um ihren guten Willen und ihre Tapferkeit zu zeigen und um den Tod und die Beraubung ihrer Landsleute zu rächen. Cortes solle ihnen nur ein Angriffsziel geben.

Der Generalkapitän dankte ihm für sein Anerbieten und erklärte, daß er am kommenden Tag selbst mit ihnen gegen die Stadt Xaltocan antreten wolle, die fünf Stunden von Tetzcuco mitten im See lag und nur durch einen Dammweg mit dem Festland verbunden war. Die Stadt war dreimal aufgefordert worden, um Frieden zu bitten. Die Einwohner hatten sich aber geweigert, Unterhändler zu schicken, ja sie hatten unsere Abgeordneten nur mit Verachtung angehört und mißhandelt. Sie ließen sagen: wir sollten nur kommen! Wir würden sie nicht unvorbereitet finden. Wir sollten kommen, wann wir wollten. Der Empfang werde immer derselbe sein, Tod und Züchtigung. Dies sei die einzige Antwort, die sie uns auf Befehl ihrer Götzen geben könnten.

Cortes hielt diese Unternehmung für besonders wichtig und beschloß deshalb, selbst die Führung zu übernehmen. Er setzte ein: zweihundertfünfzig spanische Füsiliere, dreißig Reiter, eine große Zahl Schützen und Musketiere, ferner alle unsere Freunde aus Tlaxcala und eine Komapnie mit den besten und angesehensten Kriegsleuten von Tetzcuco. Pedro de Alvarado und Cristobal de Olid zogen mit Cortes, Sandoval blieb in Tetzcuco und war verantwortlich für den Schutz der Stadt und der Brigantinen. Man konnte nicht wachsam genug sein. Mexiko lag sehr nahe, und in der großen Stadt Tetzcuco lebten immer noch viele Freunde und Verwandte der Mexikaner. Vor dem Abmarsch befahl Cortes, den Bau der Brigantinen so zu beschleunigen, daß der Stapellauf nach einer Frist von fünfzehn Tagen stattfinden könne.

Cortes hörte mit seiner Mannschaft noch eine Messe. Dann brach er auf. Kurz vor Xaltocan stieß er auf einen großen mexikanischen Kriegshaufen, der dort in sehr günstigen Ausgangstellungen auf die Spanier wartete, um über sie herzufallen. Cortes ritt an der Spitze der Reiterei. Er ließ die Musketiere und die Schützen eine volle Ladung in den Feind jagen, brach dann in die feindliche Formation ein und machte mehrere Mexikaner nieder. Als sich die Mexikaner in die Berge zurückzogen und unsere Reiter ihnen nicht mehr folgen konnten, griffen die Tlaxcateken an und töteten über dreißig Mann. Die Nacht nach dieser ersten Feindberührung blieb Cortes in einem Weiler, der wie immer nach allen Seiten gut abgesichert wurde; denn in der nächsten Umgebung lagen überall größere Ortschaften. Außerdem hatten wir erfahren, daß König Cuauhtemoc der Stadt Xaltocan einen großen Truppenverband zur Hilfe geschickt habe, der in Kähnen auf dem See bereitstand.

Am nächsten Morgen begann der Kampf in aller Frühe. Der Feind beschoß uns von den kleinen Sumpfinseln aus mit Pfeilen und Schleuderkugeln. Zehn Spanier und viele Tlaxcateken wurden verwundet. Unsere Reiterei konnte nichts unternehmen, weil die Mexikaner die Dammstraße nach Xaltocan schon vor mehreren Tagen durchstochen und alles überflutet hatten. Musketiere und Schützen schossen fleißig auf die Kähne. Der Feind schützte sich aber mit Brettern, die er auf den Bord der Kähne stellte. Alle Anstrengungen waren also vergebens. Der Feind verhöhnte und verspottete uns laut. Er schimpfte Malinche und uns erbärmliche Weiber, deren ganze Kunst in Lug und Trug bestehe. Cortes hätte tatsächlich unverrichteterdinge abziehen müssen, wenn nicht zwei Indianer aus Tepetzinco, das mit Xaltocan verfeindet war, uns eine Art Furt verraten hätten. Es handelte sich um eine Stelle, die erst vor drei Tagen unter Wasser gesetzt worden war und so seicht war, daß man dort in die Stadt eindringen konnte.

Bis zum Gürtel im Wasser, griffen unsere Truppen zusammen mit Tlaxcateken an. Cortes blieb mit den Reitern auf dem festen Land, um den Rücken zu decken, falls die Mexikaner auf den Einfall kommen sollten, die Angreifer von hinten anzufallen. Der Feind stürzte sich wütend auf unsere Leute und verwundete viele. Sie ließen sich aber nicht aufhalten, drangen immer weiter vor und erreichten endlich den trockenen Teil der Dammstraße. Der Weg in die Stadt lag offen vor ihnen. Sie machten eine Menge Mexikaner nieder und vergalten ihnen reichlich den Schimpf, den sie uns angetan hatten. Die Einwohner von Xaltocan und die Mexikaner suchten daraufhin ihr Heil in den Kähnen und flohen nach Mexiko. Die Beute an Baumwolle, Gold und anderen Dingen war recht beträchtlich. Unsere Leute nahmen mit, was sie tragen konnten. Einige Häuser wurden in Brand gesteckt. Für die Nacht kehrte alles wieder auf das feste Land zurück, an die Stelle, an der Cortes stand; denn es war nicht ratsam, in den einzelstehenden Häusern mitten im Wasser zu bleiben. Unsere Leute brachten viele Frauen im besten Alter mit, die sie noch in der Stadt gefunden hatten, die Tlaxcateken waren reichlich mit Beute beladen, mit Salz, Baumwollzeug, Gold und anderen Gegenständen. Die Nacht verbrachten wir in einem Weiler, eine Stunde vor Xalto-can. Wir stellten reichlich Wachen aus, ließen viele Spähtrupps durch das unsichere Gelände streifen und versorgten unsere Verwundeten. Ein Mann mit einem Pfeilschuß in der Gurgel mußte sterben.

Am nächsten Tag marschierten wir auf eine andere große Ort-schaft los, auf Cuauhtitlan. Überall, wo unsere Leute durchka-men, wurden sie von den Mexikanern mit Hohngeschrei empfan-gen. Der Feind saß auf vielen kleinen Inseln, auf denen wir ihm mit den Pferden und mit unseren Schußwaffen nicht beikommen konnten. Cuauhtitlan war leer. Die Truppe blieb die Nacht über dort, nach allen Seiten sorgsam gesichert. Auch der nächste große Ort, Tenayocan, den wir beim ersten Durchmarsch Schlangen-stadt genannt hatten, weil wir im großen Opfertempel abscheuli-che Götzenbilder in Schlangengestalt gefunden hatten, auch die-ser Ort war entvölkert. Die Einwohner waren nach Escapuzalco geflohen. Dort hatte Moteczuma seine Gold- und Silberarbeiten machen lassen, und wir hatten den Ort deshalb Goldschmiede-stadt genannt. Nur eine halbe Stunde weiter lag Tlacopan, wo wir den Rest der Nacht der Trübsal zugebracht hatten und wo uns die Einwohner seinerzeit noch einige Kameraden getötet hatten.

Ehe unsere Mannschaften den Ort erreichten, traten ihnen die Männer aus den Städten, durch die sie gezogen waren, die Ein-wohner von Tlacopan und mexikanische Krieger in großen Massen entgegen. Der Angriff war außerordentlich heftig. Der Feind trat nur in fest geschlossenen Verbänden auf, und Cortes mußte sehr große Schwierigkeiten überwinden, ehe er mit der Reiterei durchbrechen konnte. Unsere Leute rückten dem Feind mit dem Degen in der Hand auf den Leib und zwangen ihn zum Rückzug. Sie blieben dann die Nacht über in Escapuzalco und drangen erst am nächsten Tag weiter vor. Die Zahl der Mexikaner war inzwi-schen erheblich gewachsen. Sie manövrierten gegen uns in guter

Ordnung und nach einem festen Plan. Trotzdem wurden sie gezwungen, sich in ihre Häuser und in ihre Festungen zurückzuziehen. Sie erreichten gleichzeitig mit unseren Männern die Stadt Tlacopan, wo die Spanier viele Wohnungen ausplünderten und anzündeten.

Als dem König diese für ihn unglückliche Entwicklung der Kämpfe gemeldet wurde, schickte er sofort erhebliche Verstärkungen gegen Cortes, die den Auftrag hatten, sich nach dem ersten Angriff auf Mexiko zurückzuziehen und die verfolgenden Spanier auf diese Weise auf die Dammstraße zu locken. Diese List gelang auch. Cortes ließ sich täuschen. Er hielt die Bewegungen des Feindes für planlose Flucht und verfolgte ihn bis zu einer Brücke. Dort fielen die Mexikaner in ungeheuren Scharen zu Land, von den Kähnen aus und von den Söllern der Häuser herunter über unsere Männer her, so daß selbst Cortes die Sache fast für verloren hielt. Als er sich nämlich schleunigst zurückzog, griffen ihn so viele Feinde an, daß jeder Widerstand vergeblich schien. Ein Fähnrich, der seine Fahne nicht lassen wollte, wurde von den Indianern schwer verwundet. Er fiel schließlich mitsamt der Fahne ins Wasser, ertrank aber nicht. Ja, es gelang ihm sogar, sich noch zu retten, als ihn die Indianer schon in ein Boot werfen wollten. Das war ein unglückliches Ende dieser Kämpfe. Wir hatten fünf Tote und eine Menge Verwundete. Nur unter den allergrößten Anstrengungen konnten sich unsere Leute schließlich doch wieder auf das feste Land durchschlagen.

Cortes blieb fünf Tage in Tlacopan und schlug sich immer wieder mit den Mexikanern und ihren Verbündeten herum. Dann erst kehrte er auf demselben Weg nach Tetzcuco zurück. Die Mexikaner hielten diese Bewegung für eine Flucht und glaubten, Cortes sei völlig entmutigt. Sie wollten nun besondere Ehre einlegen und griffen den Zug mit dem Ziel an, vor allem den Pferden zu schaden. Sie fanden aber einen kräftigen Empfang. Cortes verlor zwar einen Mann und zwei Pferde, der Feind aber wagte nicht mehr, ihn auf dem Weitermarsch zu behelligen. In einem starken Tagesmarsch erreichte er die Stadt

Acolman, die dreieinhalb Stunden von Tetzcuco entfernt war. Wir zogen ihm entgegen. Fast die ganze Mannschaft und sämtliche Kaziken von Tetzcuco begleiteten uns. Wir waren fünfzehn Tage lang ohne Nachricht von ihm gewesen. Darum war die Wiedersehensfreude besonders herzlich. Wir besprachen einige militärische Maßnahmen und zogen noch am selben Abend nach Tetzcuco zurück, um unser Hauptquartier nicht ohne Schutz zu lassen. Cortes traf mit seinen Leuten erst am nächsten Tag ein.

Die Tlaxcateken hatten auf dem Kriegszug reiche Beute gemacht und baten Cortes um Urlaub in ihre Heimat. Er willigte ein. Sie nahmen einen Weg, auf dem die Mexikaner keine Spione hatten, und kamen völlig unbehelligt mit ihren Habseligkeiten nach Hause.

Unser Feldherr hielt Ruhe und kümmerte sich um den Weiterbau der Brigantinen. Nach vier Tagen erschienen Abgesandte von sechs oder sieben Orten, die weiter im Norden lagen. Sie brachten Baumwolle und Gold als Geschenke, baten um unsere Freundschaft und wollten Untertanen des Königs von Spanien werden. Sie erzählten, daß die Einwohner ihrer Ortschaften in der Schlacht bei Almeria auf der Seite der Spanier gestanden seien. Cortes hatte bis jetzt das Gegenteil angenommen und freute sich über diese Nachricht. Er war sehr aufmerksam gegenüber den Gesandten und nahm ihre Geschenke wohlwollend an. Nach dem Verhalten der Ortschaften in der letzten Zeit wurde nicht lang gefragt. Cortes nahm sie ohne weitere Umstände als Untertanen des Kaisers an und entließ sie in aller Freundschaft.

Um dieselbe Zeit kamen Botschaften aus Orten, die mit uns verbündet waren, mit der Nachricht, daß die Mexikaner mit großen Heerhaufen in ihr Land eingefallen seien und viele gefangen oder skalpiert hätten. Auch Chalco und Tlalmanalco meldeten, daß sie verloren seien, wenn sie nicht schnelle Hilfe bekämen. Die Boten zeigten große Leinwandstreifen mit Bildern der zahllosen Feinde.

Da war guter Rat teuer; denn wir konnten nicht überall zugleich helfen. Außerdem waren viele unserer Leute verwundet und marode. Drei oder vier Mann waren ihren Verwundungen erlegen, acht waren an Seitenstechen oder an Blutverlust aus Mund und Nase gestorben. Das kam nur von dem Druck der Waffen, die wir nie ablegen durften, von den Überanstrengungen auf dem Marsch, von der ewigen Unruhe und von dem Staub, den wir ständig schlucken mußten. Cortes vertröstete die erste Gruppe. Er versprach ihnen, bald zu Hilfe zu kommen. Inzwischen sollten sie ihre Nachbarn um Beistand bitten und den Mexikanern immer mit ihrer gesamten Macht entgegentreten. Ihre Furcht mache den Feind stark, der jetzt nicht mehr so viele Truppen zur Verfügung habe wie früher, weil ihm von allen Seiten neue Gegner zugewachsen seien.

Cortes gelang es wirklich, den Leuten wieder Mut zu machen. Sie baten ihn aber um Handschreiben an die beiden Nachbarorte, in denen er die Kaziken aufforderte, Hilfe zu leisten. Die Indianer konnten damals nicht schreiben und nicht lesen. Sie betrachteten aber trotzdem jedes Schriftstück als Befehl. Die Bittsteller freuten sich über das Scriptum, erreichten damit, daß ihre Freunde ihnen tatsächlich zu Hilfe kamen, und lieferten den Mexikanern ein Treffen, das keineswegs unglücklich für sie ausfiel. Viel wichtiger war die Sache mit Chalco; denn es mußte uns sehr daran liegen, diese Provinz vom Feinde freizuhalten. Unsere wichtigsten Verbindungslinien nach Tlaxcala und Vera Cruz führten über Chalco. Außerdem bezogen wir aus diesem fruchtbaren Maisland den größten Teil unseres Lebensunterhalts. Sandoval erhielt den Befehl, mit zwanzig Reitern, zweihundert Füsilieren, zwölf Armbrustschützen, zehn Musketieren und allen Tlaxcateken, die noch bei uns waren, am nächsten Morgen nach Chalco abzurükken. Da wir nur noch über wenige Tlaxcateken verfügten, bot Cortes noch eine Kompanie mit Leuten aus Tetzcuco auf, die er einem engen Freund von Sandoval mit Namen Luis Martin unterstellte. Wir anderen blieben zum Schutz der Stadt und der Brigantinen zurück.

Wie Kapitän Sandoval nach Chalco und Tlalmanalco zog, und was er dort ausrichtete

Am 12. März des Jahres 1521 marschierte Sandoval ab. Er verbrachte die erste Nacht in einigen Häusern von Chalco und erreichte am nächsten Morgen Tlalmanalco. Die Einwohner und die Kaziken empfingen ihn herzlich. Man bewirtete ihn und seine Leute sehr gut und sagte ihm, daß er noch bis zu der großen Ortschaft Guaxtepec marschieren müsse, wo die ganze mexikanische Streitmacht versammelt sei. Alle Krieger der Provinz würden sich ihm anschließen. Sandoval wollte keine Zeit verlieren. Er marschierte sofort weiter und kam bis Chimalhuacan, das noch zu Chalco gehörte. Dort verbrachte er die Nacht. Die Einwohner von Chalco hatten überallhin Späher geschickt und erfahren, daß der Feind ganz in der Nähe in Schluchten und Gehölzen den Spaniern auflauere. Sandoval war ein umsichtiger und entschlossener Mann. Er ließ die Musketiere und Schützen vorneweg marschieren. Ihnen folgten jeweils drei Reiter, die nach jeder Salve mit verhängten Zügeln auf den Feind losreiten und ihm mit Lanzen und anderen Waffen so lange zusetzen sollten, bis er die Flucht ergriff. Diese Reiter mußten in sich fest geschlossene kleine Gruppen bilden. Auch das Fußvolk sollte sich in einem Block formieren und nicht früher gegen den Feind vorgehen, als es dazu einen Befehl bekam. Das feindliche Heer war sehr stark, das Gelände ungünstig, und man wußte nicht, ob die Mexikaner Fallgruben oder andere Überraschungen angelegt hatten. Deshalb hielt Sandoval seine Taktik für richtig.

Schon nach einem kurzen Marsch stieß er auf den Feind. Dieser hatte drei große Korps gebildet, erhob einen fürchterlichen Lärm mit Schreien, mit Trompeten und mit Trommeln und fiel wie eine Horde Löwen über die Unsrigen her. Als Sandoval sah, daß die Mexikaner in aufgelöster Ordnung auf ihn zukamen, gab er seinen Schlachtplan auf und befahl der Reiterei, unverzüglich in die feindlichen Massen einzubrechen und nicht auf das Fußvolk zu warten. Er stellte sich selbst an die Spitze, sprach seinen

Leuten Mut zu und stürzte sich in den Kampf mit dem Ruf: »Mit Santiago auf den Feind!« Die Wucht dieses Angriffs brachte einige feindliche Gruppen dazu, sich abzusetzen. Sie schlossen sich aber schnell wieder zusammen und traten unseren Reitern mutig entgegen. Das stark durchschnittene Gelände gab ihnen dabei viele Vorteile, denn die Reiterei konnte sich dort nicht frei entfalten. Sandoval faßte deshalb seine Mannschaft wieder zusammen, stellte die Musketiere und die Schützen an die Front, die Schildträger auf die Flanken und befahl, erst dann anzugreifen, wenn die Reiterei den Feind zum Wanken gebracht habe oder ein Zeichen gebe. Die Bundesgenossen wurden aufgefordert, dem spanischen Beispiel zu folgen. Der Feind wich zurück, setzte sich aber in einer für ihn sehr günstigen Position neu fest. Wir hatten viele Verwundete. Sandoval nahm mit seinen Reitern die Verfolgung auf, konnte aber nur vier Gefangene machen. Er verlor dabei einen unserer besten Männer, Gonzalo Dominguez. Dieser stürzte in dem unübersichtlichen Gelände, kam unter sein schweres Pferd und starb wenige Tage später an den Folgen dieses Unfalls. Gonzalo Dominguez war einer unserer besten Kavalleristen, ein außerordentlich tapferer Mann, der bei uns allen die gleiche Achtung genoß wie etwa Cristobal de Olid oder Gonzalo de Sandoval. Wir alle bedauerten seinen Tod sehr.

Kurz vor Guaxtepec traten der Truppe von Sandoval mehr als fünfzehntausend Mexikaner entgegen, die ihn von allen Seiten einschlossen, ihm viele Männer verwundeten und fünf Pferde töteten. Das Gelände war vollkommen eben. Er konnte deshalb mit seiner Reiterei die feindlichen Haufen durchbrechen und sie zwingen, sich auf die Stadt zurückzuziehen. Die Mexikaner wollten sich noch einmal in Verschanzungen vor der Stadt festsetzen. Die Spanier und ihre Bundesgenossen ließen ihnen dazu aber keine Zeit. Die Reiter kamen ihnen so schnell auf die Fersen, daß sie sich endlich in der Stadt einschlossen, wo man ihnen nicht beikommen konnte.

Sandoval hoffte, daß der Feind ihm für heute Ruhe gönnen werde. Er legte deshalb eine Rast ein, ließ die Verwundeten versorgen und die erbeuteten Lebensmittel verteilen. Als die Leute beim Essen saßen, kamen zwei Reiter und zwei andere Vorposten angerannt und meldeten, daß eine große Zahl von Mexikanern im Anmarsch sei. Unsere Leute waren gewohnt, die Waffen bei keiner Gelegenheit aus der Hand zu legen. Darum waren sie auch diesmal sofort bereit. Auf einer großen freien Fläche kam es zum Kampf. Der Feind hielt sich dann lange in neu angelegten Verschanzungen und brachte manchem Spanier Wunden bei. Sandoval setzte ihm aber mit seinen Reitern, mit Schützen, Musketieren und den Degenstößen der übrigen Mannschaft so zu, daß er ihn aus der Ortschaft werfen konnte. Für diesen Tag war Ruhe.

Nun konnte Sandoval dem Allmächtigen für den Sieg danken. Er erholte sich in einem überaus schönen Garten, in dem zahlreiche große Gebäude standen. Die Anlage war eines großen Monarchen würdig. Man brauchte viel Zeit, wenn man alles sehen wollte. Sie war etwa eine halbe Legua lang. Ich war nicht bei dieser Expedition und habe den Garten erst zwanzig Tage später gesehen; denn ich begleitete Cortes auf seinem großen Zug durch die Ortschaften rings um den See. Ich hatte bei Iztapalapa einen Lanzenstich in die Kehle bekommen, der mich fast das Leben gekostet hätte. Deshalb mußte ich längere Zeit »zu Hause« bleiben. Die Narbe ist noch heute zu sehen.

Am nächsten Tag fand Sandoval die Gegend frei von Mexikanern. Er schickte vornehme Gefangene, die er in den letzten Tagen gemacht hatte, in ihre Heimatorte mit dem Auftrag, die dortigen Kaziken zu ihm zu schicken. Sie sollten um Frieden bitten, damit ihnen alles verziehen werden könne. Aber die einen wagten aus Furcht vor den Mexikanern nicht, dieser Aufforderung Folge zu leisten, die anderen erwiderten: er solle nur kommen. Sie würden sich mit den spanischen Gefangenen gute Mahlzeiten und reichliche Opfer für ihre Götter zubereiten.

Die Kaziken von Chalco hatten inzwischen in Erfahrung gebracht, daß in einer dieser Städte, in Acapistla, mehr mexikanische Truppen lagen als bisher im Kampf waren. Sie sollten dort nur eine günstige Gelegenheit abwarten, um Chalco anzugreifen. Die Kaziken von Chalco waren deshalb in großer Sorge und baten Sandoval dringend, weiter vorzudringen und den Feind auch aus Acapistla zu werfen. Sandoval wollte ihnen diesen Wunsch zunächst nicht erfüllen. Er hatte dafür mehrere gute Gründe: einmal waren er selbst und viele seiner Männer und die meisten Rosse verwundet, dann hatte er drei schwere Gefechte hinter sich, und endlich ging er nicht gern weiter, als ihm die Befehle von Cortes vorschrieben. Außerdem lagen ihm einige Kavaliere aus dem Korps von Narvaez ständig in den Ohren und forderten ihn auf, nach Tetzcuco zurückzukehren, zumal Acapistla ein stark befestiger Ort sei, in dem er sich mit großer Wahrscheinlichkeit eine Schlappe holen werde.

Der Hauptmann Luis Martin riet aber zum Gegenteil. Er meinte, Sandoval dürfe sich nicht mit der halben Arbeit begnügen. Wenn die Feinde wieder auf Chalco losgingen, sei der Zweck der ganzen Expedition vereitelt. Da es sich nur um einen Weg von zwei Stunden handelte, gab Sandoval schließlich den Befehl zum Weitermarsch. Dicht vor dem Ort rückte ihm der feindliche Heerbann entgegen und schoß mit Pfeilen, Schleudern und Wurfspießen. Drei Pferde und zahlreiche Mannschaften wurden beim ersten Angriff schon verwundet. Sandoval konnte den Angreifern aber nicht beikommen, weil sie sich sofort auf ihre Felsen und auf befestigte Höhenstellungen zurückzogen. Dort machten sie einen schauerlichen Lärm mit Schreien, Pauken und Muscheltrompeten.

In dieser schwierigen Lage schickte Sandoval ein paar Reiter vor, die erkunden sollten, ob die Mexikaner dem Ort zu Hilfe kommen könnten, wenn er ihn angriffe. Das Gros ließ er inzwischen in der Ebene halten. Die Kaziken von Chalco und die anderen indianischen Bundesgenossen zeigten keine große Lust, sich noch einmal mit den Mexikanern einzulassen. Sandoval stellte sie auf die Probe und sagte zu ihnen: »Was steht ihr so müßig herum? Warum greift ihr nicht an? Wir sind doch nur hier, um euch zu verteidigen!« Da gestanden die Herren, daß sie es nicht wagten, den festen Platz anzugehen; im übrigen seien die Spanier doch gekommen, um die schwersten Aufgaben selbst zu lösen. Damit stand fest, daß man mit diesen Leuten nicht rechnen konnte. Sandoval stürmte daraufhin die Höhen mit Einsatz seiner ganzen spanischen Mannschaft. Es gab gleich zu Anfang einige Schwerverwundete, auch er selbst wurde noch einmal verletzt. Sie gaben aber nicht auf, nahmen die Höhen, drangen in die Stadt ein und brachten dem Feind große Verluste bei. Jetzt rührten sich auch die Tlaxcateken und die Krieger aus Chalco. Sie stießen nach und begannen ihr Vernichtungswerk. Die Spanier überließen ihnen diese grausame Arbeit gern. Sie hatten die Feinde in die Flucht geschlagen, sie fingen gern hier und da eine hübsche Indianerin, sie griffen auch nach wertvollen Gegenständen, aber sie waren im Grunde mit den unnötigen Grausamkeiten der Bundesgenossen nicht einverstanden und rissen ihnen manchen Indianer und manche Indianerin aus den Händen, die sonst einfach niedergemacht worden wären.

Die Mexikaner waren zwischen Felsen hinter den Ort geflüchtet. Viele waren verwundet und wuschen sich in einem Gießbach das Blut ab. Das Wasser wurde dadurch ganz rot. Es dauerte aber nicht länger als ein Ave Maria, bis es wieder sauber war. Gomara aber erzählt, das Wasser sei so stark mit Blut vermischt gewesen, daß unsere Leute ihren Durst nicht mehr stillen konnten. *(Er richtet sich dabei wahrscheinlich nach dem amtlichen Bericht von Cortes an den Kaiser, in dem steht, das Wasser sei eine ganze Stunde lang vom Blut der Feinde gefärbt gewesen.)* Unsere Leute waren aber nicht auf den Bach angewiesen, wenn sie trinken wollten. Es gab genug frische Quellen in dem Ort.

Nach Abschluß dieser Kämpfe zog Sandoval mit vielen Gefangenen, unter denen eine Menge hübscher Indianerinnen war, nach Tetzcuco zurück. Dem König von Mexiko war diese Niederlage seiner Truppen ganz besonders unangenehm. Die Einwohner von Chalco, die früher seine Untertanen waren, hatten zum drittenmal gegen seine Männer die Waffen erhoben. Während Sandoval noch auf dem Marsch war, versammelte er zwanzigtausend Krieger und schickte sie auf zweitausend Kähnen nach Chalco. Der Angriff kam völlig unerwartet, die Mexikaner fanden nur geringen Widerstand. Sandoval war eben in Tetzcuco eingezogen und war dabei, dem Generalkapitän Meldung zu machen, da kamen auch schon Boten aus Chalco in Kähnen und baten um Hilfe. Cortes wurde wütend, denn er schob die Schuld für diese Verwirrung ganz dem Sandoval zu. Er hörte seine Meldung nicht weiter an, sondern befahl ihm, auf der Stelle umzukehren, die Verwundeten im Hauptquartier zu lassen und nur die gesunden Leute mitzunehmen.

Dieser Empfang verletzte Sandoval sehr. Vor allem erbitterte ihn, daß Cortes seine Meldung nicht anhören wollte. Er marschierte aber sofort nach Chalco zurück, wo er mit seinen Leuten erst spät ankam, müde von den ewigen Kämpfen und von den langen Märschen. Inzwischen hatten die Einwohner von Chalco schon auf die erste Meldung von dem drohenden Besuch der Mexikaner hin ihre Nachbarn zu Hilfe gerufen. Noch in derselben Nacht standen auf diese Weise zwanzigtausend Mann bereit. Das stärkte allen Beteiligten den Mut, vor allem den Leuten aus Chalco. Sie griffen den andrängenden Feind im offenen Feld an, schlugen sich sehr tapfer und brachten den Mexikanern große Verluste bei. Sie machten eine Menge Gefangene. Die Mexikaner verloren allein fünfzehn hohe Offiziere. Diese Niederlage demütigte sie noch mehr als alle anderen, denn sie war ihnen von ihren eigenen Landsleuten beigebracht worden. Als Sandoval in Chalco ankam, war alles schon vorbei. Da nun nicht zu erwarten war, daß die Mexikaner noch einmal kommen könnten, kehrte er wieder nach Tetzcuco zurück. Er nahm die mexikanischen Gefangenen alle mit. Cortes war über diesen Ausgang der Sache sehr erfreut. Sandoval weigerte sich aber, persönlich vor ihm zu erscheinen. Er war verbittert über die Behandlung, die ihm sein Feldherr hatte angedeihen lassen. Cortes ließ ihn wiederholt um seinen Besuch bitten, er ließ ihm sagen, daß er nun erst über die wahre Lage unterrichtet worden sei; er habe festgestellt, daß Sandoval keinerlei Schuld treffe, daß er im Gegenteil sehr erfolgreich gewesen sei. Aber Sandoval blieb bei seiner Haltung. Die beiden versöhnten sich erst später wieder. Cortes tat alles, um Sandoval wieder als Freund zu gewinnen.

Wie die Beute und die Sklaven verteilt wurden

Sandoval hatte viele Gefangene eingebracht. Darum wurde beschlossen, allen das Sklavenzeichen aufzubrennen. Die Sklaven mußten dazu wieder in ein bestimmtes Haus gebracht werden. Die Mannschaften folgten diesem Befehl ohne Widerspruch; denn sie durften erwarten, daß sie nach der Schätzung nur das kaiserliche Fünftel zu zahlen hatten und damit die Indianer voll in ihr Eigentum übergingen. Aber wenn man in Tepeaca schon niederträchtig mit uns widerfuhr, dann spielte man uns jetzt noch viel ärger mit. Man nahm zuerst das kaiserliche Fünftel weg, zog dann ein zweites Fünftel für Cortes ab und behielt schließlich noch mehrere Teile für die Offiziere zurück. In der Nacht vor der letzten Verteilung waren die besten Indianerinnen alle verschwunden. Cortes hatte den Mannschaften versprochen, alle Sklaven zu versteigern. Das geschah aber nicht. Die Kronbeamten machten, was sie wollten. Wir waren nun für die Zukunft gewarnt. Wenn einer eine schöne Indianerin gefangennahm, versteckte er sie; sollte sie markiert werden, dann meldete er, daß sie ihm entlaufen sei. Stand er gut mit Cortes, dann ließ er sie nachts heimlich markieren und zahlte Cortes dafür sein Fünftel. Nach kurzer Zeit hatten wir eine Menge solcher Sklaven. Kam die Rede auf sie, dann erklärten wir, es handle sich um Naborias, das heißt um indianische Dienstleute, die uns von den Tlaxcateken zur Verfügung gestellt worden seien. Übrigens dauerte es keine zwei oder drei Monate, da wußten unsere Sklavinnen sehr genau, welche Spanier ihre Naborias gut und wer sie schlecht behandelte. Kam es aus irgendeinem Grund zu einer Versteigerung und sollte ein Mädchen einem Mann mit schlechtem Ruf zugeschlagen werden, dann waren sie auf einmal verschwunden. Alle Nachfragen führten zu nichts; sie blieben als Schuldposten in den königlichen Abrechnungen stehen. Mit dem Gold ging es uns nicht anders. Wollte einer seinen Anteil abheben, dann wurden ihm so viele Gegenrechnungen präsentiert, daß er froh war, wenn er nicht noch zahlen mußte.

Um diese Zeit lief in Vera Cruz ein Schiff ein, das uns den Kronschatzmeister Julian de Alderete brachte und Ordunna den Älteren, der später eine Zeitlang in Puebla gewohnt und vier oder fünf Töchter nach Neuspanien gebracht und dort alle gut verheiratet hat. Ferner kam der Franziskanerbruder Pedro Melgarejo de Urea, der aus Sevilla stammte. Er hatte eine päpstliche Bulle bei sich, nach welcher er uns für alle Sünden, die wir in diesem Krieg begangen hatten, Ablaß erteilen konnte. Er erwarb damit in wenigen Monaten ein großes Vermögen, mit dem er nach Spanien zurückkehrte. Die Namen der übrigen Fahrgäste fallen mir nicht mehr alle ein. Da war noch Antonio de Carvajal, der später eine Brigantine kommandierte und jetzt noch in hohem Alter in Mexiko lebt; da war ferner Jeronimo Ruiz de la Mota, der auch eine Brigantine führte und nach der Eroberung Mexikos eine der Töchter Ordunnas geheiratet hat. Ich erinnere mich auch noch an einen gewissen Briones aus Salamanka, der erst vor vier Jahren wegen Truppenaufwiegelung in Guatemala gehenkt wurde, und an Alonso Diaz de la Reguera, der dann lange Zeit in Guatemala gewohnt hat und jetzt in Valladolid lebt.

Das Schiff brachte aber vor allem eine Menge Waffen, Schießpulver und andere Waren mit, die wir dringend brauchten. *(Bernal Diaz sind hier einige wichtige Tatsachen entfallen. Es handelte sich nach anderen zeitgenössischen Berichten nicht um ein Schiff, sondern um vier Schiffe, die zweihundert Spanier und achtzig Pferde an Bord hatten, einen Zuwachs an Schlagkraft, der für Cortes damals von entscheidender Bedeutung war.)* Wenn ich nicht irre, brachten die Leute auch die Nachricht mit, daß der Bischof von Burgos nicht mehr am Ruder sei. Er soll beim Kaiser unter anderem auch deshalb in Ungnade gefallen sein, weil er ihn über unsere großen und denkwürdigen

Taten falsch unterrichtet hat. In seinen amtlichen Berichten war Diego de Velazquez der große Mann.

Inzwischen waren die Brigantinen nahezu fertig. Wir warteten mit Ungeduld auf die Stunde, in der wir Mexiko ganz einschließen konnten. Wir bereiteten uns gerade mit allen Kräften auf diese große Aufgabe vor, da kam eine Botschaft aus Chalco, nach der die Mexikaner wieder im Anmarsch auf die Stadt seien. Man bat uns dringend um Hilfe. Cortes entschied, daß er nun selbst mit einem starken Truppenverband gegen die Mexikaner kämpfen wolle. Er ließ den Leuten aus Chalco sagen, daß er nicht ruhen werde, bis der Feind völlig aus ihrem Land vertrieben sei. Er befahl Marschbereitschaft für dreihundert Füsiliere, dreißig Reiter, die Mehrzahl der Schützen und der Musketiere und für die Mannschaften aus Tetzcuco und aus Tlaxcala. Von den Offizieren nahm er Pedro de Alvarado, den Andres de Tapia und Cristobal de Olid mit. Auch der Schatzmeister Juan de Alderete und der neue Pater sollten mitkommen. Auch mir befahl Cortes ausdrücklich, ihn auf diesem Kriegszug zu begleiten.

DER KRIEGSZUG UM DEN SEE

Wie Cortes sein Versprechen einlöste und einen Kriegszug
um den See machte

Am 5. April 1521 hörten wir in aller Frühe die Messe und setzten uns anschließend sofort in Marsch. Cortes vertraute die Sicherung von Tetzcuco und der Brigantinen dem Gonzalo de Sandoval an. Er unterstellte ihm zu diesem Zweck ein stattliches Korps Soldaten und Reiter. In der ersten Nacht nahmen wir Quartier in Tlalmanalco, wo wir sehr gut aufgenommen wurden. Am nächsten Tag marschierten wir in das nahe gelegene Chalco. Cortes ließ alle Kaziken des Landes zusammenrufen. Er hielt ihnen eine lange Rede und erklärte ihnen, daß sein jetziges Unternehmen den Zweck habe, die Ortschaften rings um den See zum Frieden zu zwingen und das Gelände zu erkunden, damit er dann die richtigen Maßnahmen zur endgültigen Einschließung von Mexiko treffen könne. Die dreizehn Brigantinen würden in Kürze vom Stapel gelassen. Er bat die Kaziken, ihr ganzes Kriegsvolk aufzubieten und sich an seinem Unternehmen zu beteiligen. Die Leute willigten gern ein und versprachen dem Generalkapitän, ihm in allen Stücken zu gehorchen.

Am nächsten Tag marschierten wir bis Chimalhuacan, einem Ort, der noch zu Chalco gehörte. Dort stießen über zwanzigtausend Verbündete zu uns, Leute aus Chalco, Tetzcuco, Guaxocingo, Tlaxcala und anderen Orten. Bei keiner anderen Gelegenheit hatte ich bisher eine derart große Zahl von Bundesgenossen beisammen gesehen. Die meisten zog die Hoffnung auf große Beute in den Kampf. Ebenso sehr lockte sie aber die Aussicht auf reichliche Mahlzeiten von Menschenfleisch, an dem es nach derartigen Kämpfen nie fehlte. Beim Anblick dieser beutegierigen Indianer drängte sich mir deshalb der Vergleich mit den großen Scharen von Raben und Geiern auf, die in den italienischen Feldzügen die Schlachtfelder überfielen, um sich an den Leichnamen der Gefallenen gütlich zu tun.

Diese Gelüste der Indianer sollten nur zu bald befriedigt werden. Nach Meldungen unserer Späher standen in der Nachbarschaft schon große Mengen Mexikaner mit ihren Verbündeten bereit, um mit uns anzubinden. Wir waren sehr früh kampfbereit und brachen unmittelbar nach der Morgenmesse auf. Wir zogen sehr vorsichtig durch felsige Bergtäler und passierten dabei zwei Berggipfel, die stark befestigt waren. Dort fanden wir viele Indianer und Indianerinnen, die hierhergeflüchtet waren. Sie waren keineswegs verängstigt, sondern ausgesprochen frech und schrien uns Beleidigungen nach, die wir aber überhörten. Wir marschierten schweigend vorbei nach Yautepec, einem Ort, den die Einwohner verlassen hatten. Wir hielten uns nicht auf und kamen bald in eine Ebene, in der es nur einige wenige ergiebige Quellen gab. Dahinter erhob sich ein Berg, der sehr schwer zu nehmen war. Er war über und über mit Kriegsvölkern besetzt, die uns mit Hohnrufen, Pfeilschüssen, Steinwürfen und Wurfspießen begrüßten. Drei Mann wurden verwundet.

Cortes ließ halten und befahl einigen Reitern und Schützen festzustellen, ob der Berg an einer anderen Stelle leichter zugänglich sei. Es sah so aus, als würden die Mexikaner sich jetzt überall in feste Plätze setzen und uns verhöhnen, weil wir sie nicht angriffen. Die Kundschafter kamen mit der Meldung zurück, daß wir vor der einzigen zugänglichen Stelle des Berges stünden. An allen anderen Seiten falle er steil ab. Daraufhin gab Cortes den Befehl, den Berg zu stürmen. Der Fähnrich Cristobal de Corral und die übrigen Feldzeichen traten an die Spitze, und wir begannen den Kampf. Cortes blieb mit der Reiterei in der Ebene, um uns den Rücken zu decken und im Notfall unser Gepäck zu verteidigen. Es war für uns eine saure Arbeit. Die Indianer ließen große Steine, ja ganze Felsbrocken auf uns zurollen. Es war schauerlich anzusehen, wie diese Steinmassen den Berg herunterdonnerten. Es ist wirklich ein Wunder, daß wir nicht alle erschlagen wurden, und Cortes hat sich in diesem Fall nicht als gro-

ßer Feldherr bewährt, als er den Sturm befahl. Dicht vor meinen
Füßen wurde der Soldat Martinez aus Valencia, der früher einmal Tafelmeister bei einem großen Herrn in Kastilien war, erschlagen. Er starb, ohne einen Seufzer von sich zu geben. Zwei
andere Soldaten, der Neffe des Schatzmeisters von Kuba und ein
gewisser Bravo, kamen auf dieselbe Weise um. Wir stürmten
trotzdem unaufhaltsam weiter. Kurze Zeit darauf wurde ein anderer tapferer Soldat, Alonso Rodriguez, mit zwei Kameraden
zerschmettert. Uns allen flogen Stücke der herabstürzenden
Steinmassen an die Köpfe. Ich war damals ein flinker Bursche
und folgte dem Fähnrich Corral auf Schritt und Tritt. Wir kamen
so zu einigen überhängenden Felsen, unter denen wir eine Zeitlang gut vorankamen. Cristobal de Corral hielt sich an einem der
dicken Dornenbäume fest, die dort wachsen. Sein Kopf war voller Wunden, das Gesicht mit Blut bedeckt, die Fahne zerfetzt. Er
sagte: »Ach, Herr Bernal Diaz, hier kommen wir nicht weiter.
Hier können uns zwar keine Felsstücke treffen, wir können uns
aber unter diesen Felsnasen kaum mit den Händen festhalten.«
Wie wir beide so an den Bäumen hingen, kam Pedro Barba, der die
Schützen anführte, mit zwei Soldaten. Auch er wollte hier nach
oben klettern. Ich rief ihm zu: »Gebt Euch keine Mühe, Herr
Hauptmann. Hier ist ja nicht einmal genug Platz, um einen Fuß
oder eine Hand darauf zu setzen. Oder wollt Ihr den Berg hinun-
terrollen?« Er erwiderte von oben herab, wie es sich für einen
kühnen Offizier gehört: »Hier kommt es aufs Tun an, nicht aufs
Reden!« Ich schluckte schweigend den Vorwurf und sagte nur:
»Nun, laßt doch sehen, ob es trotzdem geht! Steigt weiter hinauf!« In diesem Augenblick kamen wieder so mächtige Felsstücke
den Berg herunter, daß Pedro Barba verwundet wurde und einer
seiner Leute fiel. Nun hatte auch er genug. Er setzte keinen Fuß
weiter voran.

Auch der Fähnrich de Corral rief, daß man hier nicht weiter
vorwärtskommen könne und daß der Rückzug ebenso gefährlich
sei wie der Anstieg. Er befahl, diese Meldung von Mann zu Mann
bis zu Cortes weiterzugeben. Cortes hatte inzwischen sogar unten

in seiner ebenen Stellung drei Mann eingebüßt, sieben waren von herabstürzenden Felsstücken mehr oder weniger schwer verwundet worden. Wie es uns ergangen war, konnte er nicht sehen, weil wir hinter den vielen Bergfalten verschwunden waren. Er fürchtete aber, daß die meisten von uns tot oder schwer verwundet seien. Er ließ uns durch Zeichen, Zurufe und Musketenschüsse anweisen, den Rückzug anzutreten. Wir stiegen also vorsichtig wieder ab, nützten jeden Felsüberhang aus, um uns zu decken, und kamen schließlich glücklich, mit wunden Köpfen, bluttriefend und mit zerfetzten Fahnen wieder in der Ebene an. Als Cortes uns in diesem Zustand wiedersah und hörte, daß wir acht Mann am Berg verloren hatten, dankte er Gott, daß wir noch so gut davongekommen waren. Dabei kam auch die Rede auf das kurze Gespräch, das ich oben mit Pedro Barba hatte, und der Fähnrich Corral gab eine so lebendige Darstellung der donnernden Felsmassen, die auf uns zugerollt waren, daß jeder überrascht war, uns überhaupt noch am Leben zu sehen. Die Geschichte ging wie ein Lauffeuer von Mund zu Mund.

Inzwischen standen mexikanische Truppen zum Angriff bereit, von denen wir noch nichts wußten. Sie hatten den Auftrag, ihren Leuten auf dem Berg im Notfall beizustehen. Als sie hörten, daß unser Versuch, den Berg zu stürmen, gescheitert war, verabredeten sich beide Kampfgruppen, uns gleichzeitig von zwei verschiedenen Seiten anzugreifen. Als Cortes die Meldung von ihrem Anmarsch bekam, ließ er die Reiterei und alle Mannschaften sofort gegen den Feind antreten. Das Gelände war ganz eben, links und rechts lagen fruchtbare Felder zwischen flachen Hügeln. Die Mexikaner zogen sich vor uns zurück. Wir verfolgten den Feind bis in seine festen Bergstellungen, konnten ihm aber keine großen Verluste beibringen, weil er sich immer in Positionen flüchtete, in denen wir ihm nicht beikommen konnten. Wir kehrten wieder in unsere Ausgangsstellungen zurück, konnten dort aber nicht bleiben, weil es nur wenige Quellen mit sumpfigem Wasser gab. Die guten Quellen waren in der Hand des Feindes. Wir hatten den ganzen Tag keinen Trunk über die

Lippen gebracht, und unsere Rosse standen ebenso durstig da wie wir. Wir wechselten deshalb den Lagerplatz und zogen auf eine Wiese, die eineinhalb Stunden weiter weg an einem Berg lag. Dort standen einige schwarze Maulbeerbäume und zwölf bis dreizehn Häuser. Wir hatten uns kaum zur Rast niedergelassen, da erhob sich oben am Berg ein wildes Geschrei, und wir wurden wieder mit herabrollenden Steinmassen, mit Pfeilen und Wurfspießen begrüßt. Auf dem Berg waren noch mehr Feinde als auf dem vorigen, und ihre Stellungen waren noch fester. Unsere Musketiere und Schützen mochten schießen soviel sie wollten, sie konnten niemanden treffen; denn der Feind stand zu hoch oben und war zu gut gegen jeden Schuß gedeckt. Wir versuchten zweimal, den Berg zu stürmen. Er war aber noch schwieriger zu nehmen als der erste Berg, und wir mußten beide Unternehmungen aufgeben, wenn wir damit auch nicht viel Ehre einlegten. Der Sieg blieb dieses Mal den Mexikanern und ihren Verbündeten.

Wir lagerten die Nacht über unter den Maulbeerbäumen und kamen dabei fast um vor Durst. Am nächten Morgen mußten die Schützen und die Musketiere einen anderen sehr steilen Berg in der Nähe besetzen. Sie sollten von dort aus die feste Bergstellung des Feindes beschießen. Cortes befahl dem Francisco Verdugo und dem Schatzmeister Julian de Alderete, sich anzuschließen, weil sie sich beide als ganz besonders gute Schützen bewährt hatten. Pedro Barba führte diese Schützengruppe. Während sie abzogen, sollten die übrigen Mannschaften noch einmal versuchen, von den Häusern aus beiderseits der Wege den Berg hinaufzukommen. Die Mexikaner antworteten wieder mit einem Steinregen, durch den viele verwundet wurden. Unser Versuch wäre aber auch ohne diesen Widerstand gescheitert; denn der Berg war so steil, daß man nicht wußte, wo man mit der Hand zugreifen oder einen Fuß setzen sollte. Inzwischen hatten unsere Schützen ihr Ziel erreicht. Es gelang ihnen aber nur, wenige Feinde zu töten oder zu verwunden.

Diese ganzen Kämpfe hatten nicht länger als eine halbe Stunde gedauert, da wendete die Güte des Allmächtigen alles schnell zum Frieden. Auf dem Berg hatten sich nämlich zahlreiche Frauen, Kinder und armes Volk in Sicherheit gebracht. Sie hatten dort oben nichts, um ihren Durst zu löschen. Sie winkten uns mit ihren Mänteln zu und machten mit den Händen eine Bewegung, als ob sie für uns Brot backen wollten. Gleichzeitig stellten die Männer ihre Steinwürfe und Pfeilschüsse ein. Als Cortes Klarheit darüber hatte, was die Leute wollten, ließ auch er die Feindseligkeiten einstellen und den Mexikanern mitteilen, sie sollten fünf ihrer vornehmsten Männer schicken, um mit uns den Frieden auszuhandeln. Sie ließen nicht lange auf sich warten, traten mit allem Anstand auf, baten um Verzeihung für ihre Taten und versicherten uns, sie hätten sich nur aus Furcht vor uns in diese feste Stellung zurückgezogen. Cortes erwiderte ihnen ziemlich zornig, daß sie alle den Tod verdient hätten, denn sie hätten ja mit den Feindseligkeiten angefangen. Da sie aber inzwischen selbst zu ihm gekommen seien, wolle er Gnade vor Recht ergehen lassen. Sie bekamen den Auftrag, die Kaziken des anderen Berges zu holen. Auch sie sollten um Frieden bitten. Wir würden sie sonst so lange einschließen, bis der Durst sie zermürbt habe. Es sei uns wohlbekannt, daß auch sie unter Wassermangel litten.

Während wir auf die Rückkehr der Kaziken warteten, unterhielt sich Cortes mit dem Pater Melgarejo und dem Schatzmeister Alderete über die Kämpfe und Feldzüge, die wir seit unserer Ankunft in Neuspanien bestanden hatten, über die große Macht der Mexikaner und ihre bedeutenden Städte, die sie ja zum Teil selbst gesehen hatten. Da sagten sie zum Generalkapitän: »Wenn unser Herr, der Kaiser, durch den Bischof von Burgos so viel wahre Einzelheiten über Eure Taten erfahren hätte wie Unwahrheiten, dann würde er Euch und Euren Mannschaften sicher große Belohnungen zugesprochen haben. Nie hat jemand einem Monarchen so große Dienste erwiesen wie Ihr; denn nie hat jemand für Seine Majestät eine solche Menge großer Städte erobert.«

Nach diesem Gespräch gab Cortes dem Fähnrich Corral, zwei anderen Hauptleuten und mir den Befehl, den Berg zu besteigen. Wir sollten erkunden, in welchem Zustand sich die Befestigungen befänden, wie viele Indianer unsere Schützen getötet und verwundet hatten und was für Leute dort oben auf dem Berg wären. Cortes sagte zum Abschied: »Rührt kein Körnchen Mais an, meine Herren, seid aber auf euren Vorteil bedacht!« Wir stiegen also den sehr steilen Bergpfad hinauf und fanden die Stellung noch fester als die vorige; denn die Felsen fielen schroff ab. Die künstlichen Bauten hatten nur einen einzigen Eingang, der nur doppelt so groß war wie die Öffnung eines Backofens. Auf der Höhe selbst waren weitläufige Weideplätze. Dort lagerten zahlreiche Krieger, Weiber und Kinder. Sie hatten zwanzig Tote und viele Verwundete verloren. Sie hatten keinen Tropfen Wasser, aber eine Unmenge Gepäck, darunter viele Bündel mit Baumwollstoffen, die für den König von Mexiko bestimmt waren. Wie ich diese Ballen sah, die als Tribut nach Mexiko gehen sollten, befahl ich vier tlaxcatekischen Lastträgern und vier Mexikanern, je eine Last aufzunehmen. Da kam der Hauptmann Pedro Ircio auf mich zu und befahl, daß alles an Ort und Stelle bleiben solle. Ich machte zwar meine Einwendungen gegen diesen Befehl, mußte aber schließlich gehorchen, denn er war der Hauptmann. Er sagte: »Ihr habt ja mit euren eigenen Ohren gehört, daß Cortes uns befohlen hat, kein Körnchen Mais anzurühren. Ich werde ihm den Vorfall melden, wenn ihr euer Vorhaben nicht aufgebt.« Ich gab zu, daß Cortes so gesprochen hatte. Ich versuchte Ircio klarzumachen, daß der Generalkapitän mit seinem Befehl nicht die Tribute für Mexiko gemeint habe, um die es hier gehe. Das Ende vom Lied war, daß ich nichts bekam. Als wir glücklich wieder in der Ebene waren und Meldung gemacht hatten, glaubte Pedro de Ircio, der Feldherr werde gern hören, daß er mich in Schranken gehalten habe. Er bekam aber eine recht unwillige Antwort. Cortes sagte: »Warum habt ihr dem Bernal Diaz die Sachen nicht gelassen? Wenn die Dinge so liegen, dann wundere ich mich darüber, daß ihr nicht selbst bei den Leuten oben geblieben seid. So gut hat man mich also verstanden, als ich euch sagte, ihr sollt euren Vorteil wahren! Bernal Diaz, der mich richtig verstanden hat, mußte die Sachen, die er den Hunden abgenommen hatte, wieder hergeben. Auf diese Weise ist die Freude der Mexikaner über unsere Toten und Verwundeten in keiner Weise geschmälert worden. « Ircio erbot sich, noch einmal auf den Berg zu gehen und die Sachen zu holen. Cortes antwortete aber, daß dazu jetzt keine Zeit mehr sei.

Mittlerweile trafen auch die Kaziken des anderen Berges ein. Sie wußten viele Gründe, warum sie unsere Verzeihung verdienten. Cortes behandelte sie streng und zurückhaltend, gab ihnen schließlich die Absolution und ließ sie auf den Kaiser schwören. Weil es in der Gegend überall an Wasser fehlte, marschierten wir nach Guaxtepec zurück, wo die große Gartenanlage war, von der ich schon früher berichtet habe. Wir quartierten uns für die Nacht ein, und bald kamen die Kaziken des Ortes, mit denen Sandoval seinerzeit schon Frieden gemacht hatte. Sie boten ihre Dienste an. Am nächsten Morgen setzten wir uns nach Coadlavaca in Marsch. Wir stießen bald auf mexikanische Truppen, die uns aus dem Ort entgegenkamen. Unsere Reiterei überrannte sie aber und verfolgte sie über anderthalb Stunden bis in einen Ort, der Tepuztlan hieß. Dort benahmen sie sich so sorglos, daß wir ihnen noch über den Hals kommen konnten, ehe sie die ersten Wachen ausgestellt hatten. Wir machten reiche Beute und fanden vor allem viele tüchtige Frauen, die in der kurzen Zeit nicht mehr fliehen konnten. Drei- oder viermal ließ Cortes den Kaziken des Ortes auffordern, zu ihm zu kommen und um Frieden zu bitten. Er drohte ihm an, den Ort anzuzünden und alle Einwohner über die Klinge springen zu lassen, wenn er nicht erscheine. Er ließ aber jedes Mal antworten, daß er keine Lust habe. Da steckten wir die Hälfte der Häuser in Brand als abschreckendes Beispiel für alle Orte in der Nachbarschaft. Daraufhin fanden sich die Kaziken von Yautepec ein, durch das wir im Laufe des Tages marschiert waren. Auch sie leisteten Seiner Majestät den Treueid.

Am nächsten Tag erreichten wir Coadlavaca, das fälschlich oft Cuernavaca genannt wird. Hier lag eine starke mexikanische Besatzung, und die Einwohner waren unter den Waffen. Vor dem Ort lag eine acht Klafter tiefe Kluft, durch die ein kleines Wasser floß. Unsere Reiter konnten nur über zwei Brücken in die Stadt kommen. Die Einwohner hatten sie aber abgebrannt. Da standen wir nun auf unserem Bachufer, und der Feind schickte uns zahllose Pfeile, Wurfspieße und Schleudersteine herüber. Während dieses Scharmützels machte jemand Cortes darauf aufmerksam, daß die Reiter den Bach eine halbe Stunde weiter aufwärts leicht passieren könnten. Er ritt daraufhin sofort mit der ganzen Reiterei an diesen Übergang, und wir versuchten inzwischen, wie wir trotz allem hinüberkommen könnten. Es gelang uns über alles Erwarten gut. Wir kletterten über Bäume weg, die von beiden Seiten der Schlucht aufeinander zu gewachsen waren. Das war natürlich nicht gefahrlos. Drei Mann fielen in den Bach, einer von ihnen brach sich dabei das Bein. Mir wurde ganz schwindlig, als ich mich über die tiefe Schlucht schwang. Zwanzig oder dreißig Spanier und zahlreiche Tlaxcateken erreichten das andere Ufer. Wir konnten den Mexikanern in den Rücken fallen, ehe sie sich das träumen ließen. Sie hatten es für unmöglich gehalten, daß einer von uns über die Schlucht kommen könnte. Außerdem glaubten sie, wir seien stärker. Gleichzeitig mit uns erschienen Cristobal de Olid, Pedro de Alvarado, Andres de Tapia und ein Teil unserer Reiter hoch zu Roß in der Stadt. Sie hatten es gewagt, über eine halb abgebrannte Brücke zu setzen. Wir fielen gemeinsam über den Feind her, der sofort floh und sich in die Berge und in Schluchten verzog, wo wir ihm nicht mehr beikommen konnten. Nach kurzer Zeit traf auch Cortes mit den Reitern ein, so daß wir die Stadt ohne weiteren Widerstand besetzen konnten. Wir machten wieder große Beute. Wir fanden vor allem viele Mäntel und tüchtige Indianerinnen. Cortes ließ uns den Rest des Tages rasten. Wir quartierten uns alle zusammen im Garten eines vornehmen Mannes ein, wo wir sehr gut aufgehoben waren.

Obwohl wir gesiegt hatten, trafen wir alle notwendigen Sicherungsmaßnahmen. Unsere Vorposten meldeten, daß zwanzig Indianer im Anmarsch seien. Ihrer Haltung nach müßten es Kaziken oder andere vornehme Personen sein, die ein Friedensangebot oder eine andere Botschaft brächten. Es waren wirklich die

Kaziken des Ortes. Sie näherten sich Cortes mit großer Ehrerbietung, übergaben ihm goldenes Geschmeide als Geschenk und baten ihn um Verzeihung für ihr Verhalten. Ihr verspätetes Friedensangebot begründeten sie damit, daß ihnen der König von Mexiko den strikten Befehl gegeben habe, uns als Feinde zu behandeln. Sie hätten diesen Befehl nicht umgehen können; denn ihre Stadt sei Landesfestung und habe deshalb eine starke mexikanische Besatzung. Nun hätten sie freilich erfahren, daß es keine Festung gebe, die wir nicht nehmen könnten. Es sei ihr aufrichtiger Wunsch, Freundschaft mit uns zu schließen. Cortes war sehr freundlich zu den Kaziken. Er erzählte ihnen von unserem Kaiser, der gnädig gegen jeden sei, der ihm willig gehorche. Sehr merkwürdig war eine Äußerung dieser Leute: sie sagten, unser Gott habe sie dafür belohnt, daß sie nicht früher um Frieden gebeten hätten. Er habe ihren Götzen erlaubt, sie erst an Leib und Gut zu strafen. *(Cortes geht in seinem Bericht an Karl V. auch auf diese Bemerkung ein. Diese einfachen Leute hielten den Frieden erst dann für möglich und endgültig, wenn sie dem Feind Gelegenheit gegeben hatten, seine Rachsucht vorher zu befriedigen.)*

Wie wir großen Durst litten und in Xochimilco außerordentliche Gefahren bestehen mußten

Von Coadlavaca zogen wir nach Xochimilco, einer großen Stadt, die dreieinhalb Stunden von Mexiko entfernt lag und deren Häuser alle im Wasser standen. Wir marschierten in der üblichen Ordnung, mit allen Sicherungen, die uns die Vorsicht gebot. Auf dem ganzen Weg gab es keinen Tropfen Wasser. Wir waren mit allen unseren Waffen bepackt, die Sonne brannte heiß, und wir hatten sehr großen Durst. Der Tag war schon weit vorgerückt, als wir an einen Fichtenwald kamen. Wir hatten noch einige Stunden Marsch vor uns und wußten nicht gewiß, ob wir auf dem weiteren Weg noch eine Quelle finden würden. Das ganze Korps konnte vor Müdigkeit kaum mehr einen Fuß aufheben, unsere Freunde aus Tlaxcala hatten allen Mut verloren, einer ihrer Leute und ein alter, kränklicher Spanier waren vor Durst umgekommen. Cortes ließ im Schatten des Fichtenwaldes halten und schickte sechs Reiter auf den Weg nach Xochimilco, die erkunden sollten, ob Ortschaften am Weg lägen und wo der Brunnen sei, von dem die Landeskundigen erzählten und an dem Cortes unser Lager aufschlagen wollte. Kaum waren die Reiter fort, da schlich ich mich, ohne von Cortes und den Reitern bemerkt zu werden, mit meinen drei flinksten tlaxcatekischen Naborias auf die Seite und folgte den Reitern so lange, bis sie mich endlich bemerkten und anhielten, um auf mich zu warten. Sie rieten mir dringend, sofort umzukehren, damit ich nicht den Mexikanern in die Hände fiele. Ich ließ mich aber nicht abschütteln, bis Cristobal de Olid, mit dem ich sehr gut stand, endlich erlaubte, daß ich mitkam. Er warnte mich aber noch einmal und sagte, ich solle die Faust zum Kampf und die Beine zum Fliehen bereithalten. Ich hätte damals alles getan, um Wasser aufzutreiben, so sehr plagte mich der Durst. Nach etwa einer halben Stunde fanden wir ländliche Wohnungen zwischen Hügeln. Sie gehörten schon zu Xochimilco. Die Reiter gingen, ohne Zeit zu verlieren, in die Häuser, um Wasser zu suchen, das sie auch fanden. Einer meiner Tlaxcateken brachte mir einen Krug voll heraus, den meine Begleiter und ich austranken.

Sobald der erste Durst gestillt war, lief ich zurück in den Wald, wo Cortes mit seinen Männern lagerte. Es war höchste Zeit; denn die Bewohner der Häuser sammelten sich schon und verfolgten uns mit großem Geschrei. Ich hatte den Wasserkrug noch einmal füllen und mitnehmen lassen. Auf halbem Weg kam mir Cortes entgegen, der sich mit dem ganzen Verband wieder in Marsch gesetzt hatte. Ich meldete ihm, daß es in dem Weiler Wasser gebe, daß wir unseren Durst schon gelöscht hätten und daß wir ihm hiermit eine Labung brächten. Meine Tlaxcateken hatten den Krug wohlweislich versteckt; denn Durst kennt noch weniger ein Gebot als jede andere Not. Cortes und seine Offiziere waren sehr erfreut und tranken sich satt. Dann zogen wir weiter und erreichten den Weiler kurz vor Sonnenuntergang. In den Häusern fanden wir noch Wasser. Es reichte aber nicht für alle. Einige Männer aßen Disteln, um den Mund wenigstens anzufeuchten. Sie verletzten sich dabei die Zunge und die Lippen. Gegen Abend kamen auch die Reiter zurück und meldeten, daß sie eine Quelle gefunden hätten, an der wir lagern könnten. Es sei aber noch sehr weit bis dorthin, und man habe schon in der ganzen Gegend Alarm geschlagen. Daraufhin wurde beschlossen, in dem Weiler zu bleiben und reichlich Wachen und Späher auszustellen. Ich stand auch Posten in dieser Nacht. Wenn ich mich recht erinnere, regnete es leicht. Dazu ging ein starker Wind.

Am nächsten Morgen brachen wir in aller Frühe nach Xochimilco auf. Gegen acht Uhr standen wir dicht vor der Stadt. Dort erwartete uns eine ungeheure Menge von Feinden. Sie standen im offenen Feld, vor einer abgebrannten Brücke und hinter neu aufgeworfenen Verschanzungen. An ihren Spießen waren unsere Degen befestigt, und die indianischen Hauptleute trugen unsere frisch gescheuerten Schlachtschwerter. Die übrigen führten die besten Waffen des Landes. Wir kämpften etwa eine halbe Stunde um die Brücke. Wir setzten dazu alle unsere Armbrust- und Musketenschützen ein, hieben mit unseren Schwertern und Degen auf den Feind ein, konnten die Brücke aber nicht forcieren. Die Lage wurde noch schlimmer, als uns der Feind im Rücken angriff, so daß uns gar keine andere Wahl blieb, als auf irgendeine Weise über das Wasser zu kommen. Halb watend, halb schwimmend kamen wir schließlich doch hinüber. Einige unserer Leute schluckten dabei so viel Wasser, daß ihre Bäuche hoch aufschwollen. Wir verloren bei dieser Aktion zwei Soldaten und hatten viele Verwundete. Aber es gelang uns, den Feind mit kräftigen Hieben in eine Straße zu treiben, die auf das feste Land führte. Cortes war mit seinen Reitern von einer anderen Seite her eingedrungen. Er stieß dabei auf zehntausend Mexikaner, die eben frisch eingetroffen waren, um der Stadt zu Hilfe zu kommen. Sie erwarteten die Reiter mit weit vorgestreckten Lanzen und verwundeten auf diese Weise auch tatsächlich vier Pferde. Cortes ritt bei diesem

Gefecht seinen Dunkelbraunen, den wir nur die Stumpfnase nannten. Ob nun dieses sonst sehr zuverlässige Pferd zu fett oder zu müde war, erfuhr niemand. Es stürzte jedenfalls mitsamt dem Reiter, und die Mexikaner fielen in Massen über Cortes her, rissen ihn aus dem Sattel und versuchten, ihn gefangen wegzuschleppen. Cristobal de Olea, ein außergewöhnlich tapferer Soldat aus Medina del Campo in Altkastilien, und einige Tlaxcateken sahen das Unglück, eilten sofort herbei, machten sich mit kräftigen Hieben und Stichen Platz und halfen Cortes wieder aufs Pferd. Cortes war bei der Gelegenheit am Kopf verwundet worden, und Olea hatte drei tiefe Stichwunden. Cortes hatte uns befohlen, uns in einzelnen Haufen mit dem Feind herumzuschlagen; denn alle Straßen waren voll mit Mexikanern, und es kam darauf an, sie an vielen Punkten festzuhalten. Darum hörten wir vorübergehend nichts von ihm, bis es an dem Platz, an dem er mit seinen Reitern focht, ein fürchterliches Geschrei gab, so daß jeder annehmen mußte, daß es dort besonders heiß hergehen müsse. Wir schlugen uns unter großen Gefahren zu ihm durch. Er hatte inzwischen etwa fünfzehn Reiter um sich gesammelt und kämpfte hart. Der Feind hatte sich hinter einem Wassergraben verbarrikadiert und nutzte diese günstige Stellung weidlich aus. Als wir dazukamen, zog er sich zurück. Es war aber leider keine endgültige Flucht.

Da Olea schwer verwundet war und viel Blut verlor, der Feind aber alle Straßen besetzt hatte, schlugen wir Cortes vor, sich hinter eine Verschanzung zurückzuziehen, damit er und Olea dort verbunden werden könnten. Dieses Manöver war sehr schwierig, weil die Mexikaner glaubten, daß wir uns ganz zurückziehen wollten. Sie drängten deshalb mit allen Mitteln nach. Wie es bei uns so recht heiß herging, erschienen Pedro de Alvarado, Andres de Tapia, Cristobal de Olid und die meisten übrigen Reiter, die bisher an anderen Stellen gefochten hatten. Olid rann das Blut über das Gesicht, Alvarado hatte ein verwundetes Pferd, kaum einer war ohne Verletzungen davongekommen. Sie hatten sich im offenen Feld mit zahllosen Mexikanern herumgeschlagen und waren dadurch von uns getrennt worden. Im übrigen hatte Cortes nach dem Übergang über die Brücke die Reiterei geteilt und jeder Abteilung ihr eigenes Angriffsziel gegeben.

Wir waren eben dabei, unsere Verwundeten mit heißen Ölumschlägen zu verbinden, da kam aus einigen Straßen von der Landseite her großer Lärm, Geschrei und Kriegsmusik. Gleichzeitig füllte sich unser Hof so plötzlich mit Mexikanern, daß in dem kurzen Gefecht noch mancher von uns verwundet wurde. Dem Feind bekam dies Unternehmen aber schlecht. Wir setzten ihm so stark mit den Degen zu, daß eine große Anzahl fiel. Die Reiterei war auch nicht faul und stieß viele nieder. Sie verlor dabei allerdings auch einen Mann, zwei Pferde wurden verwundet. Der Hof wurde vom Feind gesäubert, und wir gewannen wieder freie Bahn, so daß wir in einen anderen Hof ziehen konnten, in dem die großen Opfertempel standen. Dort fanden wir endlich Ruhe. Einige unserer Leute erstiegen den höchsten der Tempel, auf dem die Götzen standen. Sie übersahen von der Spitze des Bauwerks den ganzen See und das stolze Mexiko. Bei der Gelegenheit erblickten sie an die zweitausend Kähne, die mit Kriegern bemannt auf unsere Stadt zu ruderten. Nach dem Befehl ihres Königs sollten sie sofort angreifen und uns Tag und Nacht keine Ruhe lassen. Weitere zehntausend Mann kamen über Land auf Xochimilco zu, und ein dritter Verband mit zehntausend Mann sollte die zu Wasser gekommenen Krieger verstärken. Keiner von uns sollte lebendig aus Xochimilco herauskommen. Wir erfuhren diese Einzelheiten alle am nächsten Tag von fünf mexikanischen Hauptleuten, die wir gefangennahmen. Aber unser Herr Christus hatte Besseres für uns beschlossen. Kaum war die große Kahnflotte gemeldet, da gingen schon die Befehle hinaus, die Wachen zu verstärken und an allen Seiten, an denen der Feind landen konnte, weitere Posten aufzustellen. Die Pferde standen gesattelt und gezäumt, die Offiziere, einschließlich Cortes, machten die ganze Nacht Ronden und beobachteten vor allem die Dammstraßen und das feste Land. Ich stand mit zehn Mann hinter einer steinernen Mauer. Wir hatten einen ziemlichen Vorrat von Steinen, Armbrüsten, Musketen und langen Spießen, um den Feind zu verjagen, wenn er sich an unserem Wassergraben ausschiffen wollte. Ähnliche Posten standen an allen in Frage kommenden Wassergräben.

Wir waren sehr auf der Hut und hörten bald das Geräusch von vielen Booten, die auf unseren Posten zuruderten. Wir empfingen sie mit Steinwürfen und brauchten unsere Spieße kräftig, so daß sie nicht wagten, an Land zu kommen. Während einer unserer Leute zu Cortes lief, um ihm Meldung zu machen, näherte sich ein zweiter größerer Verband von Kähnen, von denen aus wir mit Spießen, Pfeilen und Steinen wacker angegriffen wurden. Wir blieben ihnen aber nichts schuldig, obgleich zwei von unseren Leuten am Kopf verletzt wurden. Weil die Nacht sehr dunkel war, schlossen sich die Kähne wieder der Hauptflotte an, die in einem anderen Hafen oder Wassergraben landete. Dort wurde die ganze Mannschaft ausgeschifft. Sie wollten aber bei Nacht nicht fechten, vereinigten sich mit den Truppen, die über Land gekommen waren, und bildeten nun ein Korps von mehr als fünfzehntausend Mann.

Was ich jetzt erzähle, möge mir der geneigte Leser nicht als Prahlerei auslegen. Auf die Meldung, daß die Mexikaner bei uns anlegen wollten, hatte sich Cortes gleich mit zehn Reitern aufgemacht, um selbst nach uns zu sehen. Er kam in der dunklen Nacht auf uns zu, ohne ein Wort zu sagen. Wir riefen ihn an: »Wer da? Was wollt ihr? Könnt ihr den Mund nicht aufmachen?« Als niemand antwortete, bewarfen wir die Unbekannten mit Steinen. Cortes hatte uns an der Stimme erkannt und sagte zu seinen Begleitern: »Dieser Posten ist gut versorgt. Hier stehen Männer, die mit mir in dieses Land gekommen sind. Den Leuten kann man noch gefährlichere Aufgaben anvertrauen!« Dann kam er näher, machte uns darauf aufmerksam, wie gefährlich unsere Aufgabe sei, und befahl uns, im Notfall zu den Nachbarn um Hilfe zu schicken. Kaum hatte er uns den Rücken gekehrt, da hörten wir, wie er einen Soldaten aus dem Korps des Narvaez mit Hieben auf seinen Posten zurückbringen ließ. In derselben Nacht ließ Cortes

alle Pfeile, die aufzutreiben waren, einsammeln und mit neuen
Federn und Spitzen versehen; denn unsere Musketiere hatten ihr
Pulver und ihre Pfeile verschossen. Die Schützen hatten damit
die ganze Nacht zu tun. Ihr Hauptmann Pedro Barba wich ihnen
nicht von der Seite, und Cortes kam selbst von Zeit zu Zeit vorbei
und sah nach dem Stand der Arbeiten.

Bei Anbruch des nächsten Tages stürmte die ganze mexikanische Streitmacht auf den Hof ein, in dem wir standen. Wir waren
wie immer gut vorbereitet. Die Reiter brachen nach der Landsei-
te, wir anderen nach der Seeseite aus und setzten dem Feind so
zu, daß wir drei seiner Hauptleute töteten oder verwundeten.
Viele andere erlagen am nächsten Tag ihren Wunden. Unsere
Freunde hielten sich tapfer und fingen fünf mexikanische Große.
Aber auch wir hatten viele Verwundete, ein Spanier fiel. Bei der
Verfolgung des Feindes stießen unsere Reiter auf die zehntausend
Mexikaner, die zur Verstärkung der Angreifer unterwegs waren.
Viele ihrer Offiziere und Mannschaften führten spanische Degen, gaben groß damit an und versicherten uns, daß sie uns alle
niedermachen würden. Die wenigen Reiter konnten den Kampf
mit dieser großen Masse von Feinden nicht aufnehmen. Sie
schlugen sich deshalb auf die Seite und warteten, bis Cortes Verstärkung schickte. Cortes ritt sofort mit allen Reitern, die ihrer
Wunden wegen im Hof zurückgeblieben waren, zu Hilfe, wir
und die Freunde aus Tlaxcala schlossen uns an. Es kam zu einem
blutigen Handgemenge, aber wir schlugen den Feind schließlich
aus dem Feld. Bei dieser Gelegenheit nahmen wir acht vornehme
Mexikaner gefangen, die uns berichteten, daß ihr König noch eine
große Flotte und zahlreiche Landtruppen gegen uns geschickt
habe. Sobald wir vom Kampf ermüdet, durch Wunden und Verluste geschwächt seien, sollten weitere Mannschaften aufbrechen, mit denen wir nach Meinung des Königs sicher nicht mehr
rechnen würden.

Wir verdoppelten deshalb unsere Wachsamkeit und beschlossen, die Stadt am nächsten Tag zu verlassen und keinen neuen
Angriff mehr abzuwarten. Wir nutzten die Zeit, um unsere

Wunden zu versorgen, die Waffen instandzusetzen und Pfeile in Ordnung zu bringen. Gefangene hatten einigen Tlaxcateken verraten, wo sie in den Häusern reicher Leute Beute machen könnten. Diese Häuser lagen mitten im See. Man konnte sie aber über einen Dammpfad und kleine Brücken leicht erreichen. Die Tlaxcateken zogen mit einigen unserer Leute hin, fanden die Häuser unbewacht, nahmen, was sie tragen konnten, und kamen mit Stoffen, feinen Frauenhemden, Gold, Federarbeiten und anderen Kostbarkeiten ins Hauptquartier zurück. Daraufhin liefen auch andere in diese Häuser, um Beute zu machen. Da kreuzte eine Flotte mit mexikanischen Kriegern auf, die sofort über die Plünderer herfielenn, die meisten verwundeten und vier Spanier lebendig nach Mexiko schleppten. Die anderen konnten sich nur mit knapper Not retten. Die unglücklichen Gefangenen wurden vor den König geführt. Er ließ sich von ihnen genaue Angaben über unsere geringe Stärke, über unsere Verluste und andere ihm wichtige Daten unserer Expedition machen. Dann befahl er, den Männern Arme und Beine abzuhauen. Er schickte diese Körperteile in alle Ortschaften, die mit uns Frieden geschlossen hatten, und ließ dazu sagen: er hoffe, daß keiner von uns lebend nach Tetzcuco zurückkehre und daß er unser Blut und unsere Herzen den Göttern opfern könne.

Cuauhtemoc schickte tatsächlich noch einige große Truppenverbände mit Kähnen und über Land gegen Xochimilco, wo er uns völlig einschließen wollte. Ich will aber den Leser nicht mit der Aufzählung der vielen Gefechte ermüden. Wir konnten uns am nächsten Tag nur mit größter Mühe durchschlagen; denn die Mexikaner überfluteten uns von allen Seiten, von den Seebuchten her, aus den Straßen und vom festen Land her. Wir strebten einem Platz zu, der weit außerhalb der Stadt lag und auf dem die Leute von Xochimilco sonst ihre Märkte abhielten. Dort stellten wir uns mit unserem ganzen Gepäck auf. Ehe wir aufbrachen, hielt Cortes eine Rede. Er sprach über unsere gefährliche Lage, sagte, daß wir auf dem Rückweg noch manche gefährliche Stelle passieren müßten, wo uns die ganze mexikanische Kriegsmacht erwarte, und befahl uns, das Gepäck so klein wie möglich zu halten, damit es uns beim Fechten nicht behindere. Wir antworteten ihm einmütig, daß wir mit Gottes Hilfe uns und unsere Habe verteidigen könnten, daß uns aber das Opfer, das er von uns verlange, nicht so groß vorkomme. Als er unsere gute Stimmung sah, befahl er folgende Marschordnung: die Verwundeten und das Gepäck wurden in die Mitte genommen; die Reiter wurden auf die Vor- und die Nachhut verteilt, ebenso die Schützen und die Tlaxcateken. Die Masse des Korps wurde um das Gepäck zusammengezogen. Die Musketiere konnten uns diesmal nicht helfen, denn sie hatten ihr ganzes Pulver verschossen.

Als die Mexikaner uns von Xochimilco abziehen sahen, schlossen sie daraus mit Recht, daß wir ihre weiteren Angriffe fürchteten. Sie attackierten uns deshalb im offenen Feld, versuchten, unsere Linien zu durchbrechen und das Gepäck an sich zu bringen. Sie verwundeten uns auch zwei Leute, die acht Tage später gestorben sind. Aber sie konnten nicht in unsere feste Marschordnung einbrechen. Sie ließen uns freilich auf dem ganzen Zug bis Cuyuacan, einem Ort, der zwei Stunden von Xochimilco entfernt war, keine Ruhe, beschossen uns mit allen Waffen und zogen sich immer wieder, für uns unerreichbar, in die Wassergräben und in die Buchten des Sees zurück. Gegen zehn Uhr waren wir in Cuyuacan. Der Ort war leer. Cortes gab den Mannschaften für den Rest des Tages Ruhe, ließ die Verwundeten versorgen und Pfeile anfertigen. Auf dem weiteren Marsch nach Tetzcuco standen uns noch heiße Kämpfe bevor. Die leere Stadt Cuyuacan lag aber mitten im freien Feld, und wir durften hoffen, daß wir hier nicht angegriffen werden. Um Mexiko herum liegt ein Kranz von Städten, die jeweils an die zwei Leguas voneinander entfernt sind. Die meisten dieser Orte sind in den See gebaut. Weil sie so nah beieinander lagen, war es möglich, schnell große Truppenverbände gegen uns zusammenzuziehen.

Am nächsten Tag marschierten wir wieder etwa zwei Stunden bis Tlacopan. Wir wurden dreimal von starken feindlichen Kräften angegriffen, konnten sie aber zurückschlagen. Unsere Reiter verfolgten den fliehenden Feind bis in die Buchten und bis an die Wassergräben. An diesem Tag sonderte sich Cortes einmal mit zehn Reitern ab, um den Mexikanern, die von den Seebuchten aus angriffen, in einem Hinterhalt aufzulauern. Er hatte vier seiner Stallknechte mitgenommen und jagte einen Haufen Mexikaner vor sich her, die nach einem kurzen Gefecht die Flucht ergriffen hatten. Dabei geriet er selbst in einen Hinterhalt, der ihn zwei Gefangene und zwei Verwundete kostete. Er konnte sich nur durch schnelle Flucht retten. Die beiden gefangenen Stallknechte wurden nach Mexiko gebracht und den Götzen geopfert. Das Gros war inzwischen mit sämtlichem Gepäck und mit fliegenden Fahnen in Tlacopan angekommen. Nur Cortes und seine zehn Reiter fehlten. Wir hatten einige Sorge um ihn. Darum setzten sich mehrere Offiziere mit anderen Reitern wieder in Marsch, um ihn in den Seebuchten zu suchen. In diesem Augenblick kamen die beiden Stallknechte an, die sich gerettet hatten, und berichteten, daß sie nur durch ihre Schnelligkeit der Gefangenschaft und dem sicheren Tod entgangen seien. Cortes komme gleich nach. Er müsse langsamer reiten, weil die Pferde verwundet seien. Zu unserer Freude traf er auch wenig später ein. Er war sehr niedergeschlagen und dem Weinen näher als dem Lachen.

Es regnete stark. Wir rasteten etwa zwei Stunden in einigen großen Höfen der Stadt. Cortes, mehrere Offiziere und viele andere Soldaten, unter denen auch ich war, erstiegen den größten Opfertempel und betrachteten von seiner Spitze aus den großen See, die nahe Stadt Mexiko und die vielen ins Wasser gebauten Ortschaften. Als Pater Melgarejo und der Schatzmeister Alderete diese Herrlichkeit sahen, konnten sie sich vor Verwunderung kaum fassen. Sie erschraken, als sie das große Mexiko sahen, die zahllosen Kähne, die der Stadt Verpflegung zuführten oder Fische fingen. Sie sagten, unsere Ankunft in Neuspanien könne unmöglich Menschenwerk sein. Gottes Barmherzigkeit allein könne uns hier am Leben erhalten haben. In keinem Geschichtsbuch hätten sie von Diensten gelesen, die denen gleichkämen, die wir unserem Monarchen geleistet hätten. Sie würden Seiner Majestät entsprechend berichten.

Wir hielten Kriegsrat. Es ging um die Frage, ob wir nicht die Dammstraße erkunden sollten, die sehr nahe bei Tlacopan liegt. Aber wir hatten kein Pulver mehr und nur wenige Pfeile, die meisten waren verwundet, und Cortes war ein ähnlicher Versuch vor einem Monat sehr schlecht bekommen. Wir beschlossen deshalb, den Marsch fortzusetzen, damit uns die Mexikaner nicht noch an diesem Tag oder in der Nacht über den Hals kämen. Wir zogen durch mehrere völlig leere Orte und kamen erst in der Nacht nach Quiauitztlan, das auch völlig ausgestorben war. Es regnete den ganzen Tag und die ganze Nacht in Strömen. Wir konnten die naß und schwer gewordenen Waffen und Kleider kaum mehr fortschleppen. Die Straßen waren aufgeweicht, und die Mexikaner verhöhnten uns vom Abend bis zum Morgen aus sicheren Verstecken, in denen wir sie nicht erreichen konnten. Bei der dichten Dunkelheit und dem starken Regen standen keine Wachen, es wurden keine Ronden gemacht, es herrschte allgemein große Unordnung, niemand blieb auf seinem Posten. Ich kann als Augenzeuge sprechen; denn ich hatte die erste Wache. Am übernächsten Tag kamen wir endlich durch den großen Schmutz nach Acolman, das schon zu Tetzcuco gehört. Sandoval, der Fürst von Tetzcuco und viele neue Spanier, die in unserer Abwesenheit eingetroffen waren, zogen uns entgegen. Alle freuten sich über unsere Rückkehr, die Einwohner brachten uns Lebensmittel in Menge. Sandoval kehrte noch am selben Tag nach Tetzcuco zurück. Wir folgten ihm am nächsten Morgen, müde, verwundet und ohne manchen tapferen Waffengefährten.

BELAGERUNG UND FALL VON MEXIKO

Während unserer Abwesenheit hatte ein leidenschaftlicher Anhänger des Statthalters von Kuba, Antonio de Villafana, verschiedene Leute aus dem Korps von Narvaez, die ich mit Rücksicht auf ihre Ehre nicht nennen will, an sich gezogen und sich mit
ihnen gegen den Generalkapitän verschworen. Cortes sollte nach
seiner Rückkehr auf folgende Weise ermordet werden: Die Verschworenen wollten Cortes bei Tisch einen gefälschten gesiegel-
ten Brief von seinem Vater übergeben, der angeblich mit dem
letzten Schiff gekommen sei. Wenn Cortes dann mit diesem Brief
beschäftigt sei, sollte er mit sämtlichen Offizieren und Männern,
die zu ihm standen, erdolcht werden.

Der Allmächtige ließ aber diese Untat, die nur zu Parteiungen,
zum unfehlbaren Verlust von Neuspanien und zu unser aller Tod
geführt hätte, nicht zur Durchführung kommen. Die Verschwörer zogen auch zwei vornehme Offiziere ins Vertrauen, die mit
uns bei der letzten Expedition waren. Einer von den beiden sollte
nach dem Tod des Cortes Generalkapitän werden. Sie hatten ihn
aber vorher nicht gefragt. Im übrigen hatten sie alle guten Posten,
unser Vermögen und unsere Pferde schon im voraus unter sich
verteilt. Der Plan wurde Cortes zwei Tage nach unserer Rückkehr von einem Soldaten entdeckt, so daß er noch rechtzeitig eingreifen konnte. Dieser Soldat meldete unter anderem, daß sehr
viele Leute von Rang unter den Verschworenen seien. Cortes belohnte ihn nach Verdienst und teilte diese Neuigkeit unter dem
Siegel der Verschwiegenheit unseren alten Hauptleuten und allen Männern mit, auf die er sich verlassen konnte. Wir verloren
keine Zeit und suchten den Antonio de Villafana in seinem Quartier auf. Dort fanden wir fast alle Verschworenen versammelt.
Cortes ließ Villafana und einige seiner Parteigänger festnehmen.

Die anderen ließ er fliehen. Der Generalkapitän zog Villafana den Plan der Verschwörung mit den Unterschriften der Beteiligten aus der Brusttasche. Als er in dieser Liste viele Namen von bedeutenden Männern fand, wollte er diesen Herren die Schande ersparen und streute das Gerücht aus, Villafana habe das Papier verschluckt. Es sei ihm gar nicht zu Gesicht gekommen, und er habe es deshalb auch nicht lesen können.

Villafana gestand alles. Viele Zeugen bestätigten seine Aussagen. Cortes bildete mit den Alkalden und dem Generalquartiermeister Cristobal de Olid ein Kriegsgericht, das Villafana zum Tode durch den Strang verurteilte. Pater Juan Diaz nahm ihm die Beichte ab. Dann wurde er am Fensterladen seines Quartiers gehängt. Dabei ließ Cortes es bewenden, obgleich er viele Verschworene fest in der Hand hatte. Die Leute schwebten in großer Angst; denn sie wußten lange Zeit nicht, ob sie auch abgeurteilt werden sollten. Cortes wollte ihnen aber die Schande ersparen. Außerdem waren wir damals in einer Lage, in der wir uns diese Strenge nicht leisten konnten. Cortes hielt es deshalb für angemessen, seine wahre Gesinnung gegenüber den Verschwörern zu verbergen. Aber er hielt sich von jetzt an eine Leibwache, die aus einem Hauptmann und zwölf Mann bestand, die Tag und Nacht um ihn sein mußten. Im übrigen bat er auch uns, seine alten Getreuen, die Augen offenzuhalten.

Im Lauf der nächsten zwei Tage sollten die indianischen Gefangenen, die wir auf der Expedition um den See gemacht hatten, markiert werden. Ich will darüber nicht viele Worte verlieren. Wenn möglich ging es diesmal noch unredlicher zu als bisher. Wer eine hübsche Indianerin hatte, mußte sie nach der Markierung nachts wieder stehlen. Viele wurden aber gar nicht gebrannt und als Naborias bezeichnet.

Die Brigantinen waren jetzt soweit, daß alle übrigen Vorbereitungen für die Einschließung von Mexiko getroffen werden konnten. Alle verbündeten Ortschaften in der Nachbarschaft von Tetzcuco mußten binnen acht Tagen je achttausend Pfeile mit kupfernen Spitzen und ebenso viele aus einem besonders harten Holz liefern. Jeder Ort bekam entsprechende Muster. Auf diese Weise kamen wir zu fünfzigtausend Pfeilen, und die Pfeilspitzen der Indianer waren besser als die spanischen. Pedro Barba verteilte die Pfeile an seine Leute; denn nun mußten noch die Federn mit einem guten Kleister befestigt werden. Außerdem mußte jeder zwei gut gedrehte Sehnen und Ersatznüsse haben. Dann wurde auf Erdhaufen Probe geschossen, damit jeder die Reichweite seiner Armburst genau kennenlernte. Auch die Schnüre aus Valencia für die Armbrüste wurden jetzt verteilt. Das letzte Schiff hatte die notwendige Menge mitgebracht. Die Pferde wurden neu beschlagen und neu eingeritten.

Dann schrieb Cortes an den alten Xicotencatl und die anderen führenden Männer von Tlaxcala, daß wir nach dem Fronleichnamstag aufbrechen und mit der Einschließung von Mexiko beginnen würden. Sie sollten uns bis dahin, zusammen mit den Leuten aus Cholula und Guaxocingo, zwanzigtausend Mann schicken. Die Tlaxcateken wurden durch Leute, die ihre Beute heimbrachten, über unsere Lage und alle Vorhaben laufend unterrichtet. Auch die anderen befreundeten Orte erhielten entsprechende Nachrichten und Befehle. Sie antworteten alle sehr freundlich und versicherten, daß sie unsere Forderungen pünktlich erfüllen würden.

Am zweiten Pfingsttag 1521 musterte Cortes unsere eigene Mannschaft. Wir waren damals vierundachtzig Reiter, sechshundertfünfzig Füsiliere mit Degen und Schilden, von denen viele auch Spieße mit sich führten, einhundertvierundneunzig Armbrustschützen und Musketiere.

Jede Brigantine wurde mit zwölf Ruderern, einem Hauptmann und fünfundzwanzig Leuten bemannt. Mit den Artilleristen brauchten wir rund dreihundert Mann für die Schiffe. Dann wurden die Feuerwaffen und das Pulver verteilt und schließlich die Kriegsregeln für diesen Feldzug bekanntgegeben. Sie lauteten:

1. Es war bei schwerer Strafe verboten, ruchlose Reden gegen unseren Herrn Jesus Christus, seine gebenedeite Mutter, die heiligen Apostel und gegen alle Heiligen zu führen.

2. sollte sich niemand unterstehen, einen unserer Bundesgenossen zu mißhandeln oder ihm etwas abzunehmen, auch wenn es sich um ein Stück aus der feindlichen Beute handeln sollte. Darunter fielen vor allem Sklaven, Gold, Silber, Juwelen und alle anderen Dinge von Wert. Wir sollten bedenken, daß die Leute den Krieg nur mitmachten, um uns beizustehen.

3. war es jedem Mann verboten, bei Tag oder bei Nacht, das Hauptquartier zu verlassen, um in eine Ortschaft unserer Verbündeten zu gehen. Hierauf waren sehr schwere Strafen gesetzt.

4. sollte jeder Soldat seine Angriffs- und Schutzwaffen immer im besten Stand halten. Wir wüßten ja, wie gut der Feind gerüstet sei.

5. war alles Spiel um Waffen oder Pferde strikte verboten.

6. durfte sich jeder, ganz gleich zu welcher Waffengattung er gehörte, nur vollkommen bewaffnet und beschuht schlafen legen. Nur in den äußersten Notfällen durfte bei Verwundeten und Kranken eine Ausnahme gemacht werden. Wir mußten in jedem Augenblick bereit sein, den Feind zu empfangen.

Bei dieser Gelegenheit wurden auch die allgemeinen Kriegsgesetze noch einmal bekanntgemacht, nach denen jeder mit dem Tode bestraft wird, der auf Posten einschläft oder seinen Posten verläßt. Mit derselben Strafe wurden Soldaten bedroht, die ohne Erlaubnis ihres Hauptmanns das Hauptquartier verließen, ihren Offizier im Gefecht im Stich ließen oder flohen.

Wir hatten für die Brigantinen nicht genügend erfahrene Seeleute, die mit Rudern umgehen konnten. Dazu kam, daß viele erklärten, man könne ihnen nicht zumuten, als Ruderknechte zu dienen. Cortes ließ daraufhin alle Männer feststellen, die aus spanischen Fischerdörfern stammten. Auf diese Weise brachte er einhundertfünfzig tüchtige Ruderer zusammen. Sie erhielten den Befehl, ohne weitere Widerrede den Dienst auf den Brigantinen anzutreten. Wer nicht gehorchte, sollte schwer bestraft werden. Später zeigte sich, daß diese Leute bessere Tage hatten und reichere Beute machten als wir, die wir uns auf den Dammstraßen mit dem Feind herumschlagen mußten. Dann ernannte Cortes die Kommandanten und gab jedem Schiff zwei Flaggen: eine mit dem königlichen Wappen und eine mit dem Namen der Brigantine. Die Mannschaften wurden noch einmal besonders zum Gehorsam gegenüber ihren Kommandanten verpflichtet. Keiner durfte das Schiff verlassen. Jede Brigantine hatte ihre besondere, genau festgelegte Aufgabe.

Cortes hatte gerade alle notwendigen Befehle für den Einsatz der Brigantinen gegeben, da wurde ihm gemeldet, daß die Leute aus Tlaxcala im Anmarsch seien. Sie kamen in großer Stärke und wurden von dem jüngeren Xicotentacl geführt, demselben Mann, der einmal gegen uns gekämpft und der nach unserem Rückzug aus Mexiko seine Landsleute zum Verrat an uns aufgerufen hatte. Er hatte seine beiden jüngeren Brüder und Kriegsvolk aus Guaxocingo bei sich. Auch aus Cholula erschien ein Hauptmann mit wenigen Männern. Die Stadt hatte nach unserer Strafexpedition die Verbindungen mit Mexiko gelöst, hatte sich aber nie bedingungslos an uns angeschlossen. Nach unserem unglücklichen Zug gegen Mexiko waren die Leute aus Cholula nahe daran, sich gegen uns zu erklären.

Cortes ritt den Bundesgenossen mit Pedro de Alvarado und anderen Offizieren entgegen und empfing sie herzlich. Sie waren sehr gut ausgerüstet und marschierten in guter Ordnung an uns vorbei. Jede Kompanie hatte ihre eigene Fahne mit dem weißen Vogel, der seine Flügel weit ausbreitet. Er sieht fast aus wie ein Adler. Sie machten großen Lärm mit ihrer Kriegsmusik und riefen immerzu: »Es lebe unser Herr, der Kaiser! Es lebe Spanien! Es lebe Tlaxcala!« Der Einzug dauerte über drei Stunden. Cortes ließ sie gut unterbringen und verpflegen. Er hielt eine kurze, freundliche Begrüßungsansprache, versicherte ihnen, daß er sie alle zu reichen Leuten machen werde, und empfahl ihnen, sich jetzt auszuruhen. Er werde ihnen am nächsten Tag nähere Anweisungen geben.

Am selben Tag traf zufällig ein Brief des Hernando de Barrientos ein, der sich in Chinantla aufhielt, einem Ort, der etwa neunzig Leguas von Mexiko entfernt liegt. Er war einer von den Leuten, die Hauptmann Pizarro seinerzeit mit dem Auftrag zurückgelassen hatte, die Abbaufähigkeit der Metallvorkommen und die Siedlungsmöglichkeiten zu prüfen. Er berichtete, daß die Mexikaner seine drei Kameraden umgebracht hätten. Er habe sich zu den Chinanteken retten können, einem Volk, das mit den Mexikanern verfeindet war und das uns seinerzeit die langen Spieße für unseren Zug gegen Narvaez geliefert hatte. Cortes ließ dem Barrientos mitteilen, daß wir eben dabei seien, Mexiko einzuschließen. Er solle sich weiterhin mit den Kaziken von Chinantla gut stellen und in keinem Falle zurückkommen, ehe er nicht einen schriftlichen Befehl dazu erhalten habe. Jetzt würde er von den Mexikanern sicher abgefangen und umgebracht.

Wie die Einschließung von Mexiko begann, und wie Xicotencatl gehenkt wurde

Cortes gliederte seine Truppen in drei Divisionen, deren jede ihren besonderen Auftrag bekam. Die erste Kampfgruppe befehligte Pedro de Alvarado, dem auch ich zugeteilt war. Ihm unterstanden einhundertfünfzig Mann mit Degen und Schilden, dreißig Reiter und achtzehn Musketiere und Armbrustschützen. Mit Ausnahme der Reiterei wurde diese spanische Gruppe in drei Züge gegliedert, die eigene verantwortliche Unterführer hatten. Ferner waren uns achttausend Tlaxcateken zugeteilt. Wir sollten die Stadt Tlacopan besetzen und dort Stellung beziehen. Cortes kündigte schwere Kämpfe an und befahl uns, die besten Waffen zu nehmen und Sturmhauben, Ohrenklappen, Halskrägen und Beinschienen anzulegen. Diese Warnung war in der Tat notwendig. Wir verloren trotz dieser guten Ausrüstung jeden Tag einen Toten oder einen Verwundeten.

Die zweite Division war fast gleich stark. Sie unterstand dem Generalquartiermeister Cristobal de Olid, der die Stadt Coyohuacan, die etwa zwei Stunden von Tlacopan entfernt war, besetzen sollte. Die dritte Division befehligte Gonzalo de Sandoval. Seine spanische Gruppe war etwas kleiner, und statt der Tlaxcateken wurden ihm achttausend Mann aus den anderen mit uns verbündeten Orten zugeteilt. Er sollte vor Iztapapala Stellung beziehen, den Ort angreifen und dort so lange möglichst großen Schaden anrichten, bis ihn neue Befehle erreichten. Cortes selbst übernahm den Befehl über die Brigantinen. Sandoval sollte sich in Marsch setzen, sobald der Generalkapitän an Bord ging. Auf den ersten Blick sah es so aus, als ob die drei Truppenteile kein gemeinsames Ziel hätten, als ob sie auseinandergezogen würden. Betrachtet man aber die Lage der Einsatzorte auf der Karte und wie sie um den See herum lagen, dann versteht man den Plan schon mehr. Wir sollten uns am nächsten Morgen in Marsch setzen.

Nur das Korps der Tlaxcateken schickten wir voraus an die mexikanische Grenze, damit die Bewegung dieser Massen unseren eigenen Aufmarsch nicht stören konnte. Sie zogen gutwillig unter der Führung von Chichimecatecuhtli und anderer Offiziere ab, mußten aber sehr bald feststellen, daß ihr eigentlicher Befehlshaber, der jüngere Xicotencatl, nicht bei ihnen war. Rückfragen ergaben, daß er in der Nacht heimlich nach Tlaxcala zurückgekehrt war, um in der Abwesenheit von Chichimecatecuhtli und der anderen Hauptleute die Herrschaft über das ganze Gebiet von Tlaxcala an sich zu reißen. Von seinem alten blinden Vater fürchtete er keinen Widerstand. Gewährsleute berichteten, der jüngere Xicotencatl sei nie für einen Krieg gegen Mexiko gewesen; er habe immer wieder erklärt, daß Tlaxcala in einem solchen Krieg mit uns zusammen untergehen werde.

Als Chichimecatecuhtli von diesem Verrat hörte, kehrte er sofort nach Tetzcuco zurück, um Cortes zu unterrichten. Der Generalkapitän schickte fünf vornehme Männer aus Tetzcuco und zwei aus Tlaxcala, die ihm besonders ergeben waren, zu Xicotencatl. Sie sollten ihn nachdrücklich ersuchen, zu seinem Korps zurückzukehren. Sie sollten ihm vorhalten, daß sein Vater sicher persönlich gegen Mexiko gezogen wäre, wenn Alter und Blindheit ihn nicht daran gehindert hätten. Sie sollten ihm sagen, daß die Einwohner von Tlaxcala nach wie vor treu zu ihrem Gelöbnis gegenüber dem Kaiser stünden und daß er sich des Verrates schuldig mache, wenn er jetzt abfalle. Cortes versäumte nicht, ihm für den Fall seiner Rückkehr große Versprechungen zu machen. Der jüngere Xicotencatl gab eine trotzige Antwort. Er ließ sagen: sein Entschluß stehe fest. Unsere Herrschaft in diesem Lande hätte nie so lange gedauert, wenn sein Vater und Maseescasi seinen Rat befolgt hätten.

Daraufhin gab Cortes einem Alguacil den Befehl, mit vier Reitern und drei vornehmen Männern aus Tetzcuco den jüngeren Xicotencatl sofort aufzusuchen, gefangenzunehmen und zu hängen. Er sagte: »An diesen Kaziken ist alle Güte verschwendet! Er hat nichts im Kopf wie Verrat und heimtückische Anschläge. Das kann nun nicht länger geduldet werden. Wir haben uns diese Sache lange genug geduldig angesehen.« Pedro de Alvarado war anderer Ansicht und bat dringend um Gnade für Xicotencatl. Cortes ließ ihm noch eine leise Hoffnung, gab aber dem Alguacil heimlich den strikten Befehl, den Kaziken in keinem Fall am Leben zu lassen. Xicotencatl wurde in einer Ortschaft, die zum Herrschaftsbereich von Tetzcuco gehörte, gehenkt. Damit hatten alle seine Verrätereien ein Ende. Einige Tlaxcateken versicherten, daß der Vater des Gehängten selbst den Generalkapitän gewarnt und ihm geraten habe, den Sohn aus dem Wege zu räumen.

Diese ganzen Vorfälle verzögerten unseren Ausmarsch um einen ganzen Tag. Wir setzten uns erst am 13. Mai 1521 in Bewegung. Da wir den gleichen Weg hatten, marschierten unser Korps und das des Cristobal de Olid zusammen. Wir verbrachten die erste Nacht in Acolman, das zu Tetzcuco gehört. Cristobal de Olid hatte Quartiermacher vorausgeschickt, die an die Söller der belagerten Häuser grüne Reiser steckten. Als unsere Division ankam, fanden wir alle brauchbaren Unterkünfte besetzt. Nur dem Eingreifen einiger angesehener Männer war es zu danken, daß der Streit um die Quartiere zwischen den beiden Truppenteilen nicht mit dem Degen und der Faust ausgetragen wurde. Aber keiner von uns hat diese Beleidigung vergessen. Cortes mußte an alle Hauptleute und an die Mannschaften Briefe schreiben, in denen er uns allen jede weitere Zänkerei verbot und uns zur Einigkeit ermahnte. Pedro de Alvarado und Cristobal de Olid fanden freilich nie mehr zu der alten herzlichen Kameradschaft zurück.

Am nächsten Tag brachen die beiden Divisionen wieder zusammen auf. Wir übernachteten in einer größeren mexikanischen Ortschaft, deren Einwohner geflohen waren. Auch Quiauitztlan, wo wir die nächste Nacht verbrachten, und weitere Orte, durch die wir marschierten, waren völlig leer. Die Tlaxcateken suchten noch am Abend die Häuser dieser verlassenen Ortschaften ab und trugen eine Menge Lebensmittel zusammen. Wir ergriffen die üblichen Sicherungsmaßnahmen und hatten die ganze Nacht Ruhe, obgleich Mexiko sehr nahe war und obgleich uns die Mexikaner durch Schreien und ständige Herausforderungen dazu verführen wollten, in der Dunkelheit gegen sie vorzugehen, die ihnen viele Vorteile bot. Sie umschwärmten unsere Positionen in zahlreichen Kähnen und hatten sich auf den Dammstraßen festgesetzt. Die üblen Erfahrungen bei früheren Kämpfen hatten uns aber vorsichtig gemacht. Wir verhielten uns hübsch ruhig bis zum nächsten Morgen, einem Sonntag.

Pater Juan Diaz las die Messe, wir empfahlen uns dem Schutz des Allmächtigen, erst dann setzten sich beide Divisionen zusammen in Marsch nach Chapultepec, das eine halbe Stunde von Tlacopan entfernt war. Wir wollten dort die Leitung unterbrechen, die Mexiko mit Wasser versah. Die Mexikaner hatten erfahren, daß wir sie hier zuerst angreifen würden, und empfingen uns in dichten Scharen. Sie hatten alle Vorteile des Geländes für sich und konnten uns deshalb mit Wurfspießen, Pfeilschüssen und Schleuderwürfen schwer zusetzen. Gleich zu Anfang wurden drei unserer Männer verwundet. Wir schlugen die Feinde aber trotzdem bald in die Flucht. Unsere Freunde aus Tlaxcala verfolgten sie sehr nachhaltig, töteten mindestens zwanzig Mexikaner und brachten sieben oder acht Gefangene ein. Wir zerschlugen die Röhren der Wasserleitung ohne weitere Störung in aller Ruhe so gründlich, daß die große Stadt für die Dauer des ganzen Krieges kein Wasser mehr aus dieser Leitung schöpfen konnte.

Nachdem die Operation gelungen war, beschlossen unsere Hauptleute, die Dammstraße von Tlacopan anzugreifen, um wenigstens eine Brücke in die Hand zu bekommen. Kaum hatten wir die Straße betreten, kamen uns die Feinde in unvorstellbaren Mengen auf den Hals, zu Wasser, in zahllosen Kähnen, zu Land, von vorne und von hinten. Ihr erster Angriff kostete uns dreißig Verwundete, von denen drei ihren Verletzungen erlagen. Trotz all dieser Nachteile drangen wir unaufhaltsam auf die Dammstraße vor, bis wir schließlich die erste Brücke erreichten. Später wurde erzählt, daß wir nach dem Plan der Mexikaner die Brücke passieren sollten. Daran war gar nicht zu denken; denn die Massen der Feinde bedrängten uns so sehr, daß wir uns nicht mehr rühren konnten. Was sollte man auch auf einer Straße machen, die nur acht Schritte breit war und auf der uns der Feind gleichzeitig von den Flanken und von hinten angriff? Unsere Schützen und Musketiere luden, schossen nach den Kähnen, luden wieder und schossen wieder. Die Mexikaner aber hatten ihre Boote wieder mit Brüstungen versehen. Ihre Verluste waren unbedeutend. Feindgruppen, die uns auf der Straße angriffen, warfen wir gleich ins Wasser. Aber es kamen so viele neue Truppen nach, daß keine spürbare Entlastung eintrat. Auch die Reiterei konnte auf dem engen Raum nichts ausrichten. Die Pferde wurden von beiden Seiten angeschossen. Palisaden versperrten den Reitern den Weg ins Wasser, so daß sie niemanden verfolgen konnten. Die Männer hinter den Palisaden benutzten unsere eigenen langen Spieße, die sie uns beim Rückzug aus Mexiko abgenommen hatten. Das Gefecht dauerte schon über eine Stunde. Wir konnten nicht länger standhalten. In der Ferne sahen wir eine große, dichtbesetzte Kahnflotte mit frischer Mannschaft, die uns in den Rücken fallen sollte. Darum beschlossen wir, uns zurückzuziehen. Die Tlaxcateken sollten zuerst abziehen, weil sie uns im Wasser nicht helfen konnten, sondern nur im Wege waren. Wir wollten die Absetzbewegung in straffer Ordnung durchführen.

Als die Mexikaner sahen, daß wir umkehrten und die Tlaxcateken gleichsam vor uns trieben, erhoben sie ein widerwärtiges Geschrei und fielen uns wütend, Mann gegen Mann, an. Ich finde keine Worte für diese erbitterten Angriffe. Die ganze Dammstraße war im Nu mit Wurfspießen, Pfeilen und Schleudersteinen bedeckt; viel größere Mengen dieser Geschosse waren ins Wasser gefallen. Wir dankten Gott dem Allmächtigen von ganzem Herzen, als wir wieder festes Land unter den Füßen hatten. Er hat uns aus dem schweren Kampf gerettet, der uns acht Tote und über fünfzig Verwundete gekostet hat. Zu allem kam das Hohngeschrei des Feindes, der die Tlaxcateken aufforderte, in doppelter Menge zu kommen; er werde sich gern mit ihnen messen und schon mit ihnen fertig werden. Unsere erste Waffentat war also die Zerstörung der Wasserleitung von Mexiko. Mit dem Erkundungsvorstoß auf der Dammstraße konnten wir bei niemandem große Ehre einlegen. In der folgenden Nacht hielten wir uns ganz ruhig in unseren Quartieren, die sorgsam bewacht wurden. Wir pflegten unsere vielen Verwundeten. Eines unserer Pferde ging in der Nacht ein.

Am folgenden Morgen erklärte Cristobal de Olid, daß er nun nach Coyohuacan weitermarschieren und die Stadt besetzen wolle. Es nutzte nichts, daß Alvarado und die anderen Kavaliere ihn baten, die beiden Divisionen nicht zu trennen. Er blieb bei seinem Entschluß. Er war ein sehr tapferer Mann, dem der unglückliche Ausgang des Angriffs auf den Damm sehr naheging. Er machte dem Alvarado deshalb Vorwürfe, ließ sich nicht zurückhalten und marschierte ab, um den Posten einzunehmen, den Cortes ihm zugewiesen hatte.

Die Trennung der beiden Divisionen um diese Zeit war ein großes Wagnis. Wenn die Mexikaner Wind davon bekamen, wie schwach jede der beiden Abteilungen war, und wenn sie im Lauf der nächsten vier oder fünf Tage einen von uns angriffen, ehe die Brigantinen zu uns gestoßen waren, dann gab es keine kleine Arbeit für den, den es traf, und er hatte gewiß nicht für den Schaden zu sorgen. Es verging kein Tag, an dem der Feind nicht ans Land stieg und uns angriff, um uns in Stellungen zu locken, in denen wir uns nicht frei bewegen konnten und in denen er um so leichter mit uns fertig werden wollte.

Auch Gonzalo de Sandoval war vier Tage nach dem Fronleichnamsfest aufgebrochen und war auf Iztapalapa zu marschiert. Sein Weg führte ihn nur durch Ortschaften, die Verbündete oder Untertanen von Tetzcuco waren. Der eigentliche Krieg begann für ihn erst in Iztapalapa selbst. Er brannte dort zunächst einen großen Teil der Häuser ab, die auf dem festen Land standen. Schon nach kurzer Zeit traten ihm große mexikanische Kriegsscharen entgegen, denen er ein ordentliches Treffen liefern mußte, bis sie sich endlich wieder auf ihre Kähne zurückzogen. Aber sie verwundeten ihm auch noch vom Wasser aus viele Leute. Noch während dieser Kämpfe sah man von einem Hügel hinter Iztapalapa starken Rauch aufsteigen. Bald antworteten ähnliche Rauchzeichen von allen mexikanischen Orten um den See. Sie alarmierten alle Wasserfahrzeuge des mexikanischen Gebietes. Und das in demselben Augenblick, in dem Cortes mit seinen dreizehn Brigantinen von Tetzcuco auslief!

Der Generalkapitän griff zunächst eine Felsenhöhe an, die auf einer Insel bei Mexiko lag. Viele Mexikaner und noch mehr Fremde hatten sich dorthin zurückgezogen. Die Höhe war stark befestigt. Alle Kähne von Mexico, Xochimilco, Coyohuacan, Iztapalapa, Huchilibusco und Mexicalcingo hatten sich vereinigt, um gegen Cortes zu operieren. Aus diesem Grund wurden die

Angriffe auf Sandoval immer schwächer. Sandoval konnte im übrigen dem Feind seinerseits keinen großen Schaden zufügen. Die meisten Häuser der Stadt standen im Wasser. Er saß in Iztapalapa fast wie auf einer Insel; denn er konnte mit seinen Leuten nur über einen langen Damm nach Coyohuacan kommen. Der Feind hätte ihn auf diesem Weg von beiden Seiten angreifen können. Unsere Verbündeten hatten im übrigen in Iztapalapa viele Gefangene gemacht.

Als Cortes die Unmenge Kähne sah, die sich um seine Flotille sammelten, wurde er recht besorgt. Er hatte allen Grund dazu; denn die Zahl überstieg bald viertausend *(Cortes selbst meldet nur fünfhundert!).* Er führte den Angriff auf den Felsen nicht durch und suchte eine Position auf dem See, von der aus er den Feind gut beobachten und nach allen Richtungen angreifen oder ausweichen konnte. *(Nach Cortes wurde der Felsen sehr erfolgreich angegriffen und alle männlichen Feinde niedergemacht.)* Die Kommandanten der Brigantinen hatten den Befehl, sich in keinem Fall mit den Kähnen einzulassen, ehe der Landwind nicht stärker würde. Wie die Mexikaner die Brigantinen wenden sahen, glaubten sie, die Spanier hätten Angst vor ihnen. Sie feuerten ihre Mannschaften an, mit allen Mitteln und mit aller Kraft gegen die feindlichen Schiffe vorzugehen. Um diese Zeit kam ein frischer, starker Wind auf. Cortes ließ wieder beidrehen und befahl, mit Wind und Rudern mitten in den feindlichen Haufen zu steuern. Auf diese Weise wurden viele Kähne in den Grund gesegelt. Die Mexikaner verloren zahlreiche Tote und Gefangene. Die Masse der Kähne floh zwischen die Häuser im See, wohin ihnen die großen Brigantinen nicht folgen konnten. Das erste Seegefecht war glücklich bestanden, und Cortes dankte dem Allmächtigen von Herzen für diesen wichtigen Erfolg.

Cortes nahm nun Kurs auf Coyohuacan, wo Cristobal de Olid seine Stellung hatte. Auch hier fand er sich zahlreichen feindlichen Booten gegenüber, die an einer gefährlichen Stelle versuchten, ihm zwei Brigantinen abzujagen. Als sie ihn gleichzeitig von zwei Kähnen und von einigen Tempeltürmen aus beschossen, ließ er vier Stück Geschütze gegen sie spielen. Sie brachten dem Feind empfindliche Verluste bei. Die Feuerwerker waren mit solchem Eifer dabei, daß sie bald alles Pulver verschossen hatten. Manche hatten sich Gesicht und Hände verbrannt. Cortes befahl deshalb der kleinsten Brigantine, nach Iztapalapa zu segeln und dort den ganzen Pulvervorrat zu holen, den Sandoval mit sich führte. Bei dieser Gelegenheit gab er ihm den Befehl, seine Stellung auf keinen Fall zu ändern. Er blieb noch zwei Tage bei Cristobal de Olid und schlug sich dort unentwegt mit vielen Feinden herum.

Ich befand mich zu dieser Zeit bei Pedro de Alvarado in Tlacopan. Sobald wir hörten, daß Cortes ausgelaufen war, rückten wir auf der Dammstraße bis zur Brücke vor. Wir gingen diesmal vorsichtiger ans Werk. Die Reiter blieben auf dem festen Land dicht vor dem Beginn des Dammweges. Die übrige Mannschaft rückte langsam, Schritt um Schritt, unter dem Feuerschutz der Musketiere und der Schützen vor. Die Gefechte wurden an allen Tagen wieder neu aufgenommen. Zwischendurch besserten wir die schlecht gewordenen oder beschädigten Stellen der Straße aus. Wir hatten freilich auch drei Tote.

Inzwischen fügte der Feind der Division Sandovals von den Häusern im See aus viel Schaden zu. Er griff diese feindlichen Positionen mit allem Nachdruck an, soweit er ihnen mit seinen Mitteln überhaupt beikommen konnte. Da setzte der König von Mexico ein Hilfskorps für Iztapalapa in Marsch, das den Befehl hatte, den Damm, auf dem Sandoval vorgedrungen war, zu durchstechen und ihn auf diese Weise abzuschneiden. Cortes beobachtete die Schiffsbewegungen des Feindes von seiner Stellung bei Coyohuacan aus und setzte sich mit allen Brigantinen zu Wasser sofort in Marsch. Als sie auf dem Gefechtsfeld eintrafen, stand Sandoval schon im Kampf mit den Feinden, und die Mexikaner hatten den Durchstich des Dammes in Angriff genommen. Als Cortes mit den Hilfstruppen erschien, zog sich der Feind zurück. Er gab Sandoval den Befehl, Iztapalapa zu verlassen und sich vor der Mündung der Dammstraße aufzustellen, die von Mexiko

nach dem kleinen Ort Tepeyac führte. Er sollte dort die Ausfall-
straße blockieren. Dieses Tepeyac ist der heutige Gnadenort Unserer Lieben Frau von Guadelupe, an dem viele erstaunliche
Wunder geschehen sind und täglich neu geschehen.

Wie der Kampf und die große Stadt Mexiko weiterging

Sobald Cortes, seine Offiziere und die Mannschaften erkannt hatten, daß es unmöglich war, ohne Unterstützung vom Wasser her
auf den Dammstraßen weiterzukommen, schickte der Generalkapitän vier Brigantinen zu Pedro de Alvarado; zwei segelten zu
Sandoval nach Tepeyac, sechs behielt er in seinem Hauptquartier, das er bei Cristobal de Olid aufschlug. Die kleinste Brigantine wurde außer Dienst gestellt, denn sie konnte sich gegen die
Kähne nicht behaupten. Die Mannschaft wurde auf die übrigen
Fahrzeuge verteilt, die bis jetzt schon zwanzig Schwerverwundete verloren hatten.

Alvarado setzte zwei Brigantinen links und zwei rechts der
Dammstraße ein. Sie hielten uns die Kähne vom Leib, so daß wir
besser vorankamen als bisher und bald einige Brücken und Verschanzungen nehmen konnten. Der Kampf war deshalb freilich
nicht viel leichter. Der Feind ließ uns keine Stunde des Tages
Ruhe und verwundete mit seinen Schußwaffen den größten Teil
unserer Mannschaft. Er hatte den großen Vorteil, daß er immer
wieder frische Kräfte einsetzen und die Brigantinen von den Söllern der Häuser aus mit einem Hagel von Geschossen überschütten konnte. Es war wirklich ein Hagel. Wer es selbst erlebt hat,
weiß, was ich damit sagen will. Hatten wir endlich mit viel Mühe
eine Brücke oder eine Verschanzung genommen, dann mußten
wir eine starke Besatzung zurücklassen; denn sonst kam der Feind
in der Nacht zurück, durchstach die Straße an anderen Stellen,
warf neue, noch höhere Verschanzungen auf und grub Fallöcher,
die sich schnell mit Wasser füllten und die so geschickt getarnt
wurden, daß unsere Leute am nächsten Tag im Eifer des Gefechts

hineinstürzten. Der Feind kam dann schnell mit geschickt versteckten Kähnen und fing unsere Männer ab. Überall lauerten solche Kähne auf Beute. Sie konnten in ihren Verstecken von den Brigantinen aus oft nicht beobachtet werden. Gegen die Brigantinen hatten die Mexikaner eine Menge Pfähle in den Seeboden geschlagen, deren Kopfenden unter Wasser blieben, so daß schnelle Fahrzeuge ihnen nicht ausweichen konnten und scheitern mußten. Warum wir mit den Reitern auf den Dämmen nicht viel anfangen konnten, habe ich schon berichtet. Zu der besondereren Gefährdung der Pferde in diesem Kampf wäre noch zu sagen, daß die Eigentümer sie nicht gern einsetzten. Ein einfaches Pferd kostete damals etwa achthundert Piaster, und für manches unserer Rosse waren tausend Piaster gezahlt worden.

Hatte uns die Nacht endlich von unseren Feinden erlöst, dann pflegten wir unsere Wunden und legten Ölverbände auf. Wir hatten auch einen Soldaten unter uns, der die Wunden besprach und beschwor, und unser Herr Christus gab seinen Segen dazu, so daß die meisten Wunden schnell wieder zuheilten. Dabei standen wir vom frühen Morgen bis in den späten Abend im Gefecht. Wären unsere Verwundeten hübsch in ihren Quartieren sitzen geblieben, um sich zu pflegen, dann hätte eine Kompanie vielleicht noch zwanzig Mann gehabt, um sie gegen den Feind zu führen. Als unsere Freunde aus Tlaxcala sahen, wie unser Mann die Wunden besprach und daß jeder, der eine Verletzung hatte, seine Hilfe suchte, kamen sie auch mit ihren Verwundeten an. Das waren so viele, daß er fast den ganzen Tag nichts anderes tun konnte. Am meisten mußten sich die Offiziere und die Fähnriche aussetzen. Daher kam es, daß jeden Tag andere Leute die zerrissenen Fahnen tragen mußten. Der gütige Leser wird denken: »Aber die Leute hatten dabei wenigstens genügend zu essen!« O nein! Wir wären froh gewesen, wenn wir wenigstens eine Labung für unsere Verwundeten gehabt hätten. Aber es gab nicht einmal Maiskuchen. Wir standen in Wirklichkeit eine Satansnot aus; denn wir fristeten unser Leben nur mit ein paar Kräutern, an guten Tagen mit Kirschen und später mit indianischen Feigen. Den Leuten unter Cortes und unter Sandoval ging es nicht anders. Die Mexikaner ließen auch ihnen keine Ruhe. Jeden Tag, den Gott gab, mußten sie auf die Dammstraßen ausrücken. Die Feinde um den See herum warteten jeweils nur auf das Zeichen, das ihnen von der Spitze des großen Opfertempels aus gegeben wurde, ein Zeichen, auf das hin sich ausgeruhte Feindkräfte zu Wasser und zu Lande gegen uns in Marsch setzten. Diese Unternehmungen wurden von besonders dazu ausgebildeten Offizieren sorgsam geplant und geführt.

So kam es, daß wir bei Tag unter Verlusten neue Positionen eroberten, welche die Mexikaner bei Nacht wieder besetzten. Wir beschlossen deshalb, unere Taktik zu ändern und nachts auf einer besonders geräumigen Stelle der Dammstraße zu lagern, auf der auch einige Tempeltürme standen. Das war keineswegs ein idealer Biwakplatz, er war ohne Schutz gegen Regen oder Sonnenschein. Die Indianerinnen, die unser Brot buken, mußten wir in Tlacopan unter der Bedeckung der Reiter und der Tlaxcateken zurücklassen. Unsere Bundesgenossen mußten außerdem verhindern, daß der Feind vom festen Land aus auf die Dammstraße kam und uns in den Rücken fiel. Von dieser neuen Stellung aus versuchten wir die Häuser und die Kanäle der Vorstädte in die Hand zu bekommen. Die Kanäle schütteten wir zu, die Häuser rissen wir nieder. Das Abbrennen ging zu langsam, außerdem standen die Häuser einzeln im Wasser, das Feuer breitete sich also nicht von selbst aus, und schließlich kam es uns darauf an, die hohen Söller zu zerstören, von denen aus wir immer wieder angegriffen wurden. Hatten wir auf diese Weise eine Brücke, eine enge Passage oder eine Verschanzung besetzt, dann hielten wir sie jetzt bei Tag und bei Nacht. Die Nacht wurde in drei Wachen eingeteilt, für die jede Kompanie vierzig Mann stellte. Die abgelösten Kompanien zogen nicht ab, sondern hielten ihren kurzen Schlaf auf dem harten Boden. Auf diese Weise waren einhundertzwanzig Mann immer kampfbereit. Als uns gefangene mexikanische Offiziere berichteten, daß ihr König uns eines Tages auf der Dammstraße überfallen und von da aus unsere ganzen Stellungen aufrollen wolle, blieb die ganze Mannschaft unter Waffen. König Cuauhtemoc wollte diese Operation zusammen mit den neun Orten um den See durchführen und uns bei dieser Gelegenheit auch unser Nachschublager und die Brot backenden Indianerinnen nehmen.

Wir alarmierten sofort die Reiterei und unsere Freunde aus Tlaxcala und empfahlen allen besondere Wachsamkeit. Der Feind ließ nicht lange auf sich warten. Um Mitternacht erfolgte der erste große Angriff, dem bis in den Tag hinein weitere Attacken folgten. Einmal schlichen sich die Mexikaner leise an, überschütteten uns mit einem Hagel von Geschossen und griffen dann an, ein andermal versuchten sie, unser Lager mit lautem Geschrei zu stürmen. Mancher Mann wurde verwundet. Aber wir hielten wacker stand, brachten dem Feind schwere Verluste bei und schlugen ihn ab. Unsere Reiter und die Leute aus Tlaxcala waren nicht so wachsam wie wir und kamen deshalb nicht immer so glimpflich weg. Wir standen, mit Wunden bedeckt, vorn im tiefen Schlamm, in Wind und Frost und hielten geduldig unsere Stellung. Dabei zehrten die außerordentlichen Strapazen an uns, und wir hatten nicht genug Maiskuchen, Kräuter und Feigen, um unseren großen Hunger zu stillen. Aber alle unsere Anstrengungen, unser Mut, die Verluste an Toten und Verwundeten halfen oft nicht. Wir konnten den Feind nicht immer abwehren, er riß manche neue Brücke wieder ein und durchstach die Dammstraße wieder an anderen Stellen. Wir mußten also oft am Tag wiedergutmachen, was wir in der Nacht verloren hatten. Dieses mühsame Hin und Her hörte erst auf, als die Mexikaner ihre Taktik änderten.

In den Abschnitten von Cortes und Sandoval stand es nicht anders, und ich will den geneigten Leser nicht mit langen Berichten darüber langweilen. Er wird aber fragen, warum sich denn die Unterbrechung der Wasserleitung zuwenig ausgewirkt hat. Nun, wir konnten nicht verhindern, daß der Feind über die Dammstraßen und über den See Wasser und Lebensmittel in die Stadt brachte. Die neun Orte um den See lieferten alles Notwendige nach Mexiko. Zwei Brigantinen kreuzten Nacht für Nacht auf dem See und brachten viele Nachschubkähne des Feindes auf, die sie zu unseren Divisionen schleppten. Wir vermißten die Brigantinen nachts sehr, wenn wir vom Wasser aus angegriffen wurden. Auf die Dauer nützte uns aber die Drosselung des Nachschubs für die große und volkreiche Stadt mehr. Außerdem wurden bei dieser Gelegenheit viele Gefangene gemacht.

Die Mexikaner versuchten alles, um die lästigen Brigantinen auszuschalten. Sie besetzten dreißig Pirogen mit ihren besten Ruderern und Kriegern und verbargen sie im Schilf des Sees, wo sie unsere Brigantinen nicht sehen konnten. Wenn der Abend dämmerte, wurden zwei oder drei mit grünen Reisern bedeckte Kähne an eine Stelle des Sees gerudert, die unter Wasser mit Pfählen gesichert war, die der Feind nachts heimlich eingerammt hatte. An diesen Palisaden sollten unsere Brigantinen scheitern, wenn sie die vermeintlichen Lebensmittelboote jagten. Als sie die ersten mexikanischen Boote im Dämmerlicht am Schilf entlangschleichen sahen, liefen prompt zwei Brigantinen aus und verfolgten sie. Die Kähne lockten unsere Fahrzeuge in die Nähe des Hinterhalts, in dem die dreißig Pirogen lagen. Diese griffen überraschend an. Die großen Fahrzeuge konnten nicht über die eingerammten Pfähle weg fliehen und ihre größere Geschwindigkeit ausnützen. Im Nu waren zahlreiche Offiziere, Soldaten und Seeleute verwundet. Wir verloren bei dem unglücklichen Gefecht eine Brigantine, zwei Hauptleute und manchen Mann. Cortes gingen diese Verluste sehr nahe. Er mußte aber bald noch viel schlimmere Dinge verschmerzen.

Die Divisionen von Cortes und Sandoval mußten wie wir ein schweres Gefecht nach dem andern bestehen. Cortes kam es vor allem darauf an, daß alle erreichbaren Häuser niedergerissen und die Kanäle und Brückenteile mit dem anfallenden Schutt zugeschüttet wurden. Jeder Fußbreit Boden mußte auf diese Weise gesichert werden, ehe ein neues Haus angegriffen werden durfte. Die Tlaxcateken unterstützten uns bei dieser Arbeit. Sie bewährten sich in diesem Krieg überhaupt als treue Bundesgenossen.

Diese planmäßige Zerstörung und Einebnung ihrer Stadt veranlaßte die Mexikaner zu neuen Maßnahmen. Sie durchstachen den Teil der Dammstraße, der zwischen uns und dem Zentrum ihrer Stadt lag, in großer Breite und Tiefe, bauten auf ihrer Seite Verschanzungen und hoben unter Wasser tiefe Löcher aus. Nach der Seeseite zu verrammelten sie die Zufahrt mit Pfählen, auf die unsere Brigantinen auflaufen sollten. An allen Orten, die man von uns aus nicht einsehen konnte, lauerten Kriegsboote, die den Befehl hatten, sich erst zu zeigen, wenn wir angriffen.

So standen wir an einem Sonntagmorgen plötzlich großen Feindverbänden gegenüber, die von drei Seiten heftig angriffen. Wir konnten unsere Stellungen kaum halten. Alvarado hatte die Hälfte unserer Reiter, die sonst in Tlacopan lagerten, auf dem Damm kampieren lassen, weil es dort nicht mehr so gefährlich war, seit die hohen Söller verschwunden waren. Die drei Feindgruppen rückten mutig vor, eine von dem neuen großen Durchstich aus, die zweite über die Trümmer der eingeebneten Häuser, die dritte von hinten, von Tlacopan aus. Wir waren eingeschlossen. Der Rest unserer Reiterei und die Tlaxcateken brachen durch die dritte Feindgruppe und machten uns auf diese Weise den Rücken frei. Wir schlugen uns nicht weniger tapfer und brachten es schließlich so weit, daß auch die beiden anderen Feindgruppen sich zurückzogen. Dieser Rückzug war aber eine reine Kriegslist. Der Feind ließ uns zwei Verschanzungen hintereinander nehmen, wir verfolgten ihn bis vor eine dritte Stellung. Wir mußten dazu tief im Wasser waten. Da wendeten die Mexikaner plötzlich, aus tausend Verstecken tauchten neue Feinde auf, die uns auf der Straße, von den Häusern und Söllern aus heftig beschossen und angriffen. Dieser Übermacht gegenüber konnten wir uns nicht halten. Wir fingen an, uns geschlossen zurückzuziehen. Dabei gerieten wir in das tiefe Wasser in dem neuen Dammdurchstich, die meisten verloren in den frisch gegrabenen Löchern den Boden unter den Füßen, fünf Mann gerieten in Gefangenschaft, alle wurden verwundet. Die Brigantinen konnten wegen der eingerammten Pfähle nicht nahe genug an uns heranfahren, um uns zu helfen. Sie verloren selbst zwei Ruderer und hatten viele Verwundete. Es ist wirklich ein Wunder, daß wir nicht alle in dem tiefen Kanal zugrunde gingen. Mir selbst erging es sehr übel. Eine ganze Gruppe von Mexikanern hatte schon Hand an mich gelegt, da gelang es mir im letzten Augenblick noch, eine Hand freizubekommen und mich durchzuschlagen. Ich hatte eine große Wunde am Arm. Sobald ich festen Boden erreicht hatte, konnte ich mich nicht mehr auf den Beinen halten, ich bekam keine Luft mehr. Die übermäßige Anstrengung und der große Blutverlust hatten mich geschwächt. Ich hatte mich schon verloren gegeben und meine Seele Gott und der Heiligen Jungfrau empfohlen.

Alvarado war mit seiner Kampfgruppe und der Reiterei nicht bis zu dieser gefährlichen Passage vorgedrungen. Nur ein Reiter, der erst vor kurzer Zeit aus Spanien gekommen war, hatte sich zu weit gewagt und war mit seinem Roß erschlagen worden. Alvarado war auf dem Weg, uns Hilfe zu bringen. Er erreichte uns aber glücklicherweise nicht mehr an dem breiten Kanal. Dort wäre es nur zu neuen Kämpfen gekommen, und wir wären mit Mann und Roß in den sehr geschickt angelegten und gut besetzten feindlichen Hinterhalten zugrunde gegangen.

Nach diesem Sieg fielen die Mexikaner über unser Standquartier her, das wir nur mit äußerster Anstrengung und mit Hilfe unseres schweren Geschützes halten konnten. Cortes verdroß diese schwere Schlappe sehr. Er wiederholte seinen Befehl, daß wir nur Dammlücken passieren durften, die wir zuvor vollständig aufgefüllt hatten. Die Reiter sollten von jetzt ab auch auf der Dammstraße kampieren, die Pferde Tag und Nacht gesattelt. Es dürfe nichts anderes unternommen werden, solange der große Dammdurchstich nicht ausgefüllt sei. Im übrigen empfahl er uns äußerste Wachsamkeit. Der Schaden hatte uns klug gemacht, und wir unternahmen alles, um die Lücke im Damm wieder zu schließen. Es war ein hartes Stück Arbeit. Sechs Mann fielen dabei, und es gab viele Verwundete. Wir wurden aber doch in vier Tagen mit dieser schweren Aufgabe fertig.

Die Mexikaner uns gegenüber lösten sich viermal in der Nacht ab. Die Wachmannschaften standen in großer Entfernung um ein Feuer, das die ganze Nacht brannte. Man sah die Leute nur, wenn das Feuer frisch geschürt wurde oder wenn sie sich ablösten. Oft löschte das Feuer auch aus; denn es regnete sehr viel in dieser Jahreszeit. Die Mexikaner zündeten es aber sofort neu an. Sie wechselten dabei kein Wort. Alles geschah ohne jedes Geräusch. Sie verständigten sich nur durch Pfeifen. Wenn wir die Ablösung kommen hörten, schossen unsere Leute blindlings in die Gegend, ohne viel Schaden anzurichten; denn der Feind lag jetzt hinter einem neuen tiefen Kanal, der mit Palisaden und Verschanzungen gedeckt war. Sie blieben uns nichts schuldig und schossen blindlings zurück.

Tag für Tag erneuerten wir unsere Angriffe auf der Dammstraße. Wir kamen auf diese Weise langsam voran und hatten schließlich auch die eben beschriebenen Feindstellungen in der Hand. Aber immer war der Feind in der Übermacht, immer wieder wurden wir verwundet. Wenn wir so den ganzen Tag gefochten hatten, konnten wir abends nichts Neues mehr unternehmen. Ob wir wollten oder nicht, wir mußten uns zurückziehen. Sobald wir linksum gemacht hatten, fiel uns der Feind mit frischen, ausgeruhten Leuten an. Er hoffte immer wieder, uns bei dieser Gelegenheit eines Tages den Garaus machen zu können. Er kämpfte mit Löwenmut, Mann gegen Mann. Wir ließen jeweils unsere Freunde aus Tlaxcala zuerst abziehen, die sich unter unserem Schutz gern mit den Mexikanern herumschlugen. Der Feind nützte das aus und versuchte die Tlaxcateken durch Angriffe zu fesseln, damit sie uns mit ihren großen Massen bei unserer Absetzbewegung im Wege wären. Sobald unsere Bundesgenossen abgezogen waren, schlossen wir uns eng zusammen und traten den Rückzug in geschlossener Formation an. Die vier Brigantinen, die Schützen und Musketiere deckten uns gegen die Feinde zu Wasser und zu Land. Trotzdem war jeder Rückmarsch mit großen Gefahren verbunden. Waren wir endlich in unserem Lager, dann legten wir Ölverbände auf unsere Wunden, verzehrten das Gemüse, die Maiskuchen und die Feigen, die man für uns aus Tlacopan gebracht hatte, und bezogen unsere Nachtwachen. Am nächsten Morgen ging es wieder ins Gefecht. So lief unser Leben ab, Tag für Tag. Wir mochten noch so früh antreten, immer war der Feind auf seinem Posten oder er rückte uns auf den Leib und forderte uns durch Schimpfworte heraus. Cortes ging es mit seiner Division um kein Haar besser. Auch er kämpfte Tag und Nacht, der Feind tötete und verwundete ihm viele Männer, aber auch er hatte auf seiner Dammstraße keine größeren Erfolge als wir. Zwei Brigantinen der Division Cortes kreuzten nach wie vor nachts auf dem See, um Lebensmittel- und Wasserschiffe abzufangen. Bei dieser Gelegenheit wurden einmal zwei vornehme Mexikaner gefangengenommen, die aussagten, daß vierzig Pirogen und zahlreiche Kähne auf der Lauer lägen, um uns wieder eine Brigantine abzunehmen. Cortes dankte den Männern, beschenkte sie und versprach ihnen große Ländereien, die er ihnen nach der Eroberung Mexikos geben wollte. Daraufhin zeigten sie ihm auch die Hinterhalte und die Plätze, an denen Pfähle in den Seeboden gerammt waren, die unsere Brigantinen behindern sollten.

Cortes schlug nun eine ähnliche Taktik ein wie der Feind. Er versteckte sechs Brigantinen im Schilf, an einer Stelle, die eine Viertellegua von dem Standort der Pirogen entfernt war. Sie mußten sich die ganze Nacht durch still verhalten und sich gut tarnen. Am nächsten Morgen ließ Cortes eine Brigantine auslaufen. Sie verhielt sich, wie wenn sie Lebensmittelkähne abfangen wollte. Sie hatte die beiden Mexikaner an Bord, die den Standplatz der Pirogen zeigen mußten. Die Mexikaner ließen nun zwei Kähne auslaufen, um unsere Brigantine zur Verfolgung zu reizen. Die Brigantine tat so, als ob sie in die Falle ginge. Sie verfolgte die Kähne, die auf das Versteck der Pirogen zuruderten. Plötzlich aber wendete sie, wie wenn sie Angst hätte, näher unter Land zu kommen. Daraufhin setzten die Priogen und alle anderen Kähne zur Verfolgung an. Die Brigantine floh in Richtung auf das Versteck unserer Schiffe. Die Pirogen ruderten rüstig hinter ihr her. Auf einen Alarmschuß hin brachen nun unsere Brigantinen aus ihrem Versteck, segelten viele Pirogen und Kähne in den Grund, töteten zahlreiche Feinde und machten einen Haufen Gefangene. Auch die erste Brigantine kam zurück und beteiligte sich am Kampf. Viele Kähne wurden mitsamt ihren Mannschaften aufgebracht. Seit dieser Zeit gaben die Mexikaner diese Seeoperationen auf. Ihre Proviantschiffe wagten sich nicht mehr in unsere Nähe.

Wie nun die Orte im See sahen, daß wir zu Wasser und zu Lande überlegen blieben und daß sich unsere Verbündeten aus Chalco, Tetzcuco und Tlaxcala immer enger an uns anschlossen, und wie sie den Schaden bedachten, den die unaufhörlichen Kämpfe ihnen zufügten, und die vielen Gefangenen zählten, die wir ihnen nach und nach abnahmen, schlossen sie sich zusammen und schickten Cortes eine Gesandtschaft, die ihn im Namen aller demütig um Verzeihung bitten sollte. Sie ließen sagen, daß sie nur unter Zwang gegen uns gekämpft hätten. Cortes war sehr erfreut, als er sah, daß diese Leute zur Besinnung kamen, und wir mit ihm. Er empfing die Botschafter freundlich, eröffnete ihnen, daß ihre Städte eine schwere Züchtigung verdient hätten, daß er ihnen aber verzeihen wolle. Es handelte sich um die Städte Iztapalapa, Huchilibusco, Coyohuacan, Mizquic und alle übrigen Orte, die in dem Süßwassersee lagen. Cortes erklärte bei dieser Gelegenheit, daß er seine Pläne nicht ändern werde, bis Mexiko um Frieden bitte oder mit Gewalt genommen sei. Die Orte müßten uns nun mit ihren Kähnen, mit Lebensmitteln und Kriegern beistehen und mit uns gegen die Hauptstadt kämpfen. Das versprachen die Gesandten auch. Sie stellten ihre Leute, waren aber bei der Lieferung von Lebensmitteln sehr saumselig, ja widerwillig. Unsere Division hatte keinen Platz, um neue Hilfsvölker aufzunehmen, denn in den Monaten Juni bis August stand die ganze Gegend unter Wasser.

Die Gefechte auf unserer Dammstraße gingen weiter. Wir

nahmen nach und nach eine Menge Götzentürme, Häuser, Kanäle und Brücken, machten alle Gebäude dem Erdboden gleich und schütteten die Kanäle zu. Trotzdem gelang es dem Feind immer wieder, neue Durchstiche zu machen und neue Schanzen aufzuwerfen. Weil es die drei Kompanien für eine Schande hielten, daß eine nur mit dem Auffüllen beschäftigt war, während die anderen im Gefecht standen, teilte Alvarado den Dienst so ein, daß jede Kompanie nach einem festen Plan für jede Aufgabe eingesetzt wurde.

Bei Cortes und Sandoval sah es nicht anders aus. Ein Straßenstück im Abschnitt von Cortes war durch eine sehr breite und tiefe Brückenöffnung unterbrochen, die stark befestigt und besetzt war. Man konnte nur schwimmend durchkommen. Das wurde auch versucht. Aber der Feind hatte hier große Massen eingesetzt, der See war dicht mit Kähnen bedeckt, und von den nahen Söllern regnete es Steine. Die Brigantinen konnten nicht nahe genug herankommen, um zu helfen. Es war eine schwere Arbeit für Cortes, diese Position zu erobern. Er war wiederholt nahe daran, mit seiner ganzen Mannschaft vernichtet zu werden. Er verlor vier Tote und über dreißig Verwundete, aber er nahm die Stellung. Es war schon so spät am Abend, daß keine Zeit blieb, um den Durchstich auszufüllen. Er mußte deshalb den sehr beschwerlichen und gefährlichen Rückmarsch antreten, auf dem es noch viele Verwundete gab, vor allem unter den Tlaxcateken.

Dieses Gefecht veranlaßte König Cuauhtemoc, seine Kampftaktik zu ändern. Er wählte dazu den Johannistag, an dem sich unser zweiter Einzug in die Stadt Mexiko jährte. Er griff alle drei Divisionen zur selben Zeit mit allen verfügbaren Kräften zu Wasser und zu Lande an. Seine Götzen hatten ihn dazu ermuntert, uns nun endgültig den Garaus zu machen. Der Angriff begann noch vor Tagesanbruch in der Dunkelheit. Die Brigantinen sollten durch zahlreiche eingerammte Pfähle von den Landtruppen ferngehalten werden. Wir konnten die zahllosen stürmenden Feinde nur mit äußerster Mühe abwehren. Ohne die hundertzwanzig kampfgeübten Leute wäre unser Lager zweifellos verlo-

ren gewesen. Es ging uns allen nahe ans Leben. Wir hatten fünfzehn Verwundete, von denen zwei in den nächsten acht Tagen an
ihren Verletzungen zugrunde gingen. Cortes und Sandoval ging
es nicht besser. Auch der Feind hatte große Verluste, viel größere
als wir. Aber er kam zwei Nächte hintereinander.

Als Cuauhtemoc, seine Generale und Papas sahen, daß sie so
nicht weiterkamen, griffen sie unsere Stellung bei Tlacopan mit
allen verfügbaren Kräften an. Der Kampf begann in den frühen
Morgenstunden und wurde so heftig vorangetragen, daß wir
schon halb von unseren Bundesgenossen abgeschnitten waren.
Der allmächtige Gott stärkte uns aber, daß wir uns wieder zu-
sammenschließen und dem Feind mit vereinten Kräften wacker
zu Leibe gehen konnten. Die Brigantinen, die Reiter, die Schützen und die Musketiere taten alles, was in ihren Kräften stand.
Und wir waren nicht faul mit Hieben und Stichen, so daß wir die
Mexikaner am Ende doch glücklich zurückschlagen konnten. Es
war das hitzigste Gefecht, das wir je erlebt hatten. Wir verloren
acht Tote. Alvarado wurde am Kopf verwundet. Hätten die
Tlaxcateken in dieser Nacht auf der Dammstraße kampiert, dann
hätten sie unsere Bewegungen stark behindert, und wir hätten dafür teuer bezahlen müssen. Aber wir waren durch Erfahrung klug
geworden, ließen sie jeden Tag rasch nach Tlacopan abziehen
und fühlten uns erst sicher, wenn wir wußten, daß sie dort angekommen waren.

In diesem Gefecht machten wir viele Mexikaner nieder und
machten vier Männer von hohem Rang zu Gefangenen. Der geneigte Leser wird nun müde sein, wenn er immer wieder von den
täglichen Gefechten hört. Ich kann ihm aber nicht helfen. Dreiundneunzig Tage kämpften wir so um diese große und feste
Stadt. Wollte ich Stück für Stück erzählen, dann würde ich nie
fertig. Mein Buch käme nie zu Ende wie der Amadis oder andere
Ritterbücher. Aber die Hauptvorfälle kann ich nicht mit Stillschweigen übergehen. Ich will mich so kurz wie möglich fassen
und dem Tag des heiligen Hippolytus (13. August) zueilen, an
dem wir mit Gottes Hilfe die große Stadt erobert und ihren König

mitsamt seinen Generalen gefangengenommen haben. Bis es soweit ist, müssen wir freilich noch manchen schweren Schlag verschmerzen; denn wir kamen noch einmal in die Gefahr, alle zusammen unterzugehen.

Wie die Mexikaner Cortes schlugen und ihm zweiundsechzig Mann abnahmen, die den Götzen geopfert wurden, und wie wir seinetwegen alle in große Gefahr gerieten

Endlich sah Cortes ein, daß es unmöglich war, alle Dammdurchbrüche, Kanäle und Wassergräben aufzufüllen, zumal die Mexikaner sie bei Nacht wieder öffneten und mit immer stärker werdenden Brustwehren versahen. Er sah ein, daß einer auf die Dauer nicht den ganzen Tag fechten, Erdarbeiten machen und bei Nacht Wache stehen kann, zumal dann, wenn jeder Mann eine Menge Wunden auf dem Leib hat. Er wollte deshalb mit Cristobal de Olid, Francisco Verdugo, Andres de Tapia, dem Fähnrich Corral und Francisco de Lugo beraten, was zu tun sei. Aus dem gleichen Grund bat er Pedro de Alvarado und Gonzalo de Sandoval schriftlich, mit ihren Hauptleuten und Soldaten folgende Fragen zu besprechen: er wollte wissen, ob sie es nicht für richtig hielten, eines Tages plötzlich in die Stadt einzufallen, bis nach Tlatelolco, dem großen Marktplatz von Mexiko vorzudringen und dort ein gemeinsames Lager aufzuschlagen. Von dort aus könne man dann die Mexikaner in den einzelnen Straßen angreifen. Er meinte, die Kämpfe wären dann nicht mehr so schwer, wir müßten nicht jeden Abend die beschwerlichen und gefährlichen Rückzüge durchführen, und wir hätten dann nicht mehr die mühsame Arbeit mit dem Auffüllen der Kanäle und der Dammdurchbrüche.

Wie immer in solchen Fällen waren die Meinungen sehr verschieden. Wir hielten diesen Vorschlag für undurchführbar und rieten dazu, wie bisher Haus um Haus niederzureißen und uns auf diese Weise langsam vorzuarbeiten. Wir stellten Cortes vor, daß der Feind alle Dammstraßen und Brückenübergänge wieder in die Hand bekomme, sobald wir uns in Tlatelolco festsetzten. Er könne dann die Zugänge zur Stadt nach Belieben öffnen oder schließen. Wir wären dann also eingeschlossen, und der Feind beherrsche wieder die Stadt, den See und die ganze Umgebung. Im übrigen würde er uns auch dort Tag und Nacht keine Ruhe lassen. Die Brigantinen könnten uns dann keine Hilfe leisten, weil sie über die Pfahlsperren an allen Durchfahrten nicht wegkämen. Diese unsere Meinung faßten wir schriftlich ab, damit wir nicht wieder für einen Plan verantwortlich gemacht würden, den wir ablehnten. Bei dem Kriegsrat, in dem seinerzeit der Rückzug aus Mexiko erwogen wurde, war es uns so ergangen. Cortes las unsere guten Gründe, befahl dann aber, daß alle drei Divisionen mit sämtlichen Reitern, Musketieren und Schützen am nächsten Tag angreifen und bis Tlatelolco vordringen müßten. Die Hilfstruppen unserer Verbündeten sollten uns dabei kräftig unterstützen; die Orte im See, die sich erst kürzlich unterworfen hatten, sollten mit ihren sämtlichen Kähnen die Kampfkraft unserer Brigantinen verstärkten. *(In seinem Bericht an Karl V. lehnt Cortes jede Schuld für dieses Unternehmen ab. Er behauptet, der kaiserliche Schatzmeister habe ihm versichert, daß sein ganzes Hauptquartier diesen Plan billige, ja, man habe ihn gleichsam gezwungen, den Plan durchzuführen.)*

Alle drei Divisionen hörten am nächsten Morgen in aller Frühe die Messe, empfahlen sich dem Schutz des Allmächtigen und nahmen die ersten Brücken und Brustwehren im Sturm, obgleich sich der Feind heftig wehrte. Wir hatten sehr viele Verletzte, unsere Freunde aus Tlaxcala allein über tausend. Wir glaubten trotzdem, mit den großen Massen, die uns Cuauhtemoc entgegenstellte, fertig zu werden, ja wir glaubten, den Sieg schon fest in den Händen zu haben, und drangen immer weiter vor.

Cortes hatte mit seiner Division eine sehr breite und tiefe Brückenöffnung genommen, über die nur ein schmaler Pfad führte, den die Mexikaner mit List und Tücke angelegt hatten. Cortes, seine Offiziere und Mannschaften verfolgten siegessicher den

Feind, der nur von Zeit zu Zeit anhielt, um sie mit einer Ladung von Pfeilen und Wurfspießen zu überschütten. Sie lockten auf diese Weise unsere Leute immer weiter in die Stadt. Das Glücksrad des Cortes lief in verkehrter Richtung, aus Siegeszuversicht wurde tiefe Trauer. Denn als er dem Feind in der Hoffnung auf einen sicheren Sieg folgte, ließ der Allmächtige es geschehen, daß er und seine Hauptleute nicht mehr daran dachten, den weiten und tiefen Dammdurchbruch, den sie genommen hatten, aufzufüllen. Der Feind hatte die Straße von diesem Punkt an schmäler gemacht, an manchen Stellen lief das Wasser über die Straße weg, die Verfolger mußten durch einen bodenlosen Morast waten. Als die Mexikaner sahen, daß Cortes diese fatale und schwierige Strecke mit allen seinen Kräften passiert hatte, ohne die Straße sofort auszubessern, fielen sie mit ihrem ganzen Heer und mit zahllosen Kähnen über ihn her. Die Brigantinen konnten nicht in den Kampf eingreifen, weil eingerammte Pfähle ihnen die Zufahrt versperrten. Die Zahl der Feinde, ihre Angriffswut und ihr Geschrei steigerten sich immer mehr. Die Division konnte dieser Übermacht gegenüber nicht standhalten. Cortes blieb nichts übrig, als alle seine Kräfte zusammenzufassen und sich zurückzuziehen. Als unsere Leute das vermurte Straßenstück erreichten, gaben sie jeden Widerstand auf, die geschlossene Formation löste sich auf, die Absetzbewegung verwandelte sich in eine wilde Flucht. Cortes rief seinen Männern zu: »Schließt euch fest aneinander, meine Herren! Ihr könnt doch dem Feind nicht auf diese Weise den Rücken kehren!« Aber in dieser Lage halfen keine Reden mehr. Die Mannschaft ließ sich nicht halten. Nun rächte sich, daß man den Dammweg vernachlässigt und nicht ausgebessert hatte. Vor dem kleinen Pfad, den die Mexikaner von den Kähnen aus weiter zerstört hatten, wurde Cortes am Bein verwundet, und über sechzig Spanier fielen lebend in die Hand des Feindes. Sechs Rosse wurden getötet. Sechs oder sieben mexikanische Hauptleute hatten unseren General gefaßt. Doch der Herr verlieh ihm noch einmal die Kraft, sich loszureißen. In diesem Augenblick kam ihm ein tapferer Soldat mit Namen Cristobal de

Olea zu Hilfe, ein Mann, den man nicht mit Cristobal de Olid verwechseln darf. Er stieß einen der mexikanischen Hauptleute, die Cortes gefaßt hatten, nieder und hieb seinen Generalkapitän heraus. Er wurde von einem anderen tüchtigen Soldaten, einem gewissen Lerma, unterstützt. Auf diese Weise wurde der General glücklich gerettet. Olea kostete seine tapfere Tat das Leben, und Lerma kam nur knapp am Tod vorbei. Andere Mannschaften, die diesen verzweifelten Kampf beobachteten, eilten herbei, obgleich sie selbst mit Wunden bedeckt waren, und entrissen Cortes der Gefahr. Der Hauptmann seiner Leibwache, Antonio de Qui-nones, faßte ihn mit anderen unter den Armen, warf ihn auf ein Pferd und brachte ihn so vollends in Sicherheit. Sein Käm-merer, Cristobal de Guzman, war mit einem anderen Pferd für ihn herbeigeeilt. Die Mexikaner aber, denen durch diesen Erfolg der Kamm mächtig geschwollen war, bemächtigten sich des Guzman und führten ihn ihrem König vor. Cortes aber und seine Mannschaft verfolgten sie mit Hohngeschrei bis in ihr Quartier.

Auch unsere Division war mutig und siegessicher weiter vor-gedrungen. Da stürmte plötzlich eine ungeheure Masse von Me-xikanern auf uns los, alle im vollen Kriegsschmuck. Sie erhoben ein fürchterliches Geschrei, warfen uns fünf noch blutende Köpfe von Spaniern vor die Füße und riefen dazu: »So werden wir auch mit euch umgehen! So haben wir es mit dem Malinche, dem Sandoval und allen anderen gemacht! Das sind ihre Köpfe! Ihr werdet sie ja kennen!« Und dann drangen sie von allen Seiten auf uns ein und rückten uns hart auf den Leib, so daß alles Schie-ßen, Hauen oder Stechen nichts mehr nutzte. Aber sie konnten unsere geschlossene Formation nicht durchbrechen. Wir schick-ten die Tlaxcateken voraus. Sie sollten die Straße frei machen und ausbessern. Wir selbst setzten uns in aller Ordnung ab. Die Tlax-cateken hatten beim Anblick der fünf spanischen Köpfe dem Triumphgeschrei der Mexikaner geglaubt. Wir mußten ihnen nicht zweimal sagen, daß sie umkehren sollten. Sie machten uns sehr schnell Platz.

Während wir auf diesem bösen Rückzug waren, erklang plötzlich vom Haupttempel der Stadt die große Trommel. Sie dröhnte schauerlich, wie ein Instrument des Teufels. Man hörte sie weithin, zwei bis drei Stunden weit. Wie wir später hörten, sollen die Papas zu dieser Zeit ihren Göttern zehn Herzen von Spaniern und viel Blut geopfert haben. Aber unser Rückzug war noch nicht zu Ende. Der Feind setzte uns nach wie vor von den hohen Söllern seiner Häuser, von den Kähnen aus und auf dem Land zu. Die Zahl der feindlichen Truppen wurde immer größer. Sie bliesen das große Horn, dessen Ton den Mexikanern den Befehl des Königs bringt, zu siegen oder zu sterben. Dazu erscholl unaufhörlich der dumpfe, schwermütige Klang der Riesentrommel vom großen Opfertempel. Die Kampfwut der Feinde wurde dadurch so gesteigert, daß sie sich blindlings in unsere Schwerter stürzten. Fürwahr, es war eine grauenhafte Szene, die ich nicht beschreiben mag, obgleich sie mir heute noch sehr lebendig vor der Seele steht. Hätte Gott der Allmächtige unsere Kräfte nicht gestärkt und vervielfacht, wir wären alle zugrunde gegangen, zumal wir alle verwundet waren. Ihm allein verdanken wir unsere Rettung. Ohne ihn hätten wir unser Quartier nie erreicht. Ich kann Gott nicht genug dafür loben und preisen, daß er mich auch diesmal wieder aus den Händen der Mexikaner gerettet hat. Als wir unseren Lagerplatz erreicht hatten, schaffte uns ein Reiterangriff etwas Luft. Am meisten halfen uns aber zwei Stück schweres Geschütz, die Schuß für Schuß in den Feind feuerten, der eng zusammengedrängt auf der Dammstraße stand. Die Mexikaner ließen sich dadurch zwar nicht ganz zurückhalten. Sie warfen immer wieder Spieße und Steine auf uns und in unsere Häuser. Die schweren Geschosse rissen aber eine Menge Leute nieder. Niemand hat an diesem Tag nützlichere Dienste geleistet als der Kavalier Pedro Moreno de Medrano, der das Geschütz in dieser Not bediente, weil die Feuerwerker gefallen oder verwundet waren. Medrano hat sich immer als ein tapferer Soldat bewährt, aber an diesem Tag hat er sich sicher die größten Verdienste erworben.

Zu den vielen Wunden und Schwierigkeiten kam für uns damals noch die angstvolle Ungewißheit über das Schicksal von Cortes, Sandoval und ihren Divisionen. Sein Hauptquartier war nur eine halbe Stunde von uns weg, für uns zu dieser Zeit unerreichbar. Wir kannten nur das grauenhafte Triumphgeschrei der Mexikaner, nach dem Malinche, Sandoval und alle anderen Teules niedergemacht waren. Noch standen wir fest geschlossen zusammen und konnten uns der Angriffe des Feindes erwehren. Wir mußten damals aber glauben und fürchten, daß wir am Ende alle umkommen. Selbst von einer unserer Brigantinen hatte der Feind einen Mann geholt, drei waren tot, die meisten anderen verwundet. Das Schiff war zwischen die eingerammten Pfähle geraten und konnte sich nur mit Hilfe einer zweiten Brigantine befreien. Der Kommandant focht an diesem Tag so tapfer und feuerte seine schwerverwundeten Männer so geschickt an, daß sie schließlich mit einer großen Kraftanstrengung die Pfähle durchbrachen und freie Fahrt bekamen. Der Kommandant verlor dabei sein Gehör. Es war die erste Brigantine, welche die eingerammten Pfähle durchbrochen hat.

Inzwischen hatte Cortes mit einem kleinen Rest seiner Mannschaft sein Standquartier erreicht. Der Feind ließ nicht von ihm ab, griff immer wieder an, warf vier spanische Köpfe unter seine Leute und rief ihnen zu, daß sie Alvarado, Sandoval und alle anderen Teules auf die gleiche Weise niedergemacht hätten. Diese Mitteilung soll Cortes noch kleinmütiger gemacht haben, als er schon war. Aber er zeigte seine Niedergeschlagenheit nicht und befahl seinen Offizieren, die Mannschaft fest zusammenzuhalten und dem Feind immer in einer geschlossenen Formation entgegenzutreten. Zugleich schickte er Andres de Tapia mit drei Reitern über Land nach Tlacopan in unser Standquartier, um zu erfahren, was aus uns geworden sei. Tapia führte seinen Auftrag über Erwarten schnell aus, obgleich die Mexikaner versuchten, die Verbindungswege zwischen den drei Divisionen zu sperren. Er mußte sich an einer Engstelle in ein Scharmützel mit dem Feind einlassen, wurde dort verwundet, kam dann aber glücklich bei uns an.. Er fand uns noch mitten in der Abwehr der ständigen Angriffe und freute sich über unseren mutigen Widerstand. Er berichtete kurz über die Kampferlebnisse seiner Division, rückte aber nicht ganz mit der Sprache heraus, sondern meldete nur zwanzig bis fünfundzwanzig Tote und versicherte, daß alle anderen wohlauf seien.

Der Division von Sandoval war es ähnlich wie uns ergangen. Er verlor zwei Tote und hatte zahlreiche Verwundete. Als er sich absetzen mußte, warfen ihm die Mexikaner sechs spanische Köpfe zu und riefen, daß dies die Köpfe von Malinche, Alvarado und anderen Teules seien. Sandoval ließ sich aber nicht entmutigen, sondern befahl seinen Leuten, sich nun noch fester zusammenzuschließen und noch vorsichtiger zu sein, weil die Straße sehr eng sei. Auch er ließ die Tlaxcateken zuerst abziehen. Sie kämpften sich mühsam zurück zu ihrem Standquartier.

Nachdem es ruhiger geworden war, übergab Sandoval dem Hauptmann Luis Marin das Kommando und ritt mit einem großen Wundverband um den Leib mit zwei anderen Reitern in das Hauptquartier von Cortes. Auch er kam nicht ohne weiteres durch die Sperrlinien des Feindes. Als er vor Cortes stand, sagte er: »Ei, Herr Obrister, was sind das für Geschichten? Eure großen Pläne haben ein schlimmes Ende genommen!«

Da kamen Cortes die Tränen und er erwiderte: »Oh, mein Sohn Sandoval! Ist das Unglück auch meiner schweren Sünden wegen geschehen, so trage ich doch nicht so viel Schuld, wie Ihr glaubt! Der Schatzmeister Julian de Alderete hat seine Schuldigkeit nicht getan! Er hat meinen Befehl, den Dammdurchbruch aufzufüllen, nicht befolgt. Das ist unser großes Unglück geworden. Aber der Mann hat keine Kriegserfahrung und versteht nicht zu gehorchen.«

Der Schatzmeister stand neben Cortes, als er das sagte. Er schob die Schuld auf Cortes zurück und behauptete, der General sei in seinem Siegesrausch schnell vorgedrungen und habe ihnen allen noch zugerufen: »Voran, meine Herren! Folget mir schnell!« Vom Auffüllen des Dammdurchbruchs sei gar nicht die Rede gewesen. Sonst hätten er und seine Leute dafür gesorgt. Cortes wurde auch vorgeworfen, daß er die zahlreichen Verbündeten nicht rechtzeitig genug zurückgeschickt habe und daß die Dammstraße deshalb nicht frei gewesen sei. Es wurden von beiden Seiten viele Vorwürfe erhoben und recht verdrießliche Reden gewechselt.

Während sie so redeten, trafen zwei Brigantinen ein, die zur Division von Cortes gehörten. Sie waren zwischen die eingerammten Pfähle geraten und von vielen feindlichen Kähnen eingekreist. Sie hatten sich nur mit Gottes Hilfe, mit äußerster Anstrengung ihrer Ruderer und mit einem frischen Wind frei machen, die Pfähle durchbrechen und zurücksegeln können. Cortes freute sich sehr über ihre Ankunft, denn er hatte sie schon verloren gegeben.

Cortes befahl dem Sandoval, sich so schnell wie möglich zu uns nach Tlacopan zu begeben, um festzustellen, wie es uns ergangen sei. Falls wir nicht völlig zerschlagen seien, sollte er uns helfen, unseren Standort zu verteidigen. Francisco de Lugo sollte Sandoval begleiten, weil sicher anzunehmen war, daß mexikanische Truppen die Verbindungswege besetzt hatten. Cortes sagte Sandoval, daß er schon Andres de Tapia mit drei Reitern geschickt habe. Er müsse aber fürchten, daß sie verunglückt seien. Beim Abschied umarmte Cortes den Hauptmann und sagte: »Geht in Gottes Namen! Ihr seht selbst, daß ich nicht überall zugleich sein kann. Ich bin verwundet und krank. Darum empfehle ich euch unsere ganze Kriegsführung. Ich bitte euch, rettet die drei Standquartiere! Ich zweifle keinen Augenblick, daß sich Pedro de Alvarado und seine Leute tapfer gewehrt haben. Aber ich fürchte dennoch, daß sie der Übermacht dieser Hunde erlegen sind. Wie es um mich und meine Mannschaft steht, habt ihr mit eigenen Augen gesehen.«

Hierauf ritten die beiden Hauptleute auf dem schnellsten Weg in unser Standquartier. Sie kamen um die Vesperzeit an. Wir fochten immer noch mit den Mexikanern, die von verschiedenen Seiten her versuchten, in unser Quartier einzudringen. Außerdem hatten sie eine Brigantine zwischen die Pfähle getrieben, die ganze Bemannung war verwundet, zwei Leute tot. Wie Sandoval mich und einige Kameraden im tiefen Wasser stehen sah, weil wir das Schiff wieder flottmachen wollten, rief er uns zu: »Strengt alle eure Kräfte an, Kameraden, damit die Feinde die Brigantine nicht in die Hand bekommen!« Dabei hatten die Mexikaner schon einige Stricke an der Brigantine festgemacht, an denen sie das Schiff mit ihren Kähnen in die Stadt ziehen wollten. Wir konnten es aber retten. Ich erhielt bei dieser Gelegenheit einen Pfeilschuß.

Auf der Dammstraße rückten immer noch neue Scharen von Mexikanern vor. Sie verwundeten viele von uns. Auch Sandoval bekam einen Stein ins Gesicht. Alvarado kam ihm mit einem anderen Reiter zu Hilfe. Als Sandoval sah, daß ich und mehrere Kameraden dem Feind noch kräftig Widerstand leisteten, befahl er, wir sollten uns allmählich zurückziehen, damit nicht noch mehr Pferde zugrunde gingen. Als wir ihm nicht sogleich gehorchten, rief er uns zu: »Sollen wir denn euretwegen alle ins Gras beißen? Zieht euch um Gottes Willen zurück, Kameraden!« In diesem Augenblick wurden er und sein Pferd noch einmal verwundet. Wir aber vertrieben unsere indianischen Bundesgenossen von der Dammstraße und setzten uns langsam ab, das Gesicht immer dem Feind zugewendet. Unsere Armbrustschützen und die Musketiere schossen ohne Pause, die Reiter machten ein paar kleine Gegenangriffe, und Pedro Moreno de Medrano feuerte mit seinem groben Geschütz. Aber die Mexikaner ließen nicht ab, uns zu verfolgen, so viele wir auch niedermachten. Sie wollten noch in dieser Nacht Herr über uns werden und uns ihren Götzen opfern.

Wir hatten endlich mit großer Mühe und unter vielen Verlusten ein tiefes Wasser überwunden und unser Standquartier erreicht, da ertönte wieder die große Pauke vom Haupttempel, die ganze teuflische Musik der Muscheltrompeten und der anderen Instrumente setzte ein. Es klang grauenhaft, erschütternd und beängstigend. Entsetzlicher noch war, was wir nun mit unseren eigenen Augen sehen mußten. Wir waren Zeugen, wie die Mexikaner unsere unglücklichen Kameraden ihren Götzen opferten. Wir sahen deutlich die Plattform, auf der die Kapellen mit den verfluchten Götzen standen, wir sahen, wie sie einigen der Spanier die Köpfe mit Federn schmückten, wir sahen, wie sie vor dem Kriegsgott tanzen mußten, wir sahen, wie sie auf einen großen Stein gelegt wurden, wie man ihnen mit Obsidianmessern die Brust aufschlitzte, die noch zuckenden Herzen herausriß und sie den Götzen opferte. Das alles mußten wir mit ansehen. Wir sahen, wie sie die Leichen der unglücklichen Schlachtopfer bei den Füßen packten und die Stufen des Tempels hinunterwarfen, wie andere Henkersknechte sie unten in Empfang nahmen, Arme, Beine und Köpfe von den Leibern trennten, die Gesichtshäute zum Gerben abzogen, wie sie das übrige Fleisch abtrennten, um es später aufzufressen. Nur die Eingeweide wurden in die Menagerien gebracht und den Tigern, den Löwen, den Ottern und Schlangen vorgeworfen. Diese scheußlichen Grausamkeiten mußten wir von unserem Standquartier aus mit eigenen Augen sehen. Der geneigte Leser mag sich vorstellen, wie uns zumute war, wie entsetzlich und quälend dieser Anblick für uns war. Wir waren nahe bei unseren unglücklichen Kameraden und konnten ihnen nicht helfen. Jeder dankte Gott in seinem Herzen. Jeder dachte im stillen: so wäre es heute auch dir ergangen, wenn Gottes große Gnade dich nicht vor diesem grausamen Tod bewahrt hätte.

In diesem Augenblick kamen neue große Haufen mexikanischer Krieger über uns. Wir konnten uns ihrer kaum erwehren. Sie schrien: »Schaut nur dort hinauf! So müßt ihr alle enden! Unsere Götter haben uns das oft genug versprochen!« Noch entsetzlicher drohten sie unseren Freunden aus Tlaxcala. Sie warfen Arm- und Beinknochen von Opfern, die sie gebraten und gefressen hatten, unter sie und riefen: »Wir haben uns mit dem Fleisch eurer Brüder und der Teules gesättigt. Laßt euch diese Abfälle schmecken! Merkt euch die Häuser gut, die ihr uns eingerissen habt. Ihr müßt sie uns größer und schöner wieder aufbauen!

Haltet nur treu zu den Teules! Ihr werdet sie auch nicht verlassen, wenn wir sie den Göttern opfern!«

Nach diesem Sieg schickte Cuauhtemoc an alle unsere Verbündeten und an seine Verwandten Hände und Füße, Skalpe mit den Bärten unserer Soldaten, die Köpfe der toten Pferde und teilte ihnen mit, daß er mehr als die Hälfte von uns umgebracht habe und daß er mit den übrigen auch bald fertig sein werde. Er forderte sie auf, schleunigst Gesandtschaften zu schicken und sich zu unterwerfen. Sonst würde er mit seinen Truppen über sie kommen und sie ausnahmslos über die Klinge springen lassen.

Von diesem Tag an ließ der Feind uns Tag und Nacht keine Ruhe mehr. Aber wir waren immer auf der Hut, wir hielten fest zusammen, die Offiziere, auch Sandoval und Alvarado machten jeden Dienst mit. So gelang es uns immer, die Mexikaner abzuwehren. Die eine Hälfte der Reiter stand Tag und Nacht auf der Dammstraße, die andere in Tlacopan. Wenn wir aber auf der Straße wieder ein Stück weitergekommen waren und die Durchbrüche aufgeschüttet hatten, dann kamen nachts die Mexikaner und rissen sie wieder auf und bauten neue Verschanzungen. Die Verbündeten aus den Seestädten hatten große Verluste gehabt und wurden lau. Sie leisteten nach wie vor den Mexikanern keine Hilfe, aber sie unterstützten auch uns nicht. Sie warteten die weiteren Ereignisse ab, um uns bald ganz im Stich zu lassen.

Die Offiziere der anderen Divisionen, die sich mit der Zeit bei uns eingefunden hatten, mußten an die Rückkehr auf ihre Posten denken. Sie ritten über das Hauptquartier und meldeten Cortes, wie wir uns Tag und Nacht tapfer mit dem Feind herumschlügen. Sandoval, der mir besonders gewogen war, erzählte dem General von mir, die Geschichte mit der Brigantine und andere Taten, die ich hier verschweigen will, weil sie mich selbst angehen. Cortes fiel ein Stein vom Herzen, als er hörte, wie gut es bei uns stand. Er befahl allen Divisionen, sich so wenig wie möglich mit dem Feind einzulassen und sich ganz auf die Verteidigung der Standorte zu beschränken. Wir hatten um unser Quartier einen breiten tiefen Wassergraben gezogen, der uns schützte. Wir hielten uns vier Tage lang so still wie möglich. Alle Divisionen hatten diese Waffenruhe. Wir hatten sie dringend nötig; die Verwundungen, die ständigen Kämpfe und die unzureichende Ernährung hatten uns völlig entkräftet. An jenem blutigen Tag hatten wir über sechzig Mann und sieben Pferde verloren. Die Ruhe tat uns gut. Außerdem brauchten wir Zeit, um einen neuen Operationsplan zu überlegen.

*Von unserem neuen Angriffsplan, und wie unsere
Verbündeten in ihre Heimat zurückkehrten*

Die Mexikaner feierten Tag für Tag in ihrem großen Tempel. Nachts brannten überall Freudenfeuer, und jede Nacht wurden einige unserer unglücklichen Kameraden geopfert. Dabei fragten die Heiden ihre Götzen nach ihrem weiteren Schicksal. Und diese boshaften Scheusale ließen ihnen sagen, daß sie uns noch heute in ihre Gewalt bekommen und töten könnten. Leider fingen auch die Tlaxcateken und unsere übrigen Bundesgenossen an, auf diese Orakel zu hören, eine Folge unserer großen Niederlage. Eines Tages marschierten besonders große feindliche Haufen gegen uns auf und versuchten, uns einzuschließen. Sie schmähten uns und riefen: »Ihr niederträchtigen Nichtsnutze! Ihr könnt kein Haus bauen und keinen Mais pflanzen! Verworfenes Gesindel, das nur gekommen ist, um unsere reiche Stadt zu plündern! Landflüchtige seid ihr, eurem eigenen Kaiser entlaufen!« Das waren die Reden, die ihnen seinerzeit die Leute von Narvaez beigebracht hatten. »In acht Tagen wird keiner von euch mehr leben! Ihr seid so schlecht und verworfen, daß man euer Fleisch nicht genießen kann. Es schmeckt bitter wie Galle!« Den Tlaxcateken aber drohten sie an, alle zu Sklaven zu machen und nur für die schwersten Arbeiten und als Opfer zu verwenden.

In diesen Tagen verschwand die Masse unserer Verbündeten in aller Stille, ohne Cortes oder den anderen Offizieren etwas zu sagen. Bei Cortes blieb nur der tapfere Suchel, ein Bruder des

Fürsten von Tetzcuco, mit vierzig Mann; dem Sandoval blieb ein einziger Kazike aus Guaxocingo mit fünfzig Mann treu, uns aber blieben nur die Söhne des alten Xicotencatl und der tapfere Chichimecatecuhtli mit achtzig Mann. Das waren nur wenige Leute, meist Verwandte oder besonders vertraute Untertanen der genannten Herren. Wir fragten die Zurückgebliebenen, warum ihre Brüder denn einfach weggelaufen seien. Sie erwiderten: ihre Leute hätten mit der Zeit die Orakel der mexikanischen Götzen geglaubt, nach denen wir alle bald umgebracht werden sollten. Sie seien in dieser Meinung durch die hohen Verluste bestärkt worden. Unsere Verbündeten hatten etwa zwölfhundert Tote verloren. Außerdem habe schon der junge Xicotencatl, den Cortes in Tetzcuco habe henken lassen, immer gesagt, daß nicht ein einziger von uns mit dem Leben davonkommen werde.

Der Ausfall der Verbündeten brachte Cortes und uns alle in große Verlegenheiten. Aber wir ließen uns nichts anmerken. Cortes scherzte mit den Treugebliebenen über die sinnlose Angst ihrer Landsleute, in der sie die lügenhaften Orakel der Mexikaner für wahr angenommen hatten. Er gab ihnen gute Worte, machte ihnen große Versprechungen und bestätigte sie so in ihrer Treue. Gelegentlich eines solchen Gesprächs sagte Suchel zu Cortes: »Du solltest deine Brigantinen täglich um die Stadt kreuzen und alle Lebensmittel- und Wasserzufuhren unterbinden lassen. In Mexiko sind so viele tausend Kriegsleute, daß ihre Mundvorräte bald erschöpft sein werden. Das Wasser, das sie trinken, kann nicht gesund sein. Es kommt aus frisch gebohrten Brunnen, aus einem Boden, der kein gutes Wasser liefert. Ihr bestes Getränk ist das Regenwasser. Was wollen sie aber machen, wenn du die Zufuhr von Lebensmitteln und Wasser unterbindest? Der Kampf gegen Hunger und Durst ist schlimmer als jede andere Kriegsnot.«

Cortes fiel dem Kaziken um den Hals, dankte ihm für seinen guten Rat und versprach ihm für später viele Ortschaften. Wir hatten ihm den gleichen Rat schon oft gegeben. Aber ein spanischer Soldat kann sein Temperament nicht zügeln. Er kann keine lange Belagerung abwarten; er will schnell mitten in der feindlichen Stadt sein. Cortes setzte sofort die Brigantinen ein, die jetzt keine Angst mehr vor den eingerammten Pfählen hatten. Wenn sie mit Hilfe des Windes und der Ruderer einen Anlauf nahmen, kamen sie über diese Hindernisse weg. Sie konnten sich damit auf dem ganzen See bewegen und jedes einzelnstehende Haus erreichen. Den Mexikanern waren diese neuen Manöver keineswegs angenehm.

Unsere Bundesgenossen aber füllten unter außerordentlichen Anstrengungen in vier Tagen den breiten Dammdurchbruch vor unserem Lager, während die Kompanien am Feinde blieben. Cortes und alle Offiziere schleppten in ihren Abschnitten selbst Bretter und Balken, um die Dammstraße zu sichern. Seit sie die Pfähle nicht mehr fürchteten, brachten die Brigantinen uns überall wesentliche Hilfe. Im übrigen verbrachten wir unsere Tage wie vor der großen Schlacht, nur daß unser Leben immer noch von den nächtlichen schauerlichen Opferfeiern der Mexikaner begleitet wurde. Als letzter wurde nach achtzehn Tagen Cristobal de Guzman geopfert. Unsere Brigantinen störten die Nachschubverbindungen der Stadt empfindlich. Eines Tages brachten sie ein mit Schlamm beladenes Fahrzeug auf, eine schwammartige Substanz, die wie Käse schmeckte. Die Mexikaner trockneten sie an der Sonne.

Wir verteidigten uns also in allen Abschnitten erfolgreich, obgleich uns jetzt die vielen Bundesgenossen fehlten, ja, wir erkämpften mit der Zeit einige Vorteile gegenüber den Verteidigern der Stadt. Nachdem die Drohungen der Götzen nach dreizehn Tagen immer noch nicht in Erfüllung gegangen waren, kam auch Suchel zu der Überzeugung, daß die Tempelorakel nur Lug und Trug waren. Er ließ dies seinem Bruder melden und forderte ihn auf, uns möglichst viele Männer zur Verstärkung zu schicken. Zwei Tage später trafen über tausend Mann aus Tetzcuco ein. Die Kaziken von Tlaxcala und von den anderen Orten folgten bald diesem Beispiel. Nur Cholula schickte sehr wenig Leute. Cortes versammelte diese Kriegsvölker alle in seinem Hauptquartier und hielt ihnen eine große Ansprache. Er sagte: er habe nie daran gezweifelt, daß sie nach wie vor treue Untertanen Seiner Majestät seien. Als er sie seinerseit eingeladen habe, den Feldzug gegen Mexiko mitzumachen, habe er nur ihren Vorteil im Auge gehabt; denn sie sollten den Gewinn dieses Feldzuges mit uns teilen, mit Reichtümern beladen heimkehren und vor allem an ihren alten Feinden Rache nehmen, ein Unterfangen, das sie allein nie verwirklichen könnten. Sie hätten sich immer wacker geschlagen. Sie sollten sich aber auch daran erinnern, daß wir sie jeden Abend von den Dammstraßen abziehen ließen, weil sie uns bei unseren Gefechten nur im Weg gewesen seien. Wir seien zwar nur wenige Männer, aber wir hätten ihre Hilfe nicht gebraucht. Wir hätten ihnen ja wiederholt versichert, daß unser Herr Jesus Christus unser Helfer sei und daß von ihm jeder Sieg komme. Inzwischen hätten sie sich ja überzeugt, daß wir auch ohne sie Häuser zerstören und Palisaden ausreißen könnten. Im übrigen möchte er sie doch nachdrücklich darauf hinweisen, daß sie nach dem strengen Kriegsrecht alle den Tod verdient hätten, weil sie den Feldherrn ohne Erlaubnis in einem Augenblick verlassen hätten, in dem der Kampf einen Höhepunkt erreicht hatte. Er wisse aber, daß sie unsere Gesetze und Kriegsregeln nicht genügend kennen, und er wolle ihnen deshalb noch diesmal verzeihen. Dann gab Cortes ihnen den Befehl, keinen mexikanischen Gefangenen mehr zu töten, weil er die Absicht hatte, auf friedlichem Wege und durch gütliche Verhandlungen Herr der Stadt zu werden.

Nach dieser Rede umarmte Cortes den Chichimecatecuhtli, die beiden Söhne des Xicotencatl und Suchel aus Tetzcuco, rühmte ihre Treue und versprach ihnen, sie dereinst mit so viel Land zu belehnen, daß sich ihr Vermögen verdopple. Ebenso freundlich sprach er mit den übrigen Kaziken unserer Bundesgenossen. Dann ließ er sie zu den Divisionen abrücken, denen sie zugeteilt waren. Wir aber führten die schweren Gefechte weiter. Nur an den Abenden wurde es leichter; denn es regnete fast jeden Tag, wenn die Sonne unterging. Sobald ein Platzregen kam, ließ der Feind von uns ab und belästigte uns nicht bei unseren Absetzbewegungen. Am Ende der dreiundneunzig Tage aber, die wir um diese Stadt kämpften, rückten wir in Mexiko ein und drangen bis zu dem Brunnen vor, der den Einwohnern süßes Wasser lieferte. Wir konnten ihn so gründlich zerstören, daß er unbenutzbar war. Natürlich wurden wir dabei heftig angegriffen. Die Feinde hatten es besonders auf unsere Reiter abgesehen, die auf dem trockenen Boden wieder galoppieren und ihre Vorteile ausnützen konnten.

Wie Cortes dem Cuauhtemoc den Frieden anbot

Mit der Zeit hatten wir die meisten Brücken der Stadt in der Hand, dazu die Dammstraßen und viele Schanzen. Wir hatten sehr viele Häuser niedergerissen. Da schickte Cortes drei hohe mexikanische Offiziere, die wir gefangen hatten, zu ihrem König und ließ ihm den Frieden anbieten. Die Männer weigerten sich zunächst; denn sie fürchteten, Cuauhtemoc werde sie umbringen lassen, wenn sie an ihn dieses Ansinnen stellten. Cortes gewann sie mit vielen Geschenken und Versprechungen. Sie sollten ihrem Herrn etwa dies melden: Cortes sei dem Cuauhtemoc sehr gewogen; denn er sei ja ein naher Verwandter seines toten Freundes, des großen Moteczuma. Außerdem sei er dessen Eidam. Ferner würde er sehr bedauern, wenn er die schöne Stadt Mexico völlig zerstören müßte. Er beklagte den Tod der zahlreichen Einwohner und aller auswärtigen Untertanen, die Opfer der täglichen Gefechte würden. Er biete dem König deshalb den Frieden an und dazu die Verzeihung und die besondere Gnade seines Kaisers. Cuauhtemoc möge bedenken, was Cortes ihm schon mehrfach eröffnen ließ. Er möge in seiner jugendlichen Unerfahrenheit nicht weiter auf die bösartigen, schlechten und lügnerischen Ratschläge seiner Papas und ihrer Götzen hören. Er solle vielmehr bedenken, wie viele Tote er schon verloren habe, daß wir Herr über alle Städte und Ortschaften der Umgebung seien und daß sich die Zahl seiner Feinde jeden Tag vermehre. Er solle Mitleid haben mit seiner Stadt und ihren Einwohnern, denen jetzt das Wasser fehle und die nur sehr unzureichend mit Lebensmitteln versehen seien.

Die drei Offiziere verstanden mit Hilfe der Dolmetscher alles, was Cortes ihnen mit freundlichen Worten sagte. Sie baten ihn aber um einen Brief für ihren König, ein Amatl (schriftlicher Befehl), den sie auch erhielten. Sie entledigten sich ihres Auftrags mit Seufzern und mit Tränen. Es sah zunächst so aus, als wolle ihnen der König, der von seinen Offizieren umgeben war, zürnen. Er war von Haus aus ein fröhlicher, keineswegs bösartiger junger Mann, der in diesem Augenblick gar nicht so abgeneigt war, Frieden zu schließen. Er ließ seine führenden Offiziere und die Papas kommen und eröffnete ihnen, daß er den Krieg mit Malinche und seinen Leuten beenden wolle. Er habe nun alle Angriffs- und Verteidigungsmittel erprobt, er habe wiederholt die Taktik geändert. Die Spanier kämen aber immer, wenn man glaube, den Sieg fest in der Hand zu haben, mit neuen Kräften an. Die Städte hätten uns in den allerletzten Tagen wieder zahlreiche Hilfstruppen geschickt, sie stünden alle gegen Mexiko; die Brigantinen könnten die Pfahlsperren inzwischen brechen, die spanischen Reiter ritten ohne Scheu durch die Straßen der Stadt, und das größte Elend komme noch, wenn sich in Kürze der Mangel an Lebensmitteln und Wasser bemerkbar mache. Er forderte alle auf, offen ihre Meinung zu sagen.

Die Teilnehmer des Kronrates sollen daraufhin folgendes geantwortet haben: »Herr und mächtiger Gebieter! Du bist unser Herr und König, und das Szepter, das du führst, ist in guten Händen. Du hast dich bis jetzt immer als ein Mann von Kraft und Einsicht bewährt. Du verdienst die Krone, die dir von Geburt nicht zustand. Der Frieden ist eine gute Sache! Bedenke aber, daß sich unsere Lage mit jedem Tag verschlechtert hat, den diese Teules in unserem Land sind. Erinnere dich bitte an die vielen und wertvollen Geschenke, die ihnen unser Herr, dein Oheim, der mächtige Moteczuma, gemacht hat, und an die zahllosen Dienste, die er ihnen erwiesen hat. Was hat das alles genutzt?

Welches Ende hat Moteczuma genommen? Was ist mit Cacama geschehen? Was ist aus allen deinen Verwandten geworden, den Fürsten von Iztapalapa, von Coyohuacan, von Tlacopan und von Talatcingo? Alle Söhne des großen Moteczuma sind zugrunde gegangen! Alles Gold, aller Reichtum dieser Stadt ist verschwunden. Zahlreiche Einwohner aus Tepeaca, aus Chalco und sogar aus Tetzcuco haben sie zu Sklaven gemacht und mit einem glühenden Eisen im Gesicht gezeichnet. Darum achte zuerst auf das, was dir unsere Götter versprechen! Höre ihren Rat! Traue den Worten des Malinche nicht! Es ist besser, wenn wir uns kämpfend von den Trümmern dieser Stadt begraben lassen, als uns in die Gewalt von Fremden zu begeben, die uns zu Sklaven machen und martern wollen.« Nach dieser Rede versicherten die Priester, daß ihnen die Götter noch in den letzten Nächten nach den Opfern den Sieg versprochen hätten. Cuauhtemoc soll sehr verdrossen geantwortet haben: »Nun denn, wenn ihr es nicht anders haben wollt, dann sei es! Teilt den Mais und die wenigen Lebensmittel, die wir noch haben, gut ein, und dann laßt uns mit den Waffen in der Hand sterben! Von nun an wage es keiner mehr, in meiner Gegenwart das Wort ›Frieden‹ auszusprechen. Ich werde ihm mit meiner eigenen Hand niederstoßen!«

Dann verschworen sie sich, Tag und Nacht weiterzukämpfen und ihr Leben für die Verteidigung der Stadt zu opfern. Eine ihrer Hauptsorgen, die Wassernot, wurde überraschend schnell behoben. Sie schlossen mit Xochimilco und anderen Nachbarorten Lieferverträge. Außerdem fanden sie wider Erwarten beim Bohren von neuen Brunnen süßes Wasser in Mexiko selbst. Wir hatten die Kämpfe zwei Tage eingestellt; denn wir warteten auf die Antwort des Königs. Da fielen plötzlich die Mexikaner in großen Massen über unsere drei Standquartiere her. Sie griffen mit solcher Zuversicht und mit einem Löwenmut an, als ob sie fest mit ihrem schnellen Sieg rechnen würden. Wieder hörten wir die Trompeten des Königs, die den Kämpfern nur die Wahl zwischen Sieg und Tod ließen. Wir hatten schwer zu kämpfen, Mann gegen Mann. Wir konnten uns halten, hatten aber sehr viele

Verwundete. So schlugen wir uns sechs oder sieben Tage lang mit den Mexikanern herum. Wir brachten ihnen große Verluste bei. Aber es genügte nie, um ihnen den Garaus zu machen. Sie riefen uns zu: »Was will eigentlich Malinche mit den ständigen Friedensangeboten? Glaubt er wirklich, daß wir so töricht sind, darauf einzugehen? Unsere Götter haben uns den Sieg versprochen. Wir haben Lebensmittel und Wasser im Überfluß. Wir werden dafür sorgen, daß keiner von euch mit dem Leben davonkommt! Redet uns nicht mehr von Friedensschlüssen! Worte sind Sachen für Weiber! Für die Männer sind die Waffen!«

Mit solchen Reden stürzten sie sich wie wütende Hunde auf uns. Die Kämpfe dauerten bis in die Nacht hinein. Dann setzten wir uns ab, wie immer vom Feind verfolgt, blieben kurz in unseren Quartieren und zogen dann sofort wieder auf unsere Wachposten. Zum Verzehren des spärlichen Nachtessens hatten wir meist erst dort Zeit. So ging das Tag für Tag weiter, bis der Krieg plötzlich wieder ein neues Gesicht bekam.

Wie Sandoval gegen Provinzen auszog, die Cuauhtemoc untersützten, und wie wir den Hauptplatz von Mexiko einnahmen

Nach seinem großen Erfolg hatte Cuauhtemoc Botschaften in die Nachbarstädte geschickt, um ihnen die Siegesnachricht zu bringen, ihnen die schauerlichen Trophäen zu zeigen und sie zum Bündnis aufzurufen. Die Leute von Matlatzinco, wo die Verwandten der Mutter von Cuauhtemoc wohnten, von Matlilalco und von anderen Orten folgten diesem Aufruf. Die neuen Hilfstruppen kamen vor allem aus drei Provinzen. Sie begannen die Feindseligkeiten damit, in den Orten, durch die sie kamen, die Landesbewohner auszuplündern, zu mißhandeln und die Kinder als Götzenopfer zu verschleppen. Die Bevölkerung bat Cortes dringend um Hilfe. Er beauftragte sofort den Andres de Tapia mit zwanzig Reitern, hundert spanischen Füsilieren und zahlreichen Bundesgenossen mit einer Strafaktion. Es gelang Tapia, den

Feind sehr schnell zu zersprengen, ihm große Verluste beizubringen und ihn in seine Heimat zurückzujagen.

Cortes war sehr zufrieden mit dieser schnellen und gründlichen Arbeit. Aber kaum war die Kampfgruppe wieder im Lager, da kamen ähnliche Hilferufe aus Coadlavaca. Diesmal schickte Cortes Sandoval mit zwanzig Reitern, achtzig Füsilieren und vielen Bundesgenossen, um den Bedrängten zu helfen. Wir waren in dieser Zeit in einer sehr schlechten Lage, denn uns blieben nur Kämpfer mit schweren Wunden. Außerdem hatten wir fast nichts zu essen. Über die schnellen und großen Waffentaten des Sandoval wäre viel zu berichten. Uns war vor allem wichtig, daß er sehr bald wieder zu seiner Division zurückkam. Er hatte die Ruhe im Lande wiederhergestellt und brachte zwei angesehene Männer aus Matlatzinco mit. Diese beiden Expeditionen waren sehr wichtig für uns. Sie schützten unsere Verbündeten vor weiteren Angriffen und Mißhandlungen, hielten uns große Feindgruppen vom Leibe und bewiesen dem König und seinen Generalen, wie schwach sein Anhang im Lande war. In den letzten Tagen hatten uns die Mexikaner nämlich schon triumphierend zugerufen, daß nun auch die Männer aus Matlatzinco und anderen Orten gegen uns kämpfen werden. Ihre Götzen hätten ihnen das versprochen. Cortes nutzte die Gelegenheit, schickte die zwei Vornehmen aus Matlatzinco zum König und ließ ihn noch einmal den Frieden und Verzeihung anbieten. Er ließ ihm sagen, daß er jetzt fünf Tage lang die Gefechte eingestellt habe, um eine klügere Entscheidung abzuwarten. Er solle doch bedenken, daß ihm Lebensmittel und Wasser fehlten und daß zwei Drittel der Stadt zerstört seien. Er solle sich durch die beiden angesehenen Boten eingehender belehren lassen. Aber der König antwortete nicht. Er befahl den beiden Männern, in ihre Heimat zurückzukehren, und ließ wieder einmal alle drei Divisionen gleichzeitig mit allen Mitteln heftig angreifen. Wir töteten viele seiner Männer, und es sah manchmal so aus, als ob sie den Tod suchten. Mit dem Ruf: »Was wird der König von Spanien dazu sagen!« kamen Wurfspieße, Pfeile und Steine wie eine Wolke auf uns herab und bedeckten die ganze Dammstraße. Trotz dieser harten, wütenden Gegenangriffe gewannen wir immer mehr Boden in Mexiko. Die Zahl unserer Gegner war erheblich kleiner geworden. Sie machten keine Dammdurchstiche mehr. Nur abends folgten sie uns auf den Fersen, wenn wir uns zurückzogen.

Um diese Zeit ging uns auch das Pulver aus. Wir hatten kein Gramm mehr bei allen drei Divisionen. Da wurde glücklicherweise ein Schiff nach Vera Cruz verschlagen. Es gehörte zur Flotte des Lizentiaten Lucas Vazquez de Ayllon, die vor den Inseln von Florida verunglückt war. Das Schiff brachte einige Kriegsleute, Pulver, Armbrüste und andere Dinge, die wir dringend brauchen konnten. Rodrigo de Rangel, den Cortes als Kommandanten eingesetzt hatte und der den Narvaez in Verwahrung hatte, schickte uns alles gleich zu.

Cortes befahl den drei Divisionen, ihre Angriffe zu forcieren und möglichst weit in die Stadt einzudringen, möglichst bis Tlatelolco und bis zu dem Haupttempel von Mexiko. In diesen Tempeln standen Balken, an denen die Köpfe der Kameraden hingen, die bis jetzt den Tod gefunden hatten. Ihre Haare und ihre Bärte waren länger als zu ihren Lebzeiten. Ich hätte das nicht geglaubt, wenn ich es drei Tage später nicht selbst gesehen hätte. Drei meiner eigenen Kameraden erkannte ich wieder. Bei diesem jammervollen Anblick kamen uns die Tränen. Zwölf Tage später nahmen wir diese traurigen Überreste unserer Brüder ab und bestatteten sie in einer Kirche, die wir inzwischen eingerichtet hatten. Sie heißt heute Märtyrerkirche.

Unsere Division drang unter der Führung von Alvarado bis zum Hauptlatz vor. Wir trafen dort auf eine solche Menge von Mexikanern, die sich in den Tempeln verschanzt hatten, daß wir etwa zwei Stunden brauchten, bis wir uns festsetzen konnten. Da die Reiter – abgesehen von Verwundungen – hier ungehindert operieren konnten, leisteten sie uns große Hilfe. Sie stachen manchen Mexikaner mit ihren Lanzen nieder. Alle drei Kompanien standen ständig im Gefecht. Alvarado befahl dem Gutierre de Badajoz, mit seinen Leuten den großen Tempel anzugreifen. Sie schlugen sich tapfer mit den Feinden herum, vor allem mit den Priestern, die in den Häusern neben dem Tempel wohnten. Sie konnten einige der hohen Stufen des Tempels nehmen, wurden aber von der Übermacht wieder zurückgeworfen. Da befahl Alvarado den beiden anderen Kompanien, den Feind, mit dem sie gerade kämpften, stehenzulassen und der Kompanie im Tempel zu Hilfe zu kommen. Der Feind, den wir auf diese Weise verließen, drängte zwar nach, er konnte uns aber trotzdem nicht davon abhalten, Stufe um Stufe zu nehmen. Bei Gott! das war ein saures Stück Arbeit! Es war keineswegs leicht, diesen hohen und festen Platz zu nehmen. Es wäre viel davon zu erzählen. Viele von uns wurden schwer verwundet. Aber wir ließen nicht ab, bis wir auch die oberste Plattform des Tempels genommen hatten. Dann pflanzten wir hoch oben unsere Fahnen auf und verbrannten die Götzen. Unten aber mußten wir uns bis in die Nacht mit dem übermächtigen Feind herumschlagen. Wir konnten ihn nicht vollends überwältigen.

Während wir auf diese Weise den Tempel des Kriegsgottes eroberten, stand Cortes in einem anderen Stadtteil im Kampf. Als er die Flammen und unsere Fahne auf der Spitze des Haupttempels sah, jubelte er vor Freude, und alle wären wir gern dabei gewesen. Er war nur eine Viertelstunde von uns weg. Aber zwischen ihm und uns lagen zahlreiche Kanäle und Brücken, die alle erst mit stürmender Hand genommen werden mußten. Der Feind leistete in seinem Abschnitt so starken Widerstand, daß es ihm nicht gelang, am selben Tag bis in die Mitte der Stadt vorzudringen. Erst vier Tage später war es soweit, daß die drei Divisionen wieder unmittelbare Verbindung miteinander hatten. Cuauhtemoc aber war gezwungen, sich mit dem Rest seiner Männer in einen Stadtteil zurückzuziehen, der mitten im See lag. Seine Paläste waren dem Erdboden gleichgemacht. Aber auch von dort aus griffen uns die Mexikaner immer wieder an, vor allem abends, wenn wir in unsere Quartiere marschierten.

Als Cortes sah, daß der Feind auf diese Art nicht mürbe zu machen war und daß er keineswegs bereit war, um Frieden zu bitten, besprach er mit seinen Offizieren einen neuen Plan. Der Feind sollte in Hinterhalte gelockt und dort vernichtet werden. Aus allen drei Divisionen wurden dreißig Reiter und hundert besonders gewandte Soldaten gewählt. Sie mußten sich am frühen Morgen, zusammen mit dreitausend Tlaxcateken, in dem großen Gelände eines vornehmen Mexikaners verstecken. Cortes zog an diesem Tag mit den anderen Mannschaften wie immer in die Stadt: vorne die Reiter, die Musketiere und die Schützen an den beiden Flanken, über die Straßen und Dämme verteilt. Als sie an einen breiten Kanal kamen, an dem die Mexikaner eine Brücke mit starken Kräften verteidigten, ließ Cortes linksum machen und die Bundesgenossen von der Dammstraße abziehen. Der Feind glaubte an einen Rückzug und drang auf der Straße mit aller Gewalt nach. Als er an den Häusern vorbei war, in denen der Hinterhalt lag, ließ Cortes zwei Kanonenschüsse abfeuern. Auf dieses verabredete Zeichen brachen wir aus unserem Versteck und fielen den Mexikanern in den Rücken. Cortes aber ließ seine Leute kehrtmachen und griff von vorne an. Es gab ein großes Blutbad, bei dem die Mexikaner viele Leute und die Lust verloren, unsere abendlichen Rückzüge weiterhin zu stören. Alvarado hatte mit seinen Leuten einen ähnlichen Hinterhalt gelegt. Er war aber nicht so gut gelungen. Ich war an diesem Tag nicht bei meiner Division. Cortes hatte mich persönlich für seinen Hinterhalt ausgewählt.

Nun waren wir die unbestrittenen Herren von Tlatelolco. Cortes ließ uns dort unser Standquartier aufschlagen. Wir sparten auf diese Weise jeden Morgen eine gute halbe Stunde, weil wir nicht erst an den Feind heranmarschieren mußten. Drei Tage unternahmen wir nichts Besonderes; denn Cortes hatte befohlen, nicht weiter in die Stadt einzudringen oder Häuser niederzureißen. Er hoffte immer noch auf ein Friedensangebot des Feindes, ja, er ließ ihn noch einmal auffordern, sich zu ergeben, sicherte ihm ehrenvolle Behandlung zu, bestätigte ihn in seinem Besitzstand und schickte den hungrigen Leuten Brot, Hühner, Wildbret, Feigen und Kirschen. Cuauhtemoc hielt daraufhin einen Kriegsrat ab, nach dessen Beschluß Cortes gewantwortet wurde:

man wünsche nun wirklich den Frieden, man schlage vor, in drei Tagen persönlich zusammenzutreffen, um die Bedingungen festzulegen. Cuauhtemoc wollte damit aber nur Zeit gewinnen, um die Brücken auszubessern, Kanäle zu graben, Schanzen zu bauen und die Waffen in Ordnung zu bringen.

Wir glaubten den vier vornehmen Mexikanern, die als Gesandte zu uns kamen, bewirteten sie gut und schickten sie mit weiteren Lebensmitteln zurück. Der König ließ Cortes als Gegengeschenk zwei kostbare Mäntel bringen und noch einmal versichern, daß er pünktlich erscheinen werde. Aber wir warteten vergeblich. Falsche Ratgeber warnten Cuauhtemoc vor Cortes. Sie hielten ihm das Schicksal seines Oheims Moteczuma vor und erinnerten ihn an die schreckliche Ausrottung des ganzen mexikanischen Adels. Sie rieten ihm, eine Unpäßlichkeit vorzuschützen, und versprachen ihm, noch einmal zum Kampf anzutreten; denn einmal müßten die Götter doch ihr Versprechen einlösen und ihnen den Sieg verleihen. Als sie dann plötzlich über alle drei Divisionen herfielen, hatten wir keine Zeit, uns über diesen neuen Wortbruch zu ärgern. Sie griffen so heftig an, daß wir zunächst nicht standhalten konnten. Außerdem waren wir in der sicheren Erwartung des Friedens etwas sorglos geworden. Die Mexikaner griffen so heftig an, wie wenn der Krieg nun wieder frisch und ganz von vorne beginne. Sie verwundeten viele, darunter drei Soldaten so schwer, daß einer bald darauf starb. Sie töteten zwei Pferde und verletzten viele andere. Dieser Scherz sollte ihnen aber schließlich teuer zu stehen kommen. Cortes gab nun den Befehl, auch in den Stadtteil zu dringen, in den sich Cuauhtemoc zurückgezogen hatte. Als der König sah, daß auch sein letzter Zufluchtsort gefährdet war, ließ er Cortes um eine Unterredung an einem der großen Kanäle bitten. Die beiden Gegner sollten dazu, ein jeder an seinem Ufer, erscheinen und über das Wasser weg verhandeln. Cortes nahm den Vorschlag an. Aber Cuauhtemoc erschien am nächsten Tag wieder nicht. Er schickte einige seiner Großen vor, die erklärten, er habe Angst, daß wir ihn mit Musketen und Armbrüsten niederschießen würden. Cortes versicherte ihnen zwar an Eides Statt, daß ihrem König nichts geschehen werde. Sie glaubten ihm aber nicht. Während dieser Unterredung nahm einer der Mexikaner Brot, ein gebratenes Huhn und Kirschen aus einem Beutel, um zu zeigen, daß sie drüben genug zu essen hätten. Cortes aber ließ dem Cuauhtemoc melden, daß es ihm völlig gleichgültig sei, ob er erscheine oder nicht. Er werde ohnehin in Kürze in seiner Behausung erscheinen und dann selber sehen, wie es mit seinen Lebensmittelvorräten stehe.

Von diesem Augenblick an hielten wir vier oder fünf Tage Ruhe; denn in der Nacht flüchteten viele arme, ausgehungerte Leute von drüben zu unseren Divisionen, und Cortes hoffte immer noch, daß der Feind um Frieden betteln müsse. Ein Soldat aus der Division des Cortes, der in Europa, vor allem in Italien, viele Schlachten und manche Belagerung mitgemacht hatte, erzählte von großen Belagerungsmaschinen. Er machte sich stark, eine solche Maschine zu bauen, mit der man vom großen Marktplatz in Tlatelolco aus die festen Häuser der Mexikaner zusammenschießen könne. Cortes ließ sich beschwatzen und erteilte die notwendigen Befehle für die Ausführung dieser Arbeit. Man schaffte Steine, Kalk, Holz und Eisenwerk herbei und stellte dem Mann die notwendigen Handwerksleute. Sie bauten tatsächlich zwei große Schleudern, mit denen ungeheuer große Steine verschossen werden sollten. Die Maschine versagte aber schon beim ersten Schuß. Der Stein, den sie schleudern sollte, fiel gerade vor ihr auf den Boden. Cortes ärgerte sich sehr darüber, daß er sich auf diesen Versuch eingelassen hatte, und ließ alles wieder einreißen.

Wie Cuauhtemoc gefangen wurde

Jetzt setzte er unter dem Befehl von Gonzalo de Sandoval alle zwölf Brigantinen auf den Stadtteil an, in den sich Cuauhtemoc mit seinen Kerntruppen und den Vornehmsten seines Reiches zurückgezogen hatte. Er befahl, keinen Mexikaner zu töten oder zu verwunden, es sei denn im Gefecht. Die Häuser und die zahlreichen Brustwehren im See sollten niedergerissen werden. Dann stieg Cortes auf die Spitze des Haupttempels, um von dort aus die Unternehmung Sandovals zu beobachten. Pedro de Alvarado, Luis Marin und Francisco de Lugo waren bei ihm.

Als Sandoval mit seinen Brigantinen vor dem Seepalast des Cuauhtemoc erschien, sah der König, daß er sich dort in keinem Fall halten konnte und daß er nur zwischen Tod, Gefangenschaft und Flucht wählen konnte. Fünfzig große Pirogen lagen bereit, die ihn mit seinen Angehörigen und seinen Offizieren im äußersten Notfall in ein Schilfversteck und von da in eine befreundete Ortschaft bringen sollten. Sandoval stieß auf keinen Widerstand, als er in die Häuser eindrang; denn die Feinde brachten ihre Familien und ihre Kostbarkeiten in die Kähne und suchten das Weite. Plötzlich war der See mit vielen Fahrzeugen bedeckt. Als man Sandoval meldete, daß der König mit seinen Leuten die Flucht ergriffen habe, ließ er sofort die Abbrucharbeiten einstellen und gab den Brigantinen den Befehl, die Kähne zu verfolgen. Garcia Holguin, der den besten Segler und die geschicktesten Ruderer befehligte, sollte die Pirogen des Königs abfangen. Er sollte dabei niemanden töten, verwunden oder mißhandeln, sondern dem feindlichen Fürsten alle Ehrerbietung erweisen. Sandoval selbst segelte mit den übrigen Brigantinen in andere Teile des Sees.

Da fügte es Gott der Allmächtige, daß Garcia Holguin die großen Pirogen mit Cuauhtemoc und seinen Angehörigen einholte. Er erkannte den Kahn des Königs an dem kunstvollen Sonnendach und dem reichen Schmuck. Er gab den Pirogen durch Zeichen den Befehl zu halten. Als sie nicht gehorchten, drohte er ihnen mit Musketen und Armbrüsten. Da bekam Cuauhtemoc Angst um seine Leute und rief: »Verbiete deinen Leuten zu schießen. Ich bin der König dieses Landes. Ich habe nur noch eine Bitte an dich: schone meine Gemahlin, meine Kinder und die anderen Frauen, und berühre nichts von dem, was ich bei mir habe. Dann führe mich allein zu Malinche!« Holguins Freude war groß, als er diese Rede hörte. Er umarmte den König und half ihm sehr höflich, als er von seinem Kahn auf die Brigantine stieg. Die Königin und zwanzig Große des mexikanischen Reiches begleiteten ihn. Man machte aus Matratzen und Mänteln bequeme Sitze für die unfreiwilligen Gäste und bot ihnen von allen guten Dingen an, die an Bord waren. Die Kähne mit dem Gepäck wurden nicht berührt. Sie mußten aber der Brigantine folgen.

Um diese Zeit hatte Sandoval eine Stellung bezogen, von der aus er alle Brigantinen beobachten und ihnen Zeichen geben konnte. Als ihm gemeldet wurde, daß Holguin den Cuauhtemoc gefangen habe und mit ihm schon zu Cortes unterwegs sei, befahl er seinen Ruderern, alle ihre Kräfte zusammenzunehmen, damit sie das Boot mit dem König einholen könnten. Als er nahe genug war, befahl er Holguin, ihm den Gefangenen auszuliefern. Holguin weigerte sich und erklärte, er, nicht Sandoval, habe den König gefangen. Sandoval erwiderte, daß es darauf nicht ankomme. Er sei Kommandant des ganzen Geschwaders, und Holguin habe schließlich nur seine Befehle ausgeführt. Diesen Befehl habe er nur seiner besonderen Freundschaft und der Schnelligkeit seiner Brigantine zu verdanken. Während die beiden stritten, war eine andere Brigantine davongesegelt, um sich bei Cortes für die freudige Nachricht den Botenlohn zu holen.

So erhielt Cortes die entscheidende Nachricht von der Gefangennahme des feindlichen Königs und von dem Streit seiner beiden Hauptleute von einem Dritten. Er schickte ihnen Luis Marin und Francisco de Lugo entgegen und befahl, daß Sandoval und Holguin den König und seine Familie gemeinsam zu ihm bringen sollten. Er werde dann entscheiden, wem der Gefangene gehöre und wem der Ruhm für diese Tat zukomme. In der Zwischenzeit ließ er auf einer erhöhten Stelle Matratzen und Mäntel ausbreiten und eine reichliche Mahlzeit auftragen.

Dann stellten Sandoval und Holguin ihren Gefangenen dem Generalkapitän vor. Cortes empfing den König unter Wahrung aller Ehrenbezeigungen sehr vergnügt. Er zeigte ihm und seinen Offizieren in Worten und Gesten seine ausgesprochen freundlichen Gesinnungen. Da begann Cuauhtemoc zu sprechen. Er sagte: »Malinche, was ich getan habe, das mußte ich zur Verteidigung meiner Hauptstadt und für meine Untertanen tun. Meine Kräfte und meine Hilfsmittel sind jetzt erschöpft. Ich muß mich der Gewalt ergeben. So stehe ich jetzt als dein Gefangener vor dir. Nimm den Dolch, den du in deinem Gürtel trägst und stoße mich nieder!«

Cuauhtemoc sagte diese Worte unter Tränen, mehrere seiner Großen schluchzten heftig. Cortes antwortete ihm durch seine Dolmetscher außerordentlich freundlich. Er sagte dem König, daß er ihn seiner Tapferkeit und seiner kraftvollen und mutigen Verteidigung wegen sehr hochschätze. Er könne ihm daraus keinen Vorwurf machen. Was er getan habe, gereiche ihm zur Ehre, nicht zum Tadel. Cortes hätte es freilich lieber gesehen, wenn seine wiederholten Friedensangebote angenommen worden wären. Die Stadt und ihre Einwohner hätten dann weniger gelitten. Dieser Zusammenbruch habe nicht verhindert werden können. An dieser Tatsache sei jetzt nichts mehr zu ändern. Cuauhtemoc solle jetzt alle unnötigen Sorgen fahrenlassen, sein Herz schonen und seinen Offizieren Mut zusprechen. Er solle nach wie vor Herr über Mexiko und sein übriges Reich bleiben.

Cuauhtemoc und seine Offiziere dankten Cortes für diese Zusicherung. Dann erkundigte sich der Generalkapitän nach den Familienangehörigen und nach den übrigen Großen des Königs, die ihm gemeldet worden waren. Cuauhtemoc erklärte, daß er die spanischen Hauptleute gebeten habe, sie in den Kähnen zu lassen, bis Malinche über ihn entschieden habe. Cortes ließ sie holen und wartete ihnen mit dem Besten auf, was die Jahreszeit bot. Als der Abendregen kam, befahl er dem Gonzalo de Sandoval, die königliche Familie mit ihrem Gefolge nach Coyohuacan zu bringen. Pedro de Alvarado, Cristobal de Olid und Cortes selbst kehrten in ihre Standquartiere zurück. Cuauhtemoc wurde am St. Hippolytustag, also am 13. August 1521, um die Vesperstunde gefangengenommen. Lob und Dank sei unserem Herrn Jesu Christus und seiner gebenedeiten Mutter! Amen!

Es regnete die ganze Nacht. Es blitzte und donnerte wie noch nie. Aber wir Soldaten hörten nach der Gefangennahme von Cu-

auhtemoc nichts mehr. Es war, wie wenn einer beim Glockenläu-
ten oben auf dem Turm steht und die Glocken plötzlich ver-
stummen. Dreiundneunzig Tage hatte die Belagerung gedauert,
Tag und Nacht hörte der Lärm nicht auf: da war das Pfeifen und
das Schlachtgeschrei der Feinde, die auf der Straße mit uns
kämpften; da war ihr Rufen nach den Kähnen, welche die Brigantinen, die Brücken und die Dämme angreifen sollten; die Arbeits-
gruppen, welche die Dämme durchstechen sollten, wurden mit
lauten Geschrei vorwärts getrieben; da schrie man nach den
Männern, welche die Palisaden einrammen und die Schanzen
aufwerfen sollten, nach den Weibern, welche die Schleudersteine, Pfeile und andere Waffen herbeischafften. Dazwischen gellte
die höllische Musik der Trommeln, der Muscheltrompeten und
der grauenhafte, schauerliche Ton der großen Pauke vom Haupttempel, von diesem Satansinstrument, dessen drohender Klang
durch Mark und Bein ging und der zuletzt keinen Augenblick
aufhörte. Es war kein Unterschied zwischen Tag und Nacht. Es
gab keinen Stillstand. Keiner hörte, was der andere sprach.

Der Streit zwischen Sandoval und Holguin ging so aus, daß
Cortes den beiden von einer ähnlichen Auseinandersetzung zwischen den Römern Marius und Sulla erzählte, die dann zum Bür-
gerkrieg geführt habe und nie entschieden worden sei. Er wollte
in seinem Bericht dem Kaiser vorschlagen, selbst zu entscheiden
und dem Sieger ein Denkzeichen für sein Wappen zu verleihen.
Nach zwei Jahren erhielt Cortes für mehrere Felder seines Wap-
pens eine Reihe von Königsbildern, darunter auch das des
Cuauhtemoc.

In den Häusern im See und auf dem Land, in den Kanälen und
auf vielen Plätzen lagen überall Leichen und Totenköpfe. Durch
manche Straßen und durch die Hallen und Höfe um den Hauptplatz von Tlatelolco konnte man kaum mehr gehen. Ich habe die
Beschreibung der Zerstörung von Jerusalem gelesen. Ich weiß
aber nicht, ob es dort so viele Tote gegeben hat. Ich weiß nur, daß
die meisten mexikanischen Krieger aus der Stadt und aus den
nahe liegenden Provinzen umgekommen sind. Es stank überall

entsetzlich. Das war auch einer der Gründe, warum wir nach der Gefangennahme von Cuauhtemoc alle so schnell in unsere Standquartiere zurückkehrten. Cortes selbst war übel geworden.

Die Besatzungen der Brigantinen waren uns gegenüber in großem Vorteil. Sie konnten alle Häuser erreichen, die im See lagen und die mit den wertvollsten Sachen der Mexikaner gefüllt waren. Sie fanden auch die schilfbewachsenen Verstecke im Wasser, wohin die Einwohner flohen, wenn ihre Häuser zerstört waren. Außerdem hatten sie bei der Jagd auf die Lebensmittelboote schon manchen reichen Mexikaner ausgeplündert. Wir anderen, die wir uns auf den Dammstraßen und auf dem Land herumschlugen, heimsten nur Pfeilschüsse, Lanzenstiche und Steinwürfe ein.

Die Luft in der Stadt war so verpestet, daß Cuauhtemoc darum bat, den Abzug sämtlicher Einwohner und sämtlicher auswärtiger Krieger zu gestatten. Drei Tage und drei Nächte waren die Ausfallstraßen und die Dämme mit langen Zügen von erbärmlichen Gestalten bedeckt. Männer, Weiber und Kinder schleppten ihre entkräfteten Körper aus der Stadt, ein jammervoller Leichenzug, der einen unglaublichen Gestank verbreitete.

Nach ihrem Abzug ließ Cortes die Stadt durchsuchen. Zwischen unzählbaren Leichen fand man noch einige arme Leute, die zu schwach waren, sich zu bewegen. Die Stadt sah wie ein frisch gepflügter Acker aus; denn die Einwohner hatten jede Wurzel gesucht, herausgerissen und verzehrt. Die Bäume hatten keine Rinde mehr. Es gab kein süßes Wasser, nur Salzwasser. Trotzdem soll niemand das Fleisch von Mexikanern gegessen haben, obgleich jeder gierig war, ein Stück Fleisch von den Tlaxcateken oder den Spaniern zu verzehren. Es hat wohl kaum ein Volk gegeben, das so viel Hunger, Durst und Kriegsnot ausstehen mußte.

Cortes ordnete einen feierlichen Gottesdienst an, in dem wir unserem Herrn und Gott und seiner gebenedeiten Mutter für ihren Beistand dankten und mancherlei Gelübde ablegten. Dann ließ er in Coyohuacan ein großes Bankett richten, ein Freudenfest, bei dem mit Wein und Schweinefleisch aus Kuba nicht gespart wurde. Alle Offiziere und Soldaten waren eingeladen. Aber es waren nicht genug Tische und Bänke da. Zwei Drittel der Gäste mußten stehen. Es gab deswegen großen Ärger, und es wäre besser gewesen, wenn Cortes das Fest nicht veranstaltet hätte. Es gab viele böse Auseinandersetzungen, und der Wein war der Anlaß für manchen dummen Streich. Da gab es Leute, die statt auf die Seite zu gehen, alles auf dem Tisch anrichteten. Andere prahlten, daß sie Gold genug hätten, um auf goldenen Sätteln zu reiten, und die Schützen schworen, sie würden in Zukunft nur noch mit goldenen Pfeilspitzen schießen. Viele taumelten schon sehr bald herum und rollten schließlich die Treppen hinunter. Nach dem Essen kam es zum Tanz mit den Frauen, die beim Korps waren. Die Galane machten in ihrer vollen Rüstung recht lächerliche Figuren, und der Ruf der wenigen Frauen wurde in dieser Nacht nicht besser. Der rechtschaffene Pater Bartolome de Olmedo mißbilligte diese Art zu feiern laut. Er sagte, das sei eine schöne Art, Gott für seine Hilfe zu danken und seinen Beistand für die Zukunft zu erflehen. Als Cortes das hörte, ließ er den Pater zu sich bitten und sagte ihm, daß er die Soldaten heute nicht daran hindern könne und wolle, auf ihre Weise lustig zu sein. Er gab zu, daß er ihnen die Gelegenheit dazu besser nicht gegeben hätte. Dann sagte er: »Ew. Hochwürden können aber alles wiedergutmachen, wenn Ihr eine Prozession anordnet, eine feierliche Messe lest und eine Predigt haltet, in der Ihr die Leute ordentlich abkanzelt. Bei der Gelegenheit könnt Ihr ihnen noch ans Herz legen, daß sie keine Indianertöchter mehr rauben sollen, daß sie nicht mehr stehlen und nicht ständig Händel untereinander anfangen, daß sie sich eben wie gute katholische Christen aufführen sollen, damit der liebe Gott ihre weiteren Unternehmen segnen könne. « Der Pater nahm den Vorschlag sofort auf. Am nächsten Tag schon fanden die Prozession, die Messe und die Strafpredigt statt, und Cortes, Alvarado und viele andere Männer empfingen das Abendmahl.

Bei der Gelegenheit möchte ich noch ein persönliches Erlebnis erzählen: der Anblick der bejammernswerten Kameraden, die nach unserer großen Niederlage Tag für Tag öffentlich geopfert wurden, machte auf mich einen ganz fürchterlichen und niederschmetternden Eindruck. Niemand soll deshalb glauben, daß es mir an Mut oder Entschlossenheit gefehlt habe. Im Gegenteil, ich wollte damals für einen tüchtigen Soldaten gelten, und ich gehörte tatsächlich zu den Mutigsten und Verwegensten meiner Kameraden. Trotzdem bekam ich jeden Tag wieder Angst, daß es mir einmal genauso gehen könne wie den gefangenen Brüdern. Zweimal hatte mich der Feind ja schon fast gefangen. Jeden Morgen, wenn es ins Gefecht ging, dachte ich an diese fürchterliche Todesart, und mich überlief ein kalter Schauer. Um diese Schwermut loszuwerden, wußte ich nichts anderes zu tun, als mich auf die Knie zu werfen, mich der Obhut Gottes und seiner gebenedeiten Mutter zu empfehlen und dann vom Gebet weg spornstreichs ins Gefecht zu laufen. Sobald ich dem Feind Auge in Auge gegenüberstand, waren alle Furcht und alle Traurigkeit wie weggefegt. Ich habe vor und nach der Eroberung von Mexiko viele schwere und verlustreiche Kämpfe bestanden, ich habe niemals wieder solche Angst gehabt.

KÄMPFE UM DIE FESTIGUNG UND BESTÄTIGUNG DER HERRSCHAFT IN DEM EROBERTEN LAND

*Wie Cortes das Leben in der toten Stadt ordnete, wie die
Spanier Beute suchten und um die Verteilung
des Goldes stritten*

Die ersten Pflichten, die Cortes dem König Cuauhtemoc aufer-
legte, waren: die Wiederherstellung der Wasserversorgung der
Stadt, die Beseitigung aller Leichen, die Reinigung der Straßen,
die Ausbesserung der Brücken und Dämme, der Aufbau der nie-
dergerissenen Häuser und Paläste. Nach zwei Monaten sollten
die Einwohner die Stadt wieder beziehen. Sie sollten dann bestimmte Stadtteile bewohnen, während andere von uns besetzt
wurden. Cuauhtemoc und seine Großen beklagten sich sehr bald
bei ihrem Eroberer, daß spanische Offiziere und Soldaten ihnen
die Frauen und Töchter geraubt hätten. Sie baten um Auslieferung. Cortes erklärte ihnen, daß dies nicht so einfach sei. Er trug
ihnen auf, ihre Weiber zu suchen und sie ihm dann vorzuführen.
Er werde dann feststellen, welche Christinnen geworden seien
und welche zu ihren Eltern und Gatten zurückkehren wollten. Er
gab ihnen die Erlaubnis, in den Standquartieren nach den Weibern zu forschen, uns aber befahl er, alle Frauenspersonen, die
wieder zurück wollten, freizugeben. Die Mexikaner gingen von
Haus zu Haus und fanden fast alle wieder. Aber nur drei wollten
zurück. Die anderen blieben lieber bei uns Kriegsleuten, viele
versteckten sich vor ihren eigenen Landsleuten, andere erklärten,
daß sie den Götzendienst nicht mehr mitmachen wollten, und einige waren bereits schwanger.

Für die Brigantinen wurde ein sicherer Hafen gebaut, mit einem eigenen Fort und einem eigenen Alkalden. Dann wurden alle
Juwelen, alles Gold und Silber gesammelt, was wir in Mexiko gefunden hatten. Es war nicht viel. Cuauhtemoc soll vier Tage vor
seiner Gefangennahme seine Schätze im See versenkt haben.

Viele Wertgegenstände hatten unsere Bundesgenossen weggeschleppt, und ein großer Teil war den Mannschaften der Brigantinen in die Hände gefallen. Die königlichen Rentbeamten erklärten dazu ganz offen, der König habe das meiste versteckt, und einige behaupteten, Cortes liege nichts daran, daß dieses Versteck
gefunden werde; denn er wolle bei Gelegenheit den ganzen
Schatz für sich beschlagnahmen. Sie stellten den Antrag, Cuauhtemoc und einige seiner fürstlichen Verwandten und Freunde so
lange zu foltern, bis sie das Versteck angäben. Cortes konnte sich
nicht entschließen, einem Fürsten, dessen Land dreimal so groß
war wie das damalige Spanien, einen derartigen Schimpf anzutun. Die Hausbeamten des Königs versicherten immer wieder,
daß wirklich nicht mehr Gold vorhanden sei als die dreihundert-
achtzigtausend Piaster, die inzwischen umgeschmolzen und in
Barren verwandelt waren. Als die Eroberer aber ihren Generalkapitän wieder verdächtigten, daß er diese Reichtümer nur für
sich beiseite schaffen wolle, gab er endlich nach und genehmigte,
daß Cuauhtemoc und der Fürst von Tlacopan auf die Folter gespannt wurden. Man brannte den beiden die Füße mit Öl, und sie
gestanden, daß sie vier Tage vor der Gefangennahme alles Gold
und sämtliche Geschütze, Musketen und Armbrüste, die wir auf
der Flucht aus Mexiko und bei dem unglücklichen Gefecht auf
der Dammstraße verloren hatten, im See versenkt hätten. Sie gaben die Stelle an. Aber auch unsere guten Schwimmer fanden
dort nichts. Cuauhtemoc führte uns zu einem tiefen Wasserbehäl-
ter, der neben einem seiner ehemaligen Paläste stand. Dort
fischten wir eine goldene Sonne und einige weniger wertvolle
Goldarbeiten und Juwelen. Auch der Fürst von Tlacopan nannte
uns einige große Häuser, die vier Stunden von Mexiko weg lagen.
Dort habe er viele Kostbarkeiten verborgen, man solle ihn nur
hinführen, er werde sie uns zeigen. Als wir hinkamen, fanden wir
nichts, und der Fürst erklärte, er habe uns angelogen; denn er
hoffe, daß wir ihn nun aus Wut umbringen würden. Wir kehrten
auch ohne ihn zurück. Im übrigen ist es durchaus möglich, daß
die vorhandenen Schätze nicht mehr sehr groß waren; denn wir

hatten ja fast den ganzen Inhalt der Schatzkammer des Kaisers Moteczuma schon an Seine Majestät geschickt. Wahrscheinlich ist es aber richtig, daß die vorhandenen Werte zweimal größer waren als das, was schließlich zur Verteilung kam.

Wir tauchten immer wieder an den von Cuauhtemoc bezeichneten Stellen des Sees nach den versenkten Schätzen und fanden auch einige wenige Kostbarkeiten, die wir dann an Cortes oder an den Schatzmeister Julian de Alderete abliefern mußten. Cortes kam selbst einmal mit mehreren guten Schwimmern an diese Stelle. Sie fischten in seiner Gegenwart Wertsachen für etwa hundert Piaster aus dem See. Das war nichts gegen den Schatz, der dort auf dem Grund liegen sollte. Die Mannschaften fanden die Menge, die schließlich verteilt werden sollte, auffallend gering. Pater Bartolome de Olmedo, Alonso Davila, Pedro de Alvarado und andere Hauptleute und Kavaliere machten deshalb den Vorschlag, die Verteilung in diesen kleinen Raten zu unterlassen und den ganzen Betrag den Invaliden, Kranken, Blinden, Lahmen, Tauben, kurz allen Maladen zu geben, die nicht mehr kämpfen könnten und darum keine Aussicht auf neue Beute hätten. Die Gesunden würden sich damit sicher einverstanden erklären. Cortes aber sagte dagegen, er wolle erst sehen, wieviel auf jeden von uns treffe, dann erst wolle er jeden zufriedenstellen. Nun drangen alle darauf, daß die Rechnung gemacht würde. Es ergab sich, daß ein Reiter hundert Piaster, ein Schütze und ein Musketier entsprechend weniger erhalten hätten. Dieses Lumpengeld wollte kein Soldat annehmen. Nun redeten alle gegen Cortes und den Schatzmeister. Julian de Alderete erklärte dazu, niemand könne mehr bekommen; denn Cortes beanspruche den gleichen Teil wie die Krone. Dann stellte er große Summen für verlorene Pferde, Waffen und Geräte in Rechnung. Außerdem würden nicht alle Wertgegenstände zur Gesamtmasse geschlagen; denn Cortes lege vieles für besondere Geschenke an den Kaiser zurück. Er könne da nichts ändern, wir sollten uns an Cortes selbst wenden.

Die Freunde und Anhänger des Diego de Velazquez und die

Leute vom Korps Narvaez, die ohnehin schlecht auf Cortes zu sprechen waren, schlugen ihren Anteil rundweg aus. Cortes bewohnte damals einen großen Palast in Coyohuacan, dessen Wände frisch geweißt waren. Darauf schrieben einige Kavaliere jeden Morgen ihre Sprüche und Verse, etwa so:

»Sonne, Mond und Himmel, Sterne, Meer und Erde haben ihren bestimmten Lauf. Weichen sie einmal von ihrer Bahn ab, dann kehren sie doch immer wieder in sie zurück. Dies möge sich die Herrschsucht des Cortes zur Lehre dienen lassen!«

Oder: »Wir sind mehr erobert, als wir erobert haben. Wir sollten nicht die Eroberer von Neuspanien heißen, sondern die Eroberten des Cortes.«

Dann: »Dem Cortes genügt es nicht, seinen Anteil als General zu nehmen, er muß auch noch seinen Anteil als König haben!«

Oder: »Diego de Velazquez hat sein Vermögen daran gewendet, um die Küste bis zum Panuco zu entdecken. Cortes hat den Vorteil daraus gezogen.«

Cortes las die Verse jeden Morgen und schrieb treffende Antworten darunter. Endlich schrieb er: »Weiße Wand, Schreibtafel der Dummköpfe!« Am nächsten Morgen stand darunter: »und der Weisen und der Wahrhaftigen.« Cortes kannte die Verfasser. Die Ungezogenheiten hörten erst auf, als Pater de Olmedo den Generalkapitän bat, sie zu verbieten. Sie wurden unter schwere Strafen gestellt, und die witzigen Köpfe behielten daraufhin ihre Einfälle in der Tasche.

Im übrigen bedrückten uns alle schwere Schulden. Für eine Armbrust mußte der Mann vierzig bis fünfzig Piaster zahlen, für eine Muskete hundert, für einen Degen fünfzig und für ein Pferd achthundert bis tausend und darüber. So teuer mußten wir alles bezahlen. Ein Chirurgus, der einige gefährliche Wunden geheilt hatte, verlangte für seine Kuren ungeheure Summen; ein Apotheker und ein Barbier spielten gleichfalls den Arzt. Solche Prellereien gab es in Hülle und Fülle. Sobald die Mannschaften ihren Beuteanteil bekamen, wurden ihnen diese Gelder abgefordert.

Die Leute führten schwere Klagen gegen ihre Ausbeuter, bis Cortes schließlich zwei sachverständige Männer einsetzte, deren Rechtschaffenheit alle anerkannten. Sie mußten die Forderungen prüfen, je nach dem Befund ermäßigen, und wenn kein Geld vorhanden war, eine Zahlungsfrist von zwei Jahren einräumen.

Bei allen Zahlungen an die Mannschaft wurde auf jede Unze Gold ein Achtel Agio zugelegt, um uns die Anschaffung der nötigsten Bedürfnisse zu erleichtern. In Vera Cruz waren nämlich einige Kaufleute mit ihren Ladungen eingetroffen. Sie steckten den Gewinn ein, und wir hatten das Nachsehen. Denn sie schlugen nun das Agio wieder auf ihren Warenpreis und verlangten fünf Piaster für eine Sache, die höchstens drei wert war. So war denn das Agio »Tepuzque«, wie die Indianer sagen. Diesen Ausdruck haben wir uns damals angewöhnt. Wir fügten ihn fast allen Namen bei, die wir nannten. Dazu kam, daß das Gold verfälscht wurde. Cortes mußte zwei Goldarbeiter, die Goldstücke aus purem Kupfer geprägt hatten, zum Tod durch den Strang verurteilen.

Als die Vorwürfe über die geringen Zahlungen, die Forderungen nach mehr und die Bitten um Anleihen nicht aufhörten, schaffte sich Cortes die Schreier dadurch vom Hals, daß er sie damit beauftragte, neue Kolonien anzulegen. Dabei sollten sie auch Orte strafen, die uns in der Zeit unseres Rückzuges hinterrücks Kameraden getötet hatten. Sandoval schickte er nach Tuxtepec. Auf dem Weg dorthin sollte er in Medellin eine Kolonie gründen, dann am Coatzacoalcofluß entlangmarschieren und in seinem Mündungsgebiet eine als Hafen benutzbare Kolonie zurücklassen und schließlich die Provinz Panuco erobern. Rodrigo de Rangel und Pedro de Ircio wurden nach Vera Cruz befohlen. Der jüngere Juan Velazquez mußte in die Provinz Zacatula. Cristobal de Olid, der eben eine portugiesische Dame geheiratet hatte, zog nach Mechuacan, und Francisco de Orozco sollte die Provinz Guaxaca kolonisieren. Die Kaziken dieser Provinzen glaubten zunächst nicht, daß wir Mexiko erobert hatten. Sie schickten deshalb erst nach einiger Zeit Gesandte, die uns Glück wünschten, Geschenke brachten und sich der Hoheit unseres Kaisers unterstellten. Einige brachten ihre jungen Söhne mit und zeigten ihnen die zerstörte Stadt ihres Erzfeindes.

Der Leser wird fragen, warum wir alten Eroberer von Mexiko nicht in dieser Stadt bleiben wollten. Wir hatten uns die Rentenbücher von Moteczuma angesehen und festgestellt, welche Provinzen ihm das meiste Geld und die meisten Waren geliefert hatten. Die Gegend um Mexiko war arm. Dort gab es kein Gold, keine Baumwolle, keinen Kakao, nur Mais und Agaven. Unsere Erwartungen wurden freilich enttäuscht. Cortes muß gewußt haben, daß wir keine Reichtümer ernten werden; denn er machte mir gegenüber beim Abschied eine entsprechende Andeutung. Als für den Ausmarsch abgerechnet wurde, ergab sich übrigens, daß alles Gold in den Händen der königlichen Rentbeamten blieb. Sie rechneten unseren Beuteanteil gegen den Ankaufspreis der Sklavinnen auf, die wir ersteigert hatten. Die erste Abteilung brach wenige Tage nach der Gefangennahme von Cuauhtemoc auf, die zweite zwei Monate später.

Wie ein gewisser Christobal de Tapia in Vera Cruz ankam,
um die Statthalterschaft von Neuspanien zu übernehmen

Hier muß ich abbrechen und zunächst einmal auf wichtige Nachrichten eingehen, die um diese Zeit aus Vera Cruz kamen. Dort landete nämlich ein gewisser Cristobal de Tapia, der eine Bestallung Seiner Majestät als Statthalter von Neuspanien bei sich hatte, die ihm der oft genannte Erzbischof von Rosano verschafft hatte. Er hatte ferner Briefe an Cortes, an andere Eroberer und an Offiziere des Korps Narvaez, in denen diese Herren gebeten wurden, ihn als Statthalter zu unterstützen. Außer diesen Vollmachten führte er noch Papiere mit sich, die nur unterzeichnet, im übrigen aber unausgefüllt waren, so daß er die gewünschten Texte selbst einsetzen und sich zum Beispiel zum unumschränkten Herren von Neuspanien machen konnte.

Cristobal de Tapia präsentierte seine Vollmachten in Vera Cruz dem Gonzalo de Alvarado, einem Bruder unseres Hauptmanns, den Cortes zum Kommandanten der Stadt ernannt hatte. Dieser erklärte, er nehme die Papiere als Befehle seines Kaisers mit tiefer Ehrfurcht entgegen. Die Vollmachten müßten aber in einer Beratung mit den Alkalden und Regidoren der Stadt erst auf ihre Echtheit geprüft werden. Außerdem müßte festgestellt werden, wie Tapia zu diesen Papieren gekommen sei. Er könne nicht erwarten, daß ihm als einem völlig unbekannten Mann von vornherein volles Vertrauen entgegengebracht werde. Bei dieser Gelegenheit müsse auch untersucht werden, ob Seine Majestät überhaupt etwas von der Ausfertigung dieser Papiere wisse. Diese Antwort behagte dem Tapia nicht. Man riet ihm deshalb, selbst nach Mexiko zu gehen und seine Vollmachten Cortes und seinen Offizieren vorzulegen.

Daraufhin schrieb Tapia an Cortes und teilte ihm mit, in welcher Eigenschaft er nach Neuspanien gekommen sei. Cortes war ein kluger und geschickter Mann. Er antwortete dem Tapia außerordentlich liebenswürdig. Gleichzeitig befahl er einigen seiner höheren Offiziere und dem Pater Pedro Melgarejo de Urrea den Tapia zu besuchen. Einige Hauptleute mußten zu diesem Zweck mit Eilboten von ihren Kommandos zurückgeholt werden. Cristobal de Tapia war aber bereits nach Mexiko aufgebrochen. Er traf die Offiziere mit dem Pater unterwegs. Sie schlugen ihm vor, nach Cempoal zurückzureiten. Dort mußte er seine Vollmachten vorlegen und beweisen, daß Seine Majestät ihn geschickt, die Papiere persönlich unterzeichnet und den Zweck seiner Sendung gekannt hatte. Die Offiziere erklärten dem Tapia, daß sie ihm im Namen von Cortes und ganz Neuspanien Gehorsam geloben und leisten würden, wenn alles in Ordnung sei. Die Vollmachten wurden von allen anwesenden Offizieren als Ausdruck des Willens Seiner Majestät in aller Ehrfurcht anerkannt. Die Abgesandten von Cortes erklärten aber, daß die Vollziehung dieser Vollmachten zurückgestellt werden müsse. Sie müßten zuvor beim Kaiser dagegen Einspruch erheben; denn es sei nach Lage der

Dinge unmöglich, daß er über die ganze Sache unterrichtet sei und die näheren Umstände kenne. Tapia sei einer derartig wichtigen Aufgabe nicht gewachsen. Der Erzbischof Fonseca, ein Feind aller Eroberer und aller treuen Diener Seiner Majestät, habe diese Anordnungen getroffen, ohne den Kaiser ins Bild zu setzen. Er habe den Posten ihm zugeschoben, weil er eine Fonseca zur Frau habe. Tapia versuchte noch einmal die Echtheit der Vollmachten und der Briefe zu beweisen, er machte den Offizieren Versprechungen, er bedrohte sie, aber er erreichte damit nichts. Da wurde er krank vor Ärger. Die Offiziere meldeten Cortes, was geschehen war, und schlugen ihm vor, Goldbarren und Juwelen zu schicken, um den Ärger des Mannes zu besänftigen. Das Gold kam postwendend. Man kaufte ihm dafür ein paar Neger und drei Pferde ab und schickte ihn dann wieder nach San Domingo zurück, woher er gekommen war. Die kaiserlichen Generalstatthalter empfingen ihn dort keineswegs freundlich; denn sie hatten ihm ausdrücklich verboten, nach Neuspanien zu gehen.

Nach Meldungen aus Vera Cruz hatte Cristobal de Tapia dort eine Unterredung mit Narvaez. Dieser gab ihm den Rat, soviel Gold wie möglich zu nehmen und schleunigst nach Spanien zurückzukehren, um dort mit Unterstützung des Bischofs Fonseca gegen Cortes zu intrigieren. Cortes schickte daraufhin den Rodrigo de Rangel wieder als Kommandanten nach Vera Cruz und befahl dem Gonzalo de Alvarado, ihm den Panfilo de Narvaez nach Coyohuacan zu bringen. Narvaez soll sehr beeindruckt gewesen sein von den Orten, durch die er zog, und vor allem von den großen Städten um den See. Cortes hatte befohlen, ihn ehrenvoll zu behandeln und ihn sofort zu ihm zu bringen. Narvaez ließ sich bei der Begrüßung aufs Knie nieder und wollte Cortes die Hand küssen. Unser Feldherr nahm das aber nicht an, hob ihn auf und umarmte ihn. Dann ließ er ihn neben sich Platz nehmen. Narvaez hielt eine begeisterte Rede über die Heldentaten des Cortes und seiner Mannschaft, er erklärte, daß diese Taten außergewöhnliche Belohnungen des Kaisers verdienten, und er versicherte, daß er bereit sei, für Cortes jeden Dienst zu leisten. Der General antwortete ihm, daß wir diese Taten nur vollbringen konnten, weil uns der barmherzige Gott und das Glück des Kaisers beigestanden seien.

In dieser Zeit beschäftigte sich Cortes eingehend mit den Plänen für den Wiederaufbau der großen und berühmten Stadt Mexiko. Die Baustellen für die Kirchen und die Klöster, für die herrschaftlichen Gebäude und für die öffentlichen Plätze wurden abgesteckt, und die Bewohner bekamen ihre Wohnviertel zugewiesen. Nach dem Urteil von vielgereisten Leuten war Mexiko schon damals die größte, volkreichste und schönste Stadt der Christenheit.

Aber Cortes konnte nicht bei diesen friedlichen Unternehmungen bleiben. Er hatte Gonzalo de Sandoval in die Provinz Panuco geschickt, weil ihm zu Ohren gekommen war, daß Francisco de Garay eine große Expedition ausrüste, um dieses Stromland zu erobern. Jetzt kam die Nachricht, daß die ganze Provinz aufgestanden sei. Ein Teil der spanischen Kolonisten war schon ermordet; die anderen baten dringend um Hilfe. Da keiner der erfahrenen Hauptleute zur Verfügung stand, setzte sich Cortes selbst an die Spitze einer Expedition mit zweihundertfünfzig Mann, von denen einhundertdreißig beritten waren, und von zehntausend Mexikanern. Diego de Soto blieb mit einer starken Besatzung in der Hauptstadt zurück. Zur selben Zeit kehrte Cristobal de Olid aus der Provinz Mechuacan zurück, die er vollkommen zur Ruhe gebracht hatte. Viele Kaziken begleiteten ihn. Er brachte eine große Menge Gold mit, das freilich stark mit Silber und Kupfer durchsetzt war.

Der Feldzug gegen Panuco verschlang große Summen. Cortes verlangte später von Seiner Majestät die Erstattung dieser Auslagen. Die Finanzkammer lehnte sie ab mit der Begründung, Cortes habe diese Provinz aus eigenem Antrieb erobert, um sie dem Francisco de Garay, der mit einer großen Expedition dorthin unterwegs war, wegzunehmen. Nun möge er auch die Kosten selber tragen.

Cortes fand die ganze Provinz in Aufruhr. Seine Friedensangebote wurden nicht angenommen. Es kam zu vielen Gefechten und zu zwei größeren Schlachten, in denen er drei Tote, dreißig Verwundete und vier Pferde verlor. Die Mexikaner zählten über hundert Tote und etwa zweihundert Verwundete. Der Feind soll über sechzigtausend Mann ins Gefecht geführt haben. Aber er wurde mit Gottes Hilfe geschlagen. Das Schlachtfeld war mit so vielen Toten und Verwundeten bedeckt, daß den Leuten aus Panuco die Lust am Krieg für alle Zukunft verging. Cortes blieb acht Tage in der Gegend, damit sich die Verwundeten pflegen konnten. Lebensmittel gab es in Fülle. In dieser Kampfpause schickte er den Pater de Olmedo mit zehn gefangenen Kaziken und den Dolmetschern zu den feindlichen Häuptlingen. Der Pater hielt den geschlagenen Feinden mit Versprechungen und Drohungen untermischte Predigten und brachte sie schließlich so weit, daß sie Gesandtschaften schickten, die um Frieden baten und Juwelen mitbrachten, die freilich keinen großen Wert hatten. Cortes empfing sie freundlich wie immer.

Dann zog er mit der Hälfte der Mannschaft an den Chilafluß, an eine Stelle, die etwa fünf Stunden von der Seeküste entfernt war. Auch hier lud er die Völkerschaften, die auf dem anderen Ufer wohnten, dazu ein, ihm Friedensboten zu schicken. Sie hatten aber noch das Fleisch von vielen Soldaten im Leib, die sie im Lauf der letzten Jahre getötet hatten. Garay hatte die Männer in diese Gegend geschickt. Sie sollten Kolonien gründen. Die Indianer meinten, sie würden mit Cortes ebenso leicht fertig werden. Außerdem verließen sie sich auf den natürlichen Schutz der vielen Flüsse, der großen Seen und der Sümpfe. Sie gaben keine Antwort, sondern ermordeten die Friedensboten, die Cortes geschickt hatte. Daraufhin beschlagnahmte der General alle Kähne auf dem Fluß, ließ einfache Barken zusammenschlagen und setzte mit fünfzig Reitern und hundert Mann über. Der Feind war auf der Hut. Er ließ unsere Leute ruhig übersetzen und landen. Dann fiel er in großen Massen über unsere Leute her, tötete zwei Mann, verletzte über dreißig, brachte drei Pferde um und verwundete fünfzehn andere. Er selbst hatte aber viel größere Verluste und mußte schließlich doch das Feld räumen. Am nächsten Tag fanden unsere Kameraden in einem Opfertempel eine Menge Kleidungsstücke und Skalpe von Spaniern, die traurigen Reste der Expedition von Garay. Manche erkannten alte Freunde wieder. Sie waren sehr betroffen, nahmen die Reste herunter und bereiteten ihnen ein christliches Begräbnis.

Mit aller Vorsicht marschierten sie weiter auf eine bedeutende Ortschaft zu. Die Späher erkundeten große feindliche Hinterhalte. Die Indianer griffen an, obwohl sie nun das Überraschungsmoment nicht ausnützen konnten. Nach einer halben Stunde mußten sie aber doch weichen. Sie zogen sich bis zu einem Fluß zurück, der sehr viel Wasser führte und eine starke Strömung hatte. Auch die Unsrigen hatten wieder Verluste. Am nächsten Tag streiften sie durch das ganze Land, ohne einen Bewohner zu finden. Sie fanden nur auffallend viele Kufen mit Pulque in großen Gewölben unter der Erde. Auf ein erneutes Friedensangebot antworteten die Indianer, daß sie erst Geschenke zusammentragen müßten und in vier Tagen kämen. Cortes wartete aber vergeblich auf sie. Darum stellte er eine Sturmtruppe zusammen, die einen Ort angreifen mußte, der auf einer Art Insel an einem See und zwischen zwei Flüssen lag. Eine Gruppe Spanier und zahlreiche Mexikaner ruderten mit Kähnen und schnell zusammengeschlagenen Barken in einer dunklen, regnerischen Nacht an den Ort heran, überfielen die völlig überraschten Einwohner und machten sie nieder oder verschleppten sie. Daraufhin kamen in den nächsten Tagen von allen Seiten Abordnungen und baten um Frieden. Nur die Eingesessenen, die weiter weg in einem unzugänglichen Gebirge wohnten, blieben weg.

Cortes gründete nun eine Stunde vom Chilafluß entfernt eine Stadt, in der er einhundertdreißig Spanier zurückließ. Alle Orte, die um Frieden gebeten hatten, wurden als Kommenden an die Kameraden verteilt. Die Stadt erhielt den Namen Santisteban del Puerto. Ihr erster Kommandant war Pedro Vallejo.

Als Cortes wieder nach Mexiko zurückmarschieren wollte, er-

hielt er die Meldung, daß drei Orte, die dem Kaiser Treue geschworen hatten, mit Angriffsplänen schwanger gingen und die
neue Stadt überfallen wollten, sobald der General abmarschiert
sei. Er ließ die Orte niederbrennen. Sie wurden später wieder
aufgebaut. Um dieselbe Zeit scheiterte im Panucodelta ein Schiff
mit Schiffszwieback, Pferdebeschlägen, eingemachten Früchten
und Wein, das diesen Nachschub von Vera Cruz zu Cortes bringen sollte. Als Cortes nach dem Verbleib des Schiffes fragte,
schickte man dem großen Segler ein leichtes Fahrzeug nach. Dieses fand drei Mann der Besatzung, die einzigen, die sich mit Hilfe
von Brettern auf eine kleine Insel retten konnten. Sie hatten sich
über zwei Monate von Seehundfleisch und einer Art Feigen er-
nährt, die auf der Insel wuchsen. Zum Glück hatten sie beim
Brunnengraben auch süßes Wasser gefunden. Sie unterhielten
Tag und Nacht ein Signalfeuer. Gott der Allmächtige lenkte das
leichte Segelboot so, daß man von ihm aus das Feuer sehen konnte. Die Männer segelten in dem kleinen Schiff glücklich nach
Vera Cruz.

Auf dem Rückweg nach Mexiko wurde Cortes gemeldet, daß
sich einige Ortschaften im Gebirge empört hätten und alle Nachbarn, die nicht mit ihnen aufstanden, terrorisierten. Der General
marschierte sofort in diese Provinz. Der Feind lauerte ihm an einem Engpaß auf, fiel über den Troß her, erschlug mehrere Träger
und nahm ihre Lasten mit. Bei der Verfolgung kamen zwei
Pferde zu Tode. Die Indianer mußten die Zeche teuer bezahlen,
als Cortes ihre Ortschaften erreicht hatte. Denn die Mexikaner
gingen unbarmherzig vor, der Kazike und sein erster Offizier
wurden gehenkt, die Beute mußte zurückgegeben werden. Nach
der Exekution befahl Cortes den Mexikanern, die Feindseligkeiten einzustellen. Die Einwohner leisteten dem Kaiser den Treueid, und Cortes setzte den Bruder des gehenkten als neuen Kaziken ein. Nach dieser derben Züchtigung hielten die Leute Frieden.

Ehe ich weitererzähle, noch ein Wort über die Bewohner von
Panuco. Es gibt in ganz Neuspanien kein Volk, das bösartiger,

schmutziger und roher wäre. Nirgends wurden so viele und grausame Menschenopfer gebracht. Die Leute waren dem Trunk ergeben, wälzten sich im Schmutz und gaben sich jeder unnatürlichen Lust hin. Eines Tages erging es ihnen, wie sie es verdienten. Sie wurden zwei- oder dreimal mit Feuer und Schwert heimgesucht und erhielten schließlich den Nuno de Guzman als Statthalter, der sie schwer züchtigte, die meisten zu Sklaven machte und an die Spanier auf den Inseln verkaufte.

Wie wir dem Kaiser sein Fünftel der Beute, andere Wertsachen und einen ausführlichen Bericht schickten

In diesen Tagen kam Alonso Davila aus San Domingo zurück, wo er im Auftrag von Cortes mit dem Generalstatthalter verhandeln sollte. Er brachte für Cortes die Vollmacht, ganz Neuspanien zu erobern, die Kriegsgefangenen zu Sklaven zu machen, sie mit glühenden Eisen zu zeichnen und die Indianer auf Kommenden zu verteilen. Diese Vollmacht sollte gelten, bis Seine Majestät sie genehmigt oder etwas anderes verfügt hätte. Die Hieronymitenbrüder hatten ein eigenes Schiff nach Spanien abgefertigt; denn sie wollten dem Kaiser ohne Einschaltung des Erzbischofs Fonseca Bericht erstatten.

Alonso Davila war ein schwieriger Mann, der sich vor niemand fürchtete. Auf den Rat des Paters de Olmedo gab der General Davila eine sehr ertragreiche Kommende, sehr viel Gold und noch mehr gute Worte und Versprechungen. Weil er aber ganz froh war, wenn der Mann weit von ihm entfernt war, schickte er ihn zusammen mit dem Hauptmann seiner Leibwache, Antonio de Quinones, als Vertreter seiner Interessen nach Spanien. Er gab den beiden dazu zwei Schiffe mit achtundachtzigtausend Castellanos in Goldbarren und der Garderobe des Motezuma für den Kaiser mit. Diese Garderobe war ein ungewöhnlich wertvolles Geschenk, das unseres großen Kaisers würdig war. Zu ihr gehörten viele Juwelen und Goldarbeiten, Perlen, so groß wie eine

Haselnuß, und andere seltene Kostbarkeiten. Dazu legte er einige von den Riesenknochen, die wir im Tempel von Coyohuacan gefunden hatten. Ferner gingen drei Tiger und einige andere Raritäten an Bord, die ich heute nicht mehr aufzählen kann. Bei dieser Gelegenheit schrieben alle großen Herren an den Kaiser. Aber auch wir einfachen Männer machten für ihn einen ausführlichen Bericht. Wir rühmten die Taten, die wir unter der Führung unseres Generalkapitäns vollbracht hatten, beschrieben den Reichtum und die Größe der für den Kaiser eroberten Länder und baten ihn um einen Bischof und um Mönche von allen geistlichen Orden, die uns helfen sollten, den rechten Glauben zu verkünden und auszubreiten. Ferner baten wir den Kaiser, dem Cortes die Statthalterschaft über Neuspanien zu verleihen; denn er sei ein treuer, um die spanische Krone hochverdienter Offizier. Ferner baten wir ihn, zu verfügen, daß alle königlichen Staatsämter in diesem Land nur an die Eroberer und ihre Söhne verliehen werden. Vor allem baten wir ihn darum, keine Rechtsgelehrten zu schicken, weil diese mit ihrer Gelehrsamkeit nur Prozesse anstiften, Uneinigkeit schaffen und das ganze Land in Verwirrung stürzen würden.

Dann kamen wir auf Cristobal de Tapia zu sprechen und erklärten, daß dieser Mann dem wichtigen Posten eines Statthalters von Neuspanien nicht gewachsen sei. Unter seiner Regierung wäre das ganze Land unfehlbar wieder verlorengegangen. Wir seien leider gezwungen, Seiner Majestät selbst Aufschluß über die Verhältnisse zu geben; denn wir hätten allen Grund anzunehmen, daß der Erzbischof Foncesa unsere früheren Berichte nicht weitergegeben und nur zugunsten seines Freundes Diego de Velazquez und seiner sonstigen Günstlinge berichtet habe. Tapia habe zwar Patente vorgewiesen, an deren Echtheit nicht zu zweifeln sei, er sei aber weder Soldat noch ein Mann, der die für einen Statthalter unumgänglich notwendige Entschlossenheit und Klugheit habe. Aus diesem Grunde sei es notwendig gewesen, daß wir als treue und gehorsame Untertanen Seiner Majestät eine Darstellung der tatsächlichen Verhältnisse geben und um eine

Entscheidung in dieser Sache bitten. Wir bäten aber um die Gnade, dem Präsidenten von Indien jede Entscheidung in Sachen, die Cortes und uns angehen, zu verbieten. Wir müßten sonst alle weiteren Eroberungszüge in dem neuen Land einstellen und könnten auch den Frieden in den schon unterworfenen Gebieten nicht aufrechterhalten. Der Erzbischof und Präsident von Indien habe zum Beipsiel den Hafenbeamten von Sevilla verboten, Waffen, Soldaten und anderen Nachschub für Cortes und sein Korps passieren zu lassen.

Dann gingen wir auf den Feldzug gegen Panuco ein, für den Cortes über sechzigtausend Piaster aus seiner Tasche bezahlt habe, die ihm die Rentbeamten nicht erstatten wollten. Die Mannschaften des Garay seien von den besonders wilden Indianern von Panuco bis jetzt alle aufgerieben worden. Es wäre deshalb sehr zweckmäßig, wenn Seine Majestät dem Garay, der zur Zeit eine neue Expedition in Jamaika ausrüste, befehlen würde, daß er erst abwarten solle. Wir würden das Land zur Ruhe bringen, und er solle nicht wieder unnötig Menschen opfern. Sobald die Mexikaner merkten, daß die Spanier ihre Pläne nicht aufeinander abstimmen, würden sie sehr schnell wieder versuchen, diese Unstimmigkeiten für neue Aufstände auszunützen.

Dies und viele andere Dinge schrieben wir an Seine Majestät. Cortes war aber auch nicht faul und schrieb einen eigenen Bericht von zwanzig Seiten, in dem er den Kaiser unter anderem um die Ermächtigung bat, den Staathalter von Kuba festzunehmen und nach Spanien zu schicken, damit er dort abgeurteilt werden könne, weil er Leute nach Mexiko geschickt habe mit dem Befehl, Cortes zu ermorden. Am 20. Dezember 1522 ging das Schiff unter Segel, passierte den Bahamakanal und kam glücklich bis zu der Insel Tercea, wo es vor Anker ging. Unterwegs brachen zwei Tiger aus ihren Käfigen und verwundeten mehrere Matrosen. Weil der dritte Tiger der wildeste von allen war, beschloß die Mannschaft, auch diesen zu erschlagen. Während des Aufenthalts auf der Insel verwickelte sich Antonio de Quinones, der gern den tapferen Mann spielte und schnell verliebt war, in einen

Streit um ein Mädchen. Er bekam dabei einen derben Schlag auf den Kopf und gab einige Tage später seinen Geist auf. Alonso Davila war damit allein. Er segelte weiter, wurde aber kurz hinter der Insel Tercea von dem französischen Freibeuter Jean Florin aufgebracht, der sich beider Schiffe mitsamt seiner Mannschaft und der Ladung bemächtigte. Florin kaperte bei dieser Fahrt noch ein drittes spanisches Schiff, das aus San Domingo kam und über zwanzigtausend Piaster, eine Menge Perlen, Zucker und Kuhhäute an Bord hatte. Mit diesen kostbaren Prisen kehrte der Seeräuber als reicher Mann nach Frankreich zurück und machte dem französischen König und dem Admiral von Frankreich reiche Geschenke. Ganz Frankreich bestaunte die Schätze, die wir unserem Kaiser schickten. Damals ließ der König von Frankreich dem Kaiser sagen, daß er den Krieg, den er mit ihm führe, nur mit dem Reichtum finanzieren könne, den er aus Westindien beziehe. Er ließ ihm weiter sagen: da er, der Kaiser, und der König von Portugal die Welt miteinander geteilt und ihm nichts gegeben hätten, solle er ihm doch einmal das Testament des Vaters Adam zeigen, nach dem sie zu alleinigen Erben eingesetzt seien. Solange er diesen Nachweis nicht führen könne, sei es auch erlaubt, ihm zur See zu nehmen, was man nur bekommen könne. Der König von Frankreich ließ den Jean Florin mit einer neuen Flotte in See stechen, mit der er in den Gewässern zwischen den Kanarischen Inseln und Spanien stattliche Prisen einbrachte. In der Biskaya stieß er auf drei oder vier spanische Kriegsschiffe, die ihn zwischen sich nahmen und ihn so zurichteten, daß er sich mit seinen Mannschaften, seinen Schiffen und dem Raub ergeben mußte. Er wurde nach Sevilla eingebracht. Der Kaiser ließ ihm den Prozeß machen. Er wurde mit seinen Kumpanen im Hafen von Pico gehängt. Das war das Schicksal unserer Goldsendung, der Hauptleute, die sie nach Spanien bringen sollten, und des Jean Florin, der sie geraubt hatte.

Alonso Davila hatte man nach Frankreich gebracht und in eine Festung gesperrt, weil man hoffte, für einen Mann, der so große Reichtümer überbringen sollte, ein entsprechendes Lösegeld herauszuschlagen. Davila verständigte sich aber sehr bald mit dem Festungskommandanten und gab heimlich Nachricht über sich und das Schicksal der Sendung nach Spanien. Ja, es gelang ihm sogar, seine Vollmachten, sämtliche Berichte und wichtige Papiere durch zuverlässige Hände nach Spanien zu schicken. Von dort aus wurden sie direkt an den Kaiser nach Flandern weitergegeben, ohne daß der Präsident von Indien etwas davon erfuhr. Dieser hatte offen zugegeben, daß er sich über die Wegnahme der Geschenke, des Goldes und der Papiere durch die Franzosen freue. Der Kaiser las unsere Berichte und befahl dem Erzbischof, Cortes in allen Dingen, die Neuspanien betrafen, nachhaltig zu unterstützen. Er wolle sich der Streitsache persönlich annehmen, wenn er wieder nach Spanien zurückkomme. Uns traf die Nachricht von dem Verlust unserer Schätze und Geschenke hart. Cortes suchte sofort neue Wege, um zu neuen Schätzen zu kommen. Für den Kaiser ließ er eine goldene Kanne gießen, die den Namen des Vogels Phönix erhielt.

Wie Gonzalo de Sandoval und Cristobal de Olid die ihnen zugewiesenen Aufträge erfüllten

Ich habe meine Erzählung unterbrochen und will jetzt berichten, wie es Sandoval und den anderen Offizieren ergangen ist, die Cortes in die Provinzen geschickt hatte, um sie gänzlich zu unterwerfen, Kolonien anzulegen und zur Ruhe zu bringen. Als Gonzalo de Sandoval nach Tuxtepec kam, erhielt er aus allen Teilen der Provinz Friedensbotschaften. Nur einige mexikanische Hauptleute hielten sich zurück; denn als das Korps Narvaez in der Stadt lag, waren sechzig Spanier und ihre Frauen ermordet worden. Sie hatten sich vor den Angriffen der Einwohner in einen Turm zurückgezogen, den sie hielten, bis Hunger, Durst und Wunden ihnen den Tod brachten. Sandoval legte großen Wert darauf, die verantwortlichen Hauptleute in die Hand zu bekommen. Er faßte auch den Anführer, machte ihm den Prozeß und ließ ihn verbrennen. Mit diesem Mann waren viele andere gefangen worden, die gleichfalls den Tod verdient hätten. Sandoval ließ sie aber durchschlüpfen und nur einen die Zeche für alle bezahlen.

Dann forderte er Ortschaften, die etwa zehn Stunden weiter im Gebirge lagen, auf, sich zu unterwerfen und Botschafter zu schicken. Als sich die Leute, die alle zu der Provinz der Zapoteken gehörten, weigerten, stellte er eine Kampfgruppe zusammen, deren Führung er dem Hauptmann Briones anvertraute, der nach seinen Erzählungen ein sehr erfahrener und tapferer Kämpfer war. Er wurde von den Zapoteken sehr bald in einen Hinterhalt gelockt und zurückgeschlagen. Ein Drittel seiner Leute wurden verwundet, ein Mann erlag seinen Verletzungen. Die Zapoteken bewohnten ein rauhes, unwegsames Gebirge, in dem es nur sehr schmale Pfade gab, deren Bewältigung auch dem Fußgänger große Mühe machte. Auf den Bergen lag ewiger Nebel und Tau, die Erde war glitschig, so daß man nur mit größter Vorsicht, Mann hinter Mann marschieren konnte. Die Zapoteken hatten besonders lange Spieße, die mit einer Art Nebenklinge aus Obsidan versehen waren. Sie war schärfer als unsere Degen. Sie deckten ihren ganzen Körper mit leichten Schilden und waren besonders geschickt im Gebrauch von Bogen, Schleuder und Wurfspieß. Sie rannten mit ihren flinken, schlanken Beinen über Pfade, die unsere schwerfälligen Leute nicht betreten konnten, und verständigten sich durch Pfiffe und Schreie, die ein langes Echo wieder zurücktrug. Die Ortschaft Tiltepec, in welcher der Hauptmann Briones überfallen wurde, unterwarf sich später von selbst und wurde dem Soldaten Alonso de Ojeda als Kommende verliehen. Als Briones Bericht erstattet hatte, erinnerte ihn Sandoval an die vielen blutigen Schlachten, die er in Italien bestanden hatte, und sagte dazu: »Es sieht so aus, als ob es hier noch heißer zuginge, Herr Hauptmann, als bei Euren früheren Feldzügen!« Diese Bemerkung ärgerte den Briones sehr, und er versicherte, daß er lieber gegen große Heere mit schweren Geschützen kämpfe, ja, lieber gegen Türken und Sarazenen als gegen die Zapoteken. Sandoval erwiderte, er bedaure, daß er ihm den Auftrag gegeben habe; denn »fürwahr, nach dem, was Ihr so oft von Euren italienischen Feldzügen erzählt habt, mußte ich annehmen, daß diese kleine Unternehmung für Euch nur ein Scherz sei. Was mögen die Zapoteken nun über uns sagen? In jedem Fall haben sie jetzt andere Vorstellungen von unserer Tapferkeit als früher!«

Nachdem dieser Kriegszug schiefgegangen war, ließ Sandoval die Xaltopeken auffordern, sich zu unterwerfen, einen Stamm, der zum Volk der Zapoteken gehörte. Sie hatten gerade Krieg mit den Mixteken, einem besonders gewandten und kriegerischen Stamm. Wider Erwarten stellten sich sehr bald etwa zwanzig Kaziken und Vornehme ein und brachten zehn Röhrchen mit Goldkörnern und andere hübsche Goldarbeiten. Sie trugen weite baumwollene Gewänder, die ihnen bis auf die Füße fielen und nach Art der sarazenischen Mäntel bestickt waren. Sie traten mit viel Würde auf und wurden von Sandoval sehr geehrt, freundlich aufgenommen und mit Glasperlen beschenkt. Daraufhin nahmen sie sich ein Herz und baten ihn, sie im Krieg gegen die Mixteken zu unterstützen. Er sollte ihnen ein paar Teules zur Verfügung stellen. Da Sandoval keinen Mann entbehren konnte, speiste er sie mit Versprechungen ab. Er sagte ihnen zu, Malinche zu verständigen und zu bitten, daß er ihnen Teules schicke. In der Zwischenzeit sollten sie zehn Spaniern die Pässe und das Gelände zeigen, von denen aus der Angriff auf die Mixteken vorgetragen werden solle. Sandoval hoffte, bei dieser Gelegenheit auch die Lage der Goldbergwerke auskundschaften zu können. Drei Kaziken blieben zu diesem Zweck bei uns. Sie erkundeten mit Alonso de Castillo, dem Besonnenen, mit mir und sechs anderen Soldaten das Land. Wir hatten bei der Division von Sandoval drei Männer, die auf den Namen Castillo hörten. Einmal meine Wenigkeit. Ich führte den Beinamen »der Galante«, den ich zu dieser Zeit auch recht gern hörte. Der zweite hatte den Beinamen »der Bedächtige«, weil er immer ein nachdenkliches Gesicht machte und lange nachsann, ehe er einmal den Mund öffnete; der dritte, der jetzt mit mir auszog, hieß »der Besonnene«, weil er schnelle und treffende Antworten gab.

Wir durchstreiften also das Land und setzten viele Indianer in Bewegung, die uns in Flußmulden aus dem Sand Gold wuschen. Wir sammelten auf diese Weise immerhin vier Röhrchen Goldstaub, die etwa so dick waren wir ein Mittelfinger. Sandoval war über diesen Fund sehr erfreut und schloß daraus, daß dieses Land sehr goldreich sein müsse. Er verteilte daraufhin die Ortschaften der Provinz an die Männer, die er zurücklassen wollte. Für sich nahm er Orte, die in der Nähe der Bergwerke lagen und über fünfzehntausend Piaster abwarfen. Den Befehl über die ganze Provinz gab er dem Hauptmann Luis Marin, dem er eine ganze Grafschaft zuteilte. Später zeigte sich, daß auch die großen Besitzungen der beiden Männer nur sehr wenig abwarfen. Auch ich sollte ein paar Orte bekommen, schlug sie aber aus, weil ich glaubte, ich dürfe Sandoval nicht verlassen. Er kannte diesen Grund und tat in den späteren Feldzügen alles für mich, was er nur konnte.

Sandoval gründete in dieser Provinz auch eine Stadt, die er auf Befehl des Generalkapitäns nach der Geburtsstadt des Cortes Medellin nannte. Das Land hatte auch einen Hafen, in den der Chalchocuecafluß mündete, den wir Banderas nannten. Durch diesen Hafen ging zunächst der Schiffsverkehr mit Spanien, bis Vera Cruz ausgebaut war. Wir marschierten nun an den Coatzacoalcofluß. Nach etwa sechzig Stunden kamen wir in die Provinz Zitla, ein Land mit einem sehr erfrischenden Klima. Dort wuchsen Lebensmittel in Fülle, und sie war am dichtesten bevölkert von allen neuspanischen Ländern. Die Einwohner unterwarfen sich bedingungslos. Als wir an den Coatzacoalcofluß kamen, schickten wir an die Kaziken jenseits des Flusses die übliche Aufforderung, sich bei uns einzustellen. Als keine Antwort kam, glaubten wir, daß sie sich zur Wehr setzen wollten. Das hatten sie ursprünglich auch vor. Am fünften Tag kamen sie dann aber mit Lebensmitteln und Geschenken und boten uns ihre Boote für die Überfahrt an. Wir trauten dem Frieden nicht, behielten ihren obersten Kaziken, den sie Tochel nannten, bei uns und schickten vier Mann hinüber, um die Lage zu erkunden. Als sie meldeten, daß am anderen Ufer alles friedlich sei, und als der Sohn des To-chel uns ein kleines Goldgeschenk brachte, setzten wir in hundert Kähnen über. Für den Transport der Pferde hatten wir immer zwei Kähne zusammengebunden. Es war gerade Pfingsten. Des-halb nannten wir den Ort am Fluß Espiritu-Santo.

Die besten Männer des Korps ließen sich in diesem friedlichen Land nieder, auch Sandoval, Luis Marin und ich. Es waren sehr viele, ich kann sie nicht alle aufzählen. Wenn Alarm war oder bei feierlichen Gelegenheiten, kamen über achtzig Reiter auf den Platz, das war damals soviel wie fünfhundert heute, eine stattli-che Zahl; denn die Pferde waren damals in Neuspanien noch sel-ten und außerordentlich teuer. Sandoval verteilte das Land als Kommenden an die Einwohner der Stadt. Ich hätte sehr zufrie-den sein können, wenn ich das, was ich bekommen hatte, behal-ten hätte. Aber wir mußten alle mit den drei Städten, die später in der Provinz angelegt wurden, Prozesse um unser Land führen. Coatzacoalco war einmal die schönste Niederlassung in Neu-spanien. In ihr hatten sich die Eroberer angesiedelt, sie war gleichsam reinblütig. Aber sie kam bald herunter und ist heute ein unbedeutender Platz.

Sandoval war noch mit der Anlage der neuen Stadt beschäftigt, da kam die Meldung, daß ein Schiff in den Ayagualulcofluß einge-laufen sei. Das war ein schlechter Hafen, der etwa fünfzehn Stunden von uns weg lag. Das Schiff kam aus Kuba und hatte die Gemahlin von Cortes, ihren Bruder und eine Reihe anderer Frauen an Bord, deren Männer in Neuspanien waren. Sandoval machte sich sofort mit den meisten seiner Offiziere und mit uns auf, um die Gäste gebührend zu begrüßen. Es regnete damals stark, die Wege waren grundlos, und die Flüsse waren nur mit großer Mühe zu passieren. Dazu wehten heftige Nordwinde, die das Schiff auch gezwungen hatten, diesen Hafen anzulaufen. Donna Catalina Xuarez, die erste Gattin von Cortes, freute sich sehr über den Empfang. Wir brachten sie in unsere Stadt. Sandoval schickte Eilboten nach Mexiko, um Cortes die Ankunft seiner Gemahlin zu melden. Die Damen machten sich ungesäumt auf den Weg nach Mexiko. Sie wurden von Sandoval, Briones, Francisco de Lugo und anderen Kavalieren begleitet. Cortes soll dieser Besuch keineswegs angenehm gewesen sein. Aber er ließ sich nichts anmerken. Die Gäste wurden auf dem Weg nach Mexiko überall sehr geehrt und in der großen Stadt selbst mit vielen Festlichkeiten und Turnieren gefeiert. Die Freude der guten Donna Catalina dauerte freilich nicht lange. Schon nach knapp drei Monaten kam die Nachricht, daß sie an Engbrüstigkeit gestorben sei.

Nun aber zu den Abteilungen, die Cortes nach Zacatula und nach Colima geschickt hatte. Sie fanden beide starken Widerstand. Das ganze Land stand gegen sie auf, und sie hatten ziemliche Verluste. Cortes machte dieser Mißerfolg große Sorge. Cristobal de Olid war dagegen mit vielen Reichtümern aus Mechuacan zurückgekommen, das er befriedet hatte. Cortes glaubte deshalb, daß er der rechte Mann sei, auch die beiden schwierigen Provinzen zu beruhigen, und schickte ihn mit dreißig Schützen, Musketieren und fünfzehn Reitern in die aufrührerischen Gebiete. Die Einwohner lauerten ihm dicht vor Zacatula in einem Engpaß auf. Nach schweren Kämpfen konnte er den Widerstand brechen und in die Stadt einziehen. Dort fand er den Führer des ersten Kommandos, Villafuerte, in einer schmählichen Lage. Die Ortschaften des Landes waren den Spaniern, die in der Stadt wohnten, als Kommenden zugesprochen worden. Wenn sie aber die Einkünfte draußen eintreiben wollten, wurden sie von den Einwohnern umgebracht. Vier Spanier waren auf diese Weise schon umgekommen. Niemand wagte sich mehr hinaus aufs Land. Cristobal de Olid mußte manchen harten Strauß bestehen, ehe er Herr der Lage wurde. Er hatte große Verluste, brachte die Eingeborenen aber schließlich doch dazu, Ruhe zu halten. Dann kehrte er nach Mexiko zurück. Er war dort noch nicht warm geworden, da empörten sich die beiden Provinzen wieder. Inzwischen war auch Sandoval wieder im Hauptquartier eingetroffen.

Cortes schickte ihn nach Zacatula und Colima. Er griff so gründlich durch, daß beide Länder in der Folge keinen Aufstand mehr wagten.

Wir hatten in Coatzacoalco dieselben Schwierigkeiten, brachten die Leute aber ohne Hilfe bald wieder zur Ruhe. Wir waren gerade wieder zu einer Strafexpedition gegen die Aufständischen aufgebrochen, da erhielten wir die Meldung, daß ein leichtes Schiff den Fluß herauf bis zu unserer Stadt gesegelt sei. Es hatte einen gewissen Juan Bono de Quexo an Bord, der behauptete, er habe kaiserliche Befehle für uns. Er ließ uns auffordern, alles liegen und stehen zu lassen und in die Stadt zurückzukommen, damit er uns die Befehle übermitteln könne. Luis Marin beriet mit uns, was da zu tun sei. Wir beschlossen schließlich, umzukehren und den Mann anzuhören. Bono war seinerzeit Mitglied der Expedition von Narvaez, also ein alter Bekannter. Er ersuchte uns, eine Ratssitzung einzuberufen, und rückte erst mit der Sprache heraus, als wir alle beisammen waren. Der Erzbischof hatte ihm leere Blätter mit seiner Unterschrift mitgegeben, die Bono in unserer Abwesenheit mit den Namen der Regidoren und mit mancherlei Versprechungen ausgefüllt hatte. Auch für mich war so ein Papier dabei. Er wollte uns die Dokumente erst geben, wenn wir bereit seien, Tapia anzuerkennen. Als wir ihm eröffneten, daß Tapia längst das Land verlassen habe, segelte er betrübt nach Vera Cruz, reiste von dort aus zu Cortes nach Mexiko und mußte sich bald wieder nach Spanien einschiffen.

Wie Alvarado nach Tututepec zog, um dort eine Stadt zu gründen

Kurz nach dem Fall von Mexiko kamen unter anderem auch Botschafter der Zapoteken zu Cortes, brachten ihm wertvolle Goldgeschenke, beglückwünschten ihn zu seinem Sieg und erklärten sich bereit, sich der Hoheit unseres Kaisers zu unterwerfen. Bei der Gelegenheit berichteten sie, daß sie mit ihren Nachbarn, den

Tutupeken, im Krieg lägen, weil sie sich uns angeschlossen hätten. Dieses Volk wohne an der Südküste. Das Land sei sehr reich an Gold und Edelsteinen. Sie baten, ihnen Reiter, Armbrustschützen und Musketiere mitzugeben. Cortes antwortete, er wolle ihnen Pedro de Alvarado mitgeben, den sie Tonatio nannten. Er bekam einhundertachtzig Mann zugeteilt, darunter fünfunddreißig Reiter, und den Pater Bartolome.

Alvarado brach im Jahr 1522 auf. Er zog durch ein völlig friedliches Land, erreichte aber über die schwierigen Gebirgspässe erst nach vierzehn Tagen die Stadt Tututepec. Der Fürst und die Großen seines Landes zogen ihm entgegen, empfingen ihn feierlich und führten ihn in ihre größte Stadt, in der auch die Götzentempel lagen. Die Häuser in diesem sehr heißen Land waren alle aus Stroh. Pater Bartolome riet davon ab, diese Häuser zu beziehen, weil man den Einwohnern hilflos ausgeliefert sei, wenn sie alles anzündeten. Alvarado bezog daraufhin ein Lager am äußersten Ende des Ortes. Der Kazike brachte ihm täglich große Geschenke und ließ alle Spanier vorzüglich verpflegen. Alvarado ließ sich ein Paar goldene Steigbügel anfertigen, die sehr schön wurden. Trotzdem ließ er den Kaziken schon nach wenigen Tagen verhaften. Leute aus Tehuantepec hatten ihm nämlich gemeldet, daß die ganze Provinz gegen ihn aufstehen wolle. Man habe ihn nur deshalb mitten im Ort unterbringen wollen, um ihn mit seinen Leuten leichter verbrennen zu können. Andere Leute behaupten, Alvarado habe auf diese Weise nur mehr Gold erpressen wollen. Der Kazike starb vor Gram im Gefängnis. Er hatte Alvarado über dreißigtausend Piaster gegeben. Das Kazikat kam an seinen Sohn, von dem Alvarado noch mehr Gold erpreßte.

Alvarado gründete die Stadt Segura und verteilte Land unter die neuen Kolonisten. Dann ließ er sein Gold verladen, um es nach Mexiko zu bringen und an Cortes abzuliefern. Da verschwor sich ein Teil der einfachen Mannschaften, ihn mit seinen Brüdern umzubringen. Pater Bartolome hörte rechtzeitig davon und unterrichtete Alvarado. Dieser wollte gerade mit den Verschworenen auf die Jagd reiten. Er schützte Seitenstechen vor, zog sich mit seinen Brüdern in sein Quartier zurück, ließ die Richter kommen und den Verschworenen den Prozeß machen. Zwei Aufwiegler wurden zum Tod durch den Strang verurteilt. Die übrigen kamen daraufhin zur Besinnung und ließen Alvarado mit seinem Gold ruhig nach Mexiko ziehen.

Die neugegründete Stadt lebte nur kurze Zeit. Die Ländereien waren schlecht, das heiße Klima äußerst ungesund. Viele wurden krank, auch die mitgebrachten indianischen Sklaven. Es gab mehr Moskitos, Mäuse und Wanzen als Gold. Die Kolonisten beschlossen deshalb, die Stadt zu verlassen. Als Cortes das hörte, befahl er eine strenge Untersuchung. Man stellte fest, daß dieser Beschluß in einer förmlichen Ratssitzung gefaßt worden war. Die Verantwortlichen sollten zum Tode verurteilt werden. Auf dringende Bitten des Pater Bartolome wurde diese schwere Strafe in Landesverweisung umgewandelt. Das war das Schicksal der Kolonie Tututepec.

Wie Francisco de Garay mit einer großen Expedition
den Panucofluß erreichte, und wie es ihm erging

Francisco de Garay, Statthalter von Jamaika, ein schwerreicher Mann, hörte von den Schätzen der Länder, die wir erobert hatten, erwirkte bei unserem Gegner, dem Bischof Fonseca, ein Patent, nach dem er zum Statthalter und Oberrichter am Panucofluß und in allen Ländern, die er entdecken sollte, eingesetzt wurde. Er rüstete drei Schiffe aus, die mit zweihundertvierzig Mann besetzt waren und unter dem Kommando des Alonso Alvarez de Pinedo standen. Wie berichtet, nahm dieser ein schnelles Ende. Er wurde mit den meisten seiner Leute von den Indianern umgebracht. Nur ein Schiff mit sechzig Mann konnte sich nach Vera Cruz retten. Die Soldaten nahmen bei uns Dienst. Ich habe auch schon von den zwei Schiffen berichtet, die Garay seiner verschollenen Expedition nachschickte. Sie landeten beide in Vera Cruz.

Neid und Goldgier veranlaßten Garay nun, eine Flotte mit elf Schiffen und zwei Brigantinen einzusetzen, die hundertdreißig Reiter und achthundertvierzig Mann Fußvolk mitnahm. Die meisten hatten Musketen und Armbrüste mit. Die sehr reichen Lebensmittelvorräte lieferten seine eigenen Güter. Mit diesem Geschwader segelte er am Sanktjohannestag des Jahres 1523 von Jamaika ab. In Kuba erfuhr er, daß Cortes die Provinz am Panucostrom schon unterworfen, dort eine Stadt angelegt und dafür sechzigtausend Piaster aufgewendet habe. Er erfuhr auch, daß Cortes Seine Majestät um die Statthalterschaft über ganz Neuspanien und das Panucogebiet gebeten hatte. Außerdem wurde ihm erzählt, wie Cortes die Übermacht des Panfilo de Narvaez überwunden hatte. Garay war überzeugt, daß er wegen des Panucogebietes mit Cortes Streit bekommen mußte. Er hatte Angst vor seinem eigenen Unternehmen und bat Alonso Zuazo, den Vertreter der Generalstatthalter von San Domingo bei Diego de Velazquez, ihn zu begleiten. Zuazo antwortete, er könne seinen Posten nicht ohne die Erlaubnis seiner Vorgesetzten verlassen, er wolle ihm jedoch bald nachfolgen.

Daraufhin ließ Garay die Anker lichten und segelte in Richtung Panucofluß. Sie kamen in ein schweres Wetter. Die Steuermänner mußten nach Norden ausweichen und gerieten in die Gewässer des Palmasflusses. Ein Erkundungstrupp brachte schlechte Nachrichten, so daß man beschloß, doch im Palmasgebiet zu landen. Garay ließ alle Mannschaften noch einmal auf die Fahne schwören. Er verpflichtete sie als Generalkapitän zum strengsten Gehorsam. Dann ernannte er sämtliche Alkalden, Regidoren und andere Behörden für eine Stadt, die er gründen und Garayana nennen wollte. Die Mannschaften und die Pferde wurden im Mündungsgebiet des Palmasflusses ausgeschifft. Garay wollte über Land marschieren, die Flotte sollte ihm an der Küste entlang folgen. In den ersten Tagen kam er durch wüste, öde Sumpfgegenden, passierte in einigen Barken und in alten Kähnen, die er vorfand, einen Fluß und kam endlich in eine Ortschaft, die von den Einwohnern verlassen war. Sie fanden dort aber

Mais, Hühner und Birnen, die sehr gut schmeckten. Seine Leute fanden auch noch einige Indianer, die mexikanisch sprechen konnten. Er beschenkte sie reichlich und schickte sie in die Nachbarorte mit dem Auftrag, die Bevölkerung friedlich zu stimmen.

Dann zog er um einen Sumpf herum und besuchte die Ortschaften, in denen er mit Hühnern und einer besonderen Art von Gänsen bewirtet wurde, die in den Sümpfen geschossen wurden. Ein großer Teil der Mannschaften war des Herumziehens schon müde. Sie plünderten die Orte, durch die sie kamen, weil sie glaubten, daß die Indianer ihnen nicht alle Lebensmittel ausgeliefert hätten. Am vierten Tag kamen sie an einen breiten Fluß, über den sie nur in geliehenen Kähnen setzen konnten. Die Pferde mußten schwimmen. Die Reiter begleiteten sie jeweils in einem Kahn und hielten sie am Zügel. Fünf Pferde ersoffen. Drüben geriet Garay in ein sehr schwieriges Sumpfgebiet, hinter dem endlich die Provinz Panuco begann.

Die Einwohner versteckten die wenigen Lebensmittel, die sie nach den letzten Kämpfen mit den Soldaten von Cortes noch hatten. In den leeren Häusern fanden sie nur Mäuse, Wanzen und Moskitos und keineswegs die Erholung, die sie erhofft hatten. Die Flotte war nicht in ihrem Bestimmungshafen angekommen und konnte deshalb auch keinen Nachschub liefern. Ein flüchtiger spanischer Verbrecher hatte den Leuten erzählt, daß Mexiko nah, fruchtbar und reich sei. Viele rissen daraufhin aus, plünderten und suchten den Weg nach Mexiko allein. Garay fürchtete, daß er seine Leute nicht mehr lange zusammenhalten könne. Darum schickte er seinen Hauptmann Diego de Ocampo nach Santisteban. Er sollte dem damaligen Stadtkommandanten Pedro de Vallejo eröffnen, daß er durch kaiserliches Patent zum Statthalter dieser Provinz ernannt sei. Vallejo nahm den Ocampo freundlich auf und versicherte ihm, daß Cortes sich freuen werde, einen solchen Statthalter als Nachbarn zu bekommen. Die Eroberung dieser Provinzen habe ihn aber große Summen gekostet, und er sei gleichfalls zu ihrem Statthalter ernannt. Trotzdem solle Garay mit seinen Truppen kommen, wann er wolle. Er müsse sich aber ausbitten, daß die Leute die Indianer nicht mißhandelten. Aus zwei Orten lägen ihm schon Klagen vor.

Gleichzeitig schickte Vallejo einen Eilboten an Cortes, berichtete ihm und bat um Verhaltensregeln. Cortes schickte daraufhin den Pater de Olmedo, Pedro de Alavarado, Gonzalo de Sandoval und Gonzalo de Ocampo (einen Bruder des Ocampo, der unter Garay diente) mit seinen eigenen Patenten an Garay ab. Garay rückte inzwischen mit seinem Korps bis dicht vor die Stadt Santisteban. Als Vallejo erfuhr, daß eine größere Abteilung des Korps von Garay in dem schönen und großen Ort Nachapalan lag, ließ er sie angreifen und vierzig Mann nach Santisteban bringen, womit diese Männer sehr einverstanden waren. Als Grund für diese Maßnahme gab er an, daß die Leute das Land ohne Erlaubnis durchzogen und geplündert hätten. Garay fühlte sich in seiner Ehre gekränkt und forderte seine Männer im Namen des Kaisers zurück. Vallejo antwortete, er könne ohne förmlichen Befehl Seiner Majestät nur Weisungen von Cortes annehmen. Im übrigen ersuche er ihn nochmals dringend, seinen Leuten durch einen strikten Befehl die Mißhandlung und Plünderung der kaiserlichen Untertanen zu verbieten.

In dieser Zeit trafen die Botschafter von Cortes mit seinen Patenten ein. Gonzalo de Ocampo war damals Alkalde Major von Mexiko und mußte in dieser Eigenschaft Garay das Betreten des Landes verbieten, das der Kaiser schon Cortes zugewiesen hatte. Pater de Olmedo ging als Vermittler zwischen den beiden Parteien ständig hin und her. Darüber vergingen mehrere Tage, in denen zahlreiche Männer des Korps Garay zu Vallejo überliefen. Auch die Reiter und Musketiere um die Offiziere von Cortes vermehrten sich von Tag zu Tag. Zwei Schiffe der Flotte waren den Nordstürmen zum Opfer gefallen, die anderen lagen vor dem Hafen. Vallejo forderte sie auf, einzulaufen, damit sie nicht noch einmal in einen Sturm kämen. Wenn sie nicht gehorchten, wollte er sie wie Korsaren behandeln. Die Kapitäne verbaten sich zunächst seine Einmischung und erklärten, er habe ihnen nichts zu befehlen. Garay wagte nichts dagegen zu unternehmen; denn er fürchtete das bewährte Glück seines Gegners. Die mexikanischen Abgesandten verhandelten inzwischen heimlich mit den Kapitänen und erreichten, daß einige in den Hafen einliefen und sich Cortes zur Verfügung stellten. Als Vallejo den Führer der Flotte, Juan de Grijalva, aufforderte, auch einzulaufen oder das Weite zu suchen, antwortete Grijalva mit Kanonenschüssen. Daraufhin bestieg Vallejo eine Barke und ging in Begleitung eines königlichen Sekretarius an Bord des Admiralschiffes. Er hatte Briefe von Pater Bartolome und Alvarado mit, die dem Kapitän im Namen von Cortes große Versprechungen machten. Während Grijalva die Briefe las, liefen alle anderen Schiffe nach und nach in den Hafen ein. Es blieb ihm nichts übrig, als ihnen zu folgen und Vallejo seinen Degen zu überreichen. Alle Kapitäne und Offiziere des Garay wurden aber sofort wieder in Freiheit gesetzt; denn Pater Bartolome pflegte zu sagen: man müsse alles ohne Blutvergießen abmachen. Das sei Gott und dem Kaiser am angenehmsten.

Garay war sehr niedergeschlagen. Er forderte seine Schiffe und seine Mannschaften dringend zurück und erklärte, daß er keinen Streit wolle. Er werde sich in das Gebiet des Palmasflusses begeben. Sein Patent habe ihm ja auch dieses Land zugesprochen. Die Offiziere des Cortes wünschten ihm Glück zu dieser Unternehmung. Sie forderten alle Soldaten des Korps Garay auf, sich um ihren General zu sammeln, und stellten Lebensmittel zur Verfügung. Sie drohten den Flüchtigen mit schweren Strafen. Aber es kam keiner freiwillig zurück. Die wenigen Soldaten, die sie fassen konnten, erklärten, sie seien nur für die Provinz Panuco und nicht für andere Länder verpflichtet, andere sagten offen, Garay sei kein Soldat und könne keine Truppen führen. Garay war verzweifelt, als er sah, daß selbst der beste Wille der Offiziere von Cortes ihm seine Männer nicht zurückbringen konnte. Man riet ihm nun, an Cortes selbst zu schreiben und ihn um eine Begegnung zu bitten. Garay schickte Cortes einen Bericht über seine bisherigen Schicksale und bat ihn um eine persönliche Unterredung, in der sie alles, was der Dienst Gottes und Seiner Majestät von ihnen verlange, besprechen könnten. Er lege damit seine Ehre und seinen Ruf in die Hände von Cortes.

Cortes ging das Schicksal Garays nahe. Er antwortete sehr zuvorkommend, bedauerte ihn und lud ihn ein, nach Mexiko zu kommen. Er wolle ihn gern mit Rat und Tat unterstützen. Zugleich befahl Cortes, Garay überall wie einen Ehrengast zu empfangen und zu bewirten. Er schickte ihm Erfrischungen entgegen, ließ in Tetzcuco ein Bankett für ihn feiern und ritt ihm mit vielen Kavalieren entgegen, als er in die Nähe der Stadt Mexiko kam. Garay staunte, als er die vielen großen Städte und schließlich das berühmte Mexiko sah. Cortes quartierte ihn in seinem neuen Palast ein und beriet mit ihm die Lage und weitere Pläne. Pater Bartolome, Alvarado und Sandoval vermittelten im Sinne Garays, und schon nach drei Tagen schlug der Pater vor, das gute Einvernehmen zwischen den beiden Männern durch eine Heirat zu bekräftigen. Der junge Garay und die sehr junge natürliche Tochter des Cortes verlobten sich. Im übrigen vereinbarte man, daß Garay die Flotte weiterführen und das Land am Palmasfluß kolonisieren solle. Cortes wollte ihn mit Offizieren, Truppen und Material unterstützen. Für die Tochter wurde eine sehr reiche Mitgift vereinbart.

Sicher wäre alles gut und friedlich weitergegangen, wenn die Vorsehung es nicht anders beschlossen hätte. Garay kam in Mexiko auch mit Panfilo de Narvaez ins Gespräch, der die Taten und die glückliche Hand des Cortes sehr bewunderte. Garay legte ein gutes Wort für Narvaez bei Cortes ein und erreichte, daß der Generalkapitän den alten Gegner nach Kuba entließ. Er unterstützte ihn sogar noch mit zweitausend Piastern. Narvaez dankte Cortes überschwenglich und versicherte, daß er ihm immer und unter allen Umständen zu Diensten sei.

In der Weihnachtsnacht 1523 erkältete sich Garay und bekam Seitenstechen mit heftigem Fieber. Die Ärzte taten alles für ihn, konnten ihn aber nicht retten. Pater Bartolome nahm ihm die Beichte ab und brachte ihm die Sakramente. Garay setzte den Pater und Cortes zu seinen Testamentsvollstreckern ein. Nach vier

Tagen war er tot. Er wurde mit großen Ehren begraben. Cortes und viele andere Kavaliere legten seinetwegen Trauer an. Möge Gott ihm alle Sünden vergeben und ihm dereinst eine fröhliche Auferstehung verleihen! Amen!

In der Provinz Panuco war es inzwischen toll zugegangen. Der junge Garay wurde als Vertreter des Generalkapitäns übergangen. Ein Offizier nach dem anderen warf sich zum Führer des ganzen Korps auf. Die Mannschaften zogen in Haufen von fünfzehn bis zwanzig Mann durch das Land, plünderten, vergewaltigten die Frauen und benahmen sich, wie wenn sie in der Türkei wären. Eines Tages war das den Einwohnern zuviel. Sie taten sich zusammen und erschlugen in wenigen Tagen über fünfhundert Mann des Korps. Die meisten wurden geschlachtet und verzehrt. Von Santisteban aus konnte man dagegen nichts unternehmen; denn die Übermacht der Indianer stand in keinem Verhältnis zu der kleinen Besatzung des Ortes. Am Ende kam es freilich so weit, daß die Eingeborenen die Stadt förmlich belagerten und sie bei Tag und bei Nacht angriffen. Nur der Tapferkeit, der Umsicht und der Kriegserfahrung von sieben bis acht Männern vom Stamm der alten Eroberer war es zu verdanken, daß der Platz gehalten werden konnte. Diese Kriegsleute halfen auch dem kleinen Rest des Korps draußen, wo sie konnten. Sie drangen nur darauf, daß sie nicht in die Stadt kamen, um auf diese Weise die Kräfte des Feindes zu zersplittern. Sie lieferten ihm draußen drei Treffen. Vallejo fiel, und viele Spanier wurden verwundet. Der Feind verlor aber noch mehr Tote und unterlag endlich. In einem Ort hatten die wütenden Indianer in einer Nacht vierzig Spanier und fünfzehn Pferde verbrannt.

Als Cortes von diesen Vorgängen erfuhr, war er sehr erregt. Er wollte selbst nach dem Rechten sehen, mußte aber einen gebrochenen Arm pflegen und schickte deshalb Sandoval mit hundert Mann Fußvolk, fünfzig Reitern, fünfzehn Schützen und Musketieren, zwei Feldstücken und acht- bis zehntausend Tlaxcateken und Mexikanern. Sandoval rückte in Eilmärschen heran. Als er hörte, daß der Feind ihn in zwei Engpässen erwarte, teilte er sein

Korps und griff beide Sperrstellungen zugleich an. Der Feind machte heftige Gegenangriffe. Es gelang Sandoval nicht, die Pässe zu nehmen. Da ließ er am nächsten Morgen beide Gruppen nach links einschwenken und den Weg nach Mexiko einschlagen. Der Feind verfolgte sie mit Hohngeschrei. Sandoval bezog nun eine Stellung, in der er sich drei Tage ruhig verhielt, um den Feind sorglos zu machen. Dann brach er plötzlich um Mitternacht auf, drang mit seinem ganzen Verband durch die Engen und hatte nun den Vorteil des Geländes für sich. Der Feind hatte in der Nacht erhebliche Verstärkungen bekommen und trat in Massen auf, die befürchten ließen, daß Sandoval den kürzeren ziehen müsse. Die Indianer rannten wie wütende Tiger in die Degenspitzen der Spanier und rissen sogar sechs ungeübten Reitern die Lanzen aus den Händen. Sandoval zeigte den Reitern persönlich, wie sie kämpfen sollten. Sie mußten die Lanzen immer auf die Gesichter der Feinde richten. Wurden die Lanzen vom Feind ergriffen, dann mußten sie die Waffe mit aller Kraft halten, unter den Arm drücken und dem Pferd die Sporen geben. Durch den plötzlichen Schwung würde die Lanze dann dem Feind wieder aus der Hand gerissen oder der ganze Mann würde mitgeschleift.

Das Gefecht an diesem Tag blieb unentschieden. Sandoval lagerte die Nacht über an einem Fluß, abgesetzt von den Verbündeten. Der Feind stand dicht vor dem Lager, griff aber trotz Feldgeschrei und Kriegsmusik nicht an; denn er war sich seines Sieges so sicher, daß er bis zum Morgen warten wollte. Sandoval ließ die Kompanien geschlossen ausrücken und marschierte auf eine Häusergruppe zu, aus der feindliche Kriegsmusik ertönte. Er war noch keine Viertelstunde unterwegs, da stieß er auf drei Heerhaufen, die sofort versuchten, ihn einzuschließen. Daraufhin verteilte er die Reiter auf die beiden Flügel und griff mit solchem Nachdruck an, daß er die ganzen indianischen Haufen versprengen konnte. Die Mexikaner und die Tlaxcateken verteilten sich auf die umliegenden Ortschaften, schlugen noch viele Feinde nieder und machten noch mehr Gefangene. Der Weg nach Santisteban war frei. Die Besatzung befand sich in einem kläglichen Zustand. Die meisten waren krank und verwundet, Menschen und Pferde hatten keine Nahrungsmittel mehr und waren durch die pausenlosen Kämpfe geschwächt. Sie waren glücklich über den Entsatz und berichteten über die Heldentaten der alten Eroberer. Sandoval umarmte alle herzlich und stellte sofort zwei Kampfgruppen zusammen, die Lebensmittel holen und möglichst viele Gefangene, vor allem Kaziken bringen sollten. Er selbst konnte nicht mitziehen, weil er eine schwere Wunde am Schenkel hatte und im Gesicht verletzt war. Er gönnte sich und den anderen Verwundeten drei Ruhe- und Pflegetage.

Die beiden Streiftrupps schickten sehr bald Mais und andere Lebensmittel, dazu zahlreiche Gefangene, darunter viele Frauen und fünf Vornehme. Bis auf diese fünf ließ Sandoval alle wieder frei und gab den Befehl, nur Gefangene zu machen, die mit der Ermordung der Spanier zu tun hatten. Die anderen sollten die Streifkommmandos veranlassen, ohne Zwang und friedlich zu erscheinen. Sie folgten dieser Aufforderung. Mehrere Offiziere von Garay waren in der Stadt geblieben. Als sie sahen, daß Sandoval ihnen keine Kommandos gab, waren sie beleidigt, murrten, versuchten die Leute gegen Sandoval und seine Verfügungen aufzuhetzen, ja, erklärten, man müsse zusammen mit den Eingeborenen einen Aufstand anzetteln. Sandoval hielt den Herren eine scharfe Strafpredigt, die ihre Gesinnungen aber nicht änderte.

Einen Tag darauf zog Sandoval selbst mit aus, nahm zwanzig Kaziken gefangen, die am Aufstand beteiligt waren, und lud nun alle Ortschaften ein, Friedensangebote zu schicken. Die meisten kamen, das Fehlen der anderen übersah Sandoval. Er schickte an Cortes einen Bericht, bat ihn, über die Gefangenen zu bestimmen und den neuen Kommandanten der Stadt zu ernennen. Cortes war sehr beglückt über diesen Erfolg und stimmte laute Lobreden auf Sandoval an. Er schickte ihm Gonzalo de Ocampo, der über die Kaziken zu Gericht sitzen sollte. Einige wurden zum Strang, einige zum Feuer verurteilt, ein paar konnten entlassen werden.

Die erledigten Kazikate wurden den Söhnen oder Brüdern zugesprochen. Ocampo hatte ferner von Cortes den Auftrag, die Spanier festzustellen, die plündernd durch das Land gezogen waren.
Sie wurden in ein Schiff gepackt und nach Kuba zurückgeschickt.
Grijalva wurde vor die Wahl gestellt, nach Mexiko zu kommen
und in die Dienste von Cortes zu treten oder gegen Aushändigung
von zweitausend Piastern auf den weiteren Aufenthalt in Neuspanien zu verzichten und auch nach Kuba zu segeln. Die Leute
fuhren gern zurück; denn die meisten hatten auf der Insel Ange-
hörige, Haus und Hof und Indianer.

Sandoval und Ocampo wurden in Mexiko mit Jubel empfangen. Alle hatten den Fortgang des Feldzuges mit großer Sorge
verfolgt. Pater de Olmedo feierte in der Liebfrauenkirche ein großes Dankfest und hielt bei dieser Gelegenheit eine sehr erbauliche
und gelehrte Predigt. Die Provinz blieb von da an ruhig.

*Wie der Lizentiat Alonso de Zuazo mit zwei Mönchen
nach Neuspanien reiste, und von ihren merkwürdigen
Schicksalen auf dieser Reise*

Nachdem der Lizentiat Zuazo den Generalstatthaltern über seine
Tätigkeit auf Kuba berichtet hatte, löste er das Versprechen ein,
das er Francisco de Garay gegeben hatte, und segelte nach Neuspanien. Er nahm zwei Mönche vom Orden der Barmherzigen
Brüder mit, von denen einer mit unserem Pater Bartolome eng
befreundet war. Sie schifften sich auf einem kleinen Segler ein
und hatten kaum das Vorgebirge von San Anton passiert, als sie,
entweder durch das Ungeschick des Steuermanns oder durch
Meeresströmungen, von ihrem eigentlichen Kurs abgebracht und
in die Gegend der sogenannten Viperinseln verschlagen wurden,
die ganz in der Nähe der Bänke von Alacranes liegen. Größere
Schiffe sind in diesen Gewässern mit ihren zahllosen Untiefen
meist rettungslos verloren. Die kleine Karavelle kam durch. Sie
mußten allerdings einen großen Teil der Ladung über Bord wer-

fen, um das Schiff zu erleichtern. Diese bestand zum größten Teil aus geräuchertem Fleisch, das die Haifische anlockte, die einen Matrosen zu fassen bekamen und auffraßen. Den anderen wäre es ebenso ergangen, wenn sie nicht schnell genug an Bord gekommen wären. Sie landeten mit großer Mühe auf der Insel und hatten nun nichts zum Essen und zum Trinken, weil sie alles über Bord geworfen hatten. Von der Insel aus konnten sie einige Stücke von ihrem Pökelfleisch wieder fischen. Hätten sie nicht ein paar Indianer von der Insel Kuba mitgehabt, dann hätten sie auch kein Feuer machen können; denn sie verstanden noch nicht, zwei Stöcke trockenen Holzes durch Reiben zum Aufflammen zu bringen. Nach einigem Suchen fanden sie in der Nähe des Ufers eine Wasserstelle. Die Insel war sehr klein und sandig. Deshalb kamen zahlreiche Schildkröten, um ihre Eier in den Sand zu legen. Die Indianer drehten die Tiere sofort auf den Rücken, damit sie sich nicht mehr fortbewegen konnten. Jede Schildkröte legt im Durchschnitt hundert Eier. Von diesen Eiern und den Schildkröten ernährten sich die dreizehn Menschen, die sich auf die Insel gerettet hatten. Auch Seehunde kamen nachts an den Strand und verbesserten den Speisezettel. Zur Schiffsbesatzung gehörten zwei Zimmerleute, die ihr Werkzeug gerettet hatten. Sie bauten aus Teilen der unbrauchbar gewordenen Karavelle eine Barke, die sie mit Schildkröten, geräuchertem Seehundfleisch und mit Wasser beluden. Drei spanische Matrosen und ein Indianer aus Kuba gingen mit diesem leichten Boot, einer Seekarte und einem Kompaß in See. Sie wollten einen Hafen von Neuspanien erreichen und von dort Hilfe holen. Nach einer schwierigen Fahrt kamen sie schließlich in das Mündungsgebiet des Banderasflusses, wo damals noch die Waren aus Spanien umgeschlagen wurden. Sie begaben sich nach Medellin und berichteten dem dortigen Kommandanten über ihr Schicksal. Dieser fertigte sofort ein Schiff ab, ließ es reichlich mit Lebensmitteln versehen und schickte es mit einem Brief an Zuazo in See. Er schrieb, daß er das Schicksal der Schiffbrüchigen bedauere und daß Cortes sich über seine baldige glückliche Ankunft freuen werde. Gleichzeitig verständigte er den Generalkapitän, der mit diesen Maßnahmen sehr zufrieden war. Er gab die Anweisung, die Reisenden bei ihrer Ankunft mit allem zu versehen, was sie brauchten, und ihnen Pferde für die Weiterreise nach Mexiko zu geben.

Das Schiff hatte eine glückliche Fahrt und kam sehr schnell an sein Ziel. Die Freude der Schiffbrüchigen war außerordentlich, zumal sie kurz vorher den Pater Gonzalez verloren hatten, der die schlechte Nahrung nicht vertragen hatte. Sie empfahlen die Seele des Toten ihrem Schöpfer, gingen an Bord des Schiffes, das sie aus ihrer Not erlösen sollte, kamen sehr schnell an die Küste und von dort nach Medellin, wo sie gut und herzlich aufgenommen wurden. Sie ritten aber so bald wie möglich weiter nach Mexiko. Cortes schickte ihnen Offiziere entgegen, welche die Gäste in seinen Palast brachten. Den Lizentiaten Alonso de Zuazo ernannte er bald nachher zu seinem Alkalden Major.

Der Bericht über diesen Vorfall ist wörtlich einem Brief entnommen, den Cortes an den Rat unserer Stadt geschrieben hat und dessen Inhalt die drei Matrosen bestätigt haben, die in dem selbstgebauten Boot nach Neuspanien gekommen sind. Man kann sich also darauf verlassen, daß meine Erzählung wahr ist.

Wie Cortes den Pedro de Alvarado in die Provinz Guatemala schickte, um sie zu unterwerfen

Cortes hatte den Ehrgeiz, in allen Dingen den großen König Alexander von Mazedonien nachzuahmen. Sein Machtstreben kannte keine Grenzen. Er hatte mit Hilfe seiner ausgezeichneten Offiziere und seiner tapferen Soldaten die große Stadt Mexiko erobert, wieder aufgebaut und bevölkert; er hatte viele neue Städte gegründet. Er wollte nun aber auch die goldreiche Provinz Guatemala erobern, die sich trotz wiederholter Aufforderungen nicht selbst unterwerfen wollte. Pedro de Alvarado bekam den Auftrag, diese Aufgabe durchzuführen. Er hatte zur Verfügung: dreihundert Mann Fußvolk (darunter einhundertzwanzig Schützen und

Musketiere), einhundertfünfzig Reiter, vier Feldstücke, reichlich Pulver und zweihundert Mann Hilfsvölker. Pater de Olmedo, ein naher Freund von Alvarado, wollte den Zug als Prediger und Missionar begleiten. Cortes hatte sich aber so sehr an die guten Ratschläge des Paters gewöhnt, mit dem er alle wichtigen Angelegenheiten besprach, daß er ihn nur nach einigem Widerstand ziehen ließ. Pater de Olmedo bekam Dolmetscher mit, die ihm helfen sollten, die Eingeborenen vom Menschenraub, von den Menschenopfern und von der Sodomie abzubringen und sie für den christlichen Glauben zu gewinnen. Alvarado sollte zunächst versuchen, die Leute auf friedlichem Wege für den Kaiser zu gewinnen.

Nachdem alle Vorbereitungen getroffen waren, brach Alvarado am 13. Dezember 1523 mit seinem Korps auf. Er marschierte durch das Gebirgsland Tehuantepec, dessen Einwohner aufgestanden waren, und stellte die Ruhe wieder her. In der Hauptstadt des Landes, das den Zapoteken gehörte, wurde er freundlich aufgenommen und mit Gold beschenkt. Auch die nächste Provinz, Soconusco, die sehr dicht bevölkert war, unterwarf sich willig und brachte Geschenke. Dann kamen sie in Feindesland. Die Einwohner von Zapotitlan leisteten erbitterten Widerstand. An einem schwierigen Flußübergang im Gebirge stand der Feind in großen Massen bereit. Es kam zu einer heißen Schlacht. Dreimal mußten die Spanier angreifen, ehe sie den Engpaß überwinden konnten. Die volkreichen Gebiete von Quetzaltenango und Utlatan verteidigten sich mit allen Mitteln gegen die Spanier. Es gab Verwundete. Die Leute Alvarados blieben aber den Indianern nichts schuldig. Auf dem Schlachtfeld lagen viele Tote und Verwundete.

Dann mußte ein Engpaß im Gebirge bewältigt werden, der etwa einundeinehalbe Legua lang war. Auf der Paßhöhe fanden sie zwei frische Opfer für den Kriegsgott; ein altes, fettes indianisches Weib und einen der Hunde, die nicht bellen können, die zum Verspeisen bestimmt sind. Sie stießen auch bald auf eine solche Menge von Feinden, daß sie fast eingeschlossen wurden. Die

Reiterei konnte sich auf dem engen Paß nicht entwickeln. Dafür blieb das Fußvolk dem Feind ständig auf dem Leib. Die Indianer wurden kämpfend den Engpaß hinuntergejagt. In einigen Gebirgsschluchten wartete ein neues großes Heer, das dem Angriff Alvarados auswich, bis er eine Stellung erreicht hatte, in der ihm über sechstausend Indianer gegenüberstanden. Das waren die Leute aus Utlatan, die fest damit rechneten, daß sie hier ihren Feinden den Garaus machen könnten. Alvarado und seine tapfere Mannschaft schlugen sie aber in die Flucht. Der Feind sammelte sich wieder, verstärkte sich und wiederholte seine Angriffe immer wieder. An einem Brunnen hatte er einen Hinterhalt gelegt. Dort wurde Mann gegen Mann gekämpft. Immer zwei bis drei Indianer gingen auf ein Pferd los, andere zogen am Schweif. Sie versuchten, die Pferde zu Boden zu werfen. Alvarado befand sich in einer schlimmen Lage; denn die Übermacht der Indianer war sehr groß. Pater de Olmedo sprach den Spaniern Mut zu. Er erinnerte daran, daß sie hier für Gott und für die Ausbreitung seines heiligen Glaubens kämpften. Er versicherte ihnen, daß seine Hand ihnen beistehen werde, sie müßten hier siegen oder sterben. Trotz aller Anstrengungen blieb die Entscheidung lange zweifelhaft. Als der Feind endlich nachgab, konnte die Reiterei über das weite Feld auschwärmen und die feindlichen Haufen so weit versprengen, daß sie drei Tage Ruhe hielten. Alvarado ließ in dieser Zeit nur Streifen gehen, welche die Gegend erkundeten und Lebensmittel holten.

Auf dem Weitermarsch kam das Korps nach Quetzaltenango, wo sie erfuhren, daß in den letzten Tagen zwei Kaziken aus Utlatan gefallen waren. Außerden hörten sie, daß der Feind einen neuen Angriff vorbereite und dazu schon sechzehntausend Mann zusammengezogen habe. Alvarado ließ daraufhin seine Leute in einer Ebene aufmarschieren. Die Indianer ließen nicht lange auf sich warten und versuchten, sie einzuschließen. Aber die Reiterei konnte hier alle Vorteile des Geländes ausnützen und rückte dem Feind so heftig auf den Pelz, daß er bald sein Heil in der Flucht suchte. Die Indianer hatten einige ihrer Fürsten verloren und entschlossen sich nun doch, um Frieden zu bitten. Sie schickten eine Gesandtschaft mit einem kleinen Goldgeschenk. Später zeigte sich freilich, daß auch dies nur eine List war, mit der sie Alvarado nach Utlatan locken wollten, um das Korps in dem schwer zugänglichen Ort einzuschließen und zu überfallen. Alvarado war gutgläubig, nahm die Geschenke höflich an und folgte mit dem ganzen Korps der freundlichen Aufforderung, in die Hauptstadt zu ziehen. Der Ort hatte nur zwei Tore. Zu dem einen kam man über eine Treppe mit fünfundzwanzig Stufen, zu dem anderen über einen schmalen Dammweg. Weiber und Kinder waren in die Schluchten der nahen Umgebung geflohen. Die gestern noch sehr höflichen und fast demütigen Kaziken führten plötzlich eine anmaßende Sprache. Die Verpflegung kam erst sehr spät und war schlecht. Überall spürte man die Feindseligkeit. Bald erfuhr Alvarado auch durch einige Einwohner von Quetzaltenango, daß die Indianer das ganze Korps in der nächsten Nacht umbringen wollten. Die Eingesessenen sollten die Häuser anzünden. Auf dieses Rauchzeichen hin sollten uns die in den Schluchten um den Ort versteckten Kriegsvölker überfallen. Sobald Alvarado die Gefahr kannte, die ihn bedrohte, rief er seine Offiziere und Mannschaften zusammen, erklärte ihnen die Lage und eröffnete ihnen, daß alles darauf ankomme, so schnell wie möglich eine zwischen den Schluchten liegende Ebene zu erreichen. Es war schon zu spät, um ganz ins freie Feld zu kommen. Alvarado gab die nötigen Befehle und ging dann wieder zu den Kaziken und sprach mit ihnen, als ob nichts vorgefallen wäre. Im Lauf des Gesprächs sagte er nur so nebenbei, daß die Pferde daran gewöhnt seien, jeden Tag ein paar Stunden auf die Wiese zu gehen, und daß er deshalb den Ort verlassen müsse, in dem ihm die Häuser und Straßen ohnehin zu eng seien.

Diese Mitteilung wirkte auf die Kaziken wie ein Donnerschlag. Sie konnten ihren Ärger nicht verbergen. Alvarado ließ nun auch seine Maske fallen, ließ den Kaziken des Ortes fesseln und stellte ihn vor ein Kriegsgericht, das ihn – der dem Kaiser Treue geschworen hatte – zum Feuertod verurteilte. Pater de Olmedo bat um Aufschub der Hinrichtung. Er wollte versuchen, den Kaziken vorher noch zum Christentum zu bekehren. Nach zwei Tagen ließ sich der Heide tatsächlich taufen. Mit Rücksicht auf seine Bekehrung wurde die Strafe durch Verbrennen in die Hinrichtung durch den Strang verwandelt. Die in den Schluchten vor dem Ort versteckten Kriegsvölker gaben den Weg auch erst nach heftigen Kämpfen frei.

Alvarado machte von Utlatan aus Streifzüge, um die benachbarten Orte zu unterwerfen. Die Kunde von seinem siegreichen Marsch bis in diese Gegend war bis in das Nachbarland Guatemala gedrungen, das nun seine Gesandten mit Goldgeschenken zu Alvarado schickte. Sie waren mit den Leuten von Utlatan verfeindet und boten ihre Unterstützung an. Um die Ehrlichkeit ihrer Gesinnung zu prüfen, forderte Alvarado zweitausend Mann an, die er als Kämpfer, Kundschafter und Lastträger verwenden wollte. Sie wurden umgehend gestellt. Alvarado blieb sieben oder acht Tage in der Provinz Utlatan. Mehrere Ortschaften, die sich schon unterworfen hatten, empörten sich wieder. Daraufhin wurden alle Männer und Frauen eingefangen, als Sklaven mit dem Eisen gebrannt und an die Mannschaft verteilt. Nur das königliche Fünftel wurde zurückgehalten.

Das Korps wurde in Guatemala sehr gut aufgenommen und konnte dort ausruhen. Gelegentlich einer Unterhaltung mit Pater de Olmedo und den Offizieren gestand Alvarado, daß er sich noch nie in einer so mißlichen, ja hoffnungslosen Lage befunden habe wie bei dem Kampf mit den Leuten von Utlatan. Seine Männer hätten Wunder der Tapferkeit geleistet. Der Pater sagte dazu: »Gottes Arm ist mit ihnen gewesen! Ihr solltet ein Dankfest anordnen, ein feierliches Hochamt und eine Predigt für die Indianer, damit der Herr uns weiter beisteht!« Alvarado und seine Offiziere gingen sofort auf den Vorschlag ein. Pater de Olmedo sprach so überzeugend und eindringlich zu den Indianern, daß sich in zwei Tagen über dreißig taufen ließen. Als die Indianer sahen, daß die Getauften besser behandelt wurden als die anderen, traten noch viele zum Christentum über. Die Mannschaften und die Eingeborenen waren sehr vergnügt in diesem Land.

Die Kaziken von Guatemala machten Alvarado auf ein paar Orte am See aufmerksam, die auf schwer zugänglichen, befestigten Felsen lagen. Sie waren mit ihnen verfeindet. Der Hauptplatz dieses Stammes hieß Atitan. Alvarado ließ sie wiederholt auffordern, um Frieden zu bitten. Sie mißhandelten die Boten und antworteten nicht. Da setzte sich Alvarado an die Spitze eines Truppenverbandes mit hundertvierzig Fußsoldaten, vierzig Reitern und zweitausend Leuten aus Guatemala und zog gegen die Felsenbewohner. Er bot ihnen noch einmal den Frieden an. Sie antworteten mit Pfeilschüssen. Da griff Alvarado an. Es kam zu einem sehr heftigen Kampf, der auf beiden Seiten Verluste brachte. Als der Feind endlich floh und sich auf die festen Felsen zurückziehen wollte, folgte ihm Alvarado so dicht auf den Fersen, daß die Indianer ins Wasser springen und an eine nahe Insel schwimmen mußten. Die Spanier plünderten alle Häuser am See und lagerten in einer mit Mais bestandenen Ebene. Am nächsten Tag marschierten sie nach Atitan. Der Ort war leer. Bei Streifen durch die großen Kakaofelder wurden zwei vornehme Leute festgenommen. Alvarado schickte sie, zusammen mit anderen Männern gleichen Ranges, die in den Kämpfen gefangen worden waren, zu den Kaziken und ließ ihnen sagen, sie sollten schleunigst um Frieden bitten. Alvarado werde dann alle Gefangenen freilassen und sie ehrenvoll behandeln. Blieben sie weiter widerspenstig, dann hätten sie dasselbe Schicksal zu erwarten wie die Einwohner von Utlatan. Außerdem würden ihre Kakaopflanzungen vernichtet. Daraufhin kamen die Leute doch, baten um Frieden, unterstellten sich der Hoheit unseres Kaisers und brachten Goldgeschenke. Alvarado konnte also wieder nach Guatemala zurückmarschieren.

Pater de Olmedo gab sich große Mühe, die Indianer zum Christentum zu bekehren. Er las regelmäßig die Messe an einem Altar, auf dem ein Kreuz stand. Dazu stellte er ein Bild der Muttergottes, das ihm Garay in seinen letzten Stunden geschenkt hatte.

Die Indianer verliebten sich fast in das schöne Bild, und der Pater mußte ihnen sagen, wie sie es verehren müßten. Es blieb ruhig. Von allen Seiten kamen Botschaften aus den Orten des Landes, sie kamen bis von der Südküste, um sich zu unterwerfen. Viele beklagten sich, daß die Einwohner von Izcuintepec sie nicht passieren ließen. Die Aufforderung Alvarados, sich zu unterwerfen, beantworteten sie grob und ablehnend. Daraufhin setzte sich Alvarado mit der Masse seiner Leute und mit vielen Verbündeten in Marsch und überfiel den Ort überraschend an einem Morgen. Was an diesen Tagen geschah, wäre besser unterblieben. Der Ort wurde nämlich auf eine Art und Weise behandelt, die weder der Gerechtigkeit noch den kaiserlichen Befehlen entsprach.

Wie Cortes unter dem Kommando von Cristobal de Olid eine Flotte nach Honduras schickte

Seeleute behaupteten, daß die Indianer in den Gewässern von Honduras statt der Bleigewichte Goldstücke an ihre Netze hängten. Man erzählte sich, daß es ein goldreiches Land sei. Außerdem hoffte man, dort eine Durchfahrt zum Südmeer zu finden, die den Weg für den Gewürzhandel erheblich abgekürzt hätte. Cortes vertraute seinem Generalquartiermeister Cristobal de Olid das Kommando über eine Expedition in diese Gebiete an. Olid verdankte seine Laufbahn und sein Glück ausschließlich Cortes. Er war verheiratet und hatte in der Nähe von Mexiko einträgliche Besitzungen. Diese Gründe rechtfertigten zweifellos das große Vertrauen des Generalkapitäns. Der Landweg war sehr lang, beschwerlich und kostspielig. Cortes rüstete deshalb fünf Schiffe und eine Brigantine aus und besetzte sie mit dreihundertsiebzig Mann und zweiundzwanzig Reitern. Zu dem Korps gehörten fünf der ältesten Eroberer, die sich bei allen Gelegenheiten ausgezeichnet hatten. Sie hatten sich inzwischen alle ansässig gemacht und wollten ihre Ruhe genießen. Aber Cortes war nicht der Mann, zu dem man sagen konnte: »Herr, ich bin jetzt des

Kriegsdienstes müde, laß mich meine verdiente Ruhe genießen!« Er befahl nur einmal, und wenn einer nicht wollte, dann mußte er. Cristobal de Olid nahm auch den Hauptmann Briones mit. Dieser war ein Hitzkopf ohnegleichen und haßte Cortes aus ganzer Seele. Es gingen noch manche mit, die Cortes ablehnten. Er hatte sich bei der Verteilung der Indianer und des Goldes viele zu Feinden gemacht.

Cristobal de Olid hatte den Auftrag, von Vera Cruz nach Havana zu segeln, wohin Cortes den Alonso de Contreras vorausgeschickt hatte, um für sechstausend (?) Piaster Pferde und Verpflegung zu kaufen. Olid sollte diese Waren schnell verladen und ohne weiteren Aufenthalt nach Honduras weitersegeln. Der Seeweg dorthin sei kurz und ungefährlich. Er solle versuchen, die Indianer in Güte zu gewinnen, Gold und Silber eintauschen, in einem sicheren Hafen eine neue Stadt anlegen, vor allem aber die Durchfahrt zum Südmeer suchen. Zur Besatzung gehörten ferner zwei Geistliche, von denen einer Mexikanisch sprach. Sie sollten den Indianern das Christentum predigen und sie mit Hilfe sanfter Gewalt von ihren unnatürlichen Lüsten und den Menschenopfern abbringen. Überall solllte man zuerst nach den scheußlichen Käfigen suchen, in denen die Menschenopfer gemästet werden. Man sollte sie öffnen, die Insassen freilassen und die Käfige zerstören. Dafür sollten an allen Orten Kreuze errichtet werden. Cortes gab der Expedition ferner eine Menge Madonnenbilder mit, die auf die Ortschaften verteilt werden sollten.

Cortes verabschiedete Olid und seine Mannschaft sehr herzlich. In Vera Cruz war alles so gut vorbereitet, daß Olid sich ohne Aufenthalt einschiffen und absegeln konnte. Ich weiß nicht mehr, an welchem Tag und in welchem Jahr das geschah *(April 1523)*; ich weiß nur noch, daß die Reise nach Havana schnell ging. Dort warteten Pferde, Vorräte und fünf der ältesten Eroberer, die Gonzalo de Ocampo in seiner heftigen Gemütsart seinerzeit des Landes verwiesen hatte, als er die Vorgänge in Panuco untersuchte und bestrafte. Diese Leute brachten Olid auf den Gedanken, sich gegen Cortes aufzulehnen, ihn nicht mehr als Vorgesetzten anzuerkennen und ihm den Gehorsam zu verweigern. Im gleichen Sinn redeten ihm Briones und der Todfeind des Generalkapitäns, der Statthalter von Kuba, Diego de Velazquez, zu. Velazquez besuchte Cristobal de Olid auf seiner Flotte. Sie kamen überein, daß Honduras gemeinsam von ihnen erobert und verwaltet werden sollte. Olid sollte das Unternehmen ausführen, Velazquez sollte ihn mit allem, was er brauchte, unterstützen. Man wollte dem Kaiser diese Abmachung melden und ihn um die Übertragung der Statthalterschaft bitten.

Cristobal de Olid war ein sehr tapferer Mann. Er verstand seinen Dienst zu Fuß und zu Pferd wie kein anderer. Aber er hatte kein Talent zum Kommandieren. Seine Fähigkeiten kamen zur Geltung, wenn es ein Befehlshaber verstand, ihn an die rechte Stelle zu setzen. Er war damals etwa sechsunddreißig Jahre alt, ein stattlicher, großer und schöner Mann, mit breiten Schultern und einem angenehmen hochroten Gesicht. Seine Unterlippe war gespalten. Er konnte recht hochfahrende und rauhe Reden führen, war im übrigen aber ein angenehmer Gesprächspartner, der durch seine edle Freimütigkeit schnell das Vertrauen der anderen erwarb. Solange er in Mexiko stand, war er dem Cortes vollkommen ergeben. Dann verblendete ihn die Sucht nach Macht, schlechte Berater taten das übrige. In seiner frühen Jugend stand er im Dienst des Diego de Velazquez. Daran wurde er jetzt wieder erinnert. Er vergaß darüber ganz, daß er Cortes viel mehr verdankte und viel mehr schuldig war als seinem ersten Brotgeber. Auch andere Einwohner von Kuba bestärkten Olid in seinem Entschluß. Er ging unter Segel und landete nach einer schnellen, glücklichen Fahrt am 3. Mai (1523) in einer Bucht, die fünfzehn Leguas jenseits von Puerto de Caballos lag, und gründete dort die Stadt Triunfo de la Cruz. Zu Alkalden und Regidoren ernannte er die alten Soldaten, die Cortes ihm dafür empfohlen hatte. Er nahm auch im Namen von Cortes Besitz von dem Land für Seine Majestät. Er wollte die Freunde von Cortes erst für sich gewinnen, ehe er ihnen seine eigentlichen Pläne offenbarte. Im übrigen wollte er sich zwei Wege offenhalten, solange er nicht wußte, ob das Land wirklich reich ist. Man hat mir versichert, daß er entschlossen war, wieder nach Mexiko zurückzukehren, wenn er kein Gold und Silber finden sollte. Er wollte Cortes dann weismachen, er habe sich nur mit Velazquez eingelassen, um Lebensmittel und Truppen von ihm zu bekommen. Die ganze Sache sei nicht ernst gemeint gewesen. Er habe ja auch im Namen von Cortes Besitz von dem Land ergriffen. Aber lassen wir jetzt Olid seine neue Stadt anlegen. Cortes hörte von der Sache erst nach acht Monaten. Wir werden dann darauf zurückkommen.

Wie wir das Land im Panucogebiet endlich zur Ruhe
brachten, und wie Cortes dem Hauptmann Luis Marin
den Befehl gab, die Provinz Chiapas zu unterwerfen

Viele alte Eroberer und Männer von Gewicht hatten sich in Coatzocoalco niedergelassen. Wir besaßen sehr ausgedehnte Ländereien, die über weite Gebiete verstreut lagen. Wie überall in Neuspanien wurden die Einwohner in den ersten Jahren rebellisch, wenn die Besitzer der Kommenden ihre Abgaben holen wollten. Da einzelne Spanier immer wieder heimlich ermordet wurden, zogen wir kompanieweise von Ort zu Ort, und brachten die Einwohner wieder zur Ruhe. Eines Tages verweigerten die Einwohner von Zimatan den Gehorsam. Luis Marin wollte nicht gleich eine Kompanie in Marsch setzen und schickte vier erfahrene Männer, darunter auch mich, in den Ort mit der Aufgabe, die Leute auf gütliche Weise wieder zu ihrer Pflicht zurückzubringen.

Die Ortschaften dieses Landes liegen fast alle zwischen Sümpfen oder sehr wasserreichen Flüssen. Wir machten deshalb zwei Stunden vor dem Ort Halt und schickten den Einwohnern einen Boten, der sie freundlich über unsere Absichten unterrichten sollte. Statt einer Antwort kamen drei Kriegshaufen mit Bogen und Spießen und griffen so heftig an, daß gleich zwei unserer Begleiter auf dem Platz blieben. Ich selbst bekam einen Pfeil in die Gurgel und verlor sehr viel Blut. Da es uns an allen Hilfsmitteln fehlte, kam ich in große Lebensgefahr. Ein Kamerad neben mir wurde auch verwundet. Wir brachten dem Feind auch empfindliche Verluste bei, mußten aber schließlich doch unser Heil in der Flucht suchen und uns dazu einiger Kähne bemächtigen, die am Fluß lagen. Während mein Kamerad sich um die rettenden Boote bemühte, mußte ich, schwer verwundet wie ich war, allein zurückbleiben. Ich nahm den Rest meines Bewußtseins und meiner Kräfte zusammen und verbarg mich im Gesträuch. Dort kam ich wieder zu mir, faßte mir ein Herz und sagte im stillen zu mir: »Bei der Heiligen Jungfrau! Diese Hunde sollen mich heute noch nicht umbringen!« Dann raffte ich alle meine Kräfte zusammen, stürzte auf die Indianer los, teilte nach allen Seiten Hiebe aus und bahnte mir so einen Weg zu der Stelle, an der mein Kamerad mit vier zuverlässigen Indianern wartete. Wir wären trotzdem verloren gewesen, wenn diese treuen Leute nicht an Land geblieben und unser Gepäck verteidigt hätten. Über dem Plündern verloren die Verfolger uns aus dem Auge, und wir konnten vom Ufer abstoßen. Mit Gottes Hilfe setzten wir über den tiefen, reißenden und breiten Fluß, in dem es viele Alligatoren gab. Wir mußten uns acht Tage im Gebirge verstecken, um unseren Verfolgern zu entgehen. Inzwischen hatten einige Indianer, die sich retten konnten, die Nachricht von unserem Unglück in die Stadt gebracht. Als wir lange nicht erschienen, behauptete sie sogar, wir seien umgekommen. Hauptmann Luis Marin hatte nach damaligem Brauch unsere Ortschaften schon an andere Eroberer verteilt und um entsprechende Patente nach Mexiko geschrieben. Unsere bewegliche Habe hatten sie verkauft. Als wir nach dreiundzwanzig Tagen wieder auftauchten, waren unsere Freunde sehr vergnügt, die Käufer unserer Sachen aber machten saure Gesichter.

Mit der Zeit sah Luis Marin ein, daß er seine Leute bei diesen kleinen Unternehmungen umsonst opferte. Er ging deshalb selbst nach Mexiko, um Cortés um mehr Truppen und Kriegsmaterial zu bitten, damit er die Provinzen unter Einsatz größerer

Streitkräfte endgültig zur Ruhe bringen könne. Die Spanier sollten sich in der Zeit seiner Abwesenheit ruhig verhalten und sich nicht zu weit von der Stadt entfernen. Marin kam mit dreißig Soldaten, dem Pater Juan de las Varillas und dem Befehl zurück, mit diesen Männern und allen Einwohnern von Coatzacoalco zunächst die Provinz Chiapas zu unterwerfen, die sich auch empört hatte. Wir mußten durch die Sümpfe und im Gebirge Wege bauen, um mit den Pferden durchzukommen. Nach Tepuzuntlan kamen wir nur mit Hilfe von Kähnen, die wir mit außerordentlicher Mühe flußaufwärts rudern mußten. Von dort zogen wir hoch ins Gebirge nach Chachula, das schon zur Provinz Chiapas gehört. Wir mußten am Fluß entlang einen neuen Weg bauen, um weiterzukommen. Die Nachbarn von Chiapas hatten alle Angst vor diesem kriegerischen Stamm, der an Streitlust alle anderen Völkerschaften von Neuspanien übertrifft. Den Herren von Mexiko ist es nie gelungen, sie zu unterwerfen. Sie standen in ständigen Kämpfen mit allen Nachbarn, brandschatzten ihre Ortschaften, fingen die Einwohner, um sie zu opfern, überfielen in Engpässen die indianischen Kaufleute mit ihren Wagen, ja, sie hatten die Einwohnerschaft ganzer Orte verschleppt und in der Nähe von Chiapas wieder angesiedelt. Dort mußten sie als Sklaven Feldarbeiten machen.

In der Fastenzeit des Jahres 1524 kamen wir endlich in die Nähe von Chiapas. Eine Musterung ergab, daß wir damals siebenundzwanzig kampffähige und fünf dienstuntaugliche Reiter hatten; ferner fünfzehn Schützen und acht Musketiere, ein Feldstück mit dem nötigen Pulver und einem erzfeigen Feuerwerker; dazu sechzig Mann mit Degen und Schild, achtzig Mexikaner und den Kaziken von Chachula mit einigen seiner vornehmsten Mitbürger. Die Leute aus Chachula hatten eine Höllenangst vor dem Feind. Wir konnten sie nur für den Wegebau und als Lastträger verwenden. Wir gingen sehr vorsichtig vor. Die gewandtesten Leute waren als Späher weit voraus. Auch ich hatte mein Roß zurückgelassen, denn das Gelände eignete sich nicht für den Einsatz von Reitern. Wir waren eine halbe Stunde vor der Spitze der Kolonne und beobachteten bald, wie die Feinde überall Alarmfeuer anzündeten. Die Wege waren in der Nähe der Ortschaften sehr schmal. Das Land war sorgsam mit Mais und anderen Pflanzen bebaut. Der erste Ort, den wir erreichten, war Eztapa, vier Stunden vor der Hauptstadt. Die Einwohner waren geflohen. Es gab aber Mais, Hühner und andere Lebensmittel in Hülle und Fülle, so daß wir trefflich zur Nacht speisen konnten. Wenig später meldeten unsere Vorposten, daß der Feind in großen Kriegshaufen anrücke. Wir standen gefechtsbereit, ehe er den Ort erreicht hatte. Es kam zu erbitterten Kämpfen, in deren Verlauf der Feind versuchte, uns einzuschließen. Das Gefecht dauerte bis in die Nacht hinein. Dann zog sich der Feind endlich zurück. Wir hatten zwei Tote und vier Pferde verloren. Viele waren verwundet, darunter auch Pater Juan und Hauptmann Marin. Zwei verwundete Indianer berichteten uns, daß das ganze Volk unter Waffen stehe und uns morgen angreifen wolle. Wir benutzten die Nacht, um unsere Toten zu begraben und die Verwundeten zu versorgen. Unser Hauptmann war sehr übel dran. Er hatte viel Blut verloren, wollte aber das Schlachtfeld nicht verlassen und hatte sich darum eine Erkältung seiner Wunden zugezogen. Im übrigen standen wir die ganze Nacht kampfbereit. Wir hatten es mit einem kühnen und tapferen Kriegsvolk zu tun. Die Indianer versuchten auch hier, die Reiter vom Pferd zu ziehen oder ihnen die Lanzen wegzunehmen. Wir mußten wiederholt unerfahrene Reiter aus sehr bösen Situationen befreien. Einer kam dabei um.

Am nächsten Morgen wollten wir gegen Chiapas marschieren, eine schöne und reiche Stadt mit etwa viertausend Einwohnern. Aber schon nach einer Viertelstunde stießen wir auf die ganze Kriegsmacht des Landes. Die Feinde stürzten sich mit fürchterlichem Geschrei von allen Seiten auf uns und kämpften wie wütende Löwen. Unser schwarzer Feuerwerker verlor vor Angst sofort den Kopf. Er vergaß, sein Feldstück abzufeuern, und als wir ihn endlich zum Schießen brachten, verwundete er uns drei von unseren eigenen Leuten. Der Hauptmann befahl den Reitern, sich in Rotten zu fünf Mann zusammenzuschließen und mit einge-legten Lanzen gegen den Feind zu reiten. Die übrige Mannschaft faßte er in einem Block zusammen, der den Indianern plötzlich auf den Leib rückte. Aber alle diese Manöver brachten keinen durchschlagenden Erfolg. Die Zahl der Feinde war zu groß. Wenn nicht viele von uns ähnliche schwere Lagen glücklich durchgestanden hätten, würde den andern wohl angst und bange geworden sein. Es war wirklich ein Wunder, daß sie so gut stand-hielten. Pater Juan und der Hauptmann ließen es nicht an kräfti-gem Zuspruch fehlen. Sie feuerten uns dazu an, den Feind noch einmal frisch anzugreifen, so daß wir ihn endlich dazu brachten, zu weichen. Leider konnte die Reiterei ihm in dem felsigen Ge-lände nicht schnell genug folgen und nur wenig schaden. Wir blieben ihm aber dicht auf den Fersen und zogen vielleicht etwas zu sorglos dahin, weil wir glaubten, unser Tagwerk geschafft zu haben. An einer Hügelkette stießen wir wieder auf stärkere Feindkräfte. Sie hatten außer den üblichen Waffen Seile mit Schlingen und Netze, in denen sie unsere Pferde und die einzel-nen Soldaten fangen wollten. Sie hatten es auf die Hälse abgese-hen. Sie überschütteten uns mit einem Hagel von Spießen, Pfei-len und Steinen, fielen in großen Haufen über uns her, nahmen vier Reitern die Lanzen ab und töteten zwei Spanier und fünf Pferde. Mitten in dem feindlichen Kriegshaufen zog eine alte, außeror-dentlich fette Indianerin mit, die sie angeblich als Göttin verehr-ten. Sie hatte unseren Untergang prophezeit. Ihr Körper war von oben bis unten bemalt. Auf die Malereien war Baumwolle ge-klebt. Sie trug ein Kohlenbecken mit Räucherwerk und einige steinerne Idole in den Händen. Als die vermaledeite Hexe sich furchtlos unter unsere Verbündeten mischte, wurde sie erschla-gen und in Stücke gerissen.

Unsere Lage war keineswegs rosig. Wir baten unseren Pater, den Allmächtigen um seine Hilfe zu bitten. Und als der Feind endlich doch floh, sich in den zerklüfteten Felsen versteckte oder sich schwimmend über den nahen tiefen Fluß rettete, sangen wir gern das Salve mit, das der Pater anstimmte. Wir hatten viele

Tote und Verwundete verloren und dankten Gott inbrünstig, daß er uns den Sieg gegeben hatte. Nach einer kurzen Rast marschierten wir weiter in einen kleinen Ort, der unmittelbar am Fluß lag. Die Kirschbäume hingen voll, es war Fastenzeit, der Monat, in dem in diesem Land die Kirschen reif werden. Sie schmeckten ausgezeichnet. Wir blieben den ganzen Tag in dem Ort, um unsere Toten an Stellen zu begraben, welche die Indianer nicht finden konnten, um unsere Verwundeten zu pflegen, auch die zehn verletzten Pferde. Kurz nach Mitternacht erschienen zehn vornehme Indianer aus Ortschaften, die dicht bei Chiapas lagen. Sie hatten den Fluß in fünf Kähnen überquert und die Ruder nur leise bewegt, damit sie die Leute aus Chiapas nicht hören konnten. Unsere Posten hatten sie ergriffen und als Gefangene eingebracht. Sie gehörten zu einer der Gemeinden, die mit Gewalt verschleppt, versklavt und zum Feldbau für die Leute aus Chiapas eingesetzt worden waren. Sie boten Kähne und ihre Hilfe an und baten dafür, sie nach dem Sieg wieder in ihre Heimat zu entlassen. Sie brachten sogar reich mit Gold geschmückte Kleider, Hühner und Lebensmittel mit.

Der Hauptmann ging gern und mit großer Freude auf ihr Angebot ein. Er versprach ihnen sogar einen Anteil an der Beute. Sie berichteten, daß der Feind bis jetzt hundertzwanzig Tote und Verwundete verloren habe und daß er uns am nächsten Tag wieder angreifen wolle. Er habe dazu sogar die Männer aus ihrem Ort aufgerufen. Wir sollten aber keine Sorge haben, sie würden sofort zu uns überlaufen. Der Feind halte es für unmöglich, daß wir gegen seinen Willen den Fluß überschreiten könnten. Sollten wir das Wagnis eingehen, dann werde er sich an der Furt auf die Lauer legen und uns überfallen. Wir behielten zwei Indianer bei uns. Die anderen kehrten in ihre Ortschaft zurück, um die nötigen Vorbereitungen zu treffen. Die zwanzig Kähne kamen pünktlich in aller Frühe. Die Leute aus Chiapas hatten inzwischen Lunte gerochen und einige unserer neuen Freunde gefangengenommen. Daraufhin besetzten die anderen schnell einen besonders hohen Opfertempel. Damit begann der Kampf zwischen den

Herren von Chiapas und ihren Sklaven. Wir wurden inzwischen an die Furt geführt, und die neuen Bundesgenossen beschleunigten unseren Flußübergang mit allen Kräften, weil sie Angst hatten, daß der Feind die in der Nacht gefangenen Brüder opfern könnte, wenn er nicht schnell auf andere Weise beschäftigt werde. An der Furt schlossen wir auf, um gegen den reißenden Strom leichter anzukommen. Das Wasser reichte uns bis zur Brust. Aber die Kähne mit dem Gepäck blieben an unserer Seite, und Gott der Allmächtige fügte es in seiner Gnade so, daß wir das andere Ufer glücklich erreichten. Ein Reiter geriet in einen Wirbel und ertrank. Sein Roß erreichte allein das rettende Ufer.

Wir waren noch nicht alle an Land, da fielen die Indianer schon über uns her. Wir konnten uns erst freikämpfen, als unsere neuen Verbündeten dem Feind in den Rücken fielen und ihm schwere Verluste beibrachten. Nun konnten sie sich für die Unbill von zwölf langen Jahren rächen. Wir aber gingen die Indianer so hart an, daß sie bald den Widerstand aufgaben und die Flucht ergriffen. Wir stellten uns in Reih und Glied, forderten die neuen Verbündeten auf, sich anzuschließen, und marschierten mit fliegenden Fahnen direkt auf die Stadt zu. Aber wir fanden, daß der Platz und die Straßen um die Tempel sehr eng waren, und wählten lieber einen freien Ort außerhalb der Stadt als Lager. Der Hauptmann ließ den Feind durch sechs seiner Hauptleute, die wir gefangen hatten, und durch drei Mann von unseren neuen Verbündeten auffordern, sich zu unterwerfen. Sie hatten ihm mitzuteilen, daß ihm verziehen werde, wenn er sofort um Frieden bäte. Folge er dieser Aufforderung nicht, dann würden wir ihm noch mehr zusetzen und zunächst einmal seine Stadt in Brand setzen. Daraufhin kamen sehr schnell Botschafter mit Goldgeschenken, die ihr feindliches Verhalten entschuldigten und ihre Unterwerfung anboten. Gleichzeitig baten sie uns, zu verhindern, daß unsere Verbündeten weitere Häuser anzünden. Luis Marin erteilte entsprechende Befehle.

In der Stadt fanden wir drei große hölzerne Käfige, die dicht mit Gefangenen gefüllt waren, fast ausnahmslos Reisende, die man auf den Straßen gegriffen hatte. Sie waren mit Halsbändern an Balken gefesselt. Sie kamen aus fast allen Provinzen Neuspaniens. Wir setzten sie in Freiheit und schickten sie in ihre Heimat. In den Opfertempeln fanden wir abscheuliche Götzenbilder, die Pater Juan auf der Stelle verbrennen ließ. Dort fehlten auch nicht die Reste von vielen unglücklichen Indianern jeden Alters, die man geopfert hatte, dazu Spuren unnatürlicher Lüste.

Unser Hauptmann ließ alle Ortschaften der Umgebung auffordern, sich zu unterwerfen. Sie kamen nach und nach alle und wunderten sich sehr darüber, wie unser kleiner Haufen mit dem ganzen Volk von Chiapas fertig geworden war. Wir blieben fünf Tage. Pater Juan hielt die Messe, hörte die Beichte und predigte den Indianern in ihrer Sprache. Sie hörten gern zu, beteten das Kreuz an und versprachen, sich taufen zu lassen. Sie fanden überhaupt, daß wir ganz umgängliche Leute seien, und schätzten vor allen anderen den Pater Juan. Wir lebten also im besten Einvernehmen mit den Eingeborenen, da begab sich ein Spanier ohne Erlaubnis des Hauptmanns mit zehn Mexikanern nach Chamula, das sich schon unterworfen hatte. Er forderte im Namen seines Hauptmanns goldene Kleinodien. Als man ihm nicht so viel geben wollte, wie er wünschte, nahm er einen Kaziken fest. Im ersten Zorn über diese Vermessenheit wollten die Eingeborenen den Spanier töten. Sie traten dann nur unter die Waffen, riefen aber ihre Nachbarn auf, dasselbe zu tun. Als Luis Marin von der Sache hörte, ließ er den Schuldigen sofort nach Mexiko schaffen. Er wollte ihn nicht selbst strafen, weil der Mann sonst in hohem Ansehen stand. Ich verschweige seinen Namen an dieser Stelle. Später muß ich ihn doch nennen, weil er viel Schlimmeres tat. Er wendete gegen die Indianer jede Härte und jede Grausamkeit an. Luis Marin ließ den Leuten von Chamula sagen, daß er ihren Beleidiger zur Bestrafung nach Mexiko geschickt habe; sie sollten jetzt wieder zum Gehorsam gegen uns zurückkehren. Daraufhin erhielten wir eine unverschämte Antwort.

Wir mußten also nach Chamula marschieren. Vor unserem Abmarsch predigte Pater Juan noch einmal zu den Indianern über uneren heiligen Glauben und gegen jeden Götzendienst und gegen die Menschenopfer. Er stellte ein Kreuz und ein Madonnenbild auf einen Altar, an dem er in diesen Tagen die Messe gelesen hatte. Luis Marin unterrichtete die Leute über ihr neues Untertanenverhältnis zu Seiner Majestät. Gleichzeitig beschlagnahmte er mehr als die Hälfte der Stadt für unsere spätere Kolonie. Die Verbündeten aber, die uns den Flußübergang ermöglicht hatten, zogen mit Weib und Kind fort aus diesem ungastlichen Land und siedelten sich zehn Stunden weiter flußabwärts an. Für den Zug gegen Chamula mußten uns die Leute von Zinacantlan, die fast alle sehr verständige Kaufleute waren, zweihundert Lastträger stellen, die von Chiapas zweihundert Krieger. Eines Morgens marschierten wir in aller Frühe ab. Wir kamen bis zu den Salinen, wo uns die Leute aus Zinacantlan aus Baumzweigen gute Hütten errichtet hatten. Am nächsten Mittag waren wir dann in Zinacantlan selbst. Es war gerade Christi Auferstehung. Wir ließen Chamula noch einmal zur Unterwerfung auffordern. Da sie bei ihrer Ablehnung blieben und nicht kommen wollten, mußten wir wohl oder übel zu ihnen kommen. Wir hatten einen Weg von nur drei Stunden zurückzulegen. Chamula war eine natürliche Festung. Wir mußten sie aus einem Abgrund angreifen. Die Feinde schossen mit einer solchen Menge von Pfeilen, Spießen und Steinen auf uns, daß in kurzer Zeit der ganze Boden bedeckt war. Dazu erhoben sie ein wildes Geschrei und lärmten mit ihren Pfeifen, Trompeten und Trommeln. Weil die Reiter in der Berggegend nicht zu brauchen waren, schickte Marin sie in die Ebene mit dem Auftrag, die Leute aus Quiauitztlan (?) zu beobachten, die sich auch empört hatten und die durchaus Lust bekommen konnten, uns in den Rücken zu fallen, solange wir, mit dem Feind vor uns, noch alle Hände voll zu tun hatten.

Wir beschossen den Ort mit Armbrüsten und Musketen, ohne dem Feind nennenswerten Schaden zuzufügen. Er stand sicher hinter Brüstungen, während wir ihm ein offenes ungeschütztes Ziel boten. Wir versuchten einmal in eine Art Schanze mit einem Tor zu dringen. Dort standen aber nicht weniger als zweitausend

Mann, die uns einen Wald von Spießen entgegenhielten. Sie hätten jeden Angreifer leicht in den tiefen Abgrund stoßen können. Schließlich bauten wir uns aus Holz tragbare Dächer, die uns gegen die feindlichen Geschosse abschirmten. Je zwanzig Mann konnten unter so einem Schutzdach dicht unterm Feind mit Spitzhacken und anderen Werkzeugen die Festungswerke unterminieren. Die Feinde überschütteten uns nun mit brennendem Pech und Harz, mit siedendem Wasser, mit Feuerbränden und glühenden Kohlen. Wir ließen uns dadurch nicht abschrekken. Da lösten sie größere Gesteinsmassen und ließen sie auf uns zurollen, so daß wir unsere Dächer zurückziehen und verstärken mußten. Wir hatten schon einige Breschen geschlagen, da erschienen vier Priester und eine Reihe der angesehensten Einwohner. Sie deckten sich sorgsam mit Schilden und riefen: »Gold sucht ihr? Euch geht es nur um Gold! Kommt doch herein zu uns, wir haben genug davon!« Mit diesen Worten warfen sie sieben Diademe aus feinstem Gold, zahlreiche Juwelen und andere Kleinodien auf uns, in einer Wolke von Pfeilen, Spießen und Steinen. Als es dunkel wurde und zu regnen anfing, zogen wir uns für diesen Tag zurück.

Die Einwohner von Chamula lärmten die ganze Nacht pausenlos mit ihren Kriegsinstrumenten. Nach ihrem Geschrei hatten ihnen die Götzen versprochen, daß wir am nächsten Tag alle sterben müßten. Als wir am frühen Morgen mit unseren Schutzdächern anrückten, um die Breschen zu erweitern, wehrten sich die Feinde ritterlich. Sie verwundeten uns fünf Mann. Auch ich erhielt einen Lanzenstich, der mich unfehlbar das Leben gekostet hätte, wenn meine dicke Baumwollschutzkleidung den Stoß nicht aufgefangen hätte. So kam ich mit einem großen Loch im Brustlatz und mit einer leichten Wunde davon. Mittags fiel plötzlich ein Platzregen, dem dichter Nebel folgte. Es wurde ganz finster. Der Ort lag hoch im Gebirge, wo Regen und Nebel ständig miteinander abwechseln. Unser Hauptmann hatte den Befehl gegeben, die Kämpfe einzustellen, und auch der Feind hatte sich schon zurückgezogen. Wie ich hinter einer Bresche nur noch zweihundert Spieße sah, drang ich mit einem Kameraden ein. Natürlich stürzten die Indianer sofort auf uns los, aber Leute aus Zinacantlan, später auch die übrigen Mannschaften, kamen uns zu Hilfe. Als die zweihundert Indianer die Übermacht sahen, ergriffen sie die Flucht, und wir konnten die ganze Einwohnerschaft aufscheuchen wie eine ruhende Herde. Wir nahmen dreißig Männer und zahlreiche Weiber und Kinder gefangen. Im Ort fanden wir keine Schätze, nur Lebensmittel. Wir verließen ihn bald wieder und kehrten nach Zinacantlan zurück. Unser Hauptmann schickte sechs Frauen und sechs Männer zu ihren Landsleuten und ließ sie nun noch einmal auffordern, sich zu unterwerfen. Er versprach ihnen, alle Gefangenen freizulassen, sobald sie eine entsprechende Abordnung schickten. Sie kamen schon am nächsten Tag.

Cortes hatte an Luis Marin geschrieben, er solle mir in dem neueroberten Land eine vorteilhafte Besitzung zuweisen. Er gab mir jetzt Chamula als Kommende. Ich stand aber auch mit Marin sehr gut und war schließlich der erste, der in diesen Ort eingedrungen ist. Das Patent lautete auf ewigen Besitz. Ich bezog die Einkünfte aber nur acht Jahre lang. Dann fiel das Gebiet an die neue Stadt am Fluß, an Ciudad Real. Ich versuchte gleich, etwas für das Seelenheil der Einwohner zu tun, und bat Pater Juan, ihnen eine Predigt zu halten. Er errichtete einen Altar mit einem Kreuz und einem Bildnis der Muttergottes, hielt Messe und predigte. Fünfzehn Leute ließen sich taufen. Das war keine kleine Freude für mich, denn ich liebte diese Leute schon wie mein Eigentum.

Die drei Orte von Guequitzlan zeigten sich auch weiterhin widerspenstig, und wir mußten ausrücken, um sie zu Paaren zu treiben. Luis Marin nahm nur die flinksten und gesündesten Spanier und dreihundert Mann Hilfsvölker mit. Wir mußten vier Stunden marschieren. Der Feind hatte den Weg durch viele Verhaue gesperrt. Unsere Bundesgenossen machten ihn aber schnell frei. Dem ersten Platz war ebenso schwer beizukommen wie Chamula. Er war sehr gut verteidigt. Wir stürmten ihn aber trotzdem. Der Feind floh so rechtzeitig, daß wir niemanden mehr in der Stadt fanden. Sie hatten auch alle Lebensmittel mitgenommen. Wir schickten ihnen zwei Landsleute mit der üblichen Aufforderung, sich zu unterwerfen. Nach einem Tag kamen sie alle an. Sie brachten unbedeutende Geschenke mit, Gold und Quetzalfedern.

Nach unserer Rückkehr ins Lager wurde beraten, ob wir nun den Befehl von Cortes ausführen und eine Stadt anlegen könnten. Es gab viele Für und Wider. Das Haupthindernis aber waren Luis Marin und der sehr vorlaute königliche Sekretarius Diego de Godoy, die lieber in unsere Stadt zurückkehrten. Dafür wies Alonso de Grado, ein tapferer Soldat, aber ein Wirrkopf, ein Patent vor, das er sich heimlich bei Cortes geholt hatte. Nach dem Papier sollte er die Hälfte der Stadt Chiapas erhalten, sobald sie unterworfen war. Er verlangte nur die Hälfte von dem Gold, das wir dort vereinnahmt hatten und das etwa fünfzehntausend Piaster wert war. Luis Marin erklärte dagegen, mit diesem Gold müßten die Pferde bezahlt werden, die wir in diesem Feldzug verloren hatten. Daraufhin führte Alonso de Grado aufrührerische, unschickliche Reden, der Sekretarius mischte sich ein und verwirrte die Sache vollends. Schließlich riß dem Luis Marin die Geduld, und er ließ beide in Fesseln schließen. Nach sieben oder acht Tagen wurde de Grado als Gefangener nach Mexiko geschickt, Godoy aber auf vielfache Fürsprache und weil er bereute, freigelassen. Das war schlecht, denn die beiden verschworen sich jetzt gegen Cortes. Der Sekretarius schrieb an den Generalkapitän einen Brief, in dem er Luis Marin schlechtmachte. Mich bat de Grado, auch an Cortes zu schreiben und ihn zu entschuldigen. Die beiden waren überzeugt, daß mein Zeugnis die Aussagen von de Grado glaubhaft machen könne. Ich schrieb die Wahrheit so, daß auch Marin keine Schuld traf. Mit diesen Briefschaften ging der Arrestant ab, nachdem er geschworen hatte, sich innerhalb von achtzig Tagen bei Cortes zu melden. Mexiko lag hundertneunzig Leguas von uns weg.

Wir machten uns inzwischen auf, um die Einwohner von Zimatan zu bestrafen, denen Francisco Martin und ich nur knapp entkommen waren. Wir schickten Boten an die Kaziken voraus und ersuchten sie, die schlechten und schwierigen Gebirgswege in Ordnung zu bringen. Sie folgten dieser Aufforderung. Wir hatten trotzdem große Mühe, mit den Pferden durchzukommen. Jenseits des Gebirges gab es keine Schwierigkeiten mit den Eingeborenen, bis wir nach Tecomayacate und Ateapan kamen, zwei Orte, die damals zusammengewachsen, sehr volkreich und Teile meiner Kommende waren. Sie stellten uns, zusammen mit ihren Nachbarn, ein stattliches Heer entgegen, das uns beim Übergang über den tiefen Fluß angriff, an dem die Stadt lag. Sechs Spanier wurden verwundet, drei Pferde getötet, aber der Feind wurde zurückgeschlagen. Vor der Flucht ins Gebirge zündete er noch selbst seine Häuser an. Wir machten fünf Tage Rast, pflegten unsere Wunden, durchstreiften die Gegend und fingen manches rüstige Indianerweib. Als wir die Leute jetzt aufforderten, sich zu unterwerfen, kamen sie in großer Zahl. Sie erhielten ihre Frauen, Kinder und Gefangenen wieder und bezogen ihren Ort. Der Sekretarius Godoy schlug wor, die Gefangenen als Sklaven zu markieren und nicht freizulassen, weil sie sich als Untertanen des Kaiser empört hätten. Er meinte, man müsse für die verlorenen Pferde wenigstens Sklaven bekommen. Ich erklärte mich energisch dagegen, weil ich diese Strafe für ungerecht hielt. Es kam zwischen Godoy und mir zu einem heftigen Wortwechsel, bei dem die Degen gezogen und Blut vergossen wurde. Man brachte uns aber rechtzeitig auseinander und versöhnte uns wieder. Hauptmann Marin überzeugte sich von der Richtigkeit meiner Stellungnahme und ließ den Kaziken alle Gefangenen zurückgeben. Wir ließen sie in Frieden zurück und zogen weiter nach Zimatan und Talatupan. Die Eingeborenen hatten dicht vor ihren Orten Wälle mit Schießscharten aufgeworfen. Hinter ihnen lagen Sümpfe. Aus dieser festen Stellung begrüßten sie uns mit ihren Geschossen, verwundeten zwanzig Mann und töteten zwei Pferde. Diese Indianer waren ganz vorzügliche Bogenschützen. Sie schossen ihre Pfeile mit derartiger Gewalt ab, daß sie eine doppelte baumwollene Wattierung durchschlugen. Aber auch sie mußten ihre Stellungen räumen und sich in die Sümpfe zurückziehen. Wir blieben zwei Tage im Ort und warteten vergeblich auf ihre Botschafter. Nachdem sie nicht kamen und wir mit den Pferden nicht auf dem schwankenden und unsicheren Moorgrund agieren konnten, beschlossen wir einmütig, in unsere Stadt zurückzukehren. Dort wurde das schwer erkämpfte Gold dazu verwendet, allen, die ihre Pferde verloren hatten, diesen Verlust zu ersetzen.

Alonso de Grado war inzwischen in Mexiko eingetroffen. Cortes wurde sehr unwillig. Er sagte zu ihm: »Ihr könnt Euch auch mit niemand vertragen, Herr Alonso de Grado! Ich rate Euch dringend, diese schlechten Manieren abzulegen. Sonst werfe ich Euch dreitausend Piaster in die Tasche und schicke Euch nach Kuba zurück. So kann ich Euch jedenfalls hier nicht brauchen!« Alonso de Grado zeigte sich daraufhin sehr reumütig und demütig. Er versöhnte sich wieder mit Cortes und Luis Marin und blieb.

An dieser Stelle muß ich aber meine Erzählung wieder unterbrechen, um zu berichten, was in Spanien mit dem Erzbischof Fonseca in unserer Sache geschehen ist.

STATTHALTER UND GENERALKAPITÄN
VON NEUSPANIEN

*Wie unsere Geschäftsträger in Spanien den Bischof von Burgos
als obersten Richter in unserer Sache ablehnten*

Unsere Unterhändler Francisco de Montejo, Diego de Ordas, der
Vetter von Cortes Lizentiat Francisco Nunez und der Vater von
Cortes begaben sich 1521 zu dem *(damaligen Bischof von Tortona,
der seit 1517 Kardinal war und 1522 als Hadrian VI. den päpstlichen
Thron bestieg. Er war der Erzieher Karls V. und zu dieser Zeit Statthalter des Königs von Spanien.)* Er ließ sich von den Taten der Eroberer
in Neuspanien berichten, vor allem von ihren Verdiensten für die
spanische Krone und für die Kirche. Er hörte sich die Klagen gegen den Bischof von Burgos an, der auch in Spanien bei allen aufrechten kleinen und großen Herren verhaßt war. Unsere Gesandten lehnten den Bischof von Burgos als Richter in unserer Sache
ab und führten dafür folgende Gründe an:

1. Diego de Velazquez habe dem Bischof auf Kuba eine sehr
einträgliche Ortschaft mit Bergwerken verliehen, für die Krone
aber keine einzige Ortschaft bestimmt.

2. Der Bischof habe Seiner Majestät gemeldet, daß die Expedition des Hernandez de Cordoba 1517 von Velazquez ausgerüstet
worden sei und daß er die Küste Neuspaniens entdeckt habe. In
Wahrheit habe er daran nicht den geringsten Anteil.

3. Von den zwanzigtausend Piastern, die Grijalva von seiner
Entdeckungsreise mitgebracht habe, sei der größte Teil in die Taschen des Bischofs gefallen. Der kaiserliche Fiskus habe davon
nichts gesehen.

4. Der Bischof habe die ersten Gesandten des Cortes, die mit
wertvollen Geschenken für den König und mit Berichten unserer
Mannschaft und unserer Offiziere nach Spanien kamen, öffentlich als Hochverräter und Boten eines Hochverräters bezeichnet
und habe ihre Berichte und den größten Teil der Geschenke un-

terschlagen. Als sich einer unserer Gesandten persönlich zum
Kaiser nach Flandern begeben wollte, habe er ihn ins Gefängnis
werfen lassen, wo er gestorben sei.

5. Der Bischof habe den Zollbeamten in Sevilla verboten,
Mannschaften, Waffen und anderen Nachschub für Cortes abge-
hen zu lassen.

6. Er habe ohne Autorisation des Königs wichtige Posten
an unfähige Leute vergeben, so zum Beispiel die Statthalterschaft von Neuspanien an einen gewissen Tapia, dessen einziges
Verdienst es sei, daß er die Nichte des Bischofs geheiratet
habe.

7. Schließlich unterstütze der Bischof alle falschen Gerüchte
gegen Cortes, die vor allem Velazquez verbreiten lasse, er unter-
schlage, verdrehe und verwerfe alle echten, sachlichen Berichte,
die Cortes und wir anderen als treue Diener an Seine Majestät erstattet haben.

Unsere Unterhändler legten für alle Beschwerden die notwendigen Beweismittel vor. Nach einer genauen Prüfung der Unterlagen entschied der Statthalter des Königs, daß der Bischof von
Burgos in der Streitsache zwischen Velazquez und Cortes nicht
Richter sein könne, ja, er entzog ihm die Verfügung über alle in-
dischen Geschäfte. Dann ernannte er Cortes zum Statthalter von
Neuspanien, wir mußten aber dem Velazquez Kosten, die er tatsächlich aufgewendet hatte, ersetzen. Der Papst forderte uns alle
in verschiedenen Schreiben dazu auf, uns weiter um die Bekehrung der Eingeborenen zu bemühen, er sandte uns seinen Segen
und gab uns die Absolution für alles, womit wir im Laufe des
Krieges unser Gewissen beschwert haben könnten. Der Kaiser
bestätigte diese Vorentscheidungen des Papstes und setzte den
Velazquez als Statthalter von Kuba ab, weil er die Anweisungen
seiner Generalstatthalter in San Domingo nicht befolgt hatte,
weil er gegen ihren Befehl die Expedition des Narvaez gegen
Neuspanien ausgerüstet hatte und weil er die Anordnungen des
königlichen Auditors Lucas Vazquez de Ayllon nicht befolgt, ja,
diesen Vertreter der kaiserlichen Macht gefangengesetzt und de-

portiert hatte. Als der Bischof von Burgos von diesen Entscheidungen hörte, wurde er krank, verließ das Hoflager und zog sich
auf seine Besitzungen zurück.

Wie der Bischof von Burgos vier Feinde des Cortes anstiftete, erneut
schwere Beschuldigungen zu erheben, und wie der Kaiser entschied

Panfilo de Narvaez und Cristobal de Tapia kamen bald nach dieser Entscheidung in Spanien an. Sie hatten den Steuermann
Gonzalo de Umbria und den Soldaten Cardenas bei sich. Sie erhoben schwere Klagen gegen Cortes und baten den Bischof von
Burgos um seine Hilfe. Dieser verwies sie an die Geschäftsträger
des Diego de Velazquez, die gerne mit den vier Männern zum
Kaiser gingen. Sie trugen der Majestät alle die Beschwerden gegen Cortes vor, die wir schon kennen: daß Diego de Velazquez
drei Expeditionen nach Neuspanien ausgerüstet und finanziert
habe / daß Cortes sich gegen ihn empört und ihm den Gehorsam
verweigert habe, obgleich er vorher das Kommando über eine Expedition von ihm angenommen habe / daß Cortes den Narvaez
nicht als Statthalter anerkannt habe, obgleich dieser Patente des
Präsidenten von Indien vorzeigen konnte, ja, daß er ihn mit der
Waffe in der Hand überwältigt, ihm mehrere Offiziere getötet,
ihn selbst und viele andere schwer verwundet und dann gefangen
habe / daß er auch den im Namen Seiner Majestät für Neuspanien
bestimmten Statthalter de Tapia nicht anerkannt, sondern zurückgeschickt habe / daß er den Einwohnern von Neuspanien im
Namen Seiner Majestät ungeheure Massen Gold abgefordert und
unterschlagen habe / daß er von der übrigen Beute ein Fünftel für
sich beansprucht habe / daß er den letzten König von Mexiko und
andere Kaziken gefoltert habe / daß er den Soldaten von dem Gold
nichts abgebe / daß er in seiner Vermessenheit jetzt große Paläste
baue / daß er Garay vergiftet habe / und so weiter.

Der Kaiser hörte sich die Reihe der Beschuldigungen nicht bis zu
Ende an. Ihm genügte, was er gehört hatte. Er berief eine Kommis-

sion, der nur seine vertrauten Ratgeber angehörten. Sie sollte die Streitsachen genau prüfen. Er befahl ihnen, ohne Ansehen der Person, nur nach Recht und Gerechtigkeit zu entscheiden. Sie luden die Beschwerdeführer und die Gesandten von Cortes vor und ließen alle Beteiligten ausführlich zu Wort kommen. Das Ergebnis ihrer Untersuchung war dieses: aus der ganzen Verhandlung gehe eindeutig hervor, daß Cortes und seine Mitkämpfer die einzigen und wahren Eroberer von Neuspanien seien. Sie hätten sich bei allen Gelegenheiten als verdienstvolle und treue Diener Seiner Majestät bewährt. Sie hätten großes Glück gehabt; sie hätten dieses Glück aber auch voll verdient; denn sie hätten ihren Mut und ihre Tapferkeit in den schweren und blutigen Schlachten mit den Indianern vielfach gezeigt. Die Kommission schlug vor, den Diego de Velazquez mit seinen Klagen wegen der Statthalterschaft von Neuspanien abzuweisen. Er solle seine Ansprüche auf eine Entschädigung für seine Auslagen vor den Gerichten gegen Cortes geltend machen. Cortes sei als Statthalter von Neuspanien zu bestätigen. Bei dieser Gelegenheit müßten auch die Verfügungen bestätigt werden, die Cortes über Grund und Boden gemacht habe. Er solle auch weiterhin die Verfügungsgewalt über die Verteilung des eroberten Landes an die Eroberer und Kolonisten haben. Denn es sei offenbar, daß seine bisherigen Entscheidungen nur der Kirche und dem Kaiser gedient hätten. Es sei deshalb zu erwarten, daß es unter seiner Regierung auch in Zukunft so bleibe. Die Frage, ob Garay vergiftet worden sei, müsse an Ort und Stelle geprüft werden. Auch die Frage, ob dem Narvaez seine Patente wirklich mit Gewalt genommen worden seien, müsse einer späteren Untersuchung vorbehalten bleiben. Dazu müsse vor allem auch Alonso Davila befragt werden, der zur Zeit noch Gefangener des Königs von Frankreich sei. Für den Steuermann Umbria und den Soldaten Cardenas beantragte die Kommission einen Besitz in Neuspanien mit einem Jahresertrag von eintausend Piastern. Den Eroberern billigte sie die einträglichen Kommenden zu. Sie sollten in der Verwaltung und in den Kirchen überall den Vorrang haben. Am 15. Mai 1523 bestätigte der Kaiser die Vorschläge der Kommission. Er verfügte au-

ßerdem, daß sich für eine bestimmte Zahl von Jahren keine Rechtsgelehrten in Neuspanien niederlassen durften, damit es durch sie
keine Reibungen, Prozesse und Kabalen gebe. Ferner schrieb der
Kaiser persönlich an Cortes und an seine alten Waffengefährten
und dankte uns für unsere ausgezeichneten und nützlichen Dienste.

Unsere Geschäftsträger schickten die kaiserlichen Handschreiben und Erlasse durch einen Vetter des Cortes nach Neuspanien, durch Rodrigo de Paz. Ein vortrefflicher Segler brachte
ihn sehr schnell nach Santiago auf Kuba. Dort ließ er die kaiserlichen Entscheidungen feierlich ausrufen. Ferner verlangte er von
Diego de Velazquez eine Rechnung über die von ihm verauslag-
ten Kosten. Velazquez ging die Sache so nahe, daß er krank
wurde und kurz darauf unzufrieden und in großer Armut starb.
Auch an dem Bischof von Burgos zehrte der Ärger. Er wurde
schwer krank und erholte sich nicht wieder.

Rodrigo de Paz und sein Begleiter Francisco de Las Casas, ein
Verwandter des Lizentiaten Francisco Nunez, aber hielten einen
glänzenden Einzug in Mexiko, dem zahlreiche Feierlichkeiten
und Lustbarkeiten folgten. Die guten Nachrichten wurden durch
Eilboten im ganzen Land bekanntgemacht. Die Überbringer der
Dokumente wurden alle reichlich belohnt. Francisco de Las Casas wurde Hauptmann und erhielt eine einträgliche Kommende.
Rodrigo de Paz bekam große und reiche Besitzungen, wurde Geheimschreiber und Haushofmeister von Cortes und regierte bald
alle Spanier, die aus seiner Ortschaft Medellin in Spanien kamen,
den Cortes nicht ausgeschlossen.

*Wie Cortes die Indianer und das Land verteilte, und von
den Kriegszügen des ehrgeizigen Rodrigo de Rangel*

Wir alten Eroberer hatten immer damit gerechnet, daß Cortes
sich als vom Kaiser bestätigter Statthalter in erster Linie der
Männer erinnern werde, die von Anfang an, in den schweren

Kämpfen mit den Indianern, in den Auseinandersetzungen mit den eigenen Leuten und im Streit mit den Neidern in Kuba und in Spanien, treu zu ihm gehalten hatten. Aber wir waren alle bei der Verteilung der Indianer schlecht weggekommen, hatten elende Besitzungen erhalten und standen keineswegs überall obenan, wie es die kaiserlichen Patente und Erlasse vorschrieben. Cortes sorgte beim Kampf um die Statthalterschaft, und als er später selbst nach Spanien ging, nur für sich selbst. Wir hätten es für gerecht gehalten, wenn er ganz Neuspanien in fünf gleiche Teile geteilt hätte. Der erste Teil mit den besten Städten wäre nach unserer Meinung der Krone zugekommen, der zweite den Kirchen, den Hospitälern und Klöstern. Die übrigen drei Fünftel hätte er nach Stand und Gebühr für ewige Zeiten mit den anderen alten Eroberern teilen sollen. Der Kaiser wäre um diese Zeit sicher mit einer solchen Aufteilung einverstanden gewesen, weil ihn die ganzen Eroberungen ja nichts gekostet hatten und weil er sich damals noch kein Bild von Neuspanien machen konnte. Der König war damals noch in Flandern. Es wäre ihm sicher lieb gewesen, zu wissen, daß dieses neue Land in der Hand von treuen, tapferen und verdienten Vasallen ist. Aber daraus wurde rein gar nichts. Unser Zustand wurde immer schlimmer, und manchem von uns Eroberern fehlt es heute an den nötigsten Mitteln zum Leben. Was soll nur aus den Kindern werden, die wir einmal zurücklassen?

Aber genug davon. Cortes hat zunächst die Männer belohnt, die ihm die Ernennung zum Statthalter aus Spanien gebracht hatten. Dann kam die Reihe an seine Verwandten, an Leute, die Einfluß beim König von Spanien oder bei anderen Großen hatten, an alle, die aus Medellin kamen, und nicht zuletzt an jene, die ihm vorschwatzten, was er gern hörte. Ich mache ihm keinen Vorwurf daraus, daß er diese Leute bedacht hat. Es war genug Land da. Aber seine Soldaten mußten ihm zu allererst einfallen. Schließlich verdankte er ihnen seine hohe Stellung. Wenn er einen neuen Feldzug plante, wußte er jeden von uns zu finden. Aber es ist nutzlos, jetzt noch über diese Zurücksetzung zu klagen. Sie ist nicht mehr zu ändern. Cortes hat seine Fehler später eingesehen. Ich war mit den anderen bei ihm, als er seine Statthalterschaft verloren hatte. Damals sagte er zu uns: »Gibt mir der Kaiser die Statthalterschaft wieder, auf mein Gewissen, ich werde nicht dieselben alten Fehler machen! Ich werde die guten Kommenden denen geben, denen sie Seine Majestät zugewiesen hat. Ich werde alles, was ich bis dahin falsch gemacht habe, wiedergutmachen.« Er war überzeugt, daß wir alten und erprobten Eroberer uns mit diesen schönen Worten zufriedengeben würden.

In jenen Tagen kam Rodrigo de Rangel, ein Mann, der das ganze Jahr durch kränkelte und der deshalb keine wichtige kriegerische Unternehmung mitgemacht hatte, auf den Gedanken, daß er sich jetzt endlich auch Ruhm erwerben müsse. Er wollte mit einer Kompanie Soldaten und mit Hilfe des Pedro de Ircio die aufständischen Ortschaften der Zapoteken zur Ruhe bringen. Er hatte die Gicht, Geschwülste an den Leistendrüsen und Beulen am ganzen Körper und war so schwach, daß er kaum auf seinen dünnen Beinchen stehen konnte. Cortes schlug dem Mann diesen unvernünftigen Wunsch ab und versuchte ihm klarzumachen, daß gegen die zähen Zapoteken und in diesem rauhen Gebirgsland nur die gewandtesten, kräftigsten und sehr kriegserfahrenen Soldaten kämpfen könnten. Aber Rangel war sehr eigensinnig und stammte aus Medellin. Zuletzt stimmte Cortes doch zu. Einige meinen, Cortes habe nur nachgegeben, um eine böse Zunge loszuwerden; denn keiner von uns glaubte, daß Rangel diesen Feldzug überstehen werde. Jedenfalls forderte Cortes eines Tages zehn oder zwölf der alten Eroberer in Coatzacoalco auf, sich an dem Unternehmen von Rangel zu beteiligen. Ich war auch dabei.

Wir waren mit diesem Führer keineswegs zufrieden. Die Häuser in diesem Hochgebirge lagen alle einzeln auf den Bergen oder in den tief eingeschneiten Tälern. Sie waren alle leer. Es war Regenzeit, und der bedauernswerte Rangel hatte solche Schmerzen, daß er laut aufschrie. Wir waren erbost, daß wir für einen solchen Mann Zeit und Leben einsetzen mußten. Auch Rangel sah bald ein, daß dieses Unternehmen sinnlos war. Er gab es auf und schickte die Leute nach Hause. Leider zog er nun mit nach Coatzacoalco. Er hoffte, daß unser warmes Klima ihm zuträglicher wäre. Diese Entscheidung war für uns schlimmer als der Feldzug mit ihm. Aber wir mußten uns fügen. Er ließ sich sehr bald neue Patente von Cortes geben, nach denen er zum Hauptmann ernannt und beauftragt wurde, die immer noch aufständischen Einwohner von Zimatan und Talatupan zu unterwerfen, die sich hinter ihren breiten Strömen und in den weiten Sumpfgebieten ziemlich sicher fühlten. Er bot alle Einwohner unserer Stadt auf, und wir hatten solche Furcht vor Cortes, daß wir nicht wagten, seinen Befehlen zu widersprechen. Auf sehr beschwerlichen Wegen zogen wir mit über hundert Mann und allen Rossen durch viele Orte in ein Sumpfgebiet, das etwa fünf Stunden vor Zimatan lag. Der Feind erwartete uns hinter festen Wällen und Palisaden, die man nur auf engen und gefährlichen Moorpfaden umgehen konnte, die keine Pferde trugen. Er begrüßte uns mit dem üblichen Geschoßregen, verwundete acht Mann und tötete sieben Pferde. Rangel selbst wurde leicht am Arm verletzt. Jetzt sah er ein, daß er besser daran getan hätte, uns zu folgen und diesen verwegenen, verschlagenen und sehr gewandten Gegner in Ruhe zu lassen.

Nachdem wir die verwundeten Menschen und Pferde versorgt hatten, gab er mir den Auftrag, mit einer scharfen Bulldogge und zwei tüchtigen Musketieren Feind und Gelände zu erkunden. Er wollte unserem Rat folgen und mit den übrigen Mannschaften und den Reitern langsam nachfolgen. Dicht vor Zimatan stellten wir starke Befestigungen fest, aus denen wir heftig beschossen wurden. Wir wurden alle verwundet, der Hund war sofort tot. Ohne meinen dicken Baumwollmantel wäre ich sicher umgekommen; denn ich wurde von sieben Pfeilen getroffen, wurde aber nur am Bein verletzt. Durch indianische Meldegänger ließ ich zurücksagen, daß die Füsiliere, Schützen und Musketiere so schnell wie möglich vorrücken, die Pferde aber außer Schußweite bleiben sollten. Wir warfen den Feind aus seinen Verschanzungen. Er zog sich in ein Moorgelände zurück, in das wir uns nicht wagen durften, wenn wir nicht versinken wollten.

Rangel kam mit den Reitern nach, wir bezogen Quartier in den verlassenen Behausungen der Indianer und rasteten einen Tag. Am nächsten Morgen zogen wir durch stark vermoorte Savannen weiter gegen Zimatan. Der Feind stellte uns im offenen Gelände. Er rechnete damit, daß unsere Reiter in der Hitze des Gefechts weiter ausholen und dabei in die Sümpfe geraten würden. Wir hatten Rangel vorher vor dieser Taktik gewarnt. Jetzt geriet er als erster in einen Sumpf, verlor dort sein Pferd und wäre unrettbar verloren gewesen, wenn wir ihn nicht herausgezogen und herausgehauen hätten. Die Indianer wollten ihn schon fortschleppen und den Götzen opfern. So kam er mit einigen Kopfverletzungen davon. Wir erreichten zwei Orte, die von den Einwohnern geräumt waren. Die Indianer ließen uns keine Viertelstunde Zeit zum Rasten. Sie verließen ihre Schanzen, schlossen uns ein und rückten in solchen Mengen an, daß wir sie kaum vom Leib halten konnten. Ein Mann und zwei Pferde wurden getötet.

Held Rangel litt an seinen Kopfwunden. Außerdem plagten ihn Moskitos und große Fledermäuse, die den Menschen anbeißen und das Blut absaugen. Er hatte Tag und Nacht keine Ruhe. Dazu regnete es ohne Pause. Er hatte den Krieg ebenso satt wie einige Soldaten, die frisch aus Spanien gekommen waren. Sie hielten ihm seine schlechte Gesundheit und unsere starken Verluste vor und rieten ihm dringend, den hoffnungslosen Kampf in dem sumpfigen Gelände aufzugeben. Um den Schein zu wahren, bildete er einen Kriegsrat aus lauter Leuten, die denselben Standpunkt vertraten. Wir kamen gerade mit zwanzig alten Soldaten von einer kleinen Unternehmung zurück, bei der wir einige Gefangene gemacht hatten. Rangel nahm mich beiseite, schwatzte viel von seinen Kopfwunden und erklärte mir, daß die meisten Männer den Kampf abbrechen und umkehren wollten. Ich erwiderte: »Wie Herr? Ihr seid bis dicht vor Zimatan vorgedrungen und wollt nun umkehren? Was werden Eure Feinde dazu sagen? Ihr hattet die tüchtigsten Kämpfer zur Verfügung und habt weder gegen die Zapoteken noch hier etwas ausgerichtet! Mit Eurer Ehre steht auch die unsere auf dem Spiel! Meine alten Kameraden und ich sind entschlossen, die Berge und die Sümpfe weiter zu erkunden und bis Zimatan vorzugehen. Ihr könnt mein Pferd einem anderen geben, der gut mit der Lanze umgehen kann. In diesem Gelände müssen die Reiter hinter dem Fußvolk zurückbleiben.«

Rangel war ein Mann, dem jeder Tadel schnell zu Kopf stieg und der den Mund gern voll nahm. Er versammelte die ganze Mannschaft um sich und rief: »Das Los ist gefallen! Gott strafe mich!« – Er konnte keine zwei Worte reden, ohne daß er einen Schwur tat. – »Wir müssen vorwärts! Bernal Diaz del Castillo hat mir dazu geraten. Er weiß, was wir unserer Ehre schuldig sind! Ich stimme ihm zu.« Diese Wendung paßte freilich nicht allen Leuten. Ich zog an der Spitze der Schützen und Musketiere durch einen verlassenen Ort. Dann marschierten wir direkt auf Zimatan los. Wir mußten einen harten Angriff des Feindes bestehen, schlugen ihn aber in die Flucht. Die Einwohner verbrannten ihre Häuser. Wir machten fünfzehn Gefangene beiderlei Geschlechts. Sie wurden sofort wieder freigelassen und bekamen den Auftrag, ihre Landsleute zur Unterwerfung aufzurufen. Sie kamen aber sehr bald mit ihren Verwandten zurück und mit einem großen Haufen einfachen Volks, unter das wir die ganze Beute verteilten. Sie versprachen, alles zu tun, was in ihrer Macht stehe, kamen aber nicht wieder und ließen uns ohne Antwort. Da sagte Rangel zu mir: »Gott strafe mich! Ihr habt mich schön angeführt. Nun seht zu, wie Ihr die Indianer wieder einfangt, die ich auf Euren Rat hin freiließ.« Ich ließ mir das nicht zweimal sagen, nahm fünfzig Mann, griff Indianerhütten an, die in den Sumpfniederungen lagen, und fing sechs Männer mit ihren Frauen und Kindern. Die Masse der Eingeborenen war in ein Dornendickicht geflohen, durch das wir nicht kamen. Unser Hauptmann war jetzt wieder gnädig. Aber auch er bekam keine Antwort, als er diese neuen Gefangenen als Friedensboten zurückschickte. Wir mußten also unverrichteterdinge umkehren. Die Zapoteken und die übrigen Provinzen wurden erst zwei Jahre später unterworfen.

Wie Cortes dem Kaiser wieder Gold und Silber schickte,
und was mit dem Gold für seinen Vater geschah

Cortes hatte wieder achtzigtausend Piaster in Gold beisammen. Auch die silberne Feldschlange für den Kaiser war fertig. Sie war mit Bildern aus der Phönixsage geschmückt und trug die Inschrift:

> Einzig, wie der Phönix wiederkehrt,
> Einzig seid Ihr auf der ganzen Erd',
> Einzig ist auch meiner Dienste Wert.

Cortes schickte diese Schätze durch den Edelmann Diego de Soto nach Spanien. Dem Juan de Ribera, der auf einem Auge schielte und unter seinem Brustlatz nicht gut aussah, vertraute er eine große Summe für den Vater an *(25 000 Castellanos de oro und 800 Pfund Silber?)*. Ribera unterschlug sie und gab sie auch nicht heraus, als der Vater sie ihm abforderte. Er verleumdete seinen Wohltäter, wo er konnte. Da er früher einmal Geheimschreiber von Cortes war, glaubten ihm viele, vor allem der Bischof von Burgos, der damals mit den anderen Klägern versuchte, das Urteil der königlichen Kommission über Cortes anzufechten. Er behauptete, die Mitglieder des Rates seien alle von Cortes bestochen worden. Cortes fiel beim Kaiser in Ungnade, und wenn sich nicht der Herzog von Bejar für ihn eingesetzt hätte, wäre er zweifellos schuldig gesprochen worden. Da um diese Zeit auch die achtzigtausend Piaster und die Dankschreiben des Cortes beim König eintrafen, wurde es wieder still um die neue Untersuchung. Die stolze Inschrift auf der Feldschlange weckte freilich böses Blut. Auch Männer, die Cortes wohlwollten, wie der Herzog von Bejar, fanden sie anmaßend. Aber hat denn unser Zeitalter noch einen anderen General hervorgebracht, der solche Heldentaten vollbracht hat; der seinem Monarchen so große Länder erobert hat, ohne daß der Kaiser auch nur einen Piaster zahlen mußte; der die Bekehrung von vielen tausend Heiden zum Christentum veranlaßt hat? Freilich, der Ruhm und der Lohn gebühren nicht Cortes allein, sondern auch seinen treuen Waffengefährten. Wir hät-

ten Wappenschilde und Lehen verdient wie die tapferen Männer
vergangener Zeiten, die der Krone treu gedient haben. Im übrigen schenkte der Kaiser die Feldschlange seinem Schatzsekretär
Francisco de los Cobos, der sie einschmelzen ließ. Er soll über
zwanzigtausend Dukaten dafür bekommen haben. Gegen Ribera
führte Cortes einen Prozeß, der aber zu keinem Erfolg führte,
weil Ribera auf einer Reise zu viel Speck aß, krank wurde und
starb. Es ging so schnell mit ihm, daß er nicht einmal mehr beichten konnte. Möge Gott seiner armen Seele gnädig sein! Amen!

Wie zwölf Franziskanerbrüder und
der Generalvikar Martin de Valencia eintrafen,
und wie sie empfangen wurden

Der geneigte Leser wird sich erinnern, daß wir den Kaiser gebeten hatten, uns fromme Mönche vom Franziskanerorden zu
schicken, die den Indianern predigen und sie bekehren sollten.
Die gleiche Bitte richteten wir an den damaligen Franziskanerge-
neral. Wir hatten den Indianern oft erzählt, daß ihr neuer König
im Osten ihnen Priester schicken werde, die ein viel frömmeres
Leben führten als wir. Sie fragten dann immer, ob die Männer so
gut sein würden wie Pater de Olmedo, eine Frage, die wir natürlich bejahten. Nun waren zwölf Franziskaner mit ihrem Guar-
dian und Generalvikar Pater Martin de Valencia in Vera Cruz angekommen. Unter ihnen befand sich auch Pater Toribo, dem die
Mexikaner den Beinamen Motolinea *(armer Bruder)* gegeben haben, weil er alles, was er um Gottes willen erhielt, an die Indianer
verteilte, so daß er oft selbst nichts mehr hatte, seinen Hunger zu
stillen. Er war sehr ärmlich gekleidet, ging immer barfuß, predigte viel und wurde von den Indianern wie ein Heiliger verehrt.

Cortes befahl, die ehrwürdigen Mönche überall, in indianischen und spanischen Ortschaften, feierlich zu empfangen, ihnen
mit fliegenden Fahnen, Kreuzen und brennenden Kerzen in den

Händen entgegenzuziehen, die Glocken zu läuten, für gute Quartiere zu sorgen und ihnen bei der Begrüßung kniend die Hände und die Kutten zu küssen. Die Spanier sollten damit den Indianern ein Beispiel der Demut und der Ehrfrucht geben. Cortes schickte ihnen außerdem Erfrischungen entgegen und schrieb ihnen liebenswürdige Briefe. Als sie in die Nähe von Mexiko kamen, zog er ihnen selbst mit Pater de Olmedo und allen Offizieren und Mannschaften entgegen. Auch König Cuauhtemoc, die Kaziken der wichtigsten Städte und zahlreiche vornehme Mexikaner begleiteten ihn. Sobald wir die frommen Männer sahen, stiegen Cortes und alle anderen Reiter vom Pferd und gingen ihnen zu Fuß entgegen. Der erste, der vor Pater Martin de Valencia niederkniete und ihm die Hand küssen wollte, war Cortes selbst. Der Mönch nahm diese Geste der Ehrfurcht nicht an. Daraufhin küßte Cortes seine Kutte. Besonders herzlich war die Begrüßung zwischen Pater de Olmedo und den Brüdern. Nach Cortes und ihm traten sämtliche Offiziere und Soldaten, der König von Mexiko und alle seine Würdenträger an die Mönche heran, um ihnen kniend ihre Ehrfurcht zu zeigen.

Diese Begrüßungsszene machte einen tiefen Eindruck auf Cuauhtemoc und alle Großen seines Landes. Die Mönche hatten den ganzen Weg barfuß zurückgelegt und keineswegs zu Pferd. Die abgemagerten Gestalten machten in ihren schlechten Kutten einen armseligen Eindruck. Daß nun der Mann, den sie alle wie einen Gott fürchteten und ehrten, sich vor den Mönchen demütigte und nur mit der Mütze in der Hand mit ihnen sprach, war für die Indianer eine Lehre und ein Beispiel, das sie nie vergaßen. Sie verhielten sich gegenüber den Mönchen in Zukunft nicht anders wie Cortes.

Für die Gäste war ein eigenes schönes Haus eingerichtet, in dem Pater de Olmedo den Wirt machte. Cortes besuchte sie oft und brachte ihnen viele Geschenke. Mehrere Monate später kamen zwölf Dominikaner mit ihrem Prior. Aber sie vertrugen die große Hitze nicht, wurden krank und starben fast alle. Ich komme später noch einmal auf sie zurück.

Cortes lebte in der ständigen Sorge, daß der Bischof von Burgos und Diego de Velazquez alles versuchen würden, um ihn beim Kaiser in Ungnade zu stürzen. Er hielt es deshalb für zweckmäßig, so viel Gold wie möglich nach Spanien zu schicken, um die Gunst des Kaisers zu gewinnen und neue Gnadenbeweise herauszufordern. Mit dem Gold ließ er Seiner Majestät ausführliche Berichte überreichen, über die Bekehrung der Indianer, über den Wiederaufbau der großen Stadt Mexiko und vor allem über die Expedition nach Honduras. Er berichtete zunächst über die großen Kosten dieser Expedition, dann aber über den ungetreuen Cristobal de Olid, der mit Diego de Velazquez gemeinsame Sache gemacht und ihm den Gehorsam aufgekündigt habe. Wenn die Majestät damit einverstanden sei, wolle er Olid ablösen lassen, in Fesseln werfen und vor Gericht stellen. Er könne aber auch selbst gegen ihn marschieren. Er bat den Kaiser dringend, ihm die notwendigen Vollmachten zu geben, weil es unumgänglich notwendig sei, hier ein warnendes Beispiel zu statuieren. Gleichzeitig erhob Cortes schwere Anklagen gegen Diego de Velazquez, der mit seinen Intrigen nicht nur ihn persönlich bedrohe, sondern das ganze Land in ständiger Unruhe halte. Er habe infolgedessen sehr viel mehr Mittel für kriegerische Unternehmungen aufwenden müssen und könne dem Kaiser heute nur dreißigtausend Piaster in Gold schicken. In Zukunft werde er jedem Schiff, das nach Spanien segle, so viel Gold mitgeben, wie er gerade auftreiben könne. Gleichzeitig schrieb Cortes an seinen Vater, an den Lizentiaten Francisco Nunez und an Diego de Ordas über das feindselige Verhalten seines Rechnungsführers Rodrigo de Albornoz, der ihn in Mexiko überall heimlich verleumde, weil er ihm nicht so viele Indianer geben konnte, wie er sich vorgestellt hatte, und weil er die Tochter des Fürsten von Tetzcuco mit einem anderen, geeigneteren Mann verheiratet habe. Albornoz sei zweifellos eine Kreatur des Bischofs von Burgos *(von dessen Ablösung Cortes damals noch nichts wußte)* und unterrichte ihn in heimlichen Schreiben, die zum Teil chiffriert seien. Er werde ihn sicher wieder mit unwahren Angaben verleumden. Sie sollten auf der Hut sein und derartigen Kabalen rechtzeitig entgegentreten. Cortes schickte alle seine Briefschaften in doppelter Ausfertigung, weil er befürchten mußte, daß sie im Zollhaus von Sevilla für den Bischof von Burgos beschlagnahmt würden.

Mit demselben Schiff schickte Albornoz heimlich Briefe an Seine Majestät, an den Bischof von Burgos und an den Rat von Indien, in denen er Cortes schwer verleumdete. Er schrieb zum Beispiel: Cortes treibe im Namen der Majestät bei den Kaziken des Landes eine Unmenge Gold ein, das er zum großen Teil für sich behalte. Er habe Töchter des Landes kommen lassen, um sie an spanische Soldaten zu verteilen. Komme aber einmal ein ehrenwerter Mann, um eine bestimmte Frau zu verlangen, dann halte er sie als seine eigene Beischläferin zurück. Die eingeborenen Fürsten verehrten ihn als König und wüßten nichts von einem Kaiser in Spanien. Man könne jetzt noch nicht klar sehen, ob Cortes das Land von Spanien unabhängig machen wolle oder ob er seinem Kaiser treu bleibe. In jedem Fall sei es höchste Zeit, einen hervorragenden Mann mit einem starken, gut ausgerüsteten Truppenkontingent nach Neuspanien zu schicken, um Cortes als General und als Regenten abzulösen. Der Bischof von Burgos veranlaßte Narvaez und seine Genossen, mit diesen Berichten zum Kaiser zu gehen und bei dieser Gelegenheit auch ihre alten Anklagen wieder vorzubringen. Der Kaiser glaubte den Berichten des Albornoz und erklärte: »Nun soll Cortes aber meine strafende Hand fühlen! Seine Untaten können nicht durch Gold aufgewogen werden. Gerechtigkeit geht über die Schätze, die er mir schicken kann.«

Der Kaiser befahl dem Admiral von San Domingo, mit sechshundert Mann gegen Cortes zu marschieren. Wenn Cortes schuldig sei, solle er ihm sofort den Kopf abschlagen lassen. Die gleiche Strafe solle alle treffen, die seinerzeit gegen Narvaez gekämpft hätten. Wenn er die Sache schnell und gut erledige, werde er zum Admiral von Neuspanien ernannt. Der Admiral hatte es

nicht eilig. Vielleicht hatte er kein Geld? Vielleicht wagte er es
nicht, gegen Cortes anzutreten, der mit ganz anderen Gegnern
fertig geworden war? Vielleicht bezweifelte er auch die Schuld
des Cortes? Dazu kam, daß Neider schon jetzt beim Kaiser gegen
seine Ernennung zum Admiral von Neuspanien intrigierten. Inzwischen bekamen die Geschäftsträger des Cortes Wind von der
Sache, gingen mit allen ihren Unterlagen zum Herzog von Bejar
und baten um schnelle Hilfe. Der Herzog ging mit dem Vater von
Cortes und einflußreichen Verwandten sofort zum Kaiser. Er bat
ihn, den Zeugnissen eines einzelnen, noch dazu sehr verdächtigen Mannes keinen Glauben zu schenken und die Befehle an den
Admiral von San Domingo vorerst zurückzunehmen. Ein Verfahren gegen Cortes und seine Waffengenossen, die der Krone
Dienste geleistet hätten, die einmalig in der Geschichte seien, ein
solches Verfahren müsse sehr sorgsam und behutsam eingeleitet
werden. Er sei nach wie vor von der Unschuld und Loyalität des
Cortes überzeugt und bürge mit seinem ganzen Vermögen für
ihn. Dann teilte der Herzog dem Kaiser den Inhalt der Briefe mit,
die Cortes an seinen Vater und an seine Beauftragten geschrieben
hatte. Der Kaiser ernannte daraufhin den Vizeregidor von Toledo, den Lizentiaten Ponce de Leon zum Richter in dieser Sache.
Er sollte alle Anklagen und Beschwerden genau prüfen und nach
strengem Recht strafen, wenn er eine Schuld fände. Die Abreise
des Lizentiaten verzögerte sich aber erheblich. Ich werde deshalb
erst später darauf zurückkommen. Albornoz nützte die Zeit, um
dem Kaiser weitere Verleumdungen über Cortes, den Vizekönig
Don Antonio de Mendoza und andere Leute zuzutragen.

Wie Cortes den Hauptmann de Las Casas nach
Honduras schickte

Cortes hatte keinerlei Nachricht über das Schicksal des Korps,
das er unter Cristobal de Olid nach Honduras geschickt hatte. er
wußte nur, daß Olid ihm den Gehorsam aufgekündigt hatte. Nun

befahl er dem Kavalier Francisco de Las Casas mit fünf Schiffen und hundert Mann von Vera Cruz nach Triunfo de la Cruz zu segeln, wo Olids Flotte lag. Als Olid die Flotte des Las Casas sah, wußte er nicht, was er aus der Sache machen sollte, obgleich Las Casas die Friedensflagge gehißt hatte. Olid ließ zwei schwerbestückte Karavellen auslaufen, die den unbekannten Gästen die Landung verwehren sollten. Las Casas ließ daraufhin die Boote zu Wasser, bemannte sie mit seinen besten Leuten und teilte den Kommandanten der Karavellen mit, daß er die Landung im Notfall erzwingen werde. Es kam zum Gefecht, in dem die Leute des Las Casas eine Karavelle in den Grund schossen, vier Mann töteten und viele verwundeten.

Als Olid den Ernst der Lage erkannte, versuchte er Zeit zu gewinnen. Er wollte die Rückkehr von zwei Kompanien abwarten, die er an den Pechinfluß geschickt hatte, um einen gewissen Gil Gonzales Davila zu vertreiben, der dort Eroberungen machen wollte. Olid schlug also Friedensverhandlungen vor. Las Casas ging darauf ein, blieb aber die Nacht über in See. Wie anders hätte sich die Sache entwickelt, wenn Las Casas den Soldaten des Olid gefolgt hätte, die ihm während des Seegefechts heimlich einen Brief zusteckten. Sie rieten ihm dringend, die Landung nicht aufzuschieben. Sie seien Anhänger von Cortes und würden ihm helfen, Cristobal de Olid festzunehmen. Zum Glück für Olid und zum Unglück für Las Casas kam in der Nacht ein Nordsturm auf, der an dieser Küste besonders gefährlich ist. Die fünf Schiffe scheiterten, die Ladung ging verloren, dreißig Mann ertranken. Die anderen irrten zwei Tage ohne einen Bissen in der Kälte und im Regen herum und wurden dann gefangen. Cristobal de Olid freute sich über den unerwarteten Erfolg, vereidigte die Mannschaften auf sich mit der ausdrücklichen Klausel, daß sie unter Umständen auch gegen Cortes kämpfen müßten, und behielt Las Casas in Haft.

Kurze Zeit darauf kamen die Männer zurück, die Olid gegen Davila geschickt hatte. Sie hatten nach schweren Kämpfen die von Davila neu gegründete Stadt San Gil de Buena Vista überwältigt und unter anderen zwei Hauptleute gefangen. Olid war sehr stolz auf diesen Erfolg und meldete ihn gleich nach Kuba. Dann zog er mit seinen Gefangenen in das Innere des Landes bis nach Naco, einer größeren Ortschaft, die in der Mitte eines sehr volkreichen Landes lag. Von dort aus ließ er Streifen durch das ganze Land machen, die Briones führte, jener Mann, der Olid als erster zum Abfall von Cortes geraten hatte. Er war ein unruhiger und leidenschaftlicher Soldat, der nur noch die obere Hälfte der Ohren hatte. Die untere war ihm in einer Festung abgeschnitten worden, die er mit anderen Offizieren zusammen sehr hartnäckig verteidigt hatte. Jetzt verließ er Olid plötzlich und marschierte mit seiner ganzen Abteilung nach Neuspanien. Er wurde später wegen einer Meuterei in Guatemala gehenkt.

Francisco de Las Casas und Gil Gonzalez Davila beschlossen, diese günstige Lage auszunützen und Olid aus dem Weg zu räumen. Beide wurden zwar als Kriegsgefangene behandelt, liefen aber frei herum. Olid fühlte sich ihnen gegenüber allein stark genug. Insgeheim schloß sich der ganze Anhang von Cortes an die beiden Gefangenen an. Sie sollten auf den Ruf: »Für den Kaiser und Cortes! Nieder mit dem Tyrannen!«, über Olid herfallen und ihn niederstoßen. Es war schon alles fest verabredet, da sagte Las Casas halb im Scherz zu Olid: »Herr Hauptmann, schenkt mir die Freiheit und laßt mich Cortes melden, wie es gekommen ist, daß mein Unternehmen mißglückt ist. Ich werde für Euch die Statthalterschaft und das Kommando über die Truppen in diesem Lande auswirken. Als Gefangener bin ich Euch nur ständig im Wege.« Olid antwortete, daß er nicht die Absicht habe, etwas zu ändern. Er sei vielmehr froh, einen Mann von solchen Qualitäten um sich zu haben. Las Casas sagte darauf: »Dann denkt doch wenigstens an Eure eigene Sicherheit! Ich könnte doch sehr leicht auf den Gedanken kommen, Euch den Garaus zu machen.«

Olid nahm diese Bemerkung nicht ernst und blieb weiter sorglos. Eines Abends versammelten sich die Kriegsleute und die Gefangenen wieder bei Olid zum Nachtessen. Sie hatten die Mäntel schon abgelegt, standen um den Hauptmann herum und sprachen über das Glück von Cortes und die Eroberung von Mexiko. Da packte Las Casas den Olid plötzlich beim Bart und stieß ihm sein Messer in die Kehle. Auf dieses Zeichen hin fielen die anderen Verschworenen über den Hauptmann her und brachten ihm so viele Stiche bei, daß er zu Boden fiel. Während dann die anderen bei Tisch saßen und es sich schmecken ließen, gelang es dem starken Mann, sich in ein Gebüsch zu schleppen und um Hilfe zu rufen. Da trat Las Casas vor die Leute und rief: »Im Namen des Kaisers, im Namen von Cortes! Auf gegen den Tyrannen!« Niemand wagte mehr, die Hand für Olid zu erheben. Las Casas gab den Befehl, den Flüchtling zu fangen. Wer Olids Versteck kannte und schwieg, wurde mit dem Tode bedroht. Er wurde bald gefunden, vor ein Kriegsgericht gestellt und auf dem Marktplatz von Naco enthauptet.

Francisco de Las Casas und Gil Gonzalez Davila sammelten ihre Truppen, teilten das Kommando und verwalteten das Land in Frieden und Eintracht. Las Casas gründete die Stadt Trujillo, und Davila schickte ein Kommando nach San Gil de Buena Vista, um festzustellen, was aus seiner Kolonie geworden war. Dann machten sich beide zusammen auf zu Cortes, um ihm Bericht zu erstatten und um ihn um weitere Truppen zu bitten.

DER ZUG NACH HONDURAS

Wie Cortes den Zug nach Honduras vorbereitete

Seit der Abfahrt der Expedition des Las Casas waren viele Monate vergangen. Cortes hatte keinerlei Nachrichten und war in einiger Sorge. Er hatte kein Mißtrauen gegenüber Las Casas, bereute aber, daß er nicht gleich selbst nach Honduras gegangen war, wo ihn vor allem die reichen Bergwerke reizten. Er sorgte dafür, daß Mexiko jederzeit verteidigungsbereit war, und rüstete sich dann zum Feldzug. Als Vertreter für die Statthalterschaft setzte er den Schatzmeister Alonso de Estrada und den Rechnungsführer Albornoz ein. Wie er ausgerechnet diesen Mann wählen konnte, ist mir ein Rätsel, auch wenn er damals noch nichts von den Verleumdungen wußte, die Albornoz vorbereitete. Zum Alkalden Major bestellte er den Lizentiaten Zuazo und zum Verwalter seines eigenen Vermögens seinen Verwandten Rodrigo de Paz.

Dem Pater de Olmedo und dem Franziskanerpater Motolinea, die auch bei den Eingeborenen in einem hohen Ansehen standen, empfahl er vor allem, sich um die weitere Bekehrung und die Ruhe unter den Indianern zu bemühen, wobei sie durch die Kronbeamten in jeder Weise unterstützt werden sollten. Um ihnen diese Aufgabe zu erleichtern und den Unzufriedenen von vornherein die Führer wegzunehmen, ließ er Cuauhtemoc, den Fürsten von Tlacopan und eine Menge Kaziken und Große mitziehen. Da Aguilar damals schon tot war, ging Donna Marina allein mit. Im übrigen umgaben Cortes ein glänzendes Gefolge, Stabsoffiziere, Geistliche, Ärzte, Haushofmeister, Pagen, Jäger, Musiker, ein Luftspringer und ein Taschenspieler, der auch Marionettenspiele gab. Außer den vielen Indianern, die zum Gefolge der Fürsten und Kaziken gehörten, schlossen sich dreitausend mexikanische Krieger an. Kurz vor dem Aufbruch beschworen die zurückbleibenden Würdenträger und die alten Eroberer ihren

Generalkapitän noch einmal, Mexiko nicht zu verlassen. Sie fürchteten, daß es in seiner Abwesenheit zu Aufständen kommen müsse.

Cortes ließ sich nicht zurückhalten. *(Er verließ Mexiko im Herbst 1524.)* Unterwegs gab es überall feierliche Empfänge und große Feste. Fünfzig Mann, die eben aus Spanien gekommen waren, lauter tolle Köpfe, schlossen sich dem Zug an. Um die Truppen besser versorgen zu können, marschierten sie bis Coatzacoalco auf zwei verschiedenen Straßen. Die unmittelbare Umgebung von Cortes bildeten Gonzalo de Sandoval, der Faktor und der Veedor, die mit Aufmerksamkeiten gegen ihn wetteiferten. Köstlich anzusehen war der Faktor, wenn er mit Cortes sprach, die Nase fast am Knie. Er versäumte keine Gelegenheit, ihm seine Anhänglichkeit zu versichern, ihm aber zugleich mit beredten Worten von einem so langwierigen und beschwerlichen Feldzug dringend abzuraten. Wenn sie nebeneinander ritten, sang er oft:

»Kehre um, lieber Oheim, kehre um!

Lieber Oheim, kehre um!«

Und Cortes antwortete ihm singend:

»Voran, lieber Neffe, voran!

Laß dich nicht durch Zeichen schrecken!

Gottes Wille muß geschehen!

Voran, lieber Neffe, voran!«

Als die Abteilung von Cortes in der Nähe von Orizaba in einen Ort kam, der dem schielenden Ojeda gehörte, verheiratete sich Donna Marina vor Zeugen mit Juan Xaramillo. Von Guazpalte-pec aus, das zur Kommende von Sandoval gehörte, bekamen wir die Meldung, daß Cortes im Anmarsch sei. Alle Offiziere, die angesehenen Männer der Stadt, die Alkalden, der Magistrat und die Regidoren brachen sofort auf, um ihm dreiunddreißig Stunden weit entgegenzukommen. Jeder war mit einem Eifer dabei, als ob es darum ginge, große Pfründen zu gewinnen. Ich erzähle das nur als Beispiel dafür, wie sehr Cortes geliebt und gefürchtet wurde. Er sah solche Proben der Zuneigung und der Ergebenheit gern.

Man konnte es ihm gegenüber in dieser Hinsicht nie zu weit treiben.

Zwischen Guazpaltepec und Coatzacoalco mußte ein breiter Strom passiert werden. Dabei schlugen drei Kähne um, Gold und wertvolle Gerätschaften verschwanden in den Fluten. Juan Xaramillo verlor die Hälfte seines Gepäcks. Wir konnten nichts retten, weil es in dem Fluß von großen Alligatoren wimmelte, die keinen Respekt vor uns hatten. Über Uluta kamen wir an den großen Strom, an dem Coatzacoalco liegt. Der Flußübergang war sehr gut vorbereitet. Eine Menge Kähne lagen am Ufer, immer zwei und zwei zusammengebunden. In unserer Stadt hatten wir Triumphbögen errichtet, Kampfspiele zwischen Christen und Mauren und ein großes Feuerwerk vorbereitet. Cortes blieb sechs Tage. Der Faktor gab seine Versuche nicht auf, ihn zur Rückkehr zu bewegen. Er stellte ihm den zwiespältigen Charakter des Rechnungsführers vor. Er habe schon immer Heimlichkeiten mit dem Schatzmeister gehabt, der sich rühme, ein Sohn des katholischen Königs zu sein. Er habe Nachricht, daß die beiden jetzt schon seine Verwaltung schlecht machten. Er und der Veedor sprachen ständig von ihrer Anhänglichkeit an seine Person und boten sich als seine geeigneten Vertreter an. Schließlich wurde Cortes weich und gab ihnen die Vollmacht, die Statthalterschaft an sich zu nehmen, sobald die beiden anderen ihre Macht mißbrauchten und nicht im Interesse Seiner Majestät handelten. Diese Vollmacht wurde die Quelle vieler Übel und der Aufstände, die bald darauf in Mexiko ausbrachen. Auch Pater de Olmedo und die Franziskaner waren mit dieser Regelung keineswegs einverstanden. Die Ereignisse haben ihre Besorgnisse bestätigt. Als sich der Faktor und der Veedor bei Cortes verabschiedeten, machten sie wieder ihre übertriebenen Reverenzen. Der Faktor tat, wie wenn er schluchzte und sich ganz in Tränen auflösen wollte. Mit ihnen zog Hernan Lopez de Avila, der so heftige Gliederschmerzen und Geschwülste an den Leistendrüsen hatte, daß er kaum gehen konnte.

Cortes gab seinem Haushofmeister Simon de Cuenca den Befehl, in Vera Cruz zwei Schiffe mit Zwieback, Wein, Öl, Essig, Rauchfleisch und anderen Lebensmitteln und mit Beschlägen für die Pferde beladen zu lassen. Cuenca selbst sollte mit diesen kleinen Schiffen, die nur geringen Tiefgang hatten, die Küste entlangsegeln und auf den Befehl zum Landen warten. Dann befahl Cortes allen spanischen Kolonisten unserer Stadt, mit Ausnahme der Kranken, ihn zu begleiten. Wir gehörten alle zur Gruppe der ältesten Eroberer von Neuspanien, die meisten waren aus guten adligen Familien. Wir hatten alle gehofft, endlich zur Ruhe zu kommen. Wir wollten uns von den großen Strapazen der letzten Jahre erholen und unsere Landwirtschaften ordentlich einrichten. Da kam dieser Feldzug, der uns fünfhundert Leguas weit wegführte, der zwei Jahre und drei Monate dauerte und auf dem wir alles verloren, was wir mitgenommen hatten. Keiner hatte den Mut, nein zu sagen. Es hätte auch nicht viel genützt. Er hätte doch mitgehen müssen. So richteten wir unsere Waffen und unser Reitzeug und warteten auf den Befehl zum Aufbruch. Das Korps bestand aus zweihundertfünfzig Füsilieren, einhundertdreißig Reitern, Schützen und Musketieren und vielen neuen Soldaten aus Spanien, die erst angekommen waren.

Ehe wir abmarschierten, gab mir Cortes das Kommando über dreißig Spanier und dreitausend Mexikaner mit dem Auftrag, gegen das immer noch aufrührerische Zimatan zu ziehen. Die Mexikaner sollten die einzelnen Ortschaften im Land besetzen. Wenn die Einwohner friedlich seien, dürfe ihnen nichts geschehen und nichts genommen werden, außer der notwendigen Verpflegung für die Truppe. Die Unbotmäßigen sollten dreimal zum Gehorsam aufgefordert und die Feindseligkeiten erst dann eröffnet werden, wenn die Eingeborenen unsere Friedensangebote unbeachtet ließen. Über diese Maßnahmen mußten Protokolle aufgenommen und von Zeugen abgezeichnet werden. Ich bekam besondere Instruktionen und Vollmachten mit, die ich noch besitze. Sie waren alle von Cortes selbst unterzeichnet und von seinem Sekretär gegensigniert. Ich führte den Auftrag gut aus. Das ganze Land kam zur Ruhe. Als die Indianer aber merkten, daß nur wenige alte Eroberer in unserer Stadt zurückgeblieben waren, standen sie schon nach wenigen Monaten wieder auf.

Ich stieß bei Iquinuapa wieder zu Cortes. Er war über Tonala marschiert, war in Kähnen über einen Fluß gesetzt, hatte Aya-gualulco passiert und nach sieben Stunden einen breiten Seearm erreicht. Cortes ließ eine Brücke schlagen, die sechs- bis sieben-hundert Meter lang war, ein wahres Wunderwerk. Bei dem Zug durch dieses Land waren immer zwei Hauptleute aus unserer Stadt weit voraus. Einer von ihnen hieß Francisco de Medina. Er war ein sehr umsichtiger Mann und verstand besonders gut, mit den Eingeborenen umzugehen. Von der großen Brücke aus zogen wir durch viele kleine Ortschaften, bis wir schließlich den mäch-tigen Mazapafluß erreichten. Er kommt von Chiapas herunter. Die Seeleute nennen ihn Rio de Dos Bocas, den Zweimünder. Dort standen für uns viele Kähne bereit, immer zwei und zwei zusammengebunden. Der Flußübergang ging glatt vonstatten. Wir marschierten weiter, schlugen Brücken über einen kleinen Fluß und einen Seearm und kamen endlich in die große Ortschaft Copilco. Dort beginnt die sehr volkreiche Provinz Chontalpa. Sie lag in tiefem Frieden, die Kakaofelder waren gut gepflegt. Wir zogen weiter über Nacajujuyca nach Zaguatan. Die Eingebore-nen in diesem Ort zeigten sich sehr unterwürfig, waren aber nachts plötzlich alle verschwunden. Cortes gab uns den völlig unüberlegten und unnützen Befehl, die Anhöhen jenseits eines großen Flusses, die mitten in Sümpfen lagen, nach den Leuten zu durchsuchen. Als wir nach unsäglichen Mühen endlich den Fluß hinter uns gebracht hatten, fanden wir sieben indianische Häupt-linge mit ihren Leuten. Sie entkamen uns auf dem Rückweg, so daß wir schließlich niemand mehr hatten, der uns den Weg zeigen konnte.

Dafür trafen wir hier die Kaziken von Tabasco, die uns fünfzig

Kähne mit Mais und Lebensmitteln brachten. Auch aus Teapa und Tecomajayaca, die damals zu meiner Kommende gehörten, kamen Kähne mit Lebensmitteln. Tepetitan, der nächste Ort, war menschenleer, die Häuser abgebrannt. Die Einwohner hatten in einem Krieg mit ihren Nachbarn den kürzeren gezogen. Dann mußten wir den sehr wasserreichen Chilapa überschreiten. Auf meinen Vorschlag hin schickte Cortes eine indianische Abordnung in die Ortschaft Chilapa mit der Bitte, uns Kähne zu stellen. Die Boten kamen sehr bald mit zwei Kaziken und sechs großen Lebensmittelbooten zurück. Mit diesen Kähnen und vier selbstgezimmerten Barken schafften wir den Übergang in vier Tagen. In dem Sumpfgebiet jenseits des Flusses sanken unsere Pferde bis zum Gurt ein. Die Einwohnerschaft von Iztapa, dem nächsten Ort auf unserem Weg, war vor uns über einen breiten Fluß geflohen. Wir folgten ihnen und fanden schließlich auch die Kaziken mit ihrer ganzen Gemeinde. Cortes redete ihnen freundlich zu und ließ ihnen vier Frauen und drei Männer ausliefern, die wir in den Bergen gefangen hatten. Als Dank brachten die Leute einige kleine Goldsachen, die nicht viel wert waren, aber ihren guten Willen zeigten. Wir blieben drei Tage in Iztapa; denn es gab dort gutes Futter für unsere Pferde und Mais im Überfluß. Cortes fragte die Kaziken und die indianischen Handelsleute nach dem besten Weg für uns. Er legte ihnen dazu eine Leinwand vor, in die alle Orte von Coatzacoalco bis Guayacala eingezeichnet waren. Die Indianer teilten uns mit, daß wir auf unserem Weg eine Menge von Flüssen und Seearmen überqueren müßten. Der nächste große Ort, Temaztepec, liege nur drei Tagesreisen weiter. Wir müßten aber drei Flüsse und einen breiten Seearm überschreiten, um hinzukommen.

Cortes bat daraufhin die Kaziken, für uns Brücken zu schlagen und Kähne zu bringen. Sie versprachen ihre Hilfe, dachten aber nicht daran, Wort zu halten. Im Vertrauen auf die Richtigkeit ihrer Angaben hatten wir nur für drei Tage Lebensmittel mitgenommen. Die Kaziken wollten uns nur so schnell wie möglich loswerden. Wir marschierten sieben Tage und fanden an den

Flüssen weder Brücken noch Kähne. Der Brückenbau kostete uns weitere drei Tage, wenn auch alle Offiziere kräftig mit Hand anlegten. Wir ernährten uns von Gras und wild wachsenden Wurzeln, die uns Lippen und Zungen verbrannten. Jenseits des Seearms war kein Weg mehr. Wir mußten uns mit dem Degen durch das Gestrüpp schlagen. Nach zwei Tagen hatten wir immer noch keinen Ort erreicht. Cortes hörte nun mit seinen eigenen Ohren, wie die Mannschaft über diesen ganzen Feldzug fluchte. Sie erklärten ganz offen, daß wir umkehren müßten, wenn wir nicht verhungern wollten. Dazu kam, daß wir vor uns nur hohe Gebirge sahen, die uns fast den Himmel verdeckten. Zwei Wegweiser waren uns davongelaufen, und der dritte war so schwer krank, daß er keine Auskünfte mehr geben konnte.

Cortes legte die Hände nicht in den Schoß. Der Steuermann Pedro Lopez mußte mit Hilfe von einem Kompaß und der Leinwandkarte feststellen, in welcher Richtung wir marschieren mußten. Cortes gab selbst zu, daß er keinen Rat mehr wisse, wenn wir nicht bald einen Ort fänden. Wir wären alle gern nach Mexiko zurückgekehrt, zogen aber trotzdem weiter und fanden mit Gottes Hilfe auch bald einen Baum, den man erst vor kurzem umgehauen hatte, und bald darauf einen Fußpfad. Ich und Pedro Lopez liefen sofort zu Cortes und meldeten ihm unsere Entdeckung. Alle waren sehr erfreut und faßten wieder frischen Mut. Wir mußten zwar noch einen Fluß und einige Sümpfe überwinden, ehe wir in den Ort kamen, aber es ging doch alles sehr schnell. Der Ort war verlassen, aber es gab genug Nahrung für uns und unsere Pferde, so daß wir alle wieder zu Kräften kamen. Wir dankten Gott demütig für diese große Hilfe. Auf diesem Marsch waren die Luftspringer von Cortes, drei Neuankömmlinge aus Spanien und viele Indianer umgekommen, viele waren krank geworden, viele waren in der Verzweiflung unterwegs liegengeblieben.

Die mexikanischen Kaziken hatten heimlich mehrere Indianer abgefangen, geschlachtet, gebraten und verzehrt. Auf diese Weise waren wir auch um unsere beiden Wegweiser gekommen, die so plötzlich verschwunden waren. Cortes ließ die Kaziken vor sich kommen, hielt ihnen eine Strafpredigt und drohte ihnen im Wiederholungsfalle schwere Strafen an. Um die Leute abzuschrecken, ließ Cortes einem Kaziken den Prozeß machen und ihn verbrennen. Unsere Not auf dem Marsch war so groß, daß selbst die Musikanten nicht mehr spielen konnten, obgleich sie sonst nichts zu tun hatten. Nur einer heulte auf seinem Instrument weiter, bis wir ihn baten, aufzuhören. Ich bin immer wieder gefragt worden, warum wir denn die Herde Schweine, die Cortes mitgenommen hatte, nicht aufgezehrt hätten. Dazu ist zu sagen, daß der Küchenmeister aussprengen ließ, die Schweine seien auf dem Marsch nach und nach den Alligatoren und den Haifischen zum Opfer gefallen. Damit wir die Herde nicht zu Gesicht bekamen, zog sie vier Tagemärsche hinter uns her. Sie würde übrigens für den großen Verband keinen Tag gereicht haben, und schließlich wollte auch niemand dem Cortes einen Verdruß machen. Wir schnitten in alle Bäume, die sich dazu eigneten, Kreuze ein. Dieses Zeichen hielt länger, als wenn wir Kreuze errichteten. Sie dienten allen Nachzüglern als Wegweiser.

Wir waren jetzt in Temaztepec. Das stellte sich heraus, als es und endlich gelungen war, etwa dreißig Kaziken und Papas zu bewegen, wieder heimzukommen. Donna Marina sprach ihnen freundlich zu. Sie lieferten uns weitere Lebensmittel und gaben uns über zwanzig Indianer mit, die uns den Weg nach Ziguatepec zeigten und uns mit Barken und Kähnen bei den Flußübergängen aushalfen. Einige zogen weit vor uns her, kündigten uns bei den Eingeborenen an und beruhigten die Leute. Auf diese Weise blieben viele in ihren Häusern, die sonst geflüchtet wären.

Wie wir wieder eine Brücke schlugen, und wie die Mannschaften die Offiziere hungern ließen

Kaum in Ziguatepec angekommen, ließ Cortes den Kaziken und Vornehmen des Ortes wertvolle Edelsteine überreichen, um sie für uns zu gewinnen. Sie berichteten ihm, daß in der Nähe ein besonders breiter Strom vorbeifließe, der in einen Seearm münde. Dort liege der Ort Gueyatasta, und nicht weit davon das größere Xicalango. Dort mußten unsere Proviantschiffe liegen. Cortes beauftragte den gewandten und sehr rührigen Francisco de Medina, die Verbindung mit dem Kommandanten der Schiffe, mit Simon de Cuenca, aufzunehmen. Er sollte dann das Kommando mit Cuenca teilen. Dieser Medina ist derselbe Mann, der seinerzeit das Volk von Chamula erpreßt und zum Aufruhr gebracht hatte. Jetzt fuhr er den Fluß hinunter, fand den wartenden Cuenca und zeigte ihm seine Vollmachten. Es kam sofort zu einem Wortwechsel über die Verteilung der Kommandogewalt. Die Schiffsmannschaft zerfiel in zwei Parteien, die übereinander herfielen und einander totschlugen, bis nur sechs oder sieben Mann am Leben blieben. Als die Indianer von Gueyatasta und Xicalango sahen, daß die Fremden sich selbst geschwächt hatten, fielen sie über den Rest der Mannschaft her, erschlugen alle und zündeten die Schiffe an. Wir wurden erst Jahre später über diese Vorgänge unterrichtet.

Die Kaziken von Ziguatepec erklärten Cortes, daß Gueyatasta nur drei Tagesreisen entfernt sei, daß wir aber zwei Flüsse passieren müßten, von denen der eine sehr breit und tief sei; außerdem kämen wir durch gefährliches Moorland. Es sei unmöglich, ohne Kähne mit den Pferden über die verschiedenen Gewässer zu kommen. Cortes ließ deshalb durch zwei Spanier und drei angesehene Indianer die Übergangsmöglichkeiten erkunden. Sie meldeten, daß man über die Flüsse Brücken schlagen könne, die Sümpfe, die eine Stunde weiter lagen, hatten sie nicht untersucht. Daraufhin gab Cortes mir und dem Gonzalo Mexia den Auftrag, mit einigen angesehenen Männern von Ziguatepec den Einwohnern der Orte von Acala gut zuzureden, damit sie uns nicht alle davonliefen. Es handelte sich um über zwanzig Ortschaften, die an den Fluß- und Seeufern und auf kleinen Inseln lagen und die man nur mit Kähnen erreichen konnte. Die drei Indianer liefen uns in der ersten Nacht davon; sie standen im Krieg mit den Leuten von Acala. Es war außerordentlich mühsam, sich durch die Sümpfe zu finden. In der ersten Ortschaft fanden wir die Eingeborenen alle unter Waffen. Wir waren trotzdem sehr freundlich, schenkten ihnen Glasperlen und baten sie, uns mit Lebensmitteln zu Malinche zu begleiten. Sie zeigten zunächst wenig Lust dazu. Als sie aber dann erfuhren, daß Cortes mit einem starken Verband im Anmarsch sei, waren sie bereit, Lebensmittel zu liefern. Sie wollten aber Cortes nicht entgegenziehen, weil sie dann die Ortschaften ihrer indianischen Feinde betreten hätten. Wir verhandelten noch mit den Leuten, da brachten mir zwei Spanier den schriftlichen Befehl von Cortes, ihm mit möglichst vielen Lebensmitteln entgegenzukommen. Die Einwohner von Ziguatepec seien plötzlich alle davongelaufen, und er habe nun keinen Proviant mehr. Die beiden Boten berichteten, daß Cortes vier Mann flußaufwärts geschickt habe, um Verpflegung zu holen. Sie seien aber nicht zurückgekommen und sicher ermordet worden.

Cortes setzte sich deshalb sofort in Marsch, erreichte nach zwei Tagen den großen Strom und schlug in vier Tagen eine feste Brücke über den Fluß. Die Leute von Acala waren baß erstaunt. Die Mannschaften hatten aber in dieser Zeit beinahe nichts zu essen; denn sie waren ohne Mundvorräte aufgebrochen. Dazu kam, daß man weder wußte, ob man beim weiteren Vormarsch Mais finden würde, noch ob die Eingeborenen uns friedlich aufnehmen würden. Ein paar alte Soldaten schlugen hohe Palmbäume und ernteten von den Gipfeln eine nußartige Frucht, die sie rösteten und zerschlugen, um an den eßbaren Kern zu kommen.

Die Brücke wurde in der vierten Nacht fertig. Es war schon sehr spät, als ich mit meinen Begleitern ankam. Ich brachte einhundertdreißig Lasten Reis, achtzig Hühner, Salz und mancherlei Gemüse. Die Mannschaften erwarteten uns schon; denn Cortes hatte ihnen gesagt, ich würde sicher Lebensmittel beschaffen, es sei denn, daß die Indianer mich totgeschlagen hätten. Als die Mannschaften die Vorräte sahen, fielen sie über die Träger her und nahmen ihnen alles, ohne für Cortes und die anderen Offiziere etwas übrigzulassen. Der Haushofmeister und Küchenmeister bemühten sich vergeblich um einen Anteil für ihre

Küche. Die Soldaten entrissen ihnen alles und riefen: »Cortes und ihr, ihr habt euch die Schweine schmecken lassen, als wir vor Hunger fast umgekommen sind. Jetzt sorgen auch wir für niemand, außer für uns selbst!« Cortes wurde wütend, als er dies erfuhr. Er wollte die Leute feststellen lassen und exemplarisch bestrafen, fand aber nach einiger Zeit selbst, daß hier aller Zorn nichts half. Er ließ mich rufen und fragte mich, warum ich die Lebensmittel nicht besser verteidigt hätte. Ich antwortete ihm, daß er mir dazu eine Wache hätte schicken müssen. Und ich konnte es nicht lassen, dazu zu sagen: »Und wenn Ew. Gnaden selbst Wache gestanden wären, es hätte nichts genutzt! Hunger kennt kein Gebot!«

Als er sah, daß doch nichts zu ändern war, wurde er wieder freundlich und lobte mich. Gonzalo de Sandoval stand dabei, als er mir schöntat und sagte: »Nun Herr Bruder Bernal Diaz del Castillo, Ihr seid doch sicher so vorsichtig gewesen und habt unterwegs für Euch und Euren Freund Sandoval Lebensmittel versteckt! Tut mir den Gefallen und teilt mit mir!« Und Sandoval sagte: »Bei meiner armen Seele, ich wäre zufrieden, wenn ich nur eine Handvoll Maiskörner hätte, die ich am Feuer rösten könnte!« Diese Reden gingen mir zu Herzen. Deshalb erwiderte ich: »Wißt Ihr was? Wenn das Lager heute nacht ganz ruhig geworden ist, wollen wir zwölf Lasten Mais, zwanzig Hühner, drei Töpfe Honig, Salz und zwei Indianerinnen zum Brotbacken holen. Alle diese Dinge habe ich in der nächsten Ortschaft persönlich geschenkt bekommen. Wir müssen die Sache aber in der Nacht erledigen, damit uns nicht wieder alles genommen wird.« Sandoval fiel mir vor Freude um den Hals und erklärte, daß er mich begleiten wolle. Das tat er auch. Wir holten die Lebensmittel, und ich trat ihm eine Indianerin ab. Als Cortes fragte, ob die Mönche zu essen bekommen hätten, antwortete ich ihm, der liebe Gott habe besser für sie gesorgt als er für seine Soldaten. Die Männer hätten alles mit ihnen geteilt. Ich erzähle das alles nur, um zu zeigen, in welch schwierige Lagen ein Hauptmann kommen kann, der in ein fremdes Land dringt. Die Mannschaften fürchteten Cortes sehr;

aber sie gönnten ihm nicht einmal eine Handvoll Mais, und Sandoval ging lieber selber mit, die Lebensmittel zu holen, anstatt einen seiner Leute zu schicken. Keiner traute dem anderen.

Wir hatten den Fluß glücklich überschritten, gerieten aber eine Stunde weiter in wüste Moräste. Sie waren grundlos. Es half nichts, wenn man Balken, Bäume oder andere Befestigungsmittel hineinwarf. Die Pferde sanken so tief ein, daß der Schlamm über ihren Köpfen zusammenschlug. Wir fürchteten schon, daß wir sie hier alle verlieren. Dabei lag das feste Land nur einen halben Bogenschuß weit vor uns. Schließlich bildete sich doch eine Art Straße durch den Sumpf. Die Pferde passierten sie halb schwimmend, halb gehend, und wir kamen glücklich drüben an und dankten dem Allmächtigen für unsere Rettung.

Weil ich mich mit den Kaziken der Acaladörfer gut verständigt hatte, schickte mich Cortes wieder voraus, um für Verpflegung zu sorgen. Ich konnte ihm noch in der ersten Nacht über hundert Lasten zuschicken. Diesmal nahmen er, Sandoval und Luis Marin die ganze Sendung persönlich in Empfang und sorgten für eine ordnungsgemäße Verteilung.

Wie und warum Cortes den Herren von
Mexiko, Cuauhtemoc, und den Fürsten von Tlacopan
henken ließ, und wie wir weiterzogen

Die Kaziken von Guayacala nahmen uns freundlich auf, versorgten uns mit Lebensmitteln, und Cortes tauschte mit ihnen kleine Geschenke aus. Auf die Frage, ob sie schon Schiffe, Männer mit Bärten und Rosse gesehen hätten, erwiderten sie, daß acht Tagesreisen weiter eine Menge Leute mit Bärten wären. Sie hätten weiße Frauen, Rosse und drei Schiffe bei sich. Sie zeigten uns den Weg auf einem Stück Leinwand, auf das sie alle Flüsse, Sümpfe und Ortschaften gemalt hatten. Diese Nachrichten erfreuten Cortes sehr. Er bat die Kaziken, mit ihren vielen Leuten für uns Brücken zu schlagen und Kähne zu stellen. Sie lehnten diese

Forderung aber mit der Begründung ab, daß die wenigsten ihrer zwanzig Ortschaften ihnen gehorsam seien. Die Teules müßten sich schon selbst Lebensmittel und Hilfskräfte verschaffen.

Cortes beauftragte daraufhin den Diego de Mazariego, einen Vetter des Schatzmeisters Alonso de Estrada, die Orte aufzusuchen. Er schätzte den Mann und wollte ihn durch dieses Kommando auszeichnen. Weil er aber eben erst aus Spanien gekommen war und die Eigenarten dieses Landes zu wenig kannte, riet ihm der General, mich als seinen Berater mitzunehmen. Ich erzähle das nicht aus Ruhmredigkeit; denn das ganze Korps wußte Bescheid, und Cortes hat in diesem Sinn auch ausführlich an den Kaiser berichtet. Die Kaziken gaben uns die nötigen Kähne. Wir waren achtzig Mann. Wir wurden sehr gut aufgenommen, und die Leute gaben uns alles, was sie entbehren konnten. Wir konnten über hundert Kähne mit Verpflegung beladen. Dazu schenkten sie uns zehn indianische Sklavinnen. Die Kaziken begleiteten uns, um Cortes aufzuwarten. Nach drei Tagen verschwanden sie aber plötzlich, und wir hatten nur noch drei Wegweiser für den Weitermarsch. Wir überschritten zwei Flüsse auf einer Brücke, die gleich hinter uns zusammenbrach, und mit Hilfe von Barken. Die Orte, in die wir kamen, gehörten noch alle zu Acala. Sie waren alle verlassen. Lebensmittel waren reichlich in den Bergen versteckt.

In diesen Tagen meldeten der frühere Oberbefehlshaber von Cuauhtemoc und andere hohe Kaziken, daß Cuauhtemoc und seine Vertrauten, die bei unserem Korps standen, beschlossen hätten, uns zu überfallen, umzubringen und dann nach Mexiko zurückzukehren, um das ganze Land gegen die Spanier aufzurufen. Cortes ordnete sofort eine Untersuchung an. Die Geständnisse mehrerer Kaziken bestätigten die Meldung. Sie sagten aus: sie hätten unseren traurigen Zug beobachtet, die vielen kranken Soldaten, den ständigen Mangel an Lebensmitteln, den Hungertod mancher Soldaten, die Unzufriedenheit der anderen, ja, die Desertation von drei Mann. Da seien sie auf den Gedanken gekommen, uns gelegentlich eines schwierigen Flußüberganges zu überfallen und niederzumachen. Sie seien immerhin dreitausend Mann, alle mit Spießen, einige mit Degen bewaffnet. Cuauhtemoc bestätigte diese Aussage, erklärte aber sofort, daß der Plan nicht von ihm stamme, daß er ihn auch nie ausgeführt hätte. Er habe nur an dem Gespräch über diesen Gedanken teilgenommen. Der Fürst von Tlacopan aber berichtete, in einem Gespräch zwischen ihm und Cuauhtemoc sei einmal nur die Rede davon gewesen, daß es besser sei zu sterben als diesen Marsch fortzusetzen, auf dem man täglich neu vom Tode bedroht sei und auf dem man sehen müsse, wie alle Verwandten und Diener langsam an Hunger zugrunde gingen.

Daraufhin ließ Cortes den Cuauhtemoc und seinen Vetter, den Fürsten von Tlacopan, ohne weitere Untersuchung aufhängen. Ehe die Hinrichtung vollzogen wurde, stärkten die Franziskanermönche die Verurteilten durch geistlichen Zuspruch. Donna Marina machte auch hier die Dolmetscherin. Sie befahlen die Seelen der Verurteilten Gott dem Allmächtigen. Als es zur Hinrichtung kam, sagte Cuauhtemoc: »O Malinche, schon seit langer Zeit habe ich an deinen falschen Worten gemerkt, daß du mir diesen Tod bestimmt hast, weil ich mir nicht selbst den Tod gegeben habe, als du in meine Hauptstadt Mexiko eingedrungen bist! Warum läßt du mich nun ohne Urteil und Recht umbringen? Hoffentlich wirst du Gott dem Allmächtigen eines Tages auf diese Frage antworten können!« Der Fürst von Tlacopan aber sagte nur: Er könne sich über diesen Tod nur freuen, weil er ihn zusammen mit seinem Gebieter Cuauhtemoc erdulden dürfe.

Die beiden Fürsten beichteten noch bei Pater Juan, der ihre Sprache ein wenig verstand. Sie empfahlen sich seinem Gebet und starben als gute und aufrichtige Christen. Mich schmerzte der Tod dieser Fürsten aufs tiefste. Ich hatte sie noch in all ihrer Herrlichkeit gekannt. Sie hatten mich noch auf dem Marsch durch manche Gefälligkeit ausgezeichnet und mir zum Beispiel durch ihre Leute Futter für mein Pferd holen lassen. Sie starben unschuldig. Alle Teilnehmer an diesem Zug hielten ihre Verurteilung für ungerecht. Ich glaube nicht, daß einer unter uns gewesen ist, der diese Entscheidung gebilligt hätte.

Nun mußten wir auf unserem Marsch noch vorsichtiger sein; denn wir mußten fürchten, daß die Mexikaner rebellierten, nachdem ihr Herr gehenkt worden war. Aber Hunger, Strapazen und Krankheit gingen ihnen näher als das Schicksal ihres Cuauhtemoc. Wir passierten wieder einen Fluß in Barken und kamen in einen verlassenen Ort. Bei der Suche nach Lebensmitteln fanden wir acht indianische Götzenpriester, die uns anstandslos in die Ortschaft folgten. Cortes forderte sie auf, ihre Landsleute zu rufen und ihnen die Furcht vor uns auszureden. Sie waren zu allem bereit, baten nur um einen Befehl an unsere Männer, die Götzenbilder zu schonen, die in einem Haus in der Nähe von Cortes untergebracht waren. Cortes gab ihnen eine Zusage, erklärte ihnen aber zugleich, daß diese Götzen ja nur Holz- und Tonstücke seien, ein Satanswerk, das jeder Verehrung unwürdig sei. Die Franziskaner predigten im gleichen Sinne und katechisierten sie. Die Indianer gaben sehr verständige Antworten und versprachen sogar, in Zukunft den Götzendienst zu lassen. Dann brachten sie zwanzig Lasten Mais und einige Hühner. Auf die Frage, wieviel Sonnen *(Tagesreisen)* noch bis zu den weißen Leuten mit den Bärten seien, erwiderten sie, es seien sieben Sonnen bis zur Ortschaft Nito. Dort ständen die Leute mit den Rossen. Sie wollten uns den Weg bis zum nächsten Ort zeigen, wir müßten aber eine Nacht in einem menschenleeren Dorf verbringen.

Cortes war seit einiger Zeit immer verstimmt und sehr nachdenklich. Ihn beschäftigten die Gedanken an den schweren und verlustreichen Weg, an die vielen kranken Spanier und an die noch viel größere Zahl von Mexikanern, die dahinstarben, dazu kam sicher die Reue darüber, daß er die beiden Fürsten ohne Recht und Urteil hatte henken lassen. Er hatte Tag und Nacht keine Ruhe und irrte rastlos umher, statt zu schlafen. So kam es, daß er in der Dunkelheit ein paar Stufen übersah, fiel und sich stark am Kopf verletzte. Er ließ sich insgeheim verbinden, sagte nichts über den Vorfall und brach am nächsten Morgen mit uns zusammen auf. Wir erreichten ohne besonderen Vorfall einen Morast, der dicht vor einem hohen Gebirge lag. Dort schlugen wir unser Lager für die Nacht auf.

Am nächsten Morgen kamen wir um die Zeit des Hochamtes in einen Ort, der mitten im Sumpfgebiet lag. Er mußte erst in den letzten Tagen neu aufgebaut worden sein. Mit seinen Schanzen, Brustwehren, Schießscharten und Gräben wirkte er wie eine Festung. Wir fanden dort eine Menge gekochte Truthähne und -hühner und ein ganzes Haus voll mit kleinen Spießen, Bogen und Pfeilen, aber keinen Menschen. Um den Ort herum waren nirgends bebaute Felder. Wir suchten vergeblich, dies Geheimnis zu lüften. Da kamen fünfzehn Indianer aus den Morästen, berührten die Erde mit ihren Händen und küßten sie. Sie waren die Häuptlinge der Ortschaft, die Cortes fast weinend baten, ihr Dorf nicht anzuzünden. Sie stünden im Krieg mit ihren Nachbarn. Sie hätten zwei Orte in der fruchtbaren Ebene bewohnt. Die Feinde hätten sie abgebrannt, geplündert und eine Menge ihrer Leute umgebracht. Nun hätten sie sich hierher zurückgezogen. Sie müßten aber jeden Augenblick einen Überfall der Nachbarn erwarten. Würden sie unterliegen, dann würde ihnen auch ihr letztes Eigentum genommen, und sie selbst würden als Gefangene abgeführt. Darum hätten sie ihr Geflügel lieber vorher verzehrt. Würden sie siegen, dann könnten sie sich ja an dem Eigentum der Feinde schadlos halten. Cortes bedauerte sie, konnte ihnen aber nicht helfen; denn wir mußten weitermarschieren. Diese Mazateken werden uns noch einmal begegnen.

Wie wir weitermarschierten und den ersten Leuten des
Cristobal de Olid begegneten

Wir kamen nun in das Land der Mazateken, des Volkes mit dem Wild. Es waren unabsehbare Savannen, ohne jeden Baum, die unter einer fürchterlichen Hitze lagen. Hier gab es sehr viel Wild, das keineswegs scheu war und sich zu Pferd leicht einholen und fangen ließ. Wir hatten in kurzer Zeit zwanzig Stück erlegt. Die Mazateken halten diese Tiere für höhere Wesen. Die Götzen hatten ihnen verboten, sie umzubringen oder auch nur zu jagen. Auf dem weiteren Weg fanden wir auch die abgebrannten Ortschaften und schließlich Indianer, die einen großen Löwen erlegt und eine Menge Leguane gefangen hatten, eine Art Eidechsen, die sehr gut schmecken. Sie führten uns in ihren Heimatort, der auf einer Insel mitten im süßen Wasser lag. Wir mußten einen weiten Umweg bis zu einer Furt machen, wo uns das Wasser immer noch bis zum Gürtel reichte. Die Hälfte der Einwohner war geflohen und hatte sich in Maisfeldern versteckt. Ein großer Teil der Mannschaften lagerte auch dort, ließ sich den Mais schmecken und nahm für den weiteren Marsch noch Vorräte mit. In dem See fingen wir mit Hilfe von alten Mänteln und zerrissenen Netzen, die wir in den leeren Häusern fanden, über tausend Fische, die wie die häßlichen Elsen aussahen und eine Menge kleine Stacheln hatten. Donna Marina überredete die Eingeborenen, die wir in den Feldern fanden, uns den Weg zu den Männern mit den Bärten und den Rossen zu zeigen. Als sie sahen, daß wir sie gut behandelten, kamen fünf Mann mit. Der breite Weg verengte sich mehr und mehr, je näher wir an einen großen Fluß kamen. Wir setzten in Kähnen nach Tayasal über, einem Ort, der wieder auf einer Insel lag. Die Häuser und die Tempel waren weiß getüncht, so daß man sie weithin sehen konnte.

Der Weg dorthin mußte aber erst erkundet werden. Wir lagerten im Schatten einiger hoher Berge. Von dort aus führten nur wenige Fußpfade hinunter zu dem großen Seearm. Vier Kundschaftergruppen suchten noch in der Nacht nach Wegweisern. Mit Gottes Hilfe fanden sie zehn Indianer und zwei Frauen, die zwei Kähne mit Mais und Salz beladen hatten. Sie wurden zu Cortes gebracht. Donna Marina redete ihnen freundlich zu. Sie waren Einwohner des Inselortes. Wir behielten den größteren Kahn mit vier Indianern und den beiden Frauen bei uns und schickten den kleinen Kahn mit den übrigen Indianern und zwei

Spaniern auf die vier Stunden entfernte Insel. Cortes sandte den Kaziken Glasperlen, ließ ihnen versichern, daß niemandem ein Leid geschehen werde, und bat, uns Kähne für die Überfahrt zu stellen. Am nächsten Morgen warteten die Kaziken mit vielen anderen Vornehmen mit fünf Kähnen am Ufer. Sie hatten auch Mais und Hühner mitgebracht. Cortes unterhielt sich sehr freundschaftlich mit ihnen, bestieg dann mit dreißig Schützen die Kähne und fuhr zu der Insel. Dort wurde er gut bewirtet und mit schlechtem Gold und einigen Packen Zeug beschenkt. Er erfuhr, daß sich die Spanier in zwei Ortschaften aufhielten, nämlich in San Gil de Buena Vista, das die Indianer Nito nannten und das an der Nordküste lag, und in Naco, das im Inneren des Landes lag. Beide Orte sollten zehn Tagesreisen auseinander liegen. Wir waren erstaunt über diese Verteilung der Mannschaft des Cristobal de Olid, denn wir wußten damals noch nichts von der Gründung des Davila.

Unser ganzes Korps überschritt den breiten Fluß in Kähnen und lagerte zwei Stunden jenseits des Stromes. Dort warteten wir auf Cortes. In der großen Hitze ging uns noch ein Pferd ein, zwei leibeigene Indianerinnen und ein Neger liefen uns davon, ja, sogar drei Spanier blieben zurück. Sie wollten die Strapazen eines dreitägigen Marsches nicht mehr auf sich nehmen und gaben sich lieber in die Hand eines feindlich gesinnten Volkes. Auch mir ging es keineswegs gut. Die unbändige Hitze war mir in den Kopf gefahren, so daß ich mir kaum mehr zu helfen wußte. Und doch wäre sie uns lieber gewesen als der gewaltige Regen, der uns nun drei Tage lang ununterbrochen überschüttete. Aber wir konnten den Marsch nicht unterbrechen, weil wir keine Lebensmittel mehr hatten.

Nach zwei Tagen kamen wir durch ein niedriges Gebirge, das über und über mit Steinen bedeckt war, deren Kanten so scharf waren wie Schermesser. Vergeblich suchten wir stundenlang nach einem besseren Weg. Diese Steine setzten vor allem den Rossen zu. Bei dem ständigen Regenwetter rutschten sie immer wieder aus, stürzten und verletzten sich an Knie und Schenkel, zuweilen auch die Bäuche an den scharfen Kanten. Am schlimm-sten war es beim Abstieg. Wir büßten acht Pferde ein. Die ande-ren waren fast alle verwundet, ein Mann brach sich das Bein. Wir dankten Gott von ganzem Herzen, als wir dieses Feuersteinge-birge glücklich hinter uns hatten.

Nun war es nicht mehr weit bis nach Taica. Wir freuten uns alle darauf, uns einmal wieder satt essen zu können. Da kamen wir aber zuerst an einen tiefen und reißenden Fluß, der durch den dreitägigen Regen derart angeschwollen war, daß man sein Brau-sen stundenweit hörte. Es blieb uns nichts anderes übrig, als eine Brücke zu bauen, für deren Fertigstellung wir trotz aller An-strengungen drei Tage brauchten. Die Indianer hatten also Zeit genug, ihren Mais, die anderen Lebensmittel und sich selbst zu verstecken. Als wir den Ort völlig leer, ohne Menschen und ohne Vorräte fanden, mit denen wir unseren Hunger stillen konnten, erstarrten wir vor Schreck. Nur die Aussicht, bald etwas zu essen zu finden, hatte uns die außerordentliche Anstrengung beim Brückenbau ertragen lassen. Ich für meine Person muß jedenfalls bekennen, daß mir in meinem Leben das Herz nie so schwer ge-worden ist wie in diesem Augenblick, in dem ich weder für mich noch für meine Leute etwas zu essen hatte. Dazu hatte uns die Hitze schwer zugesetzt; denn wir hatten in der größten Sonnen-glut zwei Stunden lang die ganze Umgebung des Ortes durch-sucht. Es war der Abend des Osterfestes. Ich werde diesen Tag nie in meinem Leben vergessen. Der geneigte Leser mag sich vor-stellen, welch fröhliche Ostern wir feierten. Wir hatten keinen Bissen. Wir wären froh und glücklich gewesen, wenn wir eine Handvoll Mais gehabt hätten.

Cortes schickte seine Bedienten und Stallknechte in die Berge und in die Maispflanzungen. Sie brachten am ersten Ostertag ei-nen Scheffel Mais. Das war so gut wie nichts. Da befahl Cortes mich und andere alte Krieger zu sich, unterrichtete uns über die hoffnungslose Lage des Korps und bat uns, das ganze Land zu durchstreifen und nach Lebensmitteln zu suchen. Pedro de Ircio stand daneben. Er war immer schnell mit vorlauten Reden und bat den General, ihm das Kommando über uns zu geben. Cortes erwiderte: »Meinetwegen! Geht in Gottes Namen!« Weil ich aber wußte, daß Ircio schlecht zu Fuß war und uns nur aufhalten würde, bat ich Cortes und Sandoval insgeheim, Ircio nicht mit uns zu schicken; denn ein Mann mit Plattfüßen eigne sich nicht dazu, Moräste und Sümpfe zu überwinden. Außerdem werde er auf beschwerlichen Zügen immer schnell müde, ihm liege das Reden mehr als das Handeln. Cortes befolgte meinen Rat und befahl dem Ircio, dazubleiben. Wir machten uns zu fünft mit zwei Führern auf den Weg. Wir setzten über einige ziemlich tiefe Flüsse, kamen durch vermoortes Gelände und fanden endlich einen Weiler, wo sich die meisten Einwohner der Ortschaft aufhielten. Dort waren auch vier bis oben hin mit Mais gefüllte Häuser, Hühner und Melonen. Wir nahmen vier Indianer gefangen und hielten gute Ostern. Noch in der Nacht kamen über tausend Mexikaner, die uns Cortes nachgeschickt hatte. Darüber waren wir sehr froh. Wir luden ihnen so viel auf, wie sie nur tragen konnten, und schickten sie zurück zu Cortes. Für ihn und Sandoval gaben wir ihnen zwanzig Hühner und die Gefangenen mit. Dann bewachten wir die Häuser, damit die Eingeborenen sie nicht anzünden oder ausräumen konnten. Am nächsten Tag zogen wir mit neuen Führern weiter und entdeckten weitere Häuser mit einer Menge Mais, Hühnern und Gemüse. Ich machte mir Tinte und schrieb Cortes auf einem Stück Trommelfell, er solle noch mehr Indianer schicken, denn wir hätten noch mehr Lebensmittel gefunden. Daraufhin kamen am nächsten Tag dreißig Soldaten und über fünfhundert Indianer und luden ordentlich auf. So half uns Gott der Allmächtige auch diesmal aus der Not. Wir rasteten fünf Tage in Taica.

Die vielen Brücken, die wir auf diesem Marsch geschlagen hatten, waren zum Teil so fest, daß sie noch viele Jahre standen. Wer später, als alle diese Provinzen dem Szepter Seiner Majestät unterworfen waren, durch dieses Land kam, staunte diese Werke an und sagte: »Das sind die Brücken des Cortes!« Und das hörte sich fast so an wie: »Das sind die Säulen des Herkules!«

Nach zwei weiteren Tagesmärschen kamen wir nach Taniha. Auch dieser Ort war verlassen. Aber wir fanden noch einige Vorräte, die freilich nicht ganz ausreichten. Als wir in der Umgebung nach Wegen suchten, fanden wir überall nur Flüsse und Bäche. Die eingeborenen Führer liefen den Neulingen aus Spanien davon. Cortes wollte sie erst schwer bestrafen, ließ dann aber doch Gnade vor Recht ergehen und schickte andere Leute aus. Es regnete ohne Pause. Das ganze Land stand unter Wasser. Es bestand kaum Hoffnung, irgenwo Indianer aufzuspüren. Wir wußten uns am Ende mitten im Wasser nicht mehr zu helfen, und die Angst wuchs von Minute zu Minute. Da sagte Cortes in seinem Unmut zu Pedro de Ircio und einigen anderen Offizieren aus Mexiko: »Nun möcht' ich doch einmal sehen, ob sich einer bereit findet, Wegweiser oder einen Weg zu finden! Die Männer aus Coatzacoalco können doch nicht alles allein machen!«

Daraufhin erbot sich Pedro de Ircio, mit sechs Freunden die Gegend zu erkunden. Gleichzeitig brachen zwei weitere Gruppen unter Francisco Marmolejo und einem gewissen Santa Cruz auf. Jede der drei Gruppen zog in eine andere Richtung. Nach drei Tagen kamen sie unverrichteterdinge zurück. Cortes war nahe daran, aus der Haut zu fahren. Nun bat er Sandoval, er solle mich in seinem Namen darum bitten, auch einen Versuch zu machen. Er wußte, daß ich ziemlich krank war und Fieber hatte. Darum ließ er mir freundliche Worte geben und ließ mich bitten. Aber ich hatte schon meinem guten Freund Francisco de Marmolejo die Bitte abgeschlagen, ihn zu begleiten. Auch jetzt sagte ich: »Ich soll immer alles allein tun! Die anderen können sich doch auch einmal rühren!« Da kam Sandoval noch einmal in meine Hütte und redete mir gut zu. Er sagte: Cortes habe erklärt, nächst Gott erwarte er von mir allein Hilfe. Ich könne mir auch zwei Begleiter auswählen. So krank ich auch war, so hatte ich doch noch Ehre genug im Leib. Ich forderte Hernan de Aguilar und Hinojosa als Begleiter, weil ich wußte, daß diese Männer etwas aushalten konnten.

Wir folgten dem Lauf eines Baches und fanden nach langem

Marsch jenseits des Wassers einen Berg und einige abgehauene Äste, die wie Zeichen aussahen. Wir folgten über eine Stunde lang dieser Spur und kamen schließlich aus dem Wasser zu einigen Hütten, die erst vor wenigen Stunden geräumt worden waren. Wir verfolgten die neue Spur und sahen an einem Abhang Maisfelder und ein Haus, in dem Menschenstimmen zu hören waren. Die Sonne war schon im Untergehen. Wir blieben bis tief in die Nacht auf dem Berg und schlichen uns erst an das Haus heran, als wir annehmen durften, daß die Bewohner schliefen. Dann fielen wir plötzlich in das Haus ein, erwischten drei Indianer und zwei junge Frauen, die für Indianerinnen recht hübsch waren, und ein altes Weib. Die Leute hatten zwei Hühner und ein bißchen Mais bei sich. Wir nahmen sie und die wenigen Lebensmittel mit und kehrten vergnügt ins Lager zurück. Sandoval hatte uns schon erwartet und war der erste, der uns kommen sah. Er konnte sich vor Freude kaum fassen und lief sogleich zu Cortes, um ihm Meldung zu machen. Bei der Gelegenheit sagte Sandoval zu Ircio: »Fürwahr, wenn Bernal Diaz del Castillo neulich, wie es darauf ankam, Lebensmittel aufzuspüren, sagte, daß dazu rüstige Männer gebraucht werden und nicht solche Leute, die auf dem ganzen Weg nur an die Erzählungen vom Grafen von Urena und seinem Sohn Don Pedro Giron (das war das ewige Gespräch des Ircio), dann hatte er guten Grund dazu. Ihr habt es nicht nötig, ihm vorzuwerfen, daß er Euch nur bei unserem General und bei mir schlecht machen wolle!« Diese Worte erregten allgemeines Gelächter. Sandoval hatte mir diesen Triumph nur verschafft, weil er wußte, daß Ircio einen Zahn auf mich hatte. Auch Cortes dankte mit selbst für diesen Dienst und sagte: »Ihr seid ein Mann, der immer Hilfe zu schaffen weiß!«

Aber warum wiederhole ich alle diese schönen Worte? Es ist ja alles nur leerer Schall! Nutzen hat man keinen davon. Ich gewann jedenfalls nichts dabei, höchstens daß meiner rührend gedacht wird, wenn von diesem schweren Feldzug die Rede ist. Die Indianer sagten aus, daß wir einem Bach abwärts folgen müßten und dann nach zwei Tagesreisen zu dem Ort Oculizte kämen. Er bestehe aus mehr als zweihundert Häusern und sei vor wenigen Tagen geräumt worden. Wir folgten also dem Bachlauf und kamen zu einer Gruppe von großen Hütten, die sich indianische Kaufleute als Raststätten gebaut hatten. Dort blieben wir über Nacht. Am nächsten Tag kamen wir schon nach einer halben Stunde auf einen guten Weg, der weiter nach Oculizte führte. Dort fanden wir Mais und Gemüse und in einem Tempel eine alte bunte Mütze und einen Strickschuh, die man den Götzen geweiht hatte. Soldaten, welche die Gegend durchstreiften, fanden in einem Maisfeld alte Indianer und ein paar Frauen. Sie teilten auf Befragen mit, daß der neue Ort der Spanier nur zwei Stunden weit an der Meeresküste liege. Auf dem Weg dorthin würden wir keine Ortschaft mehr finden.

Cortes beauftragte daraufhin Sandoval, sich mit sechs Mann zu Fuß aufzumachen, die Meeresküste zu gewinnen und zu erkunden, wieviel Spanier Cristobal de Olid bei sich habe. Wir konnten ja damals an keinen anderen Hauptmann denken, der dort kommandierte. Cortes wollte Olid nachts überfallen und ihn mit seiner ganzen Mannschaft ausheben. Sandoval nahm drei indianische Wegweiser mit und zog ab. Als er an der Nordküste einen Kahn mit Ruderern und Seglern kommen sah, versteckte er sich, bis die Leute gelandet waren. Das Schiff gehörte indianischen Handelsleuten, hatte Salz und Mais geladen und sollte in den großen Strom einlaufen, der sich in den Golfo Dulce ergießt. Sandoval beschlagnahmte nachts den Kahn, bestieg ihn mit zweien seiner Begleiter und den drei Wegweisern und ließ sich von den Indianern die Küste entlang rudern. Die anderen mußten ihm zu Land folgen. Endlich kamen sie an den großen Strom. Sandoval hatte das Glück, dort bald vier Einwohner der Stadt und einen Indianer aus Kuba zu treffen, die auch mit einem Kahn unterwegs waren, um Lebensmittel zu holen, die in der Stadt fehlten. Die Städter waren fast alle krank und wagten nicht, ihre Vorräte in der Umgebung der Stadt zu holen, weil sie mit den Eingeborenen auf dem Kriegsfuß standen. Zehn Mann hatten sie verloren seit Gil Davila sie verlassen hatte.

Sandoval überraschte die Leute dabei, wie sie Kokosnüsse pflückten. Zwei waren auf den Baum gestiegen. Sie entdeckten das Fahrzeug zuerst und verständigten die anderen. Ihre erste Reaktion waren Verwunderung und Angst. Sandoval sprach ihnen aber Mut zu und brachte sie schließlich so weit, daß sie die ganze Geschichte ihrer Kolonie erzählten, die wir schon kennen. Dann berichteten sie von dem Hunger, den sie auszustehen hätten, daß sie alle wieder nach Kuba zurückfahren wollten und daß sie vor wenigen Tagen den von Davila zurückgelassenen Kommandanten Armenta gehenkt hätten, weil er diese Rückfahrt verhindern wollte. Sandoval nahm die Leute mit zu Cortes, weil er verhindern wollte, daß die Ankunft von Cortes zu früh in der Kolonie bekannt würde. Der Soldat Alonso Ortiz wollte sich einen guten Botenlohn verdienen und bat Sandoval, ihn mit der guten Nachricht vorauslaufen zu lassen. Es war ja auch wirklich eine sehr erfreuliche Nachricht für Cortes und für uns alle. Damals durften wir glauben, daß wir nun alle Strapazen und Gefahren hinter uns hätten. Keiner ließ sich einfallen, Schlimmeres zu erwarten. Ortiz gewann durch den Lauf einen tüchtigen Grauschimmel, den wir beim Korps Mohrenkopf nannten. Jeder von uns ließ ihm etwas zukommen. Bald nach ihm kam Sandoval mit den Leuten des Davila an. Sie erzählten noch einmal ausführlich ihre Geschichte und berichteten unter anderem, daß im Hafen gerade ein Schiff kalfatert werde, das die Kolonisten nach Kuba bringen solle. Armenta habe diese Reise mit allen Mitteln verhindern wollen. Außerdem habe er einen Geistlichen stäupen lassen, der die ganze Stadt gegen ihn aufgerufen habe. Das habe die Einwohner rebellisch gemacht. Sie hätten ihn gehenkt und einen gewissen Antonio Nieto zum Kommandanten gewählt.

Als diese Leute abends nicht nach Hause kamen, war großer Jammer in der Stadt. Man fürchtete, daß die Indianer sie umgebracht oder Löwen und Tiger sie zerrissen hätten. Einer war verheiratet, und seine Frau beweinte ihn kläglich. Alle Kolonisten gingen in die Kirche, ließen den Baccalaureus Velazquez ein Totenamt halten und beteten für das Heil der armen Seele. Um dieselbe Zeit marschierte Cortes mit dem ganzen Korps an der Seeküste entlang auf die Stadt zu. Es war nur eine Entfernung von sechs Stunden. Wir wurden aber durch einen Seearm aufgehalten und mußten erst die Ebbe abwarten, ehe wir ihn halb watend, halb schwimmend überschreiten konnten. Auf diese Weise kamen wir erst um die Mittagszeit am Golfo Dulce an. Cortes wollte mit sechs Mann übersetzen und in die Stadt einziehen. Man band den Kahn der Kolonisten mit einem anderen zusammen. Die Pferde schwammen neben dem Fahrzeug. Man durfte dabei den Zügel nicht zu lang lassen, damit sie das Boot nicht umkippen konnten. Cortes hatte befohlen, daß niemand den Fluß ohne schriftlichen Befehl passieren dürfe. Der Übergang war wirklich sehr gefährlich, und Cortes hat es später bereut, daß er sich ohne Not dieser Gefahr ausgesetzt hatte.

Wie Cortes in San Gil de Buena Vista einzog, und wie die Einwohnerschaft ihn freudig begrüßte

Die Stadt lag zwei Stunden vom Strom entfernt. Als Cortes mit seinem kleinen Gefolge in die Stadt ritt, waren die Einwohner im ersten Augenblick bestürzt. Sobald sie aber erfuhren, daß der Mann zu ihnen kam, dessen Name in ganz Spanien und Neuspanien gerühmt wurde, wußten sie nicht, was sie vor Freude beginnen sollten. Sie kamen alle, um ihm ihre Aufwartung zu machen und ihm Glück zu wünschen, und Cortes empfing jeden mit ausgesuchter Freundlichkeit. Dann befahl er dem Kommandanten, zwei Boote der Kolonie und alle Kähne, die aufzutreiben waren, mit Kassavebrot zu beladen und zu Sandoval zu bringen, damit er es unter die Mannschaft verteilen könne. Der Kommandant konnte aber nur fünfzig Brote auftreiben, die eigentlich schon für die Überfahrt nach Kuba bestimmt waren. Die Kolonisten lebten nämlich nur von Baumfrüchten, Gemüse und dem sehr ungleichmäßigen Ertrag des Fischfangs. Die Boote wurden mit je

acht Matrosen bemannt. Cortes gab ihnen einen Brief für Sandoval mit. Er befahl ihm und Luis Marin, als letzte über den Strom
zu gehen. Sie sollten dafür sorgen, daß immer nur eine bestimmte
Zahl von Männern übersetzte. Die Boote durften wegen der starken Strömung nur leicht beladen werden, und jedes durfte jeweils nur zwei Pferde auf einmal mitnehmen. Mit den Kähnen
durften keine Pferde mitgenommen werden, damit diese leichten
Fahrzeuge nicht umschlügen. Vor der ersten Überfahrt gerieten
die Verwandten des Cortes Sayavedra und Avalos in Streit mit
Sandoval, wer zuerst übersetzen dürfe. Sie beriefen sich auf ihre
Verwandtschaft mit Cortes, Sandoval aber meinte, diese Ehre
komme vor Gott und dem Recht den drei Mönchen zu. Sayavedra
gebrauchte Sandoval gegenüber ungebührliche Ausdrücke. Es
kam zu einem Wortwechsel, in dessen Verlauf Sayavedra den
Dolch zog. Sandoval stand bis über die Knie im Wasser, um zu
verhindern, daß die Boote überladen werden. Er stürzte auf seinen Gegner los, packte die Hand, die den Dolch hielt, und
schleuderte den ganzen Mann ins Wasser. Hätten wir nicht
schnell eingegriffen, dann wäre es dem Sayavedra schlimm ergangen; denn fast die ganze Mannschaft stand auf der Seite Sandovals.

Die Überfahrt dauerte vier Tage, in denen wir uns das Essen
aus dem Sinn schlagen mußten. Wir fristeten unser Leben mit einigen wenigen Palmnüssen. Ein Soldat ertrank mit seinem Pferd.
Er hatte die Überfahrt mit einem Kahn gewagt und war spurlos
verschwunden. Das gleiche Schicksal erlitten zwei andere Rosse,
dessen Besitzer sich nach dem Verlust wie ein Irrsinniger benahm. Er wünschte Cortes und den ganzen Feldzug in die Hölle.
Wir standen aber auch fürchterlichen Hunger aus in der Zeit dieses Flußübergangs. Die Unzufriedenheit der Mannschaft über ihren Anführer und über sein ganzes Unternehmen erreichte den
Siedepunkt. Als wir dann endlich in die Stadt kamen, waren wir
um nichts besser dran. Es gab keinen Bissen Brot. Die Magazine
und die Häuser der Kolonisten waren leer. Diese Leute kannten
nicht einmal die Wege in die Umgebung der Stadt. Sie kannten

nur zwei nahe gelegene Ortschaften, deren Bewohner längst geflohen waren. Cortes mußte also vor allem für Brot sorgen. Er befahl Luis Marin, mit den Männern aus unserer Stadt auszuziehen, um Mais zu suchen.

*Wie wir am Tag nach unserer Ankunft auszogen, um
Mais zu suchen, und wie Cortes den ersten Zug ins
Innere des Landes unternahm*

Die ganze Bevölkerung der Stadt bestand aus vierzig Spaniern, vier Spanierinnen und zwei Mulattinnen. Sie waren alle krank und hatten eine blaßgelbe Hautfarbe. Es fehlte ihnen schon lange an den notwendigen Lebensmitteln. Wir zogen unter Marin mit achtzig Mann zu Fuß aus, um Mais zu suchen. Unser Wegweiser, ein Indianer aus Kuba, führte uns in einen Ort, der acht Stunden weit weg lag. Dort fanden wir große Vorräte von Mais, Bohnen und anderen Gemüsen. Überall standen gepflegte Kakaopflanzungen. Wir ließen es uns schmecken und baten Cortes, uns Lastträger und unsere Pferde zu schicken. Als erste Aushilfe schickten wir ihm mit den Indianern zehn Scheffel Mais. Da unser Ort auf dem Weg nach Naco lag, gab Cortes Sandoval den Befehl, uns mit dem größten Teil des Korps zu folgen. Wir sollten bis zu einem neuen Befehl bleiben, wo wir waren. Sandoval fand uns gut im Futter und schickte Cortes dreißig Scheffel Mais für die Kolonisten. Diese fielen mit solchem Heißhunger über die ungewohnten Maisgerichte her, daß sie fast alle krank wurden. Sieben starben.

In dieser Not fügte es Gott der Allmächtige, daß ein Schiff von der Insel Kuba einlief, das sieben Pferde, vierzig Schweine, acht Tonnen Pökelfleisch, einen großen Vorrat Kassavebrot, fünfzehn Passagiere und acht Matrosen an Bord hatte. Die Ladung gehörte einem gewissen Antonio de Carmona. Cortes kaufte ihm die ganze Ladung auf Kredit ab und verteilte den größten Teil an die Kolonisten. Die Leute waren aber so geschwächt, daß sie die kräftige Nahrung nicht mehr vertragen konnten. Die meisten bekamen schweren Durchfall, an dem vierzehn Personen starben.

Cortes übernahm die Mannschaften, die das Schiff mitgebracht hatte, ließ eine Brigantine, die mit den Schiffen des Davila gescheitert war, wiederherstellen und kalfatern und ließ ein Ladeboot herrichten. Außerdem wurden vier Kähne fest miteinander verbunden. Matrosen waren genügend da. Auf diesen Fahrzeugen steuerte Cortes mit dreißig spanischen Soldaten und zwanzig Mexikanern den Strom aufwärts, um ihn näher zu erforschen und festzustellen, welche Orte an den Ufern lägen. Nach fünfzig bis sechzig Kilometern entdeckte er einen See, der außerordentlich breit war *(etwa dreißig Kilometer)*. Seine Ufer waren unbewohnt, weil der See sie immer wieder überschwemmte. Weiter oben wurde der Strom immer reißender, und schließlich kam er an Wasserfälle, die keines der Schiffe überwinden konnte. Cortes ließ sechs Spanier zur Bewachung der Fahrzeuge zurück und drang auf einem sehr engen Weg weiter ins Innere des Landes vor. Er kam zunächst in einige verlassene Ortschaften und an vielen Maisfeldern vorbei. Dort fand er drei Indianer, die er als Wegweiser mitnahm. Diese Leute führten ihn in mehrere kleine Orte, in denen es eine Menge Mais und Hühner gab. Dort gab es auch Fasane, zahme Feldhühner und Tauben. Feldhühner als Haustiere habe ich nur am Golfo Dulce gefunden.

Cortes nahm sich neue Führer und drang weiter bis Zinacantencintle vor. Das ganze Land war mit Kakao, Mais und Baumwolle bepflanzt. Als sie näher kamen, hörten sie Trommeln und Trompeten und einen Lärm wie bei einem festlichen Gelage. Cortes verbarg sich zunächst mit seinen Leuten auf einer Anhöhe. In einem günstigen Augenblick fiel er über die Leute her und nahm zehn Indianer und fünfzehn Frauen gefangen. Die übrigen liefen in den Ort zurück, holten ihre Waffen und begrüßten uns nun mit Bogenschüssen. Cortes ging mit seinem Häufchen gerade auf sie los und schlug acht ihrer vornehmsten Streiter nieder. Daraufhin schickten sie vier alte Männer, unter denen zwei Götzenpriester waren, ließen unbedeutende Kleinodien überreichen und um die Rückgabe der Gefangenen bitten. Cortes ließ ihnen durch Donna Marina sagen, sie sollten Lebensmittel aller Art zum Landeplatz der Brigantine bringen, dann würde er auch die Gefangenen freigeben. Sie versprachen, alles zu tun, und beluden ihre Kähne, die in einem Graben lagen, der bis zum Fluß reichte. Weil Cortes aber nicht alle Gefangenen sofort freigab, sondern drei indianische Ehepaare zum Brotbacken und für andere Dienste zurückhielt, rebellierte die ganze Ortschaft von neuem. Über eine Kluft weg überschütteten sie die ganze Mannschaft mit einer solchen Ladung von Pfeilen, Spießen und Steinen, daß Cortes selbst und zwölf Mann verwundet wurden. Einer der Kähne schlug dabei um. Die halbe Ladung war verloren, ein Mexikaner ertrank. An diesem Fluß gab es eine solche Unzahl von Moskitos, daß es nicht auszuhalten war. Cortes trug aber alles mit Geduld. Er kehrte in die Stadt zurück, die von dieser Zeit an mit mehr Lebensmitteln versorgt war als je zuvor.

Zinacantencintle soll nur siebzig Leguas von Guatemala entfernt sein. Cortes hatte zu seinem Zug sechsundzwanzig Tage gebraucht. Er hielt das Land nicht für die Kolonisation geeignet, weil es zu dünn besiedelt sei. Er schrieb nun an Sandoval und berichtete ihm, was er inzwischen getan hatte. Er teilte ihm mit, daß er bald selbst nach Naco kommen wolle, vorher aber einen Ausflug nach Puerto de Caballos unternehme. Er solle ihm dazu zehn Männer aus Coatzacoalco schicken. Ohne sie könne man nichts Tüchtiges unternehmen.

*Wie Cortes sich nach Puerto de Caballos einschiffte,
während wir nach Naco zogen*

Cortes fand, daß sich Gil Davila für die Gründung seiner Niederlassung einen sehr ungünstigen Platz ausgesucht habe. Er schiffte sich deshalb mit allen Einwohnern auf zwei Schiffen und einer Brigantine ein, segelte in acht Tagen bis in die Bai des heutigen

Puerto de Caballos und fand dort einen guten Hafen und zahlreiche indianische Ortschaften. Dort gründete er die Stadt Natividad. Er ernannte Diego de Godoy zum Kommandanten und machte selbst zwei Streifzüge in das Landesinnere, um die vielen Orte zu besuchen, die heute alle zerstört sind. Man berichtete ihm, daß es von dort aus nicht mehr weit nach Naco sei. Er wollte kurz darauf den Hafen von Honduras und die neue Stadt Trujillo besuchen. Wir wollen Cortes in Puerto de Caballos verlassen und noch nicht von den zahllosen Moskitos berichten, die den Leuten dort Tag und Nacht keine Ruhe ließen.

Sandoval konnte den Befehl des Generals, ihm zehn Mann aus Coatzacoalco zu schicken, nicht sofort ausführen; denn seine Leute waren alle unterwegs, um Lebensmittel und Futter für die Pferde zu beschaffen. Zudem hatten diese kleinen Kampfgruppen einen tiefen Fluß überschreiten müssen und ihre Kähne mit vielen kranken Mexikanern am Ufer zurückgelassen. Da wir täglich Reibereien mit den Eingeborenen am Golfo Dulce hatten, schickte Sandoval mich mit acht Mann zur Sicherung dieses Postens an den Fluß. Er befahl uns äußerste Wachsamkeit. Und das war auch nötig. Schon in der ersten Nacht überfielen uns die Indianer in der Hoffnung, daß wir nicht vorbereitet wären. Sie wollten uns unseren Kahn nehmen und die Hütten anzünden. Aber wir hörten sie anschleichen und vertrieben sie. Sie haben bei dieser Gelegenheit zwei Spanier und einen Mexikaner leicht mit Pfeilen verwundet. Als wir hörten, daß noch einige kranke Spanier und Mexikaner weiter landeinwärts in Hütten liegen sollten, machten wir uns zu dritt auf, um sie zu holen. Einer starb uns eine halbe Stunde vor dem Ort vor Erschöpfung. Ich war nicht in der Lage, die Leiche mitzunehmen, ich mußte sie liegen lassen. Als Sandoval das hörte, wurde er ungehalten. Er meinte, wir hätten den Toten selbst tragen oder auf ein Pferd laden müssen. Ich antwortete ihm etwas kaltschnäuzig, daß wir jedes Roß mit zwei Kranken beladen hätten und selbst zu Fuß gekommen seien. Einer meiner Kameraden blieb nicht so ruhig und rief zornig: wir hätten Mühe genug gehabt, uns selbst fortzuschleppen, wir hätten uns nicht auch noch mit einem Toten belasten können. Im übrigen sei er es jetzt müde, weiter diese Strapazen auszustehen, die uns Cortes für nichts und wieder nichts auferlege.

Sandoval blieb hart und befahl ihm und mir, den Toten zu bestatten. Wir nahmen zwei Mexikaner und ein Grabscheit mit, gruben ein Grab, verscharrten ihn und setzten ein Kreuz auf den Hügel. In den Taschen des Toten fanden wir ein bißchen Gold, eine Menge Würfel und ein Stück Papier mit seinen Personalien. Er war aus Teneriffa. Wir schickten die Dokumente dorthin. Sonst konnten wir nichts tun, als den armen Sünder der Barmherzigkeit Gottes zu empfehlen.

Auf dem weiteren Marsch kamen wir durch Ortschaften, in deren Nähe drei Jahre später Goldvorkommen entdeckt wurden. Wir zogen durch Quimitzlan und waren am nächsten Tag in Naco. Der große Ort war völlig verlassen. Wir fanden aber noch reichliche Reis- und Salzvorräte und quartierten uns in großen Höfen ein. In einem von ihnen war Cristobal de Olid enthauptet worden. In Naco war eine Quelle mit dem besten Wasser, das ich je in Neuspanien getrunken habe. Dort gab es einen Baum, unter dem es auch in der größten Mittagshitze kühl war. Er gab einen feinen Tau von sich, der außerordentlich erfrischte.

Bald nach unserer Ankunft griffen wir in den Maisfeldern vor dem Ort drei der angesehensten Leute von Naco auf. Sandoval begrüßte sie freundlich, schenkte ihnen Glasperlen und forderte sie auf, die Kaziken und die anderen Eingeborenen zurückzuholen. Bald darauf erschienen auch zwei Kaziken. Sie waren aber nicht zu bewegen, die Einwohner zurückzuholen. Sie schickten uns von Zeit zu Zeit Lebensmittel. So ging das mehrere Tage. Jeder ließ den anderen in Ruhe. Dann wurden die Indianer lässiger mit ihren Lieferungen, und Sandoval beschloß, sie zur Rückkehr zu zwingen. Wir zogen gegen die ganzen Nachbarorte, die sich alle ohne Widerstand unterwarfen. Die Leute aus dem Gebirge kamen unaufgefordert zu uns. Als die Einwohner von Naco sahen, daß wir mit allen anderen in Frieden auskamen und daß wir von ihren Landsleuten nichts Unbilliges verlangten, bekamen sie Zutrauen und zogen wieder in ihre Stadt.

Nun mußte Sandoval die Männer aus Coatzacoalco zu Cortes in Marsch setzen. Mein Name stand als erster auf der Liste des Generals. Ich war aber krank und hatte schweren Durchfall. Sandoval ließ diese Entschuldigung gelten und schickte acht tüchtige Leute, die vor nichts zurückscheuten. Diesmal gehorchten sie denkbar ungern. Sie verwünschten Cortes und sein ganzes Unternehmen; denn keiner wußte, ob sie in ein friedliches Land ziehen sollten oder ob ihnen neue schwere Kämpfe bevorstanden. Die Kaziken von Naco mußten fünf angesehene Männer stellen, die unsere Kameraden begleiten und führen sollten. Sie mußten außerdem unterwegs für Lebensmittel sorgen. Sandoval drohte den Kaziken die schlimmsten Strafen an, wenn auch nur einer unserer Landsleute unterwegs behelligt würde. Sie kamen noch rechtzeitig nach Puerto de Caballos. Cortes wollte sich gerade nach Trujillo einschiffen. Er freute sich sehr über die Ankunft der bewährten Soldaten und segelte ab. Godoy, der Kommandant der neuen Stadt, hatte die Abfahrt kaum erwarten können; denn er wollte mit den wenigen gesunden Männern seiner Kolonie die benachbarten Orte unterwerfen, was ihm in zwei Fällen auch gelang. Die Indianer merkten aber bald, daß sie es nur noch mit kranken Leuten zu tun hatten, und stellten eines Tages die Lebensmittellieferungen ein. Die Kolonisten waren nicht stark genug, um sich ihre Verpflegung mit Gewalt zu holen. Die Hälfte der Einwohner verhungerte nach kurzer Zeit. Drei flohen nach Naco.

Wie Cortes in Trujillo empfangen wurde

Cortes segelte in sechs Tagen nach Trujillo. Er hatte eine stattliche Zahl tapferer Männer bei sich. Die Einwohner jubelten ihm zu, liefen an den Strand und huldigten ihm. Viele Kolonisten waren seinerzeit aus Panuco verjagt worden oder waren Anhänger des Cristobal de Olid. Jetzt baten sie Cortes um Verzeihung, die er ihnen gern gewährte. Er zog in ihrer Begleitung in die Kirche, um dort seine Andacht zu verrichten. Dann ließ er sich ausführlich die Geschichte der Provinz und der Stadt erzählen, die wir schon kennen. Cortes zeigte sich sehr zufrieden und bestätigte alle Zivil- und Militärbeamten in ihren Ämtern. Er setzte seinen Vetter Sayavedra als Generalkapitän über alle, womit jedermann gern einverstanden war.

Dann wurden die Eingeborenen der Provinz aufgerufen, Malinche, dem Eroberer von Mexiko, zu huldigen. Die Kaziken stellten sich sehr bald mit Lebensmitteln ein. Cortes hielt ihnen eine lange Rede, er sprach von unserer Religion und dann von unserem Kaiser und drohte schließlich jedem mit schweren Strafen, wenn er sich nicht fügen wolle. Dann predigten die Mönche. Die Kaziken nahmen sich alles zu Herzen und baten um weitere Befehle. Cortes gebot ihnen, Lebensmittel zu liefern, einen Hügel in der Stadt so weit abzutragen, daß der Blick auf den Hafen und das Meer frei werde, und die Fischer auf den nahen Guanajasinseln aufzufordern, uns von ihrem Überfluß an Fischen zu schicken. Die Befehle wurden unverzüglich ausgeführt. Nach fünf Tagen kamen auch die Inselleute mit Fischen und Hühnern. Cortes schenkte ihnen dafür Zuchtschweine, die sich schon nach zwei Jahren außerordentlich vermehrt haben. Der Hügel war nach zwei Tagen abgetragen. Die Indianer bauten dann fünfzehn Häuser, darunter ein besonders ansehnliches für Cortes.

Die Orte in der Provinz hatten sich keineswegs alle unterworfen. Cortes ließ sich von dem Kaziken des damals noch recht bedeutenden Platzes Papayeca alle Stämme nennen, die keine Abgesandten geschickt hatten. Sie wohnten in einem hohen Gebirge und hatten zum Krieg gerüstet. Cortes beauftragte den Hauptmann Sayavedra mit einem stattlichen Korps, zu dem auch die alten Kämpfer gehörten, auszuziehen und die Gebirgler zur Vernunft zu bringen. Die meisten Orte ließen es zu keinen Feindseligkeiten kommen und unterwarfen sich gutwillig. Selbst die Einwohner von Olancho, wo später reiche Bergwerke entdeckt wurden, fügten sich. Der Name Cortes war in diesen Ländern berühmt und gefürchtet. Sie nannten ihn nur den alten Obristen Hue Hue der Donna Marina. Drei Orte leisteten Widerstand. Wenn ich mich nicht irre, wohnten dort die Acalteken.

Inzwischen wurden in Trujillo mehrere Kavaliere, die Franziskaner und viele Männer und Kolonisten so schwer krank, daß Cortes für sie ein gutes Schiff ausrüsten und reichlich mit Proviant versehen ließ. Er wollte sie nach Kuba oder San Domingo schicken und ihnen einen Bericht für die Hieronymitenbrüder mitgeben, in dem er den über alle Maßen beschwerlichen Zug nach Honduras beschrieb und begründete. Bei dieser Gelegenheit meldete er auch, was sich vor seiner Zeit in diesem Land alles zugetragen hatte, von der Ankunft des Gil Davila bis zu dem tragischen Ende des Cristobal de Olid. Schließlich berichtete er über den Reichtum dieser Länder und über alles, was bisher für ihre Kolonisation getan wurde. Um den Leuten größeres Ansehen zu verschaffen, gab er ihnen aus seinem Privatschatz viele Juwelen und mehrere goldene Tafelgeräte mit. Sein Vetter Avalos wurde Kommandant des Schiffes. Er sollte unterwegs noch fünfundzwanzig Soldaten aufnehmen, die ein Hauptmann auf den Cozumelinseln zurückgelassen hatte, um die Einwohner zu brandschatzen.

Das Schiff hatte wechselndes Wetter. Es war schon am Kap San Anton vorbei und nur noch sechzig oder siebzig Leguas von Havana entfernt, als sich ein schwerer Sturm erhob. Der Segler scheiterte an der Küste, die Franziskaner, der Kommandant und die meisten Männer kamen um. Nur wenige konnten sich in einem Boot und mit Hilfe von Brettern retten. Durch sie erfuhr man in Kuba, daß Cortes mit seinem Korps noch am Leben sei. Der Lizentiat Pedro Lopez, der sich auch auf einem Brett gerettet hatte, berichtete im Namen von Cortes den Generalstatthaltern in San Domingo ausführlich über die Ereignisse in Honduras. Er meldete auch, daß dort Lebensmittel, Wein und Pferde fehlten und daß Cortes ein Schiff mit Gold nach Kuba geschickt habe, um dort einzukaufen.

Diese Nachrichten wurden überall freudig aufgenommen; denn alle hatten Cortes und seine Männer schon verloren gegeben. Auch Neuspanien erhielt auf diesem Umweg wieder Lebenszeichen von seinem Statthalter. In San Domingo rüsteten Spekulanten schnell zwei Schiffe aus und beluden sie mit Pferden, Fohlen, Hemden, Mützen und Kurzwaren. Lebensmittel vergaßen sie unglücklicherweise. Es war nur eine einzige Pipe Wein an Bord.

Cortes versuchte inzwischen in Trujillo Ordnung zu schaffen. Eines Tages kamen Leute von den Guanajasinseln zu ihm und meldeten, daß bei ihnen ein spanisches Schiff mit Musketieren und Armbrustschützen vor Anker liege, das auf Menschenfang aus sei. Es sei dasselbe Schiff, das schon vor einigen Jahren viele Indianer entführt habe. Cortes bemannte sofort eine Brigantine mit zwanzig Soldaten, gab sein bestes Geschütz mit und befahl, das Schiff in jedem Fall zu nehmen und mitsamt seiner Mannschaft nach Trujillo zu bringen. Den Indianern befahl er, die Brigantine mit ihren Kriegern in Kähnen zu begleiten. Als die Leute auf dem fremden Schiff diese streitbare Macht anrücken sahen, verloren sie keine Zeit. Sie lichteten die Anker und suchten schnell das Weite. Die Brigantine konnte ihnen nicht folgen. Später wurde berichtet, der Baccalaureus Moreno habe das Schiff befehligt. Er sei von den Generalstatthaltern in San Domingo nach Nombre de Dios geschickt worden. Man wisse nicht, ob er in diese Gegend verschlagen worden sei oder ob er absichtlich nach Guanaja gesegelt sei, um Sklaven zu fangen.

Wie Sandoval vierzig Spanier, die aus Nicaragua kamen,
mitsamt ihrem Hauptmann gefangennahm

Eines Tages kamen vier Kaziken aus den Ortschaften Quespan und Talchinalchapa zu Sandoval nach Naco und beklagten sich über eine Gruppe Spanier, die mit ihren Feuergewehren und Rossen übel hausten, die Orte ausplünderten, die Frauen und

Töchter in Ketten legten und wegführten. Diese Nachricht erregte Sandoval sehr. Die Orte waren nur einen Tagesmarsch weit weg. Er bildete eine besonders gut ausgerüstete Kampfgruppe von sechzig Mann, die unter seiner Führung sofort aufbrach. Wir überraschten die Kerle und konnten sie mit ihrem Hauptmann so schnell gefangennehmen, daß kein Tropfen Blut vergossen wurde. Sandoval stauchte die Männer zunächst zusammen und fragte sie, ob es denn in ihren Augen recht sei, die Untertanen Seiner Majestät derart zu behandeln und auf diese Weise Eroberungen zu machen. Sie mußten die Indianer und ihre Frauen, die in Halseisen lagen, sofort freigeben und den Kaziken ausliefern. Den Hauptmann Pedro de Garro und seine Männer führten wir aber gefangen nach Naco. Die Leute hatten viele Indianerinnen aus Nicaragua als Dienstfrauen mit. Einige waren sehr schön. Die meisten Männer waren beritten. Uns armen, ausgemergelten Leuten gegenüber wirkten sie wie Grafen. Sandoval wies ihnen Quartiere an, jedem nach seinem Stand. Es waren Edelleute darunter, die einen guten Namen hatten.

Als Hauptmann Garro erfuhr, daß wir zum Korps von Cortes gehörten, warb er sehr um unsere Gunst. Alle erklärten, sie seien froh, bei uns zu sein. Im übrigen berichteten sie dies: zur Zeit sei Pedrarias Davila Statthalter der Terra Firma (Panama). Er habe einen seiner angesehensten Offiziere, den Francisco Hernandez, mit einem gutausgerüsteten Korps nach Nicaragua geschickt, um dort Eroberungen zu machen. Es ging alles sehr gut. Hernandez unterwarf die Provinzen Nicaragua und Leon. Als er weit genug von seinem Statthalter entfernt war, hörte er auf den bösen Rat des Baccalaureus Moreno, sich selbst um die Statthalterschaft in den von ihm eroberten Ländern zu bemühen. Er meinte, das sei kein Verrat. Er, Moreno, sei von den Generalstatthaltern beauftragt, zu untersuchen, wie es dazu gekommen sei, daß Pedrarias Davila den eigentlichen Eroberer und ersten Statthalter der Terra Firma habe köpfen lassen, einen Mann, dem er vorher seine Tochter zur Frau gegeben hatte. Hernandez schickte daraufhin seinen Hautpmann Garro nach Norden, um einen geeigneten

Hafen zu suchen. Von dort aus wollte er Seiner Majestät melden, welche Länder er unterworfen habe, und gleichzeitig um die Statthalterschaft bitten. Da diese Länder sehr weit von der Statthalterschaft des Pedrarias Davila weg lagen, zweifelte er nicht an dem Erfolg seines Vorhabens.

Sandoval führte viele geheime Verhandlungen mit Garro. Schließlich berichtete er Cortes eingehend darüber und schlug ihm vor, sich für die Interessen von Hernandez einzusetzen. Fünf Leute von uns und fünf Mann von Garro bekamen den Befehl, die Briefschaften nach Trujillo zu bringen. Sie nahmen zwanzig Indianer mit, die ihnen beim Übergang über die Flüsse helfen sollten. Der Pichin- und der Balahamafluß waren aber so angeschwollen, daß die Leute nach vierzehn Tagen unverrichteterdinge zurückkamen. Sandoval erteilte dem Führer der Gruppe einen groben Verweis und befahl dem Hauptmann Luis Marin, mit zehn Mann von uns und fünfen von Garro sofort aufzubrechen und den Weg mitten durchs Land zu nehmen. Ich mußte auch mit. Wir marschierten zu Fuß und kamen durch viele feindselige Ortschaften. Ich würde kein Ende finden, wenn ich all die Mühseligkeiten und die Gefechte beschreiben müßte, die wir bestanden haben. Es gab Tage, an denen wir schwimmend oder in Barken drei reißende Ströme bewältigen mußten. An der Küste überquerten wir Seearme, die voller Alligatoren waren, und zum Überschreiten des Jaguaflusses, der nur noch zehn Stunden von Triunfo de la Cruz weg lag, brauchten wir zwei Tage. Dazu kam eine fast unerträgliche Hungersnot. An diesem Fluß fanden wir die Schädel und Knochen von sieben Pferden, die der Mannschaft von Olid gehört hatten. In Triunfo de la Cruz aber fanden wir nichts als die Trümmer von gescheiterten Schiffen. Wir zogen weiter nach Quemara, dessen Einwohner uns mit Spießen angriffen. Die Leute waren so feindselig, weil sie uns für Abenteurer hielten, die nicht zu Cortes gehörten. Sie waren nämlich wiederholt geplündert worden.

Nach zwei weiteren Tagesmärschen kamen wir endlich in die Nähe von Trujillo. Dort trafen wir fünf Reiter, die an der Küste entlangritten. Cortes erkannte uns schon von weitem und sprengte gleich auf uns zu. Mit Tränen in den Augen rief er: »O meine Brüder und Kameraden, wie sehr habe ich mich nach euch und nach Nachrichten von euch gesehnt!« Er sah erbärmlich aus. Er hatte ein heftiges Fieber hinter sich, das ihn fast das Leben gekostet hätte. Die Leute hatten schon die Franziskanerkutte bereitgelegt, in der er begraben werden sollte. Außerdem war er sehr niedergeschlagen, weil er weder aus Mexiko noch von uns Nachrichten hatte. Er stieg vom Pferd und ging mit uns zu Fuß nach Trujillo zurück. Wir bezogen unser Quartier und aßen dann bei Cortes zu Abend. Dabei ging es so armselig zu, daß nicht einmal Kassavebrot auf den Tisch kam. Er las die mitgebrachten Briefe und sagte, daß er sich für Hernandez verwenden wolle. Drei Tage vor unserer Ankunft waren die zwei kleinen Schiffe aus San Domingo eingelaufen, die leider keine Lebensmittel mit hatten. Für uns wäre es besser gewesen, wenn diese Schiffe gar nicht gekommen wären; denn sie verführten uns nur dazu, Schulden zu machen.

WIE CORTES MEXIKO VERLOR

Wir hatten unseren Bericht für Cortes noch nicht abgeschlossen, da erschien auf hoher See ein Schiff, das mit vollen Segeln auf uns zusteuerte. Es kam aus Havana. Der Lizentiat Zuazo hatte es abgefertigt. Das Schiff brachte Erfrischungen für Cortes und böse Nachrichten. Der Kommandant überbrachte dem General einen Brief von Zuazo, dessen Inhalt ihn mit so großer Traurigkeit erfüllte, daß man ihn in seinem Quartier schluchzen hörte. Er ließ sich erst am nächsten Morgen, an einem Sonntag, wieder sehen. Er hatte gebeichtet und das Abendmahl genommen, ehe er uns zu sich rief, um uns mitzuteilen, welche Nachrichten er aus Neuspanien erhalten hatte.

Da hieß es gleich zu Beginn, man habe auf das bloße Gerücht von unserer Vernichtung im Hondurasfeldzug unsere ganzen Vermögen beschlagnahmt, meistbietend verkauft und unsere Indianer an Leute ohne alle Verdienste verteilt. Es folgten Nachrichten über den Verleumdungsfeldzug, den der Rechnungsführer Albornoz, Narvaez und andere gegen Cortes eingeleitet hatten. Ich habe darüber schon berichtet. Zuazo teilte ferner mit, daß Narvaez ein Patent für die Eroberung der Palmasländer und ein gewisser Nuno de Guzman die Statthalterschaft von Panuco erhalten haben. Endlich schrieb er, daß unser Erzfeind, der Bischof von Burgos, gestorben sei.

Noch schlimmer waren die Nachrichten über die Zustände in Neuspanien. Cortes hatte doch dem Faktor Gonzalo de Salazar und dem Pedro Almirez Chirino Patente gegeben, nach denen sie die Statthalterschaft übernehmen sollten, falls der Schatzmeister und sein Rechnungsführer versagen sollten. Die beiden hatten sich nach ihrer Rückkehr mit dem Lizentiaten Zuazo und anderen Vertrauten von Cortes angebiedert und dann aufgrund ihrer Dokumente die Führung der Statthalterschaft für sich allein beansprucht. Darüber war es zu schweren Streitereien gekommen, die bald zu Tätlichkeiten ausarteten, die mehreren der Beteiligten das Leben kosteten. Faktor und Veedor behielten die Oberhand und ließen ihre beiden Hauptgegner und ihre Anhänger fesseln. Damit war der Kampf nicht beendet. Kein Tag verging ohne Degenstiche. Der Haß gegen die neuen Machthaber wurde durch die Verteilung der Indianer an ihre Kreaturen und andere verdienstlose Personen genährt. Die siegreiche Partei zerfiel in sich; dem Zuazo wurden in seiner Justizverwaltung Schwierigkeiten gemacht, und Rodrigo de Paz wurde sogar ins Gefängnis geworfen, weil er sich auf die Seite von Zuazo stellte. Dieser hatte als Alkalde Major versucht, die vier Anwärter auf die Statthalterschaft miteinander auszusöhnen. Die Eintracht der vier Männer dauerte genau acht Tage. Dann fing der alte Streit wieder an.

Zur selben Zeit empörten sich die Provinzen der Zapoteken und der Mixteken. Die stark befestigte Stadt Coatlan schloß sich an. Chirino begann mit neueingetroffenen spanischen Truppen einen Feldzug, der die Krone ungeheure Summen kostete. Er erreichte nichts. Die Indianer wurden von ihm um das Gold geprellt, mit dem ihre Lebensmittellieferungen bezahlt werden sollten. Die Einwohner von Coatlan töteten und verwundeten bei einem nächtlichen Ausfall viele Spanier. Der Faktor schickte seinen Amtsgenossen, den Andres de Monjaras, zu Hilfe, einen alten Offizier des Cortes, der zu dieser Zeit eine schwere Syphilis hatte und handlungsunfähig war. Die Indianer siegten an allen Orten, und man mußte befürchten, daß die Mexikaner demnächst rebellieren würden. Dem Faktor aber ging es in erster Linie darum, Seiner Majestät und dem Don Francisco de los Cobos (dem Großkomtur von Leon) möglichst viel Gold zu schicken, zumal damals das Gerücht umging, daß Cortes mit uns allen in Xicalango umgekommen sei. Um diese Zeit kam Diego de Ordas, den Cortes als seinen Unterhändler nach Spanien geschickt hatte, wieder nach Mexiko. Er erkannte, daß dieser Parteienkampf zur Auflösung jeder Ordnung führen mußte, nahm heimlich Verbindung mit dem Faktor auf und teilte ihm mit, daß er sich

Gewißheit über das Schicksal von Cortes verschaffen wolle. Er segelte mit einem großen Schiff und einer Brigantine nach Xicalango, wo Simon de Cuenca und Francisco de Medina mit ihren Leuten umgekommen waren. Dort zog er Nachrichten ein, die ihm den Tod von Cortes zu bestätigen schienen. Er verständigte den Faktor von der Küste aus, ohne das Land zu betreten, und segelte weiter nach Kuba, um Pferde und Hornvieh zu kaufen.

Der Faktor hielt die Nachricht über den Tod von Cortes nicht geheim. Die alten Waffengenossen des Generalkapitäns legten Trauer an, und in der Hauptkirche von Mexiko wurde ein Katafalk für die Exequien errichtet. Der Faktor ließ sich unter Trompeten- und Paukenschall zum neuen Statthalter und Generalkapitän von Neuspanien ausrufen. Er forderte die Frauen der verschollenen Männer auf, für die armen Seelen zu beten und neue Ehen einzugehen. Eine Frau erklärte, sie werde keine neue Ehe eingehen; denn sie vertraue auf Gott und hoffe, daß Cortes mit seinen Männern bald zurückkommen werde. Die alten Eroberer seien Männer von anderem Schrot und Korn als die Leute, die mit dem Veedor Chirino vor Coatlan gelegen hätten. Sie wurde als Hexe durch die Straßen von Mexiko getrieben und gestäupt. Natürlich gab es auch Schmeichler, die den Faktor in seiner Handlungsweise bestärkten. Ein Spanier, den wir immer für einen Ehrenmann gehalten hatten – und den ich deshalb nicht nennen will –, erzählte, er sei nachts an dem Platz vorbeigekommen, an dem einst der Tempel des indianischen Kriegsgottes stand. Dort habe er, dicht neben der Kirche von Santiago, den Cortes, die Donna Marina und Sandoval im Fegefeuer brennen sehen. Er sei dermaßen erschrocken, daß er darüber krank geworden sei. Ein anderer »Ehrenmann« berichtete, er habe in den Höfen von Tetzcuci die bösen Geister des Cortes und der Donna Marina spuken sehen. Dieses Lügenwerk sollte dem Faktor schmeicheln. Aber vielleicht hat er es auch selber ausgesprengt.

Mitten in dieser wirren Zeit trafen auch Francisco de Las Casas und Gil Gonzalez Davila in Mexiko ein. Als sich der Faktor zum Statthalter ausrufen ließ, erklärte Las Casas öffentlich, daß diese ganzen Maßnahmen schlecht seien und nicht geduldet werden sollten, weil Cortes noch lebe. Im übrigen gebühre die Statthalterschaft einem Edelmann von höherem Stand und größeren Verdiensten, als sie der Faktor aufweisen könne, zum Beispiel dem Pedro de Alvarado. Der Bruder von Alvarado, mehrere Einwohner von Mexiko, ja, sogar der Schatzmeister schrieben daraufhin an Alvarado und baten ihn, mit einem starken Truppenverband nach Mexiko zu kommen, damit sie ihn zum Statthalter machen könnten, bis man Näheres über das Schicksal von Cortes und über die Befehle Seiner Majestät wisse. Alvarado setzte sich auch in Marsch. Als er aber unterwegs hörte, daß der Faktor den Rodrigo de Paz gehenkt und den Lizentiaten Zuazo ins Gefängnis geworfen hatte, kehrte er wieder um.

Kurz zuvor hatte der Faktor alles Gold, das er auftreiben konnte, zusammengescharrt, um es mit geheimen Berichten an Seine Majestät nach Spanien zu schicken. Las Casas, Zuazo, Rodrigo de Paz, ja, sogar der Schatzmeister und sein Rechnungsführer widersetzten sich diesem Vorhaben. Sie erklärten, man könne dem Kaiser den Tod von Cortes erst melden, wenn man zweifelsfrei wisse, daß er tot sei. Sie hätten nichts dagegen, wenn man Seiner Majestät das königliche Fünftel schicke. Das könne aber nur mit Zustimmung des Schatzmeisters und seines Rechnungsführers geschehen. Weil das Gold schon verladen war und das Schiff absegeln sollte, begab sich Las Casas im Auftrag und mit der Vollmacht des Alkalden Major Zuazo und im Einverständnis mit Rodrigo de Paz und den kaiserlichen Finanzbeamten an die Küste, um das Schiff zurückzuhalten, bis alle dem Kaiser über die Lage in Neuspanien Bericht erstatten würden. Der Faktor ließ daraufhin Las Casas und Zuazo festnehmen. Gegen Las Casas und Gil Davila ließ er einen peinlichen Prozeß wegen der Enthauptung des Cristobal de Olid einleiten. Nach dem Urteil sollten beide enthauptet werden. Den Verurteilten gelang es im letzten Augenblick, eine Appellation an den Kaiser geltend zu machen. Sie wurden daraufhin als Gefangene nach Spanien abgeschoben. Zuazo aber wurde auf einem Maultier nach Vera Cruz geschafft, wo er sich nach Kuba einschiffen mußte. Rodrigo de Paz sollte angeben, wo das Gold und Silber von Cortes sei. Als er die Antwort verweigerte, wurde er gefoltert und dann gehenkt, damit er über die erlittene Behandlung nichts aussagen könnte. Dann befahl der Faktor, alle Soldaten und Einwohner von Mexiko festzunehmen, die zu Cortes standen. Als diese davon Wind bekamen, zogen sie sich ins Franziskanerkloster zurück. Der Faktor aber hatte Angst, daß es zu einem Kampf kommen könnte, ließ alle Waffen aus dem Zeughaus in seinen Palast schaffen, alle Geschütze vor seiner Wohnung aufbauen und eine starke Leibwache aufziehen.

Zuazo riet dem Cortes in seinem Brief, sehr vorsichtig zu sein, wenn er wieder nach Neuspanien käme. Der Faktor habe Seiner Majestät unter anderem berichtet, daß man im Kabinett des Cortes einen Stempel gefunden habe, mit dem alles Gold markiert werden sollte, das die Indianer heimlich bei ihm abgeliefert hätten. Er habe behauptet, daß der Kaiser davon sein Fünftel nicht bekommen sollte. Als Beispiel für die Zustände in Mexiko erzählte er folgenden Vorfall: ein Spanier aus unserer Stadt sei nach Mexiko gekommen, um sich um den Nachlaß eines verstorbenen Nachbarn zu bewerben. Er sei bei einer Spanierin abgestiegen, die wieder geheiratet habe, und habe ihr insgeheim Vorwürfe gemacht mit der Begründung, daß ihr Mann, genauso wie Cortes, noch lebe. Der Faktor ließ daraufhin den Mann fesseln und ins Gefängnis werfen. Er hätte ihn als Aufwiegler hängen lassen, wenn der arme Teufel nicht Stein und Bein geschworen hätte, daß er die Frau nur trösten wollte, weil sie vor ihm um ihren Mann geweint habe. Er schwor jetzt, daß wir allesamt umgekommen seien. Daraufhin erhielt er seine Indianer, mußte aber die Stadt sofort verlassen. Man drohte ihm, daß er sofort aufgeknüpft werde, wenn er noch ein Wort über diese Sache verliere.

Ferner teilte Zuazo in seinem Brief mit, daß Pater Bartolome de Olmedo kurz nach dem Ausmarsch von Cortes gestorben und mit großen Ehren in der Kirche von Santiago beigesetzt worden sei. Der Brief schloß mit dem Satz: »Kurz, in Mexiko ist alles verloren.

Mein Bericht gibt Ew. Gnaden den Stand der Dinge zu dem Zeitpunkt, als man mich auf ein Maultier warf und in Fesseln dahin schaffte, wo ich mich derzeit befinde.«

Wir waren empört, als wir diesen Brief gehört hatten. Unser Zorn kannte keine Grenzen. Wir verschonten auch Cortes nicht mit Vorwürfen; denn er hatte diesen ganzen Jammer über uns gebracht. Niemand nahm mehr ein Blatt vor den Mund. Gegen ihn und den Faktor wurden tausend Verwünschungen laut. Cortes selbst konnte das Weinen nicht unterdrücken. Er vergrub sich mit dem Brief in seinem Kabinett und ließ niemand vor. Als er wieder erschien, drangen wir in ihn, sich mit uns allen sofort nach Neuspanien einzuschiffen. Er antwortete sehr ruhig und fast liebevoll: »O meine Söhne und Kameraden! Vor einem Bösewicht wie dem Faktor muß man sich in acht nehmen. Der Kerl hat im Augenblick die Macht. Er ist imstande, uns alle hängen zu lassen, wenn er uns in die Hand bekommt. Darum werde ich mich nur mit vier oder fünf Mann einschiffen und in einem Hafen an Land gehen, von dem aus meine Ankunft nicht gleich in Mexiko gemeldet wird; denn ich will möglichst unerkannt in die Hauptstadt kommen. Außerdem steht Sandoval mit einer viel zu kleinen Besatzung in Naco. Er muß von dort aus über Land marschieren. Und weil die Provinz Guatemala noch im Aufstand ist, müßt Ihr, Luis Marin, mit Eurer Abteilung nach Naco zurück und Euch Sandoval anschließen!«

Dann schrieb Cortes an den Hauptmann Francisco Hernandez in Nicaragua. Er bot ihm seine Dienste an und schickte ihm zwei Maultierladungen Pferdebeschläge, Werkzeuge für den Bergbau, zahlreiche Kleidungsstücke, vier silberne Gefäße und einige goldene Kleinodien.

Als ich sah, daß Cortes fest entschlossen war, nach Neuspanien zu segeln, bat ich ihn dringend, mich mitzunehmen. Ich stellte ihm vor, daß ich ihm in schwersten Zeiten immer treu gedient hätte und daß es nun an der Zeit sei, mir zu zeigen, daß er meinen Dienst anerkenne. Da umarmte er mich und sagte: »Und wenn ich Euch mitnehme, mein Sohn, wer bleibt dann bei Sandoval?

Ich bitte Euch, bleibt bei Eurem Freund Sandoval! Ich schwöre Euch bei diesem meinem Bart, daß ich Euch das lohnen werde. Ihr müßt wissen, daß nichts vergessen ist, was Ihr für mich getan habt!« Kurz, ich konnte einwenden, was ich wollte. Es blieb dabei, ich mußte zu Sandoval zurück.

Cortes befahl dem Diego de Godoy, den er zum Kommandanten von Puerto de Caballos ernannt hatte, mit mehreren kranken Einwohnern der Stadt, die es vor Flöhen und Moskitos nicht mehr aushalten konnten, nach Naco zu gehen, weil dort die Luft besser und das Land gesegneter waren. Wir sollten unter Hauptmann Luis Marin nach Mexiko marschieren und dabei nach Möglichkeit durch die Provinz Nicaragua ziehen, weil Cortes vorhatte, sich von Seiner Majestät die Statthalterschaft zu erbitten. Wir mußten wieder viele Strapazen und großen Hunger ertragen, ehe wir nach Naco kamen. Sandoval freute sich sehr über unsere Rückkehr. Wir brachen am nächsten Tag nach Mexiko auf.

Pedro de Garro war schon vor uns nach Nicaragua abgegangen, um seinem Befehlshaber Hernandez Bericht zu erstatten. Er tauchte später wieder bei uns auf; denn er mußte vor Pedrarias Davila fliehen, der selbst nach Nicaragua zog, um seinem Hauptmann Hernandez den Prozeß zu machen. Er ließ ihn als Verräter enthaupten.

Wie Cortes umkehren mußte und das Land Honduras
weiter kolonisieren wollte

Cortes hatte keine glückliche Fahrt. Er mußte zweimal wieder in den schützenden Hafen zurückkehren, einmal weil ihn wilde Stürme dazu zwangen, das weite Mal, weil sein Fockmast gebrochen war. Er verschob die Reise nicht ungern auf eine bessere Jahreszeit, zumal er fürchten mußte, daß der Faktor ihn persönlich bedrohen werde, wenn er nach Neuspanien zurückkehrte. Er bat Pater Juan, eine Heilige-Geist-Messe zu halten, eine Prozession zu veranstalten und den Allmächtigen und die Heilige Jungfrau zu bitten, ihn zu erleuchten. Da muß der Himmel ihm in den Sinn gegeben haben, das Land nicht zu verlassen, sondern weiter zu kolonisieren. Er schickte uns drei reitende Boten nach und befahl uns, nicht weiterzumarschieren, sondern mit der Unterwerfung und Befriedung des Landes fortzufahren.

Wir waren alle nahe daran, aus der Haut zu fahren, als wir diesen Befehl erhielten. Wir sagten dem Sandoval ins Gesicht, er möge in diesem Land bleiben, mit wem er wolle. Wir würden uns jedenfalls nicht vollends zugrunde richten lassen, sondern weiter nach Mexiko marschieren. Sandoval mißbilligte unseren Entschluß nicht, verlangte aber, daß wir ihn Cortes mitteilen und seine Antwort abwarten sollten. Wir schrieben also an Cortes und unterschrieben alle, Mann für Mann. Er antwortete sehr schnell mir großen Versprechungen für diejenigen, die im Lande bleiben würden. Das Schreiben begann mit dem Hinweis, daß es in Spanien und überall noch Soldaten genug gebe, wenn einer von uns die Fahne verlassen wolle.

Wir wollten uns daraufhin nicht um den Befehl von Cortes kümmern und weiter nach Mexiko marschieren. Sandoval überredete uns, noch ein paar Tage Geduld zu haben. Er wollte selbst nach Trujillo reiten und Cortes dazu bringen, sich einzuschiffen. Wir schrieben also noch einmal und baten Cortes, doch gerecht zu sein. Wenn er unsere Lage bedenke, dann werde er finden, daß man uns nicht so abfertigen könne. Seinetwegen hätten wir unser Vermögen, unsere Indianer und unseren ganzen Besitz verloren. Die Verheirateten seien nun schon sehr lange von Weib und Kind getrennt und vor allem ohne jede Nachricht von ihnen. Wir bäten ihn inständig, sich einzuschiffen und nach Mexiko zu gehen. Es gebe sicher genug Soldaten in Spanien und anderswo. Es fehle derzeit aber in Mexiko nicht an Statthaltern, die uns mit Vergnügen aufnehmen und uns die Indianer zurückgeben würden. Wir seien nicht auf seine Gnade angewiesen.

Sandoval nahm Pedro de Saucedo und den Hufschmied Francisco Donaire mit und schwor, er werde Cortes umstimmen. Cortes war sehr erfreut über seinen Besuch. Unser Brief brachte ihn allerdings in einige Verlegenheit; denn er hatte seinen Vetter Sayavedra mit allen Männern gegen rebellierende Indianer eingesetzt. Trotzdem blieb er bei seiner Entscheidung. Sandoval konnte nur erreichen, daß Martin de Orantes, ein sehr umsichtiger und kluger Mann, mit der Vollmacht nach Mexiko geschickt wurde, den Pedro de Alvarado und Francisco de Las Casas als Statthalter in Neuspanien einzusetzen, wenn sie in Mexiko wären. Sollten sie nicht da sein, dann galt die Vollmacht für den Schatzmeister und seinen Rechnungsführer, denen Cortes trotz aller Zwischenfälle sehr freundliche Briefe schrieb. Zugleich widerrief Cortes die Vollmachten für den Faktor und für den Veedor. Außerdem schrieb Cortes an alle seine alten Mitkämpfer. Das Schiff sollte in der Bai zwischen Vera Cruz und Panuco anlaufen, Orantes nur absetzen und sofort nach Panuco weitersegeln. Die ganze Besatzung wurde feierlich dazu verpflichtet. Sie erhielten dafür eine so hohe Bezahlung, daß sie die Bedingungen ruhig annehmen konnten.

Orantes konnte sich schon nach wenigen Tagen absetzen lassen. Er verkleidete sich als Bauer und ging zu Fuß nach Mexiko. Seine Papiere trug er auf dem bloßen Leib. Er kam bald in indianische Orte, vermied aber, die Spanier zu treffen, die dort waren. Wo er ihnen trotzdem begegnete, gab er sich als armen Bauern aus und nannte sich Juan de Flechilla. Nach vier Tagen war er schon in Mexiko. Es war Nacht. Er ging in das Franziskanerkloster und fand dort viele Anhänger von Cortes. Als diese Männer ihn erkannten und hörten, daß Cortes lebe, tanzten sie vor Freude mitsamt den Mönchen um den guten Boten herum. Die Tore des Klosters wurden sofort dicht geschlossen; denn es waren einige Leute im Haus, denen man nicht ganz trauen konnte. Um Mitternacht rief man den Schatzmeister, den Rechnungsführer und mehrere andere Anhänger von Cortes. Sie kamen alle, ohne Aufsehen zu erregen. Die Vollmachten von Orantes wurden geprüft. Man beschloß, sich so bald wie möglich der Person des Faktors zu bemächtigen. Der Veedor lag glücklicherweise immer noch vor

Coatlan. Die Nacht verging damit, alle ins Geheimnis zu ziehen, auf die man sich verlassen konnte.

Sobald es Tag war, schloß sich der ganze Anhang von Cortes zusammen, nahm Martin de Orantes in die Mitte, damit ihn alle sehen konnten, und eilte in die Behausung des Faktors. Sie riefen laut durch die Straßen: »Es lebe der Kaiser! Und in des Kaisers Namen lebe Hernan Cortes, der noch lebt! Er wird bald in Mexiko sein! Sein Diener Orantes ist schon da!« Auf den Lärm hin griffen die Einwohner alle zu ihren Waffen, weil sie eine Gefahr fürchteten. Als sie Orantes erkannten und hörten, daß Cortes lebt, schlossen sich die meisten dem Schatzmeister an. Der Rechnungsführer hatte es nicht ganz so eilig. Die Sache behagte ihm gar nicht, und er mußte sich vom Schatzmeister einige scharfe Worte anhören, die er sich wohl hinter die Ohren schrieb.

Der Faktor hatte durch den Rechnungsführer Wind von der geplanten Festnahme bekommen. Er war auf der Hut. Die Artillerie war schußfertig, und die Leibwache stand unter Waffen. Aber Jorge de Alvarado und die anderen Verbündeten drangen über Söller und durch Tore von verschiedenen Seiten in das Haus ein. Die Artillerie feuerte, aber der Hauptmann schoß in eine andere Richtung wie die Feuerwerker, der Hauptmann der Leibwache versteckte sich, andere flohen, und der Faktor hatte schließlich nur noch zwei Mann und vier Bediente um sich. Er wollte selbst noch ein Geschütz abfeuern, wurde aber noch vorher überwältigt, einer starken Wache übergeben und später in einen festen Käfig aus Holzbalken gesperrt.

Damit war die Statthalterschaft dieses Mannes zu Ende. Eilboten brachten die Nachricht in alle Städte Neuspaniens. Viele freuten sich über die gute Zeitung. Wer von dem Faktor mit Indianern und anderen Gütern versorgt worden war, mußte natürlich unzufrieden sein. Als der Veedor die Neuigkeit erfuhr, war er so erschüttert, daß er sofort krank wurde und sich in das Franziskanerkloster von Tetzcuco schaffen ließ. Die neuen Statthalter ließen ihn aber festnehmen und nach Mexiko bringen. Dort wurde er auch in einen hübschen Vogelkäfig eingewiesen.

Dann wurden Eilboten an Pedro de Alvarado nach Guatemala gesandt, um ihn über die neue Lage zu unterrichten. Er wurde dringend gebeten, Briefe für Cortes selbst nach Trujillo zu bringen, das von Guatemala aus leichter zu erreichen war. Er sollte Cortes nun dazu bringen, so schnell wie möglich nach Mexiko zurückzukehren. Das erste, was der Schatzmeister jetzt in Mexiko unternahm, war die Wiederherstellung der Ehre der Juana de Mansilla, jener Frau, die der Faktor als Hexe hatte stäupen lassen. Alle Kavaliere saßen auf. Dann bestieg auch der Schatzmeister sein Roß und nahm die Mansilla hinter sich. So zog er, von den Kavalieren begleitet, durch die Stadt. Er sagte: »Diese Frau hat sich wie eine römische Matrone benommen. Der Schimpf, den man ihr angetan hat, kann ihre Ehre nur erhöhen.« Sie hieß von da an allgemein Donna Juana de Mansilla. Der Faktor hatte diese Frau nie bewegen können, wieder zu heiraten. So oft sie auch mißhandelt wurde, sie blieb bei ihrem ersten Wort, daß Cortes und ihr Mann und wir alle noch am Leben seien.

Wie der Schatzmeister und viele Kavaliere die
Franziskaner baten, den Pater Diego de Altamirano zu
Cortes zu schicken

Der Schatzmeister und andere Kavaliere sahen sehr bald, daß die Rückkehr von Cortes dringend notwendig war; denn es bildeten sich schon wieder Parteien, was sehr gefährlich werden konnte, weil man dem Rechnungsführer nicht trauen durfte. Er hatte vor allem Angst, daß Cortes von den falschen Angaben hören könnte, die er dem Kaiser gemacht hatte. Die Anhänger von Cortes baten deshalb einen Verwandten des Statthalters, einen alten Soldaten, den Pater Diego de Altamirano, nach Trujillo zu segeln. Die Ordensbrüder gaben ihre Einwilligung zu der Reise.

Der Faktor hatte immer noch einen starken Anhang unruhiger Köpfe, die er seinerzeit reichlich mit Gold und Indianern begabt hatte. Diese Leute schlossen sich mit anderem Gelichter und einigen wenigen angesehenen Männern zusammen und planten, den Schatzmeister und seinen Anhang umzubringen und die beiden gestürzten und gefangenen Größen zu befreien. Als man dem Rechnungsführer dieses Geheimnis hinterbrachte, freute er sich. Er war kein offener Charakter, und die jetzigen Veränderungen in der Führung paßten ihm gar nicht.

Die Verschwörer wandten sich an einen armen Schlosser, verpflichteten ihn zur Verschwiegenheit, gaben ihm Gold und bestellten Nachschlüssel für die Gefängnisse der Vizestatthalter. Der Mann zeigte sich bereitwillig, tat so, als ob er mit den Verschwörern ein Herz und eine Seele sei, und erfuhr nach und nach alle Einzelheiten ihres Vorhabens. Er fertigte zunächst Schlüssel an, die nicht paßten, um die Beteiligten dadurch zu zwingen, öfters in seine Werkstatt zu kommen, wo er sie dann aushorchte. Als alles soweit war, meldete er dem Schatzmeister den Mordplan. Alonso de Estrada versammelte die Anhänger des Cortes um sich, ohne den Rechnungsführer zu verständigen, zog mit ihnen in das Haus, in dem die Verschwörer versammelt waren und nahm zwanzig von ihnen fest. Die übrigen konnten fliehen. Die Untersuchung ergab eindeutig, daß der Schatzmeister umgebracht und die Gefangenen befreit werden sollten und daß der Rechnungsführer die Pläne kannte. Drei Mann wurden gehenkt, mehrere andere gestäupt. Der Schlosser aber wagte sich längere Zeit nicht aus dem Haus, weil er fürchtete, meuchlings ermordet zu werden.

Hier wäre noch mitzuteilen, daß der Faktor das Schiff mit dem Gold tatsächlich an Seine Majestät abgeschickt hat. In seinem Bericht meldete er den Tod von Cortes als feste Tatsache. Ferner erzählte er viel von dem allgemeinen Vertrauen, das ihn trage. Er bat den Kaiser, ihm die Statthalterschaft zu übertragen. Das Schiff brachte aber auch geheime Botschaften für den Kaiser nach Spanien, in denen von der Willkür und den Grausamkeiten des Faktors berichtet wurde. Ferner hatten die Generalstatthalter gemeldet, daß Cortes am Leben sei und versuche, Honduras für die Krone zu erobern und zu kolonisieren. Der Kaiser soll deshalb dem Indienrat gegenüber gesagt haben: »Man hat in Neuspanien sehr übel daran getan, sich gegen Cortes aufzulehnen. Diese Entwicklung ist keineswegs vorteilhaft für die Krone. Ich traue dem Cortes aber zu, daß er gegen die Schurken streng und gerecht vorgeht, wenn er wieder nach Mexiko kommt.«

Nun aber zu der Reise von Pater Altamirano. Er segelte in wenigen Tagen bis Trujillo und wurde dort von Cortes sehr liebenswürdig empfangen. Nach einem kurzen Kirchgang berichtete der Pater, was inzwischen in Neuspanien geschehen war. Viele Nachrichten waren für Cortes sehr bitter. Er konnte aber froh sein, daß alles noch so glücklich abgelaufen und daß jetzt in Mexiko Ruhe war. Er erklärte aber, er wolle zu Land nach Neuspanien zurück, er habe große Bedenken, den Seeweg zu nehmen, denn er sei zweimal zurückgeworfen worden. Als die Seeleute einwandten, daß jetzt im April nur das beste Wetter zu erwarten sei, entschloß sich Cortes schließlich doch für die Seereise. Er mußte aber die Rückkehr von Sandoval abwarten, den er siebenhundert (?) Leguas weit nach Olancho geschickt hatte, um den Hauptmann Rojas zu verjagen, den Pedrarias Davila dorthin geschickt hatte, um das Land zu erkunden. Die Indianer hatten sich bei Cortes bitter über Plünderungen und Mißhandlungen durch diese Spanier beklagt. Sandoval wollte den Rojas ursprünglich festsetzen. Einigen Kavalieren gelang es aber, zwischen den beiden zu vermitteln. Rojas schenkte Sandoval sogar seinen indianischen Pagen. Als Sandoval die neuesten Nachrichten über die Lage in Mexiko und den Rückmarschbefehl erhielt, brach er schleunigst auf und kam in Eilmärschen nach Trujillo.

Cortes bestellte Sayavedra als seinen Stellvertreter im Kommando über diese Provinzen und hinterließ ihm eingehende Instruktionen. Auch Hauptmann Marin erhielt einen ausführlichen Bericht über die Lage und den Befehl, mit uns über Guatemala zu marschieren. Sayavedra sollte uns diese Briefe und Befehle auf dem schnellsten Weg zustellen. Er hat sie aber aus Bosheit unterschlagen. Sie sind nie angekommen.

Cortes wurde vor seiner Abreise noch einmal so schwer krank, daß alle an seiner Wiederherstellung zweifelten. Er wurde schon mit den Letzten Tröstungen versehen, erholte sich aber wieder und segelte mit großem Gefolge nach Havana, um dort günstigen Wind für die Reise nach Neuspanien abzuwarten. Die Einwohner freuten sich, ihn wiederzusehen, und sorgten für mancherlei Genüsse und Bequemlichkeiten des Statthalters. Ein Schiff aus Neuspanien brachte beruhigende Nachrichten über Mexiko. Als die Besatzung von Coatlan erfahren hatte, daß Cortes zurückkomme, hatte sie dem Schatzmeister freiwillig ihre Unterwerfung angeboten, allerdings gewisse Bedingungen gestellt.

Wie Cortes nach Mexiko zurückkehrte

Cortes ruhte fünf Tage in Havana aus. Dann wurde er ungeduldig und segelte mit gutem Wind in zwölf Tagen bis in die Höhe von Medellin und ließ sich mit zwanzig zuverlässigen Soldaten an Land bringen. Er wollte die halbe Stunde Weg nach San Juan de Ulua zu Fuß zurücklegen. Unterwegs traf er einen Zug Pferde von Reisenden, die nach Spanien wollten. Er beschlagnahmte sie und erreichte auf diese Weise schon nach fünf Stunden Vera Cruz. Er hatte befohlen, daß niemand seine Ankunft melden dürfe. So kam er unerkannt, früh um zwei Uhr, mit seinem ganzen Gefolge in die Kirche, deren Türen offenstanden. Als der Küster, ein Mann, der erst kürzlich aus Spanien gekommen war, die fremden, unbekannten Männer in der Kirche fand, lief er vor Schrecken auf die Straße, schrie nach der Wache und bat die Behörden, Maßnahmen gegen die verdächtigen Eindringlinge zu treffen. Der Alkalde Major erschien mit anderen Beamten, Polizei und zahlreichen Einwohnern. Sie waren alle schwer bewaffnet. Mit ziemlich heftigen Worten forderten sie die Fremden auf, das Gotteshaus sofort zu räumen. Cortes war von der Reise sehr mitgenommen. Die Leute erkannten ihn deshalb erst an seiner Stimme. Nun drängten sich alle um ihn und beglückwünschten ihn zu seiner Rückkehr. Cortes begrüßte mehrere alte Krieger mit Namen und umarmte sie. Nach dem Gottesdienst zog er ins Quartier. Seine Rückkehr wurde acht Tage lang in Vera Cruz gefeiert. Er schrieb an den Schatzmeister und manche Freunde in Mexiko, aber auch an den Rechnungsführer, obgleich er wußte, daß er ihm keineswegs verbunden war. Die Indianer freuten sich ebenso wie die Leute in der Hauptstadt über die Rückkehr des Statthalters. Sie schickten ihm Geschenke nach Vera Cruz, brachten die Straßen nach Mexiko in Ordnung, sorgten für gute Quartiere und ausreichende Verpflegung, und wer irgend konnte, schloß sich dem Triumphzug in die Hauptstadt an. Alle wollten, daß er auch in ihren Ort komme. Besonders festlich und fröhlich wurde Cortes in Tlaxcala empfangen. Drei Stunden vor Tetzcuco, der zweitgrößten Stadt des Landes, erwartete ihn aber der Rechnungsführer Albornoz, um nach Möglichkeit wiedergutzumachen, was er verdorben hatte. Aus der Nachbarschaft kamen die Spanier, die Kaziken zogen ihm jubelnd und tanzend zwei Stunden weit entgegen. In Tetzcuco waren große Festlichkeiten vorbereitet. Dort blieb er über Nacht. Am nächsten Morgen wollte er nach Mexiko reiten. Aber der Schatzmeister, der Rat der Stadt, Kavaliere und Hauptleute baten ihn dringend, doch noch einmal zwei Stunden vor Mexiko zu übernachten, damit sie seinen Empfang besser vorbereiten könnten. Am nächsten Morgen zogen ihm der Schatzmeister, die königlichen Beamten, die Kavaliere und die Kaziken in ihren Festkleidern entgegen. Überall war Musik, die Indianer hatten allerlei Schaustellungen vorbereitet, der See war über und über mit Kähnen bedeckt, in den Straßen wurde gesungen und getanzt, und abends waren alle Häuser beleuchtet. Der Jubel läßt sich nicht beschreiben. Cortes ging zuerst ins Franziskanerkloster, hörte dort eine Messe und dankte Gott für seine glückliche Rückkehr aus diesem schweren Feldzug. Erst dann zog er in seinen prächtigen Palast, in dem er wie ein Fürst geehrt und gefürchtet wurde. Die Franziskaner veranstalteten am nächsten Tag eine große Dankprozession. Die Indianer schickten aus allen Provinzen Gesandtschaften mit wertvollen Geschenken. Sogar die Kaziken von Coatlan erschienen, um ihre Aufwartung zu machen.

Cortes zog im Juni 1524 oder 1525 in Mexiko ein *(es war 1526)*. Er ruhte nur wenige Tage aus. Dann ließ er die Aufrührer festnehmen und die Untersuchung gegen den Faktor und den Veedor einleiten. In Spanien hätte man durchaus Verständnis für ein hartes und gerechtes Urteil gehabt. Seine Majestät erwartete, daß Cortes scharf vorgeht. Als ich 1540 in Spanien war, haben mir die Herren vom Indienrat und andere maßgebende Männer dies bestätigt. Alle fanden, daß Cortes diese Sache sehr nachlässig behandelt hat, alle tadelten ihn, weil er sich wie ein schwacher Mann benommen hat.

Wie der Lizentiat Ponce de Leon im Auftrag des Kaisers nach Mexiko kam, um die Verwaltung zu überprüfen

Ich habe schon erzählt, daß Seine Majestät den Lizentiat Luis Ponce de Leon beauftragt hatte, in Mexiko eine strenge Untersuchung gegen Cortes einzuleiten, um allen Anklagen gegen den Statthalter gerecht zu werden. Im Falle Cortes schuldig wäre, sollte ein Exempel statuiert werden, von dem alle Welt spräche. Es hatte sehr lang gedauert, bis dieser Mann, mit allem Nötigen versehen, in die Neue Welt segeln konnte. Er kam mit drei oder vier Schiffen und ließ sich in San Juan de Ulua an Land setzen. Er begab sich zunächst nach Medellin. Cortes erfuhr von seiner Ankunft vier Tage später durch einen seiner Leute. Er war gerade im Franziskanerkloster, um das Abendmahl zu feiern und um Hilfe und Segen für seine Unternehmungen zu bitten. Die Neuigkeit war ihm doppelt unangenehm, weil er nicht mehr genügend Zeit hatte, dem Beauftragten des Kaisers die Reise bequem zu machen und seinen Empfang in Mexiko vorzubereiten. Er schickte ein paar zuverlässige Leute nach Medellin, die insgeheim feststellen sollten, wer ihn besuchen wolle und ob der Kaiser persönlich den

Auftrag zu der geplanten Untersuchung gegeben habe. Zwei Tage nach der ersten Nachricht trafen drei Boten von Ponce de Leon in Mexiko ein, die Cortes Briefe des Lizentiaten und ein Schreiben des Kaisers brachten, mit dem Seine Majestät die Untersuchung gegen ihn angeordnet hatte. Cortes nahm dieses Schreiben mit allen Zeichen der Ehrerbietung entgegen und sagte, er betrachte es als einen großen Gnadenbeweis, daß der Kaiser einen eigenen Richter schicke, um ihm und seinen Feinden Gerechtigkeit widerfahren zu lassen. Er antwortete Ponce de Leon sehr zuvorkommend, bot ihm seine Dienste an und bat ihn, ihm mitzuteilen, welchen der beiden möglichen Wege er nach Mexiko nehmen wolle, damit alles für seine Reise und für seinen Empfang vorbreitet werden könne. Der Lizentiat dankte Cortes für sein Entgegenkommen und bat ihn noch um einige Tage Ruhe, weil er von der Seereise sehr angegriffen sei. Er würde im übrigen in Medellin mit mündlichen und schriftlichen Beschwerden über Cortes überhäuft. Es gab genug Unzufriedene, die den Statthalter gerne zugrunde gerichtet hätten. Da hieß es, Cortes beeile sich, den Prozeß gegen den Faktor und gegen den Veedor noch vor der Ankunft des Lizentiaten in Mexiko zu Ende zu bringen; Ponce de Leon solle sich vor den höflichen Redensarten des Statthalters in acht nehmen. Er habe auf dem Zug nach Honduras viele Spanier und dreitausend Mexikaner geopfert; er habe einen seiner Offiziere mit dreißig kranken Männern allein zurückgelassen, sie seien inzwischen alle gestorben *(was den Tatsachen entspricht)*. Sie baten den Lizentiaten, so schnell wie möglich nach Mexiko zu reisen und sich nicht wie Narvaez, Garay und Tapia nasführen zu lassen. Kurz, es gab nichts Böses, was man Cortes nicht nachsagte, und es gelang den Leuten auch, Ponce de Leon zu überzeugen, daß Cortes sich dem Befehl des Kaisers nicht fügen werde.

Der Lizentiat hatte verschiedene Kavaliere, Offiziere, Lizentiaten und Mönche bei sich, darunter den Dominikanerprovinzial Pater Tomas Ortiz, dem man nachsagte, daß er mehr von Geschäften als von seinem geistlichen Beruf verstehe. Mit ihnen beriet Ponce de Leon, ob er gleich nach Mexiko gehen solle oder nicht. Alle glaubten an den bösartigen Charakter von Cortes und rieten zur Eile. Infolgedessen war Ponce de Leon so schnell in Iztapalapa, daß Cortes keine Eilboten mit Briefen und Erfrischungen an ihn abfertigen konnte. Der Statthalter ließ ihn feierlich empfangen und ein großes Bankett für den Lizentiaten veranstalten, bei dem Andres de Tapia den Wirt machte. Ponce de Leon ließ es sich schmecken und war überrascht, als man ihm zum Schluß noch frische Sahne und Käse anbot, Dinge, die damals zu den leckersten Speisen des Landes gehörten. Einige seiner Begleiter aßen von diesem Nachtisch so reichlich, daß sie die Tafel verlassen mußten. Obgleich die anderen Gäste nicht die geringsten Beschwerden hatten, erklärte Pater Tomas Ortiz, daß die Gerichte vergiftet seien, er werde sie nicht anrühren. Andere, die mit an der Tafel gesessen waren, behaupteten allerdings, daß auch er tüchtig zugegriffen habe. In jedem Fall blieb man dabei, daß es nicht mit rechten Dingen zugegangen sei.

Cortes war nicht bei dem Empfang in Iztapalapa. Man raunte sich zu, daß er dem Lizentiaten Goldbarren geschenkt habe. Ich kann nicht sagen, ob das wahr ist oder nicht. Es gibt jedenfalls genug kundige Männer, die feststellten, daß nichts an der Sache sei. Als Cortes hörte, daß sein Gast unterwegs sei, setzte er sich mit seiner gesamten Reiterei zu Pferde und ritt in Begleitung von Sandoval, mit dem Schatzmeister und dem Rechnungsführer, mit dem ganzen Stadtrat und allen anwesenden alten Eroberern dem Lizentiaten entgegen. Auf der Dammstraße begrüßten sich beide mit großer Höflichkeit. Ponce de Leon war überrascht von der Liebenswürdigkeit, mit der Cortes ihn empfing. Er ließ sich lange nötigen, ehe er auf der rechten Ehrenseite ritt. Als er dann die Hauptstadt sah mit ihren Festungsanlagen und den großen Orten rings um den See, erklärte er, daß nach seiner Überzeugung kein anderer Feldherr imstande gewesen wäre, dieses große Reich mit einer Handvoll Truppen zu erobern.

Cortes und sein Gast hörten die Messe im Franziskanerkloster. Dann bat der General den Lizentiaten, seine Vollmachten vorzulegen; denn er habe vor allem anderen Gerechtigkeit gegen den

Faktor und gegen den Veedor zu fordern. Ponce de Leon bat aber darum, das Geschäft bis zum nächsten Tag ruhen zu lassen. Cortes brachte ihn daraufhin in seinen Palast, wo ein festliches Mahl vorbereitet war. Man aß an einer prächtigen Tafel und aß von Silber und Gold, so daß der Lizentiat leise zu einem seiner Leute sagte, Cortes trete auf wie ein Mann, der schon seit vielen Jahren das Leben eines großen Herrn führe.

Am nächsten Tag versammelte man sich in der Hauptkirche. Cortes hatte den Stadtrat von Mexiko, die königlichen Beamten, alle Offiziere und Eroberer dorthin bestellt. Nach der Messe legte Ponce de Leon seine Vollmachten vor. Sekretäre beider Parteien nahmen darüber ein Protokoll auf. Cortes nahm die Dokumente mit Ehrerbietung entgegen, küßte sie und erklärte, er nehme sie als Befehle seines kaiserlichen Herrn pflichtschuldig entgegen und werde sie achten. Alle Anwesenden folgten seinem Beispiel. Dann ließ sich der Lizentiat von allen Beamten und Offizieren, die Recht gesprochen hatten, die Gerichtsstäbe aushändigen. Er gab sie allen wieder zurück und sagte dann zu Cortes: »Herr General! Es ist der Wille Seiner Majestät, daß ich die Statthalterschaft von Euch übernehme. Ich tue das nicht, weil ich Euch nicht eines Postens von so großer Bedeutung oder noch bedeutenderer Ehrenstellen für würdig achte, sondern weil es Allerhöchsten Ortes so befohlen ist.«

Cortes dankte ihm, erklärte sich bereit, dem Befehl des Kaisers zu gehorchen, und fügte hinzu, der Lizentiat werde bald sehen, daß er immer ein loyaler Diener des Kaisers gewesen sei und daß die Verleumdungen böser Menschen gegen ihn falsch seien. Der Lizentiat erwiderte, es sei der Lauf der Welt, daß es rechtschaffene und bösartige Leute gebe, und man müsse damit rechnen, daß gute Taten gelobt, böse aber getadelt würden. Mehr geschah nicht an diesem Tag.

Am nächsten Tag nach der Messe ließ Ponce de Leon Cortes durch einen Kavalier zu sich bitten. Bei der Unterredung war als dritter nur der Prior Tomas Ortiz anwesend. Ponce de Leon eröffnete Cortes, daß der Kaiser ihm befohlen habe, den ältesten

Eroberern und allen, die noch an Unterwerfungsfeldzügen teilgenommen hätten, einträgliche Kommenden zuzuweisen; dabei sollten die älteren Eroberer mehr begünstigt werden als sie später eingetretenen Soldaten. Er habe in Erfahrung gebracht, daß viele der alten Krieger, die mit Cortes nach Neuspanien gekommen seien, sehr stiefmütterlich behandelt worden seien. Dafür seien Leute, die frisch aus Spanien gekommen seien, reichlich bedacht worden. Wenn das stimme, dann habe Cortes den Anweisungen Seiner Majestät nicht entsprochen.

Cortes erwiderte, daß keiner der alten Krieger leer ausgegangen sei. Sicher seien manche bei der Veteilung besser weggekommen als andere. Das habe sich oft durch die Umstände ergeben, die es unmöglich gemacht hätten, allen Wünschen zu entsprechen. Es komme ihm deshalb sehr gelegen, daß der Lizentiat jetzt hier sei, diese Angelegenheit zur Zufriedenheit aller zu regeln. In jedem Fall hätten alle Eroberer begründete Ansprüche auf Belohnung und auf eine gerechte Behandlung.

Dann wollte der Lizentiat wissen, wie es um die Leute stehe, die den Feldzug nach Honduras mitgemacht hätten. Er meinte, es wäre besser gewesen, frische Mannschaften aus Spanien mitzunehmen und nicht die alten Krieger, die es verdient hätten, nach den schweren Kämpfen die Früchte ihrer Anstrengungen zu genießen. Dann fragte er, wie es sich mit den dreißig oder vierzig Mann verhalte, die Cortes unter Diego de Godoy in Puerto de Caballos dem Elend und dem Hungertod überlassen habe. Er erkundigte sich aber auch nach Luis Marin, Bernal Diaz del Castillo und den Männern, die noch bei ihnen sein müßten.

Cortes erwiderte, er habe auf einen derart gefährlichen Feldzug in abgelegene Länder erprobte und erfahrene Krieger mitnehmen müssen. Die Leute seien schon lang unterwegs und müßten in Kürze in Mexiko eintreffen. Sie müßten alle bevorzugt behandelt und mit den besten Kommenden bedacht werden.

Dann fragte Ponce de Leon besonders eindringlich, wieso Cortes es gewagt habe, einen derart weiten Marsch ohne besondere Erlaubnis Seiner Majestät anzutreten. Er habe dazu seinen Posten für lange Zeit verlassen müssen und dadurch die Regierung in Neuspanien an den Rand des Verderbens gebracht. Cortes erwiderte, er sei es seiner Stellung als Generalkapitän Seiner Majestät schuldig gewesen, persönlich gegen das pflichtwidrige Verhalten des Cristobal de Olid vorzugehen; denn er habe befürchten müssen, daß dieses schlechte Beispiel die anderen Hauptleute angesteckt hätte. Im übrigen habe er dem Kaiser rechtzeitig gemeldet, daß er diesen Feldzug plane.

Der Lizentiat kam dann auf die Niederlage und Gefangennahme von Narvaez zu sprechen, auf den Untergang der Flotte von Garay, auf seinen schnellen Tod und das böse Schicksal seiner Mannschaft. Er fragte nach dem schnellen Abgang von Tapia und nach vielen anderen Dingen, die ich hier nicht näher erörtern will. Cortes gab auf alle Fragen klare Antworten, und es sah so aus, als ob Ponce de Leon durchaus befriedigt sei.

Pater Tomas Ortiz besuchte gleich nach dieser Unterredung drei Freunde des Generals und vertraute ihnen an, daß Ponce de Leon dem Cortes den Kopf abschlagen lassen wolle. Das sei der Befehl Seiner Majestät. Nur deswegen habe der Lizentiat die vielen Fragen gestellt. Am nächsten Morgen ging der Pater in aller Frühe zu Cortes und sagte: »Herr General, meine große Liebe zu Euch, mein heiliges Amt und meine Ordensregeln verpflichten mich, Euch zu warnen. Ich will Euch nicht verhehlen, daß Ponce de Leon von Seiner Majestät die Vollmacht hat, Euch zu enthaupten.« Cortes wurde daraufhin sehr nachdenklich. Er wußte aber auch, daß dieser Mönch ein bösartiger und leidenschaftlicher Mensch war, dem man nicht alles glauben durfte. Wahrscheinlich wollte der Pater erreichen, daß der General ihn als Vermittler und Fürsprecher einschaltet und entsprechend belohnt. Einige behaupten, Ponce de Leon habe den Pater zu Cortes geschickt, um ihn einzuschüchtern und ihn so weit zu bringen, daß er um Gnade bittet. Cortes antwortete dem Pater sehr höflich. Er dankte ihm für seine Mitteilung und sagte, er sei bisher immer der Meinung gewesen, daß er der Krone gute Dienste geleistet habe und daß er dafür eines Tages belohnt werde. Er wisse, daß er unschuldig sei und vertraue dem Herrn Ponce de Leon; denn er halte ihn für einen Mann, der die Befehle Seiner Majestät nicht mißbrauche. Der Mönch soll daraufhin sehr verlegen gewesen sein. Seine Erwartungen wurden jedenfalls nicht erfüllt. Cortes gab diesem Mann nicht die geringste Summe.

Wie Ponce de Leon seine Aufgabe weiter durchführte, krank wurde und starb

Ponce de Leon ließ öffentlich bekanntmachen, daß die Untersuchungen gegen Cortes und alle, die ein Richteramt oder militärische Kommandos innehatten, nunmehr eröffnet würden. Cortes hatte viele Feinde, und es gab durchaus Leute, die wirklichen Anlaß hatten, sich über ihn zu beklagen. Viele alte Geschichten wachten auf, die ganze Stadt suchte Zeugen für ihre Prozesse. Die einen behaupteten, sie seien bei der Goldverteilung übervorteilt worden, die anderen hatten angeblich keine Indianer bekommen, wieder andere verlangten Entschädigungen für die in den Feldzügen verlorenen Pferde und waren nicht zufrieden mit den Goldanteilen, die sie dafür bekommen hatten, die letzten verlangten Genugtuung für Herabsetzungen oder Mißhandlungen, die man ihnen angeblich auf Befehl von Cortes zugefügt hatte.

Aber die Untersuchung war kaum eröffnet, da warf Gottes Vorsehung den Lizentiaten auf das Krankenlager. Das geschah zu unserem großen Unglück um unserer schweren Sünden willen. Er hatte im Franziskanerkloster die Messe gehört und kam mit so heftigem Fieber nach Hause, daß er sofort ins Bett mußte. Er lag vier Tage ohne Bewußtsein und schlief Tag und Nacht. Drei Ärzte behandelten ihn. Sie fanden seinen Zustand so hoffnungslos, daß sie dem Kranken empfahlen, zu beichten und das heilige Abendmahl zu nehmen. Er folgte diesem Rat und setzte den Lizentiaten Marcos de Aguilar als seinen Stellvertreter ein. Manche meinen, Aguilar sei nur Baccalaureaus und nicht Lizentiat gewesen und hätte deshalb diese Aufgabe nicht übernehmen können.

Aber Ponce de Leon dachte anders darüber. Er verfügte, daß alle Prozesse und Untersuchungen, auch gegen den Faktor und den Veedor, nicht weitergeführt werden sollten, bis entsprechende Befehle Seiner Majestät eingetroffen seien. Um den Kaiser über die Lage zu unterrichten, sollte sofort ein Schiff nach Spanien abgefertigt werden.

Am neunten Tag gab er seinen Geist auf. Alle waren sehr niedergeschlagen. Die Eroberer trauerten aufrichtig um diesen Mann, den sie in der kurzen Zeit als Vater schätzen lernten, der ihre Dinge gerecht regeln werde. Cortes und seine Kavaliere legten Trauer an. Der Lizentiat wurde feierlich im Franziskanerkloster beigesetzt. Die Feinde von Cortes und Sandoval munkelten natürlich wieder, der Lizentiat sei wie Garay vergiftet worden. Am lautesten schrie der Pater Tomas Ortiz. Mehrere Monate später erlag er mit einigen seiner Klosterbrüder derselben Krankheit. Es sah fast so aus, als ob das Schiff, mit dem Ponce de Leon gekommen war, diese Krankheit, ein mit Entzündungen verbundenes Fieber, mitgebracht habe; denn mehr als hundert Passagiere und Matrosen des Schiffes sind daran gestorben. Die Krankheit soll sich auch in Mexiko verbreitet haben.

Alle Eroberer, die schlecht mit Cortes standen, verlangten, daß die Untersuchungen ohne Unterbrechung weitergeführt werden müßten. Cortes erklärte, daß dies aufgrund des Testaments von Ponce de Leon nicht möglich sei. Ihm sei es recht, wenn Marcos de Aguilar weitermache. Der Stadtrat von Mexiko erklärte dazu, daß Ponce de Leon gar nicht berechtigt gewesen sei, dem Lizentiaten Aguilar die Statthalterschaft allein zu übertragen. Im übrigen eigne sich dieser Mann in keiner Weise für diesen Posten. Er sei alt, hinfällig, leistendrüsenkrank und ohne jedes persönliche Ansehen. Es ist wahr, seine äußere Erscheinung war das Abbild aller Mängel. Er wußte nichts von dem Land Neuspanien und noch weniger von den Leuten und ihren Verdiensten. Der Stadtrat stellte ferner fest, Aguilar sei ein Mann, vor dem niemand Achtung habe; das sei aber eine wichtige Voraussetzung für einen, der den Stab der Gerechtigkeit führen wolle. Es bleibe deshalb nichts anderes übrig, als daß er die Statthalterschaft mit Cortes teile, bis der Kaiser etwas anderes verfügt habe.

Marcos de Aguilar ließ sich aber nicht die geringste Abweichung vom Testament gefallen. Die Statthalterschaft komme ihm allein zu. Er werde nur der Gewalt weichen. Wer einen anderen Statthalter einsetze, handle gegen den Willen Seiner Majestät. Die Prokuratoren der großen und der kleinen Städte in Neuspanien setzten Cortes schwer zu und baten ihn, das Ruder an sich zu nehmen. Sie wollten Aguilar schon so weit bringen, sich einverstanden zu erklären. Er sei doch immer krank. Der jetzige Zustand schade dem Dienst Gottes und dem des Kaisers. Aguilar litt an der Auszehrung, eine Spanierin mußte ihm ihre Brust reichen; dazu wurden mehrere Ziegen gehalten, deren Milch er trank. Dazu verlor er um diese Zeit noch einen Sohn, der auch an dem merkwürdigen Fieber zugrunde ging. Cortes aber ließ sich auf keinen Vorschlag ein. Er wiederholte immer wieder, daß der alte Mann das Ruder allein führen müsse.

Wie es dem Hauptmann Luis Marin ergangen ist, und
von anderen Dingen mehr

Wir müssen nun weit in unserer Geschichte zurückgehen und berichten, wie es dem Hauptmann Luis Marin mit seinen Leuten in Naco ergangen ist. Er wartete auf eine Antwort von Sandoval, ob Cortes sich eingeschifft habe oder nicht. Da Sayavedra die Schreiben von Cortes und Sandoval unterschlagen hatte, erhielten wir nie den Befehl, nach Mexiko zu marschieren. Nach langer Wartezeit beschlossen wir, Reiter nach Trujillo zu schicken, um Näheres zu erfahren. Wir waren zehn Mann unter der Führung von Francisco Marmolejo. Wir hatten uns schon bis Olancho durchgeschlagen, als wir zwei kranke Spanier und einen Neger trafen, die uns versicherten, daß Cortes mit Sandoval und anderen Kavalieren schon vor ein paar Tagen nach Mexiko abgesegelt sei. Sie berichteten weiter, daß ihn ein Franziskanermönch im Auftrag der Spanier in Mexiko dringend gebeten habe, zurückzukommen. Cortes habe seinen Vetter Sayavedra in Trujillo zurückgelassen. Dieser solle mit seinen Männern die unruhigen Eingeborenen im Zaum halten.

Wir freuten uns sehr über diese Nachricht und schickten dem Hauptmann Sayavedra durch zuverlässige Einwohner von Olancho einen Brief. Er bestätigte uns binnen vier Tagen die Aussagen der kranken Spanier, und wir dankten Gott für die gute Zeitung. Wir kehrten in Eilmärschen zu Luis Marin zurück, den wir in Acalteca fanden. Nun traten wir ohne Verzug den Rückmarsch an. Sehr bald schon, in Maniani, trafen wir sechs Mann von Alvarado, die auf dem Weg waren, mit uns Verbindung aufzunehmen. Unter ihnen war ein alter Freund von mir, Diego Lopez de Villanueva, ein alter Eroberer, der die Stadt Guatemala mitgegründet hat. Wir begrüßten uns sehr herzlich. Von ihm hörten wir, daß Alvarado mit vielen Kavalieren auf dem Weg sei, um Cortes nach Mexiko zurückzuholen. Er erzählte uns alles, was inzwischen in der Stadt vorgefallen war.

Nach zwei weiteren Tagesmärschen trafen wir Alvarado selbst, der mit seinen Leuten in Coluteca Malalaca lag. Es ist mir nicht möglich, seine Freude über die Abreise von Cortes nach Mexiko zu beschreiben. Der weitere beschwerliche Marsch nach Trujillo blieb ihm auf diese Weise erspart. Nach drei Tagen zogen wir mit Alvarado nach Guatemala weiter. Noch ehe wir die Provinz Cuzcatan erreichten, überfiel uns die Regenzeit. Der Lempafluß war so hoch angeschwollen, daß wir keine Möglichkeit sahen, ihn zu überschreiten. Schließlich fällten wir einen riesigen Ceibabaum, der so groß war, daß wir aus ihm einen Kahn machen konnten. Wir brauchten fünf Tage, um über den Fluß zu kommen. Dazu hatten wir großen Hunger, denn es gab keinen Mais. Jenseits des Flusses lag das Land der Chaparrasteken, die uns einen Mann töteten und drei verwundeten. Da wir uns nicht aufhalten wollten, konnten wir die Eingeborenen nicht bestrafen. Dann zogen wir durch die Provinz Cascacatan, deren Einwohner sich sehr feindselig gegen uns verhielten. Aber wir hatten genug zu essen. In der Nähe von Petapa lauerten uns die Guatemalteken in tiefen Schluchten auf. Wir brauchten drei Tage, um uns durchzuschlagen. Ich wurde leicht verwundet.

Dann kamen wir endlich nach Petapa und von da in das Tuertotal, in dem heute die Stadt Guatemala liegt. Das ganze Land war im Aufstand. Wir kamen nur mit Gewalt vorwärts. Dazu kam ein schauerliches Erdbeben, das ich nie vergessen werde. Wir marschierten gerade einen Abhang hinunter, als der Boden plötzlich so heftig zu zittern begann, daß viele Soldaten sich nicht mehr auf den Beinen halten konnten und umfielen. Das schreckliche Beben dauerte ziemlich lange. Von da an hatten wir einen guten, festen Weg nach Alt-Guatemala. Aber vor der Stadt erwarteten uns alle Kriegshaufen der Guatemalteken. Sie wollten uns den Zugang zu der Stadt verwehren. Wir hieben sie aber zusammen und nahmen unser Nachtquartier in der schönen Stadt. Am nächsten Tag bezogen wir ein Hüttenlager in der Ebene, das wir uns selbst bauten und in dem wir zehn Tage blieben. Alvarado hatte nämlich die Leute von Guatemala und anderen Orten aufgefordert, sich zu unterwerfen. Er wollte ihre Antwort abwarten. Als sie nichts hören ließen, zogen wir in Eilmärschen weiter und umgingen das Gebiet der Aufständischen, in dem Gonzalo de Alvarado mit der Masse seiner Mannschaften stand. In Olintepec rasteten wir mehrere Tage und marschierten dann weiter über Soconusco nach Tehuantepec, wo uns zwei Spanier und der mexikanische Kazike starben, der unter Cuauhtemoc das oberste Kommando gehabt hatte. Hier erfuhren wir, daß Ponce de Leon tot war. Wir betrauerten ihn sehr. Wir konnten es jetzt kaum mehr erwarten, nach Mexiko zu kommen. Da wir immerhin achtzig Mann waren und Pedro de Alvarado uns führte, meldeten wir Cortes von Chalco aus, daß wir am nächsten Tag nach Mexiko kämen.

Er kam uns mit vielen Kavalieren und dem Stadtrat von Mexiko auf der Dammstraße nach Iztapalapa entgegen. Wir marschierten direkt in die Hauptkirche, um Gott für die glückliche Rückkehr zu danken. Dann gab uns Cortes ein vortreffliches

Festmahl in seinem Palast. Alvarado zog in seine Dienstwohnung im Fort, dessen Alkalde er war, Sandoval nahm den Hauptmann Luis Marin mit, und ich war mit meinem Freund, dem Hauptmann Miguel Sanchez, von Andres de Tapia eingeladen, bei dem uns viel Ehre widerfuhr. Bald darauf trafen Geschenke von Cortes, Sandoval und anderen Bürgern der Stadt ein, Gold, Kakao und Kleidungsstücke. Am nächsten Tag machten wir in Begleitung von Sandoval und Tapia unsere Aufwartung bei dem Lizentiaten Marcos de Aguilar. Sandoval und Tapia berichteten ihm, was wir für wichtige Dienste geleistet hätten, und baten darum, uns in der Nähe von Mexiko Indianer zuzuschreiben. Aguilar antwortete, daß ihm bis zum Eintreffen neuer Vollmachten die Hände gebunden seien. Dann werde er herzlich gern dafür sorgen, daß wir die besten Kommenden im ganzen Land bekämen.

Um dieselbe Zeit kam auch Diego de Ordas aus Kuba zurück. Cortes, Sandoval und andere Kavaliere machten ihm bittere Vorwürfe, weil er Briefe geschrieben hatte, mit denen der Faktor beweisen wollte, daß Cortes tot sei. Ordas beschwor, daß er nie einen Brief geschrieben habe, in dem der Tod von Cortes gemeldet worden sei. Er sei in Xicalango gewesen und habe erfahren, daß dort zwei spanische Schiffe vor Anker lagen. Die Mannschaften hätten Streit bekommen und sich fast alle gegenseitig umgebracht. Daraufhin hätten die Indianer die Überlebenden erschlagen. Das habe er nach Neuspanien gemeldet, nicht mehr. Wenn der Faktor falsche Schlüsse gezogen oder absichtlich einen falschen Bericht von dem Vorfall gemacht habe, dann treffe ihn keine Schuld. Da alle Untersuchungen eingestellt waren, wagte Cortes nicht, die Sache jetzt weiterzuverfolgen. Er hatte genug damit zu tun, seine Besitzungen wieder an sich zu ziehen, die man verkauft und in Stiftungen umgewandelt hatte, für die Seelenmessen gelesen werden sollten, Seelenmessen für Cortes und uns; denn man wollte alle in der Meinung bestärken, daß wir wirklich tot seien. Juan Caceres, der Reiche, hatte diese Besitzungen und die Seelenmessen aufgekauft und zum Teil schon auf seinen Namen umschreiben lassen.

Als Ordas sah, daß Cortes seit dem Tod von Ponce de Leon einen Teil seines Ansehens eingebüßt hatte, ja, daß ihn viele vernachlässigten oder geringschätzig behandelten, versuchte er, sich bei Cortes wieder in ein gutes Licht zu stellen, und riet ihm, seine Besuche wie ein großer Herr unter einem Thronhimmel zu empfangen und sich nicht einfach Cortes, sondern Don Hernan Cortes zu nennen. Ferner machte er ihn darauf aufmerksam, daß der Faktor eine Kreatur des Großkomturs Francisco de los Cobos sei, dessen Einfluß in Spanien er fürchten müsse, wenn er ihn nicht für sich gewinne; denn der Indienrat und der Kaiser seien gegen ihn. Es läge deshalb in seinem Interesse, den Faktor nicht strenger zu behandeln, als es nach dem Gesetz unbedingt nötig sei. Ordas gab Cortes diesen Rat, weil man in Mexiko allgemein damit rechnete, daß er den Faktor im Gefängnis umbringen lasse.

Bei dieser Gelegenheit möchte ich begründen, warum ich immer nur Cortes sage, und nicht Don Hernan Cortes oder General. Cortes war es am liebsten, wenn er so genannt wurde. Marques wurde er erst später. In Spanien rühmte man ihn unter dem Namen Cortes wie in alten Zeiten den Hannibal oder Pompejus oder Julius Cäsar.

Wie Marcos de Aguilar starb und den Schatzmeister zum Statthalter bestimmte

Ich habe schon über den schlechten Gesundheitszustand von Marcos de Aguilar berichtet. Mit Mutter- und Ziegenmilch gelang es den Ärzten, sein Leben noch acht Monate zu erhalten. Dann kam ein heftiges Fieber dazu, das ihn ins Grab brachte. In seinem Testament setzte er den Schatzmeister zum Statthalter ein und legte ihm dieselben Beschränkungen auf, denen er selbst unterworfen war.

Die Männer in Mexiko und in den Provinzen waren aber mit der Amtsführung von Estrada keineswegs einverstanden. Sie warfen ihm vor allem vor, daß er sich gegenüber dem Statthalter der Provinz Panuco, Nuno de Guzman, nicht durchsetzte. Guzman war vor zwei Jahren nach Panuco gekommen. Er war ein gewalttätiger Mann, der ganze Landstriche der Provinz Mexiko besetzte und der sich in keiner Weise an die Instruktionen des Kaisers hielt. Er benahm sich wie ein Tollhäusler. Er hatte einen angesehenen Edelmann aus Mexiko ohne Untersuchung und Gerichtsverfahren aufhängen lassen, weil er gesagt hatte, daß er nicht unter seiner, sondern unter der Statthalterschaft von Mexiko stehen wolle, weil die Indianer seiner Kommende nicht zur Provinz Panuco gehörten. So behandelte er mehrere Spanier. Im übrigen kümmerte er sich in keiner Weise um das, was Alonso de Estrada als sein vorgesetzter Statthalter befahl.

Als der Stadtrat von Mexiko und die übrigen Kavaliere sahen, wie schwach Estrada war, baten sie ihn, das Amt mit Cortes zu teilen. Estrada wollte aber auf diesen Vorschlag nicht eingehen. Nach der Meinung anderer war Cortes selbst das Hindernis; denn er wollte seinen Feinden keine Gelegenheit geben, ihm nachzusagen, daß er durch die Hintertür wieder ans Ruder gekommen sei. Für seine Feinde wäre es nur eine Bestätigung ihrer Anklage gewesen, nach der er den Tod des Aguilar verschuldet habe. Es kam schließlich so, daß Sandoval, der damals als Alguazil Major ein hochangesehener Mann war, die Statthalterschaft gemeinsam mit Estrada führte. Das war eine glückliche Lösung für Estrada, der seine Tochter gern mit Sandoval verheiraten wollte. Im übrigen wollte er dem künftigen Eidam die Statthalterschaft von Neuspanien zuspielen, die damals noch nicht dieselbe Bedeutung hatte wie heute.

Die Freunde des Schatzmeisters drangen nun auf eine schnelle Meldung an den Kaiser. Er sollte seinen Bericht so abfassen, als ob er Sandoval als Mitregenten nur angenommen habe, um die Gewalt nicht mit Cortes teilen zu müssen. Die Feinde von Cortes nützten die Gelegenheit und schrieben die schlimmsten Verleumdungen nach Spanien. Sie behaupteten geradezu, er habe Ponce de Leon, Marcos de Aguilar und Garay vergiften lassen und er wolle auch den Faktor und Veedor umbringen, lauter bösartige und verleumderische Lügen. Zudem reiste auch der Rechnungsführer Albornoz nach Spanien, mit dem Cortes nie gut ausgekommen war. Er goß natürlich neues Öl ins Feuer.

Der Kaiser las die Briefe und Berichte, die alle den Cortes anklagten und verurteilten, und Albornoz bestätigte ihren Inhalt. Nun wachten auch die vielen alten Geschichten von Narvaez und Tapia wieder auf und das Gerücht, daß Cortes seine erste Gemahlin Catalina Xuarez, »La Marcaida«, schlecht behandelt haben soll. Der Kaiser entschied, daß Estrada die Statthalterschaft allein führen solle. Er bestätigte seine bisherigen amtlichen Handlungen und billigte alle Zuteilungen an Kommenden, die er in Zukunft vornehmen sollte. Er befahl, den Faktor und den Veedor freizulassen und ihnen ihr Vermögen zurückzugeben. Ein Eilschiff brachte diese Befehle nach Neuspanien. Der Kaiser ließ es dabei aber nicht bewenden. Er befahl dem Großkomtur des Alcantaraordens, Don Pedro de la Cueva, auf die Rechnung von Cortes dreihundert Soldaten anzuwerben, mit ihnen nach Neuspanien zu segeln und die Anklagen gegen Cortes zu prüfen. Sollte er finden, daß die gegen den General erhobenen Beschuldigungen zu Recht bestehen, dann sollte er ihn enthaupten lassen. Mit gleicher Strenge sollte er gegen alle vorgehen, die in Neuspanien gegen die Interessen des Kaisers gehandelt hätten. Im Fall der Verurteilung seien Cortes alle seine Besitzungen abzunehmen und an die alten Eroberer zu verteilen. Um allen diesen Anordnungen die Krone aufzusetzen, befahl Seine Majestät, in Mexiko eine königliche Audienz zu errichten, die dort als höchstes Gericht wirken sollte. Die Abreise des Großkomturs zog sich aber so in die Länge, daß schließlich nichts aus der Reise wurde. Im kaiserlichen Hoflager soll man mit diesen Anordnungen nicht einverstanden gewesen sein, man soll die notwendigen Mittel zurückgehalten haben, es kann aber auch sein, daß der Herzog von Bejar sich wieder für uns eingesetzt hat.

Dem Statthalter schwoll der Kamm, als er die kaiserlichen Befehle las, zumal man ihm versicherte, der Kaiser wisse davon, daß er ein Sohn von König Ferdinand dem Katholischen sei. Jetzt schickte er seinen Vetter Diego de Mazariego mit einem größeren Kommando nach Chiapas, um dort ein Verfahren gegen Don Juan Enriquez de Guzman einzuleiten. Aguilar hatte ihn als Statthalter über die Provinz gesetzt, Guzman hatte aber mit Erpressungen und Mißhandlungen viel Unheil angerichtet. Außerdem wollte Estrada die Zapoteken und Mixteken wieder unterwerfen. Sie sollten gleichzeitig von zwei Seiten angegriffen werden. Von Norden her sollte Barrios mit hundert Mann vorgehen, ein sehr tapferer Mann, der eben erst aus Spanien gekommen war und nichts mit dem Schwager von Cortes zu tun hat. Er wurde in der Gegend von Tiltepec nachts überfallen und mit sieben seiner Leute von den Eingeborenen umgebracht. Die anderen wurden fast alle verwundet. Sie konnten sich mit knapper Not nach Villadiego in ein befreundetes Gebiet retten. Es war ein erbärmliches Ende des Kriegszuges, das in erster Linie auf die Unerfahrenheit der neuen Truppen im Kampf mit den Indianern zurückzuführen war.

Der zweite Angriff sollte von einem Vertrauten des Estrada, einem gewissen Figuera geführt werden, der in Spanien Hauptmann gewesen sein soll. Auch er hatte hundert Mann unter sich. Als er das Gebiet der Zapoteken erreicht hatte, befahl er den Alonso de Herrera zu sich, der dort noch mit einer Abteilung von dreißig Mann stand. Herrera folgte dieser Weisung; denn Figuera war sicher befugt, ihn unter sein Kommando zu nehmen. Die beiden gerieten aber sehr bald in einen heftigen Streit und zogen die Degen. Figuera und drei Soldaten, die ihm helfen wollten, wurden schwer verwundet. Figuera konnte seinen Arm nicht gebrauchen und wagte es nicht, in das schwer zugängliche Gebirge der Mixteken vorzudringen, zumal seine unerfahrenen Leute sich in diesem schwierigen Gelände nicht richtig bewegen konnten. Daraufhin suchte und öffnete er die alten Gräber der Kaziken und raubte die goldenen Kleinodien, welche die Indianer ihren großen Häuptlingen mit ins Grab gegeben hatten. Er brachte für über hunderttausend Piaster Gold und andere Kostbarkeiten zusammen, beschloß daraufhin, das Geschäft der Unterwerfung aufzugeben, und hinterließ die Provinz in einem schlimmeren Zustand, als er sie angetroffen hatte. Er schiffte sich mit seinem Schatz in Vera Cruz ein, um nach Spanien zu segeln und dort seine Reichtümer in Ruhe zu verzehren. Das Schiff geriet in einen heftigen Sturm und ging mit Mann und Maus unter.

Das war das Ende aller kriegerischen Unternehmungen des Schatzmeisters gegen diese Provinzen, die so lange rebellierten, bis wir aus Coatzacoalco sie endgültig unterwarfen. Dreimal mußten wir in diese hohen Gebirge, in denen man keine Pferde einsetzen konnte. Hatte man nämlich die Indianer im Frühling und im Sommer glücklich unter den Daumen gebracht, dann standen sie in der Regenzeit wieder auf und brachten jeden Spanier um, den sie erwischten. Wir waren aber zäh und verfolgten sie bis in ihre letzten Schlupfwinkel, so daß sie schließlich doch Ernst mit dem Frieden machten. Wir legten später in diesem Land die Stadt San Alfonso an. Der Schatzmeister wollte aber die Mißhandlung seines Freundes Figuera nicht ungestraft hingehen lassen. Er gab Befehl, Herrera gefangenzunehmen. Dieser floh ins unzugängliche Gebirge. Um nicht mit leeren Händen zurückzukommen, brachten die Gerichtsbeamten einen Soldaten nach Mexiko, der zur ständigen Begleitung von Herrera gehörte. Der Mann war aus einer guten Familie. Estrada ließ ihm die rechte Hand abhauen, ohne ihn vorher zu verhören.

Um dieselbe Zeit geriet ein Stallknecht des Sandoval in Streit mit einem Dienstboten des Schatzmeisters. Es kam zu Degenstichen. Estrada nahm diesen elenden Handel so schwer, daß er Sandovals Knecht die Hand abhauen ließ. Cortes und Sandoval hatten sich damals nach Coadlavaca zurückgezogen, um dort mehr Ruhe zu haben, dem Gerede zu entgehen und zwischen zwei Kaziken zu vermitteln, die sich in die Haare gekommen waren. Als sie hörten, welche Gefahr dem Stallknecht drohte, eilten sie nach Mexiko. Sie kamen aber zu spät. Cortes empfand diese Beschimpfung so schwer, daß er dem Schatzmeister in Gegenwart von Sandoval bittere Vorwürfe machte. Estrada bekam Angst um sein Leben, umgab sich mit einer Leibwache und setzte den Faktor und den Veedor in Freiheit, um auf diese Weise neue Bundesgenossen zu gewinnen. Die beiden rieten ihm dringend, Cortes aus Mexiko zu verbannen, weil er nur dann frei schalten und walten könne, wenn dieser Teufel der Zwietracht die Stadt verlassen habe.

Der Schatzmeister befolgte diesen Rat. Als Cortes der Verbannungsbefehl ausgehändigt wurde, erklärte er, er werde gehorchen. Er dankte Gott, daß nun allen offenbar werde, wie völlig unwürdige Leute, die sich um das Land in keiner Weise verdient gemacht hätten, Männer verbannen würden, die dieses Land mit ihren Waffenkameraden in schweren blutigen Kämpfen entdeckt und erobert hätten. Er werde nun selbst nach Spanien zu Seiner Majestät fahren und berichten, wie es in Mexiko wirklich zugehe. Er werde Gerechtigkeit gegen die Menschen fordern, die alles Gute, das er für sie getan habe, mit schreiendem Undank belohnten.

Unmittelbar darauf verließ Cortes Mexiko und zog in seine Stadt Coyohuacan. Er blieb aber nur kurz, ging anschließend nach Tetzcuco und nach einigen Tagen nach Tlaxcala. Der Schatzmeister bereute seine Entscheidung bald; denn seine Frau, die allgemein hoch verehrt wurde, drängte darauf, daß er sich mit Cortes wieder aussöhnen solle. Sie hielt ihm die vielen Guttaten vor, die er von Cortes erhalten hatte, und sagte, sie wünsche nur, daß der liebe Gott ihm diese Ungerechtigkeit verzeihe. Diese Vorhaltungen sollen großen Eindruck auf den Schatzmeister gemacht haben. Um diese Zeit kam der Pater Don Julian Garces aus Spanien. Er sollte das neuerrichtete Bistum Tlaxcala übernehmen. Er war ein ausgezeichneter Kanzelredner und nannte sich dem Kaiser zu Ehren »Carolende«. Der geistliche Herr mißbilligte die Verbannung von Cortes und nahm sich vor, zwischen dem Schatzmeister und dem General Frieden zu stiften. Er schiffte sich in Tetzcuco mit zwei Weltgeistlichen und einem Mönch ein und ließ sich in zwei Kähnen nach Mexiko bringen. Dort empfing ihn die ganze Klerisei mit großem Pomp, mit dem Stadtrat, den Eroberern und allen anwesenden Offizieren und

Soldaten. Nach wenigen Tagen schon bat ihn der Schatzmeister, zwischen ihm und Cortes zu vermitteln. Er nahm den Verbannungsbefehl zurück und bat den Bischof, den General zurückzuholen. Garces erreichte aber bei Cortes nichts. Der General hielt sich bald in Tetzcuco, bald in Tlaxcala auf, umgeben von einem ansehnlichen Gefolge. Er sammelte Gold und Silber für die Reise nach Spanien und verpfändete die Einkünfte der Ortschaften, die ihm und seinen hilfsbereiten Freunden gehörten. Sandoval und Andres de Tapia taten dasselbe; denn sie wollten ihn begleiten. Im übrigen kamen in dieser Zeit viele Einwohner von Mexiko und anderen Städten, Soldaten, die noch keine Kommenden hatten, ja, angesehene Kaziken zu Cortes, um ihm ihre Dienste anzubieten. Manche rieten ihm, sich zum König von Neuspanien ausrufen zu lassen. Cortes wies dieses Ansinnen grob zurück, nannte die schlechten Ratgeber Hochverräter und ließ zwei besonders zudringliche Männer festnehmen. Es sah kurze Zeit so aus, als ob er sie henken lassen wollte. Unruhige Köpfe aus Mexiko machten ihm schriftlich ähnliche Vorschläge. Manche meinen, man habe ihn nur zu einer unklugen Äußerung verleiten wollen. Cortes drohte aber jedem mit dem Galgen, der ihm mit derartigen Angeboten kam.

Auf der anderen Seite wurden der Schatzmeister und der Faktor gegen Cortes aufgehetzt. Man behauptete, der General denke gar nicht daran, nach Spanien zu reisen. Er streue nur Gerüchte aus, um seine wahren Absichten zu verbergen. Er sammle vielmehr Mannschaften für einen Überfall, und die Kaziken von Mexiko und die Orte am See warteten nur auf seinen Wink, um loszuschlagen. Der Schatzmeister, Faktor und Veedor baten in ihrer Angst den Bischof, nachzuforschen, was Cortes wirklich vorhabe, ja, sie schrieben an Cortes selbst, machten ihm verlockende Angebote und baten ihn um Verzeihung. Der Bischof machte in Tlaxcala einen neuen vergeblichen Versuch, das Einvernehmen zwischen den beiden Parteien wiederherzustellen. Er wurde überall sehr herzlich empfangen, lernte den guten Geist der Leute kennen und hörte, wie grob Cortes die Unruhestifter abgefertigt hatte. Daraufhin schrieb er an den Schatzmeister, daß Cortes der loyalste Kavalier und der treueste Diener Seiner Majestät sei. Es gebe zur Zeit keinen besseren. Er sei überzeugt, daß der General nichts anderes wolle, als das Hoflager des Kaisers aufzusuchen. Sie könnten also ganz beruhigt sein. Im übrigen möchte er ihnen nicht verhehlen, daß die Verbannung des Cortes sie allgemein in Mißkredit gebracht habe. Der Bischof soll den Brief mit dem Satz geschlossen haben: »Oh, Herr Schatzmeister, was für einen schlechten Handel habt Ihr da mutwillig geschlossen!«

Ich weiß nicht, ob Cortes noch einmal in der Stadt Mexiko war. Er gab dem Lizentiaten Juan de Altamirano und einigen anderen Vollmachten für die Verwaltung seines Vermögens, sammelte seltene Tiere und in Spanien unbekannte Produkte des Landes und nahm indianische Luftspringer und Seiltänzer mit. Die Kaziken von Tlaxcala baten ihn, die Begleitung von drei Söhnen der ersten Familien des Landes anzunehmen; mehrere mexikanische Kaziken gehörten ohnehin zum ständigen Gefolge des Generals.

DIE ERSTE REISE NACH SPANIEN

Wie Cortes nach Spanien reiste, und was er dort erreichte

Cortes war gerade im Begriff abzureisen, da legten in Vera Cruz zwei Schnellsegler aus Spanien an, die wichtige Post für ihn brachten. Der Präsident des Indienrates, der Herzog von Bejar, und andere Kavaliere baten ihn dringend, so schnell wie möglich nach Spanien zu kommen, um dort seine Sache selbst in die Hand zu nehmen. Seine Feinde nützten die weite Entfernung rücksichtslos aus, unterstellten ihm die schlimmsten Verbrechen und verleumdeten ihn ständig beim Kaiser. Sie zweifelten nicht daran, daß sein Erscheinen im kaiserlichen Hoflager nur seiner größeren Ehre dienen könne. Ferner meldeten sie ihm den Tod seines Vaters.

Diese Nachricht war für Cortes besonders schmerzlich. Er trauerte sehr um seinen Vater. Nun betrieb er die Reisevorbereitungen mit doppeltem Eifer. Da die zwei Schiffe, welche die Briefe gebracht hatten, neue und schnelle Segler waren, schickte der General seinen Haushofmeister Pedro Ruiz nach Vera Cruz, um sie für ihn zu kaufen. Er ließ eine Menge besonders wertvoller Lebensmittel verladen, die für zwei Jahre gereicht hätten, obgleich mehr Menschen als üblich an Bord waren. Es wurde alles sehr luxuriös eingerichtet, wie es sich für einen vornehmen und reichen Herrn gehört.

Der Haushofmeister ließ sich von sechs mexikanischen Ruderern auf dem kürzesten Weg über den See bringen. Er hatte Goldbarren zum Ankauf der Schiffe und einen Negersklaven mit. Der große Kahn ist mit allen seinen Insassen verschollen. Vier Tage später fand man den stark von Raubvögeln angefressenen Leichnam von Ruiz auf einer kleinen Insel im See. Man hat nie erfahren, aber auch nie genau nachgeforscht, wie dieser Mann ums Leben gekommen ist. Manche meinen, er habe zuviel über Gunstbezeigungen gesprochen, die ihm die Damen gewährten, andere meinten, es stecke etwas viel Schlimmeres dahinter. Man hat die Wahrheit nie erfahren. Cortes mußte einen zweiten Mann schicken. Er ließ bekanntmachen, daß er alle, die mit Erlaubnis des Statthalters nach Spanien reisen wollten, unentgeltlich mitnehme. Dann ritt er mit Sandoval, Tapia und anderen Kavalieren nach Vera Cruz, beichtete, feierte das Abendmahl und schiffte sich mit seinen Getreuen ein.

Der Allmächtige begünstigte diese Fahrt. Cortes war schon nach einundvierzig Tagen in Spanien, ohne unterwegs irgendeinen Hafen anzulaufen. Beim Anblick des Landes sank die ganze Schiffsgesellschaft auf die Knie, hob die Hände zum Himmel und dankte Gott aus vollem Herzen für die glückliche Überfahrt. Das war im Monat Dezember 1527.

Sandoval war auf der Reise schwer krank geworden. Die Freude von Cortes über die glückliche Ankunft in Spanien verwandelte sich in tiefe Trauer, als dieser treue Waffengenosse wenige Tage nach der Landung in Palos starb. Sandoval lag dort im Hause eines Bortenwirkers, der mit Takelwerk handelte. Er mußte von seinem Totenbett aus mit ansehen, wie sein Wirt aus einer Kiste dreizehn Goldbarren stahl. Der Schurke hatte dazu die Zeit benutzt, in der Sandovals Leute unterwegs waren, um Cortes zu holen. Er war so schwach, daß er keinen Laut von sich zu geben wagte; denn er mußte fürchten, daß dieser Bösewicht ihn mit Kissen und Matratzen ersticken würde. Der Dieb flüchtete so schnell nach Portugal, daß man ihn nicht mehr einholen konnte, um ihm die Beute abzunehmen. Cortes erfuhr den Vorfall durch den Kranken. Sandoval verfiel von Tag zu Tag mehr. Er machte seine Rechnung mit dem Himmel, setzte Cortes zu seinem Testamentsvollstrecker ein und nannte seine Schwestern als Erbinnen. Sein Tod weckte überall herzliche Teilnahme. Er wurde mit großem Pomp im Kloster Unserer Lieben Frau in La Rabida beigesetzt. Cortes und sein ganzes Gefolge legten Trauer an. Möge Gott sich der armen Seele dieses würdigen Kavaliers erbarmen! Amen!

Cortes meldete Seiner Majestät, dem Kardinal von Siguenza,

dem Herzog von Bejar, dem Grafen von Aguilar und anderen Kavalieren seine Ankunft und den Tod Sandovals. Er schrieb allen ausführlich über die wichtigen Dienste, die Sandoval dem Kaiser geleistet hatte, über sein Feldherrntalent und über seine persönliche Tapferkeit. Der Verlust des trefflichen Mannes ging dem Kaiser und den Empfängern der Briefe nahe. Andererseits freuten sich alle über die Ankunft von Cortes. Der Herzog von Bejar und der Graf von Aguilar begaben sich sofort zum Kaiser und lobten unter anderem die loyale Gesinnung von Cortes. Sie trugen Seiner Majestät vor, daß ein Mann, welcher der Krone so große Dienste geleistet habe, auch in anderen Dingen seinem Kaiser und Herrn nicht untreu sein könne. Er habe ein gutes Gewissen, sonst wäre er nicht so schnell nach Spanien gekommen. Der Herzog hatte guten Grund für diese Feststellungen; denn er hatte sich dreimal mit seinem Kopf für Cortes und seine Waffengefährten verbürgt. Der Kaiser ließ sich leicht umstimmen und befahl allen Städten, durch die Cortes kam, ihn feierlich und ehrenvoll zu empfangen. Der Herzog von Medina Sidonia machte den Anfang. Er begrüßte Cortes in aller Form herzlich und versorgte ihn mit guten Pferden. Der General rastete einige Tage bei ihm in Sevilla und ritt dann zu Unserer Lieben Frau von Guadelupe, um dort seine neuntägige Andacht zu halten. Das Glück wollte es, daß er dort der erlauchten Donna Maria de Mendoza begegnete, der Gemahlin des Großkomturs von Leon, Francisco de los Cobos. In ihrem Gefolge waren viele vornehme Damen, darunter auch ihre Schwester, die später an den Statthalter der Kanarischen Inseln verheiratet wurde. Cortes freute sich über dieses glückliche Zusammentreffen. Nachdem er seine Andacht verrichtet hatte, machte er der Donna Maria und ihrer sehr reizenden Schwester seine Aufwartung. Als gewandter und beredter Mann machte der berühmte Eroberer schnell sein Glück bei den Damen, zumal er genug Schätze hatte, um sie mit vollen Händen auszuteilen. Er verschenkte zierlich gearbeitete goldene Kleinodien, in Gold und Silber gefaßte Perlen, Juwelen und Federbüsche. Die größten Kostbarkeiten erhielten natürlich die erlauchte

Donna Maria und ihre Schwester. Er gab den beiden sogar einige Barren Gold, damit sie sich daraus Schmuck machen lassen konnten. Dazu verteilte er kostbares Räucherwerk und Balsam. Er ließ seine Luftspringer und die Seiltänzer auftreten, und als er hörte, daß dem Fräulein ein Maultier fehle, ließ er zwei kaufen und übergab sie heimlich ihrem Haushofmeister.

Cortes blieb in Guadelupe, bis die Damen wieder ins kaiserliche Hoflager nach Toledo zurückkehrten. Er begleitete sie auf der Reise, gab ihnen überall Bankette und Feste und gewann die Donna Maria durch den Glanz seines Auftretens so sehr für sich, daß sie ernstlich daran dachte, ihm ihre Schwester zur Frau zu geben. Aber Cortes hatte seine Hand schon der Nichte des Herzogs von Bejar, der Donna Juana de Zuniga, versprochen, er mußte das größere Glück um des kleineren willen fahren lassen. In den Briefen an ihren Gemahl fand Donna Maria nicht genug Worte des Lobes für Cortes. Sie schrieb, der Ruhm seiner Heldentaten sei gering gegen seine persönlichen Vorzüge. Man müsse diesen Mann schätzen, sobald man ihn persönlich kenne. Der Kaiser habe keinen treueren Diener. Er solle Seiner Majestät eingehend über die Verdienste dieses Mannes unterrichten, damit ihm auch der Lohn zuteil werde, den er in reichem Maße verdiene.

Das Urteil seiner Gemahlin und die Aufmerksamkeiten, die Cortes ihr erwiesen hatte, nahmen den Großkomtur sehr für ihn ein. Als engster Vertrauter des Kaisers legte er der Majestät den Brief seiner Frau vor. Gespräche mit dem Herzog von Bejar hatten den Kaiser schon für diese neue Beurteilung des Generals empfänglich gemacht. Er soll gesagt haben, daß er sehr begierig sei, den Mann kennenzulernen, der ihm viele und große Dienste geleistet habe und von dem man erzähle, daß er einen hinterlistigen und gefährlichen Charakter habe.

Als Cortes im kaiserlichen Hoflager ankam, wurde er vom Herzog von Bejar, dem Grafen de Aguilar und anderen vornehmen Herren sehr ehrenvoll empfangen und in sein Quartier gebracht. Am nächsten Tag erlaubte der Kaiser, daß er sich ihm zu

Füßen warf. Es war eine besondere Auszeichnung, daß ihn der Admiral von Kastilien, der Herzog von Bejar und der Großkomtur von Leon zur Audienz begleiteten. Nachdem der Kaiser ihm das Wort gegeben hatte, kniete Cortes nieder. Der Kaiser hob ihn aber auf, und Cortes berichtete in einer ausführlichen Rede über die Ereignisse in der Zeit von der ersten Eroberung bis zu dem Zug nach Honduras; er sprach auch über die Ränke des Faktors und des Veedors und ihre Folgen. Es war ein umfassender Vortrag, den Cortes frei hielt. Er schloß mit den Worten, daß er Seine Majestät nun nicht länger ermüden wolle. Es gebühre ihm ohnehin nicht, als einfacher Untertan vor dem ersten Monarchen der Welt weitläufige Reden zu halten. Er fürchte außerdem, daß er im Schmerz über das viele Unrecht, das er habe erleiden müssen, unpassende Worte gebrauche. Er habe deshalb alles, was er zu sagen wisse, in einer Denkschrift zusammengefaßt, in der alle wichtigen Vorgänge verzeichnet seien. Mit diesen Worten übergab Cortes dem Kaiser ein Memorial und ließ sich auf die Knie nieder, um ihm die Füße zu küssen. Seine Majestät befahl ihm aber, sich wieder zu erheben. Nun schalteten sich der Admiral und der Herzog von Bejar ein und sprachen von den Auszeichnungen, die Cortes verdient habe.

Daraufhin teilte der Kaiser Cortes mit, daß er ihn zum Marquez del Valle Oaxaca erhebe. Er gab ihm dazu eine Anzahl Ortschaften und den Santiagoorden. Von dem Einkommen, das er haben sollte, war damals nicht die Rede. Ich weiß nicht, warum dies übersehen wurde. Gleichzeitig ernannte ihn der Kaiser zum Generalkapitän von Neuspanien und der Südsee. Cortes bedankte sich in einer weiteren Audienz für die vielen Gnaden und wurde wieder mit der gleichen Auszeichnung behandelt.

Der neue Marquez war nur wenige Tage in Toledo, da wurde er so schwer krank, daß alle an seinem Aufkommen zweifelten. Der Herzog von Bejar und der Großkomtur von Leon baten den Kaiser, den Kranken vor seinem Tode noch einmal durch einen Besuch auszuzeichnen. Der Kaiser folgte diesem Rat gern und besuchte Cortes mit großem Gefolge in seiner Wohnung. Das war eine ganz besondere, seltene Gnade. Als Cortes genesen war, versuchten einige Neider, ihm die kaiserliche Gunst zu schmälern. An einem Sonntag kam der General etwas spät zur Messe in die Domkirche. Der Kaiser hatte schon mit seinem Gefolge Platz genommen. Jeder hatte seinen bestimmten Platz, je nach Rang und Würde. Cortes ging mit hoch erhobenem Trauermantel an allen vornehmen Herrschaften vorbei und setzte sich neben den Grafen von Nassau, der ganz in der Nähe des Kaisers saß. Viele fühlten sich zurückgesetzt. Sie glaubten, Cortes habe sich aus eigener Macht über sie erhoben. Darum murmelten sie unzufrieden etwas von frecher Anmaßung und schlechtem Benehmen. Der Herzog von Bejar, der Admiral von Kastilien und der Graf de Aguilar ergriffen sofort die Partei von Cortes und machten den Herren klar, daß man ihm keine Vorwürfe machen dürfe; denn Seine Majestät habe dem Cortes ein für allemal den Ehrenplatz neben dem Grafen von Nassau angewiesen. Außerdem müsse man bedenken, wie groß die Länder seien, die Cortes für die Krone erobert habe. Die ganze Christenheit sei ihm verpflichtet. Sie hätten ihren Rang von ihren Voreltern übernommen. Der Kaiser habe dem General aber Auszeichnungen für Verdienste gegeben, die Cortes ganz allein erworben habe.

Die Gunst des Kaisers, die Standeserhebung, das große Wohlwollen der Vertrauten des Kaisers verdrehten Cortes aber wirklich etwas den Kopf. Er fing an, seine übrigen Gönner, die ihm sehr nützlich gewesen waren, zu vernachlässigen: den Kardinal, den Großkomtur von Leon und seine Gemahlin und die Mitglieder des Rates von Indien. Er meinte, er könne durch die enge Verbindung mit dem Grafen von Nassau, dem Herzog von Bejar und dem Admiral von Kastilien erreichen, was er wolle, und sei auf seine anderen Gönner nicht mehr angewiesen. Die drei Herren baten den Kaiser in seinem Namen dringend, ihm nun auch die Statthalterschaft von Neuspanien zu übertragen. Der Kaiser antwortete aber, Cortes sei reich bedacht worden, er solle damit zufrieden sein. Man müsse jetzt die Männer bedenken, mit deren Hilfe er seine Unternehmungen durchgeführt habe. Sie müßten endlich in den Genuß ihres verdienten Lohnes kommen. Des Kaisers Gunst ließ langsam nach. Mag sein, daß die großen Herren, vor allem aber die erlauchte Donna Maria, es dem General übelnahmen, daß er sie jetzt vernachlässigte. Der Kaiser blieb in jedem Fall fest, und als der Graf von Nassau sich wieder einmal für die Wünsche des Generals einsetzte, verbot er ihm, noch einmal über die Sache zu reden. Der Kaiser soll zum Grafen gesagt haben, Cortes habe ein Marquesat bekommen, das dem General mehr einbringe, als ihm seine ganze Grafschaft Nassau. Anschließend schiffte sich die Majestät in Barcelona ein, um nach Flandern zu segeln.

Aber lassen wir den Kaiser segeln und wünschen wir ihm eine glückliche Reise und reden wir von der Hochzeit von Cortes mit der Donna Juana Zuniga. Von den großen Festen will ich schweigen. Die Geschenke, die Cortes seiner Braut machte, sollen so kostbar gewesen sein, daß die Kaiserin Isabella mehrere Edelsteine, die Cortes ihr zu Füßen legte, nur gleichgültig angenommen haben soll, weil sie sich an Schönheit und Wert nicht mit dem Schmuck der jungen Frau messen konnten. Aber Cortes widerfuhr noch viel Gutes und Böses, solange er in Spanien war.

Die Kaiserin soll Cortes die Undankbarkeit gegenüber dem Rat von Indien nachgetragen haben. Trotzdem gab sie den Befehl, ihn in jeder Weise zu fördern. Es kam ein Vertrag zwischen ihm und der Krone zustande, der den General verpflichtete, zwei Schiffe mit siebzig Soldaten und Offizieren und mit der notwendigen Ausrüstung und Verpflegung in der Südsee zu unterhalten. Sie sollten dort mehrere Jahre kreuzen und neue Inseln und Länder entdecken. Cortes sollte dafür am Gewinn beteiligt werden.

Um diese Zeit hielt sich auch der Großkomtur des Alcantaraordens im Hoflager auf, der seinerzeit die peinliche Untersuchung gegen den General durchführen sollte. Er nahm jetzt lebhaften Anteil an den Ehrungen, die Cortes zuteil wurden, und sagte zu ihm, er habe Glück gehabt, daß er jetzt in Spanien sei; denn die Reise des Großkomturs nach Neuspanien hätte den General über dreihunderttausend Piaster gekostet.

Wenige Tage nach seiner Erhebung zum Marquez schickte Cortes den Kavalier Juan de Herrada nach Rom zum Heiligen Vater Klemens VII. Herrada sollte ihm im Namen von Cortes den Fuß küssen, Geschenke überreichen und ausführlich über die großen Verdienste der Eroberer für das Christentum berichten. Cortes gab ihm ein ausführliches Schreiben mit, in welchem viel von der Abschaffung des Götzendienstes und der Bekehrung der Indianer die Rede war. Cortes soll den Papst unter anderem gebeten haben, auf einen Teil des Zehnten zu verzichten. Die Luftspringer, die Cortes dem Herrada mitgegeben hatte, erregten in Rom großes Aufsehen. Der Papst sagte im Verlauf der Audienz, er danke Gott, daß er in einer Zeit lebe, in der neue Länder entdeckt und so viele Heiden zum heiligen Glauben bekehrt würden. Wir hätten mit unseren Eroberungen Gott und den weltlichen Herren Dienste geleistet, die nicht hoch genug eingeschätzt und belohnt werden könnten. Der Heilige Vater ordnete Dankfeste und Prozessionen an und schickte uns Bullen, durch die uns alle Sünden erlassen wurden. Er billigte und bestätigte alles, was Cortes in Neuspanien unternommen hatte, aber im Fall des Zehnten gab er nicht nach. Der Heilige Vater ernannte den Herrada zum Pfalzgrafen und gab ihm für die Rückreise Dukaten und einen Empfehlungsbrief an den Kaiser mit, in welchem er um eine einträgliche Kommende für Herrada bat.

Wie die königliche Audienz in Mexiko ankam, und was sie dort zunächst unternahm

Während Cortes noch in Spanien war, kam die königliche Audienz nach Mexiko, deren Errichtung der Kaiser befohlen hatte. Ihr Präsident war der bisherige Statthalter von Panuco, Nuno de Guzman. Vier Lizentiaten fungierten als Auditoren. Sie wurden sehr feierlich empfangen und begannen fünfzehn bis zwanzig Tage nach ihrer Ankunft mit ihrer Arbeit. Sie hatten Vollmachten, wie sie später kein Vizekönig und kein Präsident erhielt. Sie konnten Kommenden auf ewige Zeiten verleihen und waren verpflichtet, die Eroberer vor allen anderen zu bevorzugen. Sie machten ihre Ankunft in allen Städten Neuspaniens bekannt und forderten sie auf, Sachwalter mit Verzeichnissen zu schicken, aus denen hervorgehen sollte, welche Indianer noch auf ewige Zeiten verteilt werden könnten. Nach kurzer Zeit kamen die Sachwalter und die Eroberer von allen Ecken und Enden nach Mexiko. Ich erschien als Syndikus und Sachwalter der Stadt Coatzacoalco, kehrte aber schleunigst wieder um, als ich sah, daß die Sachwalter jeweils gewählt werden mußten. Die Wahl war schwierig, weil jeder seine Freunde schicken wollte. Schließlich einigte man sich auf Luis Marin und mich. Als wir nach Mexiko kamen, sah alles anders aus. Zwei Auditoren waren inzwischen gestorben, Guzman und die beiden anderen hatten sich aber auf die Seite des Faktors geschlagen, dem nichts an einer Verteilung auf ewige Zeiten lag, weil dadurch die Eroberer unabhängiger und selbständiger geworden wären. Sie wollten alle auch weiterhin in Abhängigkeit halten, um den Reichtum und die Macht nicht zu verlieren. Der Faktor ließ sich von Guzman und den Auditoren nach Spanien schicken. Er sollte durchsetzen, daß Guzman zum Statthalter bestellt wird; denn sie hatten erfahren, daß Cortes beim Kaiser nicht mehr so gut angeschrieben war. Das Schiff geriet aber in einen schweren Sturm und scheiterte an der Küste von Coatzacoalco. Guzman konnte sich nur mit knapper Not retten.

Nun nahmen sich die Herren von der Audienz als ersten den Schatzmeister vor und leiteten eine Untersuchung gegen ihn ein, obwohl der Kaiser ihm wenige Monate vorher alle seine Amtshandlungen bestätigt und ihn zum alleinigen Statthalter bestellt hatte. Estrada war ein gerechter Mann, der die kaiserlichen Befehle streng befolgte. Die Einwohner und Eroberer schätzten ihn deshalb und waren auch bereit, sich hinter ihn zu stellen. Er gab aber den Widerstand sehr schnell auf und ließ sich die Macht aus den Händen reißen.

Die neue Audienz handelte durchweg gegen die Interessen von

Cortes und seiner Anhänger. Sie ordnete eine Untersuchung gegen Jorge de Alvarado an und verurteilte vor allem die Verwaltungstätigkeit von Cortes. Dem General wurden in öffentlicher Gerichtsverhandlung derart niederträchtige Dinge und so schwere Dienstvergehen vorgeworfen, daß der Lizentiat Juan Altamirano aufstand, seine Mütze abnahm, vor den Präsidenten und die Auditoren trat, und sie mit großer Würde bat, dem anklagenden Faktor das Wort zu nehmen und ihm vor allem zu verbieten, derart niederträchtige Verleumdungen gegen den Marquez auszusprechen, gegen einen Kavalier ohne Tadel. Er forderte Gerechtigkeit gegen einen treuen Diener des Kaisers. Der Einspruch war vergeblich. Der Faktor kam am nächsten Tag mit noch schlimmeren Vorwürfen. Er und die Herren der Audienz wechselten sehr harte Worte mit Altamirano, so daß der Lizentiat schließlich die Fassung verlor, seinen Dolch zog und den Faktor sicher niedergestochen hätte, wenn er nicht hinter die Herren der Audienz geflohen wäre. Die ganze Stadt wurde rebellisch. Man setzte Altamirano im Zeughaus fest und brachte den Faktor in seine Wohnung. Wir Eroberer gingen geschlossen zum Präsidenten und baten für Altamirano. Daraufhin wurde er nach drei Tagen freigelassen. Er söhnte sich mit den Herren der Audienz wieder aus.

Aber es kam noch schlimmer. Die Gattin von Narvaez schickte ihren Verwandten Zaballos von Kuba nach Mexiko mit dem Auftrag, Erkundigungen über ihren Mann einzuziehen, der bei einer Expedition umgekommen sein sollte. Er hatte Vollmacht, das Vermögen des Narvaez einzuziehen. Die Herren der Audienz stifteten nun den Zaballos dazu an, gegen alle Eroberer, die an dem Zug gegen Narvaez teilgenommen hatten, Entschädigungsklage zu erheben. Wir waren noch über zweihundertfünfzig Mann. Wir wurden zur Zahlung von kleinen Entschädigungssummen verurteilt und aus dem Umkreis von Mexiko verbannt. Dieses Verbannungsurteil wurde allerdings sofort wieder aufgehoben, und die Gelder wurden nur von wenigen eingezogen.

Um dieselbe Zeit wurde Cortes verurteilt, hohe Entschädigungssummen für Schätze zu zahlen, die er angeblich unterschlagen haben sollte. Seine Feinde behaupteten, er habe dem Kaiser nur einen unverhältnismäßig kleinen Teil geschickt und den alten Eroberern nur je achtzig Piaster gegeben. Cortes sollte sogar die Kostbarkeiten ersetzen, die der Seeräuber Florin geraubt hatte. Sein eigener Schwager Juan Xuarez klagte den General öffentlich an, seine Schwester ermordet zu haben. Wir alten Freunde von Cortes kamen daraufhin mit Erlaubnis der Alkalden zusammen und unterzeichneten eine Erklärung, daß wir keine Forderungen an Cortes hätten; denn alles Gold und alle Kostbarkeiten seien seinerzeit mit unserem Einverständnis an den Kaiser geschickt worden. Als die Herren der Audienz das hörten, wollten sie uns verhaften; denn sie vertraten die Meinung, wir dürften ohne ihre Erlaubnis keine Versammlung abhalten und keine gemeinsamen Dokumente ausfertigen. Wir wiesen die Erlaubnis der Alkalden nach, wurden aber trotzdem aus einem Umkreis von fünf Stunden um Mexiko verbannt. Dieses Urteil wurde bald wieder aufgehoben; wir hatten aber genug Ärger und Verdruß mit der Sache.

Dann fiel es den Herren ein, zu verfügen, daß alle, die von Juden oder Mauren abstammten, ferner alle, deren Voreltern oder Verwandte bis zum vierten Grad von der heiligen Inquisition verbrannt worden seien, binnen sechs Monaten Neuspanien verlassen oder die Hälfte ihres Vermögens verlieren würden. Mehrere wurden vor Gericht gezogen und dadurch schwer in ihrer Ehre gekränkt. Zwei mußten Neuspanien aufgrund dieser Verfügung verlassen.

Die Herren der Audienz teilten den Eroberern befehlsgemäß Indianer zu. Sie ließen aber so viele Indianer als Sklaven markieren, daß die Provinz Panuco schließlich ganz entvölkert war. Guzman zeigte sich überhaupt gern als edler Mann und verteilte Geschenke wie ein großer Herr. Dem Albornoz schickte er zum Beispiel Weihnachten einen Zettel, der ihm die Verleihung der Ortschaft Guazpaltepec mitteilte. Dabei war der Rechnungsführer eben aus Spanien zurückgekommen und hatte von Seiner Majestät das Privileg bekommen, in Cempoal eine Zuckersiederei anzulegen. Als die Klagen über die Herren der Audienz sich häuften und ihre Richtigkeit durch zahlreiche Briefe von Mönchen und Prälaten bestätigt wurde, befahl der Kaiser, die Audienz sofort zu kassieren, ihre Mitglieder vor Gericht zu ziehen und durch rechtskundige, gewissenhafte und gerechte Männer zu ersetzen. Er wollte außerdem wissen, wie viele Indianer in Panuco zu Sklaven gestempelt worden seien. Dieses Geschäft wurde dem bejahrten Auditor Matienzo übertragen, dem einzigen, der nicht belastet war.

Die Genehmigungen für das Markieren der Sklaven galten nicht mehr. Die Markierungseisen wurden zerbrochen. Sklaven durften nicht mehr von einer Provinz in die andere verkauft werden. Sie wurden überall gezählt. Kommenden, die Guzman an Verwandte oder Günstlinge verliehen hatte, mußten zurückgegeben werden. Diese Verordnung hatte viele Prozesse zur Folge, mit dem Ergebnis, daß nur wenige ihre Indianer zurückgeben mußten. Auf der anderen Seite nahm die bisherige Audienz die kaiserliche Entscheidung nicht ohne weiteres hin. Sie wollte eine Abordnung nach Spanien schicken, die bezeugen sollte, daß sie redlich und gerecht entschieden hätten. Sie wollte von allen Sachwaltern der Städte und den Eroberern den Faktor dazu wählen lassen. Weil sie an die Eroberer freigebig Kommenden verteilt hatte, glaubte sie, auch ihre Stimmen zu bekommen. In dieser Hinsicht hatte sie mehr für uns getan als Cortes. Die Versammlung sollte in der Kirche stattfinden. Dort drängten sich aber so viel lärmende und wild schreiende Leute ein, die mit der Sache nichts zu tun hatten, daß wir die Wahl einen Tag später in der Wohnung von Guzman durchführen mußten. Wir wählten Vazquez de Tapia für die Anhänger von Cortes und Antonio de Carvajal, der bei der Eroberung von Mexiko eine Brigantine befehligt hatte, für die Gegenpartei. Im Grunde ging es beiden mehr um die Sache von Guzman als um Cortes. Vielleicht hatten sie nicht unrecht; denn Cortes hatte nichts für uns getan, als er noch alles in der Hand hatte. Erst die Audienz hat uns angemessene Belohnungen zugewiesen. Aber loyal wie wir Spanier sind, und weil Cortes nun einmal unser General gewesen war, blieben wir ihm treu zugetan und hatten das Vertrauen, daß es ihm nicht am guten Willen gefehlt hatte, uns zu belohnen.

Nach Beendigung der Wahl kam es zu weiteren Auseinandersetzungen über die Frage, welche Wünsche dem Kaiser vorgetragen werden sollten. Die alte Audienz wollte erreichen, daß Cortes von Neuspanien ferngehalten wird. Sie fürchteten neue Parteienkämpfe und behaupteten, er werde sich bei der ersten Gelegenheit zum unabhängigen Fürsten erheben. Die Eroberer wandten sich entschieden gegen diese Meinung und erklärten, der Kaiser habe keinen treueren und zuverlässigeren Diener als Cortes. Um diese Zeit kam Don Pedro de Alvarado aus Spanien zurück. Er war zum Statthalter und Oberrichter von Guatemala und zum Komtur des Santiagoordens ernannt worden. Seine junge Frau war ihm kurz nach der Ankunft in Vera Cruz gestorben. Als er hörte, was vorging, setzte er mit uns zusammen ein Schreiben an den Kaiser auf, in welchem die wahren Absichten der Audienz aufgedeckt wurden. Der Rat von Indien ging daraufhin in keiner Weise auf die Vorstellungen der beiden Sachwalter ein. Die Audienz blieb abgesetzt. Sicher hat auch Cortes selbst sich bemüht, die Entscheidung in seinem Sinn zu beeinflussen.

Wie Nuno de Guzman die Provinz Xalisco eroberte

Guzman sah das Ende seiner Herrschaft kommen und zog Reiter, Musketiere und Schützen ein, mit denen er gegen die Provinz Xalisco ziehen wollte. Wer nicht freiwillig kam, wurde entweder gezwungen oder er mußte einen Ersatzmann oder Geld zur Verfügung stellen. Pferde holte man, wo man sie fand. Man bezahlte nur die Hälfte ihres Wertes. Die reichen Einwohner Mexikos mußten hohe Sondersteuern zahlen. Zahlreiche Indianer wurden als Krieger und Lastträger aufgeboten. Die Orte, durch die Guzman zog, hatten schwer zu leiden. Er marschierte zunächst in die Provinz Mechuacan, wo es stark mit Silber versetztes Gold gab. Cazoncin, der mächtigste Kazike des Landes, weigerte sich, die übertriebenen Forderungen von Guzman zu erfüllen. Er wurde gefoltert und schließlich gehenkt. Mit dieser grausamen und unklugen Tat hat der Präsident schwere Schuld auf sich geladen. Er trug dafür ganz allein die Verantwortung; denn alle, die bei ihm waren, mißbilligten und verabscheuten dieses rücksichtslose Vorgehen. Er nahm aus Xalisco eine Menge Indianer als Lastträger mit bis zu dem Platz, auf dem heute die Stadt Santiago de Compostela steht. Er zwang Einwohner von Mexiko, sich dort anzusiedeln. Die Gründung dieser Stadt kostete die kaiserliche Kasse schwere Gelder. Guzman kam bei diesem Zug nicht auf seine Rechnung. Er blieb so lange, bis Seine Majestät ihn auf seine Kosten mit Gewalt nach Mexiko holen ließ, wo er der neuen Audienz zur Aburteilung vorgeführt wurde.

Von der neuen Audienz und ihren ersten Taten

Präsident der neuen Audienz wurde der Bischof Don Ramirez de Villaescusa. Ihm standen vier Auditoren zur Seite. Sie kamen vor ihrem Präsidenten in Mexiko an und wurden dort sehr feierlich empfangen. Sie ordneten sofort eine Generaluntersuchung an. Zahlreiche Einwohner, Sachwalter aus kleinen Städten, Kaziken und vornehme Indianer brachten ihnen eine solche Fülle von Beschwerden über Bedrückungen, Erpressungen und Ungerechtigkeiten der ersten Audienz, daß sich die neuen Herren darüber entsetzten. Geschäftsleute beklagten sich über ungerechte Eingriffe in das Vermögen von Cortes, das man leichthin an die Leute verkauft hatte, die am meisten boten. Sie hätten ihm dafür heute über zweihunderttausend Piaster erstatten müssen. Die beiden überlebenden Auditoren schoben alle Schuld auf Guzman, der als Präsident selbstherrlich entschieden habe. Da Guzman nicht erschien, machte die Audienz einen Zwischenbericht an den Kaiser über die Lage. Der Rat von Kastilien schickte daraufhin den

Lizentiaten Fulano de la Torre mit dem Befehl, Guzman in Xalisco aufzusuchen, dort die Untersuchungen gegen ihn zu eröffnen und ihn als Gefangenen nach Mexiko zu bringen. De la Torre brachte auch den Befehl mit, uns Eroberern alles zu erstatten, was wir für den Zug nach Narvaez an seine Gattin bezahlt hatten und was uns Guzman bei anderen Gelegenheiten widerrechtlich abgenommen hatte.

Die Audienz ließ das Vermögen der beiden angeklagten Auditoren zu Geld machen. Als der Erlös nicht zur Bezahlung der angefallenen Forderungen reichte, wurden sie ins Gefängnis geworfen. Ebenso erging es Günstlingen der beiden Auditoren, denen Erpressungen und Mißhandlungen nachgewiesen werden konnten. Einige starben im Gefängnis. Die Männer der neuen Audienz hatten nur den Dienst Gottes und den Nutzen des Kaisers im Auge. Sie urteilten streng und gerecht, arbeiteten für die Bekehrung der Indianer, verboten die Markierung von Sklaven und trafen viele zweckmäßige Anordnungen. Zwei Auditoren waren schon sehr alt und baten nach vier Jahren um ihre Ablösung. Der Kaiser ließ ihre Amtsführung prüfen, die untadelig war. Erst dann genehmigte er die Rückkehr nach Spanien. Der Präsident wurde nach Spanien berufen, um persönlich zu berichten. Er blieb dort als Präsident der königlichen Kanzlei zu Granada und war später Bischof in verschiedenen spanischen Diözesen. Ich mußte oft in Geschäften zu dem würdigen Herren und verehrte ihn wegen seines guten Herzens und seines unerschütterlichen Gerechtigkeitssinns. Die anderen Auditoren hatten in der Folge bedeutende Ämter inne, während die beiden Überlebenden der ersten Audienz nach Spanien abgeschoben wurden und dort arm und in der Zurückgezogenheit starben.

Um diese Zeit schickte der Kaiser den erlauchten Kavalier Don Antonio de Mendoza, den Gott ewig segnen möge, als Vizekönig nach Neuspanien. Er brachte verschiedene Lizentiaten mit, die ihr Richteramt untadelig führten. Der Vizekönig wurde in Mexiko überaus feierlich empfangen. Er forderte alle auf, Beschwerden gegen die bisherige Audienz vorzubringen. Aber niemand beklagte sich. Dann versuchte Antonio de Mendoza, in Güte mit Guzman fertig zu werden. Er lud ihn auf sein Wort nach Mexiko, brachte ihn in seinem eigenen Palast unter, ehrte ihn bei vielen Gelegenheiten und zog ihn fast täglich zur Tafel. Als de la Torre aus Spanien erschien, um Guzman den Prozeß zu machen, fand er beim Vizekönig kein großes Verständnis. Daraufhin berief er sich auf den kaiserlichen Befehl, ließ eines Tages den Guzman aus dem Palast holen und ins Gefängnis werfen. Dort saß er einige Tage, bis der Vizekönig befahl, ihn freizulassen.

Als die Schurken in Mexiko erkannten, daß de la Torre streng und gerecht gegen Guzman vorgehen werde, versuchten sie alles, um den Richter in Mißkredit zu bringen. Die leidige Spielsucht des Lizentiaten bot dazu eine passende Gelegenheit. Man trug damals Leibröcke mit weiten Ärmeln. Ein Anhänger von Guzman praktizierte nun ein kleines Kartenspiel in einen Ärmel des Rechtsgelehrten. Er machte es so geschickt, daß die Karten nicht ohne weiteres herausfallen konnten. Als der Lizentiat mit einigen hochgestellten Persönlichkeiten über den großen Platz von Mexiko ging, sorgte er dafür, daß die Karten im Gehen aus dem Ärmel fielen und den Weg des Lizentiaten markierten. Dieser merkte es erst, als seine Begleiter ihn darauf aufmerksam machten. De la Torre nahm diesen Spaß übel auf. Er sagte: »Ich habe den Eindruck, daß man hierzulande keine große Freude an meiner rücksichtslosen Justizverwaltung hat. Bleibe ich am Leben, dann werde ich Seiner Majestät von dem Schimpf berichten, den man mir angetan hat.« Wenige Tage später warf ihn der Unmut über diesen Vorfall, vielleicht aber auch ein anderes Übel, auf das Krankenlager, von dem er nicht mehr aufstand.

Von der letzten Reise des Markgrafen nach Neuspanien

Nachdem die Ruhe in Mexiko wiederhergestellt war, brach Cortes den langen Aufenthalt in Spanien ab und schiffte sich mit seinem ganzen Haushalt und zwölf Mönchen vom Orden der Barmherzigen Brüder nach Neuspanien ein. Cortes hatte eine glückliche Reise. In Vera Cruz starb ihm freilich ein Mönch wenige Tage nach der Ankunft. Der Generalkapitän wurde in aller Form empfangen, aber nicht mehr so feierlich wie früher. Er besuchte einige Städte seiner Grafschaft und kam zuletzt auch nach Mexiko, um sich dort als Generalkapitän von Neuspanien und von der Südsee ausrufen zu lassen. Außerdem sollten ihm der Vizekönig und die Audienz seine Untertanen zuteilen. Darüber kam es zu einer Auseinandersetzung mit dem Vizekönig und mit der Audienz, die später zu mehreren Prozessen führte. Der Kaiser hatte nämlich bestimmt, wieviel Köpfe in der Grafschaft wohnen sollten. Cortes verstand darunter jeweils eine Familie mit Söhnen, Schwiegersöhnen und Gesinde. Die Herren der Audienz zählten aber die erwachsenen Söhne, die Schwiegersöhne, die Dienstboten, ja, die Sklaven mit. Auf diese Weise hatte ein Haus oft zehn bis fünfzehn Köpfe, während Cortes für die ganze Familie nur einen gelten ließ. Der Vizekönig erstattete einen Bericht an den Kaiser. Cortes erhob die Einkünfte nach seiner Rechnung, die Sache blieb viele Jahre unentschieden. Der General blieb nur wenige Tage in Mexiko. Er wählte Coadlavaca zu seinem ständigen Wohnsitz und betrieb von dort aus die Ausrüstung der Schiffe, die in der Südsee Entdeckungsreisen machen sollten.

Von den großen Kosten, die Cortes für neue
Expeditionen aufwandte, und von dem Unglück,
das er mit seinen Unternehmungen hatte

Schon lange vor seiner Reise nach Spanien hatte der Marquez in Zacatula vier gute Schiffe bauen und reichlich mit Proviant und Geschützen ausrüsten lassen. Sie wurden mit tüchtigen Seeleuten und zweihundertfünfzig Soldaten bemannt und standen unter dem Kommando von Alvaro de Saavedra Ceron, einem Vetter des Generals. Sie hatten Lebensmittel für ein Jahr und vielerlei Waren für den Tauschhandel mit. Sie sollten den kürzesten Weg zu den Molukken finden, auf den der Gewürzhandel nach den spanischen Besitzungen umgeleitet werden sollte. *(Außerdem sollten sie heimlich Pflanzen und Samen auf den Molukken sammeln und versuchen, die Gewürzsträucher in Mexiko anzupflanzen.)* Die ganze Unternehmung wurde auf Befehl des Kaisers vom 22. Juni 1526 veranstaltet. Saavedra sollte ferner versuchen, bei den Gewürzinseln das Geschwader der Kapitäne Loaysa und Cabot zu treffen, die direkt von Spanien aus dorthin gesegelt waren. Während Saavedra sich noch einschiffte, landete in Tehuantepec die *(Karavelle Santiago)*, die zum Geschwader von Loaysa gehörte. *(Sie war vor den Philippinen durch einen Sturm von ihrem Geschwader getrennt worden)* und brachte sehr nützliche Nachrichten für die Navigation und die Festlegung des besten Kurses. Saavedra nahm gegen gute Bezahlung einen Steuermann und zwei Matrosen der *Santiago* mit, segelte im Dezember 1527 ab, erreichte die Molukken und besuchte viele andere Inseln. Durch schwere Stürme, Hunger und Krankheiten verlor er in den gefährlichen Gewässern eine Menge seiner Leute. *(Zwei Schiffe wurden verschlagen und sind verschollen.)* Die übrigen Mannschaften wurden von den Portugiesen, die auf diesen Inseln Meister waren, gefangen und nach Spanien ausgeliefert. *(Das stimmt nicht ganz. Saavedra starb auf hoher See. Die Spanier mußten unter dem Druck der Portugiesen auf eine kleine, uninteressante Insel umziehen und waren dort praktisch Gefangene der Portugiesen).*

Im Mai 1532 ließ Cortes wieder zwei Schiffe unter dem Kommando des Diego Hurtado de Mendoza auslaufen. Sie sollten die Küste der Südsee untersuchen und neue Inseln entdecken. Hurtado wagte sich aber nicht auf die hohe See, so daß die Hälfte der Mannschaft des unnützen Hinundhersegelns müde wurde, ihm den Gehorsam aufkündigte und sich mit einem Schiff von ihm trennte. Sie haben später behauptet, der Kapitän habe ihnen die Rückkehr nach Neuspanien erlaubt. Man darf aber als sicher annehmen, daß die Meuterer sich mit Gewalt des Schiffes bemächtigt haben. Die Strafe des Himmels kam in Gestalt eines Sturmes, der sie irgendwo an Land warf. Sie hatten einen schweren Weg zurück nach Xalisco. Auch Hurtado verschwand spurlos mitsamt seinem Schiff.

Diese Verluste gingen Cortes sehr nahe. Er ließ sich trotzdem nicht von neuen Unternehmungen abhalten. Im Hafen von Tehuantepec lagen schon wieder zwei neue Schiffe, die man für seine Rechnung gebaut hatte. Er gab Diego Becerra de Mendoza das Oberkommando über beide Schiffe. Kapitän des zweiten Seglers war Hernan de Grijalva, Obersteuermann Ximenes Ortuno, der als großer Kosmograph galt. Das Geschwader sollte Hurtado suchen, und wenn es ihn nicht fand, in See stechen und den Auftrag des Hurtado erfüllen. Der Obersteuermann war sehr zuversichtlich. Er versprach allen goldene Berge. Aber schon in der erten Nacht trennte widriger Wind die beiden Schiffe. Sie hätten sich am nächsten Tag bei gutem Wetter wieder finden können, wenn der hochmütige und goldgierige Grijalva nicht die Gelegenheit benutzt hätte, sich dem Oberkommando von Mendoza zu entziehen. Er stach sofort in See, legte über tausend Leguas zurück und entdeckte eine unbewohnte Insel, die er St. Tomas nannte. Becerra setzte seine Reise allein fort, überwarf sich aber bald mit dem Obersteuermann. Es kam so weit, daß ein großer Teil der Mannschaft, die den Kapitän haßte, ihn im Schlaf erschlug. Zwei Franziskanermönche verhinderten größeres Unheil. Sie ließen sich an der Küste von Xalisco ausschiffen. Die anderen setzten die Fahrt fort und fanden eine Insel, die sie Santa Cruz *(Südspitze von Kalifornien)* nannten. Dort gab es Perlen. Die wilden eingeborenen Indianer erschlugen Ortuna und alle Leute, die er bei sich hatte, beim Wasserholen. Die übrigen, die an Bord geblieben waren, segelten zurück nach Xalisco und verbreiteten dort die Nachricht von den Reichtümern und von der Fruchtbarkeit dieser Insel, die sie entdeckt hatten.

Cortes ließ sich durch den erneuten Mißerfolg nicht kleinkriegen. Er beschloß, in Zukunft derartige Unternehmungen selbst zu leiten. Drei weitere gute Schiffe lagen schon wieder in Tehuantepec bereit. Als in Neuspanien bekannt wurde, daß er das Kommando der neuen Expedition selbst übernehmen wolle, zweifelte niemand mehr an ihrem Erfolg. Alle hofften auf große Reichtümer. Reiter, Schützen und Musketiere boten ihre Dienste an. Bald waren es dreihundertzwanzig Mann, darunter verheiratete Männer mit ihren Frauen. Die drei Schiffe wurden mit allem Notwendigen versehen und in Tehuantepec beladen. Cortes brach am 18. 4. 1535 auf und segelte mit dem ersten Transport, hatte eine glückliche Reise und landete im Mai 1535 in der Bai von Santa Cruz (an der Südspitze von Kalifornien). Er schickte die Schiffe umgehend zurück. Sie sollten die übrigen Mannschaften und die Frauen holen, die unter dem Kommando von Andres de Tapia zurückgeblieben waren. Das Geschwader wurde durch einen schweren Sturm von dem vorgesehenen Kurs abgedrängt und geriet in das Mündungsgebiet eines großen Stromes, den sie Peter- und Paulstrom nannten. Als sie ihren alten Kurs aufnehmen wollten, wurden sie durch ein neues Unwetter voneinander getrennt. Nur ein Schiff kam wieder zu Cortes zurück. Das zweite strandete an der Küste von Xalisco; die Mannschaft war der Seefahrt müde und zerstreute sich über ganz Neuspanien; einige blieben in der Provinz Xalisco. Das dritte Schiff lief in der Guyanabai auf Grund.

Cortes wartete mit Ungeduld auf seine Schiffe. Die meisten Mundvorräte waren aufgezehrt. Der größte Teil des Pökelfleisches und des Schiffszwiebacks befand sich an Bord des Schiffes, das an der Küste von Xalisco gestrandet war. Die Eingeborenen von Santa Cruz lebten von Baumfrüchten, von der Jagd und vom Fischfang. Sie säten nicht und ernteten nicht. So kam es, daß dreiundzwanzig Leute von Cortes verhungerten. Die übrigen waren alle mehr oder weniger krank und wünschten Cortes und seine ganze Expedition in die Hölle. Um dieser Not ein Ende zu machen, lief Cortes mit fünfzig Mann, Schmieden, Zimmerleuten und anderen Handwerkern aus, um die verlorenen Schiffe zu suchen. Das eine lag auf einer Sandbank an der Küste von Xalisco, das andere saß zwischen Riffen fest. Beide waren von den Mannschaften verlassen. Mit unsäglicher Mühe wurden sie wieder flottgemacht, ausgebessert und mit ihren Ladungen nach

Santa Cruz gebracht. Die zurückgebliebenen Leute fielen mit einem solchen Heißhunger über das Pökelfleisch her, daß fast alle schweren Durchfall bekamen, an dem die Hälfte starb.

Um diesen Jammer nicht länger ansehen zu müssen, wollte Cortes erneut die Segel setzen, um Kalifornien näher zu erkunden. Cortes wollte weiter nach Osten segeln mit dem Ziel »bis zu den Stockfischen vorzudringen, denn man hält es für gewiß, daß sich dort eine Meerenge befindet, die sich bis zum Südmeer erstreckt.« Es ging ihm damals gesundheitlich sehr schlecht, und er wäre gern nach Neuspanien zurückgekehrt. Aber er fürchtete das böse Gerede über seine Mißerfolge, über die vergeblichen Opfer für die Entdeckung von Ländern, die keinen Nutzen versprachen, und über den Fluch, der die alten Eroberer von Mexiko verfolgte, denen nichts mehr gelang, was sie anpackten. Die Gemahlin des Cortes war die ganze Zeit über ohne Nachricht. Als man hörte, daß ein Schiff an der Küste von Xalisco gescheitert sei, zweifelte sie nicht mehr daran, daß auch ihr Mann mit verloren war. Um nichts unversucht zu lassen, schickte sie zwei Schiffe unter den Kapitänen Diego Becerra de Mendoza und Ulloa aus, ihren Mann zu suchen. Sie gab Briefe mit, in denen sie Cortes zärtlich und liebevoll bat, ja beschwor, in seine schönen Besitzungen nach Neuspanien zurückzukommen, seine Söhne und Töchter mit Liebe anzusehen und sein Glück nicht weiter zu versuchen. Er solle sich mit dem Ruhm begnügen, den er sich mit seinen Heldentaten in der ganzen Welt erworben habe. Auch der Vizekönig lud den General sehr höflich und freundlich ein, zurückzukommen.

Die beiden Schiffe hatten eine glückliche Fahrt und landeten bald in dem Hafen, in dem Cortes vor Anker lag. Die Briefe taten ihre Wirkung. Cortes übergab das Kommando dem Francisco de Ulloa, schiffte sich selbst ein und war zur großen Freude seiner Familie sehr bald in Coadlavaca. Aber auch der Vizekönig, die königliche Audienz und die Einwohner von Mexiko nahmen starken Anteil an seiner Rückkehr. Man hatte nämlich gefürchtet, daß die Kaziken von Neuspanien die Abwesenheit von Cortes

ausnützen und rebellieren würden. Bald darauf kamen die Mannschaften aus Kalifornien zurück. Ich weiß nicht mehr, ob sie das
Land eigenmächtig verlassen haben, oder ob sie dazu einen Befehl
hatten.

Cortes schickte schon wenige Monate später ein neues Geschwader unter Francisco de Ulloa in See, das den verschollenen
Hurtado suchen sollte. Sie kreuzten sieben Monate vor den Küsten, kamen aber unverrichteterdinge zurück. Ulloa wurde wenige Tage nach seiner Rückkehr von einem seiner Leute hinterrücks erstochen. Das war das tragische Schicksal der vielen Entdeckungsfahrten, die Cortes an die dreihunderttausend Piaster
gekostet haben sollen. Nach der Eroberung von Neuspanien gelang ihm nichts mehr. Ist es ein Wunder, daß die Leute sagten,
Cortes verfolge der Fluch, den Tausende auf ihn geworfen hatten?

DIE LETZTE VERGEBLICHE FAHRT
DES MARQUEZ NACH SPANIEN

Cortes reist wieder nach Spanien

Im Jahr 1538 kam die Nachricht aus Spanien, daß unser Kaiser mit dem König Franz von Frankreich Frieden geschlossen habe. *(Verwechslung mit dem am 18. Juni 1538 mit Frankreich geschlossenen zehnjährigen Waffenstillstand)*. Dieses frohe Ereignis veranlaßte den Vizekönig, den Generalkapitän, die königliche Audienz und die vornehmsten Eroberer, in Mexiko große Feste zu geben. Der Glanz der Ritterspiele, der Turniere, der prächtigen Umzüe, der Maskeraden und der Stierkämpfe überstrahlte alle ähnlichen spanischen Veranstaltungen. Vielleicht wurde im alten Rom so gefeiert, wenn die Konsuln und die siegreichen Feldherrn in ihre Stadt zurückkehrten. Cortes hatte sich inzwischen mit dem Vizekönig wieder verständigt. Sie waren gute Freunde geworden.

Nach Abschluß der Festlichkeiten bereitete sich der Marquez auf eine Reise nach Spanien vor. Er wollte sich um eine Entschädigung für die Verluste bei den mißglückten Entdeckungsfahrten, um eine endgültige Entscheidung über die Kopfzahl seiner Untertanen und verschiedene andere Abrechnungen bemühen. Er lud mich ein, ihn zu begleiten, und versprach mir, den Rat von Indien um bessere Ortschaften für mich anzugehen. Seine Reise wurde durch ein Fußleiden verzögert. Außerdem wollte er noch mehr Gold für den Aufenthalt in Spanien zusammenbringen. Auf diese Weise kam ich 1540 zwei Monate vor ihm in Spanien an. Das Land trauerte damals um die im Mai 1539 verstorbene erlauchte Kaiserin Isabella. Als Regidor der Stadt Coatzacoalco und als Ältester der Eroberer legte auch ich tiefe Trauer an, die ich, sobald ich in das kaiserliche Hoflager kam, noch tiefer machen mußte. Um dieselbe Zeit kam auch Hernan Pizarro mit vierzig Mann Gefolge aus Peru nach Madrid, wo sich damals der Hof aufhielt. Auch diese Kavaliere trugen Trauer. Fast gleichzeitig traf Cortes mit den Seinen ein. Er wurde auf Befehl des Rates von Indien sehr feierlich empfangen und mit besonderer Auszeichnung behandelt. Wenn er zu den Sitzungen des Rates von Indien ging, kam ihm jedesmal ein Auditor bis zum Tor entgegen, um ihn zu begrüßen und ihm seinen Platz oben auf der Estrade des Präsidenten und der Auditoren anzuweisen. Trotzdem verweigerte ihm der Kaiser die Erlaubnis zur Rückkehr nach Neuspanien mit der Begründung, daß erst alle Untersuchungen gegen ihn abgeschlossen werden müßten. Der Rat von Indien beeilte sich damit nicht. Er wartete auf die Rückkehr des Kaisers, der damals wieder in Flandern war. Nuno de Guzman ging es nicht anders. Er wurde zu einer Geldstrafe verurteilt, behielt aber seine Kommenden in Xalisco. Auch er und seine Leute trugen Trauer. Die Bevölkerung nannte alle die Männer aus Neuspanien und Peru die leidtragenden Indianer. Pizarro kam freilich nicht mit diesem Spott weg. Kurze Zeit darauf saß er in der Mota von Medina als Gefangener.

Ich kehrte bald wieder nach Neuspanien zurück. Als ich ankam, versuchte man gerade, einen Aufstand der indianischen Bergbewohner in der Provinz Xalisco niederzuschlagen. Die Offiziere des Vizekönigs wurden mit ihnen nicht fertig. Daraufhin wurde Pedro de Alvarado um Hilfe gebeten. Er kam mit einem starken Korps, verunglückte aber bald selbst tödlich.

Wie Alvarado ein großes Geschwader ausrüstete

Dieser Alvarado hatte als Statthalter von Guatemala kurz vor seinem Ende noch ein großes Geschwander ausgerüstet, das 1537 fahrbereit war. Während seines spanischen Aufenthaltes hatte er darüber mit der Krone Verträge abgeschlossen. Er hatte den Ehrgeiz, alle bisherigen Unternehmungen dieser Art in den Schatten zu stellen. Darum rüstete er dreizehn große Schiffe aus, unter denen nur eine Galeere und ein Ausleger waren. Der Hafen, in dem er bauen ließ, lag über tausend Kilometer von Vera

Cruz weg. Er mußte fast das ganze Rohmaterial, vor allem das Eisenwerk, erst hinschaffen lassen. Das kostete so viel, daß er für das gleiche Geld in Sevilla achtzig Schiffe hätte bauen können. Er baute mit seinem eigenen Gold, lieh große Summen bei Verwandten und Freunden aus und ließ sich vieles auf Kredit liefern. Der Sold für die Kapitäne, die Offiziere, die Matrosen und die sechshundertfünfzig Soldaten verschlang große Summen. Pferde kosteten damals einhundertfünfzig bis dreihundert Piaster. Alvarado wollte für die Krone die Molukken erobern oder wenigstens einen schnelleren und billigeren Handelsweg dorthin finden. Er versprach sich so viel von dieser Expedition, daß er ohne Bedenken sein ganzes Vermögen und sein Leben aufs Spiel setzte. Er übernahm selbst das Kommando als Generalkapitän und segelte 1538 ab, nachdem er die Heiligegeistmesse gehört hatte. Als ersten Hafen lief er einen Ort in der Provinz Xalisco an, in dem er Wasser, Lebensmittel und Soldaten aufnehmen wollte.

Inzwischen hatte der Vizekönig von diesem großen Unternehmen gehört. Er erkundigte sich bei erfahrenen Seeleuten und Kosmographen nach den Aussichten, von der Westküste der Neuen Welt aus nach China zu kommen. Die Auskünfte waren so, daß er mit Alvarado gemeinsame Sache machen wollte. Er schickte ihm Unterhändler, traf sich anschließend selbst mit ihm, besichtigte die Flotte und reiste mit Alvarado zusammen nach Mexiko. Alvarado hatte nämlich den Plan, die Expedition selbst zu führen, aufgeben müssen. Die Lage in Guatemala verlangte seine persönliche Anwesenheit. Im Einvernehmen mit dem Vizekönig wollte er seinen Verwandten Juan de Alvarado zum Generalkapitän machen und ihm den Verwandten des Vizekönigs Villalobos als Vertreter beigeben. Um wenigstens die Abfahrt zu erleben, begab er sich in den Hafen De la Navidad, wo die ganze Flotte bereitlag und nur auf den Befehl wartete, die Segel zu setzen.

Gleichzeitig mit ihm traf ein Schreiben des Cristobal de Onate, des Statthalters von Xalisco, ein, ein dringender Ruf um Hilfe gegen die Indianer von Cochistlan, die im Gebirge starke Stellungen bezogen hätten und dabei seien, ihn einzuschließen und zu vernichten. Pedro de Alavarado brach sofort mit einem starken Hilfskorps auf und fand Onate wirklich in äußerster Bedrängnis. Im Verlauf dieser Kämpfe rutschte das Roß eines Kavalleristen an einem starken Abhang aus, überschlug sich und rollte auf Alvarado zu, der dem Tier nicht mehr ausweichen konnte. Er wurde mit in den Abgrund gerissen, das Pferd fiel auf ihn und brachte ihm zahlreiche Quetschungen bei. Man hielt die Quetschungen für nicht lebensgefährlich, legte Alvarado auf eine Bahre und brachte ihn zur Versorgung seiner Verletzungen in die nächste Stadt. Er wurde unterwegs mehrmals ohnmächtig und gab wenige Tage später seinen Geist auf. Er konnte noch beichten und das Abendmahl empfangen. Hätte man diesen tapferen Kavalier nicht im Zustand der Schwäche in die Stadt transportiert, sondern an Ort und Stelle behandelt, dann wäre er sicher gerettet worden. Aber es lag nun einmal in Gottes Ratschluß, daß er so sterben sollte. Wir müssen seine Weisheit in Demut verehren und für die arme Seele des Verblichenen beten.

Im Hauptquartier von Cochistlan und bei der Flotte war niemand, der Kopf genug hatte, um den Oberbefehl zu übernehmen. Auf die Nachricht von dem Todesfall liefen viele Soldaten mit dem Handgeld weg. Mexiko mußte schleunigst ein neues Hilfskorps nach Xalisco schicken. Später führte der Vizekönig persönlich. Es war ein mühseliger Feldzug. Die Indianer wurden aber schließlich mit Gottes Hilfe zum Gehorsam gebracht. Alvarado hatte sehr glücklich mit seiner Gemahlin gelebt. Sie weinte sich die Augen aus und schnitt sich mit allen ihren Frauen und den heiratsfähigen Fräulein die Haare ab. Die alten Eroberer, die ganze Klerisei, kurz alle, die diesen vortrefflichen Mann gekannt hatten, nahmen herzlichen Anteil. Sein Haushofmeister ließ zum Zeichen der Trauer sein Haus mit Bergpech anstreichen, das später nicht mehr abging.

Viele Kavaliere machten der trauernden Witwe ihre Aufwartung und versuchten sie zu trösten. Sie baten die Frau, sich zu fassen und sich in Gottes Ratschluß zu fügen. Sie antwortete, daß sie das ja tue. Aber wie alle Frauen sich in der Trauer über den Verlust ihrer Liebsten nicht mäßigen können, sagte sie dazu, sie sei des Lebens überdrüssig und sehne sich aus dieser Welt. Ich erzähle dies, weil Gomara der Dame in seiner Chronik eine gotteslästerliche Antwort in den Mund legt, die an dem Strafgericht schuld sei, das bald darauf über Guatemala gekommen ist. *(Gomara fügt ausdrücklich hinzu, daß die ›gotteslästerlichen‹ Worte nach seiner Meinung in einem fast besinnungslosen Zustand ausgestoßen worden seien, und er bringt sie vor allem in keinen Zusammenhang mit dem Unglück).* Als der Vulkan von Guatemala ausbrach und die Stadt mit großen Steinmassen, Asche und Wasser eindeckte, ertrank die Witwe Alvarados mit ihren Frauen in ihrem eigenen Haus. Warum unser Herr Christus sie abgerufen hat, gehört zu den geheimnisvollen Beschlüssen des Ewigen, die kein Mensch erforschen sollte. Hier wäre noch zu sagen, daß den Nachkommen von Alvarado nichts geblieben ist, trotz der großen Verdienste, die er sich mit seinen vier Brüdern um die Krone erworben hat. Von dem Geschwader ließ der Vizekönig ein Jahr später die besten Schiffe aussuchen. Er ließ sie unter dem Kommando von Villalobos in See gehen, um den besten Kurs nach China zu suchen. Ich weiß nichts Näheres über das Schicksal des Geschwaders und muß deshalb meine Erzählung darüber abbrechen.

Von den Schicksalen des Marquez bei seinem zweiten Aufenthalt in Spanien

Als der Kaiser nach der Rückkehr von Gent eine große Flotte ausrüstete, um Algier zu überfallen, nahm auch Cortes mit Söhnen und Knappen, Gesinde und Pferden wieder Dienst. Er schiffte sich mit seinen Leuten auf einer stattlichen Galeere ein, die mit der übrigen Flotte in einem Sturm unterging. Sie kamen alle in äußerste Lebensgefahr, konnten sich aber retten. Cortes verlor dabei für mehrere tausend Piaster Juwelen, die er wie alle großen Herren unnötigerweise auf diesen Kriegszug mitgenommen

hatte. Der Kriegsrat schlug dem Kaiser vor, die Belagerung aufzugeben und sich nach Bujia zurückzuziehen. Als Cortes das
hörte, erklärte er, daß er es wagen würde, mit dem Rest der Truppen die Stadt Algier zu nehmen. Er rühmte bei dieser Gelegenheit wieder einmal seine Hauptleute und Waffengenossen.
Mehrere Kavaliere hinterbrachten dem Kaiser diese Äußerungen.
Sie bedauerten, daß man Cortes nicht im Kriegsrat gehört
habe. Andere behaupteten aber, man habe ihn nicht zugezogen,
weil man von vornherein annahm, daß er der Meinung des
ganzen Kriegsrates widersprechen und zur Fortsetzung der Belagerung raten werde. Es sei aber in erster Linie darauf angekommen, den Kaiser und alle Granden, die mit ins Feld gezogen
waren, zu retten. Man könne ja die Belagerung auch später
durchführen.

Cortes war es überdrüssig, länger an diesem Hof zu bleiben. Er
spürte überdies das Alter kommen und sehnte sich nach Neuspanien zurück. Dazu kam, daß aus der Heirat seiner ältesten Tochter mit einem künftigen Marquez nichts wurde, obgleich das
Mädchen außer seinem reichen Schmuck hunderttausend Dukaten in die Ehe bringen sollte. Es heiratete später einen Grafen.
Cortes hatte sie extra aus Mexiko kommen lassen. Er soll diese
Enttäuschung so schwer genommen haben, daß er zu fiebern begann und heftigen Durchfall bekam. Als sich sein Zustand immer
mehr verschlimmerte, zog er sich aus dem Hofleben nach Castilleja de la Cuesta zurück, widmete sich dort seinem Seelenheil und
traf seine letzten Verfügungen. Er schied am 2. Dezember 1547
aus dieser Welt. Seine Beisetzung in der Begräbniskapelle der
Herzöge von Medina Sidonia war überaus feierlich und prächtig.
Später wurden seine sterblichen Überreste nach Neuspanien gebracht und in Coyohuacan begraben. Als wir uns 1519 zum erstenmal nach Neuspanien einschifften, sagte uns Cortes, er sei
vierunddreißig Jahre alt. Demnach müßte er zweiundsechzig
Jahre alt geworden sein.

Er hinterließ folgende rechtmäßigen Kinder: den jetzigen Marquez Don Martin Cortes, die Donna Maria Cortes, die später den

Grafen Alvaro Perez Osorio geheiratet hat, die Donna Juana, welche den Don Hernan Enriquez heiratete, und die Donna Catalina de Arellano, die in Sevilla gestorben ist. Diese Töchter ließ die Witwe des Generals in Begleitung ihres Bruders nach Spanien kommen. Eine weitere Tochter, Donna Leonora, heiratete in Mexiko einen reichen Silbergrubenbesitzer, eine Ehe, die der Erbe des Majorats nicht für standesgemäß hielt. Ferner hatte Cortes noch zwei außereheliche Söhne und drei Töchter, und zwar: den Komtur des Santiagoordens Don Martin Cortes, einen Sohn der Donna Marina; den Komtur desselben Ordens Don Luis Cortes, den ihm eine gewisse Hulana de Hermosilla geboren hatte. Eine der Töchter hatte eine Indianerin aus Kuba zur Mutter, die andere eine Mexikanerin. Er hatte ihnen schon zu Lebzeiten einträgliche Ortschaften gesichert und wird auch in seinem Testament für sie gesorgt haben. Er war ein Mann, der vorausdachte und nichts vergaß, was sein Gewissen entlasten konnte. Deshalb verfügte er als guter Christ auch die Gründung eines Hospitals in Mexiko und eines Frauenklosters in Coyohuacan, in dem er auch begraben werden wollte. Der Wahlspruch in seinem Wappen entsprach seinem tapferen und heldenhaften Wesen. Er war lateinisch, und weil ich kein Latein kann, führe ich ihn auch nicht an. Zu seinem Wappenschild gehörte eine Kette mit den Köpfen der sieben von ihm bezwungenen Könige.

Cortes war gut gewachsen und wohl proportioniert. Sein Gesicht war meist aschgrau. Er sah nicht gerade fröhlich drein. Er wirkte ernst, konnte seinen Augen aber einen sehr freundlichen, warmen Ausdruck verleihen. Bart und Haare waren schwarz und schütter. Der schlanke Mann hatte eine breite Brust, kräftige Schultern, wenig Bauch und leicht gekrümmte Beine, dafür aber wohlgeformte Schenkel und Füße. Er war ein ausgezeichneter Reiter, ein gewandter und mutiger Kämpfer, der mit allen Waffen umzugehen verstand und vor nichts zurückscheute. Als junger Mensch soll er viele Abenteuer mit Frauen gehabt und den Degen gegen manchen kundigen und starken Mann geführt haben, ohne einmal zu unterliegen. Eine Narbe unter der Unterlippe, die der Bart nie ganz verdeckte, stammte aus dieser Zeit. Seine Haltung, sein Gang, die Art sich zu unterhalten oder sich bei der Tafel zu geben, alles verriet den Mann von hohem Stand. Seine Anzüge waren nicht aus Seide oder anderen kostbaren Stoffen. Cortes kleidete sich immer nach der neuesten Mode, aber einfach. Die Reinlichkeit seiner Anzüge fiel auf. Er behing sich nicht mit schweren Goldketten, sondern trug immer eine feine, besonders schön gearbeitete Kette um den Hals, an der ein Kleinod mit den Bildern der Madonna und des heiligen Johannes des Täufers hing. Er trug auch nur einen Ring, in den freilich ein besonders wertvoller Diamant gefaßt war. Cortes lebte wie ein großer Herr. Seinem Haushalt standen zwei Haushofmeister und zwei Hausmarschälle vor. Er hatte viele Pagen. Das Essen wurde auf Silber und Gold serviert. Mittags aß er reichlich und trank dazu ein Quart mit Wasser vermischten Weines. Abends aß er einfach. Waren Gäste da, dann wurde an nichts gespart.

Der General war immer freundlich zu seinen Offizieren und Soldaten, vor allem zu seinen alten Waffengenossen. Mit gelehrten Männern unterhielt er sich gern lateinisch. Einige meinten, er sei sogar Baccalaureus der Rechte gewesen. Im übrigen machte er hübsche Gedichte und schrieb eine gute Prosa. Noch überzeugender waren seine wohlgesetzten Reden. Die Muttergottes war seine Schutzheilige. Er verehrte aber auch die Heiligen Petrus, Jakob und den Täufer Johannes. Er schwor auf sein Gewissen. Wenn er sich über einen von uns ärgerte, rief er: »daß euch die Pest hole!« Im Zorn schwoll ihm eine Ader an der Kehle und eine auf der Stirn an. Manchmal warf er in der Wut seinen Mantel weg. Er brauchte aber nie ein Schimpfwort gegen seine Offiziere und Soldaten. Er hatte viel Geduld mit uns und vergaß sich auch nicht, wenn wir jungen Tollköpfe einmal völlig unziemliche Reden führten. Er befahl dann nur: »Schweigt!« oder: »Geht in Gottes Namen und überlegt ein andermal eure Worte besser, es könnte euch sonst einmal teuer zu stehen kommen!«

Hatte er einmal einen Entschluß gefaßt, dann war er davon nicht mehr abzubringen, besonders, wenn es sich um Fragen der Kriegsführung handelte. Wir konnten sagen oder einwenden, was wir wollten. Wir mußten gehorchen, und wenn es noch so viel kostete.

Dafür griff Cortes aber auch überall selbst mit an. Er schonte sich nicht und kämpfte immer in der vordersten Linie. Oft kam er in äußerste Lebensgefahr. Sein Mut belebte alle, seine Tapferkeit war allen ein Vorbild, sein Geist erfüllte und leitete alles. Ich will mich aber nicht länger bei den großen und tapferen Taten unseres Generals aufhalten. Es sind so viele und ihre Bedeutung ist so groß, daß ich doch nie damit fertig würde. Ich will lieber noch dies und das über seine Eigentümlichkeiten berichten. Cortes liebte das Karten- und Würfelspiel über alle Maßen. Er blieb immer guter Laune beim Spielen und verwendete gern die feststehenden Redensarten der versierten Spieler. Im Dienst war er außerordentlich peinlich. Oft machte er nachts die Ronde selbst und visitierte die Posten. Er ging auch in die Hütten und Baracken und sah nach, ob die schlafenden Soldaten die Waffen bei der Hand und ihre Bastschuhe an den Füßen hatten. War etwas nicht in Ordnung, dann putzte er sie kräftig herunter, nannte sie räudige Schafe, denen die eigene Wolle zur Last wird, und teilte manche harten Worte aus. Auf dem Feldzug nach Honduras gewöhnte er sich an, nach Tisch kurz zu ruhen. Man legte ihm dazu nach Tisch immer einen Teppich unter einen Baum oder an eine andere schattige Stelle. Ruhte er nicht, dann wurde ihm übel, und er mußte sich übergeben. Nach unserer Rückkehr aus Honduras wurde der schlanke Mann fett und legte sich einen ordentlichen Wanst zu. Damals fing er auch an, sich den grauen Bart schwarz zu färben. Cortes war von Haus aus sehr freigebig. Erst als er das zweite Mal Spanien besuchte, kam er in den Ruf, ein Filz zu sein. Er soll damals sogar verklagt worden sein, weil er einem seiner Dienstleute den Lohn nicht zahlte. Sein Leben nach der Eroberung von Neuspanien war bis oben hin angefüllt mit Mühseligkeiten und Verdruß. Die Expeditionen nach Honduras und Kalifornien mißglückten. Die ungeheuren Summen, die er für die verschiedenen Flotten ausgab, waren verloren. Ich wünsche ihm deshalb von ganzem Herzen, daß er seinen Lohn im Himmel finden möge. Ich vertraue darauf, daß dies so ist; denn er war ein andächtiger Verehrer der Heiligen Jungfrau, des heiligen Petrus und der anderen Heiligen alle. Möge Gott ihm und mir unsere Sünden verzeihen, und auch mir ein fröhliches Ende schenken. Das ist mehr wert als alle Eroberungen und Siege, die wir gegen die Indianer errungen haben.

Wie im Jahr 1550 in Valladolid im Rat von Indien die Verteilung der Indianer auf ewige Zeiten beraten wurde

Im Jahr 1550 nahm ich als der älteste noch lebende Eroberer von Neuspanien an einer Versammlung in Valladolid in Spanien teil, die auf Befehl Seiner Majestät vom Rat von Indien einberufen worden war. Es ging um die Belohnung unserer Verdienste durch die Verleihung der Kommenden auf ewige Zeiten. Den Anstoß zu diesen Beratungen hatte der Lizentiat de La Gasca aus Peru gegeben, derselbe Mann, der die Ruhe in Peru wiederhergestellt und das von den Contreras gestohlene Gold und Silber wiederbeschafft hat. Auch er bat den Kaiser um die Verleihung der Kommenden auf ewige Zeiten. Seine Majestät wollte diese Frage für alle eroberten Gebiete entschieden haben und übertrug die Verhandlung dem Rat von Indien, zu dem sich für diese Besprechung auch Vertreter anderer königlicher Kollegien gesellten. Es war eine erlauchte Versammlung von Prälaten und Kavalieren.

Für die Verteilung der Kommenden auf ewige Zeiten wurden folgende gerechte und christliche Gründe genannt: die Indianer würden besser behandelt und gründlicher in der christlichen Religion unterrichtet; sie würden weniger ausgenützt; in Krankheitszeiten würde für sie wie für Kinder gesorgt. Die Inhaber der Kommenden würden ermuntert, mehr für den Feld- und Wein-

bau und für die Viehzucht zu tun. Die ewigen Klagen und Streitigkeiten um den Besitz der Indianer würden mit einem Schlag
aufhören. Man müßte keine Visitatoren mehr halten. Die Kriegsleute würden miteinander in Frieden und Einigkeit leben, sobald
sie nicht mehr befürchten müßten, daß die Präsidenten und Statthalter nach eigenem, oft sehr eigennützigem Ermessen über ihren
Besitz verfügen können. Durch die Verteilung der Kommenden
an verdiente Männer auf ewige Zeiten würde endlich das Wort
des Kaisers eingelöst. Das Räubervolk, das zum Beispiel in Peru
gegen die königlichen Interessen gehandelt habe, könne aus dem
unrechtmäßig erworbenen Besitz wieder hinausgeworfen werden. Die erlauchte Versammlung erwog diese Gründe sehr eingehend. Die meisten erklärten sich für die Verteilung auf ewige
Zeiten.

Die Bischöfe von Chiapas und Palencia, Bruder Rodrigo vom
Dominikanerorden, der Lizentiat de La Gasca und zwei Auditoren des Rates von Indien stimmten dagegen. Der Präsident des
Rates von Indien, Marquez de Mondejar, entschied sich für keine
der beiden Parteien, sondern hörte zu, was jeder vorbrachte,
und beobachtete, wohin sich die Stimmenmehrheit neigte. Die
Gegner erklärten, man dürfe die Indianer nur auf Lebenszeit
verleihen; denn man müsse sie eigentlich jetzt schon vielen wieder
abnehmen, die große Einkünfte hätten und eher Strafe als Belohnung verdienten. In Peru zum Beispiel käme es zu einem
Aufstand der Soldaten, wenn sie sähen, daß keine Indianer zur
Verteilung übrigblieben. Der Lizentiat de La Gasca wurde daraufhin vorwurfsvoll gefragt, warum er dann die Räuber und Verräter
nicht bestraft und ihre Schandtaten auch noch mit Kommenden
belohnt habe. Der Lizentiat antwortete darauf lächelnd, es sei für
ihn keine Kleinigkeit gewesen, die Ruhe wiederherzustellen und
am Leben zu bleiben, nachdem er vielen Leuten ihren Besitz genommen und Gerechtigkeit gegen sie geübt habe.

Es wurde sehr viel hin und her geredet. Ein großer Teil der
Versammelten schlug vor, die Verleihung auf ewige Zeiten wenigstens in Neuspanien durchzuführen. Es seien nur noch wenige

Eroberer am Leben, die mit Cortes, Narvaez und Garay ins Land gekommen seien. Die meisten seien im Dienst des Kaisers ohnehin gefallen. Wir hätten der Krone so große Dienste geleistet, daß wir eine solche Auszeichnung verdienten. Die anderen könne man ja auf andere Weise befriedigen. Da man jeden Tag mit der Rückkehr des Kaisers aus Augsburg rechnete, wurde vorgeschlagen, seine Entscheidung abzuwarten. Eine so wichtige Sache könne nur in seiner Gegenwart geklärt werden.

Wir wandten dagegen ein, daß sich mindestens für Neuspanien eine Stimmenmehrheit für die Verleihung auf ewige Zeiten ergeben habe und daß man unsere Sache von den Angelegenheiten Perus getrennt behandeln müsse. Außerdem gehe aus den kaiserlichen Befehlen in dieser Sache hervor, daß Seine Majestät unserer Meinung zuneige. Aber wir konnten sagen, was wir wollten, die Herren blieben bei ihrer Meinung. Man wartete auf die Rückkehr des Kaisers aus Augsburg.

Die Nachricht über den Ausgang der Verhandlungen ging mit dem nächsten Schiff nach Neuspanien. Die alten Eroberer beschlossen daraufhin, einen eigenen Sachwalter zum Kaiser zu schicken. Ich war schon wieder in Guatemala, als die Denkschrift der Eroberer fertig war. Andres de Tapia, Pedro Moreno Medrano und Juan de Limpias Carvajal, der Taube, schickten sie mir zu. Sie hatten mich in dem Dokument als einen der Allerältesten genannt. Ich forderte die Eroberer, die damals in Guatemala lebten, auf, sich uns anzuschließen und zu den Kosten für diese Botschaft beizutragen. Die Sache scheiterte zunächst am Geldmangel. Endlich einigte man sich mit Mexiko über ein gemeinsames Vorgehen. Wir kamen aber auch auf diese Weise nicht weiter, bis endlich unser unüberwindlicher König und Herr, Don Philipp, den Gott beschützen möge, Verfügungen zu treffen geruhte, die zugunsten der Eroberer und ihrer Kinder und zugunsten der ältesten Ansiedler, soweit sie Familie hatten, entschied.

Von mancherlei Urteilen,
die über diesen Bericht gefällt wurden und die der geneigte
Leser nicht ungern hören wird

Als ich diesen Bericht ins reine geschrieben hatte, baten mich zwei Lizentiaten, ihnen das Manuskript für kurze Zeit anzuvertrauen. Sie wollten die Geschichte der Eroberung von Mexiko und Neuspanien näher kennenlernen und feststellen, inwieweit meine Darstellung der Heldentaten des Cortes mit der Chronik von Francisco Lopez de Gomara und den Schriften des Doktors Illescas übereinstimme. Weil Leute ohne besondere Vorbildung immer etwas von gelehrten Männern lernen können, gab ich ihnen den Bericht unter der Bedingung, daß sie nichts hinzufügten und nichts wegließen; denn alles, was ich geschrieben habe, sei lautere Wahrheit.

Als die beiden meine Arbeit gelesen hatten, rühmte der eine, der von solchen Dingen viel verstand, die Zuverlässigkeit meines Gedächtnisses. Ich hätte nichts Wichtiges ausgelassen. Dann lobten beide den schlichten, altkastilischen Stil, mit dem man heute weiterkomme als mit den umständlichen und ausgeklügelten Redensarten der üblichen Geschichtsschreiber. Es sei alles einfach und ungeschminkt geschrieben, und man könne trotzdem schöne Nutzanwendungen daraus ziehen. Sie meinten aber, ich hätte mich bei der Darstellung der Kämpfe selbst zu sehr in den Vordergrund geschoben. Das hätte ich anderen überlassen sollen. Meine Erzählung würde auch mehr Glauben finden, wenn ich Zeugnisse und Belegstellen aus anderen Geschichtswerken zitiert hätte, statt immer nur trocken zu sagen: das habe ich getan, das habe ich erlebt, ich bin selbst Zeuge gewesen.

Darauf habe ich zu erwidern: Cortes hat 1540 von Mexiko aus einen Bericht an Seine Majestät geschickt, in dem er von mir und meinen Verdiensten spricht. Er schreibt, daß ich schon an den beiden Entdeckungsfahrten teilgenommen habe, die andere vor ihm unternommen hatten. Er redet als Augenzeuge von meinem Verhalten in den vielen Schlachten und Gefechten des mexikani-

schen Krieges, von meiner Tapferkeit bei der Eroberung so mancher Städte, von den vielen Wunden, die ich in den heißen Kämpfen empfangen habe, von meiner Teilnahme am Kriegszug gegen
Honduras und vielen anderen Unternehmungen, die ich hier
nicht lang und breit aufzählen mag. Im gleichen Sinne hat sich
auch der erlauchte Vizekönig über mich ausgesprochen, als er
Seiner Majestät über die Offiziere berichtete, die damals im
Dienst der Krone standen. Beide kommen zu demselben Urteil.
Darüber hinaus habe ich dem Rat von Indien im Jahr 1540 noch
genügend andere Beweise für meine Behauptungen eingereicht.
Ich antwortete deshalb den beiden Kritikern: »Seid Ihr Herren
Lizentiaten aber nicht zufrieden mit Zeugen wie Cortes und der
Vizekönig und mit den Beweisen, die ich selbst vorgelegt habe,
dann kann ich Euch noch einen anderen Zeugen nennen, der ge-
wichtiger ist als jeder andere auf der Welt, nämlich den Kaiser
Karl (V.), unser aller Herrn. Er hat in einem kaiserlichen
Schreiben, das mit seinem Siegel versehen ist, dem Vizekönig
und dem Präsidenten befohlen, mich meiner vielen und ausge-
zeichneten Dienste wegen mit Vorzug zu behandeln. Sie sollten
mich mitsamt meinen Kindern in bessere Umstände versetzen.
Ich habe das Original dieses Schreibens sorgfältig aufbewahrt.
Wollt Ihr aber ein weiteres Zeugnis, dann seht Euch dieses Land
Neuspanien an, das dreimal so groß ist wie unser altes Spanien.
Zählt einmal die von den Spaniern angelegten Städte und Ortschaften, berechnet die Reichtümer, die täglich aus diesem Teil
der Neuen Welt in die alte Heimat verladen werden. Ich habe vor
allem darum zur Feder gegriffen, weil die beiden Geschichtsschreiber Gomara und Illescas kein Wort über unsere Ehre und
unseren Ruhm verlieren, sondern alle Ehre dem Cortes allein zu-
schreiben. Hätten sie es redlich gemeint, dann hätten sie uns Eroberer nicht mit Stillschweigen übergehen dürfen. Von den Heldentaten und dem Ruhm des Cortes gebührt mir auch mein Teil;
denn ich bin in allen seinen Schlachten unter den ersten gewesen,
ich habe unter seinen Obristen an vielen anderen Gefechten teilgenommen. Fürwahr, auch ich kann einen Teil der Inschrift auf

mich beziehen, die Cortes seinerzeit für den Kaiser in die silberne Feldschlange mit dem Namen Phönix eingraben ließ:

Einzig, wie der Phönix wiederkehrt,
Einzig seid Ihr auf der ganzen Erd',
Einzig ist auch meiner Dienste Wert.

Als Cortes bei seiner ersten Reise nach Spanien dem Kaiser von seinen mutigen und tapferen Offizieren und Waffengenossen erzählte, sagte er, er glaube nicht, daß die römische Geschichte größere Helden aufzuweisen habe. Damit war auch ich gemeint, so gut wie jeder andere von uns alten Eroberern. Während des unglücklichen Feldzuges gegen Algier soll sich Cortes ähnlich geäußert haben. Auch von diesem Lob gebührt mir mein Teil; denn ich bin bei allen großen Taten des Generals sein redlicher Helfer gewesen.«

Dies war meine Antwort an die beiden Lizentiaten. Auf den Vorwurf aber, daß ich mich selbst zu sehr herausgestrichen hätte und daß ich das besser anderen überlassen sollte, kann ich nur sagen: es gibt in der Welt Tugenden und Verdienste, über die man nicht selbst spricht, die der Nachbar besser vom Nachbarn rühmt. Wer aber den Krieg nicht selbst miterlebt hat, kann auch nicht von ihm erzählen. Sollen vielleicht die Sperlinge davon reden, die während der blutigen Kämpfe über uns weggeflogen sind? Oder die Wolken, die über unsere Schlachtfelder zogen? Wer anders sollte davon reden, als die Offiziere und Soldaten, denen diese heißen Stunden so sauer geworden sind? Der Tadel würde gerecht sein, wenn ich alle Ehre für mich allein beansprucht hätte, wenn ich die Verdienste meiner Waffenkameraden verschwiegen oder verkleinert hätte. Ich habe aber nicht einmal alle Taten gemeldet, die ich hätte nennen können, obgleich ich diesen Bericht auch deshalb geschrieben habe, damit mein Name nicht in Vergessenheit gerät. Vielleicht darf ich mir einen Vergleich erlauben, der für einen armen Kriegsmann wie mich kühn scheinen mag. Die Geschichtsschreiber melden von dem großen, siegreichen Feldherrn Julius Cäsar, er habe dreiundfünfzig Schlachten bestanden. Zähle ich alle wichtigen Schlachten und

Gefechte zusammen, in denen ich gekämpft habe, dann komme ich auf einhundertneunzehn. Die Geschichtsschreiber berichten auch von Julius Cäsar, er sei zu jeder Stunde kampfbereit gewesen und habe die Nächte dazu benutzt, um seine Heldentaten aufzuzeichnen; denn er habe seinen Ruhm nicht den Geschichtsschreibern allein anvertrauen wollen. Man wundere sich darum nicht, wenn ich in diesem Bericht auch über meine Taten einige Worte verliere, damit die Nachwelt davon rede und sage: das hat Bernal Diaz del Castillo getan. Meine Kinder und Kindeskinder sollen von meinen Heldentaten erfahren, ähnlich wie der Ruhm der früheren Helden in den Wappenschildern der alten Familien bis in die späte Zukunft überliefert worden ist.

Nun aber genug von diesen Dingen. Hämische Leute und böse Zungen werden ohnehin meinen, daß ich mir zuviel herausgenommen habe. Was ich von mir erzähle, ist gestern geschehen und nicht vor Jahrhunderten wie die Geschichte der alten Römer. Noch leben genug Eroberer, welche die Wahrheit meiner Erzählung bezeugen können. Sie würden es mir gewiß nicht durchgehen lassen, wenn sie eine Unwahrheit oder auch nur eine Unklarheit darin fänden. Was ich geschrieben habe, ist die lautere Wahrheit. Das sind keine alten Sagen oder Geschichten. Das sind auch keine poetischen Erfindungen, sondern große, bedeutende und reelle Dienste, die ich der Sache Gottes, des Kaisers und der ganzen Christenheit geleistet habe.

Lob, Dank und Preis sei unserem Herrn Jesu Christus, der mir geholfen hat, dies alles niederzuschreiben. Ich darf mich rühmen, in ebensoviel Schlachten gefochten zu haben wie Kaiser Heinrich IV.

*Zu S. 85: Tendile, der Fürst von Cotaxtla, begrüßt Cortes im Namen
Moteczumas und übergibt ihm »kostbare Mäntel, die kein anderer anlegen darf
als der König selbst«. Sie schmücken den Kapitän mit den Prachtgewändern
ihrer Götter und legen ihm Obsidiansandalen zu Füßen.*

Zu S. 86: Cortes aber fragt: »Ist das alles, was Ihr mir zu bieten habt?«
Sie antworten: »Das ist alles.« Daraufhin läßt der Kapitän sie fesseln. Die
Spanier feuern ihr grobes Geschütz ab. Bei dem Donner der Kanone fallen
die Azteken ohnmächtig zu Boden.

Zu S. 86: *Die Spanier heben sie auf, geben ihnen Sitze, Wein und zu essen. Dann will der Kapitän von ihnen wissen, ob sie »große Krieger« sind und wie mächtig ihr König ist. Im ersten Morgengrauen entläßt er sie und schenkt ihnen »gelbe und grüne Perlen, die Bergkristall nachahmen«, für Moteczuma.*

Zu S. 87: Der Priesterkönig Moteczuma glaubt an alte Prophezeiungen. Böse Vorzeichen ängstigen ihn. So diese »Feuerzunge«, die schon im Jahr »Zwölf Haus« (1517) sich in jeder Mitternacht erhob und »bis in das Herz des Himmels reichte«.

Zu S. 87: Ein böses Vorzeichen ist der Brand der Tempel, die unter Blitz und Donner plötzlich in Flammen aufgehen. Unheil bringt das Sternbild des »Feuerbohrers«, das zur Unzeit am Himmel auftaucht. Und am Tag »Neun Wind«, im Jahr »Eins Rohr« (22.4.1515) soll nach alten Prophezeiungen der im Zorn außer Landes gegangene Gott Quetzalcoatl wieder zurückkehren. Am 21. April tauchen die »Wasserhäuser« mit ihren »Schwanensegeln« vor der mexikanischen Küste auf, und am 22.4.1515 gehen die »Weißen Götter« (pünktlich) an Land.

Zu S. 87: Und als Moteczuma seine Botschafter fragt, wie stark die Spanier sind, antworten sie: »Wir sind kein Widerpart, wir sind nichts!«

Zu S. 89: Darauf befahl Moteczuma seinen Kriegern und Häuptlingen bei Todesstrafe, den fremden (Göttern) alles zu bringen, was sie brauchen. Und er schickte Gefangene mit, falls die Spanier Blut trinken wollten.

21.

Zu S. 89: »Moteczuma befiel Todesangst«, als er hörte, daß die »Götter ihn von Angesicht zu Angesicht zu sehen wünschten«. Er beriet mit seinen Vertrauten, was zu tun sei, und beschloß endlich, sich ein Herz zu nehmen und die Feinde zu erwarten. Dann räumte er den Palast und zog sich in sein »Privathaus« zurück.

Zu S. 159: Inzwischen hatten die Spanier das Land der Tlaxcateken erreicht und wurden dort von dem Stamm der Otomi in schwere Kämpfe verwickelt. Erst als die feindlichen Haufen niedergeritten und alle mit Feuergeschützen und Eisenpfeilen erschossen waren, ergriff die anderen Stämme der Tlaxcateken Todesangst, und sie beschlossen, die Spanier als Gäste zu empfangen. Sie behandelten sie mit großer Achtung, brachten Lebensmittel und gaben ihnen ihre Töchter.

Zu S. 174: Als Moteczuma hörte, daß die Spanier im Anmarsch sind, befahl er vier Fürsten, ihnen seinen Willkommensgruß zu bringen und – sie von dem Besuch der Hauptstadt abzuhalten. Die Botschafter trafen den Kapitän bei Cholula und beschenkten ihn mit prächtigen goldenen Bannern und Ketten. »Die Spanier lachten über das ganze Gesicht. Wie Affen griffen sie nach dem Gold.«

26.

Zu S. 189: Nach dem Bericht über die Begegnung bei Cholula befahl Moteczuma (vergeblich), den Weg in die Hauptstadt zu sperren und die Spanier nach Tetzcuco abzulenken.

Zu S. *195: Moteczuma schickte eine weitere Gesandtschaft mit dem Befehl, den Besuch der Spanier zu verhindern. Cortes wies sie ab und marschierte weiter nach Mexiko.*

Zu S. 196: Die »Hirsche« mit den Reitern auf dem Rücken sind weit voraus. Sie schwitzen sehr und wiehern laut, Schaum tropft von den Mäulern auf die Erde und beim Laufen machen sie ein großes Ge-trampel.

Zu S. 197: Dann folgen wieder Reiter und die Büchsenschützen. Es platzt, donnert und blitzt, wenn sie schießen, Rauch breitet sich aus und es stinkt nach Schwefel.

*Zu S. 201: Nachdem sich nun das Schicksal vollendet, geht Moteczu-
ma den Fremdlingen entgegen, um Cortes im Hof seiner Residenz zu
empfangen. Donna Marina dolmetscht zwischen den beiden Machtha-
bern.*

Zu S. 224: Zur selben Zeit steht Donna Marina hinter einer Brüstung auf
dem Flachdach des Palastes und ruft ihren Landsleuten zu: »Mexikaner!
Kommt hierher! Die Spanier leiden große Not! Bringt Speisen, Wasser und
alles, was nötig ist!« Als sich niemand zeigt, ruft sie weiter: »Warum
kommt ihr nicht? Seid ihr zornig?«

Zu S. 224: Niemand wagt mehr, an dem Palast vorbeizugehen. Alle meiden die Begegnung, wie wenn dort ein Jaguar lauert. Nur wenige kommen furchtsam gelaufen, legen ihre Waren schnell auf den Boden und rennen wieder zurück.

Zu S. 228: Moteczuma wird gezwungen, die Schatzhäuser zu öffnen. Die Spanier lösen das Gold und die Edelsteine von den Schmuckstücken, schmelzen das Gold ein und verbrennen die übrigen Kostbarkeiten.

Zu S. 230: Als Moteczuma den Palast betritt, wird er von seinen spanischen Begleitern gefangengenommen. Alle anderen Würdenträger entkommen, sind zornig und verweigern ihm den Gehorsam.

Zu S. 266: Als Cortes auszieht, um gegen Narvaez zu kämpfen (März 1520), setzt er Pedro de Alvarado als Statthalter von Mexiko ein. Er befiehlt den Azteken, das Fest ihres Gottes Uitzilopochtli zu feiern, des teuflischen Schlangengottes. – Frauen, die sich verpflichtet haben, ein Jahr zu fasten, mahlen für das Fest im Tempelhof die Samen des Stachelmohns. Die spanischen Krieger setzen sich dazu und »schauen ihnen frech ins Gesicht«.

Zu S. 266: Eines Tages, gegen Sonnenuntergang, kneteten die Frauen einen Teig und formten daraus die Gestalt des Gottes, kleideten sie ein und schmückten sie.

61.

Zu S. 266: Am Tag des Festes enthüllten sie das Götterbild und ...

*Zu S. 266: ... brachten es hoch hinauf, auf die oberste Terrasse des
Tempels.*

Zu S. 285: Als das Fest auf dem »Tanzplatz des Gottes« in vollem Gange war und der »Gesang wie Meereswogen brauste«, schlossen die Spanier alle Ausgänge und begannen zu morden. Sie schlugen dem Paukenschläger beide Hände ab, und dann den Kopf.

Zu S. 285: Mit ihren Eisenschwertern zerteilten sie die Männer in Stücke. Nur wer sich unter den Toten verstecken konnte, blieb am Leben.

Zu S. 288: Die Nachricht von dem Massaker verbreitete sich schnell. Die Mexikaner riefen zum Kampf auf, zur Rache!

Zu S. 289: Der Krieg gegen die Spanier beginnt von neuem.
Wurfspeere und Rohrpfeile mit breiten Obsidianspitzen »fliegen wie
eine große gelbe Welle über die Spanier«.

Zu S. 289: Pedro de Alvarado läßt Moteczuma in Ketten legen.

Zu S. 289: Ehe Cortes mit den Hilfstruppen der Tlaxcateken Tenochtitlan erreicht, haben die Mexikaner in den Gassen und an den Kanälen Sperren errichtet, die Straßendämme unterbrochen und sich auf den endgültigen Kampf vorbereitet.

Zu S. 291: Die Spanier stehen hinter Brüstungen auf dem flachen Dach des Palastes verschanzt und schießen mit ihren Feuerwaffen. 23 Tage waren sie eingeschlossen.

83.

Zu S. 292: Am zweiten Kampftag machen die Spanier einen Ausfall, stürmen unter schweren Verlusten die Tempelpyramide des Kriegsgottes und stürzen die Häuptlinge der Azteken von der höchsten Plattform in die Tiefe.

Zu S. 295: Die Leichen Moteczumas und des Prinzen von Tlatelolco werden den Papas übergeben.

Zu S. 296: Erst nach dem Sieg kommen die Azteken dazu, das Bild ihres Gottes Uitzilopochtli vor dem Altar seines Tempels zu verbrennen.

Zu S. 298: Um Mitternacht kamen die Spanier und die Tlaxcateken mit
hölzernen Brücken in dichtem Zug aus ihren Verstecken, um zu fliehen.
Ein Wasser schöpfendes Weib sah sie und schrie Alarm.

*Zu S. 298: Im Kampf um die Brücken und die Straßendämme stürzten
die Tlaxcateken und die Spanier mit ihren Pferden in die Kanäle, die bis
zum Rand mit Toten gefüllt waren.*

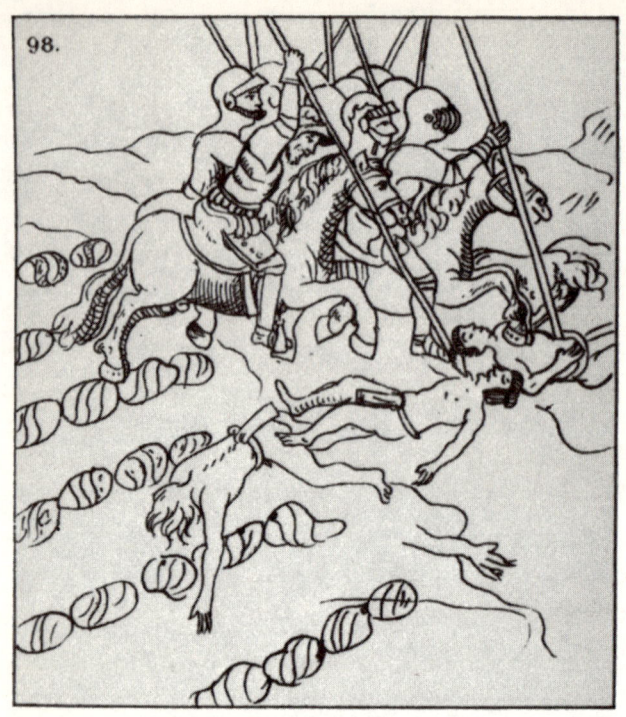

98.

Zu S. 303: Auf dem Weitermarsch wurde der kleine Haufen des Cortes
ständig von neuen Feinden bedrängt. Am 14. Juli 1520 kam es zur
»großen Schlacht bei Otumba«, in der die Spanier siegten.

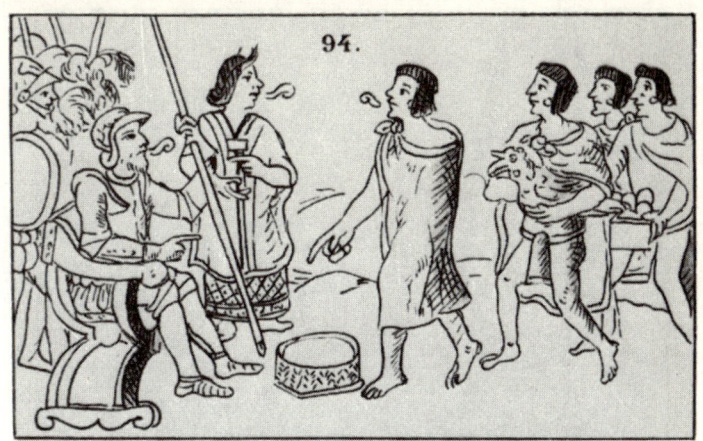

*Zu S. 304: Erst in Hueyotlipan (Teocalueyacan?) kamen die Spanier wieder zu
Freunden und wurden von den alten Kaziken aus Tlaxcala begrüßt.*

Zu S. 304: Dort war alles für sie vorbereitet: Pferdefutter, Wasser, Mais, junge Maiskolben, rohe und gekochte.

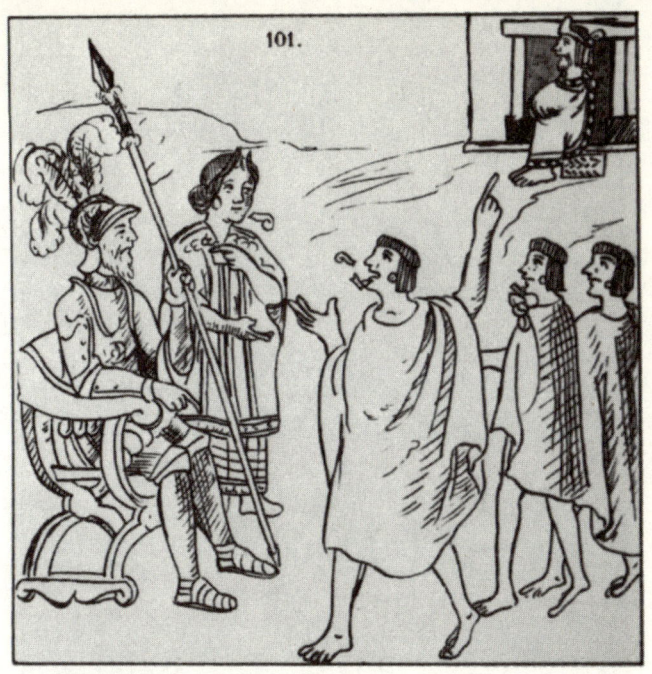

Zu S. 304: Sie nahmen bei den Tlaxcateken im Otomi-Tempel Quartier.

Zu S. 307: Auf dem weiteren Marsch zur Küste zeigten sich die aztekischen Krieger und Häuptlinge nicht mehr. Die Orte waren leer, die Häuser verlassen. Sie beobachteten den Zug von ferne.

Zu S. 308: Die Mexikaner lauerten in ihren Verstecken.

Zu S. 309: Aztekische Späher beobachteten die Feinde von den Bergen aus und lenkten von dort aus den Zug der eigenen Krieger, der den Spaniern auf dem Fuß folgte, ohne anzugreifen.

Zu S. 319: Nach dem Abzug der Spanier feierte man in Mexiko das »große Herrenfest«. Die Tempel wurden gesäubert.

Zu S. 403: Am 16. Juni 1521 macht Cortes einen verlustreichen Vorstoß in die Mitte der Stadt, bei dem er 62 (?) Mann und damit fast die letzte Chance verliert, zu siegen.

Zu S. 403: Die Mexikaner opfern ihre Gefangenen den Göttern, erst die Spanier, dann die Tlaxcateken.

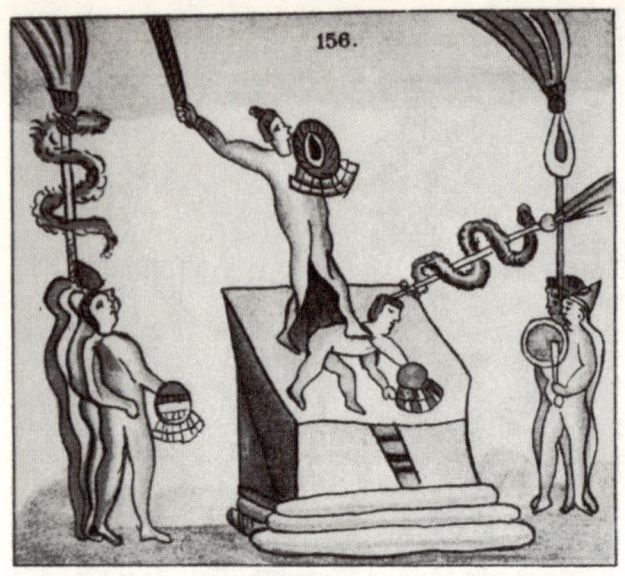

Zu S. 403: In den Tempeln, überall vergießen sie das Blut der Gefangenen und stellen die Köpfe der Toten zur Schau.

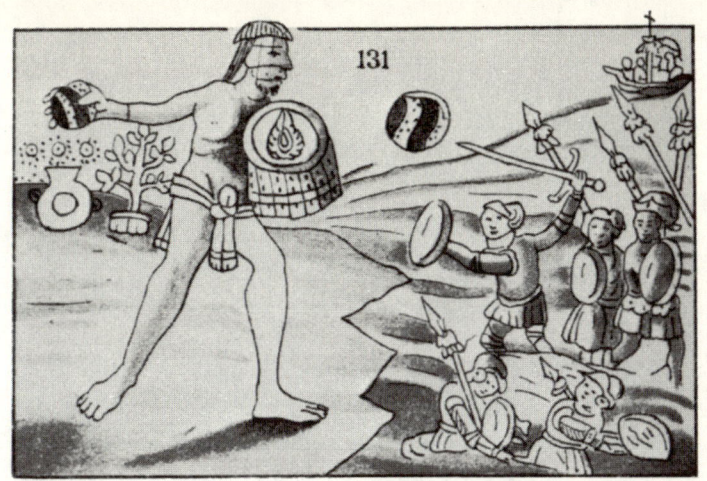

Zu S. 405: Die Azteken feiern Tzilacatzin, einen großen, tapferen Mann als Helden und Vorbild. Er soll drei weiße Steine auf die Spanier geworfen und sie damit zerstreut und ins Wasser gejagt haben. Die Männer des Cortes versuchten vergeblich, ihn zu töten.

NACHWORT VON GEORG A. NARCISS

Eines der größten Abenteuer der Weltgeschichte

begann, als die »kalkgesichtigen« Spanier mit ihren »Wasserhäu-
sern« auf die Ostküste von Mexiko zusegelten, als sie die unheim-
lich donnernden Geschütze an Land brachten und die furchterre-
genden »Zauberhirsche«, mit denen sie die erste Welle der tapferen Indianer in die Flucht jagten. Die »Eroberer« kamen aus den
engen Gassen ihrer Städte, Abenteurer, verarmte Edelleute, tapfere und aufrechte Soldaten und Ritter, die sich in den ewigen
Kämpfen mit den Mauren bewährt hatten, junge Männer, die im
damaligen Spanien keine Aussicht hatten, zu Macht und zu Besitz zu kommen. Sie segelten dem Gold nach, sie hofften auf reiche Kommenden, in denen zahlreiche Sklaven für sie arbeiten
sollten, sie wollten Herren werden. Nur wenigen ging es wirklich
darum, die Lehren des Christentums weiterzutragen; kaum einer
war sich darüber klar, daß er aus seiner eigenen Welt ins Unge-
wisse hinaussegelte, daß er unversehens über das Ende der ihm
bekannten Welt hinaus zu Menschen kommen könnte, die mit
anderen Maßen messen, die ihr eigenes Bild von der Welt, ihre eigene Kultur, andere, ihnen gemäße Gesetze haben würden.

Die »Wahrhafte Geschichte der Entdeckung und Eroberung
von Mexiko« des Bernal Diaz del Castillo ist im besten Sinne des
Wortes ein Augenzeugenbericht, die schlichte, dabei ungewöhnlich lebendige und spannende Erzählung der an Abenteuern und
Intrigen überreichen Historie von der gewaltsamen Unterwerfung eines straff organisierten mächtigen Reiches durch eine
Handvoll Männer, die auf einen überlegenen Feldherrn einge-
schworen und zu allem entschlossen sind. 437 Soldaten und 15
Reiter zogen 1519 aus, um das schwerzugängliche, dichtbevöl-
kerte Land der Azteken zu erobern, das damals viermal so groß
war wie das spanische Königreich. Bernal ist stolz darauf, einer
der alten Eroberer zu sein, ein tapferer, verdienter Soldat, der

durch knapp zehn Jahre an allen Feldzügen des Cortes in Mexiko, Guatemala und Honduras teilgenommen, der keine der Hauptschlachten versäumt hat.

Bernal war schon vor 1519 zweimal an der Küste des Golfs von Mexiko gewesen; Cortes war nicht der erste Eroberer, der mit seinen Männern in Yucatan landete. Da war der schiffbrüchige Hauptmann Valdivia, der 1511 mit dem Rest seiner Mannschaft in einem Beiboot an den Strand der Halbinsel getrieben wurde. Bis auf zwei kamen alle ums Leben. Die meisten starben unter den Messern der Mayapriester. 1517 wurde Cordoba mit seinen drei Schiffen von den kriegstüchtigen Mayas in die Flucht geschlagen. Bernal war dabei. Er kämpfte ein Jahr später wieder unter Grijalva, der mit zehn Schiffen an der Küste des Golfs von Mexiko entlangsegelte. Beide Male verlor er sein ganzes Vermögen. Grijalva tauschte Gold, Geschmeide und Edelsteine ein, wagte es aber nicht, sich in dem neuen Land festzusetzen. Er brachte als erster die sichere Kunde von dem Goldreichtum des Landes nach Kuba. Das Gold war schlecht, aber es genügte, um in den Kolonisten und ihrem Statthalter die Gier nach mehr zu wecken, um die Abenteurer anzulocken, um den Kampf und die Intrigen um die besten Posten in dem noch nicht eroberten Land einzuleiten. Cortes mußte gegen den Willen des mißtrauischen Statthalters, vorzeitig und im Schutze der Nacht, in See gehen, um Befehlshaber dieses vielversprechenden Unternehmens zu bleiben.

Der vierunddreißigjährige Generalkapitän führte mit Umsicht, entschlossen, mit Härte. Er verstand mit den Menschen umzugehen, mit Freunden und Feinden. Er verpflichtete sich die Kavaliere und die einfachen Männer durch sein vorbildliches Soldatentum, durch großzügige Versprechungen, durch »honigsüße Reden« und nicht zuletzt mit Hilfe von Gold. Wenn er es für zweckmäßig hielt, täuschte er Freunde und Feinde; er nutzte den kleinsten Vorteil aus; er war zäh und unerbittlich, er spielte mit dem höchsten Einsatz – und er hatte zunächst Glück.

Es war keineswegs so, daß die Konquistadoren ihre Siege den überlegenen Waffen verdankten. Dazu hatten sie zu wenig Geschütze und noch weniger Pulver, und was sind schon fünfzehn Pferde gegenüber mehreren hunderttausend wohlausgerüsteten und kampferprobten Kriegern? Außerdem mußten schwerzugängliche Hochgebirge, reißende Ströme, weitausgedehnte, weglose Sumpfgebiete und lange Hungerstrecken überwunden werden. Immer wieder rebellierten die eigenen Leute gegen die allzu wagemutigen Pläne und Entschlüsse ihres Generals. Er mußte die ganze Flotte hinter sich verbrennen, um die Rückfahrt nach Kuba unmöglich zu machen. Der Statthalter von Kuba schickte ein Expeditionskorps mit dem Befehl, Cortes mit seinen Männern gefangenzunehmen oder zu töten. Der General wurde mit der fünffachen Übermacht fertig. Er verstand es meisterhaft, die Gegner in den eigenen Reihen und die uneinigen Indianerstämme gegeneinander auszuspielen. Ohne die tieferen Zusammenhänge zu erkennen, nützte er geschickt die merkwürdige innere Verfassung aus, in der er das Aztekenreich vorfand. Die mythischen und magischen Vorstellungen Moteczumas und seiner Völker spielten dabei eine entscheidende Rolle.

Ein Jahrzehnt, ehe die ersten Spanier mexikanischen Boden betraten, im Jahr »Zwölf Haus«, stieg Nacht für Nacht eine hohe Flamme zum Osthimmel. Ihr Feuer fiel wie aus einer blutenden Wunde in Tropfen herab. Ein böses Vorzeichen! Dann brannte der Tempel des Kriegsgottes Huitzilopochtli ab; alle Löschversuche waren vergeblich. Ein Blitzstrahl traf aus heiterem Himmel den Tempel des Feuergottes und zerstörte ihn. Feurige Kometen rasten über den Himmel von Westen nach Osten. Der Salzsee von Tetzcuco und Mexiko bäumte sich auf, ohne Wind; er kochte über, er überflutete die halbe Stadt, zertrümmerte die Häuser, zog sie zu sich in den Grund. Böse Vorzeichen! Die Stimme einer Frau beklagte Nacht für Nacht ihre verlorenen Söhne. Moteczuma sah im Traum bedrohliche Zukunftsbilder. Der »Herr der Menschen« fastete und meditierte. Er ließ die Oberpriester, die Weisen, die Zeichendeuter des ganzen Landes vor sich kommen und befahl ihnen, die seltsamen Erscheinungen zu beobachten und zu deuten. Aber sie sahen nicht alle Zeichen, die ihr Herr sah.

Moteczuma II., der »zornige Fürst«, hatte die in blutigen Kriegen erkämpfte Macht seiner Vorfahren mit Gewalt befestigt und ausgebaut. Nur wenige der rund fünfzig Völker zwischen den beiden Meeren zahlten ihm keine Tribute. Er war längst nicht mehr der Erste unter seinesgleichen. Er hatte sich zum Alleinherrscher aufgeworfen. Wer seine Befehle nicht vollzog, wurde mitsamt seiner Sippe ausgelöscht; Völkerschaften, die gegen ihn aufstanden, wurden nicht unterworfen, sondern vernichtet, zahlreiche Gefangene den Göttern geopfert. Rücksichtslos trieben seine Finanzbeamten die Abgaben ein: Gold, Silber, Edelsteine, prächtige Gewebe aus Federn, Sisalleinen, Felle, Mais, Fische, Truthühner und Sklaven – Opfer für die Götter der Azteken. Zwei- bis dreitausend Menschen wurden Jahr für Jahr hoch oben auf den Tempelpyramiden geopfert; denn die Götter verlangten »Edelsteinwasser«, dürsteten nach Menschenblut.

Nun ergriff die Angst, mit der er seine Untertanen im Zaum hielt, den »Herrn der Menschen« selbst. Vor zweihundert Jahren waren die Azteken in das Hochtal von Mexiko eingebrochen; Nomaden, Barbaren, ein kleiner, armer, aber streitbarer indianischer Stamm. Sie verschanzten sich auf der Insel im See von Tetzcuco gegen die mächtigen, alteingesessenen, hochkultivierten Völkerschaften, die in den Städten um den See wohnten. 1325 gründeten sie Tenochtitlan (Mexiko). Raubzüge in die reichen Ländereien der Nachbarn, Kriegsdienste für die alten Stadtstaaten brachten die Azteken in nahe Berührung mit der Kultur der Tolteken, die seit dem zehnten Jahrhundert von Tollan (Tula) aus das Hochtal beherrschten. Der große, weise und gütige Priesterfürst der Tolteken, Quetzalcoatl, führte eine »Epoche des Friedens und der unblutigen Götterkulte« herauf. Er wurde schließlich selbst als Gott verehrt. Aber die blutdurstigen Stammesgötter der Azteken und der Acolhua vertrieben Quetzalcoatl. Er verschwand im »Meer des Ostens«. Nach der Überlieferung sollte er zurückkommen, der Gott der gefiederten

Schlange, der Gott der milden Luft. Alle Zeichen sprachen dafür, daß Moteczuma die Macht abgeben, in die Hand des Priestergottes zurücklegen müßte. Freilich wußte keiner, wie das geschehen könnte. Keiner wußte, ob der Gott, der das Land unter Zwang verlassen hatte, blutige Rache nehmen oder als Friedensbringer auftreten würde.

Der Staat der Azteken war noch keine hundert Jahre unabhängig, als 1517 die ersten Spanier in Yucatan landeten. 1440 hatten sich Tenochtitlan, Tetzcuco und Tlacopan zu einem Dreibund zusammengeschlossen, 1473 erst war Tlatelolco mit Tenochtitlan zu einer Stadt zusammengewachsen. Tenochtitlan-Mexiko war nun die Hauptstadt eines ausgedehnten Reiches, das sich aus zahlreichen kleinen Stammesgebieten zusammensetzte, die der Terror und der Sonnenkult zusammenhielten, in beiden Fällen die Angst vor einem überlegenen, grausamen, ausbeutenden Tyrannen. Die Azteken verstanden es, das Reich mit geringen Kräften zu regieren, zu bewirtschaften und zu verteidigen. Sie eigneten sich schnell an, was die hochkultivierten Tolteken ihnen an künstlerischer und geistiger Tradition hinterlassen hatten. Über dem Kampf um den Ausbau und die Festigung ihrer äußeren Macht kamen sie nicht zur Entwicklung einer eigenen Kultur. Ihr Staat war noch nicht von innen her oder auf den Kern zu zusammengewachsen. Er wurde durch harte Gesetze und Strafandrohungen gehalten.

Moteczuma mußte befürchten, daß jeder ernste Angriff von außen den Zusammenbruch seines Reiches herbeiführte. Vielleicht entschloß er sich deshalb, die weißen Männer, die am Karfreitag 1519 in der Gegend des heutigen Vera Cruz landeten, wie die heimkehrenden Götter zu begrüßen. In jedem Fall gab er sich und sein Volk auf, in jedem Fall gab er die Rolle des »Herrn der Menschen« in dem Augenblick ab, in welchem er sich in seiner eigenen Hauptstadt tief vor Cortes beugte, in welchem er vor den Spaniern die Erde mit der Hand berührte, in welchem er die uns von Sahagun überlieferten Begrüßungsworte sprach.

Cortes spielte eine Zeitlang geschickt die Götterrolle. Als Moteczuma erkannte, daß es sich nur um eine Rolle handelte, war es für beide zu spät; Eroberer und Eingeborene hatten sich gründlich mißverstanden. Moteczuma hatte den heimkehrenden Göttern seine Priesterfürsten entgegengeschickt. Er gab ihnen die prächtigen Festgewänder der Götter mit, den »großen göttlichen Schmuck«, die Insignien ihrer Macht und ihrer Würde. Die Gesandten legten alles in gebührender Ordnung vor Cortes aus. Der General schätzte aber nur den Goldwert. Er fragte: »Ist das alles? Sind das eure Gastgeschenke? Begrüßt ihr uns so?« (Codex Florentino). Für die Azteken war dies eine Entwürdigung ihrer Götter. Mit jeder Begegnung wuchs die Entfremdung zwischen den weißen Eroberern und den Eingeborenen. Jede Niederlage minderte das Vertrauen der Indianer zu ihren Göttern und ihrer eigenen Kraft. Die Chololteken glaubten fest daran, daß ihr Gott Quetzalcoatl in seinem Tempel eine Flut über die Spanier und die Tlaxcateken kommen lassen werde, um sie alle zu ertränken. Aber es geschah nichts. In der Verzweiflung stürzten sich viele von der Tempelpyramide. Auf diese Weise sollen mehr Eingeborene umgekommen sein als bei dem schauerlichen Gemetzel in der Stadt.

Nach dem Fall von Cholula schickte Moteczuma den weißen Göttern noch einmal das Zeichen ihrer Würde entgegen. Seine Fürsten übergaben Cortes ein goldenes Banner, Fahnen aus Quetzalfedern und goldene Ketten. Die Indianer schildern diese Begegnung anders als Bernal (Codex Florentino): »Als die Spanier das Gold sahen... funkelten ihre Augen vor Vergnügen; sie waren entzückt. Wie Affen griffen sie nach dem Gold, befingerten es, waren hingerissen vor Freude..., sie hungerten und dürsteten nur nach Gold..., sie wühlten wie hungrige Schweine nach Gold. Sie rissen die goldenen Banner an sich, prüften sie Zoll für Zoll, schwenkten sie hin und her und antworteten mit wilden, barbarischen Reden auf das ihnen unverständliche seltsame Rauschen im Wind.«

Welch ein Haß gegen die Eindringlinge kommt hier zu Wort! Aber er reicht nicht aus, den Feind zu vernichten. Cortes muß zwar Niederlage über Niederlage hinnehmen, er behält aber schließlich doch die Oberhand, weil er die Uneinigkeit der Indianer auszunützen versteht, weil er die »Erbfeinde« gegeneinander antreten läßt. Er ist nicht nur ein guter Feldherr; er ist ein ebenso geschickter wie skrupelloser Diplomat.

Und Bernal Diaz del Castillo ist einer seiner getreuesten Gefolgsmänner, ein einfacher Soldat, dem merkwürdigerweise nie ein höheres Kommando anvertraut wird, der aber als erfahrener Kriegsmann und kluger Berater bei seinem General und bei seinen Kameraden, Offizieren und Soldaten, in hohem Ansehen steht. Bernal stellt keine tiefsinnigen Betrachtungen an. Er berichtet getreu, was er sieht und hört und erlebt; er bewegt vieles in seinem Herzen und spricht aus, was er denkt. Selbstbewußt und freimütig übt er Kritik, wo er es für richtig hält, auch an seinem General, dem er manches vorzuhalten hat. Mag sein, daß diese Offenheit ihm bei einem Mann wir Cortes geschadet hat, der gerne sein Lob singen hörte. Bernal ist immer gerecht gegen andere, gegen Freunde und Feinde. Seine Erzählung hat auf weiten Strecken noch die Frische eines mündlichen Berichts, der unmittelbar nach den Ereignissen vorgetragen wurde. Sie ist nicht so kühl und so geschliffen wie die Niederschriften von Cortes, die immer zweckbestimmt sind, die vor allem dem höheren Ruhm des Generalkapitäns selbst dienen. Bernal fängt die wechselnden Stimmungen ein, er hält das Kolorit jeder einzelnen Szene fest. Das macht sein Buch interessant, unterhaltend und spannend. Die Personen charakterisieren sich selbst durch ihre Handlungen und durch ihr Verhalten. Dahinter aber zeigen sich dem aufmerksamen Leser allenthalben wie Schatten die Spannungen und die tragischen Schicksale, die durch die Ereignisse in Neuspanien auf beiden Seiten ausgelöst werden.

Bernal ging erst spät daran, seine Notizen und seine Erinnerungen in einem Buch zusammenzufassen. Als er 1568 damit fertig wurde, war er 84 Jahre alt. Aber das Werk des Franciso Lopez de Gomara, der lange Zeit Hausgeistlicher bei Cortes war und sein Buch 1552 erscheinen ließ, dieser Bericht über die Eroberung von Neuspanien, erregte den Zorn des alten Soldaten, weil der Kaplan allen Ruhm und alle Ehre auf Cortes häufte und die Verdienste der alten Eroberer vergaß. Bernal ging es darum, die Feldzüge so darzustellen, wie sie »in Wahrheit« abgelaufen sind, und Zeitgenossen bestätigen dem greisen Feldhauptmann, daß »der alte Soldat allen Glauben verdient« und daß »seine Wahrhaftigkeit keinem Zweifel unterliegt« (Torquemada, bedeutender Historiker, Verfasser einer umfassenden Geschichte von Mexiko, die 1613 bis 1615 erscheint).

Die Historiker schätzen das Werk als die genaueste, interessanteste und vollständigste Chronik der Eroberung von Mexiko. Der Verfasser erlebt die Veröffentlichung nicht mehr. Das Buch wird erst 1632 von Alonzo Remon in Madrid herausgegeben, von einem Mann, der sich nicht scheut, das Werk zu korrigieren, Teile wegzulassen und manches hinzuzufügen. In Spanien erscheinen viele Auflagen dieser Ausgabe, die im 19. Jahrhundert in die wichtigsten westeuropäischen Sprachen übersetzt wird. Erst Ende des vorigen Jahrhunderts kommen die ersten vollständigen und überprüften Editionen. Die letzte deutsche Gesamtausgabe besorgte J. von Rehfues 1838. Für unsere Ausgabe ist diese Übersetzung benutzt worden. Der Text wurde anhand neuer spanischer und anderssprachiger Ausgaben überprüft. Bernal wiederholt sich sehr oft; er wird ausgesprochen redselig, wenn er sich mit Gomara und anderen zeitgenössischen Bücherschreibern auseinandersetzt. Diese sachlich unnötigen und die Frische der Erzählung lähmenden Partikel wurden zum großen Teil weggelassen. Wir sprechen von »Partikeln«; denn es handelt sich um eine vorsichtige Raffung der einzelnen Kapitel. Wir hoffen, daß der Leser trotzdem nach wie vor das ungekünstelte Erzähltemperament des Autors spürt und daß die Lesbarkeit des Buches gewonnen hat. Ganz weggelassen wurden nur die Abschnitte über die Schicksale der einzelnen Pferde und die Wiederholung der Taten aller Eroberer in einem der Schlußkapitel. Wer über bestimmte Personen etwas erfahren will, wird anhand des Registers schnell die einschlägigen Stellen finden.

Zu den beigegebenen Karten ist zu sagen, daß nicht alle Zwischenstationen der Kriegszüge von Cortes eindeutig festgestellt werden können. Manche Orte sind untergegangen, vielen wurden von den Eroberern falsche Namen gegeben. Die meisten konnten trotzdem identifiziert werden.

Über Bernal Diaz del Castillo selbst ist nicht sehr viel bekannt. Er wurde 1492 in der spanischen Stadt Medina del Campo geboren, die sein Vater Don Francisco als Regidor regierte. Seine unmittelbaren Vorfahren standen im Dienst der spanischen Krone. Die Familie ist sicher nicht reich gewesen. Bernal muß aber über einige Mittel verfügt haben; denn er reiste mit 22 Jahren auf eigene Kosten nach Kuba und rüstete sich selbst für die verschiedenen Expeditionen aus, an denen er teilnahm. Der spanische Staat gab seinen Eroberern und Entdeckern damals nur Titel, Patente und Vergünstigungen, aber kein Geld. Entdecker reisten auf eigene Kosten und auf eigene Gefahr. Die Soldaten waren Kämpfer ohne Sold. Wer das Glück hatte, an einer erfolgreichen Expedition teilzunehmen und zu überleben, konnte zu einträglichen Kommenden kommen. Bernal kam dreimal völlig verarmt, einmal buchstäblich nackt nach Kuba zurück, ehe er mit Cortes nach Mexiko segelte.

Was er unter Cordoba, Grijalva und Cortes erlebte, erzählte er in diesem Buch. Nach dem unglücklichen Zug nach Honduras lebte er mindestens bis 1540 in Coatzacoalco, wo er lange Zeit als Regidor wirkte. 1540 segelte er als der älteste Eroberer von Mexiko nach Spanien, um für sich und die wenigen überlebenden Kameraden bessere Patente und Kommenden zu erwirken. Er muß damit Erfolg gehabt haben; denn 1541 oder 1542 zog er als Regidor in die wesentlich größere und bedeutendere Stadt Guatemala. 1550 war er wieder als Sprecher der alten Eroberer in Valladolid mit Sitz und Stimme im Indienrat des Königs. Er muß also ein sehr angesehener Mann gewesen sein. Er war sicher wohlhabend, aber ebenso sicher nicht reich. Nach seinen eigenen Berichten ist er bis in sein hohes Alter der einfache Mann geblieben, als der er die Feldzüge in Neuspanien mitgemacht hatte.

Wenn er seine Kommenden besuchte, schlief er nach wie vor auf der blanken Erde und stand nachts mehrmals auf, um nach dem Stand der Gestirne zu sehen. Er reiste nur dann mit einem Bett, wenn er fürchten mußte, daß seine Leute einen bettlosen Herrn für bettelarm halten könnten. Er soll neunundachtzig Jahre alt geworden sein. Erst sein Urenkel erlebte das Erscheinen der »Wahrhaftigen Geschichte« von der Eroberung eines Reiches, die einen neuen Abschnitt der Weltgeschichte eingeleitet hat.

G. A. Narciß

NACHWORT VON TZVETAN TODOROV

Cortes und Moteczuma: Über Kommunikation

Wohl die erstaunlichste Begegnung in der Geschichte des Westens ist die Entdeckung Amerikas – oder vielmehr, der Amerikaner. Die Entdeckung der anderen Kontinente war nicht wirklich mit diesem Gefühl radikaler Fremdheit verbunden. Die Existenz Afrikas, Indiens oder Chinas war den Europäern niemals unbekannt: Die Erinnerung an sie ist von Anfang an gegenwärtig. Der Mond ist weiter entfernt als Amerika, aber heute wissen wir, daß die Begegnung mit dem Mond keine gewesen ist, daß diese Entdeckung nicht die gleiche Überraschung ausgelöst hat: Wenn ein Mensch auf dem Mond photographiert werden soll, muß sich ein Astronaut vor den Apparat stellen, und was sein Raumanzug widerspiegelt, ist lediglich ein Erdenmensch. Die Indianer Amerikas sind zu Beginn des sechzehnten Jahrhunderts durchaus gegenwärtig, aber man weiß nichts über sie.

Die Begegnung zwischen Europäern und Indianern verlief, wie man weiß, in Form eines Krieges und einer Ausrottung: auch das ein Anlaß zu Verwunderung, der jedoch zunächst vor einem anderen zurücktritt: Wie war es möglich, daß die Spanier diesen Krieg gewonnen haben? Um nur eine der ersten (aber entscheidenden) Episoden, die Eroberung der Stadt Mexiko, herauszugreifen: Wie erklärt es sich, daß es Cortes an der Spitze von nur etwa tausend Mann gelungen ist, das Reich Moteczumas, der über mehrere hunderttausend Krieger verfügte, unter seine Gewalt zu bringen? Ich will versuchen, diese Frage anhand dreier zeitgenössischer Berichte zu kommentieren: dem aztekischer Augenzeugen, dem von Cortes selber und dem eines spanischen Soldaten, Verfasser einer der schönsten Chroniken: Bernal Díaz del Castillo.

Ein erster Grund für den Sieg der Spanier (von der ersten Phase der Eroberung bis zum Tod des aztekischen Herrschers) ist das zweideutige, zögernde Verhalten Moteczumas. Schon damals war eine Legende in Umlauf, der zufolge Cortes für Quetzalcoatl gehalten worden sei, die gefiederte Schlange, den Gott im Exil, der zurückgekommen sei, um sein Reich wieder in Besitz zu nehmen. Obwohl diese Darstellung sowohl durch die von Sahagún gesammelten aztekischen Berichte aus dieser Zeit als auch durch die spanischen Chroniken belegt ist, muß sie nicht unbedingt der Wirklichkeit entsprechen, denn die Vorstellung von einem Messias, der zurückkehrt, um zu erobern, was ihm gehört, paßt schlecht in die übrige aztekische Mythologie. Sicher ist aber, daß die Indianer in der ersten Zeit die Spanier als Wesen göttlichen Ursprungs (als *teules*) betrachtet haben (ich komme auf diese Auslegung noch zurück) und daß von diesem Glauben eine lähmende Wirkung auf sie ausgegangen ist.

Diese Legende reicht aber nicht aus, um das unschlüssige Verhalten Moteczumas zu erklären. Bernal Díaz del Castillo, der die Aussagen der Papas von Cholula wiedergibt, beschreibt es so: »Sie berichteten, daß Moteczuma seine Meinung über unseren Marsch nach Mexiko täglich mehrfach wechsle. Bald schicke er nach Cholula den Befehl, uns ehrenvoll zu empfangen und nach Mexiko zu geleiten, bald lasse er sagen, seine Götter hätten ihm befohlen, uns alle in Cholula umzubringen. Sie meldeten Cortes, auf welche Weise ihr Gebieter uns vernichten wolle« (D, 182). Man hat den Eindruck, daß es sich um echte Unschlüssigkeit und nicht um bloße Ungeschicklichkeit handelt, wenn die Boten Moteczumas den Spaniern verkünden, ihr Herrscher sei bereit, Untertan des Kaisers zu werden, bitte sie aber, nicht nach Mexiko zu kommen, sondern dahin zurückzukehren, woher sie gekommen seien. Unglücklicherweise fehlt es an Dokumenten, die es uns erlauben würden, die Vorstellungswelt dieses seltsamen Herrschers zu erschließen, der angesichts seiner Feinde davor zurückschreckt, sich seiner unermeßlichen Macht zu bedienen, als sei er keineswegs davon überzeugt, daß er siegen wolle.

Sein Verhalten wird noch merkwürdiger nach der Ankunft der Spanier in seiner Hauptstadt. Nicht nur läßt er sich von Cortes und seinen Männern gefangennehmen (nächst dem Entschluß, seine eigenen Schiffe zu vernichten, ist der zur Festnahme Moteczumas die erstaunlichste Geste Cortes': Mit seinen paar hundert Mann nimmt er den Herrscher gefangen, während er von dem gesamten mächtigen Heer der Azteken umgeben ist), sondern er ist auch als Gefangener nur darum besorgt, jedes Blutvergießen zu vermeiden. Anders als später der letzte Aztekenherrscher Cuauthemoc sucht er mit allen Mitteln zu verhindern, daß in seiner Stadt der Krieg ausbricht: lieber verzichtet er auf seine Macht, seine Privilegien, seine Reichtümer. Selbst als Cortes sich aus Mexiko entfernt, um die Strafexpedition abzuwehren, die der Gouverneur von Kuba gegen ihn ausgeschickt hat, macht er keinen Versuch, die Gelegenheit zu nutzen und sich der Spanier zu entledigen: »Moteczuma trug mit ziemlicher Gewißheit keine Schuld. Er ließ vielmehr seinen Leuten, die Alvarado angreifen wollten, den Befehl geben, alle Feindseligkeiten einzustellen. Sie antworteten ihm jedoch, sie könnten nicht länger zusehen, wie man ihn gefangenhalte...« (D, 287).

Die Persönlichkeit Moteczumas spielt also sicherlich eine Rolle bei diesem Mangel an Widerstand gegen das Übel. Doch gilt diese Erklärung nur für die erste Hälfte des spanischen Feldzugs. Mitten in den Ereignissen stirbt Moteczuma ebenso geheimnisvoll, wie er gelebt hat, und seine Nachfolger an der Spitze des Aztekenstaates erklären den Spaniern alsbald einen wilden, erbarmungslosen Krieg. In der zweiten Phase des Krieges (von der »traurigen Nacht«, in der die Conquistadoren die Hälfte ihrer Truppen verlieren, bis zum Fall der Stadt Mexiko) beginnt ein anderer Faktor eine entscheidende Rolle zu spielen. Seit Beginn seiner Expedition ist Cortes besonders aufmerksam auf alle Informationen über mögliche Uneinigkeiten unter den verschiedenen Völkern auf mexikanischem Gebiet. In Tlaxcala angekommen, bemerkt er: »Der Widerspruch zwischen den Aussagen beider Parteien bereitete mir großes Vergnügen (...) Und ich erinnerte mich an jenes Wort aus dem Evangelium, das da lautet: *Omne regnum in se ipsum divisum desolabitur*« (C, 37), das heißt, daß jedes uneinige Land zerstört werden wird. Cortes ist auf diesem Wege sehr erfolgreich: Nicht nur versteht er es, während des ganzen Feldzuges die internen Kämpfe zwischen rivalisierenden Gruppen auszunützen: in der Endphase des Krieges steht auch ein zahlenmäßig der Armee der Azteken vergleichbares Heer von Indianern unter seinem Befehl, ein Heer, in dem die Spanier sozusagen nur noch die logistische Basis, die Befehlsgewalt darstellen. In ihren Einheiten kommen manchmal vier spanische Reiter auf zehntausend indianische Fußsoldaten.

Wenn man die Geschichte Mexikos liest, drängt sich einem die Frage auf: Warum haben die Indianer nicht stärkeren Widerstand geleistet? Haben sie Cortes' kolonialistische Absichten nicht durchschaut? Die Frage geht am Kern der Sache vorbei, denn in den Gebieten, durch die Cortes zu Beginn seiner Expedition zieht, sind die Indianer von seinen Eroberungsabsichten nicht weiter beeindruckt, weil sie bereits von den Azteken erobert und kolonisiert worden sind. Das damalige Mexiko ist kein einheitlicher Staat, sondern ein Konglomerat von den Azteken unterworfener Völker. Die Azteken selbst bilden die Spitze der Pyramide. So daß Cortes, weit entfernt, das absolute Böse für die Indianer zu verkörpern, ihnen als das kleinere Übel erscheint, relativ gesehen als ein Befreier, der ihnen hilft, das Joch einer besonders verhaßten Tyrannei abzuschütteln.

Uns, die wir heute empfindlich auf Untaten der europäischen Kolonisatoren reagieren, fällt es schwer zu verstehen, warum die Indianer nicht sofort – solange es noch Zeit war – gegen die Spanier aufstanden. In Wirklichkeit traten die Spanier nur in die Fußstapfen der Azteken. Wir sind schockiert, wenn wir erfahren, daß die Spanier nur Gold, Sklaven und Frauen suchten. Am liebsten, schreibt Bernal Díaz del Castillo, seien die spanischen Soldaten nach einer guten Indianerin oder irgendeiner Beute auf die Suche gegangen. Und er erzählt, wie sich Cuauthemoc und seine Großen bei ihrem Eroberer beschwerten, daß spanische Offiziere und Soldaten ihnen Frauen und Töchter geraubt hätten

(D, 435). Aber gleiche Beschwerden führten auch die Indianer aus den anderen Teilen Mexikos, wenn sie über die Untaten der Azteken berichteten. »Sie klagten sehr über die Zwangsherrschaft des Moteczuma und seiner Steuerbeamten; alles würde ihnen genommen, Frauen und Töchter würden vor den Augen der Männer vergewaltigt; sie würden verschleppt und wie Sklaven behandelt. Sie müßten die schwersten Arbeiten leisten, Holz, Mais und Steine schleppen, die herrschaftlichen Felder bearbeiten und die eigenen den Tempeln übereignen (D, 195). Das Gold und die Edelsteine, denen die Spanier nachjagten, waren bereits als Steuer von Moteczumas Beamten eingezogen worden.

In den Augen des heutigen Lesers übrigens besteht kein radikaler Unterschied zwischen dem Zivilisationsgrad der spanischen Eroberer und dem der aztekischen Krieger. Daß die einen bei ihren Angriffen »wilde« Schreie ausstoßen und die anderen sich mit dem Ruf »Santiago!« in die Schlacht stürzen, gestattet uns nicht, den einen Zivilisation zu- und sie den anderen abzusprechen. Die Eroberer reden viel von der Notwendigkeit der Christianisierung und rühmen die Überlegenheit ihres Gottes über die Götzen der anderen. Aber in der Praxis besteht die religiöse Eroberung darin, bestimmte Bildnisse von einem als heilig bezeichneten Platz wegzuschaffen und dafür andere aufzustellen, wobei – und das ist wesentlich – die Kultstätte beibehalten und die gleichen aromatischen Substanzen auf ihnen verbrannt wurden. »An die Stelle eurer Götzen werde ich jetzt unsere glorreiche und heilige Frau setzen, die Mutter Jesu Christi«, sagt Cortes zu den Indianern (D, 137). »Das Räucherwerk des Landes wurde in Zukunft als Weihrauch verwendet« (D, 116).

Aber der Kannibalismus?, wird man einwenden. Die Spanier fraßen wenigstens ihren Nächsten nicht auf, während man doch nicht ohne Schaudern liest, die Männer von Cortes hätten »mehrere Maishaufen und darauf gebratene kleine Kinder« entdeckt, von denen die Indianer einen Vorrat angelegt, aber, als die Spanier kamen, im Stich gelassen hätten (C, 217). Selbst wenn man von möglichen Entstellungen in den Berichten der Spanier und von dem rituellen Wert der Kannibalen-Mähler absieht, wäre dem noch hinzuzufügen, daß Cortes den Kannibalismus nicht ernstlich zu verhindern sucht, wenn seine Verbündeten ihn praktizieren. »Die Tlaxcala-Leute machten sie auf die am Boden liegenden Leichname ihrer Mitbürger aufmerksam und riefen ihnen zu, sie würden aus ihnen am Abend und zum nächsten Frühstück ihr Mahl bereiten« (C, 196). »In dieser Nacht begingen unsere Freunde ein Freudenfest, denn sie nahmen die getöteten Feinde in Stücke zerhackt mit sich, um sich daran nach Herzenslust gütlich zu tun« (C, 224). Ganz abgesehen von einigen Fällen von Kannibalismus unter den Spaniern selbst, liest man einigermaßen erstaunt die wiederholten Berichte Bernal Diaz', wonach die Spanier ihre Wunden mit dem Fett feister Indianer einstreichen (D, 133 und 135). Und die Azteken berichten: »Und den Kriegsherrn von Cuautitlán und den Superintendenten im Palast der Hölle werfen sie den Hunden zum Fraß vor. Auch einige Leute von Xochimilco wurden den Hunden vorgeworfen« (A, 14,213-4). Ist es von einem rein humanitären Gesichtspunkt aus abscheulicher, das Fleisch von Menschen zu essen, als Hunde damit zu füttern?

Die Spanier wußten, daß die Azteken Menschen opferten, und dies war eine derjenigen Tatsachen, die sie am meisten schockierten. »Jedesmal, wenn sie etwas haben, worum sie ihre Götzen bitten, nehmen sie, um sie ihren Bitten geneigt zu machen, junge Männer und junge Mädchen, Männer und auch Frauen, schlitzen ihnen die Brust auf, reißen das Herz und die Eingeweide heraus und verbrennen sie vor ihren falschen Göttern, um ihnen den Rauch als Opfer anzubieten. Einige von uns waren Zeugen dieser Opfer, und diejenigen, die sie gesehen haben, sagen, es sei das Schrecklichste und Grauenhafteste, was man sich vorstellen kann« (C² 1, 24). Der Opferritus der Azteken ist zweifellos einer der grausamsten und spielt in dem Haß der die Opfer liefernden anderen Völker auf die Azteken keine geringe Rolle. Aber gab es,

von dem rituellen Charakter als Rechtfertigung einmal abgesehen
– und er ist es, der die Opferung motivierte – bei den Spaniern
nicht vergleichbare Akte der Grausamkeit, angefangen bei den
Indianerführern, die lebendig verbrannt wurden, weil sie rebelliert hatten, bis zur Folterung Cuauthemocs, dem die Füße in
heißes Öl getaucht wurden, damit er das Versteck seiner Schätze
preisgab? (Vgl. D, 436)

Es gab viele Ähnlichkeiten zwischen den alten und den neuen
Eroberern, und diese mußten es, wenn auch nur unbewußt,
gefühlt haben, da sie aus freien Stücken eine gewisse Treue zur
Vergangenheit an den Tag legten, sowohl durch die Form dieses
oder jenes Ritus, von dem Bernal Díaz berichtet, als auch und vor
allem durch die Wahl des besiegten Mexiko als Hauptstadt, die
symbolträchtigste Tat von Cortes überhaupt. »Da es indessen
stets mein Wunsch war, die Hauptstadt wegen ihrer Großartig-
keit und wundersamen Lage wieder aufzubauen, so bemühte ich
mich, die seit dem Kriege nach vielen Seiten hin zerstreuten
Einwohner wieder zusammenzubringen« (C, 289). Cortes will
sich durch die Fortführung des von Moteczuma übernommenen
Reiches eine gewisse Legitimität verschaffen, nicht nur in den
Augen des Königs von Spanien, sondern auch in denen der
ortsansässigen Bevölkerung.

Diese Faktoren, die Cortes schließlich zum Vorteil gereichten,
sind den Historikern ebenso bekannt wie bestimmte materielle
und technische Fakten: Die Spanier verfügen über einige überlegene Waffen, insbesondere über Feuerwaffen (wenn auch nur
wenige und häufig unbenützbare); auf dem Land verschaffen
ihnen die Pferde erhebliche Vorteile, und auf den Seen rund um
die Stadt Mexiko die Brigantinen, die sie sich bauen, Schiffe, die
den Kanus der Mexikaner weit überlegen sind: ohne es zu
wissen, eröffnen sie auch den Bakterienkrieg, da sie die Pocken
einschleppen. Neben diesen Faktoren gibt es jedoch einen anderen, der bisher anscheinend unbemerkt geblieben; er betrifft das
Verhalten, nicht die Waffen; es handelt sich um die verschiedenen Arten, Kommunikation zu praktizieren.

Sagen wir es vorweg, daß es keine »natürliche« Unterlegenheit gibt. Die ersten, die während des Feldzugs die Sprache der anderen lernen, sind die zwei Indianer, die die Spanier Julián und Melchior nennen. Und selbstverständlich versucht Moteczuma, sich über seine Gegner zu informieren, und schickt zu diesem Zweck seine Spione in die Lager.

Und doch gibt es bei ihm so etwas wie eine globale Verweigerung der Kommunikation. Im Verlauf der ersten Phase der Eroberung, als die Spanier noch nahe an der Küste sind, besagt die wichtigste Botschaft, die Moteczuma abschickt, daß er einen Austausch von Botschaftern nicht wünsche. Er freut sich nicht, wenn er Informationen erhält, ganz im Gegenteil: In den Berichten der Azteken wird das folgendermaßen beschrieben! »Mit gesenktem Haupt hörte Moteczuma zu und sprach kein Wort« (A, 2, 56). »Als Moteczuma alles angehört hatte, ergriff ihn so große Furcht, daß sich sein Herz verkrampfte; sein Herz wurde krank, erdrückt von Angst« (A, 3, 73). Für dieses Verhalten ist auch bezeichnend, daß Moteczuma seine Informanten mißhandeln läßt. Als ein Mann von der Küste kommt, um ihm zu schildern, was er gesehen hat, dankt ihm Moteczuma, befiehlt aber seinen Wachen: »Führt ihn ab und laßt ihn in den Holzkäfig werfen und bewacht ihn gut« (A, 2, 54). Die Magier versuchen die übernatürlichen Vorzeichen zu deuten, und Moteczuma wirft auch sie ins Gefängnis; als sie fliehen, beschließt er, sie exemplarisch zu bestrafen: »Befehlt meinen Beamten (...), sie sollen sich in die Dörfer begeben, aus denen diese Schurken stammen, und ihre Frauen und Kinder erschlagen, und kein einziges verschonen, ich sage, kein einziges, und die Häuser sollen dem Erdboden gleichgemacht werden« (A, 2, 53). Es ist begreiflich, daß unter diesen Bedingungen niemand mehr freiwillig über das Verhalten der Spanier berichten oder es auslegen will. Auch Bernal Díaz erzählt, daß schlechte Ratgeber auf der Stelle getötet werden. »Sie sollen so erbost über die Papas und auf ihre Wahrsager gewesen sein, daß sie zwei von ihnen als Opfer geschlachtet haben« (D, 141). Obwohl Cortes weiß, daß die Indianer nicht lesen können, was er ihnen schreibt, schickt er ihnen Briefe, weil er auf die Nebenwirkung des übersandten Gegenstandes zählt: In einer symbolischen Geste der Verweigerung verbrennen die Indianer die Botschaften auf dem Altar ihrer Götter (vgl. D, 134).

Unversehens entsteht eine paradoxe Situation. Während die Indianer zu Hause und die Spanier mitten im fremden Land sind, kennen diese den Zustand ihrer Gegner genau, jene ihn aber nicht. »Wenn die Indianer gewußt hätten, wie wenig zahlreich, schwach und erschöpft wir in diesem Augenblick waren«, schreibt Bernal Díaz… Aber sie wußten es eben nicht. Alle Aktionen der Spanier kommen für die Indianer so überraschend, als würden sie, die Indianer, einen regulären Krieg führen und die Spanier sie in einer Guerilla-Bewegung aufreiben.

Wenn die Kommunikation auf seiten der Indianer zu schlecht funktioniert, so deshalb, weil Moteczuma seine Informationen eher von den Göttern als von den Menschen zu erhalten suchte. Er opferte täglich mehrere Knaben, um auf diese Weise eine Offenbarung über das Schicksal zu erzwingen, das er uns bereiten sollte« (D, 92). »Wieder opferte er seinem Kriegsgott zahlreiche Indianer. Er verlangte von ihm einen Rat, wie er unseren Zug nach Mexiko jetzt noch verhindern könne« (D, 188). Der Bericht der Azteken über die Ankunft der Spanier stützt sich nicht auf die Aussagen von Augenzeugen, sondern auf Vorzeichen, welche die Götter als Weissagung geschickt haben: ein Komet, eine Feuersbrunst, ein Blitz, Menschen mit zwei Köpfen … Und wenn die Herrscher eines Landes, seien es die Herren von Tlaxcala oder Moteczuma oder Cuauthemoc die Gegenwart zu verstehen wünschen, wenden sie sich selbstverständlich nicht an Menschenkenner, sondern an diejenigen, die mit den Göttern in Verbindung stehen: »Die Kaziken waren ziemlich niedergedrückt. Sie beschlossen, alle Zeichendeuter und Papas (…) zusammenzutrommeln. Sie sollten feststellen, was wir eigentlich für Leute wären, ob wir wirklich Teules seien, oder ob man uns auf irgendeine Weise erledigen könne« (D, 140).

Die Indianer Mexikos leben in einer geschlossenen Gesellschaft, sie kennen kein echtes menschliches Anderssein. Selbstverständlich gibt es Unterschiede zwischen Azteken, Tlaxcalte-
ken und Totonaken; aber diese Unterschiede werden sofort in die
hierarchische Ebene übersetzt: die *anderen*, das sind die, die man
sich unterwirft, unter denen man die Menschenopfer auswählt.
Die Ankunft der Spanier, die man nicht den Totonaken gleich-
stellen kann, löst die einzige andere Reaktion aus, die man kennt:
den Austausch mit den Göttern. Das ist der Grund, weshalb
Cortes für einen Gott gehalten wird, wenn auch nicht für
Quetzalcoatl, und weshalb man sich, um Informationen über die
Conquistadoren zu erhalten, lieber an die Magier hält als an
Spione. Das Anderssein läuft hier über die Theologie, die
Indianer hören eine göttliche Rede da, wo nur gold- und macht-
gierige Menschen sind.

Mit dem Ausgeben von Signalen haben die Azteken ebensowenig Glück wie mit deren Empfang. Selbstverständlich wissen sie,
daß sie die Wahrheit verheimlichen oder verbrämen müssen,
wenn sie ihnen schadet. Und doch liefert Moteczuma höchstper-
sönlich seinen Kerkermeistern kostbare Informationen, und
Cuauthemoc zieht sich – damit das Ende des Widerstandes
bewirkend – seine Gefangennahme zu, weil er auf einem mit den
Königsinsignien reich geschmückten Schiff flieht (vgl. D, 428).
Es ist, als wären Zeichen für sie nicht eine zur Manipulation
anderer bestimmte Waffe, sondern als gingen sie natürlicher- und
notwendigerweise von den Dingen aus, die sie bezeichnen. Die
meisten an die Spanier gerichteten Botschaften fallen durch ihre
Wirkungslosigkeit auf. Um sie zu überzeugen, daß sie das Land
verlassen sollen, schickt ihnen Moteczuma jedesmal Gold: aber
nichts könnte sie mehr in dem Entschluß bestärken, zu bleiben.
Andere Kaziken bieten ihnen in derselben Absicht Frauen an;
aber gerade die Frauen werden in den Händen der Spanier zu
einer der gefährlichsten, sowohl defensiven wie offensiven
Waffe. Um die Spanier zu entmutigen, kündigen ihnen die
aztekischen Krieger an, sie würden alle geopfert und entweder

von ihnen selbst oder von wilden Tieren aufgefressen werden: und als sie später tatsächlich Gefangene machen, tragen sie Sorge, diese vor den Augen der spanischen Soldaten zu opfern; ihr Ende ist, wie sie es vorausgesagt haben: »Wir sahen, wie sie vor dem Kriegsgott tanzen mußten, wir sahen, wie sie auf einen großen Stein gelegt wurden, wie man ihnen mit Obsidianmessern die Brust aufschlitzte, die noch zuckenden Herzen herausriß und sie den Götzen opferte« (D, 412). Aber das wenig beneidenswerte Los ihrer Kameraden kann nur die eine Wirkung auf die Spanier haben: sich noch entschlossener zu schlagen, da ihnen nur noch eine Wahl bleibt: Siegen oder im Kochtopf enden. Oder auch die rührende Episode, die Bernal Díaz berichtet: Die ersten Gesandten Moteczumas fertigen für diesen ein Porträt von Cortes an, und offenbar ist es gelungen, denn die nächste Gesandtschaft wird angeführt von »einem großen mexikanischen Kaziken, der Cortes sehr ähnlich sah und den Moteczuma deshalb für diese Aufgabe gewählt hatte (...) Wir sprachen von nun an nur noch von ›unserem Cortes‹ und von dem ›Cortes der anderen‹« (D, 88). Aber der Versuch, mit einem Ähnlichkeitszauber auf Cortes einzuwirken, bleibt offensichtlich ohne jede Wirkung.

Ineffizient in ihren Botschaften an (oder gegen) die Spanier, sind die Azteken in der Kommunikation mit anderen Indianerstämmen nicht erfolgreicher. Die Geschenke Moteczumas, die eine ganz andere als die erhoffte Wirkung auf die Spanier ausüben, schaden dem Herrscher auch bei seinen eigenen Völkern, weil sie seine Schwäche zeigen und dadurch andere Kaziken veranlassen, das Lager zu wechseln. »Die Kaziken meinten nun, daß wir Teules sein müßten; anders könnten sie sich nicht erklären, daß Moteczuma Angst vor uns habe und uns Geschenke schicke. Unsere Macht war in ihren Augen (...) gewachsen« (D, 108). Andererseits kann man sich fragen, ob nicht auch der ständige Gebrauch von Bildzeichnungen zur Übermittlung von Botschaften zu einem Umlauf unvollständiger, verzerrter und ungenauer Informationen beigetragen hat.

Bei ihrem ersten Kontakt mit den Indianern erklären die Spanier, daß sie nicht Krieg suchen, sondern Friede und Freundschaft, worauf die Indianer mit einer Wolke von Pfeilen antworten. Den Indianern ist nicht klar, daß Worte eine ebenso gefährliche Waffe sein können wie Pfeile. Wenige Tage vor dem Fall von Mexiko wiederholt sich die Szene: Auf das Friedensangebot, das Cortes, faktisch schon Sieger, Moteczuma unterbreitet, antworten die Azteken: »Was will eigentlich Malinche mit den ständigen Friedensangeboten (...) Redet uns nicht mehr von Friedensschlüssen! Worte sind Sachen für Weiber! Für die Männer sind die Waffen!« (D, 421). Die Aufteilung ist vielleicht nicht falsch; nur übersehen die Azteken, daß gerade die Frauen den Krieg gewinnen: im eigentlichen Sinn, wenn man bedenkt, welche Rolle die Malinche gespielt hat, und im übertragenen Sinn: die Spanier triumphieren mit Hilfe der Worte.

Die Spanier beherrschen die Kommunikation nicht von Anfang an. Bei den Expeditionen, die dem Feldzug des Cortes vorausgegangen waren, hatten sie sich damit begnügt, in kürzester Zeit so viel Gold wie möglich zusammenzuraffen, ohne auch nur den Versuch zu machen, irgend etwas über die Indianer zu erfahren. Die ersten Dolmetscher, über die sie verfügen, zwei Indianer, besitzen nicht das Vertrauen der Spanier, die sich manchmal fragen, ob die beiden nicht genau das Gegenteil dessen sagen, was sie sagen sollen. Auch interessiert es die Spanier wenig, welchen Eindruck ihr Verhalten bei ihren Gesprächspartnern hinterläßt: fühlen sie sich bedroht, fliehen sie und bezeugen dadurch ihre Verwundbarkeit.

Der Unterschied ist schon in den ersten Handlungen von Cortes frappierend. Er bestraft streng Plünderer aus seiner eigenen Armee, die nehmen, was sie nicht nehmen sollen, und dadurch einen schlechten Eindruck hinterlassen. »Als er dann hörte [....] daß wir uns Hühner und Wertgegenstände genommen hatten, wurde er sehr ungehalten und gab Pedro de Alvarado einen ernsten Verweis« (D, 59). Oder später: »Einer unserer Männer nahm aus einem Haus zwei Hühner mit. Cortes war darüber dermaßen erbittert, daß er dem Manne einen Strick um den Hals legen ließ. Er hätte ihn hängen lassen, wenn nicht Alvarado im letzten Augenblick mit seinem Dolch den Strick zerschnitten und damit dem armen Teufel das Leben gerettet hätte« (D, 113).

Nicht *nehmen* möchte Cortes als erstes, sondern *vernehmen*; nicht das Bezeichnete interessiert ihn in erster Linie, sondern das Bezeichnende. Nicht mit der Suche nach Gold, sondern mit der nach Information beginnt sein Feldzug. Es fällt auf, daß die erste wichtige Aktion, die er in Gang setzt, die Suche nach einem Dolmetscher ist. Er hört von Indianern sprechen, die spanische Wörter gebrauchen; er schließt daraus, daß sich vielleicht Spanier unter ihnen befinden, Schiffbrüchige aus früheren Expeditionen, und so ist es in der Tat. Aber Jerónimo de Aguilar, der sich ihm bei dieser Gelegenheit anschließt und ihm als Dolmetscher unschätzbare Dienste leistet, spricht nur die Sprache der Maya, nicht das Nahuatl der Azteken. Die zweite bei dieser Erforschung der Sprachen wesentliche Person ist die Malinche oder Doña Marina, wie die Spanier sie nennen, die um ihre Rechte betrogene, der Sklaverei verfallene Adelige, die den Spaniern bei einer ihrer ersten Begegnungen mit Indianern geschenkt wird. Sie wählt ohne Zögern das Lager der Conquistadoren, und da sie beide Sprachen, das Maya und das Nahuatl, gleich gut spricht, wird sie ein unverzichtbares Glied in der Übermittlung von Informationen von und für Cortes. Es ist keine Übertreibung zu sagen, daß ohne sie oder eine andere Person in ihrer Rolle die Eroberung Mexikos unmöglich gewesen wäre. Sicher ist, daß sie sich nicht damit begnügt hat, die Worte zu übersetzen, sondern daß sie eine Art kultureller Umsetzung bewerkstelligte, indem sie die Wünsche von Cortes in die Vorstellungswelt von Moteczuma übersetzte und umgekehrt und damit indirekt den Sinn dieses oder jenes Verhaltens der Azteken zu erkennen gab. Cortes hat offenbar volles Vertrauen zu ihr und führt sie überall mit sich. Auch den Azteken ist klar, welche Rolle sie spielt, da sie Cortes den Namen seiner Dolmetscherin als Spitznamen geben (nicht mehr die Frau übernimmt den Namen des Mannes, sondern umgekehrt): sie nennen ihn Malinche.

Später lernen einige Spanier Nahuatl, die Sprache der Azteken, und wissen diesen Vorteil geschickt auszunutzen. So etwa gibt Cortes Moteczuma einen Pagen, der dessen Sprache spricht; die Information fließt in beiden Richtungen, aber ihr Nutzen ist sehr ungleich: »Er gab ihm auch seinen Pagen Ortega, der schon etwas Mexikanisch verstand und der uns und Moteczuma sehr nützlich gewesen ist. Der Fürst ließ sich von ihm über alle spanischen Dinge unterrichten, und wir erfuhren durch ihn, was die mexikanischen Hauptleute mit ihrem Gebieter besprochen hatten« (D, 232).

Sobald Cortes der sprachlichen Verständigung sicher ist, versäumt er keine Gelegenheit, neue Informationen einzuholen. »Nach dem Essen fragte Cortes den Kaziken aus, um Näheres über Moteczuma zu erfahren« (D, 128). »Gelegentlich nahm Cortes die beiden alten Kaziken beiseite und fragte sie nach der Lage in Mexiko« (D, 168). Jedesmal, wenn er Informationen erhalten hat, entlohnt er den, der sie ihm gegeben hat, aufs großzügigste. Er ist bereit, den Rat anderer zu hören, auch wenn er ihn nicht immer befolgt – da Informationen auch der Auswertung bedürfen. Während Cuauthemoc auf dem Fluchtschiff unvorsichtig die königlichen Insignien zur Schau stellt, holen die spanischen Offiziere unverzüglich sämtliche Informationen ein, die zu seiner Festnahme führen könnten. »Garcia de Holguin, der eine der Brigantinen befehligte, erfuhr durch einen Mexikaner, den er gefangengenommen hatte, daß sich der König an Bord des Kanus befand, dem er nachfuhr, woraufhin er ihm derart nachsetzte, daß er ihn endlich einholte« (A, 13, 184). Die Eroberung der Information führt zu der des Reichs.

Im Unterschied zu den Indianern halten sich die Spanier nicht an die Kommunikation mit Gott, sondern an die mit den Menschen: sie bewegen sich in der Anthropologie, nicht in der Theologie. Gewiß ist die Verbreitung des christlichen Glaubens einer der Vorwände für die Eroberung, und die politische

Überlegenheit des Monotheismus hat mit dem Erfolg der Spanier etwas zu tun. Aber in der Praxis ist der Gott der Spanier ein Wesen, dessen man sich eher bedient, als seiner zu genießen (um wie die Theologen zu sprechen). Die Durchsetzung der christlichen Religion ist eine Waffe zur materiellen Eroberung, kein Ziel an sich. Die Spanier verstehen die Ratschläge Gottes nur, wenn sie mit den Aufforderungen ihrer Informanten übereinstimmen. (»Wir beschlossen also, dem Rat derer von Cempoala zu folgen, und Gott setzte uns auf den rechten Weg«), und den Namen Santiago schreien sie, um sich Mut zu machen und den Gegner zu erschrecken.

Dem zeitgenössischen Schrifttum läßt sich entnehmen, daß den Conquistadoren, im Unterschied zu den Indianern, der Gedanke menschlichen Andersseins nicht fremd ist. Wenn sie nach Vergleichen suchen, um die Indianer zu beschreiben, finden sie sie entweder in ihrer eigenen heidnischen (griechisch-römischen) Vergangenheit oder bei den Europa benachbarten *anderen*, etwa den muselmanischen Sultanen, die sie kennen. Und vielleicht aufgrund einer solchen in ihrem Universum schon vorhandenen leeren, für andere bestimmten Schublade spüren sie, in scharfem Kontrast zu der ablehnenden Haltung Moteczumas, den Wunsch zu kommunizieren. Die erste Botschaft von Cortés lautet: »Wir sind aus sehr fernen Ländern und über große Meere gekommen, nur um Moteczuma unsere Aufwartung zu machen. Wir können nun nicht unverrichteter Dinge zurückfahren« (D, 89). »Ich erwiderte ihm, ich wäre nicht in der Lage, von meinem Plan abzustehen, denn ich müßte von seinem Reich und dessen Herrscher Eurer Majestät Bericht erstatten« (C, 46). Seit ihrer Ankunft befinden sich die Spanier in einer privilegierten Situation, da sie die aktive Rolle übernommen haben. Die Indianer wollen nicht kommunizieren, sie wollen nichts an ihrem Leben ändern: nicht sie haben den Atlantik überquert oder versucht, Spanien zu erobern; nicht sie erheben den Anspruch, Wohltäter der anderen zu sein (oder auf irgend etwas sonst): Die Initiative bleibt dem Lager des Gegners überlassen.

Nicht nur die Auslegung der Botschaften ist auf seiten der Spanier erfolgreicher; auch die Botschaften, die sie selbst ausschicken, sind wirkungsvoller. Cortes filtert in seinen Aussagen klug die Wahrheit; er schirmt sie gegen Spione ab: erwischt er einen, läßt er ihm die Hände abhauen. Er will eine genaue Kontrolle über die Informationen haben, die von ihm ausgehen: wenn er Moteczuma eine doppeldeutige Botschaft zukommen läßt, dann nicht aus Unentschlossenheit, sondern um zu verhindern, daß der andere die Wahrheit erfährt.

Fühlt Cortes sich schwach, ist seine erste Sorge, die anderen glauben zu machen, er sei stark: sie sollen die Wahrheit nicht erfahren. Das ist ihm ein ständiges Anliegen. »Da wir aber mit aller Bestimmtheit versichert hatten, daß wir nur diesen Weg nehmen würden, so hielt ich es für angebracht, hierbei zu verharren und nicht zurückzuweichen, um nicht für feige zu gelten« (C, 49). »Obwohl wir einen anderen Weg hätten einschlagen können, fürchtete ich doch, man könnte es mir als Schwäche auslegen, wenn wir weiterzögen, ohne den Mexikanern eine tüchtige Lehre zu erteilen. Und damit unsere indianischen Verbündeten sich nicht etwa einbildeten, daß wir zaghaften Herzens wären« (C, 158). »Allein um ihre Zufriedenheit etwas zu dämpfen und ihnen den Glauben an unsere Schwäche zu benehmen, lieferten tagtäglich einige der Unsern, Berittene wie Fußsoldaten, unterstützt von unseren indianischen Bundesgenossen, hie und da ein Scharmützel in der Stadt« (C, 214). »Da wir mehr Tatkraft und Mut als gewöhnlich zeigen und beweisen mußten, daß wir fest entschlossen waren, kämpfend zu sterben, so verheimlichten wir unsere Schwäche, sowohl vor den Freunden, wie den Feinden« (D, 217).

Cortes ist auch sonst ein Mann, der auf die äußere Erscheinung hält. Als er zum Leiter der Expedition berufen wird, verwendet er seine ersten Ausgaben auf einen prächtigen Anzug: »Er putzte sich nun auch selbst mehr heraus und trug einen Federbusch mit einer goldenen Münze daran, der ihm ein stattliches Aussehen gab« (D, 51). Er steht auch in dem Ruf, ein guter Redner zu sein.

Als solchen zeigt Bernal Díaz ihn oft, besonders vor seinen Soldaten. Aber ebensosehr ist er auf den Ruf seiner Armee bedacht und trägt klug dazu bei, ihn aufzubauen. Als er mit Moteczuma einen hundertvierzehn Treppen hohen mexikanischen Tempel ersteigt, fordert ihn der mexikanische Herrscher auf, auszuruhen. »Cortes antwortete, daß uns nichts ermüden könne« (D, 217).

Als er zum ersten Mal die Stadt Mexiko betritt, lehnt er es ab, sich von einem Heer verbündeter Indianer begleiten zu lassen, weil dies als Zeichen von Feindseligkeit ausgelegt werden könnte; wenn er jedoch nach dem Fall von Mexiko die Boten eines weit entfernten Kaziken empfängt, stellt er seine ganze Macht zur Schau: »Um ihnen eine Vorstellung von unserer Stärke zu geben, und damit sie es ihrem Herrn berichteten, ließ ich meine Kavallerie auf dem Platz manövrieren; meine Infanterie stellte sich in Schlachtordnung auf, die Arkebusiere feuerten ihre Waffen ab, während ich mit Kanonenkugeln auf eine der Pyramiden schießen ließ« (C² 3, 233). Und so, wie er an seine Stärke glauben machen will, wenn er schwach ist, besteht seine militärische Lieblingstaktik darin, Schwäche vorzutäuschen, wenn er stark ist, um die Azteken in mörderische Hinterhalte zu locken.

Während des ganzen Feldzugs stellt Cortes seine Vorliebe für spektakuläre Aktionen unter Beweis, deren symbolischer Wert ihm sehr genau bewußt ist. So ist es zum Beispiel wichtig, die erste Schlacht gegen die Indianer zu gewinnen; bei der ersten Herausforderung seitens der Priester die Götzen zu zerstören, um seine Unverwundbarkeit zu zeigen; selten, aber exemplarisch zu strafen und so, daß alle daraus lernen können; bei dem ersten Zusammenstoß der Brigantinen mit den Kanus der Indianer zu siegen; den Palast in der Innenstadt zu verbrennen, um zu beweisen, wie weit er auf dem Vormarsch ist; auf den Tempel zu steigen, damit alle ihn sehen.

Selbst der Gebrauch, den Cortes von seinen Waffen macht, ist mehr von symbolischer als von praktischer Wirksamkeit. Man läßt eine Kriegsmaschine bauen, die nicht funktioniert, aber das macht nichts: »Und wenn sie keinen anderen Zweck gehabt hätte, als den Mexikanern Furcht einzujagen, so wäre das doch immerhin schon genug gewesen. Wir aber dachten auch, daß sie den Fall des Platzes zur Folge haben würde« (C, 230). Schon zu Beginn des Feldzugs veranstaltet Cortes die reinsten Theatercoups mit seinen Pferden und den Kanonen (die in diesem Augenblick zu nichts anderem dienen); sein Bemühen um Inszenierung ist erstaunlich.

An einer Stelle versteckt er eine Stute und läßt einen Hengst in die Nähe bringen, damit dessen wildes Gebaren die Indianer erschreckt. In einem ruhigen Moment läßt er die Kanone abschießen, die ebenfalls in die Nähe der Indianer gebracht worden ist. Bei anderer Gelegenheit führt er seine Gäste an eine Stelle, wo der Boden fest ist, damit die Pferde schnell galoppieren können, und läßt abermals die scharf geladene Kanone abfeuern. Aus den verschiedenen Berichten der Azteken wissen wir, daß solche Inszenierungen ihr Ziel nicht verfehlten: »Da verloren die Gesandten den Kopf und verfielen in Krämpfe. Sie brachen zusammen, jeder sank um, wo er stand; sie waren nicht mehr Herr ihrer selbst« (A, 3, 68).

Alle Zeugnisse stimmen darin überein: die Spanier beherrschen die Kommunikation besser als die Azteken. Und selbst für den Fall, daß ihre Aussagen falsch wären, gibt es einen Beweis. Man vergleiche nur die Chronik von Bernal Díaz mit den Berichten der Azteken aus der gleichen Epoche, und man wird den Unterschied zwischen dem abstrakten, wenig detaillierten, wenig wahrnehmenden Charakter der einen und der unglaublichen Fülle an konkreten Beobachtungen in der anderen feststellen und zu dem Schluß kommen, daß die Spanier die Indianer besser verstanden, als die Indianer die Spanier. Und diese bessere Beherrschung der Kommunikation war mit Sicherheit eine wesentliche Voraussetzung für die Eroberung.

Das Verständnis der anderen ist bei den Spaniern zwar vorhanden, aber deshalb nicht minder problematisch. Warum führt Vernehmen zum Nehmen? Warum wurde im Fall der Eroberung Mexikos die bessere Wahrnehmung der anderen in den Dienst der Zerstörung gestellt?

Man könnte sich vorstellen, die Spanier hätten die Azteken bei näherer Bekanntschaft derart hassenswert gefunden, daß sie zu der Überzeugung gelangt wären, sie und ihre Kultur seien lebensunwürdig. Aber das Gegenteil trifft zu. Sooft Cortes ein Urteil über die mexikanischen Indianer abgeben muß, rückt er sie in die Nähe der Spanier: »In einem meiner Briefe schrieb ich Eurer Majestät, daß mir die Bewohner dieses Landes weit intelligenter zu sein scheinen als die der Insel; sie schienen uns verständig genug, um wie gewöhnliche Bürger in einem zivilisierten Land leben zu können« (C², 3, 241). »Im täglichen Umgang entfalteten die Leute ebensoviel Höflichkeit und Freundlichkeit wie in Spanien, und wenn man ihr Barbarentum, ihre Unkenntnis des wahren Gottes und ihre Ferne von jeder anderen zivilisierten Nation bedenkt, ist es erstaunlich, sie in allem so gesittet zu sehen« (C², 2, 85).

Die Städte der Mexikaner, findet Cortes, sind ebenso zivilisiert wie die spanischen, und er gibt dafür einen seltsamen Beweis: »Gar manch arme Leute treiben sich auf den Straßen und Märkten umher und betteln die reichen an, wie dies auch in Spanien und anderen gesitteten Ländern geschieht« (C, 44). Faktisch fallen die Vergleiche immer zugunsten Mexikos aus, und selbst wenn man Cortes' Wunsch veranschlagt, die Vorzüge des Landes, das er seinem Kaiser zum Geschenk macht, hervorzuheben, wird man feststellen müssen, daß diese Vergleiche überraschend genau sind. »Die Spanier berichteten mir vor allem von einem befestigten Militärlager, größer, stärker und besser ausgebaut als das feste Schloß von Burgos« (C², 2, 70). »Das erinnert an den Seidenmarkt von Granada, nur mit dem Unterschied, daß hier alles in größeren Mengen vorhanden ist« (C², 2, 81). »Der größte Turm ist höher als der große Turm von Sevilla« (C², 2, 82). »Ein großer, von Säulenhallen umgebener Platz, der größer als der zu Salamanca war« (C, 202). Alles in allem: »Ich kann nichts anderes sagen, als daß in Spanien nichts Vergleichbares existiert« (C², 2, 87).

Die Sitten der Azteken oder zumindest ihrer Herrscher sind raffinierter als die der Spanier. Staunend berichtet Cortes, daß im Palast Moteczumas die Teller angewärmt werden: »Und da es kalt war, brachte man jeden Teller und jede Schale auf einem kleinen, mit Glut gefüllten Öfchen, damit nichts kalt werde« (C², 2, 88 f.). Und wie ausführlich beschreibt Bernal Díaz die Eßgepflogenheiten Moteczumas!

Aber warum sich auf Spanien beschränken? Cortes ist überzeugt, daß die Wunder, die er sieht, die größten der Welt seien. Es gibt keinen Fürsten auf dieser Welt, der etwas so Reiches und Prächtiges besitzt« (C², 2, 77). Von den Stoffen sagt er, es könnten auf der ganzen Welt keine schöneren gewebt werden, noch in so lebhaften und manigfaltigen Farben, von den Häusern, sie seien aus Holz und Mauerwerk so gut gebaut, daß man sie nirgends besser herstellen könne, und Schmuck sei in Gold und Silber so fein ausgeführt, daß kein Goldschmied der Welt ihn besser anfertigen könne. Die Stadt Mexiko sei die schönste der Welt. Und Bernal Díaz findet Vergleichbares nur im Ritterroman: »Wir waren baß erstaunt über dieses Zauberreich, das fast so unwirklich schien wie die Paläste in dem Ritterbuch des Amadis. Hoch und stolz ragten die festgemauerten, steinernen Türme, Tempel und Häuser mitten aus dem Wasser. Einige unserer Männer meinten, das seien alles nur Traumgesichte« (D, 199).

Solches Entzücken – und danach dennoch eine solche Zerstörung! In Erinnerung an Mexiko, wie er es das erste Mal gesehen hat, schreibt Bernal Díaz melancholisch: »Fürwahr, ich glaube nicht, daß vor unserer Zeit schönere Länder entdeckt worden sind, denn Peru war damals noch nicht erobert. Heute ist von alldem nichts mehr zu sehen. Kein Stein dieser schönen Stadt steht mehr auf dem anderen« (D, 199).

Bewundern genügt nicht, um nicht zu zerstören. Beinahe möchte man sagen: im Gegenteil; und man versteht den Schrekken mancher heutiger Ethnologen, wenn sie feststellen, daß ihre Arbeiten von den modernen Conquistadoren benützt werden. Heißt einen anderen Menschen, selbst unseren Nächsten, verstehen – und wechselseitig auch von ihm verstanden werden – nicht immer, ihn sich selbst anzugleichen, ihn auf sich zu reduzieren und also ihn zu zerstören? Moteczuma steht auf der unteren Stufe semiotischer Unfähigkeit; er verkennt die Signale des anderen und interpretiert sie falsch; seine eigenen Botschaften verfehlen ihren Zweck: er ist unfähig, die Spanier als gleichartig (Menschen) und zugleich andersartig zu sehen. Cortes steht auf einer höheren Stufe: er beherrscht die Kommunikation und versteht es, die durch sie erzielten Ergebnisse in die Praxis umzusetzen. Aber wenn er auch sehr wohl den anderen als Objekt wahrnimmt, so ist er doch unfähig, ihn als unterschiedliches Subjekt einzuschätzen: bei all seiner Bewunderung für die mexikanischen Kunsthandwerker ist er doch überzeugt, selbst einer höherstehenden (und nicht nur verschiedenartigen) Gruppe von Menschen anzugehören. Der Kaiser der Spanier ist der größte; der Gott der Christen der stärkste: wie zufällig ist Cortes, der so denkt, Spanier und Christ. Egozentrismus und demzufolge Unkenntnis seiner selbst liegen seinem Verhalten den Azteken gegenüber ebenso zugrunde wie dem der Azteken gegenüber den Totonaken.

Vielleicht ist eine Kenntnis des anderen denkbar, die nicht auf die bloße Absorption des anderen hinausläuft. Eine Anerkennung des Andersseins, die nicht sofort in die Zuweisung eines (anderen) Platzes auf ein und derselben Wertskala umschlägt; ein *ich*, das nicht in jedem *er* ein anderes, herabgesetztes oder verherrlichtes *ich* sieht, unter anderem deshalb, weil es weiß, daß es im *ich* selbst ein oder mehrere *sie (ils)* gibt. Doch wird man je einen Staat erleben, der seine Politik nach einer solchen Anerkennung des Rechts des anderen auf sein Anderssein regelt? Ich hoffe es und bezweifle es.

1. März 1979   Tzvetan Todorov

QUELLENHINWEIS

Die im Nachwort verwendeten Abkürzungen beziehen sich auf folgende Ausgaben:

A – *Le Crépuscule des Aztèques, Récits indigènes de la Conquête*, franz. Übers. von A. Joucla-Ruau, Paris 1965 (*Visión de los Vencidos*, hrsg. von M. León-Portillo, Mexiko 1961). Das Werk enthält Auszüge aus Berichten von zeitgenössischen Indianern über die Eroberung Mexikos. Obwohl die Authentizität der Aussagen problematisch ist, da diese von Fray Sahagún, einem Spanier, aufgezeichnet wurden, stellen sie eine wichtige Informationsquelle dar.

C – *Die Eroberung Mexikos. Drei Berichte von Hernán Cortés an Kaiser Karl V.*, hrsg. von Claus Litterscheid, Insel Verlag 1980.

C² – *Lettres de Fernand Cortés à Charles-Quint*, franz. Übers. von D. Charnay, Paris 1896. Aus dieser Ausgabe werden die Stellen aus den Berichten eins und fünf zitiert, die in die Insel-Ausgabe nicht übernommen wurden, da ihre Authentizität kontrovers ist.

D – Bernal Díaz del Castillo, *Wahrhafte Geschichte der Entdeckung und Eroberung von Mexiko*, vorliegende Ausgabe.

ZEITTAFEL

ab 2000 v. Chr.:	Beginn des Ackerbaus in Mittelamerika.
	Die Griechen wandern nach Griechenland.
ab 1500 v. Chr.:	Älteste Zeichen der Kultur in Mesoamerika.
	Die mykenische Kultur / Das neue ägyptische Reich.
ab 200 n. Chr.:	Die ersten Tempelpyramiden in Mexiko.
	Ausbreitung des Christentums im Mittelmeerraum.
ab 600	Tempelbauten / Blüte der Wandmalerei / Porträtköpfe / Bau ausgedehnter Wohnsiedlungen.
	Langobarden in Italien / Mohammed / Papst Gregor der Große.
ab 800	Toltekische Kultur / Bauten und Skulpturen der Totonaken / Erste Blüte der mixtekischen Kultur.
	Karl der Große / Erste Klosterschulen.
ab 1200	Chichimekische Kultur.
	Friedrich II. von Sizilien / Franz von Assissi.
ab 1400	Aztekische Kultur.
	Engländer in Rouen / Türken vor Konstantinopel.
um 1430	Dreibund Tenochtitlan (Mexiko) – Tetzcuco – Tlacopan / Die Azteken unterwerfen weite Gebiete bis ans Nord- und ans Südmeer.
	Jeanne d'Arc verbrannt / Türken in Saloniki / Konzil zu Basel.
1483	Ende der Selbständigkeit von Tlatelolco. Bernal Díaz del Castillo geboren?
	Martin Luther geboren.
1485	Cortes geboren.
1492	Kolumbus entdeckt Amerika.
	Ende der Maurenherrschaft in Spanien.
1502	Erste Begegnung von Spaniern und Indianern im Golf von Honduras.

Entdeckung Brasilien (1500).

1511   Eroberung von Kuba (Cortes beteiligt) / Mayaindianer aus Yucatan fangen den schiffbrüchigen späteren Dolmetscher Aguilar.

1514   Bernal Díaz del Castillo segelt unter Pedrarias Davila nach Darien (Panama).

1517   Erkundungsfahrt des Hernandez de Cordoba nach Yucatan.

Luther schlägt seine Thesen an / Die ersten Negersklaven werden nach Amerika gebracht.

1518   Expedition von Grijalva nach Yucatan und an die mexikanische Küste.

1519   Pinedo soll im Auftrag von Garay die Golfküste von Florida bis zum Panuco erkunden.

1503–1520   Moteczuma II. stärkt und erweitert die Macht der Azteken, bis er die Regierung an die Spanier abgeben muß.

1519–1521   Cortes erobert Mexiko.

Kaiser Karl V. / Reichstag zu Worms / Luther in Worms / Erste Erdumseglung durch Magelhaes.

1519   10. 2.   Cortes verläßt mit seiner Flotte Kuba.

       4. 3.   Abfahrt von der Insel Cozumel.

       12. 3.   Die Expedition erreicht das Mündungsgebiet des Tabasco (Rio de Grijalva).

       21. 4.   Cortes landet an der mexikanischen Küste bei der Insel San Juan de Ulua / Gründung von Vera Cruz / Versenkung der Schiffe / Direkter Bericht an den Kaiser.

       16. 8.   Das Korps bricht auf ins Innere von Mexiko.

       5. 9.   Entscheidungsschlacht mit den Tlaxkateken.

       23. 9.   Triumphaler Empfang in Tlaxcala / Verhandlungen mit den Gesandten Moteczumas.

       13. 10.   Aufbruch nach Cholula.

       18. 10.   Blutbad in Cholula.

       3. 11.   Die Paßhöhe (2600m) zwischen Popocatepetl (5450m) und Ixtaccihuatl (5383m) wird überschritten.

8. 11.		Moteczuma empfängt die Spanier persönlich, begrüßt Cortes wie seinen Oberherrn, und läßt sie als Gäste in seine Hauptstadt ziehen.
14. 11.		Gefangennahme Moteczumas.
Dezember		Moteczuma und seine Vasallen erkennen feierlich die Oberhoheit des spanischen Königs, Kaiser Karls V., an.
1520	März	Narvaez segelt im Auftrag von Diego de Velazquez mit seiner großen Flotte nach Vera Cruz, um Cortes abzusetzen / Cortes zieht ihm mit einem Teil seiner Männer in Eilmärschen entgegen.
	23. 5.	Der stellvertretende Kommandant von Mexiko, Pedro de Alvarado, läßt den zu einem Fest versammelten aztekischen Adel aus Furcht vor einer Verschwörung niedermetzeln.
	28./29. 5.	Narvaez wird mit seinen 1300 Mann von Cortes überrumpelt und gefangengenommen.
	24. 6.	Cortes trifft mit seinem durch die Männer von Narvaez verstärkten Korps wieder in Mexiko ein.
	25. 6.	Die Azteken beginnen mit planmäßigen schweren Angriffen.
	27. 6.	Moteczuma wird von seinen eigenen Leuten schwer verwundet und stirbt.
	30. 6.	Die »Noche triste« (Traurige Nacht). Die Spanier fliehen über den Westdamm.
	7. 7.	Der Rest des Korps besiegt die Azteken bei Otumba.
	12. 7.	Die Spanier werden von den Tlaxkateken freundschaftlich aufgenommen / Einzelunternehmungen gegen aufständische Indianer im Raum zwischen Tlaxcala und der Küste.
	28. 12.	Cortes marschiert nach Tetzcuco, um von dort aus die Eroberung von Mexiko vorzubereiten.
1521	5. 4.	Cortes unterwirft in einem Zug um den See die Nachbarstädte von Mexiko.
	28. 4.	Die Brigantinen werden zu Wasser gelassen.
	26. 5.	Die eigentliche Belagerung beginnt / Zerstörung der Wasserleitung.
	16. 6.	Verlustreicher Vorstoß bis in die Mitte der Stadt /

Planmäßige Zerstörung der Stadt / Unterbrechung der Zufuhren zu Wasser und auf dem Land.

28. 7. Die drei aus verschiedenen Richtungen angreifenden Kampfkolonnen treffen sich auf dem Marktplatz von Tlatelolco.

13. 8. Endgültige Eroberung der Stadt / Gefangennahme des Königs Cuauhtemoc.

Wiederaufbau der Stadt / Zahlreiche Einzelunternehmungen zur Unterwerfung von Mechuacan, Oaxaca, Xalisco / Befriedung des Landes.

1522 15. 10. Der Kaiser bestätigt Cortes als legitimen Regenten in Neuspanien / Alvarado zieht nach Guatemala.

1524 11. 1. Cortes schickt Cristobal de Olid zu Schiff nach Honduras, um dort anderen Eroberern zuvorzukommen.

13. 5. Die ersten zwölf Missionare landen in Vera Cruz und werden feierlich nach Mexiko eingeholt.

12. 10. Cortes bricht zu seinem unglücklichen Zug nach Honduras auf. Marschweg: die Länder an der Golfküste, die Wald- und Sumpfgebiete von Chiapa und Guatemala.

1525 28. 2. Cortes läßt den letzten Aztekenkönig Cuauhtemoc hinrichten / Die Feinde von Cortes gefährden Neuspanien und erreichen Maßnahmen des Kaisers gegen Cortes.

1526 25. 4. Cortes segelt von Trujillo ab und trifft wieder in Vera
24. 5. Cruz ein / Die Spanier und die Bevölkerung begrüßen ihn begeistert.

Die große Untersuchung durch die kaiserlichen Beauftragten.

1528 27. 3. Cortes schifft sich ein, um nach Spanien zu segeln.

Der Kaiser empfängt ihn, ernennt ihn zum Markgrafen und zum Generalkapitän von Neuspanien und der Südsee, aber nicht zu seinem Statthalter.

1530 Im Frühjahr segelt Cortes nach Neuspanien zurück, wo er kühl empfangen wird. Die Regierung hat inzwischen der Vizekönig Antonio de Mendoza übernommen. / Bis zu seiner letzten Fahrt nach Spanien rüstet Cortes verschiedene kleine Expeditionen aus, welche die Südküste von Mexiko und die kürzesten Verbindungen zu den Molukken erkunden sollen. Er selbst unternimmt noch eine unglückliche Fahrt nach Kalifornien.

1540 Im Frühjahr segelt er noch einmal nach Spanien, wo er ohne Aufgabe bis zu seinem Tod am 2. 12. bleibt.

1547 *Schmalkaldischer Krieg / Zar Iwan der Schreckliche.*

LITERATUR

1. Die wichtigsten Ausgaben des Buches von Bernal Diaz del Castillo

Historia Verdadera de la Conquista de la Nueva-España. Escrita por el Capitan Bernal Diaz del Castillo, uno de sus Conquistadores. Sacada a luz por el P. M. Fr. Alonso Remon, Predicador, y Coronista General del Orden de Nuestra Señora de la Merced Redempcion de Cautivos. Madrid 1632
– Ausgabe Madrid 1942
– Ausgabe Mexiko 1950
– Taschenbuchausgabe der »Colección Austral«
  Buenos Aires 1955. Band Nr. 1274
– The true history of the Conquest of New Spain. By B. D. From the only exact copy made of the Original Manuscript. Edited and published in Mexico by Genaro Garcia. Hrsg. Alfred Percival Maudslay. London 1908–1916. Fünf Bände.
  Veröffentlichung der Hakluyt Society, 2. Serie, Band 23, 24, 25, 30 und 40.
  Mit zahlreichen Karten, Bildern, Anmerkungen und einer ausführlichen Bibliographie. Mit dem fünften Brief von Cortés an Kaiser Karl V. über den Zug nach Honduras.

2. Die wichtigsten zeitgenössischen Veröffentlichungen
über die Eroberung von Mexiko

Casas, Bartolome de las: Historia de las Indias 1527
– Neue Ausgabe. Mexiko 1951
Alvarado, Pedro de: Briefe über die Eroberung von Guatemala. Venedig 1565
Cortés, Hernán de: Cartas de Relacion de la Conquista de Mexico (Fünf Briefe an Kaiser Karl V.) Madrid 1852 ff.
– Madrid 1942
– Die Eroberung Mexikos. Drei Berichte von Hernán Cortés an Kaiser Karl V., hrsg. v. Claus Litterscheid. Frankfurt am Main 1980. insel taschenbuch Nr. 393.
Lopez de Gomara, Francisco: Primera y segunda parte de la Historia General de las Indias. Saragossa 1552

- Madrid 1877 und 1941
- Mexiko 1943

3. Neuere Literatur über Mexiko

Krickeberg, Walter: Altmexikanische Kulturen
Berlin 1956

Disselhoff, Hans Dietrich: Geschichte der altamerikanischen Kulturen.
München 1953

Trimborn, Hermann: Das alte Amerika. Große Kulturen der Frühzeit.
Stuttgart 1959

Rivet, Paul und *Gisèle Freund:* Alt-Mexiko. München 1954

Disselhoff, Hans Dietrich und *Sigvald Linné:* Alt-Amerika. Die Hochkultu-
ren der Neuen Welt. Baden-Baden 1960

Groth-Kimball, Irmgard und *Franz Feuchtwanger:* Kunst im alten Mexiko.
Freiburg 1953

Ubbelohde-Doering, Heinrich: Altmexikanische und peruanische Malerei.
Berlin 1959

Soustelle, Jacques: So lebten die Azteken am Vorabend der spanischen
Eroberung. Stuttgart 1956

Rückkehr der Götter. Die Aufzeichnungen der Azteken über den Untergang
ihres Reiches. Hrsg. von *Miguel León-Portilla* und *Renate Heuer.* Köln
1962, als Taschenbuch 1965

Konetzke, Richard: Entdecker und Eroberer Amerikas. Von Christoph
Kolumbus bis Hernán Cortés. Frankfurt 1963. Fischer-Bücherei

Madariaga, Salvador de: Cortes – Eroberer Mexikos. Stuttgart 1956, Insel-
Bücherei, Ullstein-Buch

Disselhoff, Hans Dietrich: Cortés in Mexiko. München 1957. Janus-Ta-
schenbuch

Schneider, Reinhold: Las Casas vor Karl V. Szenen aus der Konquistado-
renzeit. Frankfurt am Main 1979. Bibl. Suhrkamp 622

Leuenberger, Hans: Mexiko. Land links vom Kolibri. Stuttgart 1962

Straub, Eberhard: Das Bellum iustum des Hernán Cortés in Mexico. Köln
1976

ZU DEN ABBILDUNGEN

Zur Herkunft der Bilder und der Bildlegenden

Fray Bernardino de Sahagún überliefert den einzigen vollständigen Bericht seiner eingeborenen Schüler über die Eroberung des Aztekenreiches durch die Spanier. Er ließ sie alle Erinnerungen von Eingeborenen aufschreiben, die diese Kriegszeit selbst erlebt hatten. Die Aufzeichnungen wurden in der Sprache der Azteken und Tolteken erzählt, in Náhuatl. Der erste Text soll schon 1555 vorgelegen haben. Er ist verlorengegangen. Um 1585 stellte Sahagún eine neue, verbesserte und ergänzte Fassung der umfangreichen Geschichte zusammen. Sie beginnt in einem fast feierlichen Rhythmus mit der Schilderung der Ängste und Hoffnungen des Priesterkönigs Moteczuma und seiner Völker vor der Wiederkehr des zornigen Gottes Quetzalcoatl, des »weißen« Gottes, den die Vorfahren einst vertrieben hatten. Schon Jahre vor der Ankunft der Spanier zeigen sich böse Vorzeichen: Tempelbrände, deren Ursachen nicht ergründet werden können, Feuerzeichen und drohende Sternbilder am Himmel, gewaltige Unwetter. Und als die Spanier landen, kann Moteczuma nicht entscheiden, ob er sie als Feinde behandeln und mit allen Mitteln vertreiben soll, oder ob er sie als seine »göttlichen« Herren feierlich empfangen muß. Er selbst, seine Fürsten, die Völkerschaften wechseln im Laufe der Geschichte mehrfach ihre Meinungen, ihre Kampfziele und die Parteien. Der Bericht endet mit der Kapitulation des letzten aztekischen Herrschers, des jungen Cuauhtemoc (Quauhtemoc), des »herabstoßenden Adlers«. Er beriet mit seinen Fürsten, was zu tun sei.

> Darauf brachten sie ihn im Kanu,
> nur zwei Mann brachten ihn, waren noch bei ihm,
> einer namens Cenyaotl ruderte.
> Und als sie Cuauhtemoc bringen,
> weint das ganze Volk. Sie sprechen:
> »Da geht der junge Herrscher Cuauhtemoc.
> Er geht, sich den Göttern, den Spaniern zu ergeben.«

Diesem tragischen Schluß folgt noch eine Nachschrift, eine Szene, die andeutet, welche Last die Azteken nun auf sich nehmen. Es ist die erste

Rede, die Cortes vor den Fürsten hält, in der er »alle Herren von Mexiko, Tetzcuco und Tlacopan auffordert, ihr Gold und andere Schätze abzuliefern«.

Zu diesem Bericht gehören 161 Zeichnungen, Kopien aus alten Bildhandschriften, die Sahagún machen ließ, Umzeichnungen, denen man den spanischen Einfluß anmerkt. Sie zeigen, wie die Eingeborenen ihre Geschichte sehen, von einer anderen Seite als ihre spanischen Feinde. Das gilt auch für die kurzen, erklärenden Texte unter den Abbildungen. Sie sind (nicht wörtlich) der Darstellung von Sahagún entnommen. Wir bringen 47 besonders charakteristische Zeichnungen. Die Bilderreihe des Originals endet bezeichnenderweise mit der Opferung der 62 Spanier, die am Johannestag 1521 als Gefangene in die Hände der Azteken fielen.

Bildquellen

Antiguedades mexicanas publicadas por la Junta Colombina de México en el IV Centenario del Descubrimiento de América / Oficina de la Secretaria de Fomento   Mexico 1892

Umschlagbild (mehrfarbig):	Die Belagerung von Tenochtitlan durch die Spanier und ihre Bundesgenossen
Tafelbild (mehrfarbig):	Die vier alten Kaziken von Tlaskala begrüßen Cortes und bringen Lebensmittel für die Spanier
Sahagún, Bernardino:	Historia de las cosas de Nueva España. Madrid 1905, 5 Bände
daraus Band V:	Faksimile-Ausgabe des Codex Florentinus von Del Paso y Troncoso mit 161 Bildern zu Buch XII von Sahagún, von denen hier 55 reproduziert wurden. Madrid 1905
Die Unter- schriften:	Sie sind den von Sahagún aus dem (aztekischen) Náhuatl übersetzten Originaltexten der Eingeborenen entnommen. Dazu wurde die französische Ausgabe benutzt
Sahagún, Bernardino:	Histoire générale des Choses de la Nouvelle Espagne. Paris 1880

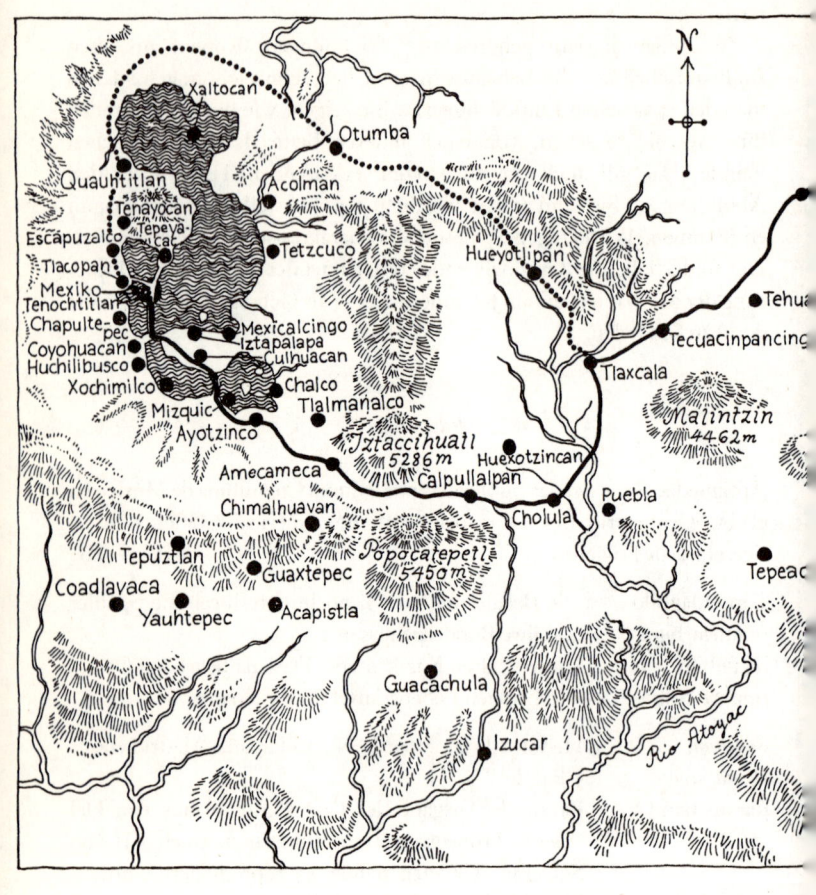

——————— Zug des Cortes von der Küste nach Mexiko im Jahr 1519
. . . . Rückzug bis Tlaxcala 30. 6. – 7. 7. 1519

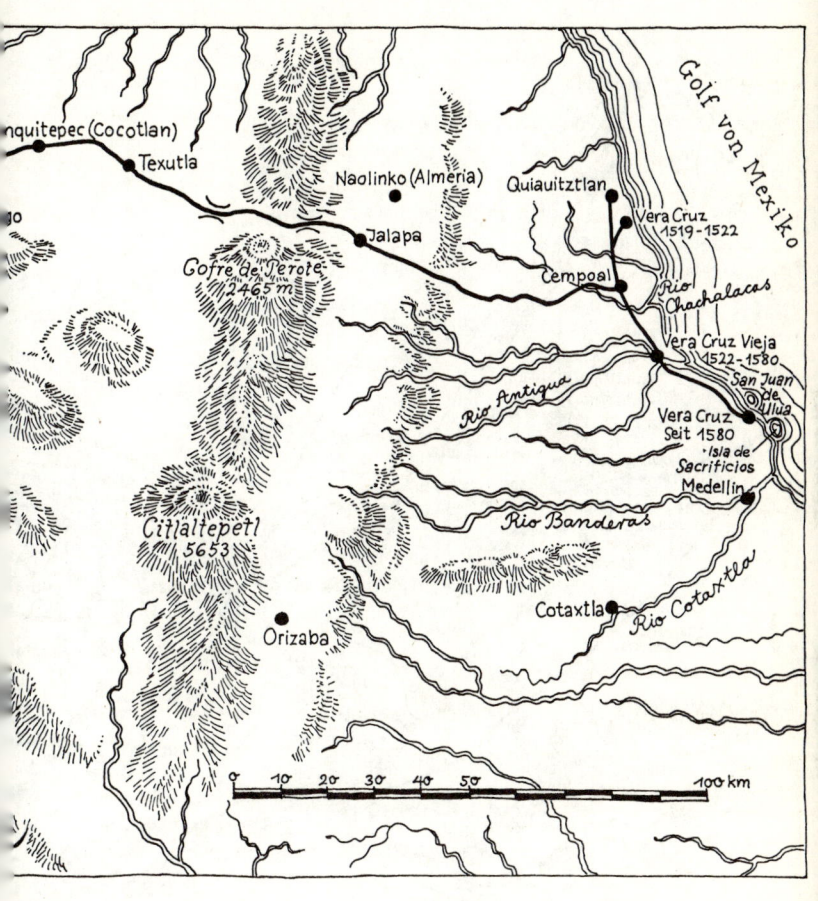

nquitepec (Cocotlan)   Texutla   Naolinko (Almeria)   Quiauitztlan   Golf von Mexiko

Jalapa   Vera Cruz 1519-1522

Gofre de Perote 2465 m   Cempoal   Rio Chachalacas

Vera Cruz Vieja 1522-1580

San Juan de Ulua

Rio Antigua   Vera Cruz seit 1580

Isla de Sacrificios

Medellin

Citlaltepetl 5653   Rio Banderas

Orizaba   Cotaxtla   Rio Cotaxtla

0 10 20 30 40 50   100 km

.... Erkundungsweg des Hernandez de Cordoba nach Yucatan 1517
_ _ _ _ Expedition von Grijalva 1518

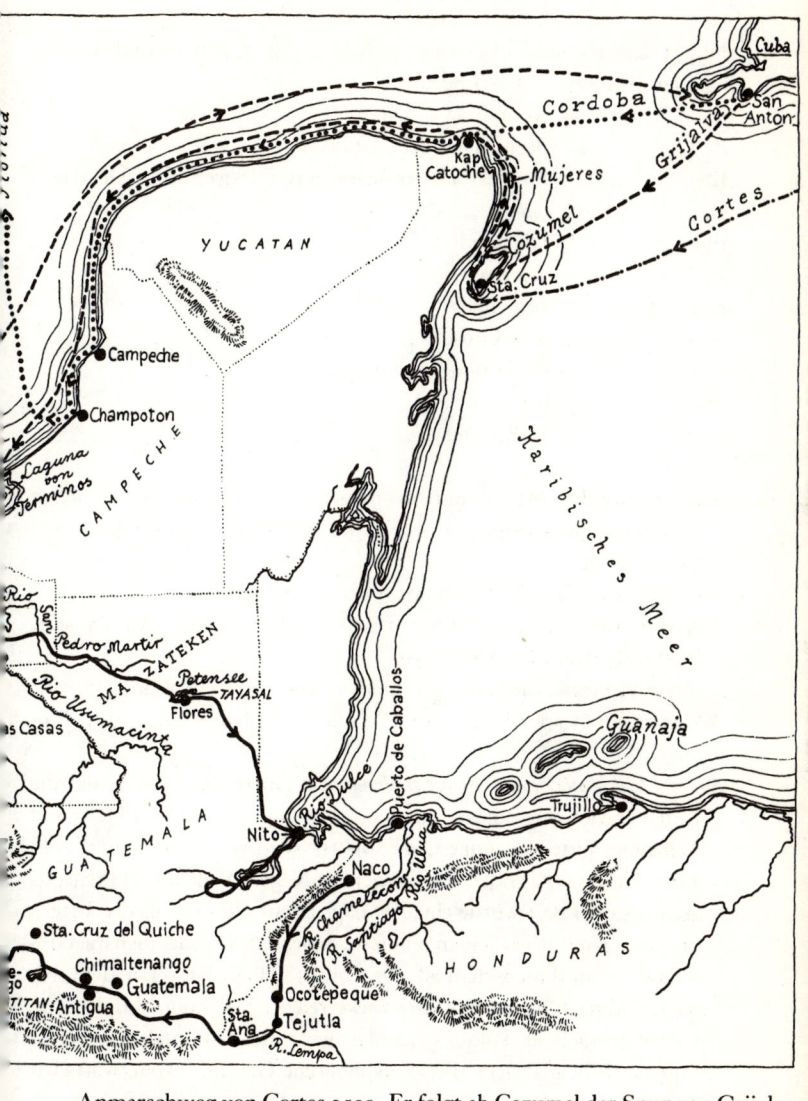

_ . _ Anmarschweg von Cortes 1519. Er folgt ab Cozumel der Spur von Grijalva

_____ Zug des Cortes nach Honduras 1522–1526

REGISTER

Dieses Register enthält in einem Alphabet Sachen, Namen und Anmerkungen. Benutzte Abkürzungen:

B	=	Abbildung
B. D.	=	Bernal Diaz del Castillo
BS	=	Bundesstaat des heutigen Bundesfreistaates Mexiko
C.	=	Cortes
Jhdt.	=	Jahrhundert
azt.	=	aztekisch
Kgl.	=	königlich
mex.	=	mexikanisch
s. n. o. w.	=	die Himmelsrichtungen
span.	=	spanisch
verh.	=	verheiratet

Acala(n) (Acallan), Mayastamm, der damals in dem Grenzgebiet zwischen
   Campeche und Chiapas hauste, beiderseits des Rio San Pedro Martyr
   517–526, 544

Acales, Bezeichnung für Schiff (azt. »Wasserhaus«)

Acapistla (Acapichtla, Ayacapisthla, Yecapixtla), Ort 40 km s. Amecameca,
   im Nordteil des BS Morelos 350

Acolman (Aculman, Oculman), azt. Stadt 10 km n. Tetzcuco 346, 376, 385

Adelantando, oberster Richter und Militärbefehlshaber einer span. Provinz

Agave (Agave americana, Agave sisalana), ein Amaryllisgewächs, das die
   Indianer vielseitig auswerteten: aus den Wurzeln wurden Heil- und
   Nahrungsmittel gewonnen; die Blätter wurden gegessen und zum
   Dachdecken verwendet; die Dornen als Nägel, Nadeln und Pfeilspitzen; aus dem Bast wurde eine Art Papier gemacht und aus den Fasern
   grobes Garn für Sisalleinen und feste Stricke. Schneidet man die Gip-
   felknospe am Blütenschaft ab, dann bildet sich ein Kessel, in dem sich
   nach und nach bis zu 500 Liter zuckerreicher Saft sammeln, der zum
   Gären gebracht als Pulque getrunken wird. Bei den Azteken erhielten
   nur die Siebzigjährigen dieses alkoholische Getränk. Anderwärts hat
   man sich damit betrunken

Aguilar, Graf von → Arrelano

Aguilar, Hernan de, Soldat unter C., Schmied 532

Aguilar, Jeronimo de, Spanier, der jahrelang als Sklave unter den Mayas lebte, ihre Sprache beherrschte und C. als Dolmetscher diente 62, 70 ff, 77 f, 99 ff, 127, 184, 215, 232, 335 f, 512

Aguilar, Marcos de, Lizentiat, Nachfolger von Ponce de Leon als Untersuchungsrichter gegen C. 571–580, 587

Alacranes, gefährliche Bänke in der See bei den Viperninseln vor der Nordküste von Yucatan (Alacran, ein Skorpion) 468

Alaminos, Anton de, 1513 mit Ponce de Leon in Florida, dann Obersteuermann unter H. de Cordoba und C. 20, 30 f, 35, 47, 69, 84, 125

Albornoz, Rodrigo de, Rechnungsführer (oberster Rechnungsrat), vorübergehend Statthalter von Neuspanien 506 f, 512, 550 ff, 564 ff, 579, 595

Alcantara, span. Militärorden

Alderete, Julian de, Schatzmeister der Krone 355 f, 361 f, 375, 409, 437 f

Algier 611 ff

Alguacil, Polizeibeamter / Alguacil Mayor, leitender Polizeibeamter

Alkalde (arabisch alquadi = Richter), Mitglied des Gemeinderats, zugleich Friedensrichter

Almeria = Naolinco, 20 km no. Jalapa, Staat Vera Cruz 228, 243, 346

Altamirano, Donna Catalina → Pizarro

Altamirano, Pater Diego de, alter Soldat, dann Priester, Verwandter von C. 560

Altamirano, Juan, Lizentiat 594 ff

Alvarado, Gonzalo de, Bruder des Pedro A. 575

Alvarado, Jorge de, Bruder des Pedro A. 559, 594

Alvarado, Juan de, Bastardbruder des Pedro A. 609

Alvarado, Pedro de (Tonatio), Kommandant eines Schiffes von Grijalva bei der Expedition nach Yucatan, Hauptmann unter C., später sein Vertreter, Eroberer, Oberrichter und Statthalter von Guatemala, Komtur des Santiagoordens 35, 42, 47, 56, 59, 73 ff, 96 ff, 108, 124, 166, 174 ff, 177, 186, 235, 267 ff, 283 ff, 299, 305, 320, 327 f, 329, 342, 356, 365, 369, 381–391, 402 f, 410, 423 ff, 428 ff, 437, 441 ff, 457 ff, 462 ff, 463, 470–475, 552, 560, 574, 597, 608 ff

Amatl (amal), Papier, meist aus Feigenbast, in übertragenem Sinn Befehl, Abrechnungsbeleg, Gerichtsurteil

Antigua, Fluß zum Golf von Mexiko, n. vom heutigen Vera Cruz 97

Arellano, Donna Catalina de, Tochter des C. 613

Arguello, span. Soldat 227

Armenta, Kommandant des Gil Davila in San Gil de Buena Vista 535

Arrelano, Don Carlos de, Graf von Aguilar, Gönner C.s am span. Hof 379 ff

Ateapan, Ort so. Teapa, Teil der Kommende von B. D., heute Tacomajiacu 491

Atitan (Atitlan), Residenz der Zutugilkaziken (Tzutuhil) am See A. 60 km w. Guatemala 475

Audienz, wörtl. Verhör, mündl. Verhandlung, in Spanien oberstes Gericht in einer Provinz

Audienz, königliche, in Mexiko 580, 598–607

Audienz, königliche, in San Domingo → Hieronymitenbrüder → San Domingo

Auditor, Beisitzer des Gerichts, der auch verhört

Auz, Miguel Diaz de, Kapitän unter Garay und C. 313

Avalos, Juan de, Vetter des C. 537, 545

Avila, Alonso de → Davila

Avila, Hernan Lopez de, Offizier unter C. 514

Avila, Pedro de, Kaufmann in Havana 32 f

Axaruco (Ajaruco, Jaruco), Hafen an der Nordküste von Kuba 21

Axayacatl (»Wassergesicht«), 1469–1483, Herrscher der Azteken, Vater von Moteczuma II. 203

Ayagualulco (Sta. Ana), Fluß und Hafen zwischen Rio Tonala und Rio Grijalva; von den Spaniern La Rambla genannt (Ort der Bewegung) 41, 455, 516, 586

Ayllon, Lucas Vazquez de, Lizentiat, Auditor in San Domingo 260, 423, 494

Ayotzinco, Ort so. Mexiko am Südostufer des Chalcosees 197, 335

Azteken, die »Leute aus dem weißen Ort Aztlan«, nannten sich selbst mexica oder mexitin (daher Mexiko). Azt. Phase der altmex. Kultur von 1370 bis 1521. »Begabte Parvenüs«, welche die Kultur der Tolteken und Mixteken weitertragen. Bund von 3 Stämmen, die um 1520 bis zu 38 tributpflichtige Stämme beherrschen (ohne Tlaxcala, Metztitlan, Tarasken, Zapoteken und Mixteken)

Badajoz, Gutierre de, Offizier unter Pedro Alvarado 423

Bahamakanal (-straße) 120 f, 449

Bahia de mala pelea → Potonchan

Balahamafluß (?), Honduras, zwischen Naco und Trujillo in das Karibische Meer 548

Cacatami (Cecatamni) → Cocotlan

Caceres, Juan, der Reiche, Haushofmeister von C. 576

Caesar, Gaius Julius, 100–44 v. Chr. 621 f

Calpullalpan (Maurennest), in Tlaxcala, 100 km o. Mexiko 337

Camargo, Kapitän von Garay 313

Campeche (San Lazaro), Hafenstadt und Provinz an der Westküste der Halbinsel Yucatan 24, 27, 60

Cardenas, Soldat und Verleumder des C. 253, 493 ff

Carenas → Havana

Carmona, Antonio de, Schiffseigentümer 538

Carretero, Alonso Hernandez, Soldat und Verleumder des C. 260

Carvajal, Antonio de, Kommandant einer Brigantine unter C., Vertrauensmann der alten Eroberer 355, 596

Carvajal, Juan de, Limpias, der Taube, Soldat unter C. 618

Casas, de las → Las Casas

Cascacatan → Cuzcatan

Cassave → Kassave

Castellano, Goldmünze = Peso de Oro, Wert etwa DM 50,–

Castilblanco → Cocotlan

Castilleja de la Cuesta, Sterbeort des C. in Spanien 611

Castillo, Alonso de, der Besonnene, Soldat unter C. 453

Castillo, Bernal Diaz del, 1483 (?)–1573(?), Feldhauptmann des C. und Verfasser dieses Buches

Castillo, Francisco Diaz del, Vater des Bernal 19

Catalina, Donna, Nichte des dicken Kaziken 116

Catalina Pizarro → Pizarro

Catoche → Kap Catoche

Cazoncin (Catzoltzin), Kazike von Xalisco 598

Ceibabaum = Kapokbaum, Wollbaumgewächs

Cempoal (Cempoaler, Cempoallan), Ort der alle zwanzig Tage stattfindenden Märkte, n. Vera Cruz, Hauptstadt der Totonaken 97 ff, 100 ff, 109 ff, 122, 125 ff, 141 ff, 149, 159 ff, 176–191, 225, 263 ff, 265 ff, 305, 441

Cermeno, Juan, Soldat unter C. 122

Cervantes, Narr des Diego de Velazquez 50

Cervantes, Soldat und Verleumder des C. 260 f

Chachula (Cachula, Quechulac), Ort hoch im Gebirge, 60 km nw. Tuxtla Gutierrez am Rio Chiapas 481 f

Chalchihuites, grüner, von den Azteken sehr hoch geschätzter Halbedelstein (eine Art Smaragd?) 90, 180

Chalchocueca → Banderas

Chalco (Chalca), »Am Edelsteinort«, 40 km so. Mexiko am Ostufer des Chalcosees 193, 332 ff, 337–348, 346 f, 350 ff, 357, 400, 575

Champoton → Potonchan

Chamula, Bergort no. Chiapas, vorübergehend Kommende des B. D. 486 ff, 520

Chaparrasteken (identisch mit Cakchiquel?), Indianerstamm w. des Lempaflusses an der Grenze zw. Honduras und Guatemala 574

Chapultepec, »Am Heuschreckenberg«, Ort am Westufer des Sees von Mexiko, von dort aus Wasserleitung in die Hauptstadt 169, 218, 385

Cherino (Chirino) → Veedor

Chiahuitztla → Quiauitztlan

Chiapa(s) (Chilapa), südlichster Staat von Mexiko, gehörte damals zu Guatemala – Stadt – Fluß: Rio Grande de Chiapas, heißt im Unterlauf Rio de Grijalva 33, 479–492, 516, 580, 617

Chichimecatecuhtli, einer der führenden Kaziken von Tlaxcala 138, 324, 339 ff, 383, 415, 417

Chico, Francisco Alvarez, dient unter C., tüchtiger Geschäftsmann 320

Chila, Fluß n. vom Panuco, 30 km w. Tampico 445

Chilapa, Ort in Tabasco → Karte »Zug nach Honduras« 517

Chimalhuacan, Ort 10 km s. Amecameca am Fuß des Popocatepetl 335, 348, 357

China 609 f, 611

Chinanteken, mit Hauptstadt Chinantla. Von Mexiko unabhängiger Gebirgsstamm n. des Rio Jaltepec (Xaltepec) im Grenzgebiet der BSen Vera Cruz und Oaxaca 244 ff, 282, 382

Chinantla → Chinanteken

Chirino, Pedro Almirez (Peramil) de → Veedor

Cholula (Chololteken), azt. Stadt 150 km so. Mexiko, damals wichtiger Pilger- und Handelsplatz mit über 300 Tempeln und der größten Tempelpyramide des Landes, im 10. Jh. von den Olmeken gegründet. 160000 m² Grundfläche, 62 m hoch (größer als die Cheopspyramide) 130, B 160, 168–188, 222, 228, 255, 268, 379 ff, 401

Chontalpa, jetzt Cardenas, Bezirk im Westen von Tabasco 516

Ciapa → Chiapa(s)

Cingapacinga, Grenzfestung in den Bergen, lag 9 Leguas nw. Cempoal 108–117, 129

Cintla (Ciutla), Ort sw. Tabasco 75

Ciudad Real (Villa Real), das heutige San Cristobal de las Casas, BS Chiapas 489

Clachionis (Calachiones), Wort für Priester und Herr bei den Maya

Coadlavaca, span. Cuernavaca (= »Horn einer Kuh«, azt. Cuauhnauac. Quauhnahuac = »Adler der Nauac«), Ort 86 km s. Mexiko 364, 422, 581, 601, 605

Coanochtzin (Coanaco, Guanacacin), Fürst von Tetzcuco, Bruder von Cacama 326

Coatlan, Stadt 180 km s. Oaxaca 551 f, 559 f, 563

Coatzacoalco, Stadt der alten Eroberer an der Mündung des gleichnamigen Flusses am südlichsten Punkt des Golfs von Mexiko 42, 46, 82, 248 f, 283, 439, 455, 479, 481, 499 ff, 513 ff, 517, 532, 540 ff, 581, 593 f, 607

Cobos, Francisco de los, Schatzsekretär von Kaiser Karl V., Großkomtur von Leon, Gönner von C. 504, 551, 577, 587 ff

Cochistlan (Nochistlan), fester Platz im Gebirge, 120 km no. Guadalajara (BS Xalisco), gehört heute zum BS Zacatecas 610 f

Cocotlan = Castilblanco = Caltanmi = Tlatlanquitepec = bei B. D. auch Cacatami 127 f, 314–316

Colima, Staat und Stadt 1000 km w. Mexiko, am Pazifik 456

Colua → Culua

Coluteca Malalaca (Malaca), Ort am Mittellauf des Co(h)lultecaflusses, der in die Fonsecabai mündet 574

Commende → Kommende

Contreras, Alonso de, Kavalier, der C. dient 477

Contreras, Rodrigo de, 1502(?)–1588, Gegenspieler von Pizarro in Peru 616

Copilco, heute Tupilco, Ort im Westteil von Tabasco, am Meer 516

Cordoba, Hernandes de, ein Hidalgo aus Kuba, Entdecker von Yucatan (1517) 20, 42, 69, 125, 493

Corral, Cristobal de, Fähnrich 358 ff, 362, 403

Corregidor, oberster Verwaltungsbeamter einer Stadt mit richterlichen Befugnissen

Cortes, Hernan (Hernando, Fernando), 1485–1547, Eroberer von Mexiko, Marques del Valle Oaxaca. Von ihm handelt das ganze Buch. Einzeldaten siehe Inhaltsverzeichnis und Zeittafel

Cuitlahuac, »Am Dreckwasser«, Ort auf der Landbrücke zw. Mizquic und Iztapalapa 199

Cuitlapitoc (Pitalpitoque, Ovandillo), Sklave Moteczumas, begleitet die mex. Gesandten nach Cempoal, sollte im Bedarfsfall geschlachtet werden. Nach der Chronica Mexicana von 1598 Sondergesandter Moteczumas 85 ff

Culhuacan (Culuacan) → Coyohuacan

Culua (Colhua, Colua), beherrschten vor den Azteken von ihrer Hauptstadt Culhuacan aus das Seengebiet von Mexiko, daher die wiederholte Gleichsetzung von Azteke und Culua 41, 96 ff

Cuyuacan → Coyohuacan

Cuzcatan (Cuxcatlan), Gebirgszug in Honduras, s. des Rio Lempa 574

Darien → Terra Firma

Davila, Alonso, Kommandant eines Schiffes von Grijalva, dann 1. Rechnungsführer von C., Gesandter des C. zum Kaiser 35, 70 ff, 100, 235, 284 f, 301, 320, 437, 447, 450 ff, 496

Davila Gil Gonzalez, Gründer der Stadt San Gil de Buena Vista in Honduras 509 ff, 529, 534, 540, 545, 552 ff

Davila Pedrarias → Pedrarias

Diaz del Castillo, Bernal → Castillo

Diaz, Juan (Joan), Geistlicher bei der Flotte von Grijalva, dann bei C. 35, 64, 85, 122, 163, 378, 385, 482, 486 ff, 525, 556

Dominguez, Gonzalo, dient als Reiter unter C. 349

Donaire, Francisco, Hufschmied 557

Don Carlos → Cuicuitzcatl

Donna Marina → Marina

Dublone, Doppelstück, alte span. Goldmünze

Duero, Andres de, Sekretär des Statthalters Diego de Velazquez 49–53, 271 f

Ecija in Spanien, Geburtsort des Dolmetschers Aguilar 66

El Marien, Landbesitz Montejos bei Havana 120

Elvira, Donna, Tochter des Kaziken Maseescasi, verh. mit Juan Velazquez de Leon 305

Enriquez, Don Hernan, verh. mit Donna Juana C. 613

Escalante, Juan de, Hauptmann unter C., Kommandant von Vera Cruz 64, 123 ff, 158, 192, 225 ff, 231 ff

Guauhtemozin → Cuauhtemoc

Guaxaca → Oaxaca

Guaxocingo → Huexotzincan

Guaxtepec (Guastepeque, Huastepec), »Am Akazienberg«, 35 km o. Coadlavaca 348 ff, 364

Guayacala → Acala

Guazpaltepec, Ort nahe bei Playa Vicente, im Gebirge, Luftlinie 50 km so. Tuxtepec 513 f, 595

Guequitzlan (Huistan), in Chiapas, 30 km o. San Cristobal de las Casas 489

Guerrero, Gonzalo, versklavter Spanier, der sich auf die Seite der Indianer schlug 62, 68 ff

Guevara, Geistlicher unter Narvaez 263 ff

Gueyatasta (Atasta), Ort w. Xicalango in Tabasco 520 ff

Guyana, gemeint Küstenstrich zw. Orinoco und Amazonas, heute Brit. G. 20, 604

Guzman, Cristobal de, Kämmerer von C. 406

Guzman, Don Juan Enriquez de, span. Würdenträger 580

Guzman, Nuno de, Statthalter von Panuco, später Präsident der 1. Audienz in Mexiko 447, 550, 578, 592, 595–600, 608

Hadrian VI., Papst, 1459–1523, vorher Erzieher Karls V., Bischof von Tortona 493

Haiti → San Domingo

Havana auf Kuba, früher Carenas 32–36, 49, 54–59, 120, 477 f, 545, 550, 563

Heredia, Soldat des C. 109 ff

Hermosilla, Hulana de, Mutter von Don Luis C. 613

Hernandez, Francisco, Hauptmann unter Pedrarias 547 ff, 555 f

Herrada, Juan de, Kavalier unter C. 592 f

Herrera, Alonso de, Offizier unter C. 580 f

Hibueras → Honduras

Hieronymitenbrüder, Einsiedler des hl. Hieronymus, haben in Italien und Spanien oft wichtige politische Ämter, so die kgl. Audienz in San Domingo 320, 447

Hinojosa, Soldat unter C. 532

Hispaniola → San Domingo

Holguin, Garcia, Kommandant der Brigantine, die Cuauhtemoc gefangennimmt 428 ff

Honduras (Las Hibueras) 19, 476, 506, 508–514, 541, 545, 556

Huchilibusco (Churubusco, Ocholpozco), Ort am Südrand des Sees von Mexiko 388, 400

Hühner, damit sind immer Truthühner gemeint, die von den Indianern als Schlachttiere gezüchtet wurden

Huexotzincan (Huesocingo, Huexocingo, Guaxocingo, Guajocingo), »Am Fuß der Weiden«, 10 km s. Tlaxcala, Stadtrepublik, Erbfeind der Azteken 168 ff, 170, 173, 193, 325, 335, 357, 379 ff, 415

Hueyotlipan, 20 km n. Tlaxcala 304, B 304

Huichilobos (Huehueteotl), »Der alte Gott«, älteste Göttergestalt der Azteken 219 ff

Huitzilopochtli, Sonnen- und Kriegsgott der Azteken, »Kolibri zur Linken«, verkörpert die Sonne, der »Edelsteinwasser« (Menschenblut) geopfert wird 87, 215, 218, B 264

Hurtado → Mendoza

Illescas, Gonzalo de, schrieb über die Eroberung von Neuspanien 1564 619

Indienrat → Rat von Indien

Iniguez, Bernaldino, Soldat u. Säckelmeister unt. Cordoba 21

Iquinuapa, Ort in Tabasco, 60 km s. Paraiso 516

Ircio, Pedro de, Hauptmann unter C. 363 f, 439, 531

Isabella, Gemahlin Kaiser Karls V., 1503–1539; 607

Isabella I., Königin von Kastilien und Aragon, verh. mit Ferdinand dem Katholischen, 1451–1504; 19

Isla de Sacrificios, heute Pt. Mocambo, Insel vor der Banderasmündung 44

Itztocan → Izucar

Ixtlilxochitl, jüngerer Bruder des Fürsten von Tetzcuco → Suchel

Izcuintepec, »Am Hundeberg«, liegt 100 km vor Tehuantepec im BS Oaxaca. Wahrscheinlich Verwechslung mit Escuintla, das sw. von Guatemala das Pacayatal sperrt 476

Izoxol (?), Ausdruck Moteczumas für falsches Spielen

Iztapa (Izapa, Ixtapa, Estapan), Stadt 32 km no. Chiapa 482

Iztapa (Ystaba), nicht ident. Ort im Gebirge von Tabasco o. Tepetian 517

Iztapalapa, »Am Steinplattenwasser«, 12 km so. Mexiko am Südufer des Sees von Tetzcuco 218 ff, 329 ff, 350, 383, 388 ff, 400, 410, 420, 567, 575

Izucar (Itztocan), 68 km s. Puebla 311 ff

Millan, Juan, Verwandter des Diego de Velazquez, nicht ganz zurechnungsfähiger Astrologe 55

Mixteken, das »Volk aus dem Wolkenlande«, wirkten durch Kunst, Religion und alte Priesterweisheit stark auf die Azteken ein 453, 551, 580

Mizquic, Ort im See von Mexiko 331, 400

Molukken = Gewürzinseln 602 f, 609

Mondejar, Marquez de, Präsident des Indienrates um 1550; 617

Monjaraz, Andre de, Vater der schönen Monjaraza 551

Montejo, Francisco de, Schiffskommandant unter Grijalva, Hauptmann unter C., Unterhändler für C. in Spanien, Oberrichter und Statthalter von Yucatan 35, 43 f, 90 ff, 119 ff, 493

Moreno, Baccalaureus 546 ff

Morla, Francisco de, Hauptmann unter C. 77

Moron, Pedro de, Reiter unter C. 134

Mota von Medina, Spanien, Gefängnis 608

Moteczuma II. (Motecucuma, Montezuma, Motecuzoma, Motecuhzoma), »der zornige Fürst«, Herr der Menschen mit dem Beinamen Xocoyotzin der Jüngere, 1468–1520, König (Kaiser?) seit 1503; 42 ff, B 80, 89–107, 109–132, 168–295, B 192 und 296 f

Motolinea → Toribio

Nabelschwein (Bisamschwein), hat über dem After eine Drüse, die eine bisam-(moschus)artige Flüssigkeit aussondert. Diese Rückendrüse wurde lange Zeit für den Nabel gehalten

Naborias, indianische Dienstleute der Spanier, keine Sklaven

Nacajujuyca (Nacajuca), Ort dicht s. von Paraiso in Tabasco 516

Nachapalan, Ort bei Santisteban im Panucogebiet 462

Naco, Ort in Honduras, lag in einem Binnental, 90–100 km von Puerto de Caballos landeinwärts, wahrscheinlich zwischen den Flüssen Chamelicon und Santiago (Nebenfluß des Rio Ulua), eine Tagereise o. → Quimitzlan 510, 529, 538–543, 546 f, 556, 573

Naguas, kubanisches Wort für die Schamschürzen der Frauen

Narvaez, Panfilo de, kastilianischer Hidalgo, dient unter Diego de Velazquez bei der Unterjochung von Kuba, macht sich mancher Unmenschlichkeit schuldig, bekleidet als Günstling von Velazquez wichtige Stellung, ebenso mutig wie unbesonnen und anmaßend. Scharfer Gegner und Verleumder von C. 121, 260–282, 310–320, 337 ff, 351, 371, 377,

311 ff, 327 f, 329, 342, 356, 365 ff, 378, 383 ff, 403, 406, 430, 437 ff,
443, 451, 456, 476 f, 506, 508 ff, 527, 529, 533, 542 ff, 545, 548, 553,
570

Rechnungsführer → Albornoz

Regidor (auch *Corregidor*), oberster Verwaltungsbeamter einer Stadt mit richterlichen Befugnissen, Präfekt

Reguera, Alonso Diaz de la 355

Ribera, Juan de, unterschlägt das für den Vater von C. bestimmte Gold 503 f

Rio de Alvarado → Papaloaba

Rio de Canoas (Rio Tankuijo), Fluß im Panucogebiet 47

Rio de Coatzacoalco → Coatzacoalco

Rio de Dos Bocas → Mazapa

Rio de Grijalva (Rio de Tabasco) 69 ff

Rio de las Banderas → Banderas

Rio de San Antonio → Tonala

Rio San Pedro y San Pablo, Grenzfluß zwischen Tabasco und Campeche 125, 604

Rio de Terminos → Terminos

Rio de Tonala → Tonala

Rodrigo, Dominikaner im Rat von Indien 617

Rodriguez, Alonso, Soldat unter C. 359

Rojas, Hauptmann des Pedrarias 562

Rosano, Erzbischof von → Fonseca

Ruiz, Pedro, Haushofmeister des C. 585 f

Ruiz de la Mota, Jeronimo, Kommandant einer Brigantine 355

Saavedra Ceron, Alvaro de, Vetter von C. 537–545, 558, 562, 574, 601 f

Sahagun, Fray Bernardino, veranlaßt die Niederschrift von eingeborenen Indianern über die Eroberung. Etwa 1555 vollendet (Codex Florentino) 202, 663

Salamanca, Juan de, Kavalier unter C. 303

Salazar, Gonzalo de → Faktor

Salvatierra, Intimus von Narvaez, Maulheld 269, 280 ff

San Alfonso, Stadt in Oaxaca 581

San Anton (Guaniguanico), Kap, äußerste Westspitze von Kuba 21, 35, 57, 545

Sanchez, Miguel, Hauptmann unter C. 576

San Cristobal de la Habana, Hafen an der Nordküste von Kuba, nicht das heutige Havana 21

San Domingo (Haiti, Hispaniola, Espagnola), Stadt an der Südküste, gab zeitweise der ganzen Insel den Namen. Sitz der kaiserlichen Audienz für die entdeckten Inseln und Neuspanien 32, 66, 120, 233, 260, 319 f, 442, 447, 460 f, 494, 507, 545 ff, 569, 592, 596

Sandoval, Gonzalo de, Offizier und Freund von C., Alguacil Mayor von Mexiko, kurze Zeit mit Estrada zusammen Statthalter von Mexiko. Begann die Expedition mit 22 Jahren 129, 233 f, 261–282, 299, 314 ff, 333–356, 349, 353, 357, 383, 388 ff, 391 f, 403–413, 415, 421–434, 439, 443, 451 ff, 456, 464 f, 494, 513, 521, 531–549, 552, 555 ff, 562, 572, 576, 578, 581 ff, 586

San Gil de Buena Vista → Nito

San Juan de Ulua, Insel vor der heutigen Stadt Vera Cruz 45, 82 ff, 259 f, 565

San Lazaro → Campeche

Santa Cruz, Südspitze von Kalifornien 604

Santa Cruz an der Südspitze der Insel Cozumel 36

Santa Cruz (Salina Cruz), in der Bucht von Tehuantepec 666

Santa Cruz, Soldat unter C. 532

Santa Maria de la Vitoria → Tabasco

Santa Tomas, eine der Guineainseln 603

Santiago de Baracoa, in der Baracoabucht, nahe bei Santiago de Cuba. C. war vor dem Feldzug dort Alkalde 51

Santiago de Compostela, Ort in Xalisco 598

Santiago de Cuba, Stadt an der Südostküste von Kuba 32, 34 ff, 51 ff, 120, 497, 553 ff

Santiago de Guatemala, alter Name für G.

Santispiritus, Ort an der Südküste von Kuba 53

Santisteban del Puerto, Stadtgründung von C., wahrscheinlich in der Nähe von Tampico am Golf von Mexiko 443, 461 f, 465

Saucedo, Francisco de, Kommandant eines Schiffes von Diego de Velazquez 118, 557

Sayavedra → Saavedra

Schatzmeister → Estrada, Alonso de

Schlangenstadt → Tenayocan

Schritt = 0,75 m

Sedeno, Joan, Reiter unter C. 78

Segura, Stadtgründung von Pedro de Alvarado bei Tututepec in Oaxaca 458

Seitenstechen, wahrscheinlich ist damit Lungenentzündung gemeint

Sierra de Tuxpan, Gebirgszug Tuxpan am Golf von Mexiko 44

Sierra de Tuxtla, Gebirgszug s. der Küste zw. Vera Cruz und Puerto Mexiko. B. D. hat dieses Gebirge vor der Ankunft in San Juan de Ulua gesehen 46

Sierra Nevada (Schneegebirge) 42, 139

Siguenza, Kardinal von 586

Sisal → Agave

Socochima, Ort zw. Jalapa und Tlatlanquitepec, wahrscheinlich das heutige Vico Viejo 127

Soconusco (Xoconocho), Ort und Provinz in der Südostecke von Chiapa; mit starker aztekischer Garnison gegen Guatemala 471, 575

Solis, Pedro de, Soldat unter C. 265, 321

Soto, Diego de, Offizier unter C. 443, 503

Strickschuhe, einfache, aus Hanfschnüren geflochtene Schuhe, die damals auch in Südeuropa getragen wurden

Stunde als Entfernung = Legua = 5,5727 km

Suarez → Xuarez

Suchel, heißt richtig Ixtlilxochitl, Bruder des Fürsten von Tetzcuco 414 ff

Südmeer, Stiller Ozean

Tabasco, Fluß, Ort und Bundesstaat von Mexiko 38, 61, 68, 70, 76–83, 129, 247, 516

Tacalnaguas, Wahrsager (azt.)

Tacotalpa (Tlacotalpan), Ort im Mündungsgebiet des Papaloaba 42

Tacuba → Tlacopan

Taica (?), Ort am Ostrand des »Feuersteingebirges« in Guatemala 530 ff

Talatcingo, Ort im Hochtal von Mexiko 420

Talatupan, Landschaft in Tabasco, o. Zimatan 491, 500

Talchinalchapa (?), Ort in Honduras, 1 Tagesmarsch so. Naco 546

Tamemes (Tamenes), Lastträger

Tampecanita (Tapaniqueta), Ort zw. Huatuxco und Cempoal 269

Taniha (?), Ort in Honduras im Sumpfgebiet, 2–3 Tagesmärsche nw. Nito 532

Tapia, den Namen gaben die Spanier dem Obersthofmeister von Motecuzuma 212

Tapia, Andres de, Hauptmann unter C. 65, 356, 365, 369, 403, 408, 410, 421, 567, 576, 583, 586, 604, 618

Tapia, Bernardino, Vazquez de, Offizier unter C. 174, 596

Tapia, Cristobal de, Statthalterkandidat des Bischofs Fonseca 440 ff, 448, 494 ff, 566, 570, 579

Tartsche, eckiger Schild, ursprünglich viereckiger Turnierschild

Tatuan (Tlatoan), azt. Wort für Gebieter

Tayasal (Flores), Hauptstadt des Mayastammes der Itza im Petensee, nachdem sie ihren Stammsitz in Chichen Itza (Nordyucatan) verlassen mußten 528

Teapa, Ort 55 km s. Villahermosa (Tabasco) 517

Tececiguata, »die große Frau«. Wahrscheinlich ist die Erdgöttin Tlazolteatl gemeint, die Mutter des Maisgottes. Sie nimmt die Sünden der Menschen auf sich und tilgt sie aus 81

Tecomajayaca(te), Ort s. Teapa, heute Tacomajiacu, der zur Kommende von B. D. gehörte 491, 517

Tecuacinpacingo (Tzompantzinco), Ort in Tlaxcala 135 f

Tehuacacingo (Tecoacinco, Tecoadzumpancingo), 30 km o. Tlaxcala 135

Tehuantepec (Tequantepec), Stadt und Land am Südmeer, 250 km so. Oaxaca 458, 471 ff, 575, 602 f

Temaztepec → Tepetitan

Tenayocan (Teneyucan, Tenayuca), »Schlangenstadt«, »Am Ort des Mauerwerks«, dicht no. Mexiko 344

Tendile (Teuhtlile), Fürst von Cotaxtla, Gesandter Moteczumas B 80 ff, 85–93

Teneriffa, größte der Kanarischen Inseln

Tenochtitlan, »Am Kaktus auf dem Stein«, aztekischer Name für die Stadt Mexiko. Seit 1473 mit Tlatelolco vereinigt, seit 1440 Dreibund zwischen T., Tetzcuco und Tlacopan. Die damals volkreichste und bedeutendste Stadt der beiden Amerika

Teocadzumpancinco, Ort in Tlaxcala 144

Teocalli, Tempel, der auf einer Pyramide steht

Teotikuacan, 45 km n. Mexiko. Vor der Aztekenzeit 1000 Jahre lang Ausgangspunkt und Zentrum indian. Kultur und Religion in Mesoamerika, mit dem später zum Gott gewordenen Prophetenkönig → Quetzalcoatl

Tepeaca (Tepeyacac), »Am Bergvorsprung«, fester Platz an der Ostgrenze von Mexiko gegen Orizaba 307–310

Tepetitan (Temaztepec), Ort 80 km so. Villahermosa (Tabasco) 517 f

Tepetzinco, Stadt 20 km sw. Coadlavaca 343

Tepeyac, Ort am Nordrand des Sees von Mexiko 391

Teputzque, indianische Bezeichnung für die Geschütze (von Tepusque = Eisen?)

Teputzlan (Tepotzlan), Ort 20 km no. Coadlavaca 364

Tepuzuntlan, untergegangener Ort in Tabasco, am Rio Mescalapa oder Grijalva 481

Tercera (Terceira), eine der Azoreninseln 449

Terminos, Fluß und Bucht an der Grenze zwischen Campeche und Tabasco, heute Laguna de T. 38, 69

Terra Firma, »das feste Land«, Darien, Panama 19 f, 66, 547

Tetzcatlipuca (Tetzcatlipoca, Tetzcatepuca), »Rauchender Spiegel«, aztekischer Hauptgott, der Urkrieger

Tetzcuco, einst Hauptstadt des Chichimekenreiches, ständige Rivalin von Mexiko, bis Moteczuma den von ihm abhängigen Neffen Cacama als Fürsten einsetzte, was eine Spaltung des Fürstentums zur Folge hatte B 160, 197, 201, 240 ff, 285, 306, 318, 324–356, 379, 400, 415, 464, 506, 552, 559, 564, 582

Teules, Götter, gottähnliche Wesen. Bezeichnung der Indianer für die Spanier

Texutla, Ort zwischen Jalapa und Tlatlanquitepec 127

Tezcat, Obsidian, kann so geschliffen werden, daß es wie Spiegelglas wirkt

Tiltepec (Chiltepec), Ort dicht s. Tuxtepec in Oaxaca 452, 580

Tlacopan (Tacuba), Stadt am Westufer des Sees von Mexiko 201, 218, 289, 299, 344, 374, 383, 386, 408, 410, 420, 436 f, 512, 523 ff

Tlalmanalco, Ort 50 km so. Mexiko, gehörte verwaltungsmäßig zu Chalco 193 f, 332 f, 335 f, 346, 348

Tlatelolco, »Am Erdhaufen«, Stadt, die seit 1473 mit Tenochtitlan (Mexiko) vereinigt ist. Ihre Einwohner waren als Händler, Makler und Vermittler zwischen Nord und Süd in ganz Mittelamerika bekannt. Der Hauptmarkt in Tl. hieß Tianguiz. Bernal irrt, wenn er den Tempelbezirk von Mexiko mit Tl. gleichsetzt und Tl. nur als großen Marktplatz nennt 215, 298, 357, 403 f, 423 ff

Tlatlanquitepec → Cocotlan

Tlaxcala, Tlaxcateken, von den Azteken unabhängiger Staat, enge Verbündete der Spanier B 17, 127–167, 194, 224 f, 259 f, 268, 285, 301, 303 f, B 304, 299–349, 357 ff, 379–390, 392–402, 466 f, 564, 582 ff

Tochel, Kazike von Coatzacoalco 248, 455

Toledo 588 ff

Tolteken saßen 3 bis 5 Jahrhunderte vor den Azteken auf der Hochebene im Norden von Mexiko, das Volk aus Tollan (Tula), bedeutende Kulturträger, die im 12. Jhdt. nach Yucatan weiterwanderten

Tonala, Stadt am gleichnamigen Fluß an der Grenze Tabasco/Vera Cruz (Rio de San Antonio) 42, 48, 516

Tonatio (Tonatiuh), Sonne, Sohn der Sonne, Übername Alvarados

Toribio, de Benavente, Pater, von den Indianern Motolinea genannt, »Armer Bruder« 504, 512

Torre, Fulano de la, Lizentiat 599

Torres, Juan de, Invalide, Tempeleremit in Cempoal 116

Tortona → Hadrian VI.

Totoloque, indianisches Glücksspiel mit Kugeln

Totonaken, Stamm, der im Mittel- und Nordteil des Staates Vera Cruz zu Hause ist. Die ersten Freunde der Spanier (Cempoal) 94, 103 ff, 143, 148, 158, 190, 225 ff

Triana, Ort in Spanien 253

Trinidad auf Kuba, an der Südküste 33, 51–59

Triunfo de la Cruz → Puerto de Caballos

Trujillo, Hafenstadt in Honduras am Kap Honduras, später Ascension 511, 541 ff, 546 ff, 557, 560 f, 573 ff

Tuertotal, Tal, in dem Guatemala liegt 575

Tula (Tollan, Tulan), einst Hauptstadt der Tolteken, 100 km n. Mexiko 245

Tututepec, Stadt am Pazifik, 300 km sw. Oaxaca 457 ff

Tuxpan (Tuxpam, Tochpan), Ort im Gebirge o. Puebla, azt. Stützpunkt mit starker Garnison 46

Tuxtepec (Tochtepec), am oberen Papaloaba, 140 km s. Vera Cruz, azt. Stützpunkt mit starker Garnison 246 ff, 439, 451, 457 f

Tuxtla → Sierra Tuxtla

Uitzilopochtli → Huitzilopochtli

Ulloa, Francisco de, Kapitän unter C. 605 f

Ulu(t)a, Sanddünen w. von Coatzacoalco 514, 563

Umbria, Gonzalo de, Steuermann unter C. Es ist fast sicher, daß U. kein Fuß abgeschlagen wurde. Er hätte sonst die beschwerlichen Reisen nicht durchführen können 246, 495 ff

Urena, Graf von 533

Utlatan (Utatlan), azt. Name für die alte Hauptstadt der Quiche (»Am

Bambusort«), 4 km w. Santa Cruz del Quiche, nw. von Guatemala
471–475

Villareal, Antonio de, Fähnrich unter C., später Hofmeister des Fürsten von Tetzcuco 75, 328

Villa Rica de la Vera Cruz → Vera Cruz

Villa Segura de la Frontera (»Sicherheit der Grenze«), span. Gründung unmittelbar neben Tepeaca, wie es heute wieder heißt 309 f, 313, 321

Villa Viciosa → Quiauitztlan

Viperninseln vor der Nordküste von Yucatan 468

Vizekönig → Mendoza

Xalacingo (Xilozingo, Ixtacamaxtitlan), 80 km o. Tlaxcala an der Wegegabel Tlaxcala/Puebla 130, 314 f

Xalisco (Jalisco), »Im Angesicht des Sandes« (der Meeresküste), Provinz 1000 km w. Mexiko am Pazifik 597–603, 608 ff

Xaltocan, »Am Ort der Sandspinne«, Inselstadt n. Mexiko im gleichnamigen See, heute San Cristobal 341 ff

Xaltopeken (Jaltepec), ein Zweig der Zapoteken 457

Xaramillo, Juan, Kavalier unter C., der 2. (oder 3.?) Mann von Donna Marina. Nach Gomara hat er in der Trunkenheit geheiratet 83, 513 f

Xicalango (Xicalanco), einst bedeutender Umschlagplatz für den Überseehandel, heute unbedeutender Ort gegenüber Carmen an der Laguna de Terminos 82, 520, 551, 576

Xicales, kürbisähnliche Flaschen

Xicotencatl der Ältere (Xicotenga), führender Kazike von Tlaxcala, hieß nach der Taufe Don Lorenzo de Vargas 134–168, 192, 268, 305–307, 324, 379, 417

Xicotencatl der Jüngere (Xicotenga), militärischer Führer der Tlaxcateken, Sohn des Älteren 134–168, 192, 305 f, 381 ff, 415

Xochimilco, »Am Ort des Blütenfeldes«, Stadt am Südufer des Sees von Mexiko 366 ff, 388, 420

Xocotlan → Cocotlan

Xuarez, Catalina, erste Frau von C. 49, 455, 579

Xuarez, Juan, ihr Bruder 595

Yaguarama, Dorf an der Südküste von Kuba w. Trinidad 33

Yautepec, »Am Yautliberg«, Ort 28 km o. Coadlavaca 358

Yuca → Kassave

Yucatan 21–34, 68

Yuste, Juan, Soldat des Narvaez, später des C. 338

Zu dieser Ausgabe

insel taschenbuch 1067
Geschichte der Eroberung von Mexiko
Von Bernal Diaz del Castillo

Titel des spanischen Originals: Historia verdadera de la conquista de la
Nueva España. Übersetzung des Nachworts von Anneliese Botond. Der
Text folgt der zweiten Auflage der Ausgabe: Bernal Díaz del Castillo,
Wahrhafte Geschichte der Entdeckung und Eroberung von Mexiko. Her-
ausgegeben und bearbeitet von Georg A. Narciß mit einem Nachwort
von Georg A. Narciß und Tzvetan Todorov. © Insel Verlag Frankfurt am
Main 1982. Für die vorliegende Ausgabe wurde von Georg A. Narciß ein
Register erstellt. Umschlagabbildung: »Ultimo conbate de mexico« aus
dem Zyklus: Conquista de Mexico por Cortes, Nr. 7. Werk eines unbekannten Künstlers des 17. Jahrhunderts.

Die beliebtesten Klassiker im insel taschenbuch –
jetzt in neuer, schöner Ausstattung
Überraschend preiswert, überraschend modern

Hans Christian Andersen. Die schönsten Märchen.
it 4524. 250 Seiten

Jane Austen. Emma. it 4520. 628 Seiten

Jane Austen. Stolz und Vorurteil. it 4500. 441 Seiten

Dante Alighieri. Die Göttliche Komödie. it 4504.
532 Seiten

Charles Dickens. Oliver Twist. it 4077. 463 Seiten

Charles Dickens. Große Erwartungen. it 4078. 612 Seiten

Charles Dickens. Eine Geschichte aus zwei Städten.
it 4079. 505 Seiten

Charles Dickens. Der Raritätenladen. it 4080. 775 Seiten

Fjodor M. Dostojewski. Schuld und Sühne. it 4530.
801 Seiten

Fjodor M. Dostojewski. Weiße Nächte. it 4505. 109 Seiten

Annette von Droste-Hülshoff. Die schönsten Gedichte.
it 4525. 200 Seiten

Alexandre Dumas. Die drei Musketiere. it 4098. 739 Seiten

Theodor Fontane. Frau Jenny Treibel. it 4506. 230 Seiten

Johann Wolfgang Goethe. Die Leiden des jungen Werther.
it 4507. 172 Seiten

Johann Wolfgang Goethe. Die Wahlverwandtschaften.
it 4522. 311 Seiten

Grimms Märchen. it 4508. 280 Seiten

E.T. A. Hoffmann. Der Sandmann / Das Fräulein von
Scuderi. it 4509. 210 Seiten

Homer. Odyssee. it 4510. 457 Seiten

Homer. Ilias. it 4523. 432 Seiten

Heinrich von Kleist. Im Taumel wunderbar verwirrter
Sinne. it 4036. 330 Seiten

Guy de Maupassant. Bel-Ami. it 4040. 416 Seiten

Das Nibelungenlied. it 4528. 262 Seiten

Friedrich Nietzsche. Also sprach Zarathustra. it 4511.
330 Seiten

Edgar Allan Poe. Horrorgeschichten. it 4531. 200 Seiten